Rhythmus in der Ökonomik

Kieler Studien
zur Kulturanalyse

herausgegeben vom

Seminar für Europäische Ethnologie/Volkskunde

Band 15

Sonja Windmüller

Rhythmus in der Ökonomik

Kulturwissenschaftliche Annäherungen an die frühe Konjunkturforschung

Waxmann 2024
Münster • New York

Bibliografische Informationen der Deutschen Nationalbibliothek
Die Deutsche Nationalbibliothek verzeichnet diese Publikation in der Deutschen Nationalbibliografie; detaillierte bibliografische Daten sind im Internet über http://dnb.dnb.de abrufbar.

Kieler Studien zur Kulturanalyse, Band 15

ISSN 2944-7984
E-ISSN 2944-7992
Print-ISBN 978-3-8309-4975-6
E-Book-ISBN 978-3-8309-9975-1

Steinfurter Straße 555, 48159 Münster

www.waxmann.com
info@waxmann.com

Umschlaggestaltung: Pleßmann Design, Ascheberg
Umschlagabbildung: Ragnar Frisch, Darstellung des Schumpeterschen Pendels. Grafik übernommen aus: Louçã, Francisco: The Years of High Econometrics. A Short History of the Generation That Reinvented Economics. London, New York 2007, S. 141.
Satz: Lisbeth Brandt, Kiel
Druck: CPI Books GmbH, Leck

Gedruckt auf alterungsbeständigem Papier, säurefrei gemäß ISO 9706

MIX
Papier aus verantwortungsvollen Quellen
FSC® C083411
FSC www.fsc.org

Klimaschutz-Beitrag
CO₂-Zertifikate 2024

Printed in Germany

Inhalt

„The real trouble with this world of ours is not that it is an unreasonable world, nor even that it is a reasonable one. The commonest kind of trouble is that it is nearly reasonable, but not quite. Life is not an illogicality; yet it is a trap for logicians. It looks just a little more mathematical and regular than it is; its exactitude is obvious, but its inexactitude is hidden; its wildness lies in wait.“[1] (Gilbert Keith Chesterton)

1 Zitat von Gilbert Keith Chesterton, das Frederick Robertson Macaulay seinem Buch über „The Movements of Interest Rates, Bond Yields, and Stock Prices in the United States since 1856“ (New York 1938) vorangestellt hat und das von Elmer Clark Bratt: Business Cycles and Forecasting. 3. Aufl. Chicago, Illinois 1949, S. 5, FN 2, erneut aufgegriffen wurde; hier zitiert nach Bratt.

Vorwort

Diese Studie wurde im September 2017 an der Universität Hamburg im Fach Empirische Kulturwissenschaft (damals noch: Volkskunde/Kulturanthropologie) als Habilitationsleistung eingereicht. Bis zur jetzigen Veröffentlichung sind einige Jahre vergangen, was nicht zuletzt an meinem zwischenzeitlichen Wechsel an die Christian-Albrechts-Universität zu Kiel und neuen beruflichen Herausforderungen lag, die Vorrang haben mussten. Bei der nun vorliegenden Publikation handelt es sich um eine überarbeitete Fassung der Qualifikationsschrift, die zudem moderat aktualisiert wurde, d. h., nach der Abgabe erschienene einschlägige Forschungsliteratur wurde unsystematisch dort, wo es sich aufdrängte, eingearbeitet.

Weder das Verfassen der Habilitationsschrift noch der Prozess der Veröffentlichung wäre ohne Austausch und Unterstützung möglich gewesen. Mein Dank gilt Prof. Dr. Sabine Kienitz und Prof. Dr. Friedemann Schmoll für das Verfassen der Gutachten im Habilitationsverfahren und die darin enthaltenen Impulse für die Überarbeitung. Prof. Dr. Norbert Fischer und Prof. Dr. Kerstin Poehls danke ich dafür, dass sie mir in ihren Kolloquien am Hamburger Institut für Empirische Kulturwissenschaft den Raum gegeben haben, meine Ideen vorzustellen und diskutieren zu lassen – sowie den jeweiligen Teilnehmenden für ihren wertvollen Input.

Helmut Leveknecht vom ZBW Leibniz-Informationszentrum Wirtschaft am Standort Hamburg half bei meinen dortigen Recherchen und gab mir wertvolle Hinweise. Birgit Gummersbach am Standort Kiel und Dr. Claus-Friedrich Laaser vom Kieler Institut für Weltwirtschaft öffneten mir nicht nur die Türen zu den Archivbeständen, sondern gaben bereitwillig Auskunft, wenn ich darüber hinaus Fragen hatte. Bedanken möchte ich mich zudem bei den Mitarbeiter:innen des Österreichischen Instituts für Konjunkturforschung in Wien sowie des Deutschen Instituts für Wirtschaftsforschung in Berlin, die sich mit meinen Archivanfragen beschäftigten und meine Recherchen unterstützten.

Ein Dank geht an die Ökonom:innen, die sich im Rahmen meiner Teilnahme an verschiedenen wirtschaftswissenschaftlichen Veranstaltungen auf den Austausch und die für sie nicht immer nachvollziehbaren Fragen der Kulturwissenschaftlerin eingelassen haben. Lutz Thalacker hat mich zu einigen dieser Veranstaltungen begleitet und die voranschreitende Arbeit mit klugen Anmerkungen unterstützt. Frank Hallmann danke ich für seine Bemühungen, mir die Technik des Fittings näherzubringen.

Mein großer Dank gilt den Menschen, die über die Jahre kontinuierlich Anteil am Entstehen der Studie genommen und diese von den ersten Ideen bis zum Abschluss begleitet, sich geduldig meine kürzeren oder längeren Ausführungen angehört und immer konstruktiv sowie in Phasen des Zweifels aufmunternd kommentiert haben. Besonders danke ich Kristin Bergemann, Dr. Christine Bischoff, Dr. Kathrin Bonacker, Tatjana Damer, Dr. Julia Fleischhack, Dr. Saskia Frank, Sarah Jäger, Urs Keller, Inga Klein und Dr. Miltiadis Zermpoulis für die vielfältigen Hinweise und Anregungen, das Mitdenken und Korrekturlesen, Laura Brammsen,

Rebecca Brenner, Rick Kool und Cora Wiggers für Nachrecherchen und Lisbeth Brandt für den Satz. Bei Dr. Andreas C. Bimmer und Prof. Dr. Martin Scharfe bedanke ich mich für das, was sie mir mitgegeben und was ich von ihnen gelernt habe (und für die wohlwollende Geduld, wenn es doch anders bei mir angekommen ist), bei Prof. Dr. Thomas Hengartner (†) für die Ermutigung und Unterstützung, den universitären Weg weiterzugehen – und für manch praktischen Tipp.

Von Herzen danke ich den Kieler Kolleg:innen und den Studierenden in Hamburg, Jena, Wien und Kiel, die sich in meinen Lehrveranstaltungen zur „Kultur der Ökonomie" auf das Thema eingelassen haben und von deren Diskussionsbeiträgen ich profitieren durfte.

Schließlich danke ich Daniela Schürbrock und Dr. Sven Solterbeck vom Waxmann Verlag für die wie gewohnt verlässliche, gute Zusammenarbeit und das nun vorliegende Ergebnis.

Meinen Eltern Ingrid und Helmut Windmüller, die meinen akademischen Werdegang immer unterstützt, sich auf mein wissenschaftliches Tun eingelassen und mich darin bestärkt haben, auch, wenn sie oft nicht wussten, worauf es hinauslaufen könnte, ist dieses Buch in dankbarer Erinnerung gewidmet.

I Rhythmen (in) der Ökonomie

1 Auftakt

In den 2010er-Jahren entwickelte die *Zentralbibliothek für Wirtschaftswissenschaften*, kurz: *ZBW*, eine neue Imagekampagne. Deren Motive lancierte die in Kiel und Hamburg ansässige, weltweit größte Spezialbibliothek für wirtschaftswissenschaftliche Literatur nicht nur auf verschiedenen Online-Plattformen, sondern ließ sie auch auf Plakate, Postkarten und Lesezeichen drucken, um „das Bild der ZBW zu stärken, klarer zu zeichnen und mit positiven Konnotationen darzustellen“[1], wie es im Jahresbericht 2013 der Bibliothek heißt. Zu den ersten Motiven einer in der Folgezeit erweiterten Palette gehört das folgende (Abb. 1).

Abb. 1: Motiv aus der Imagekampagne der Zentralbibliothek für Wirtschaftswissenschaften. URL: http://www.alles-finden-zbw.eu/ (Abrufdatum: 01.08.2017).

„Sehen Sie auch überall den Konjunkturzyklus?“, werden Rezipient:innen in einer eigens für die *ZBW* entworfenen Schrifttype rhetorisch-suggestiv gefragt, unterlegt mit einer wie beiläufig eingefangenen Szenerie an der Kieler Förde, die auf der bildlichen Ebene die bejahende Antwort gleich mitliefert.[2] Damit wird eine Vorstellung vom mehr oder weniger regelmäßigen Auf und Ab der Wirtschaft aufgerufen, die sich im Verlauf des 20. Jahrhunderts in der Konjunkturkurve stabilisierte und „normalisierte“[3] und die heute zu den zentralen Bildbeständen der Wirtschaftswis-

1 Jahresbericht 2013 der ZBW, S. 29; URL: http://www.zbw.eu/fileadmin/pdf/ueber-uns/jb-2013.pdf (Abrufdatum: 01.08.2017).

2 Weitere Motive der Kampagne fragen „Sehen Sie auch überall den Schweinezyklus?“, „Sehen Sie auch überall den Break-Even-Point?“, „Sehen Sie auch überall die Angebots- und Nachfragekurve?“ oder „Sehen Sie auch überall den Produkt-Lebenszyklus?“.

3 Zum Normalisierungsdiskurs vgl. Jürgen Link: Versuch über den Normalismus. Wie Normalität produziert wird. Opladen 1997.

senschaften, ihres Selbstverständnisses und ihrer Außenwahrnehmung gehört. So verweist etwa der Historiker Jakob Tanner in einer Studie zu den „Wirtschaftskurven", die bezeichnenderweise in einem Band mit dem Titel „Ganz normale Bilder" erschienen ist, auf die Popularität der „omnipräsenten" Wirtschaftskurve, die „längst [...] zur Normalität des Alltags"[4] gehöre. Über das visuelle Requisit der Konjunkturkurve vermag „‚die Wirtschaft'" als „von der übrigen Gesellschaft abgesonderte Wirklichkeit"[5] (so die gängige Wahrnehmung) gesellschaftliche Anschlüsse herzustellen. Kulturwissenschaftlich stellt sich hier die Frage nach den Repräsentations- und Identifikationsstrategien einer sich selbst als abstrakt und mathematisch-formalisiert verstehenden Disziplin: Wie gelingt es den Wirtschaftswissenschaften als akademische Einrichtung im gesellschaftlichen Diskurs sichtbar und wahrnehmbar zu sein? Welche Bilder werden dabei produziert, welche Semantiken aufgerufen und welche Narrative der Selbst- und Fremdwahrnehmung verbreitet?

Dass der Konjunkturkurve hier eine zentrale Position zukommt, zeigen bereits die Ergebnisse einer sporadischen Suche. So erscheint – um nur zwei willkürliche Beispiele zu nennen – das Auf und Ab der Wirtschaft in Form einer Achterbahn auf dem Titel eines Einführungscomics in die Makroökonomik (Abb. 2) und zieht sich zudem leitmotivisch durch die gesamte Publikation. Deutlich subtiler dominiert die Wirtschaftskurve – in der stilisierten Form der Sinuskurve und ornamental eingesetzt – auch das Cover eines der in den letzten Jahren meistverkauften Bücher zur Geschichte der modernen Finanzökonomie, Joseph Vogls „Gespenst des Kapitals" (Abb. 3).

Das in der vorliegenden Studie verfolgte Forschungsinteresse richtet sich jedoch weniger auf Fragen der gesellschaftlichen Vermittlung und Repräsentation vorgefertigten ökonomischen Expert:innenwissens (wofür exemplarisch die beiden Bucheinbände stehen), sondern vielmehr auf die Herausbildung, auf das Fabrizieren dieses Wissens selbst – nicht im abgeschlossenen innerfachlichen Diskursraum, sondern an der Schnittstelle zu anderen akademischen Disziplinen, zu verschiedenen Gesellschaftsbereichen und nicht zuletzt zum Feld der Alltagserfahrungen.

Auch hier bietet das Werbemotiv der *ZBW* einen ersten Hinweis, greift es doch nicht nur auf ein im Sinne Tanners öffentlich-medial gut gefestigtes Bild für wirtschaftliche Sachverhalte und Entwicklungen zurück, sondern transportiert zugleich ein Bündel sich überlagernder, gegenseitig stützender, aber auch irritierender Semantiken, die bei der Herausbildung und Stabilisierung des Expert:innenwissens der Konjunkturforschung eine nicht zu unterschätzende Rolle spielen: Neben das

---

4 Jakob Tanner: Wirtschaftskurven. Zur Visualisierung des anonymen Marktes. In: David Gugerli, Barbara Orland (Hg.): Ganz normale Bilder. Historische Beiträge zur visuellen Herstellung von Selbstverständlichkeit. Zürich 2002 (= Interferenzen. Studien zur Kulturgeschichte der Technik Bd. 2), S. 129–158; S. 131.

5 Ebd., S. 129.

Abb. 2: Grady Klein, Yoram Bauman: The Cartoon Introduction to Economics. Bd. 2: Macroeconomics. New York 2012 (Cover).

Abb. 3: Joseph Vogl: Das Gespenst des Kapitals. Zürich 2010 (Cover).

mechanisch organisierte Auf und Ab der scharf gezeichneten Form der Brücke[6] im Bildhintergrund, das sofort ins Auge springt, schiebt sich im Vordergrund – in unscharfer Auflösung – eine Person in Sportbekleidung ins Blickfeld, wobei die Kamera einen Ausschnitt ihrer Laufbewegung einfriert, der den Kopf nicht mit erfasst. In der darstellerischen Beschränkung auf die Körpermitte werden Assoziationen zu „Körperkurven", muskulärer Spannung sowie rhythmischer Bewegungsorganisation des Menschen geweckt und damit den technisch-mechanischen Implikationen organische zur Seite gestellt.

Dass diese semantische Spannweite nicht erst im Nachgang in die Konjunkturforschung hineingelegt wurde, sondern bereits ihre Formierung und Etablierung als Subdisziplin der Ökonomik begleitete, soll im Verlauf der Untersuchung herausgearbeitet werden. Im Mittelpunkt steht dabei die Frage, wo und wie in der wirtschaftswissenschaftlichen Fachdiskussion – hier im Feld der frühen Konjunkturforschung – Rückgriffe und Bezugnahmen auf die Idee des Zyklischen, der Rhythmizität zu finden sind und wie diese Orientierung am Rhythmus, die sich nicht zuletzt in Formulierungen wie der „‚Wellenbewegung' des Wirtschaftslebens"[7] oder der

6 Es handelt sich um die Hörnbrücke, eine dreigliedrige Faltbrücke in der Kieler Förde, die aufgrund ihres technischen Mechanismus über Kiel hinaus Bekanntheit erlangte.

7 Joseph A. Schumpeter: Theorie der wirtschaftlichen Entwicklung. Leipzig 1912, S. 457.

„fundamentalen Tatsache rhythmischer Schwankungen der Wirtschaftsaktivität“[8], in Vorstellungen vom „rhythmical agent“[9] oder „truly rhythmic element“[10] der Ökonomie zeigt, als wegweisendes Moment der wirtschaftswissenschaftlichen Wissensbildung fungiert. „Practically all students who have made studies of business fluctuations in the past quarter of a century look at the rhythmical phenomena as a cyclical movement“[11], schreibt 1925 der Ökonom und Konjunkturforscher Arthur B. Adams. Dabei affizierte das (handlungsleitende) „Denken in Archetypen der Wellenbewegung“[12] nicht nur die im Feld der Konjunkturforschung aktiven Wissenschaftler:innen, sondern formte gleichermaßen auch die gesellschaftliche Erwartungshaltung an deren Erkenntnisarbeit.

Diese substanzielle, ja konstitutive Prägung einer ganzen Forschungsrichtung bewegt sich – und das macht sie für eine breit ausgerichtete Kulturwissenschaft wie die Europäische Ethnologie/Empirische Kulturwissenschaft interessant – im (intellektuellen wie erfahrungsweltlichen, kognitiven wie physisch-sinnlichen) Resonanzraum einer zeitgleichen, durch verschiedene wissenschaftliche wie gesellschaftliche Felder verbreiteten allgemeinen Rhythmuseuphorie[13], die auch den referenziellen Rahmen der folgenden Untersuchung liefert. Die ökonomische Konjunkturforschung profitiert von dieser übergreifenden Beschäftigung mit dem Rhythmischen und schreibt sich zugleich in die Auseinandersetzung ein. Sie wird Teil eines interferentiellen Feldes, dessen Einbezug – so die den Ausgangspunkt der Studie bildende, im Folgenden zu diskutierende Annahme – maßgeblich für das Verständnis der ökonomischen Konjunkturforschung, ihrer epistemischen Bewegungen, Dynamisierungen und Verfestigungen der generierten Wissensbestände wie des Forschungsbereichs selbst ist.

Das analytische Programm der vorliegenden Untersuchung rückt bewusst die ökonomische Theoriebildung in den (alltags-)kulturwissenschaftlichen Fokus. Es schließt an die wissenstheoretische Grundannahme an, dass über ökonomisches Expert:innenwissen wirtschaftliches Handeln nicht nur erfasst, sondern entscheidend mit konstituiert wird und dass entsprechend das den wirtschaftlichen Alltagspraktiken zugrunde liegende Erfahrungswissen in seinen verschiedenen Facetten und Erscheinungsformen an diesem Expert:innenwissen ein- und ausgerichtet

8 Wesley C. Mitchell: Der Konjunkturzyklus. Problem und Problemstellung. Nach der vom Verfasser durchgesehenen und ergänzten Originalausgabe hg. v. Eugen Altschul. Leipzig 1931 [Orig. 1927], S. 461.

9 Ernst W. Swanson: Scandinavian Business Cycle Theory 1898–1936. A Part of a Dissertation Submitted to the Faculty of the School of Business in Candidacy for the Degree of Doctor of Philosophy, August 1940. Chicago (IL) 1944, S. 194.

10 Ebd., S. 186.

11 Arthur B. Adams: Economics of Business Cycles. New York, London 1925, S. 30.

12 Hans-Werner Schiefer: Konjunkturtheorie und Konjunkturindikatoren. Ein kritischer Beitrag zu dem Konzept der Konjunkturindikatoren des National Bureau of Economic Research. München 1968, S. 33.

13 Vgl. Kap. IV.

wird.[14] Andersherum, und darin liegt die Erweiterung der Perspektive, wirken aber auch verschiedene gesellschaftliche Bereiche, kollektive Erwartungshaltungen, Vorstellungen und Bedürfnisse auf die ökonomische Theoriebildung ein. Hier eröffnet sich ein ebenso herausforderndes wie ertragreiches Forschungsfeld speziell auch für eine kulturanthropologische Wissenschaftsforschung. „Wirtschaft" erscheint in dieser Perspektive nicht lediglich als ein Bündel unterschiedlich gelagerter ökonomischer Praktiken, sondern es erfolgt zugleich eine Sensibilisierung dafür, dass – so der Wissenschaftssoziologe und Diskursanalytiker Jens Maeße – „die Hervorbringung eines Gegenstandsbereiches als ‚ökonomisch' selbst ein Effekt von Macht und Diskurs in Wissenschaft und Gesellschaft"[15] ist. Neben eine Betrachtung gegenwärtiger Interdependenzen und Interferenzen tritt der Blick auf die „Gemachtheit" ökonomischer Wissensbestände in jeweils spezifischen Umfeldern.

2 Verortungen

Dieses Buch handelt von einer Idee: der Idee des Rhythmischen. Und es handelt von einem disziplinären Feld der wissenschaftlichen Erkenntnisproduktion: den Wirtschaftswissenschaften (Ökonomik) – und hier speziell der Konjunkturforschung in ihrer Anfangs- und Hochphase. Damit scheinen zunächst kaum Anschlussmöglichkeiten an aktuelle Forschungsschwerpunkte und perspektivische Ausrichtungen der Europäischen Ethnologie/Empirischen Kulturwissenschaft gegeben zu sein. Zwar rücken mit den inzwischen verstärkt rezipierten transdisziplinären *Science Studies* auch Orte und Praktiken der akademischen Wissensproduktion ins disziplinäre Blickfeld, jedoch bleiben die Wirtschaftswissenschaften – im Vergleich etwa zum Feld der Naturwissenschaften, speziell der Lebenswissenschaften – auffallend unterrepräsentiert.[16] Und wo sich das Fach bisher mit ökonomischer Theoriebildung

14 Vgl. hier insbesondere die wegweisenden Überlegungen von Michel Callon, der die Einbettung ökonomischer (Markt-)Praxis in die ökonomische Theoriebildung betont: ders.: Introduction: the Embeddedness of Economic Markets in Economics. In: ders. (Hg.): The Laws of the Markets. Oxford, Malden (MA) 1998, S. 1–57; S. 30. Vgl. dazu auch die Ausführungen in Kap. III.

15 Jens Maeße: Diskursforschung zur Ökonomie. In: Johannes Angermuller u. a. (Hg.): Diskursforschung. Ein interdisziplinäres Handbuch. 2 Bde Bielefeld 2014. Bd. 1: Theorien, Methodologien und Kontroversen, S. 300–316; S. 301.

16 Eine vergleichbare Einschätzung für das interdisziplinäre Feld der *Science Studies* insgesamt findet sich aus soziologischer Perspektive bei Werner Reichmann: Die Disziplinierung des ökonomischen Wandels. Soziologische Analysen der Konjunkturforschung in Österreich. Marburg 2010 (= Beiträge zur Geschichte der deutschsprachigen Ökonomie Bd. 37), S. 37. Vgl. in diesem Zusammenhang auch den Hinweis von Stefan Scholl auf das Desiderat einer historischen Dimensionierung der Wissenschaftsforschung zur Ökonomik: „Nimmt man […] das Credo ernst, dass es kulturgeschichtlichen Ansätzen nicht um bestimmte ‚kulturelle' Objekte oder Phänomene neben ‚politischen', ‚ökonomischen' etc. geht, sondern um die Fragen nach zeitgenössischen ‚Bedeutungen, Wahrnehmungs-

beschäftigt hat, fand dies vor allem mit Blick auf Effekte für die ökonomische Praxis, das „Wirtschaften"[17], statt.

Mit ihrer weitgehenden Konzentration auf fachwissenschaftliche Publikationen der Ökonomik als zentralen empirischen Quellen (also quasi den ‚Endprodukten' des Prozesses akademischer Wissensarbeit) einerseits und einem ideenorientierten Erkenntnisinteresse wie den daran entwickelten heuristischen Grundannahmen andererseits, stellt die Studie zudem eine doppelte Herausforderung für aktuelle fachliche Konventionen, für etablierte und als charakteristisch propagierte Zugänge dar, hat sich doch seit einiger Zeit (spätestens mit dem paradigmatischen Ruck in Richtung Ethnologie bei gleichzeitigem Einflussverlust der historisch engen Verbindungen zu anderen kulturwissenschaftlichen Disziplinen wie der Germanistik oder der Kunstgeschichte, aber auch der Kulturphilosophie) eine Ausrichtung der Forschungsprogrammatiken wie der empirischen Forschungsdesigns auf (vornehmlich gegenwärtige) Akteur:innen und Praktiken durchgesetzt – sowie, unter dem Einfluss der *Actor-Network theory*, eine (Re-)Sensibilisierung für Materialitäten und deren *agency*. Dagegen sieht sich die vorliegende Untersuchung in ihrem heuristischen Impetus in einer aktuell nicht sehr starken Tradition volkskundlicher Forschungsarbeiten, die explizit Ideen und deren konstitutiven Charakter in Denk- und Handlungsprozessen in den analytischen Fokus rücken.[18]

---

weisen und Sinnstiftungen' dieser Phänomene insgesamt (Daniel 2006: 17), dann stehen Historisierungen des Gegenstandes der Wirtschaftsgeschichte selbst noch weitgehend aus"; ders.: Das Politische als ‚konstitutives Außen' des Ökonomischen. Grenzziehungen zwischen ‚Wirtschaft' und ‚Politik' in historischer Perspektive. In: Inga Klein, Sonja Windmüller (Hg.): Kultur der Ökonomie. Zur Materialität und Performanz des Wirtschaftlichen. Bielefeld 2014 (= Edition Kulturwissenschaft Bd. 25), S. 235–257; S. 236.

17 Vgl. hier aktuell den gleichnamigen 41. Kongress der Deutschen Gesellschaft für Volkskunde 2017, der kurz nach der Einreichung dieser Habilitationsschrift stattgefunden hat. Im Vorwort des Kongressbandes ist die das Fach prägende Perspektive auf Ökonomie so formuliert: Es wird „danach gefragt, welche Erfahrungen die Individuen in gegebenen gesellschaftlichen Strukturen und wirtschaftlichen Verhältnissen machen, welche Strategien und Praktiken sie dabei entwickeln und welche Formen gemeinschaftlichen Handelns und der Gruppenzusammengehörigkeit sie konstituieren." Karl Braun u. a.: Vorwort. In: dies. (Hg.): Wirtschaften. Kulturwissenschaftliche Perspektiven. Marburg 2019, S. 11 f.; S. 11.

18 Zu denken ist hier etwa an Auseinandersetzungen mit Denkgebäuden und kulturphilosophischen Konzepten in ihrer Wirkkraft auf die Fachgeschichte (vgl. exemplarisch Harm-Peer Zimmermann: Ästhetische Aufklärung. Zur Revision der Romantik in volkskundlicher Absicht. Würzburg 2001; Martin Scharfe: Menschenwerk. Erkundungen über Kultur. Köln, Weimar, Wien 2002) sowie an Studien zu Kulturbegriff und -verständnis (vgl. Sabine Eggmann: „Kultur"-Konstruktionen. Die gegenwärtige Gesellschaft im Spiegel volkskundlich-kulturwissenschaftlichen Wissens. Bielefeld 2009) oder alltagsweltlichen Konzepten (vgl. Brigitta Schmidt-Lauber: Gemütlichkeit. Eine kulturwissenschaftliche Annäherung. Frankfurt/Main 2003) und nicht zuletzt an Forschungsrichtungen wie die Stereotypen- und Vorurteilsforschung. Gemeinsam ist den

Die Studie will hier nicht zuletzt den europäisch-ethnologischen/empirisch-kulturwissenschaftlichen Blick (erneut) weiten und einen Beitrag des Faches zur interdisziplinären neueren Ideenforschung leisten sowie andersherum eine derart gelagerte Forschungsperspektive in der europäisch-ethnologischen/empirisch-kulturwissenschaftlichen Kulturanalyse stärken. Dazu gehört auch, dass die analytische Bewegung im Forschungsfeld keine per se offene ist – wie sie in der Tradition der „Grounded Theory" angestrebt wird –, sondern vielmehr im Modus einer intentionalen Spurensuche stattfindet.[19] Dabei profitiert der Ansatz aber zugleich stark von Zugängen, die in der jüngeren Fachgeschichte erprobt und etabliert worden sind. Elementar für die gewählte Ausrichtung ist der Blick auf das Prozessuale von Wissensarbeit, auf die Akteur:innen und Praktiken der Hervorbringung in spezifischen „Resonanzräumen"[20], kurz: auf das „doing science" bzw. „science in the making"[21], wie es etwa die Wissenschaftssoziologen Bruno Latour und Steve Woolgar schon 1979 formuliert haben und das seitdem permanent konzeptuell weiterentwickelt worden ist.[22]

3 Forschungsperspektive Rhythmus

In nahezu allen gesellschaftlichen Bereichen lassen sich Rekurse auf Rhythmus als (eigentümlich unhinterfragtes, dabei aber nahezu durchgängig positiv konnotiertes) Praxis-, Erfahrungs- und Deutungsmodell finden. Auch in heuristischen Programmen unterschiedlicher wissenschaftlicher Disziplinen haben Rhythmus-Vorstellungen ihren Platz – und dies gilt auch und nicht zuletzt für die gerne als „Sonderwissenschaft" behauptete Ökonomik. Hier spürt die vorliegende Studie

---

letztgenannten Ansätzen und Studien allerdings, dass die Beschäftigung mit Ideen eher implizit stattfindet und auch hier vor allem eine an Praktiken und Performanzen orientierte Perspektive dominiert.

19 Inspiriert ist dieser Zugang unter anderem von Überlegungen, die Martin Scharfe zu den Bagatellen als volkskundlichem Forschungsgegenstand entwickelt hat; ders.: Bagatellen. Zu einer Pathognomik der Kultur. In: Zeitschrift für Volkskunde 91/1995, H. 1, S. 1–26; insb. S. 7 f.

20 Zum Begriff der Resonanz vgl. Hartmut Rosa: Resonanz. Eine Soziologie der Weltbeziehung. Berlin 2016; Karsten Lichau, Viktoria Tkaczyk, Rebecca Wolf (Hg.): Resonanz. Potentiale einer akustischen Figur. München 2009.

21 Bruno Latour, Steve Woolgar: Laboratory Life. The Construction of Scientific Facts. Introduction by Jonas Salk. Beverly Hills (CA) 1979, S. 44. Vgl. auch Latours Formulierung der „science in action"; ders.: Science in Action. How to Follow Scientists and Engineers through Society. Cambridge (MA) 1987.

22 Vgl. hier die Vielzahl der in den letzten Jahren im Feld der *Science and Technology Studies* (STS) erschienenen Studien und Überblickswerke, exemplarisch für die Europäische Ethnologie/Empirische Kulturwissenschaft Stefan Beck, Jörg Niewöhner, Estrid Sørensen (Hg.): Science and Technology Studies. Eine sozialanthropologische Einführung. Bielefeld 2012.

der Wirkmächtigkeit des vermeintlichen „Universalmodells Rhythmus" nach und fragt in einem exemplarischen Feld nach seinen (spezifischen wie übergreifenden) kulturellen Grundierungen. Die dabei eingenommene Perspektive ist keine ökonomische; sie nimmt entsprechend Verschiebungen vertrauter wirtschaftshistorischer Zuschnitte und Akzentuierungen vor und führt auch Ansätze, Zugänge und Denkrichtungen zusammen, die in der wirtschaftswissenschaftlichen Literatur gemeinhin voneinander getrennt, aber etwa auch mit unterschiedlicher fachhistorischer Relevanz bedacht werden. Bewusst einbezogen werden Denkansätze und Argumentationslinien, die sich im disziplinengeschichtlichen Rückblick nicht durchgesetzt haben, ja die bisweilen schon bei den zeitgenössischen Fachvertreter:innen keine Akzeptanz fanden, dennoch aber zur Figurierung und Verdichtung der Idee vom Rhythmus der Wirtschaft entscheidend beitrugen.

Das Forschungsinteresse gilt der Frage, inwieweit und an welchen Stellen gesellschaftliche Leitvorstellungen – hier Vorstellungen rhythmischer Modulation und Organisation – Eingang in die Praxis der ökonomischen Theoriebildung wie der empirischen Erfassung und analytischen Beschreibung ökonomischer Sachverhalte finden, aber auch, wie sie aus dieser heraus in andere gesellschaftliche Bereiche zurückwirken: Wo, wie und von wem forciert wird in der Ökonomik mit der – kognitiven wie physischen – „Wissensfigur des Rhythmus"[23] gearbeitet? Wie sind Ideen von Konjunktur und (weiter gefasst) von Wirtschaft(stheorie) in diesem zentralen Feld ökonomischer Wissenschaft im frühen 20. Jahrhundert im Rückgriff auf Rhythmusmodelle organisiert? Wie wird ökonomische Wissensproduktion (und damit auch die wirtschaftliche Praxis als gesellschaftliches Kräftefeld) entsprechend orchestriert? Welche Effekte entwickeln Rhythmusvorstellungen, ihre Formierungs- und Sinnstiftungsangebote in einem vermeintlich „reinen"[24] und abstrakten (statistisch-mathematisch angeordneten) Theoriefeld? An welchen Gegenmodellen werden (bewusst oder unbewusst) die eingesetzten Rhythmuskonzepte geschärft? Inwieweit finden Neukonzeptualisierungen statt und sind diese wiederum anschlussfähig an andere Bereiche? Wo werden semantische Räume eröffnet oder auch verengt – und lassen sich dabei argumentative Registerwechsel beobachten? Welche (gewollten und ungewollten) diskursiven wie praktischen Bezüge bieten sie an und welche Reaktionen darauf lassen sich beobachten? Welche gesellschaftlichen (Wert-)Vorstellungen, Bedürfnisse und Erwartungen werden mithin aufgegriffen, (re-)figuriert und dabei stabilisiert oder irritiert?

Die Analyse verfolgt ein doppeltes, konstitutiv transdisziplinäres Anliegen: Zum einen will das Vorhaben einen Beitrag zur (interdisziplinären) Rhythmusforschung und allgemeiner: zu einer diskursanalytisch wie praxeologisch informierten Ideengeschichte leisten und hier den Wissensstand auch theoretisch und methodologisch

23 Janina Wellmann: Die Form des Werdens. Eine Kulturgeschichte der Embryologie, 1760–1830. Göttingen 2010, S. 58.

24 „Pure economics" hat sich als ein englischsprachiger Ausdruck für Wirtschaftstheorie bzw. allgemeine Volkswirtschaftslehre durchgesetzt.

vorantreiben. Zum anderen versteht sich die Studie als Beitrag zur immer noch deutlich unterentwickelten kulturwissenschaftlichen, historisch dimensionierten Wirtschaftstheorieforschung sowie zum kaum begonnenen interdisziplinären Dialog zwischen Kultur- und Wirtschaftswissenschaften, indem sie Impulse für eine Neujustierung vorherrschender Grundannahmen – allen voran die Behauptung unterschiedlicher, voneinander getrennter diskursiver Sphären, aber etwa auch die heuristische Grenzziehung zwischen innerwissenschaftlicher Praxis und gesellschaftlicher Vermittlung – geben möchte.

4 Gang der Arbeit

Die Arbeit besteht aus insgesamt acht Kapiteln. Nach den einleitenden Bemerkungen (Kap. I) liefert das folgende Kapitel II einen Überblick über das Forschungsfeld. Zunächst (Kap. II.1) werden wesentliche Entwicklungslinien der sich herausbildenden wirtschaftswissenschaftlichen Konjunkturforschung skizziert und dabei Stationen der Institutionalisierung, Forschende und ihre jeweiligen Ansätze in den wechselseitigen Bezugnahmen vorgestellt. Kapitel II.2 beschäftigt sich mit der Frage, wie eine kulturwissenschaftliche Perspektive auf dieses Feld – die Wissensarbeit in einer zunächst unvertrauten akademischen Disziplin in einem bestimmten Zeitschnitt – aussehen kann, wo Zugänge für einen europäisch-ethnologischen/empirisch-kulturwissenschaftlichen Ansatz und seine Potenziale liegen. Kapitel II.3 gibt einen Einblick in den Forschungsstand, Kapitel II.4 stellt Material und empirische Zugänge der Studie vor.

Kapitel III dient der theoretischen Verständigung. Dabei wird nach einem kurzen Abriss der europäisch-ethnologischen/empirisch-kulturwissenschaftlichen Beschäftigung mit dem Themenfeld Wirtschaft und deren fachspezifischen Schwerpunkten und Akzentuierungen (Kap. III.1) eine Verortung der Studie im interdisziplinären Forschungsfeld der sozial- und kulturwissenschaftlichen Auseinandersetzung mit der Ökonomik vorgenommen (Kap. III.2). Mit einem begriffs- und diskursanalytischen Ansatz, der sich insbesondere mit Narrativen und sprachlichen Bildbeständen der Wirtschaftswissenschaften beschäftigt, sowie der im Rahmen der jüngeren *Science Studies* verfolgten Forschungsperspektive auf Akteur:innen, Praktiken und Performanzen werden zwei große Richtungen der kulturwissenschaftlichen Wirtschaftswissenschaftsforschung identifiziert, die sich zunehmend auch wechselseitig informieren. In der konsequenten Zusammenführung beider Perspektiven wird das eigene heuristische Programm entwickelt (Kap. III.3), in dessen Mittelpunkt das epistemische Konstrukt der ‚Denk- und Praxisfigur' steht.

Kapitel IV widmet sich der interdisziplinären Rhythmusforschung und hier verschiedenen Perspektivierungen, die in den analytischen Hauptteilen der Untersuchung nutzbar gemacht werden sollen. Nach kurzen einführenden Überlegungen (IV.1) folgt ein erster Aufriss zum Zusammenhang von Wirtschaft und Rhythmus (IV.2). Das folgende Unterkapitel (IV.3) beschäftigt sich mit der Faszination am

Rhythmus, wie sie sich insbesondere im späten 19. und frühen 20. Jahrhundert zeitgleich in unterschiedlichen wissenschaftlichen Feldern wie auch in der gesellschaftlichen Wahrnehmung ausgebreitet hat. Auf dieser Basis wird dann ein (keinesfalls vollständiger, sondern vielmehr auf das eigene Forschungsvorhaben hin ausgerichteter) Katalog kulturwissenschaftlicher Forschungsperspektiven auf Rhythmisches entworfen (IV.4), der – nochmal verdichtet in den abschließenden Bemerkungen (IV.5) – zugleich eine Operationalisierung der Rhythmusforschung im Hinblick auf die nachfolgende Analyse der Denk- und Praxisfigur Rhythmus in der sich herausbildenden ökonomischen Konjunkturforschung darstellt.

Der erste analytische Hauptteil (Kap. V) setzt sich mit der Aufgabe und den Funktionen auseinander, die der Idee des Rhythmischen in der Wirtschaftsforschung zuerkannt bzw. zugewiesen wurden, die diese aber auch selbst zu entfalten vermochte. Im Zentrum der empirischen Annäherungen stehen dabei die funktionalen, strategisch-technischen Dimensionen der wirtschaftswissenschaftlichen Beschäftigung mit Rhythmus, die immer auch selbst ‚Arbeit am Rhythmus' ist (Kap. V.1). Die Unterkapitel widmen sich der Rolle der Idee des Rhythmischen – und speziell der Vorstellung vom „Idealzyklus" bzw. „Normalzyklus" – im Prozess der Herausbildung einer neuen ökonomischen Subdisziplin (Kap. V.2), den Techniken und Strategien, Praktiken und Verfahren der „Sichtbarmachung" rhythmischer Wirtschaftsverläufe (Kap. V.3) sowie abschließend – in grundsätzlicherem Blickwinkel – den dafür gewählten und zum Einsatz gebrachten Erkenntnismodi (Kap. V.4).

Dass dieses „doing rhythm" keineswegs im luftleeren Raum entsteht, sondern vielmehr Vorstellungen, Konzepte und Praktiken aus anderen akademischen Disziplinen, aber etwa auch allgemeines Erfahrungswissen aufnimmt und darüber Evidenz herstellt, lässt sich an den Techniken, aber auch an den Semantiken der konjunkturwissenschaftlichen Rhythmusarbeit zeigen. Letztere stehen im Zentrum des zweiten analytischen Hauptteils der Studie (Kap. VI), in dem die vielfältigen Rückbindungen der ökonomischen Rhythmusvorstellungen an akademisches wie allgemeines Erfahrungswissen aus unterschiedlichen Referenzfeldern ausdifferenziert werden (einleitend Kap. VI.1). Neben dem Wetter, der Meteorologie und Kosmologie (Kap. VI.2) werden semantische Linien zwischen Ökonomie und Physik – insbesondere Mechanik – (Kap. VI.3) herausgearbeitet. Weitere Unterkapitel beschäftigen sich mit organischen Rhythmuskonzepten der Konjunkturforschung (Kap. VI.4), mit dem Zusammenhang von Zyklizität und Prognostik (Kap. VI.5) sowie mit der Ästhetik des Rhythmischen (Kap. VI.6). Das kürzere letzte analytische Kapitel VII greift noch einmal die Potenziale des Rhythmus als Konnektivitäts- und Resonanzfigur auf (Kap. VII.1), führt diese exemplarisch an zwei Fallbeispielen – dem im Jahr 1930 initiierten Konjunkturwettbewerb des Kieler *Instituts für Weltwirtschaft und Seeverkehr* (Kap. VII.2) sowie der 1941 von einem Ökonomen gegründeten *Foundation for the Study of Cycles* (Kap. VII.3) – vor und diskutiert die Beobachtungen abschließend im größeren Zusammenhang der transdisziplinären Netzwerkforschung (Kap. VII.4).

Beschlossen wird die Studie durch eine Zusammenfassung und einen Ausblick, der die in der Auseinandersetzung mit der Herausbildungs- und ersten Hochphase der Konjunkturforschung angestellten Überlegungen über den gewählten Zeitschnitt hinaus verlängert (Kap. VIII).

II Ökonomische Konjunkturforschung: das analytische Feld

1 Die frühe Konjunkturforschung – erste Vermessungen

1.1 „Modewissenschaft" und mehr: Anfänge und Positionierungen

Mit der Konjunkturforschung wird ein Wissenschaftsfeld als Gegenstand der Untersuchung gewählt, das in mehrfacher Hinsicht Bedeutung in der Ökonomik und darüber hinaus entwickelte, wobei dessen Forschungsbestrebungen wie Expertise nicht nur auf innerwissenschaftliches, sondern auch auf ein starkes gesellschaftliches wie gesellschaftspolitisches Interesse stießen. Das sich innerhalb kurzer Zeit institutionalisierende Forschungsgebiet stellte – und das macht es für eine wissen(schaft)s-analytische Perspektive besonders interessant – so etwas wie ein Querschnittsfeld der Wirtschaftswissenschaften in einer disziplinären Umbruchzeit dar, in dem Vertreter:innen verschiedener Richtungen, Theoretiker:innen und Empiriker:innen, unterschiedliche Schulen, Ansätze und Perspektiven aufeinandertrafen. Es zeigte sich zudem als Innovationsmotor in epistemologischer wie in methodisch-methodologischer Hinsicht. Nicht zuletzt entwickelte sich hier mit der Ökonometrie die heute dominante, durch mathematische Verfahren und Modellbildung geprägte generelle Ausrichtung der Wirtschaftswissenschaften.

„Business cycles, and their rhythms, have long fascinated and perplexed economists"[1], konstatieren die US-amerikanischen Finanzexperten Phil Davies und Joe Mahon. Entsprechend werden, auch von Vertreter:innen der Konjunkturforschung selbst, Ansätze eines periodischen Wirtschaftsverständnisses weit vor die Herausbildung des spezifischen Wissenschaftsfeldes datiert (prominent ist hier der Hinweis auf das biblische Motiv der sieben fetten und sieben mageren Jahre[2]). Die Historiographie der Wirtschaftswissenschaften sieht die Anfänge einer dezidiert analytischen Auseinandersetzung mit Konjunkturphänomenen zumeist in den 1860er-Jahren, bei den vergleichenden Studien des französischen Arztes und Wirtschaftsforschers Clément Juglar zur Periodizität ökonomischer Verläufe.[3] Wenn

---

1 Phil Davies, Joe Mahon: The Meaning of Slutsky. The Insight of an Obscure Soviet Statistician – that Random Processes Can Form Cyclical Patterns – Has Profoundly Shaped Our Understanding of Economic Booms and Recessions. In: The Region 12/2009, S. 13–16, 42–46; S. 13.

2 Dass dieses Narrativ auch heute noch von Mitarbeiter:innen von Konjunkturforschungsinstituten aufgerufen wird, zeigen unter anderem die von Werner Reichmann im Zuge seiner Untersuchung geführten Interviews; vgl. ders.: Die Disziplinierung des ökonomischen Wandels (2010), S. 78 f.

3 Clément Juglar: Des crises commerciales et de leur retour périodique en France, en Angleterre et aux États-Unis. Paris 1862. Die Bezeichnung „Konjunkturforschung" wurde allerdings erst Jahrzehnte später verwendet, während noch bis nach dem Ersten Weltkrieg von „Krisentheorie" und „Krisenforschung" die Rede war; vgl. Bernd Kulla: Die Anfänge der empirischen Konjunkturforschung in Deutschland 1925–1933. Berlin

sich auch in den folgenden Jahrzehnten ähnlich gelagerte Überlegungen finden lassen, ist die Konjunkturforschung doch vor allem ein Phänomen des beginnenden 20. Jahrhunderts, in dem sich die Bemühungen um eine „systematische, auf immer elaborierteren statistischen Methoden beruhende Konjunkturbeobachtung“[4] mehrten und schließlich gar zum „core subject of the 1930s“[5] in den Wirtschaftswissenschaften verdichteten. Ludwig von Mises vermerkte 1928 in seiner Abhandlung über „Geldwertstabilisierung und Konjunkturpolitik“, dass im Hinblick auf die Konjunkturtheorie, „vielleicht nicht ganz mit Unrecht, von einer national-ökonomischen Mode gesprochen“[6] werde – so wie zwei Jahre zuvor in nahezu identischer Diktion Adolf Löwe für die Disziplin selbst wie auch ihre gesellschaftliche Wahrnehmung auf eine „eigenartige Entwicklung“ der Konjunkturforschung verwies: „Sie ist Modewissenschaft geworden und erfreut sich weit über die engeren Fachkreise hinaus des allgemeinen Interesses auch der Wirtschaftspolitiker und der praktischen Geschäftswelt. Ihr Gegenstand wie ihre neu gewonnenen Methoden prädestinieren sie zu dieser Rolle.“[7] Walter Hahn sah die Konjunkturanalyse 1929 als „eine junge

---

1996 (= Volkswirtschaftliche Schriften Bd. 464), S. 13. Mitchell erinnert daran, dass bereits 1833 der englische Journalist John Wade in „History of the Middle and Working Classes“ einen „kommerziellen Zyklus“ mit „wechselnden Perioden von Prosperität und Depression“ angenommen hatte, an den Juglar anknüpfen konnte; Mitchell: Der Konjunkturzyklus (1931), S. 10. Auch Karl Marx wird aufgrund seines zyklischen Wirtschaftsverständnisses gelegentlich als einer der Vordenker der Konjunkturforschung angeführt. Vgl. u. a. Alvin Harvey Hansen: Business-Cycle Theory. It's Development and Present Status. Boston u. a. 1927, S. 60 f.; Adolf Löwe: Der gegenwärtige Stand der Konjunkturforschung in Deutschland. In: Moritz Julius Bonn, Melchior Palyi (Hg.): Die Wirtschaftswissenschaft nach dem Kriege. Neunundzwanzig Beiträge über den Stand der deutschen und ausländischen sozialökonomischen Forschung nach dem Kriege. Festgabe für Lujo Brentano zum 80. Geburtstag. Bd. 2: Der Stand der Forschung. München, Leipzig 1925, S. 329–377; S. 334. Vgl. auch Toni Negri: Zyklus und Krise bei Marx. Internationale Marxistische Diskussion 26. Berlin 1972. Schumpeter spricht von Marx‘ Konjunkturtheorie als „the great ‚unwritten chapter‘ of his work“. Joseph A. Schumpeter: History of Economic Analysis. Edited from Manuscript by Elizabeth Boody Schumpeter and with an Introduction by Mark Perlman. London 1954, S. 1097. Einen Eindruck von der Vorgeschichte der engeren Konjunkturforschung gibt Eugen von Bergmann: Die Wirtschaftskrisen. Geschichte der Nationalökonomischen Krisentheorieen. Stuttgart 1895, S. 235–260 (Abschnitt „Die Lehren von der Periodizität der Krisen“).

4 Tanner: Wirtschaftskurven (2002), S. 147.

5 Francisco Louçã: The Years of High Econometrics. A Short History of the Generation That Reinvented Economics. London, New York 2007, S. 2.

6 Ludwig von Mises: Geldwertstabilisierung und Konjunkturpolitik. Jena 1928, S. 1.

7 Adolf Löwe: Wie ist Konjunkturtheorie überhaupt möglich? In: Weltwirtschaftliches Archiv 24/1926, S. 165–197; S. 165. Ulf Beckmann erinnert daran, dass Löwe den Begriff „Modewissenschaft“ für die Konjunkturforschung verschiedentlich verwendete; vgl. Ulf Beckmann: Von Löwe bis Leontief. Pioniere der Konjunkturforschung am

Wissenschaft. Um so bemerkenswerter ist das allgemeine, fast modische Aufsehen, das sie gegenwärtig weit über die Kreise der Wissenschaft hinaus erregt."[8] Franz A. Wallau stellte 1931 im Anschluss an einen zweijährigen USA-Aufenthalt fest, „daß die amerikanische Allgemeinheit wohl nur wenigen Zweigen der Volkswirtschaftslehre ein solches Interesse entgegenbringt wie der Konjunkturforschung".[9] Und kaum später, im Jahr 1936, bilanzierte der Präsident der *Harvard Economic Society*, Charles Bullock, bereits: „International coöperation in the study of economic conjuncture is now *fait accompli*; and it has all come to pass in the brief period of seventeen years."[10]

Diese augenfällige Verdichtung, die Wucht, mit der sich eine neue Perspektivierung wirtschaftlicher Phänomene in der wissenschaftlichen Disziplin selbst wie auch in ihrer gesellschaftlichen Beachtung innerhalb einer kurzen Zeitspanne festzusetzen vermochte,[11] gilt es im Blick zu behalten – auch in Relation zu dem Wirtschaftsverständnis, gegen das sie in Position gebracht wurde: Im Selbstverständnis der Wirtschaftsforschung löste die Konjunkturanalyse krisentheoretische Ansätze ab. „Das, was wir eine Wirtschaftskrise nennen, also jener mehr oder weniger dramatische Starrkrampf des Wirtschaftslebens ist nur eine kurze Phase, nur ein Taktteil in jenem großen allgemeinen Rhythmus, dem das gesamte moderne Wirt-

Kieler Institut für Weltwirtschaft. Marburg 2000 (= Beiträge zur Geschichte der deutschsprachigen Ökonomie Bd. 15), S. 443. Werner Reichmann wiederum verweist darauf, „dass Moden Trends setzen", und sieht darin eine Bestärkung für die „These […], dass die Konjunkturforschung eine Rolle als Innovatorin mit Signalwirkung spielte"; ders.: Die Disziplinierung des ökonomischen Wandels (2010), S. 179.

8 Walter Hahn: Die statistische Analyse der Konjunkturschwingungen. Eine Einführung. Jena 1929 (= Probleme der Weltwirtschaft Bd. 47), S. V.

9 Franz A. Wallau: Ueber amerikanische Wirtschafts- und Börsenprognosen. In: Bank-Archiv. Zeitschrift für Bank- und Börsenwesen 30/1931, H. 13, S. 291–295; S. 291.

10 Charles J. Bullock: International Collaboration in the Study of Economic Conjuncture. In: ders. u. a.: Beiträge zur Konjunkturlehre. Festschrift zum zehnjährigen Bestehen des Instituts für Konjunkturforschung. Hamburg 1936, S. 21–54; S. 21. Vgl. auch aus der Distanz einiger Jahrzehnte Jens Christopher Andvig: Ragnar Frisch and Business Cycle Research during the Interwar Years. In: Mark Blaug (Hg.): Pioneers in Economics. Bd.: Irving Fisher (1867–1947), Arthur Hadley (1856–1930), Ragnar Frisch (1895–1973), Friedrich von Hayek (1899–1992), Allyn Young (1876–1929), Ugo Mazzola (1863–1899). Aldershot, Brookfield/Vermont 1992, S. 67–97 (Erstabdruck in: History of Political Economy 13/1981, H. 4), S. 71: „The development of empirical business cycle research in the 1920s was a rather dramatic episode in the historical development of modern economics. Seldom has a research field increased so fast and apparently become so like a mature science …".

11 Vgl. zur historischen wie gegenwärtigen Einordnung auch die erst nach Fertigstellung dieser Untersuchung publizierte und daher nicht mehr berücksichtigte Veröffentlichung von Peter Spahn (Hg.): Entwicklung der Konjunkturforschung im frühen 20. Jahrhundert. Studien zur Entwicklung der ökonomischen Theorie XL. Berlin 2022 (= Schriften des Vereins für Socialpolitik Bd. 115/XL).

schaftsleben unterworfen ist“[12] – so eine richtungsweisende Äußerung von Wilhelm Röpke in seiner Abhandlung „Krise und Konjunktur“ (1932). Das Werk steht exemplarisch für eine Verschiebung des epistemischen Fokus, die Armin Brück rückblickend wie folgt beschreibt: „Stand noch in der zweiten Hälfte des 19. Jahrhunderts primär die Betrachtung und Erklärung einzelner Krisen im Fokus der Ökonomen, erkannte man zunehmend ihre periodische Wiederkehr und begann, die Krise aus der vorangegangenen Hausse zu erklären.“[13] Dabei wird die Möglichkeit zur Identifizierung konjunktureller Wirtschaftsverläufe überwiegend an die kapitalistische Wirtschaftsform gekoppelt. Der ‚rhythmische Charakter‘ der Ökonomie sei, so etwa der britische Wirtschaftswissenschaftler Frederick Lavington in seiner Abhandlung „The Trade Cycle“ (1922), dort am meisten ausgeprägt, wo die Wirtschaft am weitesten entwickelt sei, denn „rhythmical movements“ fänden sich nicht „in the outlying regions of retail trade and agriculture“, sondern in den „highly organized centres of commerce and industry“.[14] Ähnlich konstatierte der US-amerikanische Konjunkturforscher und Professor an der *Columbia University* in New York, Wesley C. Mitchell: „Wir haben gesehen, daß der Wechsel von Aufschwung und Depression immer regelmäßiger wird, je mehr sich die kapitalistische Wirtschaft durchsetzt“.[15]

In der skizzierten Entwicklung und gerade für die Popularisierung der Beschäftigung mit Konjunkturphänomenen stellte Mitchells bereits 1913 veröffentlichte umfangreiche Abhandlung „Business Cycles“ einen ersten Kondensationspunkt dar. In dem Werk, das 1927 eine aktualisierte Auflage erfuhr und in verschiedene Sprachen übersetzt wurde, vertrat er einen Forschungsansatz, der über die theorieorientierten Zugänge zum Phänomen der Wirtschaftszyklen (denen er ausführliche Darstellungen widmete) hinaus vor allem auf einer statistischen Methodik und einer entsprechenden Arbeit mit empirisch erhobenem Zahlenmaterial basierte.[16]

---

12 Wilhelm Röpke: Krise und Konjunktur. Leipzig 1932, S. 1.

13 Armin Brück: Die Konjunktur- und Krisentheorien der Österreichischen Nationalökonomie und der jüngeren Historischen Schule. Vor dem Hintergrund der deutschen Wirtschaftslage zwischen 1918 und 1933. Hamburg 2009 (= Volkswirtschaftliche Forschungsergebnisse Bd. 146), S. 69.

14 Frederick Lavington: The Trade Cycle. An Account of the Causes Producing Rhythmical Changes in the Activity of Business. Westminster 1922, S. 14.

15 Mitchell: Der Konjunkturzyklus (1931), S. 166. Weiterhin stellt er fest, „daß die Konjunkturzyklen der hochentwickelten Volkswirtschaften einander in Zeitdauer und Intensität ziemlich genau entsprechen; zwischen den weniger fortgeschrittenen Ländern herrscht keine solche Übereinstimmung. Endlich bestehen innerhalb jedes großen Landes erhebliche Unterschiede in der Zeitdauer und Intensität der zyklischen Schwankungen in den verschiedenen Gebieten …“. Ebd.

16 Wesley C. Mitchell: Business Cycles. Berkeley 1913 (= Memoirs of the University of California Bd. 3). Vgl. ders.: Der Konjunkturzyklus (1931), S. 57: „Wir wollen Einsicht in die wirklichen Verhältnisse, die Theorien interessieren uns nur, soweit sie uns dazu verhelfen.“

Die „Business Cycles" übten nachhaltige Wirkung aus: Sie gelten auch noch aus heutiger Perspektive als „*die* Initialzündung für die weltweite Ausbreitung der wissenschaftlichen und v. a. empirischen Erforschung konjunkturbedingter Wirtschaftszyklen"[17] – wobei das wirtschaftswissenschaftliche Erkenntnisinteresse mit einem offensichtlichen gesellschaftlichen Bedarf an einem besseren – diagnostisch wie prognostisch orientierten – Verständnis von Wirtschaftsverläufen resonierte: eine Verbindung, die sich im Aufbau einer konjunkturforscherischen Infrastruktur, bestehend aus einem Netz an einschlägigen Forschungseinrichtungen, äußerte. Die folgende Darstellung soll hier einen ersten Eindruck vermitteln und zugleich einige zentrale Standorte und Akteur:innen vorstellen, die für die Analyse relevant werden und an und mit denen im Verlauf der Studie argumentiert werden wird.

1.2 Institutionalisierung

Wesley C. Mitchell selbst etablierte das in New York angesiedelte *National Bureau of Economic Research* (*NBER*), dessen erster Forschungsdirektor er 1920 wurde. Ab 1922 veröffentlichte das *NBER* den „News-Bulletin" (der 1933 umbenannt und 1940 eingestellt wurde[18]) mit Informationen über eigene Aktivitäten, Forschungsberichten und Ankündigungen. In geweiteter Perspektive erscheint das *NBER* geradezu wie eine Blaupause für eine Vielzahl von Institutsgründungen sowie deren Aktivitäten und Formate der Produktion, Organisation, Verbreitung und nicht zuletzt Etablierung konjunkturforscherischer Wissensbestände.

Im Folgejahr der Errichtung des *NBER* entstand auf Betreiben des damaligen Handelsministers der USA, Herbert Hoover, der *Survey of Current Business* beim *Bureau of the Census* in Washington.[19] Vorangegangen war bereits 1917 der Aufbau des *Harvard Committee on Economic Research* an der *Harvard University* in Cambridge/Massachusetts, das unter der Leitung von Warren M. Persons und Charles J. Bullock wirtschaftstheoretische Ansätze mit empirisch-statistischen Methoden zu synthetisieren versuchte und darauf basierend an der Operationalisierung der sich herausbildenden Konjunkturforschung für Diagnostik wie Prognostik arbeitete. Mit dem sogenannten „Harvard Barometer" wurde ein Analyseinstrument bereitgestellt, das schnell internationale Berühmtheit erfuhr, von anderen Konjunk-

17 Reichmann: Die Disziplinierung des ökonomischen Wandels (2010), S. 47. Zum Kontakt zwischen Mitchell und Keynes und dem Einfluss von Mitchell auf Keynes' „General Theory" vgl. Philip Mirowski: The Birth of the Business Cycle. New York, London 1985, u. a. S. 45 f.

18 Vgl. Reichmann: Die Disziplinierung des ökonomischen Wandels (2010), S. 151.

19 Vgl. Ernst Wagemann: Einführung in die Konjunkturlehre. Leipzig 1929, S. 25 f. Für die deutsche Konjunkturforschung dagegen weist Bernd Kulla darauf hin, dass sie kaum Einfluss auf die Wirtschaftspolitik der Zeit hatte; vgl. ders.: Die Anfänge der empirischen Konjunkturforschung (1996), S. 188.

turinstituten übernommen und im Hinblick auf die jeweils eigenen Bedürfnisse und Ansprüche modifiziert wurde.[20] Auf seiner Grundlage veröffentlichte das *Harvard Committee on Economic Research* seit 1919 laufende Berichte zur allgemeinen Konjunkturlage. Zudem entwickelte sich Anfang des 20. Jahrhunderts in den USA neben den im universitären Umfeld angesiedelten Instituten eine ausgeprägte Landschaft privater, gewinnorientierter Konjunkturdienste, die ihre Erkenntnisse unter anderem an Wirtschaftsunternehmen verkauften und mit ihrer Arbeit das Instrument der Konjunkturanalyse weiter popularisierten.[21]

Auch in anderen Teilen der Welt, insbesondere in Europa, gründeten sich empirisch arbeitende Konjunkturforschungsinstitute, darunter im Jahr 1920 das von Nikolai Dmitrijewitsch Kondratieff initiierte und geleitete *Konjunkturinstitut* in Moskau (Конъюнктурный институт при Наркомате финансов Союза ССР – Konjunkturinstitut beim Volkskomitee der UdSSR für Finanzen), das Konjunkturberichte und eine eigene Zeitschrift veröffentlichte. In Großbritannien arbeitete der *London and Cambridge Economic Service* und in Frankreich das statistische Institut der Pariser Universität in Kooperation mit dem *Harvard Committee* an Aufbereitungen und Publikationen des jeweiligen nationalen statistischen Materials zur Wirtschaftsentwicklung.[22] In Italien veröffentlichte ein an den statistischen Abteilungen der Universitäten in Rom und Padua angesiedeltes Komitee die „Indici del movimento economico italiano" und auch in Polen und Ungarn wurden Konjunkturinstitute gegründet. Nicht zuletzt initiierte der *Völkerbund* eine Sachverständigenkommission für Wirtschaftsbarometer, zu deren Vorsitzendem der britische Ökonom und Statistiker Alfred William Flux ernannt wurde und die erstmals 1926 in Genf zusammenkam.[23] Darüber hinaus beschloss die Völkerbundversammlung im September 1930, eine Zusammenstellung der vorhandenen konjunkturtheoretischen Ansätze und den Versuch einer „allgemeinen Synthese" zu veranlassen. Als Ergebnis legte der damit beauftragte Harvard-Ökonom Gottfried Haberler das erstmals 1937 in englischer und französischer Sprache veröffentlichte Werk „Prosperity

20 Vgl. Tanner: Wirtschaftskurven (2002), S. 148: „Das […] Harvard-Barometer, das für den Zeitraum 1903–1914 zurückgerechnet wurde, stieg in der darauf folgenden Dekade zum meistbeachteten und beliebtesten Konjunkturindikator auf – bevor es dann 1929 in genau jener Börsenkrise abstürzte, die es in keiner Weise vorauszusagen vermocht hatte." Zum Harvard-Barometer vgl. auch Kap. V.3.2.

21 Vgl. Kulla: Die Anfänge der empirischen Konjunkturforschung (1996), S. 105. Vgl. Wagemann: Einführung in die Konjunkturlehre (1929), S. 25.

22 In Großbritannien erschien das „Monthly Bulletin" ab 1923, in Frankreich erschienen die „Indices du mouvement général des affaires en France et en divers pays"; vgl. u. a. die Übersicht bei Mitchell: Der Konjunkturzyklus (1931), S. 193.

23 Vgl. ebd. Vgl. auch die einschlägige Auflistung bei Wagemann: Einführung in die Konjunkturlehre (1929), S. 26.

and Depression"/„Prosperité et dépression" (dt.: „Prosperität und Depression", 1948) vor.[24]

Auch in den deutschsprachigen Wirtschaftswissenschaften zeigt sich die zweite Hälfte der 1920er-Jahre als die „hohe Zeit der empirischen Konjunkturforschung": Auseinandersetzungen mit dem Konjunkturphänomen bestimmten „die Diskussionen unter den deutschen Ökonomen dieser Zeit"[25]; zugleich lässt sich am Aufbau spezifischer Forschungseinrichtungen und an der Etablierung einschlägiger Fachpublikationen ein entsprechender Institutionalisierungsprozess beobachten.

Das 1925 von dem Nationalökonomen und Präsidenten des *Statistischen Reichsamtes*, Ernst Wagemann, in Berlin gegründete, von Beginn an eng mit den verschiedenen Wirtschaftsinstitutionen verbundene *Institut für Konjunkturforschung* (*IfK*) gilt als erste institutionelle Verortung einer systematischen und empirischen Konjunkturforschung in Deutschland[26] und zugleich als erste Einrichtung, die – auf der Basis eines am „Harvard-Barometer" orientierten Dreimärktebarometers – re-

---

24 Gottfried Haberler: Prosperität und Depression. Eine theoretische Untersuchung der Konjunkturbewegungen. Mit 5 graphischen Darstellungen. Bern 1948 (engl. u. frz. Orig. 1937: „Prosperity and Depression"/„Prosperité et dépression"), Vorwort von A. Loveday (Leiter der Finanzabteilung und des wirtschaftlichen Nachrichtendienstes), S. 5–7. Die deutsche Übersetzung des Werkes erfolgte nach der 3., erw. Aufl. 1941 und unter Berücksichtigung einiger Zusätze des Autors. Der Völkerbund trieb zudem auch die ökonometrische Beschäftigung mit Konjunkturfragen und die Entwicklung des ersten ökonometrischen Konjunkturmodells durch Jan Tinbergen voran; vgl. Gottfried Bombach: Zyklen im Ablauf des Wirtschaftsprozesses. Mythos und Realität. Opladen 1992 (= Vorträge Rheinisch-Westfälische Akademie der Wissenschaften N396), S.33.

25 Kulla: Die Anfänge der empirischen Konjunkturforschung (1996), S. 9.

26 Vgl. u. a. Deutsches Institut für Wirtschaftsforschung (Hg.): Gelehrtenrepublik und Denkfabrik. Das Deutsche Institut für Wirtschaftsforschung 1925–2012. Berlin 2012, S. 2. Zu den sich in der Zusammensetzung des Kuratoriums widerspiegelnden Verflechtungen des Instituts mit den Wirtschaftsinstitutionen vgl. Rolf Krengel: Das Deutsche Institut für Wirtschaftsforschung (Institut für Konjunkturforschung) 1925–1979. Berlin 1986, S. 9. Zum Berliner *Institut für Konjunkturforschung* vgl. auch die Darstellungen bei Kulla: Die Anfänge der empirischen Konjunkturforschung (1996), J. Adam Tooze: Statistics and the German State, 1900–1945. The Making of Modern Economic Knowledge. Cambridge 2001, sowie die zeitgenössische Darstellung bei Heinz Kuschmann: Die Untersuchungen des Berliner Instituts für Konjunkturforschung: Darstellung und Kritik. Jena 1933 (= Beiträge zur Erforschung der wirtschaftlichen Wechsellagen Aufschwung, Krise, Stockung Bd. 7). Zu dessen Leiter Ernst Wagemann vgl. auch Albert Wissler: Ernst Wagemann. Begründer der empirischen Konjunkturforschung in Deutschland. Mit einem Geleitwort von Ferdinand Friedensburg. Berlin 1954. Wagemann schreibt über die Gründung: „Das *deutsche* Institut für Konjunkturforschung wurde Mitte 1925 gegründet: als freie wissenschaftliche Forschungsstelle, die organisatorisch von den großen wirtschaftlichen Spitzenverbänden und öffentlichen Körperschaften des Reichs getragen wird und durch Personalunion in der leitenden Stelle mit dem Statistischen Reichsamt verknüpft ist." Ders.: Einführung in die Konjunkturlehre (1929), S. 26.

gelmäßig eine „unabhängige Beurteilung des Konjunkturverlaufs"[27] in Deutschland vorlegte. Grundlage dafür waren Datensätze, die das *Statistische Reichsamt* zur Verfügung stellte. Ab Mai 1926 erschienen die „Vierteljahrshefte zur Konjunkturforschung" als institutseigenes Periodikum, das neben einer allgemeinen Darstellung des Konjunkturverlaufs im In- und Ausland einzelne Aspekte und Gebiete der Konjunkturentwicklung einer genaueren Betrachtung unterzog und dabei von einer „bis dahin einzigartigen Mischung aus Text, Grafik und statistischen Übersichten"[28] geprägt war. Zudem wurden ab April 1928 bis Anfang der 1940er-Jahre ergänzend „Wochenberichte" herausgegeben. Wagemann selbst veröffentlichte etliche Monographien zur Konjunkturanalyse wie zur Statistik, die zum Großteil Einführungscharakter hatten und sich in bewusst verständlicher Sprache an ein breites Publikum richteten.[29]

1926, ein Jahr nach seiner Gründung, eröffnete das *Institut für Konjunkturforschung* eine Zweigstelle in Essen (die sogenannte *Abteilung Westen*, die sich 1943 als *Rheinisch-Westfälisches Institut für Wirtschaftsforschung* verselbständigte); weitere Außenstellen wurden in den Folgejahren installiert: 1938 in Breslau (als *Schlesisches Institut für Wirtschafts- und Konjunkturforschung*), 1941 in München und Braunschweig, 1942 in Danzig, Kattowitz (als Zweigstelle des Instituts in Breslau), Halle/Saale, Magdeburg. Zudem wurden im Zuge der nationalsozialistischen Expansion Deutschlands bereits bestehende Konjunkturforschungsinstitute (Wien, Paris, Prag, Amsterdam, Reichenberg/Sudetenland) „eingegliedert".[30] Neben der räumlichen

---

27 Deutsches Institut für Wirtschaftsforschung: Gelehrtenrepublik und Denkfabrik (2012), S. 8. Vgl. auch Krengel: Das Deutsche Institut für Wirtschaftsforschung (1986).

28 Deutsches Institut für Wirtschaftsforschung: Gelehrtenrepublik und Denkfabrik (2012), S. 15. Die „Vierteljahrshefte zur Konjunkturforschung" wurden mit dem 12. Jahrgang 1937/39 ohne Nennung von Gründen in „Vierteljahrshefte zur Wirtschaftsforschung" umbenannt; vgl. Krengel: Das Deutsche Institut für Wirtschaftsforschung (1986), S. 40. Neben seinen regulären Periodika veröffentlichte das *IfK* von 1927 bis 1941 48 Sonderhefte; vgl. ebd., S. 16.

29 Vgl. Wagemann: Einführung in die Konjunkturlehre (1929); ders.: Narrenspiegel der Statistik. Die Umrisse eines statistischen Weltbildes. Hamburg 1935; ders.: Die Zahl als Detektiv. Heitere Plauderei über gewichtige Dinge. Hamburg 1938.

30 Vgl. Krengel: Das Deutsche Institut für Wirtschaftsforschung (1986), S. 47 ff. Vgl. auch Frankfurter Zeitung Nr. 102 vom 25.02.1942: „Regionale Institute für Wirtschaftsforschung" [HWWA: A 10 k 1 SM 8]. Im März 1933 wurde Ernst Wagemann von seinen Ämtern als Präsident des *Statistischen Reichsamts* und als Direktor des *Instituts für Konjunkturforschung* beurlaubt. Mögliche Gründe wurden von der deutschen Presse eingehend diskutiert, wie die Zeitungsausschnittsammlung des *Hamburgischen Welt-Wirtschafts-Archivs* [HWWA: Personenarchiv, Mappe Ernst Wagemann] eindrücklich vermittelt. Darstellungen zur Institutsgeschichte vermuten keine politischen, sondern persönliche Gründe; vgl. Deutsches Institut für Wirtschaftsforschung: Gelehrtenrepublik und Denkfabrik (2012), S. 18 ff. Im Juni 1933 wurde Wagemann vom Kuratorium des *Instituts für Konjunkturforschung* zum Direktor wiedergewählt und hatte die Position bis 1945 inne; vgl. ebd.

Ausdehnung erfuhr das *IfK*, das 1941 in *Deutsches Institut für Wirtschaftsforschung* umbenannt wurde, in dieser Zeit auch einen maßgeblichen personellen Ausbau: Die von 1928 bis 1933 kaum gestiegene Zahl der Mitarbeiter:innen erhöhte sich von 1933 bis zum Zweiten Weltkrieg um ein Dreifaches auf ca. 150 Personen, wobei die Außenstellen in dieser Zählung noch nicht mitenthalten sind.[31]

Ebenfalls 1926 richtete das bereits seit 1914 existierende älteste deutsche Wirtschaftsforschungsinstitut, das *Institut für Weltwirtschaft* (*IfW*) in Kiel, seine *Abteilung für Statistische Weltwirtschaftskunde und Internationale Konjunkturforschung* (kurz: *Astwik*) ein, die unter der Leitung von Adolf Löwe empirisch, vor allem aber theoretisch arbeitete.[32] Die Abteilung begann mit „4 wissenschaftlichen Hilfsarbeitern", die während des ersten Jahres auf sieben Personen sowie um zusätzliche technische Kräfte „vor allem [für] die Durchführung statistischer Arbeiten" ergänzt wurden.[33] Insbesondere gehörten zum wissenschaftlichen Profil der *Astwik* die empirische Überprüfung theoretischer Modelle sowie die Erarbeitung einer geeigneten Methodik der (internationalen) Konjunkturanalyse. Die vom *IfW* herausgegebene Zeitschrift „Weltwirtschaftliches Archiv" sollte sich dezidiert in einer „Verbindung von wissenschaftlicher Erkenntnis und praktischer Anwendung" mit „internatio-

---

31 Vgl. Krengel: Das Deutsche Institut für Wirtschaftsforschung (1986), S. 51. Die hauseigene Publikation „Gelehrtenrepublik und Denkfabrik" spricht sogar von einer Vervierfachung der Mitarbeiter:innenzahl „auf rund 200" in diesem Zeitraum; Deutsches Institut für Wirtschaftsforschung: Gelehrtenrepublik und Denkfabrik (2012), S. 21. Die nationalsozialistische Machtübernahme in Deutschland sowie der „Anschluss" Österreichs 1938 bedeuteten die Emigration einer großen Zahl konjunkturtheoretisch arbeitender Wirtschaftswissenschaftler:innen aus Deutschland und Österreich; vgl. u. a. Roman Köster: Die Wissenschaft der Außenseiter. Die Krise der Nationalökonomie in der Weimarer Republik. Göttingen 2011 (= Kritische Studien zur Geschichtswissenschaft Bd. 198), S. 232.

32 Bei der *Astwik* handelte es sich um die Umformung der 1920 gegründeten Statistischen Abteilung am *IfW*, mit der Adolf Löwe vom Institutsleiter Bernhard Harms beauftragt worden war; vgl. Beckmann: Von Löwe bis Leontief (2000), S. 44. Löwe hatte zuvor gemeinsam mit Ernst Wagemann im Reichswirtschaftsministerium und im Statistischen Reichsamt gearbeitet und war am Aufbau des Berliner *Instituts für Konjunkturforschung* beteiligt; vgl. u. a. Krengel: Das Deutsche Institut für Wirtschaftsforschung (1986), S. 7. Bereits Anfang 1930 hatte Adolf Löwe das *IfW* wieder verlassen; sein Nachfolger als Leiter der *Astwik* wurde Gerhard Colm. Beckmann weist darauf hin, dass in Kiel keine geschlossene Konjunkturtheorie entwickelt wurde. Die Mitglieder der *Astwik* vertraten zudem verschiedene theoretische Ansätze; vgl. Beckmann: Von Löwe bis Leontief (2000), S. 148 f.

33 Bericht der Abteilung für Statistische Weltwirtschaftskunde und Internationale Konjunkturforschung für die Zeit vom 1. April 1926 bis zum 31. März 1927, S. 4 [IfW: Hs Allg. 20b (Astwik): „Abteilung für Statistische Weltwirtschaftskunde und Internationale Konjunkturforschung. Denkschriften: Organisation", Nr. 8].

nalen Wirtschaftsvorgängen" auseinandersetzen.[34] Seit dem Wintersemester 1927/28 bot die Abteilung konjunkturstatistische Seminare im universitären Lehrprogramm an, die „den Studierenden der Wirtschaftswissenschaften die neueren Methoden der Konjunkturforschung nahe bringen und die Konjunkturforschung allmählich zu einem festen Bestandteil der sozialwissenschaftlichen Ausbildung machen"[35] sollten. Dass die *Astwik* innerhalb des *IfW* eine herausgehobene Position einnahm (und diesen Status auch selbst pflegte), zeigt unter anderem ein internes Papier „Zur Organisation der Statistischen Abteilung", in dem von „sorgsam auszuwählenden studentischen Hilfskräfte[n]" die Rede ist und davon, dass die „Erlaubnis, in der Abteilung arbeiten zu dürfen", als „eine besondere Begünstigung zu gelten haben [wird]."[36]

In Wien – um noch ein weiteres prominentes Beispiel einer Institutionalisierung der Konjunkturforschung in Europa zu nennen – wurde 1927 auf Betreiben Ludwig von Mises' das *Österreichische Institut für Konjunkturforschung* gegründet und Friedrich August von Hayek als erster Direktor eingesetzt.[37] Untergebracht war das Institut in seiner Anfangsphase laut Jahresbericht 1927/28 „in zwei ganz kleinen Räumen"; erst „in allerletzter Zeit [ist] vom Abrechnungsamt ein weiteres Zimmer frei gemacht worden."[38] Zudem erwähnt der Jahresbericht einen „verhältnismässig niedrige[n] Personalstand"[39] von nun

34 Beckmann: Von Löwe bis Leontief (2000), S. 23. Kulla kommt nach systematischer Sichtung der Zeitschrift allerdings zu dem Schluss, dass „Themen aus dem Bereich von Konjunkturtheorie und Konjunkturforschung nur einen kleinen Teil der Beiträge ausmachen." Ders.: Die Anfänge der empirischen Konjunkturforschung (1996), S. 161.

35 Bericht der Abteilung für Statistische Weltwirtschaftskunde und Internationale Konjunkturforschung für die Zeit vom 1. April 1927 bis 31. März 1928, S. 2 [IfW: Hs Allg. 20b (Astwik): „Abteilung für Statistische Weltwirtschaftskunde und Internationale Konjunkturforschung. Denkschriften: Organisation", Nr. 9]. Im darauffolgenden Jahresbericht ist vermerkt, dass „[i]n beiden vergangenen Semestern […] jeweils mehr als ein Dutzend Studierender der Wirtschaftlichen Staatswissenschaften diese auf spezielle statistische Durchbildung eingestellte Übungen besucht" haben; Bericht der Abteilung für Statistische Weltwirtschaftskunde und Internationale Konjunkturforschung für die Zeit vom 1. April 1928 bis 31. März 1929. Kiel, 10. Mai 1929, S. 3 f. [IfW: Hs Allg. 20b (Astwik): „Abteilung für Statistische Weltwirtschaftskunde und Internationale Konjunkturforschung. Denkschriften: Organisation", Nr. 11].

36 Zur Organisation der Statistischen Abteilung [1926], S. 3 [IfW: Hs Allg. 20b (Astwik): „Abteilung für Statistische Weltwirtschaftskunde und Internationale Konjunkturforschung. Denkschriften: Organisation", Nr. 4].

37 Hayek war 1923/24 mit einem Rockefeller-Stipendium zum Studienaufenthalt in den USA gewesen und hatte sich dort mit der amerikanischen Konjunkturanalyse vertraut gemacht. Die Erfahrungen brachte er in die Neugründung des *Österreichischen Instituts für Konjunkturforschung* ein.

38 Jahresbericht des Vorstandes des Vereines Oesterreichisches Institut für Konjunkturforschung. Masch. Wien 19.03.1928; S. 1 [WIFO Archiv].

39 Ebd., S. 2.

„4 Personen, nachdem in den ersten Monaten nur 2 und den grössten Teil des Jahres nur 3 Personen dort tätig waren. Abgesehen von dem Leiter sind gegenwärtig eine wissenschaftliche Beamtin, ein Beamter als statistische Hilfskraft und Zeichner, sowie ein Maschinenschreibfräulein beschäftigt. Ausserdem waren gelegentlich Aushilfskräfte vorübergehend in Verwendung."[40]

Während diese überschaubare Personengruppe, wie Werner Reichmann bemerkt, „die tagtägliche Arbeit des Instituts" verrichtete, besaßen „Kuratorium, Vorstand und Präsidium weit über 50 Mitglieder."[41] Das *Österreichische Institut für Konjunkturforschung* veröffentlichte die „Monatsberichte" sowie als weiteres Periodikum die „Beiträge zur Konjunkturforschung", deren Hefte sich vor allem mit wirtschaftstheoretischen Themen beschäftigten.[42]

Eine nicht zu unterschätzende Rolle bei der Etablierung der Konjunkturforschung als eigenes Wissenschaftsfeld spielten die bereits zum Teil erwähnten Periodika, die von den Konjunkturforschungsinstituten, aber auch von anderen Einrichtungen herausgegebenen wurden. So berechnete etwa in Frankfurt am Main die Handelsredaktion der „Frankfurter Zeitung" ab 1920 auf der Basis von siebzig Waren einen Preisindex – „den ersten seiner Art in Deutschland"[43] – und veröffentlichte diesen einmal im Monat. Aus den Bemühungen entwickelte sich ab Januar 1922 eine eigenständige Publikation, „Die Wirtschaftskurve mit Indexzahlen der Frankfurter Zeitung", die über zwei Jahrzehnte vierteljährlich erschien. Ihr Anspruch war es, „regelmäßig und schnell das Material zusammenzutragen, zu verarbeiten und darzustellen, aus dem sich der Verlauf der Wirtschaftskurve, der Rhythmus der Konjunktur ablesen lässt."[44] Bald schlossen sich weitere Publikationsorgane, darunter die „Industrie- und Handelszeitung" sowie das „Berliner Tageblatt", der Veröffentlichung von Indexzahlen als Ausdruck der Konjunkturbeobachtung an.[45] Im Juni 1926 erschien dann auch in Deutschland ein erstes Konjunkturbarometer in der

40 Ebd., S. 1.

41 Reichmann: Die Disziplinierung des ökonomischen Wandels (2010), S. 103.

42 Vgl. ebd., S. 63 f.

43 Kulla: Die Anfänge der empirischen Konjunkturforschung (1996), S. 165.

44 Editorial. In: Die Wirtschaftskurve 1/1922, H. 1, S. 3; zit. n. Tanner: Wirtschaftskurven (2002), S. 149. Weitere einschlägige Periodika zur Konjunkturentwicklung nennt Wilhelm Röpke: Die Konjunktur. Ein systematischer Versuch als Beitrag zur Morphologie der Verkehrswirtschaft. Jena 1922, S. 115.

45 Vgl. Kulla: Die Anfänge der empirischen Konjunkturforschung (1996), S. 165 f.; Paul Eppstein: Die Symptomatik in der Konjunkturforschung. Leipzig 1933 (= Veröffentlichungen der Frankfurter Gesellschaft für Konjunkturforschung NF Bd. 6), S. 54 f. In der Schweiz richtete sich die ab Januar 1923 veröffentlichte Zeitschrift „Die Kurve. Wirtschaftliche Monatsschrift für die Schweiz mit Kurskontrolle", der Jakob Tanner eine „obsessive Beschäftigung mit Durchschnittszahlen und Normalwerten" bescheinigt, explizit an „Praktiker" – so jedenfalls im Editorial der ersten Nummer zu lesen; zit. n. Tanner: Wirtschaftskurven (2002), S. 150. Adolf Löwe spricht bereits 1925 davon, dass „seit einiger Zeit fast jede wirtschaftliche Zeitschrift, bald jede größere Tageszeitung ihr Konjunk-

vom *Hamburgischen Welt-Wirtschafts-Archiv* herausgegebenen Wochenzeitschrift „Wirtschaftsdienst".[46]

Zur Popularisierung der Konjunkturforschung, aber auch zur Vernetzung und Verdichtung konjunkturwissenschaftlicher Expertise trug zudem die Durchführung diverser Veranstaltungen bei. So gehörten zum Aufgabenprofil der 1926 in Frankfurt am Main gegründeten *Frankfurter Gesellschaft für Konjunkturforschung*[47] neben der Herausgabe von Texten zur statistischen Konjunkturforschung auch Vortragsangebote für das Fachpublikum – mit der erklärten zusätzlichen Ambition, „bei einem breiteren Kreise das Interesse für die Ziele und Methoden der Konjunkturforschung zu wecken".[48] Neben den Veranstaltungen und der Publikationstätigkeit errichtete die Gesellschaft, die keine eigenen statistischen Analysen betreiben wollte, zudem eine Spezialbibliothek zur konjunkturorientierten Wirtschaftsforschung.

Die Konjunkturforschungseinrichtungen in Europa und den USA standen seit ihrer Gründungsphase in engem Austausch. So waren zum Beispiel auf einer Internationalen Tagung im Juli 1930 in Berlin die Leiter der Konjunkturforschungsinstitute Deutschlands, Belgiens, Frankreichs, Großbritanniens, der Niederlande, Italiens, Österreichs, Polens, Ungarns und der USA anwesend.[49] Doch auch über die disziplinären Ambitionen hinaus zeigte sich ein breites Feld von Akteur:innen der frühen Konjunkturforschungsarbeit. Allein für die Erhebung der Wirtschaftsdaten und deren statistische Aufbereitung nennt Mitchell mit Blick vor allem auf die USA

> „many active workers in the field – Government agencies, of which the Department of Commerce is especially progressive at present, business associations, scientific societies, forecasting agencies, statistical departments in corporations, commercial periodicals, newspapers, and individual statisticians."[50]

---

turbarometer [bringt]." Ders.: Der gegenwärtige Stand der Konjunkturforschung (1925), S. 377.

46 Vgl. Kulla: Die Anfänge der empirischen Konjunkturforschung (1996), S. 123; Étienne Coenen: La „Konjunkturforschung" en Allemagne et en Autriche 1925–1933. Louvain, Paris 1964, S.45–52.

47 Für eine ausführlichere Darstellung vgl. Kulla: Die Anfänge der empirischen Konjunkturforschung (1996), S. 163–180. Die *Frankfurter Gesellschaft für Konjunkturforschung* nannte sich bewusst nicht „Institut", um so den Eindruck der Konkurrenz zum Berliner *Institut für Konjunkturforschung* zu vermeiden; vgl. ebd., S. 169. Mit der nationalsozialistischen Machtübernahme floh ein Großteil der Vorstandsmitglieder ins Exil; 1938 wurde die Gesellschaft im Vereinsregister gelöscht. Vgl. ebd., S. 180.

48 Zit. n. Kulla: Die Anfänge der empirischen Konjunkturforschung (1996), S. 169.

49 Vgl. die einschlägigen Presseberichte, u. a. in: Der Deutsche Oekonomist Nr. 2820 vom 10.07.1930 [HWWA: H n SM 54]. Eine vergleichbare Zusammensetzung zeigte laut medialer Berichterstattung auch ein „Internationaler Kongreß der Konjunkturforschungsinstitute" im Dezember 1934; vgl. Neue Freie Presse (Wien) Nr. 25246 vom 24.12.1934: „Kongreß der Konjunkturforschungsinstitute" [HWWA: H n SM 54].

50 Wesley Clair Mitchell: Control of Business Fluctuations a Need. In: New York Evening Post Nr. 284 vom 19.10.1921 [HWWA: E 15 n SM 54].

Für die dem neuen Forschungsfeld nicht nur innerdisziplinär, sondern auch gesamtgesellschaftlich zugeschriebene Relevanz spricht zudem das erwähnte Engagement des *Völkerbundes*, der staatliche Ambitionen zur Gründung von Konjunkturforschungseinrichtungen unterstützte.[51]

1.3 Das „wohl avancierteste Theorieangebot der Nationalökonomie“: Konjunkturforschung als epistemologischer und methodisch-methodologischer Motor

Neben, aber durchaus auch im analytischen Widerstreit zu der empirisch-statistischen Richtung der Konjunkturforschung etablierte sich – an Universitäten wie auch an einigen der genannten Institute – eine theoretische Ausrichtung der Beschäftigung mit Konjunkturphänomenen. Eugen Altschul, erster Leiter der *Frankfurter Gesellschaft für Konjunkturforschung*, wurde „nicht müde“, „immer wieder die Notwendigkeit der theoretischen Fundierung der Konjunkturforschung zu betonen“[52]: „Mehr noch als sonst in der Ökonomik“, schrieb er etwa im Vorwort der von ihm herausgegebenen deutschen Ausgabe von Mitchells „Business Cycles“, „erwies es sich als unerläßlich, der Tatsachenforschung eine wirtschaftstheoretische Analyse zugrunde zu legen.“[53]

Die Beschäftigung mit den „laws of business cycles“[54] erwies sich nicht nur als attraktives Forschungsfeld für einzelne theoretisch arbeitende Wirtschaftswissenschaftler:innen, sondern zeigte sich auch als Impulsgeberin für die Makroökonomik insgesamt. In seiner Studie über „Die Krise der Nationalökonomie in der Weimarer Republik“ bezeichnet der Sozial- und Wirtschaftshistoriker Roman Köster die Konjunkturtheorie als „das wohl avancierteste Theorieangebot der Nationalökonomie“[55] in dieser Zeit, und tatsächlich waren etablierte Ökonomen wie Arthur Spiethoff, Joseph Schumpeter oder Emil Lederer, vor allem aber auch der aufstrebende Nachwuchs in der neuen wirtschaftswissenschaftlichen „Subdisziplin“[56] aktiv. Dies gilt etwa für die mit theoretischen Fragen beschäftigte „innovative Forschergruppe“ am Kieler *Institut für Weltwirtschaft*[57] ebenso wie für die theoretisch ausgerichtete Gruppe um den Wiener Ökonomen Ludwig von Mises:

---

51 Vgl. Reichmann: Die Disziplinierung des ökonomischen Wandels (2010), S. 91.

52 Ebd., S. 178.

53 Eugen Altschul: Vorwort des Herausgebers. In: Mitchell: Der Konjunkturzyklus (1931), S. III–V, S. III.

54 Jan Tinbergen, Jacques J. Polak: The Dynamics of Business Cycles. A Study in Economic Fluctuations. Chicago 1950, S. 253.

55 Köster: Die Wissenschaft der Außenseiter (2011), S. 222.

56 Reichmann: Die Disziplinierung des ökonomischen Wandels (2010), S. 17.

57 Zu dieser Gruppe gehörten neben dem mit der Leitung beauftragten Adolf Löwe unter anderem Gerhard Colm, der Löwe 1930 als Leiter ablöste, Hans Neisser, Fritz Burchardt und Wassily Leontief. Vgl. Kulla: Die Anfänge der empirischen Konjunkturforschung

> „Nachdem die Österreichische Schule an der Wiener Universität zunehmend ausgegrenzt wurde, wurde dort die reine ökonomische Theorie vor allem im Privatseminar von Mises weiter entwickelt. Zu diesem Seminar gehörten später so prominente Ökonomen wie Hayek, Haberler, Machlup und Morgenstern, die ebenfalls zu der Generation der jüngeren Theoretiker zu rechnen sind und sich intensiv an der konjunkturtheoretischen Diskussion beteiligten."[58]

Zogen die frühen Ansätze der Beschreibung und damit Konzeption eines zyklischen Ablaufs der Ökonomie vor allem auch externe Gründe für die Schwankungen in Betracht, ging es schon bald darum, dem Wirtschaftsverlauf selbst innewohnende Impulse zu identifizieren und die dabei ausgemachten ‚Dynamiken' zu einem ökonomischen Erklärungsmodell zu verdichten. Oder mit den Worten von Roman Köster: Die Konjunkturtheoretiker des frühen 20. Jahrhunderts hatten den Anspruch, „eine Theorie zu formulieren, die eine endogene Erklärung des Konjunkturzyklus anbot, in deren Rahmen die Konjunkturschwankungen als notwendig erschienen, als ‚natürliche' Bewegungsform der kapitalistischen Verkehrswirtschaft also."[59] Und Köster stellt weiterhin fest, dass damit „die Konjunkturtheorie nicht einfach ein Teilbereich der theoretischen Diskussion war, sondern es hier wesentlich um die Frage einer Neubegründung der ökonomischen Theorie ging", schon da die „Beobachtung regelmäßiger Zyklen der Wirtschaftsentwicklung die statische Gleichgewichtsanalyse in massive Erklärungsnöte brachte."[60]

Das Feld der Konjunkturforschung bot somit also gerade auch für jüngere theoretisch ambitionierte Wirtschaftswissenschaftler:innen eine Möglichkeit der Profilierung gegenüber der etablierten Ökonomik (bis sie selbst vom „‚Realitätsschock' der Weltwirtschaftskrise"[61] eingeholt wurden). Nicht nur steigt die Zahl der thematisch einschlägigen Publikationen in dieser Zeit stark an. Es entstehen zudem,

(1996), S. 136–162, sowie insbesondere auch die ausführliche Darstellung bei Beckmann: Von Löwe bis Leontief (2000). Vgl. ebd., S. 14: „Die Mitglieder der *Löwe*-Forschungsgruppe gehörten bald zu den auffälligsten und innovativsten Ökonomen der Weimarer Republik." Mit seiner Habilitationsschrift „Wie ist Konjunkturtheorie überhaupt möglich?" von 1926 erlangte Adolf Löwe Aufmerksamkeit und „wurde zu einem ‚spiritus rector' der Konjunkturwissenschaft in Deutschland"; Beckmann: Von Löwe bis Leontief (1998), S. 117.

58 Köster: Die Wissenschaft der Außenseiter (2011), S. 224.

59 Ebd., S. 231.

60 Ebd., S. 29.

61 Ebd. Andererseits scheint aber gerade ein nicht-zyklischer Wirtschaftsverlauf paradoxerweise zuvor auch als Motor für die Konjunkturforschung gewirkt zu haben. So weist u. a. Bernd Kulla darauf hin, dass diese ausgerechnet in einer Zeit zu boomen begann, die kaum Regelmäßigkeiten im Konjunkturverlauf zeigte: „Von einem Konjunkturzyklus konnte in Deutschland – und nicht nur hier – seit dem Beginn des Ersten Weltkriegs nicht mehr gesprochen werden." Ders.: Die Anfänge der empirischen Konjunkturforschung (1996), S. 15; ähnlich auch Köster: Die Wissenschaft der Außenseiter (2011), S. 228.

insbesondere in den USA, aber etwa auch im deutschsprachigen Bereich, die ersten systematisierend-einführenden Überblicksdarstellungen, Kompendien und Lehrwerke: so das 1928 erschienene „Lehrbuch der Konjunkturforschung" des Hallenser Professors Hellmut Wolff oder drei Jahre zuvor Arthur B. Adams' „Economics of Business Cycles".[62] Der Ökonomieprofessor und erste Dekan des *College of Business* an der *University of Oklahoma* legte mit dem Werk ein „textbook for college courses in Business Cycles" vor, das in Aufbau und Art der Präsentation auch ein breiteres Publikum praktischer Ökonom:innen, „business men, bankers, and public officials", ansprechen sollte[63] und neben der Darstellung statistischer Ansätze eine systematische Einordnung und kritische Diskussion theoretischer Zugänge lieferte, die er in „self-generating credit theories", „unequal distribution theories" und „physical force cycle theories" gliedert.[64]

Eine wichtige Orientierungsmarke für die Konjunkturforschung nicht nur in Deutschland war der von Arthur Spiethoff verfasste Artikel „Krisen" im „Handwörterbuch der Staatswissenschaften" (1925), in dem er seine Überlegungen zu einer Theorie der „Wechsellagen" (Spiethoffs Begriff für „Konjunktur") entfaltete.[65] Und auch Joseph Schumpeter lieferte mit seiner „Theorie der wirtschaftlichen Entwicklung"[66] (1912), einschlägigen Aufsätzen wie „Die Wellenbewegung des Wirtschaftslebens"[67] (1914) sowie später mit dem zweibändigen Werk „Business Cycles"[68] (1939; dt.: „Konjunkturzyklen", 1961) wichtige Impulse für die Konzeptualisierung des Konjunkturphänomens.

Schließlich stellte die Konjunkturforschung das zentrale Feld einer neuen, das Fach seitdem bis heute maßgeblich prägenden Fokussierung der Wirtschaftswis-

62 Hellmut Wolff: Lehrbuch der Konjunkturforschung. Zugleich eine kritisch-theoretische Untersuchung von Struktur und Konjunktur. Berlin, Wien 1928; Adams: Economics of Business Cycles (1925). Vgl. auch Walter Hahns als „für den ökonomisch interessierten Nichtmathematiker bestimmte" Einführung von 1929; ders.: Die statistische Analyse der Konjunkturschwingungen (1929), S. VII. Zur Rolle der Lehrbuchliteratur in den Wirtschaftswissenschaften vgl. Hanno Pahl: *Textbook Economics*: Zur Wissenschaftssoziologie eines wirtschaftswissenschaftlichen Genres. In: PROKLA. Zeitschrift für kritische Sozialwissenschaft 41/2011, H. 164, S. 369–387.

63 Adams: Economics of Business Cycles (1925), S. vii.

64 Ebd., S. 198–233.

65 Arthur Spiethoff: Krisen. In: Ludwig Elster, Adolf Weber, Friedrich Wieser (Hg.): Handwörterbuch der Staatswissenschaften. Bd. 6: Kriminalstatistik – Reklamesteuer. 4., gänzl. umgearb. Aufl. Jena 1925, S. 8–91.

66 Schumpeter: Theorie der wirtschaftlichen Entwicklung (1912).

67 Ders.: Die Wellenbewegung des Wirtschaftslebens. In: Archiv für Sozialwissenschaft und Sozialpolitik 39/1914, S. 1–32.

68 Ders.: Business Cycles. A Theoretical, Historical, and Statistical Analysis of the Capitalist Process. 2 Bde New York 1939; deutsche Ausgabe: ders.: Konjunkturzyklen. Eine theoretische, historische und statistische Analyse des kapitalistischen Prozesses. Berechtigte Übersetzung aus dem Amerikanischen von Klaus Dockhorn. 2 Bde Göttingen 1961.

senschaften dar: der sich zunehmend seit den 1930er-Jahren herausbildenden ökonometrischen Ausrichtung der Ökonomik als Zusammenführung von empirischer und theoretischer Wirtschaftsforschung im Modus abstrakt-mathematischer Modellbildung: „The late twenties and early thirties were a time when economic model builders for the first time seriously explored the possibilities of alternative systems of functional equations. The new tool was tried out on several fields. One of the most popular was business cycle theory.“[69]

Zentren der Entwicklung dieses Wissenschaftsverständnisses waren das Ökonomische Institut der *Universität Oslo* mit Ragnar Frisch, der sich zudem für die Gründung der internationalen *Econometric Society* stark machte und ein intensives Networking mit Kolleg:innen weltweit praktizierte, wie auch die Abteilung für Konjunkturforschung des *Centraal Bureau voor de Statistiek* (*CBS*) der Niederlande, in dem Jan Tinbergen arbeitete – beide Forscher erhielten 1969 gemeinsam den ersten Wirtschaftsnobelpreis überhaupt für die Entwicklung ihrer mathematischen Konjunkturmodelle und damit auch für eine Arbeitsweise, die nachhaltig auf die Ökonomik einwirkte.

Diese Bestrebungen in Richtung einer elaborierten theoretischen Erfassung des Konjunkturverlaufs verfolgten die Zusammenführung oft als konträr zueinander gedachter exogener und endogener Einflussfaktoren auf die Ausprägung der (zyklischen) Wirtschaftsentwicklung und sahen entsprechend die Ursachen der Konjunktur in einer Kombination, einem „kooperierenden“ Wechselverhältnis von äußeren Impulsen und den Reaktionen des „ökonomischen Systems“ darauf.[70] In dem von Tinbergen vorgeschlagenen sukzessiven Konjunkturmodell bilden sich Zyklen in der Konsequenz nicht unabhängig vom Verlauf des jeweils vorangegangenen Zyklus aus.[71] Damit lieferte er erste Überlegungen für die dynamische Konjunkturauffassung der zweiten Hälfte des 20. Jahrhunderts, die hier allerdings nicht mehr Gegenstand der Untersuchung sein wird.

---

69 Andvig: Ragnar Frisch and Business Cycle Research during the Interwar Years (1992 [1981]), S. 83.

70 Vgl. u. a. Tinbergen, Polak: The Dynamics of Business Cycles (1950), S. 351, 256 f. Die niederländische Erstveröffentlichung von Tinbergens Schrift „Economische Bewegingsleer“, auf der die Publikation beruht, stammt aus dem Jahr 1942. 1936 entwickelte Tinbergen ein Modell der niederländischen Volkswirtschaft, das 24 Gleichungen enthielt. Vgl. Ernst P. Billeter, Vladimir Vlach: Zeitreihen-Analyse. Einführung in die praktische Anwendung. Würzburg, Wien 1981, S. 25. Dort auch ein Überblick über die Weiterentwicklung komplexer Wirtschaftsmodelle in der Tradition Tinbergens.

71 Vgl. Tinbergen, Polak: The Dynamics of Business Cycles (1950), S. 257.

2 Konjunkturforschung als kulturwissenschaftlicher Gegenstandsbereich

Die folgende Analyse nimmt die soeben in ihren groben Verlaufslinien und Akzentsetzungen skizzierte ökonomische Konjunkturforschung in den Blick einer kulturwissenschaftlich geprägten Wissenschaftsforschung. Die europäisch-ethnologische/kulturanthropologische Perspektive profitiert dabei von einigen Charakteristika des Untersuchungsfeldes, stößt aber ebenso auf diesem innewohnende besondere Herausforderungen. Die junge Konjunkturforschung präsentiert sich selbst innerhalb der Wirtschaftswissenschaften als innovativer wie produktiver Forschungsbereich, der eine Vielzahl programmatischer Schriften, Versuche der Selbstvergewisserung und diskursiver Aushandlungskämpfe um den ‚richtigen Weg' aufweist. In den Selbstäußerungen der Vertreter:innen, auch und nicht zuletzt in den zentralen Abhandlungen, ist einiges von dem kondensiert, was gerade den Reiz der sich herausbildenden Konjunkturforschung als Gegenstandsfeld für eine kulturanalytische Untersuchung zur Wissenschaftsgeschichte der Ökonomik ausmacht: Neben der greifbaren, konzeptuell verankerten wie praktisch wirkmächtigen Affinität zur Idee des Rhythmischen als thematisch-inhaltlichem Ankerpunkt der vorliegenden Untersuchung ist es der innerdisziplinäre wie öffentliche Stellenwert eines in seinen Ausrichtungen keinesfalls abgeschlossenen, dabei zugleich viel beachteten und gerade auch für jüngere, aufstrebende Forscher:innen mit dem Drang zur Profilierung attraktiven Wissenschaftsbereichs, der entsprechend vielfältige, diskursiv komplex aufeinander wie auf andere Wissenschafts- und Gesellschaftsbereiche bezogene Quellen generierte. Über die Vermittlung in die Gesellschaft hinein – etwa über populäre Darstellungen in Wirtschaftsmagazinen und allgemeinen Medien – wurden zudem „diese Dinge, die zu den schwersten Fragen der Nationalökonomie gehören, geradezu volkstümlich".[72]

Innerhalb der Wirtschaftswissenschaften im frühen 20. Jahrhundert gewinnt mit dem zunehmend als (ökonomisch wie gesamtgesellschaftlich) bedeutungsvoll identifizierten Konjunkturphänomen auch die sich daran entwickelnde Subdisziplin der Konjunkturforschung immer stärker an Relevanz. Zugleich bildet sie sich zu einer Art Querschnittsperspektive aus, die sich durch alle wirtschaftswissenschaftlichen Felder, Forschungsansätze und Systeme sowie methodischen Zugänge zieht.[73] Entsprechend wird sie sowohl in der zeitgenössischen Literatur als auch in heutigen wissenschaftsgeschichtlichen Arbeiten als ein alles andere als uniformer Bereich disziplinärer Positionierung und Perspektivierung wahrgenommen und skizziert.

---

72 Mises: Geldwertstabilisierung und Konjunkturpolitik (1928), S. 1.

73 Vgl. Alfred Müller-Armack: o. T. In: Albert Aftalion u. a.: Der Stand und die nächste Zukunft der Konjunkturforschung. Festschrift für Arthur Spiethoff. Mit einem Vorwort von Joseph Schumpeter. München 1933, S. 199–204; S. 199 f.

„In the history of economics, no subject has been more puzzling than the business cycle. Although numerous theories have been suggested since the cycle was first recognized late in the eighteenth century, none of them has succeeded in providing a full explanation of this phenomenon. The causes of the cycle suggested by these theories seem to cover every kind of economic and noneconomic factor one could imagine.“[74]

Mit dieser Feststellung beginnt der koreanische Wirtschaftswissenschaftler Kyun Kim seine historisch ausgerichtete Studie zur Konjunkturforschung. Und auch andere Untersuchungen stellen den „Eindruck einer beinahe verwirrenden Buntheit und Uneinheitlichkeit“[75], die Vielfalt der Ansätze, ihre Disparität, auch die oft zu beobachtende Gegensätzlichkeit der Auffassungen (eine „tangled mass of apparently contradictory explanations of the business cycle“[76] sieht etwa Alvin Hansen) sowie den Streit um den angemessenen Zugang zum Phänomen der Konjunkturschwankungen heraus.[77] Dabei wird gelegentlich ein limitierter Erkenntnisgewinn der wirtschaftswissenschaftlichen Auseinandersetzung mit dem Konjunkturphänomen angesprochen, als dessen Ausdruck sich anhaltende Suchbewegungen um eine adäquate Durchdringung des Forschungsgegenstands manifestieren. So schreibt etwa Bernd Kulla im Rückblick auf den von ihm untersuchten Zeitraum 1925 bis 1933: „In dieser Zeit der ‚Hochkonjunktur‘ der Konjunkturforschung entstand eine Unzahl von Theorien, ohne daß es gelungen wäre, den Konjunkturzyklus befriedigend zu erklären.“[78] – eine Einschätzung, die auch zeitgenössische Konjunkturforscher:innen wie der Freiburger Friedrich Lutz teilen, der 1933 die „Vielheit der Forschungsmethoden“ nicht „als das erfreuliche Zeichen eines pulsierenden Lebens in der Konjunkturforschung“ sehen will, sondern als „Ausdruck einer tiefgehenden Unsicherheit über die Natur des Konjunkturproblems“.[79] Zu einer anderen Einschätzung kommt

74 Kyun Kim: Equilibrium Business Cycle Theory in Historical Perspective. Cambridge 1988, S. 1. Kim beschäftigt sich in der Arbeit insbesondere mit der *Equilibrium Business Cycle Theory* (EBCT) und deren Herausbildung und Weiterentwicklung als an der klassischen Theorie orientierte jüngere Spielart der Konjunkturforschung.

75 Walter Heinrich: Grundlagen einer universalistischen Krisenlehre. Mit 3 Abbildungen im Text. Jena 1928 (= Deutsche Beiträge zur Wirtschafts- und Gesellschaftslehre Bd. 5), S. 193.

76 Hansen: Business-Cycle Theory (1927), S. iv.

77 Vgl. stellvertretend für die zeitgenössische Einschätzung Friedrich Lutz: o. T. In: Aftalion u. a.: Der Stand und die nächste Zukunft der Konjunkturforschung (1933), S. 161–165; S. 161: „Kein Problem ökonomischer Forschung wird gegenwärtig auf so verschiedene Weise, mit so ganz verschiedenen Forschungsmethoden zu lösen versucht wie das Problem der Konjunktur“. Vgl. auch Harold E. Batson: A Select Bibliography of Modern Economic Theory 1870–1929. With an Introduction by Lionel Robbins. London 1930, S. 90: „Literally hundreds of uncoordinated, and even contradictory, explanations have been put forward [...] and unanimity of doctrine in this branch of economics is still very far from being achieved“.

78 Kulla: Die Anfänge der empirischen Konjunkturforschung (1996), S. 16.

79 Lutz: o. T. (1933), S. 161.

dagegen Ullrich Heilemann, der die Konjunkturanalyse zu „den ältesten, am besten ausgebauten und alles in allem wohl auch erfolgreicheren“[80] ökonomischen Arbeitsfeldern zählt. Dabei betont er ebenfalls die Vielfalt der aufeinandertreffenden und sich wechselseitig beeinflussenden Zugänge und Ansätze in einer sich herausbildenden Subdisziplin:

> „Das Theorieangebot ist reichlich, bereits vor dem Ersten Weltkrieg wurden mehr als 100 Konjunkturtheorien gezählt, und seit Haberlers Bestandsaufnahme in den dreißiger Jahren dürften vermutlich noch einmal so viel hinzugekommen sein. Erfreulich breit ist auch das Methodenangebot. Erst recht gilt dies für die Daten: Kein Feld der amtlichen Statistik ist so breit und so dicht wie das der Konjunkturstatistik.“[81]

Roman Köster versucht in seiner Untersuchung zu den Wirtschaftswissenschaften in der Weimarer Republik die damalige Konjunkturdiskussion anhand dreier Gegensatzpaare zu systematisieren und damit analytisch handhabbar zu machen, nämlich der Polarität zwischen Theorie und Empirie, zwischen Statik und Dynamik sowie zwischen monetären und nicht-monetären Faktoren.[82] Köster rekurriert

---

80 Ullrich Heilemann: Diskriminanzanalyse als Instrument der Konjunkturforschung. In: Statistisches Bundesamt (Hg.): Konjunkturforschung heute – Theorie, Messung, Empirie. Beiträge zum Kolloquium am 18. und 19. November 1999 in Wiesbaden. Wiesbaden 2000 (= Forum der Bundesstatistik Bd. 35), S. 117–144; S. 117.

81 Ebd. Der erwähnte Gottfried Haberler nimmt in seinem Überblickswerk eine synthetisierende Perspektive ein: „Die Theorien unterscheiden sich hauptsächlich in der Betonung bestimmter Faktoren. Normalerweise wird ein komplexes Phänomen wie der Konjunkturzyklus durch eine große Zahl von Faktoren und Umstände verursacht und bedingt. Auch wenn die gleiche Theorie für alle Zyklen gilt, besteht immer noch Raum für eine Menge ‚verschiedener‘ Erklärungen, die sich nicht alle logisch ausschließen oder widersprechen müssen.“ Haberler: Prosperität und Depression (1948 [1937]), S. 18.

82 Vgl. Köster: Die Wissenschaft der Außenseiter (2011), S. 241. Köster führt zudem noch die grundsätzliche Unterscheidung in Überproduktionstheorien (diese sehen die Überproduktion als Grund für den Übergang von Aufschwung- in Abschwungphase) sowie Unterkonsumptionstheorien (hier wird die mangelnde Nachfrage für die Erklärung des Wechsels von Aufschwung in Abschwung herangezogen) an; ebd., S. 242. Die Einteilung in monetäre Theorien und solche, die eine Begründung für die Wirtschaftsschwankungen „auf der Warenseite“ sehen, bezeichnet Walter Heinrich als die „älteste Einteilung der die Krisen begründenden Ursachenreihen“; ders.: Grundlagen einer universalistischen Krisenlehre (1928), S. 175. Heinrich sieht daneben die „Unterscheidung in exogene und endogene Ursachen“ als „[b]einahe Gemeingut der gesamten modernen Konjunkturtheorie“; ebd. Zu den nachträglichen Systematisierungsversuchen der Konjunkturforschungsansätze gehört u. a. auch die „Übersicht“ von Rudolf Hickel, in der dieser die folgende Einteilung „der kaum noch überschaubaren Vielfalt konkurrierender Ansätze zur Konjunktur- und Krisentheorie“ vorschlägt: 1. „Überinvestitionstheorien“, 2. „Unterkonsumtionstheorien“, 3. „Disproportionalitätstheorien“, 4. „rein monetäre Theorien“, 5. „Psychologische Theorien“, 6. „Prozeßexogene Theorien“, 7. „Konjunkturtheorien in der ‚gemischten Wirtschaft‘“, 8. „Keynes ‚Neue Wirtschaftslehre‘ (keine direkte Konjunk-

damit auf Trennlinien, die dergestalt auch in der zeitgenössischen Diskussion aufgemacht und im damaligen disziplinären Diskursfeld nicht zuletzt strategisch – zur Markierung von Unterschieden oder Gemeinsamkeiten, von Denktraditionen und -schulen, zur Stärkung der eigenen und Schwächung anderer argumentativer Positionen – eingesetzt wurden. So polemisierte etwa Ernst Wagemann als Leiter des empirisch-statistisch ausgerichteten Berliner *Instituts für Konjunkturforschung* gegen ein ausschließlich theoretisch-deduktives Vorgehen der Konjunkturanalyse, während wiederum Adolf Löwe, der das *Institut für Konjunkturforschung* mit aufgebaut hatte und 1926 an das Kieler *Weltwirtschaftsinstitut* gewechselt war, ebenso wie die österreichischen Konjunkturforscher Ludwig von Mises und Friedrich A. von Hayek die Ansicht vertrat, dass Empirie – in einer Formulierung Roman Kösters – „logische Schlüsse weder erhärten noch erschüttern“[83] könne. Ludwig von Mises sprach gar vom „Wahn“ der empirischen Konjunkturforschung, „die Theorie [...] aus den Ergebnissen unvoreingenommener Tatsachenerforschung herausdestillieren“ zu können, obwohl es doch „nirgends klarer als gerade hier“ sei, „daß es ein Erfassen von Tatsachen ohne Theorie nicht gibt.“[84] Und auch der Tübinger Ökonom Hans Peter hob für die Konjunkturprognostik die Grenzen der Statistik und die Notwendigkeit einer „zureichenden Theorie“[85] hervor.

Joseph Schumpeter sprach 1933 sogar von einem „besonderen Methodenstreit“, „der den allgemeinen Methodenstreit unglücklichen Angedenkens überlebt und eine Mentalität geschaffen hat, in der sich jede Gruppe von Arbeitern etwas zu vergeben glaubt, wenn sie ihre Arbeit an den Gesichtspunkten der feindlichen Schwester orientiert.“ Anstelle einer Zusammenführung und „Koordination der Ergebnisse, [...] Fragestellungen, der Materialforschung und der Theorie“ sei zu beobachten,

---

turtheorie)“ und 9. „Explizit marxistische Krisentheorien“; Rudolf Hickel: Konjunktur und Krise – neu betrachtet. In: Karl Diehl, Paul Mombert (Hg.): Ausgewählte Lesestücke zum Studium der politischen Ökonomie. Wirtschaftskrisen. Mit einer Einführung „Konjunktur und Krise – neu betrachtet“ von Rudolf Hickel. Frankfurt/Main, Berlin, Wien 1979, S. V–CXLV; S. XIII.

83 Köster: Die Wissenschaft der Außenseiter (2011), S. 243. Die von Eucken für die deutsche Nationalökonomie als „große Antinomie“ bezeichnete Polarisierung in historisch-empirische Ausrichtung einerseits und „reine Theorie“ andererseits zog sich auch durch die Konjunkturforschung hindurch, wurde aber zugleich durch deren Wechselbewegungen auch aufgelöst; vgl. Rolf Fricke: Wirtschaftsordnung und Konjunktur. Eine Grundlegung zur dynamischen Konjunkturtheorie. Frankfurt am Main 1958, S. 10. Köster weist ebenfalls darauf hin, dass dieses „gespannte Verhältnis“ in Deutschland besonders ausgeprägt war, während etwa in den USA und Großbritannien statistische und theoretische Konjunkturforschung durchaus eng zusammenarbeiteten; vgl. ders.: Die Wissenschaft der Außenseiter (2011), S. 242, 245.

84 Mises: Geldwertstabilisierung und Konjunkturpolitik (1928), S. 39.

85 Hans Peter: Grenzen der Statistik in der Konjunkturforschung. Ein Beitrag zur Kritik der Wirtschaftsprognose. Bonn 1930 (= Veröffentlichungen der Frankfurter Gesellschaft für Konjunkturforschung Bd. 5), S. 73.

wie „die verschiedenen Truppengattungen unseres Heeres aus der Verschiedenheit ihrer Waffen einander ausschließende Prinzipien machen".[86] Daneben finden sich aber auch integrative Ansätze – so etwa bei Mitchell, der selbst zu den empirischen Konjunkturforscher:innen gezählt wird und einen entsprechend induktiven Ansatz verfolgt, aber dennoch herausstellt: „Logisch gibt es selbstverständlich keinen Gegensatz von theoretischer und historischer Betrachtung, ebensowenig wie zwischen kausaler Ableitung und analytischer Beschreibung. Beide müssen sich ergänzen."[87]

Gerade in den programmatischen Schriften der noch jungen Konjunkturforschung zeigte sich zudem der Versuch, über die Begriffsarbeit, d. h. die Entwicklung und den konsequenten Einsatz einer spezifischen Terminologie, eigene Denkrichtungen zu etablieren. Wie auch der Rhythmusbegriff in diesem Bestreben eingesetzt wurde und entsprechend dienlich war, wird an späterer Stelle Thema sein.[88]

In der frühen Konjunkturforschung eröffnet sich der Blick auf widerstreitende Positionen und epistemische Traditionen ebenso wie auf die Ränder einer noch nicht gefestigten wissenschaftlichen Disziplin. Es „florieren die Konjunkturtheorien aller Schattierungen, im Bereich der seriösen Wissenschaft wie auch unter Außenseitern"[89], schreibt Gottfried Bombach im Rückblick und verweist unter anderem auf John Maynard Keynes, der „eine gewissen Schwäche [für diese Außenseiter] hatte; Cranks nannte er sie."[90] Keynes' Vermutung, „daß man von Silvio Gesell [dem Kaufmann, Finanztheoretiker und Begründer der Freiwirtschaftslehre, Landwirt, Schriftsteller und Publizisten; S.W.] vielleicht mehr lernen könne als von K. Marx" (von der Bombach mutmaßte, dass man sie Keynes „wohl nie verzeihen" wird),[91] ist einer europäisch-ethnologischen/kulturanthropologischen Denkweise, die immer auch und gerade die Ränder (mit) im Blick behält, um so etwas über das Zentrum gesellschaftlicher Vorstellungen, Bedürfnisse und Erwartungen zu erfahren[92], sehr nahe.

---

86 Joseph Schumpeter: o. T. In: Aftalion u. a.: Der Stand und die nächste Zukunft der Konjunkturforschung (1933), S. 263–267; S. 263. Dass die Auseinandersetzung in der deutschsprachigen Konjunkturforschung auch polemische, ja karikatureske Züge annahm, zeigt eindrücklich die Darstellung bei Kulla: Die Anfänge der empirischen Konjunkturforschung (1996), hier insb. die Abschnitte „IV. Die Löwe-Singer-Kontroverse 1926" (S. 127–130) und „V. Spiethoff und Wagemann – eine Dauerfehde" (S. 130–135).

87 Mitchell: Der Konjunkturzyklus (1931), S. 55. Vgl. auch Altschul im Vorwort des Werks: „So sind es also drei Gebiete, die uns die Hilfsmittel für die Erforschung der Konjunkturzyklen bieten: die Wirtschaftstheorie, die mathematische Statistik und die Wirtschaftsgeschichte. Die gleichmäßige Beherrschung dieser drei divergenten Gebiete ist selten bei einem Forscher anzutreffen, und doch muß sie angestrebt werden, wenn man Probleme der Konjunkturforschung meistern will." Ders.: Vorwort des Herausgebers (1931), S. III.

88 Vgl. u. a. Kap. V.2 und VI.4.

89 Bombach: Zyklen im Ablauf des Wirtschaftsprozesses (1992), S. 33.

90 Ebd.

91 Ebd.

92 Vgl. hierzu immer noch grundlegend Scharfe: Bagatellen (1995).

Es ist die in der Forschungsliteratur herausgestellte Disparität der Ansätze, es sind deren Ambivalenzen und der Widerstreit der Konzepte sowie die damit verbundenen diskursiven Herausforderungen für die beteiligten Wissenschaftler:innen, aber auch die gemeinsamen Selbstverständigungsversuche, die eben auch zu beobachtende Arbeit an der Geschlossenheit, die integrativen Bemühungen[93], welche die Frühphase der Konjunkturforschung, ihre Herausbildung im ausgehenden 19. und dann noch einmal verstärkt im frühen 20. Jahrhundert (sowie die beachtlich schnelle Etablierung als eigenständige Disziplin in den 1920er- und 1930er-Jahren) zu einem äußerst attraktiven Forschungsfeld für eine wissenschaftsanalytische Annäherung aus europäisch-ethnologischer/empirisch-kulturwissenschaftlicher Perspektive an die Wirtschaftswissenschaften werden lassen.

Für die eigene, kulturwissenschaftlich ausgerichtete, Studie ist es nicht zielführend, analytische Schnitte aufzunehmen, die in der Forschungsliteratur der Wirtschaftsgeschichte wie der Disziplinengeschichte der Ökonomik im Hinblick auf ihr anders gelagertes Erkenntnisinteresse vorgenommen werden. Vielmehr werden Ansätze, die sich in der Praxis als diskursiv aufeinander bezogen und dabei vielfach miteinander verwoben darstellen, gemeinsam in den Blick genommen – und hierzu gehört neben den argumentativen Positionen, den Deutungsangeboten und Denkfiguren, die sich letztendlich (oder zumindest vorübergehend) etablieren konnten, die Beschäftigung eben auch mit in der konjunkturwissenschaftlichen Auseinandersetzung produzierter „confusion and dead ends".[94] Es geht mit anderen Worten gerade nicht um eine (rückblickende) Bewertung der Relevanz einzelner Fachvertreter:innen und/oder Ansätze im Sinne der wirtschaftswissenschaftlichen Dogmengeschichte, zudem diese je nach Standpunkt der Bewertung unterschiedlich ausfallen kann.[95] Im Zentrum des Interesses steht vielmehr die Multivokalität in einem offensichtlich in der zeitgenössischen Wahrnehmung hoch bedeutsamen und intensiv verfolgten Wissenschaftsfeld, stehen aber ebenso auch die sich hinter den

93 So sieht etwa Ernst Wagemann die Konjunkturwissenschaft als „eine Art Bindeglied zwischen Privatwirtschafts- und Volkswirtschaftslehre"; ders.: Einführung in die Konjunkturlehre (1929), S. 19. Vgl. ähnlich auch Karl Rößle: (Das betriebswirtschaftliche Rechnungswesen im Dienste der Konjunkturforschung). In: Aftalion u. a.: Der Stand und die nächste Zukunft der Konjunkturforschung (1933), S. 246–249; S. 246: „Konjunkturforschung und Konjunkturpolitik sind einige der wenigen Gebiete, die zu einer Annäherung zwischen der Volkswirtschaftslehre und der Betriebswirtschaftslehre geführt haben." Zu einer betriebswirtschaftlichen Perspektive auf das Konjunkturphänomen vgl. u. a., hier für den Einzelhandel, Heinz Grünbaum: Die Umsatzschwankungen des Einzelhandels als Problem der Betriebspolitik. Berlin 1928 (= Vierteljahrshefte zur Konjunkturforschung, Sonderheft 10).

94 Mary S. Morgan: The History of Econometric Ideas. Cambridge 1990, S. 11.

95 So hat etwa Spiethoff in der deutschsprachigen Konjunkturtheoriebildung eher eine geringere Rolle gespielt, während er „im internationalen Kontext [...] neben Schumpeter damals wohl der bekannteste und einflussreichste deutsche Konjunkturtheoretiker gewesen sein wird." Köster: Die Wissenschaft der Außenseiter (2011), S. 231.

Stimmen befindenden Akteur:innen wie auch jene die diskursiven Positionen abstützenden, hervorbringenden wie irritierenden Praktiken der Manifestierung der die frühe Konjunkturforschung bestimmenden wie organisierenden Vorstellung einer rhythmischen Verfasstheit ökonomischer Entwicklungen. Ziel ist es so der Frage näherzukommen, wie eine Idee – hier die des rhythmischen Verlaufs wirtschaftlicher Prozesse und Entwicklungen – eine Wissenschaft strukturiert, homogenisiert, aber zugleich auch ausdifferenziert, wie sie theoretische Entwürfe ebenso wie Forschungssettings und Methoden-Repertoires durchdringt, ausrichtet und selbst von ihnen ausgerichtet wird.

3 Zum Forschungsstand

Forschungsarbeiten zur frühen ökonomischen Konjunkturforschung entstammen vor allem der Wissenschaftsgeschichtsschreibung innerhalb der Wirtschaftswissenschaften und beschäftigen sich auf der Basis nicht selten akribischer Quellenarbeit mit einzelnen Konjunkturforscher:innen oder Konjunkturforschungsinstituten und deren (rückblickender) disziplinärer Einordnung.[96] Bisweilen nehmen diese Darstellungen auch eine vergleichende Perspektive ein, so etwa die 1964 von Étienne Coenen vorgelegte Abhandlung „La ‚Konjunkturforschung' en Allemagne et en Autriche. 1925–1933", in der die spezifischen Ausrichtungen und Arbeitsweisen der wichtigsten Konjunkturforschungseinrichtungen beider Länder in den Blick genommen werden.[97] Auch wenn – so der Volkswirt Bernd Kulla in seiner Dissertationsschrift über „Die Anfänge der empirischen Konjunkturforschung in Deutschland 1925–1933" – sich die Quellenlage als „erschreckend dürftig"[98] darstellt, ist es ihm in Fleißarbeit gelungen, eine größere Zahl verstreuter Materialien zu sichten

96 Verschiedene dieser Studien werden im Verlauf der vorliegenden Untersuchung herangezogen. Exemplarisch seien hier nur die Arbeiten von Rolf Krengel zum Berliner *Institut für Konjunkturforschung*, von Solomon Fabricant und Malcom Rutherford zum *National Bureau of Economic Research* sowie von Vincent Barnett zu Nikolai Dmitrijewitsch Kondratieff und dem Moskauer *Konjunkturforschungsinstitut* genannt; vgl. u. a. Krengel: Das Deutsche Institut für Wirtschaftsforschung (1986); Solomon Fabricant: Toward a firmer Basis of Economic Policy. The Founding of the National Bureau of Economic Research (1984). URL: http://www.nber.org/nberhistory/sfabricantrev.pdf (Abrufdatum: 15.08.2013); Malcolm Rutherford: „Who's afraid of Arthur Burns?" – The NBER and the Foundations. In: Journal of the History of Economic Thought 27/2005, S. 109–139; Vincent Barnett: Kondratiev and the Dynamics of Economic Development. Long Cycles and Industrial Growth in Historical Context. London u. a. 1998.

97 Coenen: La „Konjunkturforschung" en Allemagne et en Autriche (1964). Vgl. auch weitere Überblicksdarstellungen, u. a. von Ernst W. Swanson zur skandinavischen Konjunkturforschung: ders.: Scandinavian Business Cycle Theory 1898–1936 (1944).

98 Kulla: Die Anfänge der empirischen Konjunkturforschung (1996), S. 5. Kulla präzisiert: „Die Unterlagen der deutschen Konjunkturforschungsinstitute aus der Vorkriegszeit existieren nicht mehr. Die Überlieferung der großen Wirtschaftsverbände aus den zwan-

und mit Blick auf die Institutionengeschichte der empirischen Konjunkturforschung in Deutschland in ihrer Entstehungs- und Hochphase aufzubereiten. Von seinen Quellen und deren Einordnung hat die vorliegende Studie ebenso profitiert wie von weiteren wirtschaftshistorischen Abhandlungen, die seitdem erschienen sind – hier unter anderem die Arbeiten von Ulf Beckmann und Roman Köster, die wichtige Orientierungshilfen zur Situation der Konjunkturforschung, als Teil der zeitgenössischen Wirtschaftswissenschaften, primär in Deutschland im untersuchten Zeitschnitt geben.

Der Volkswirt Ulf Beckmann arbeitet in seiner Promotionsschrift detailreich die Geschichte der Konjunkturforschung am Kieler *Institut für Weltwirtschaft* heraus, wie sie in der 1926 gegründeten, von Adolf Löwe geleiteten Forschungsgruppe *Astwik/Abteilung für Statistische Weltwirtschaftskunde und Internationale Konjunkturforschung* entwickelt und praktiziert wurde.[99] Beckmann wirft einen Blick auf die Akteur:innen wie auf die Forschungsaktivitäten bis zur nationalsozialistischen Verfolgung und letztendlich der Auflösung der Abteilung im Jahr 1934. Der Sozial- und Wirtschaftshistoriker Roman Köster setzt sich in seiner 2011 in gekürzter Fassung erschienenen Dissertationsschrift „Die Wissenschaft der Außenseiter" intensiv mit der „Krise der Nationalökonomie in der Weimarer Republik" auseinander.[100] Obwohl sich Köster auf die Darstellung der deutschen Wirtschaftswissenschaften konzentriert, scheint über die fachlichen Vernetzungen der Akteur:innen auch die internationale Ökonomik mit auf. Auf der Basis von Literatur wie Archivalien arbeitet er eine Perspektive heraus, die Wirtschaftswissenschaften nicht zuletzt als soziales Gefüge und die disziplinäre Wissensarbeit als einen kontextabhängigen, in den historischen Gegebenheiten ausgebildeten und von ihnen maßgeblich mit geprägten Aushandlungskampf der Fachvertreter:innen (für die deutschsprachige Ökonomik vor allem auch zwischen den Wissenschaftsgenerationen) um die richtigen Ansätze, Ideen und Konzepte zeigt.

In historisch rückgebundener Gegenwartsperspektive und mit einem wissenschaftssoziologischen Zugang beschäftigt sich Werner Reichmann mit der österreichischen Konjunkturforschung und hier speziell mit deren Institutionalisierung. Unter anderem im Rückbezug auf Erving Goffmans Theaterkonzept von Kultur arbeitet er anhand qualitativer Leitfadeninterviews mit Akteur:innen (aus der Konjunkturforschung, der Politik sowie den Medien) und Archivbeständen die performativen Beziehungsgeflechte heraus. Sein Forschungsinteresse gilt dabei speziell der „wissenschaftliche[n] Disziplinierung wirtschaftlichen Wandels"[101], die er anhand der eingehenden Betrachtung der wissenschaftlichen Praktiken „auf der

ziger Jahren ist gleichfalls so gut wie nicht mehr vorhanden; einzelne Nachlässe schaffen dafür nur zum Teil einen Ausgleich." Ebd.

99 Beckmann: Von Löwe bis Leontief (2000).

100 Köster: Die Wissenschaft der Außenseiter (2011), insb. Kap. 6: „Aufstieg und Scheitern der Konjunkturtheorie".

101 Reichmann: Die Disziplinierung des ökonomischen Wandels (2010), S. 17.

österreichischen Spielart der Hinterbühne der Konjunkturforschung"[102] zu erfassen sucht. Ihren Fokus richtet die Studie allein auf die empirische Konjunkturanalyse, wobei vor allem Fragen der (dort beachtlich schnellen und zudem meist außeruniversitären) Institutionalisierung eines wirtschaftswissenschaftlichen Fachzweiges – auch im Wechselverhältnis Wissenschaft–Gesellschaft–Politik – verfolgt werden. Als Fallbeispiel dient dabei das *Österreichische Institut für Wirtschaftsforschung* (ehemals: *Österreichisches Institut für Konjunkturforschung*). Entgegen dem Ansatz der hier vorgelegten Studie untersucht Reichmann nicht die ideengeschichtliche Dimension der wissenschaftlich-epistemischen Praxis, ja er klammert sie aus seinem Forschungsdesign geradezu aus, denn, so Reichmann: „Bei der wissenschaftssoziologischen Analyse der Disziplinierung des wirtschaftlichen Wandels geht es mir [...] nicht um die Darstellung der Entwicklung ökonomischer Theorien, die dazu geführt haben, dass Konjunkturforschung so und nicht anders entstanden ist, sondern ich will eine Analyse der *außerwissenschaftlichen* Faktoren liefern."[103] Dass beide sich in der Konjunkturforschung jedoch nicht ausschließen, sondern elementar aufeinander bezogen sind, ist dagegen eine grundlegende Überzeugung und Basis des analytischen Programms dieser Untersuchung.

Eine besondere Herausforderung der eigenen Studie stellte die durch das Erkenntnisinteresse begründete Notwendigkeit dar, quer zu den innerökonomischen Debatten zu lesen und zu denken (die dennoch bis zu einem gewissen Grad nachvollzogen werden müssen). Hier halfen aus heutiger Perspektive verfasste ideengeschichtlich orientierte Arbeiten zur frühen Konjunkturanalyse weiter, wie sie unter anderem Mary S. Morgan und Francisco Louçã vorgelegt haben. Morgan zeigt in ihrer Weg weisenden Untersuchung über „The History of Econometric Ideas"[104] von 1990 die Herausbildung der Ökonometrie als einer wirtschaftswissenschaftlichen Richtung, die ihr methodisch-heuristisches Programm in der Zusammenführung von statistischen Methoden und mathematischer Modellbildung, von Theoriearbeit in empirischer Rückgebundenheit sieht und sich in dieser Ausrichtung verstärkt seit den 1930er-/1940er-Jahren zur dominanten Form der angewandten Wirtschaftswissenschaft entwickelt. Insbesondere die ersten Kapitel der Abhandlung, in denen sich Morgan mit zentralen Ansätzen der frühen Konjunkturforschung beschäftigt, lieferten wertvolle Bezugspunkte für das eigene Forschungsprogramm.

In seiner ebenfalls der Ideengeschichte der (frühen) Ökonometrie gewidmeten Studie „The Years of High Econometrics" (2007) präsentiert Francisco Louçã umfangreiches Quellenmaterial. Um die Person des norwegischen Ökonometrikers

---

102 Ebd., S. 19.

103 Ebd., S. 24; Herv. i. Orig.

104 Morgan: The History of Econometric Ideas (1990). Vgl. in ähnlich gelagerter Perspektive auch Judy L. Klein, Mary S. Morgan (Hg.): The Age of Economic Measurement. Durham, London 2001 (= History of Political Economy, Annual Supplement to Volume 33); Judy L. Klein: Statistical Visions in Time. A History of Time Series Analysis, 1662–1938. Cambridge, New York, Melbourne 1997.

Ragnar Frisch herum erzählt Louçã die Geschichte der frühen Konjunkturforschung als internationale wirtschaftswissenschaftliche Innovationsgeschichte. Dabei greift er neben den publizierten Texten unter anderem auf die Korrespondenz Frischs mit Fachkollegen als einem zentralen Format der zeitgenössischen wissenschaftlichen Kommunikation zurück, in dem Fragen der inhaltlichen wie methodischen Ausrichtung der Forschung, aber etwa auch deren angestrebte Institutionalisierung detailliert verhandelt wurden.[105] Hier profitierte die vorliegende Studie nicht nur von den ausführlich zitierten Archivalien, sondern auch von deren Einordnung durch den Autor Francisco Louçã. Dabei ist es nicht zuletzt sein Anspruch, „auch die Biographie einer Idee"[106] zu schreiben, der sich mit dem Anliegen und der analytischen Grundausrichtung meines Ansatzes trifft.

Wenig Beachtung fand im Fachdiskurs die 1979 als Dissertation fertiggestellte und 1985 eher abseitig publizierte zweibändige Schrift „The Birth of the Business Cycle"[107] des US-amerikanischen Ökonomen und Wissenschaftshistorikers Philip Mirowski, der später durch seine Überlegungen zur Situiertheit der neoklassischen Ökonomik in einem physikalischen Erkenntnishorizont („More Heat than Light", 1989) internationale wie transdisziplinäre Aufmerksamkeit erfuhr. Der Autor selbst spricht im Vorwort von „The Birth of the Business Cycle" von einem „lumbering and unwieldy manuscript"[108], das aus der Darstellung und Diskussion theoretischer Ansätze zur ökonomischen Instabilität aus unterschiedlichen Zeitschnitten den eigenen Entwurf einer institutionalistischen Konjunkturtheorie entwickelt, der im zweiten Band mit empirischem Material zur Wirtschaftsentwicklung in England seit dem letzten Jahrzehnt des 17. Jahrhunderts (als Beginn der untersuchten modernen Instabilität) in Beziehung gesetzt wird. Mirowskis Arbeit kann in der historischen Perspektivierung ökonomischer Theoriebildung als ein Aufschlag gesehen werden, der auch für die eigene Analyse den Blick noch einmal weitete und Impulse für die Wahrnehmung des jeweiligen Verortet-Seins konjunkturtheoretischen Wissens und die Justierung auch größerer Linien gab. Er selbst spricht davon, dass seine Auseinandersetzung mit den Wirtschaftszyklen und ihren Theoretisierungen zu Einblicken und Einordnungen führte, die den Impuls für seine die Wissenschaftsforschung der Ökonomik maßgeblich prägenden Überlegungen in „More Heat than Light" gaben. Tatsächlich sind es insbesondere die dort entwickelten Gedanken, die stärker als „The Birth of the Business Cycle" Anregungen für die eigene Annäherung an wirtschaftswissenschaftliche Quellen und deren Lesarten bereithielten. Diese und weitere Forschungsarbeiten, die den theoretischen Rahmen der vorliegenden Studie bilden, werden in Kapitel III genauer vorgestellt. Zunächst jedoch sollen die empirischen Zugänge und Materialien dieser Untersuchung dargelegt werden.

105 Vgl. Louçã: The Years of High Econometrics (2007), S. 2.

106 „This is also the biography of an idea", heißt es wörtlich bei Louçã; ebd.

107 Mirowski: The Birth of the Business Cycle (1985). Ein Reprint des Werkes erschien 2015 bei Routledge.

108 Ebd., Preface, S. III.

4 Empirische Zugänge: Methodik und Material

Wichtige Voraussetzung für das mit diesem Anliegen verbundene empirische Programm der vorliegenden Studie ist eine breite Materialbasis, die neben publizierten Texten auch graue Literatur und Archivalien unterschiedlicher Herkunft und Form umfasst. Zentraler Untersuchungsgegenstand sind die Beiträge des fachwissenschaftlichen Diskurses im gewählten Zeitschnitt vom späten 19. Jahrhundert bis in die 1930er- und 1940er-Jahre. Zudem wurden mediale Aufbereitungen des Themas, Erfahrungsberichte, Interviews und Reportagen, Briefwechsel und (auto-) biographische Texte, populäre Darstellungen, Zeichnungen und Fotografien in die Analyse einbezogen. Dabei galt es zunächst, ein Sensorium dafür zu entwickeln, wo und wie das Forschungsthema dieser Studie im und vom „Feld" verhandelt wird, wie – bewusst, aber auch unbewusst – die Idee der „Wirtschaft als Rhythmus" von den Akteur:innen geformt und andersherum deren wissenschaftliche Arbeit durch diese Idee präfiguriert wird.

Der Begriff „Rhythmus" selbst gehört, auch wenn er in Abhandlungen vielfach verwendet wird, von sehr wenigen Ausnahmen abgesehen nicht zu den in Stichwortregistern gelisteten Termini.[109] Bei der Verschlagwortung konjunkturwissenschaftlicher Werke erscheint er gemeinhin ebenso wenig wie in den Recherchehilfsmitteln, in Karteien und Findbüchern wirtschaftswissenschaftlicher Bibliotheken und Archive. Entsprechend wurde eine umfangreiche Lektüre erforderlich, die von Suchbewegungen nach dem Schneeballsystem ebenso geprägt war, wie sie durch Zufallsfunde in neue Richtungen geleitet wurde. Schließlich muss, anders als bei einem geschlossenen Materialkorpus, davon ausgegangen werden, dass trotz des so geweiteten Blicks doch einiges übersehen wurde.

Als wertvoller erster Zugang erwies sich die Lektüre von zentralen Einführungs- und Überblickswerken ökonomischer Konjunkturforschung[110], die Sichtung der dortigen Literaturverzeichnisse sowie zeitgenössischer Bibliographien[111], der Auflistungen von Neuerscheinungen und Besprechungsteilen in den einschlägigen Fach-

109 Einige Ausnahmen sind in Kap. V.2.1 angeführt. Dabei können die expliziten Nennungen im Register für die Zwecke der vorliegenden Untersuchung auch irreführend sein, da sie oft auf spezielle, bewusst eingesetzte Formulierungen abheben und den eben auch vorhandenen unreflektierten Gebrauch des Rhythmusbegriffs an zahlreichen anderen Stellen in derselben Abhandlung unerwähnt lassen; vgl. exemplarisch Heinrich: Grundlagen einer universalistischen Krisenlehre (1928): Während dort „Rhythmus" im Haupttext an den verschiedensten Stellen verwendet wird, erscheint der Begriff im Register des Bandes als „Rhythmus (der ‚Wechsellagen')" mit einem einzigen Seitenverweis; ebd., S. 361.

110 Zu nennen sind hier vor allem die Überblicksdarstellungen von Wesley C. Mitchell, Ernst Wagemann und Walter Hahn.

111 Vgl. exemplarisch Batson: A Select Bibliography of Modern Economic Theory (1930), S. 90–100: „Fluctuation".

zeitschriften.[112] Daneben zeigten sich insbesondere auch Festschriften für einzelne Personen und Institutionen aufgrund der in ihnen vorgenommenen grundsätzlichen Positionsbestimmungen unterschiedlicher Forscher:innen als aufschlussreich für die Erfassung des Spektrums der vorhandenen Ansätze und Zugänge. Hierher gehört etwa die von dem internationalen „who is who" der Konjunkturforschung verfasste Festschrift zum 60. Geburtstag von Arthur Spiethoff[113] ebenso wie die nicht minder prominent bestückte Festschrift zum zehnjährigen Bestehen des Berliner *Instituts für Konjunkturforschung*.[114] Von diesen Werken ausgehend wurde die Lektüre Schritt für Schritt ausgeweitet, bis die Materialbasis als für das eigene Vorhaben gesättigt erschien.

Als Möglichkeit der Versicherung sowie als potenzielles Korrektiv zur Gefahr der selektiven Wahrnehmung wurden zudem einschlägige zeitgenössische Periodika systematisch gesichtet und ausgewertet, darunter die frühen Ausgaben des vom *NBER* veröffentlichten „News-Bulletin" (1922–1933), die ersten zehn Jahrgänge der ab 1926 erschienenen „Vierteljahrshefte zur Konjunkturforschung" sowie der ab 1927 erschienenen „Monatsberichte des Österreichischen Institutes für Konjunkturforschung" und die Jahrgänge 1.1913 bis 52.1940 des „Weltwirtschaftlichen Archivs" (*Institut für Weltwirtschaft*, Kiel).

Als eine wertvolle Erweiterung der Materialbasis zeigte sich zudem die zeitgenössische printmediale Berichterstattung über die Konjunkturforschung, ihre Institutionen, Personen und Aktivitäten. Hier konnte die Studie von der Durchsicht der einschlägigen Bestände des Zeitungsausschnittarchivs des ehemaligen *Hamburgischen Welt-Wirtschafts-Archivs* profitieren, das 2007 in die Hamburger Bestände

112 Dieser Schritt erwies sich als notwendig, da aktuelle Überblicksdarstellungen und Nachschlagewerke wirtschaftswissenschaftlicher Provenienz zwar eine wertvolle Möglichkeit der ersten Annäherung liefern, den Fokus dabei jedoch auf diejenigen Ansätze richten, die sich in der disziplinären Entwicklung durchgesetzt bzw. für diese eine wichtige Rolle gespielt haben. Für mein Unterfangen ist aber gerade die Breite der damaligen Diskussion jenseits von Fragen der rückblickenden disziplinären Beurteilung wichtig. Vgl. exemplarisch für jüngere Aufbereitungen der frühen Konjunkturforschung die acht Bände umspannende Edition von Schlüsselwerken zur Konjunkturtheorie aus den Jahren 1860 bis 1939, die Texte aus dem englischsprachigen Raum sowie in Übersetzung Werke aus Frankreich, Deutschland, Italien, Russland und Schweden zusammenführt – gegliedert in „Some Early Classics" (Bd. 1), „Structural Theories of the Business Cycle" (Bd. 2), „Monetary Theories of the Business Cycle" (Bd. 3), „Equilibrium and the Business Cycle" (Bd. 4), „Economic Growth, Technical Change and Business Cycles" (Bd. 5), „The Accelerator, Overaccumulation and Underconsumption" (Bd. 6), „Saving, Investment and Expectations" (Bd. 7) und „Quantitative Business Cycle Analysis" (Bd. 8); Harald Hagemann (Hg.): Business Cycle Theory. Selected Texts 1860–1939. Bd. 1–4. London 2002; Mauro Boianovsky (Hg.): Business Cycle Theory. Selected Texts 1860–1939. Bd. 5–8. London 2005.

113 Aftalion u. a.: Der Stand und die nächste Zukunft der Konjunkturforschung (1933).

114 Bullock u. a.: Beiträge zur Konjunkturlehre (1936).

der *Deutschen Zentralbibliothek für Wirtschaftswissenschaften* integriert wurde.[115] Die Artikel ermöglichen einen Zugang zur Schnittstelle zwischen wissenschaftlicher Konjunkturforschung und gesellschaftlichen Erwartungen und Bedürfnislagen. Sie vermitteln einen Eindruck von der öffentlichen Wahrnehmung der Konjunkturforschung, aber auch von den unverkennbaren Ambitionen des neuen Wissenschaftsbereichs, in die Gesellschaft hinein zu wirken und von dieser wahrgenommen zu werden.[116]

Eine für die eigene Fragestellung weitere wertvolle Materialgruppe sind die – meist aus Anlass von Jubiläumsjahren verbreiteten – Eigendarstellungen einzelner Konjunkturforschungsinstitute in Form mehr oder weniger umfangreicher Broschüren, die mit Blick auf eine größere, fachlich nicht vorgeprägte Zielgruppe neben einordnenden Texten auch ausgesuchte Schrift- und Bildquellen aus der jeweiligen Institutsgeschichte präsentieren.

Ergänzend zu den gedruckten Schriften wurden außerdem Archivalien herangezogen, die für Einblicke in Strukturen, Ausstattungen (personell, räumlich und an Arbeitsmitteln) sowie konkrete Arbeitsabläufe, aber auch für die Selbst- und Außenwahrnehmung der Konjunkturinstitute höchst aufschlussreich sind. Recherchen vor Ort fanden in Berlin, Kiel und Wien statt, wobei gerade die Sichtung der umfangreichen erhaltenen Bestände des Kieler *Instituts für Weltwirtschaft* rund um die Gründung und den Ausbau der *Abteilung für Statistische Weltwirtschaftskunde und Internationale Konjunkturforschung* (*Astwik*) wertvolle Quellen im oben genannten Sinne – darunter Korrespondenz, Protokolle und Berichte, Manuskripte, Bildquellen – hervorbrachte.[117] Für die Konjunkturforschung anderer Länder konnte die Untersuchung von online zur Verfügung gestellten Archivbeständen profitieren. Hier erwiesen sich neben den archivarischen Sammlungen von Universitätsbibliotheken auch die auf den Homepages der Konjunkturforschungsinstitute beziehungsweise

115 Eine unverzichtbare Hilfe stellten dabei die Hinweise von Helmut Leveknecht, ZBW Leibniz-Informationszentrum Wirtschaft, dar, der meine Recherchen mit großer Offenheit unterstützte und dem ich entsprechend zu Dank verpflichtet bin.

116 Noch einmal mehr sind diese Artikel von Interesse, weil sie häufig mit einer deutlicheren Sprache operieren als die wissenschaftlichen Abhandlungen und Entwicklungen auch bewusst zuspitzen. Vgl. exemplarisch einen Artikel in der „Wiener Bank u. Börsen Zeitung" über das Österreichische *Institut für Konjunkturforschung*, der eine Replik des Institutsleiters Hayek provozierte; Wiener Bank u. Börsen Zeitung Nr. 31 vom 06.08.1928: „Das österreichische Traumbuch. Die Konjunkturforschung Oesterreichs" [HWWA: A 40 b n SM 54].

117 Ich danke Birgit Gummersbach vom *Institut für Weltwirtschaft* für ihre geduldige Unterstützung sowie Dr. Claus-Friedrich Laaser für ein ausdauerndes Gespräch und wertvolle Hinweise. Nur wenige Unterlagen sind dagegen aus der Frühphase des *Österreichischen Instituts für Konjunkturforschung* (heute: *Österreichisches Institut für Wirtschaftsforschung*) in Wien sowie des *Instituts für Konjunkturforschung* (heute: *Deutsches Institut für Wirtschaftsforschung*) in Berlin erhalten. Mein Dank gilt auch hier den Mitarbeiter:innen für ihre Unterstützung.

(universitären) Konjunkturforschungsabteilungen selbst eingestellten Materialien als wichtiger Fundus[118] – ebenso wie die bereits erwähnten wissenschaftshistorischen Überblicksdarstellungen und in ihnen aufbereiteten Quellen zur Institutionen- und Personengeschichte der Konjunkturforschung.[119]

Ein für das konkrete Thema dieser Studie randständiger, für das grundlegende Verständnis ökonomischen Denkens aber äußerst wichtiger Weg der Annäherung erfolgte über den Besuch ökonomischer Lehrveranstaltungen (insbesondere Einführungsvorlesungen zur Volkswirtschaftslehre bei unterschiedlichen Lehrenden an der Universität Hamburg), Vortragsveranstaltungen (darunter Vorträge zu wechselnden Themen im Angebot des Hamburger Arbeitskreises Plurale Ökonomik während mehrerer Semester, aber etwa auch an der LSE sowie die Rezeption von im Internet hochgeladenen Vorträgen verschiedener Ökonom:innen) und nicht zuletzt – wo und wann immer möglich – Gespräche mit Ökonom:innen über mein Projekt. Diese Kontakte mit der gegenwärtigen Ausprägung des Faches halfen einen Zugang auch zu den historischen Quellen, zu deren Sprache und Argumentationsweise zu finden, kurz: ökonomisches Denken und Arbeiten für die Kulturwissenschaftlerin und Nicht-Ökonomin vertrauter werden zu lassen.

Die dieser Studie zugrundeliegenden Materialien wie auch die skizzierten Wege ihrer Sichtung lassen erkennen, dass ein Schwerpunkt der Untersuchung, insbesondere mit Blick auf die systematischen Annäherungen, auf den deutschsprachigen Wirtschaftswissenschaften (speziell Deutschland und Österreich) liegt – mit einer Ausweitung in andere europäische Länder sowie insbesondere in die USA. Diese Perspektivierung ist zunächst forschungspraktisch begründbar: Sie spiegelt die konkreten Bewegungen im Forschungsprozess, die den vom Feld selbst (ausgehend vom Einstiegspunkt der Forscherin) nahegelegten Linien folgen. Zugleich bildet sie aber auch die vorgeprägte Wahrnehmung der Forscherin ab, die zwingend selektiv und – in den spezifischen Situierungen – per se limitiert ist.[120] Die theoretischen Ankerpunkte dieser Ausrichtung sollen im nächsten und (was die Orientierung der Analyse auf das Rhythmische betrifft) im übernächsten Kapitel dargelegt werden.

---

118 Darunter etwa die „Annual Reports" des *National Bureau of Economic Research* seit 1920; URL: http://www.nber.org/nberhistory/annualreports.html (Abrufdatum: 07.07.2017); aber etwa auch der Briefwechsel zwischen Ragnar Frisch und Eugen Slutsky aus den Jahren 1925–1936; URL: http://www.sv.uio.no/econ/om/tall-og-fakta/nobelprisvinnere/ragnar-frisch/correspondence/slutskii_frisch_ vers.17.06.05%5B1%5D.pdf (Abrufdatum: 07.07.2017).

119 Vgl. den Forschungsüberblick in Kap. II.3.

120 Selbstverständlich gelten für die eigenen Forschungsbewegungen dieselben Vorannahmen des „entangled knowledge" und der „Situiertheit" akademischer Wissensarbeit, wie sie in den theoretischen Vorüberlegungen der Studie für das Untersuchungsfeld der wirtschaftswissenschaftlichen Konjunkturforschung vorgestellt werden; vgl. insb. die Darstellung in Kap. III.3.

III Zur Kulturanalyse der Ökonomik – theoretische Verständigungen

1 Wirtschaft(en) als Forschungsthema der Europäischen Ethnologie/Empirischen Kulturwissenschaft – Ansätze und Desiderata[1]

In der europäisch-ethnologischen/empirisch-kulturwissenschaftlichen/volkskundlichen Auseinandersetzung mit ökonomischen Themen dominiert eine Perspektive, die das komplexe Feld vor allem über die alltagsweltlichen Praktiken unterschiedlicher Akteur:innen in (global-)ökonomischen Strukturen und auf der Basis der an diesen entwickelten lebensweltlichen Expertise zu erfassen sucht.[2] Grundsätzlich wird Wirtschaft(en) in dieser Blickrichtung als konstitutiver Bestandteil individueller wie gesellschaftlicher Entwicklung, als zentrale Voraussetzung wie elementarer Faktor der Lebensgestaltung verstanden und untersucht. Damit wird eine Dimensionierung der Beschäftigung mit Wirtschaftlichem weitergeführt, welche die Volkskunde seit den Zeiten ihrer Institutionalisierung im ausgehenden 19. und frühen 20. Jahrhundert prägt. Zunächst standen dabei in vorindustriell-ländlicher Perspek-

1 Dieser Abschnitt ist mittlerweile in leicht überarbeiteter Form als Teil meiner im Dezember 2019 an der Christian-Albrechts-Universität zu Kiel gehaltenen Antrittsvorlesung erschienen; Sonja Windmüller: Staging Economics. Zur Kulturanalyse des Wirtschaftlichen. In: Zeitschrift für Empirische Kulturwissenschaft 119/2023, H. 2, S. 155–175.

2 Vgl. die mittlerweile erschienene Publikation zum nach Beendigung dieser Studie durchgeführten 41. Kongress der Deutschen Gesellschaft für Volkskunde, „Wirtschaften. Kulturwissenschaftliche Perspektiven", vom 20. bis 23. September 2017 in Marburg: Braun u. a.: Wirtschaften (2019). Im Unterschied zur Europäischen Ethnologie/Empirischen Kulturwissenschaft hat sich in der Nachbardisziplin Sozial- und Kulturanthropologie (Ethnologie) ein eigenes Forschungsfeld der Wirtschaftsanthropologie bzw. Wirtschaftsethnologie herausgebildet. Vgl. exemplarisch Martin Rössler: Wirtschaftsethnologie. Eine Einführung. 2., überarb. u. erw. Aufl. Berlin 2005; Chris Hann, Keith Hart: Economic Anthropology. History, Ethnography, Critique. Cambridge 2011; Gertraud Seiser: Ökonomische Anthropologie. Einführung und Fallbeispiele. Wien 2017. Von volkskundlicher Seite unternahm seit den 1970er-Jahren Günter Wiegelmann mit seinen Überlegungen zur Innovation und dem aus der Kulturfixierungstheorie hervorgegangenen Konzept der „Wirtschaftslagentheorie" einen grundlegenden Theoretisierungsversuch auf ökonomischer Basis, dem die Annahme der „Parallelität zwischen Wirtschaftslagen und kulturellem Verhalten" zugrunde liegt; ders.: Reliktgebiet und Kulturfixierung. Zu einigen Begriffen und Modellen der schwedischen Ethnologie und deutschen Volkskunde (1972). In: ders.: Theoretische Konzepte der Europäischen Ethnologie. Diskussionen um Regeln und Modelle. 2., erw. Aufl. Münster 1995 (= Grundlagen der Europäischen Ethnologie Bd. 1), S. 63–74; S. 71; vgl. ders.: Diskussion zur Wirtschaftslagentheorie. In: ebd., S. 92 f. Zur Kritik des Wiegelmannschen Entwurfs vgl. u. a. Helge Gerndt: „Theoretische Konzepte der Europäischen Ethnologie". Nachfragen – Einwände – Thesen (1992). In: ebd., S. 215–227; Dieter Kramer: Kultur und Regeln. Bemerkungen zu Günter Wiegelmanns theoretischen Konzepten (1994). In: ebd., S. 242–249.

tive ‚ganzheitliche' Ansätze des Haushaltens (Oikos-Konzept) im Mittelpunkt des forschenden Interesses. Ein besonderes Augenmerk wurde hier – auch in der engen Verbindung von akademischer und musealer Volkskunde – auf bäuerliches und handwerkliches Arbeitsgerät und mit diesem vollzogene Arbeitspraktiken gelegt.[3] Mit der Neuausrichtung des Faches hin zu einer gegenwartsorientierten, von den Menschen und ihren konkreten Lebenszusammenhängen ausgehenden Alltagskulturforschung erweiterte sich der Fokus zunehmend auch in Richtung industrieller Wirtschafts- und Arbeitsformen.[4] Hier prägte insbesondere die sich (auch politisch verstehende) Arbeiterforschung – nachfolgend: Arbeitskulturenforschung – den volkskundlichen Blick auf Wirtschaft.[5] Neben der „Industriearbeiterschaft" und der von dieser ausgeprägten „Arbeiterkultur" rückten später auch Unternehmenskulturen[6] sowie in den letzten Jahrzehnten, im Zuge von Globalisierung und Digitalisierung, sich wandelnde Berufsprofile und Arbeitsbiographien, Umwertungen von Arbeit sowie ein erweiterter Arbeitsbegriff ins Blickfeld der Forschung.[7] Jüngere

3 Vgl. exemplarisch Hinrich Siuts: Geräteforschung. In: Rolf W. Brednich (Hg.): Grundriß der Volkskunde. Einführung in die Forschungsfelder der Europäischen Ethnologie. 3., überarb. u. erw. Aufl. Berlin 2001, S. 155–170; Beate Bickel, Andreas Kuntz: Handwerksforschung. In: ebd., S. 171–200.

4 Vgl. Peter Assion: Arbeiterforschung (aktualisiert von Bernd Jürgen Warneken). In: ebd., S. 255–289. Auch hier kann die perspektivische Ausrichtung der einschlägigen Kongresse der Deutschen Gesellschaft für Volkskunde als Indikator gesehen werden. So fand der 15. dgv-Kongress 1965 in Marburg zum Thema „Arbeit und Volksleben", der 28. dgv-Kongress 1991 in Hagen zum Thema „Der industrialisierte Mensch" und der 34. dgv-Kongress 2003 in Berlin zum Thema „Ethnografie Europäischer Modernen: Ort – Arbeit – Körper" statt.

5 Vgl. Hans-Joachim Althaus u. a.: Da ist nirgends nichts gewesen außer hier. Das ‚rote Mössingen' im Generalstreik gegen Hitler. Geschichte eines schwäbischen Arbeiterdorfes. Berlin 1982; Götz Bachmann: Der Belegschaftskultur-Ansatz und die Links-Volkskunde. Ein Blick zurück nach vorn. In: Irene Götz, Andreas Wittel (Hg.): Arbeitskulturen im Umbruch. Zur Ethnographie von Arbeit und Organisation. Münster u. a. 2000, S. 35–52. Die 1979 gegründete Kommission „Arbeiterkultur" der Deutschen Gesellschaft für Empirische Kulturwissenschaft (ehemals: Deutsche Gesellschaft für Volkskunde) wurde 1998 in „Arbeitskulturen" umbenannt. Vgl. die Homepage der Kommission Arbeitskulturen. URL: http://www.dgv-arbeitskulturen.de (Abrufdatum: 07.02.2023).

6 Als neuere Beispiele der Unternehmensethnographie vgl. exemplarisch Barbara Lemberger: „Alles für's Geschäft!" Ethnologische Einblicke in die Unternehmenskultur eines kleinen Familienunternehmens. Berlin 2007 (= Berliner Ethnographische Studien Bd. 14); Johannes Müske: Arbeitsalltag und technischer Wandel. Arbeiterinnen in einem Hamburger Versandhandelsunternehmen und ihre Arbeitswelt (1969–2005). Münster 2010; Götz Bachmann: Kollegialität. Eine Ethnographie der Belegschaftskultur im Kaufhaus. Frankfurt/Main 2014; Oliwia Murawska: Die Familienwerft – Strukturen, Traditionen, Nachfolge. Münster 2015.

7 Vgl. exemplarisch Gerrit Herlyn u. a. (Hg.): Arbeit und Nicht-Arbeit – Entgrenzungen und Begrenzungen von Lebensbereichen und Praxen. München, Mering 2009.

Studien beschäftigen sich etwa mit „Mobilität und Mobilisierung“[8] von Arbeit, mit prekären Arbeits- und Lebensverhältnissen[9] und „flexiblen Biografien“[10].

Daneben richtet sich das volkskundlich-kulturanthropologische Interesse an Wirtschaftlichem auf Handels- und Konsumpraktiken[11] sowie Orte, an denen sich diese verdichten[12], auf den Zusammenhang von Warenerwerb und Lebensstil[13], den Umgang mit Geld, Kredit und Schulden[14] und nicht zuletzt die Wechselbeziehungen

---

8 Irene Götz u. a. (Hg.): Mobilität und Mobilisierung – Arbeit im sozioökonomischen, politischen und kulturellen Wandel. Frankfurt/Main 2010.

9 Vgl. exemplarisch Irene Götz, Barbara Lemberger (Hg.): Prekär arbeiten, prekär leben. Kulturwissenschaftliche Perspektiven auf ein gesellschaftliches Phänomen. Frankfurt/Main 2009; Ove Sutter: Erzählte Prekarität. Autobiographische Verhandlungen von Arbeit und Leben im Postfordismus. Frankfurt/Main 2013. Vgl. auch das an der *HafenCity Universität Hamburg* angesiedelte Projekt „Low-Budget-Urbanity“. URL: www.low-budget-urbanity.de (Abrufdatum: 01.08.2017).

10 Vgl. Manfred Seifert, Irene Götz, Birgit Huber (Hg.): Flexible Biografien? Horizonte und Brüche im Arbeitsleben der Gegenwart. Frankfurt/Main 2007. Vgl. hier auch die Überlegungen von Markus Tauschek zu den „Konkretisierungen des ökonomischen Prinzips Wettbewerb“; ders.: Zur Kultur des Wettbewerbs. Eine Einführung. In: ders. (Hg.): Kulturen des Wettbewerbs. Formationen kompetitiver Logiken. Münster u. a. 2013 (= Kieler Studien zur Volkskunde und Kulturgeschichte Bd. 10), S. 7–36; Zitat auf S. 16.

11 Vgl. exemplarisch Ina Merkel: Utopie und Bedürfnis. Die Geschichte der Konsumkultur in der DDR. Köln 1999; Kerstin Poehls: Material und Moral. Das Handels- und Konsumgut Zucker. In: Zeitschrift für Volkskunde 112/2016, H. 1, S. 57–75. Insbesondere interessiert sich die Europäische Ethnologie/Empirische Kulturwissenschaft auch für „[i]nformelle Praktiken und illegalisierte Akteursgruppen [...] im Zusammenhang mit dem neuen Mobilitätsparadigma“; Gisela Welz: Standards und die Herstellung des Ökonomischen. Am Beispiel geschützter Herkunftsangaben für regionale Lebensmittelprodukte. In: Klein, Windmüller: Kultur der Ökonomie (2014), S. 175–190; S. 188.

12 Vgl. die Studien zu Marktplätzen und Märkten in unterschiedlichen Zeiten, u. a. Michaela Fenske: Marktkultur in der Frühen Neuzeit. Wirtschaft, Macht und Unterhaltung auf einem städtischen Jahr- und Viehmarkt. Köln 2006; zu Warenhäusern u. a. Gudrun M. König: Konsumkultur. Inszenierte Warenwelt um 1900. Wien, Köln, Weimar 2009; zur Börse u. a. Heiner Goldinger: Rituale und Symbole der Börse. Eine Ethnographie. Münster 2002; ders.: Methodik und Praxis des research up. Als Ethnograph bei den Börsianern. In: Zeitschrift für Volkskunde 98/2002, H. 2, S. 257–270.

13 Vgl u. a. Asta Vonderau: Leben im „neuen Europa“. Konsum, Lebensstile und Körpertechniken im Postsozialismus. Bielefeld 2010.

14 Vgl. Carola Lipp: Aspekte der mikrohistorischen und kulturanthropologischen Kreditforschung. In: Jürgen Schlumbohm (Hg.): Soziale Praxis des Kredits. 16.–20. Jahrhundert. Hannover 2007, S. 15–36; Gisela Unterweger: Der Umgang mit Geld als kulturelle Praxis. Eine qualitative Untersuchung in der gesellschaftlichen Mitte. Zürich 2013 (= Zürcher Beiträge zur Alltagskultur Bd. 20); sowie insbesondere auch die Forschungen von Silke Meyer, hier z. B. dies.: Sofortkredit. Zur kulturellen Praktik der Verschuldung. In: Jahrbuch für europäische Ethnologie 2/2007, S. 105–120; dies. (Hg.): Money Matters. Umgang mit Geld als soziale und kulturelle Praxis. Innsbruck 2014 (= Bricolage Bd. 7).

von Wirtschaft und Kultur, etwa in der Betrachtung der ökonomischen Dimension kultureller Erscheinungsformen und Institutionen[15] oder der Beschäftigung mit Kultur als ökonomischer Ressource.[16] In jüngerer Zeit mehren sich zudem Studien zu alternativen Wirtschaftsformen – zumeist im Kontext moralischer Ökonomie und angesichts knapper Ressourcen.[17]

In der Zusammenschau der europäisch-ethnologischen Ansätze scheint sich eine Perspektive durchgesetzt zu haben, die Michi Knecht dezidiert am Beispiel der „reflexiven Bioökonomisierung" vorführt. Wirtschaft wird dabei als „spezifische, aber vielfältig in soziale Bezüge und Institutionen eingebettete Rationalitäts- und Praxisform"[18] verstanden, die sich durch die Heterogenität ihrer Erscheinungsweisen charakterisieren lässt: „Eine solche Perspektive erwartet förmlich, dass ökono-

Vgl. auch Bill Maurer: The Anthropology of Money. In: Annual Review of Anthropology 35/2006, S. 15–36.

15 Vgl. hier u. a. die Überlegungen zur „Kreativökonomie" in Birgit Althans u. a. (Hg.): Kreativität. Eine Rückrufaktion. Bielefeld 2008 (= Zeitschrift für Kulturwissenschaften Bd. 1/2008).

16 Vgl. u. a. Stefan Groth, Regina F. Bendix, Achim Spiller (Hg.): Kultur als Eigentum. Instrumente, Querschnitte und Fallstudien. Göttingen 2015 (= Göttinger Studien zu Cultural Property Bd. 9); Regina Bendix, Valdimar Tr. Hafstein (Hg.): Culture and Property. Kopenhagen 2009 (= Ethnologia Europaea 39/2009, H. 2); Gisela Welz: European Products. Making and Unmaking Heritage in Cyprus. New York 2015.

17 Dies zeigte sich eindrücklich im Programm des Marburger dgv-Kongresses „Wirtschaften. Kulturwissenschaftliche Perspektiven" (2017); vgl. die einschlägigen Beiträge im Kongressband: Braun u. a.: Wirtschaften (2019). Vgl. exemplarisch auch Nikola Langreiter, Klara Löffler (Hg.): Selber machen. Diskurse und Praktiken des „Do it yourself". Bielefeld 2017 (= Edition Kulturwissenschaft Bd. 90); sowie nach Fertigstellung dieser Habilitationsschrift exemplarisch Maria Grewe: Teilen, Reparieren, Mülltauchen. Kulturelle Strategien im Umgang mit Knappheit und Überfluss. Bielefeld 2017; Lars Winterberg: Die Not der Anderen. Kulturwissenschaftliche Perspektiven auf Aushandlungen globaler Armut am Beispiel des Fairen Handels. Bausteine einer Ethnografie. Münster, New York 2017; Cornelia Kühn: Wirtschaftswandel als Kulturwandel? Die Gemeinwohl-Ökonomie als möglicher Wegbereiter für eine Kultur wechselseitiger Verbundenheit. In: Zeitschrift für Volkskunde 117/2021, H. 2, S. 163–191; Lara Gruhn: Guter Konsum. Alltägliche Ethiken zwischen Wissen und Handeln. Zürich 2022 (= Zürcher Beiträge zur Alltagskultur Bd. 30); in historischer Betrachtung exemplarisch Dieter Kramer: Vor dem Sturm. Nachhaltige Landwirtschaft vor der Industrialisierung. In: Siegfried Becker, Sonja Windmüller (Hg.): Umweltforschung. Marburg 2019 (= Hessische Blätter für Volks- und Kulturforschung Bd. 52), S. 177–197.

18 Michi Knecht: Reflexive Bioökonomisierung. Werteproduktion in einer Samenbank. In: dies. u. a. (Hg.): Samenbanken – Samenspender. Ethnographische und historische Perspektiven auf Männlichkeiten in der Reproduktionsmedizin. Berlin 2010 (= Berliner Blätter Bd. 51), S. 163–176; S. 169.

mische Praxen zwischen unterschiedlichen Ökonomien ‚schillern'".[19]

Gisela Welz, die sich in ihren Forschungen mit der Entwicklung von Standards (hier: den „geschützten Herkunftsangaben für regionale Lebensmittelprodukte") und der „Herstellung des Ökonomischen" in global(isiert)en Settings beschäftigt, verweist nachdrücklich auf die „Kulturalität der wirtschaftlichen Praktiken, Institutionen, Wissensformen und Ideologien"[20] und greift damit eine kulturwissenschaftliche Dimensionierung von Ökonomie auf, die 2001 der Kulturanthropologe Michael Herzfeld unter dem Stichwort „Economies"[21] (im Plural) anmahnte. Herzfeld kritisierte dabei die Diskrepanz zwischen der ethnologischen Beschäftigung mit Wirtschaftssystemen „exotischer Gesellschaften" und dem westlich-kapitalistischen Wirtschaftssystem. Während für die Auseinandersetzung mit ersteren eine kulturelle Dimension unmittelbar einleuchte, werde diese im Blick auf westliche Ökonomien ignoriert (hier zitiert Herzfeld die Ethnologin Ellen Hertz: „… in the West, economic institutions are merely economic"[22]). Es sei eine dringliche Aufgabe der Kulturanthropologie, so Michael Herzfeld, gerade auch für das kapitalistische Wirtschaftssystem der Frage nachzugehen, wie das „bloß Ökonomische" kulturell hergestellt wird.[23]

---

19 Ebd. Vgl. ähnlich auch Manfred Seifert: Zur Un-Ordnung der Kulturen des Wirtschaftens: Über die Ökonomie als Forschungsfeld. In: Braun u. a.: Wirtschaften (2019), S. 169–184.

20 Welz: Standards und die Herstellung des Ökonomischen (2014), S. 187. Zu einer kulturanalytischen Perspektive auf Normungsprozesse vgl. auch die einschlägigen Beiträge in Saskia Frank, Sonja Windmüller (Hg.): Normieren, Standardisieren, Vereinheitlichen. Marburg 2006 (= Hessische Blätter für Volks- und Kulturforschung Bd. 41).

21 So der Titel des einschlägigen Kapitels in Michael Herzfeld: Anthropology. Theoretical Practice in Culture and Society. Malden, Oxford 2001, S. 90–117.

22 Ellen Hertz: The Trading Crowd. An Ethnography of the Shanghai Stock Market. Cambridge 1998, S. 16; zit. n. Herzfeld: Anthropology (2001), S. 97.

23 Vgl. analog auch den Hinweis des Wirtschaftshistorikers Werner Plumpe, dass es sich bei der „modernen Wirtschaft" um einen „koevolutive[n] Komplex aus Semantiken, Institutionen und Praktiken" handelt, „die erst gemeinsam das ermöglichen, was wir abstrahierend als *Wirtschaft* ansehen"; Werner Plumpe: Ökonomisches Denken und wirtschaftliche Entwicklung. Zum Zusammenhang von Wirtschaftsgeschichte und historischer Semantik der Ökonomie. In: Jahrbuch für Wirtschaftsgeschichte 49/2009, H. 1, S. 27–52; S. 29; Herv. i. Orig.; vgl. auch Stefan Scholl: Das Politische als ‚konstitutives Außen' des Ökonomischen (2014), S. 237, sowie den dort ebenfalls erwähnten Hinweis von Urs Stäheli: „Es *gibt* das Ökonomische nicht – sondern diese ontologische Gewißheit muß verfertigt werden." Ders.: Ökonomie. Die Grenzen des Ökonomischen. In: Stephan Moebius, Andreas Reckwitz (Hg.): Poststrukturalistische Sozialwissenschaften. Frankfurt/Main 2008, S. 295–311; S. 299; Herv. i. Orig. Vgl. auch Monika Dommann, Daniel Speich Chassé und Mischa Suter in der Einleitung des von ihnen herausgegebenen Bandes zur „Wissensgeschichte ökonomischer Praktiken": „Wenn ökonomischen Wirkkräften im Kapitalismus eine eigene Stellung zukommt, dann lässt sich nach den Wissensformen fragen, aus denen sich dieser Status des Ökonomischen aufbaute." Dies.:

Ein wesentlicher Teil der Beantwortung dieser Frage muss – und hier hat sich die Europäische Ethnologie/Empirische Kulturwissenschaft trotz einer in den letzten Jahren verstärkten Zuwendung zu den interdisziplinären *Science Studies* bisher zurückgehalten – in der Beschäftigung mit den theoretischen Wissensbeständen der Ökonomie und den Wirtschaftswissenschaften als einem zentralen Ort ihrer Hervorbringung liegen. In den folgenden Abschnitten dieses Kapitels soll der Blick auf die interdisziplinäre Wissenschaftsforschung der Ökonomik und hier auf eine soziale und kulturelle Dimensionierung der Herausbildung und Durchsetzung theoretischer Expertise gerichtet werden. Ausgangspunkt neuerer Ansätze, die aus den Literatur- und Medienwissenschaften, der Wirtschaftssoziologie und -anthropologie, aber auch den Wirtschaftswissenschaften selbst kommen, war seit den 1970er/1980er-Jahren das insbesondere von Mark Granovetter (im Rückbezug auf Polanyi) vorangetriebene Denkmodell der „Einbettung" ökonomischen Handelns in soziale Strukturen und Netzwerke: Wirtschaftliche (und wirtschaftswissenschaftliche) Praktiken, ökonomische Zusammenhänge und Organisationsformen sind demnach immer als historisch und kulturell gewachsen zu verstehen und zu analysieren.[24] Eine wichtige Orientierungsmarke für die kulturhistorische Beschäftigung mit wirtschaftswissenschaftlichem Wissen stellt außerdem in der deutschsprachigen Wirtschaftswissenschaftsforschung der von Hartmut Berghoff und Jakob Vogel herausgegebene Sammelband zur „Wirtschaftsgeschichte als Kulturgeschichte" dar, der sich der „Bergung transdisziplinärer Synergiepotentiale" zwischen den Kultur- und

Einleitung: Wissensgeschichte ökonomischer Praktiken. In: Berichte zur Wissenschaftsgeschichte 37/2014, H. 2, S. 107–111; S. 108.

24 Karl Polanyi: The Great Transformation. New York, Toronto 1944; Mark Granovetter: Economic Action and Social Structure. The Problem of Embeddedness. In: American Journal of Sociology 91/1985, H. 3, S. 481–510; vgl. auch Christof Dejung: Einbettung. In: ders., Monika Dommann, Daniel Speich Chassé (Hg.): Auf der Suche nach der Ökonomie. Historische Annäherungen. Tübingen 2014, S. 47–71. U. a. haben in kritischer Erweiterung des Konzepts Herbert Kalthoff und Uwe Vormbusch darauf hingewiesen, dass sich „[ö]konomische Praktiken [...] nicht in ihrer sozialen Einbettung [erschöpfen]"; dies.: Einleitung: Perspektiven der Wirtschafts- und Finanzsoziologie. In: dies. (Hg.): Soziologie der Finanzmärkte. Bielefeld 2012, S. 9–28; S. 16. Kalthoff und Vormbusch beziehen sich hier u. a. auf Greta R. Krippner: The Elusive Market. Embeddedness and the Paradigm of Economic Sociology. In: Theory and Society 30/2001, H. 6, S. 775–810. Die gesellschaftliche Verwobenheit der Ökonomie stellte auch Gabriel Tarde ins Zentrum seiner 1902 erschienenen „Psychologie économique", die das Emotionale, Irrationale und Subjektive als Generator ökonomischer Prozesse beschreibt und aktuell als Beispiel einer „ökonomischen Anthropologie" wiederentdeckt wird; vgl. Bruno Latour, Vincent Lépinay: Die Ökonomie als Wissenschaft der leidenschaftlichen Interessen. Eine Einführung in die ökonomische Anthropologie Gabriel Tardes. Aus dem Französischen von Gustav Roßler. Berlin 2010. „Nichts in der Ökonomie ist objektiv, alles ist subjektiv, oder vielmehr intersubjektiv, und *gerade aus diesem Grunde ist sie quantifizierbar und läßt sich zur Wissenschaft machen*", schreiben Latour und Lépinay über den Ansatz von Tarde; ebd., S. 15; Herv. i. Orig.

Wirtschaftswissenschaften verschreibt und dessen Beiträge gegen die „Enthistorisierung der Ökonomie" wie die „Entökonomisierung der neueren Kulturgeschichte" gleichermaßen anzuarbeiten bestrebt sind.[25] Neue Impulse setzte zudem Joseph Vogls wissenspoetologische Studie zur Herausbildung des modernen Paradigmas des *homo oeconomicus* sowie der politischen Ökonomie seit dem ausgehenden 17. Jahrhundert.[26] Vogl, der sich intensiv mit ökonomischen Denkfiguren auseinandersetzt, konzipiert in seiner „Poetik des ökonomischen Menschen" die modernen Wirtschaftswissenschaften als eine Art Bedeutungsagentur, die „die Gegenstände, auf die sie zugreift, selbst erst konstituiert."[27] Als Perspektive der eigenen Annäherung wählt er einen semiotischen Zugang, geleitet von der Frage, „worauf das ökonomische Zeichenspiel, worauf Kursverläufe und die Kette von Notierungen verweisen – wie also die Serien von Preisen bzw. Preisschwankungen auf Börsen- und Finanzmärkten zu lesen und zu interpretieren sind und welche repräsentative Kraft in ihnen steckt".[28]

Auch in anderen Studien aus der Linguistik und Literaturwissenschaft sowie ebenfalls von ökonomischer Seite (*New Economic Criticism*) wird der Erkenntnisgewinn von Theorien des Fiktiven und Imaginären im Bereich wirtschaftswissenschaftlicher Analyse überprüft[29] und dabei insbesondere der Metaphernbestand wie auch die Visualisierungen der wirtschaftswissenschaftlichen Modellbildung[30] und speziell der medialen Repräsentanz von Wirtschaftsthemen kritisch in den Blick genommen. Den Wechsel der Sprachregister und damit verbundene (ambivalente) Intentionen der Öffnung und Schließung der wirtschaftlichen Sphäre arbeitet – um eine weitere vielbeachtete Studie zu nennen – der Soziologe Urs Stäheli materialreich am Beispiel der Börsenspekulation und ihrer Popularisierung heraus.[31] Jüngere Arbeiten einer von praxis- und akteursorientierten Ansätzen der *Science and Technology Studies* geprägten empirischen Finanzmarktsoziologie richten ihr Erkenntnisinteresse auf die

25 Hartmut Berghoff, Jakob Vogel: Wirtschaftsgeschichte als Kulturgeschichte. Ansätze zur Bergung transdisziplinärer Synergiepotentiale. In: dies. (Hg.): Wirtschaftsgeschichte als Kulturgeschichte. Dimensionen eines Perspektivenwechsels. Frankfurt/Main, New York 2004, S. 9–41; S. 11.

26 Joseph Vogl: Kalkül und Leidenschaft. Poetik des ökonomischen Menschen. Zürich 2002. Vgl. ders.: Das Gespenst des Kapitals. Zürich 2010, sowie zur Diskussion die Beiträge in: Hanno Pahl, Jan Sparsam (Hg.): Wirtschaftswissenschaft als Oikodizee? Diskussionen im Anschluss an Joseph Vogls Gespenst des Kapitals. Wiesbaden 2013.

27 Vogl: Kalkül und Leidenschaft (2002), S. 13.

28 Vogl: Das Gespenst des Kapitals (2010), S. 23.

29 Vgl. die Ausführungen in Kap. III.2.1.

30 Vgl. Hanno Pahl: Zur performativen Dimension konstitutiver Metaphern in der ökonomischen Theoriebildung: Zwischen Disziplinarität und Gesellschaft. In: Jens Maeße (Hg.): Ökonomie, Diskurs, Regierung. Interdisziplinäre Perspektiven. Wiesbaden 2013, S. 277–298.

31 Urs Stäheli: Spektakuläre Spekulation. Das Populäre der Ökonomie. Frankfurt/Main 2007.

Performanzen wie die Instrumente der Formung, Organisation und Kontrolle von Märkten sowie der Implementierung ökonomisch-mathematischer Modelle.[32] Dabei wurde das Verständnis von und Forschungsinteresse an der Ökonomik als „the study of economies" durch eine neue Betrachtungsweise abgelöst, die Ökonomik als Faktor der Ökonomie versteht: „what needed to be emphasized", schreibt Daniel Miller, „was the degree to which economics and other abstract models were managing to accrue such power that they were able to transform actual economic practices, making them accord more with these same models".[33] Ein besonderes Augenmerk dieser jüngeren sozial- und kulturwissenschaftlichen Wirtschafts(wissenschafts)-forschung, die nicht nur einen Perspektivwechsel, sondern auch einen „Umbau des Beschreibungsvokabulars"[34] forcierte, gilt dabei den Mensch-Ding-Beziehungen, den technischen Hilfsmitteln und Apparaturen als Akteuren der Konfiguration und Validierung ökonomischer Wissensbestände.[35]

Das hier aufgemachte interdisziplinäre Spektrum unterschiedlicher Ansätze soll im Folgenden mit Blick auf das eigene Forschungsinteresse und dessen theoretische Anbindungen exemplarisch vertiefend vorgestellt werden. Dabei werden insbesondere zwei Stränge der Analyse verfolgt, die in dem kurzen Aufriss bereits angeklungen sind: Zunächst sollen Ansätze der Forschungsrichtung skizziert werden, die als Diskurs- und Metapherngeschichte der Ökonomik betitelt werden könnte und ihre Verankerung vor allem in den Sprach- und Literaturwissenschaften, in den Sozialwissenschaften sowie den Wirtschaftswissenschaften selbst hat (Kap. 2.1). Der zweite große Strang, der im wesentlichen den neueren *Science Studies* verpflichtet ist, zielt auf die Akteur:innen und Praktiken der wirtschaftswissenschaftlichen Wissensarbeit, auf die Settings, in denen diese stattfindet und in denen wirtschaftswissenschaftliche Expertise entsteht und stabilisiert, aber auch irritiert, verworfen oder modifiziert wird (Kap. 2.2). Beschlossen wird das Kapitel mit Überlegungen zur theoretischen Konzeptualisierung des eigenen Forschungsprogramms auf der Basis der vorherigen Darstellung (Kap. 3).

---

32 Vgl. die Darstellung in Kap. III.2.2.

33 Daniel Miller: Turning Callon the Right Way Up. In: Economy and Society 31/2002, H. 2, S. 218–233; S. 229.

34 Georg Kneer, Markus Schroer, Erhard Schüttpelz: Vorwort der Herausgeber. In: dies. (Hg.): Bruno Latours Kollektive. Kontroversen zur Entgrenzung des Sozialen. 2. Aufl. Frankfurt/Main 2016, S. 9–12; S. 9.

35 Vgl. u. a. Michel Callon, Yuval Millo, Fabian Muniesa (Hg.): Market Devices. Malden (MA), Oxford 2007; Alex Preda: Wie Techniken Finanzmärkte erschaffen: Der Fall des Börsentickers. In: Werner Rammert, Cornelius Schubert (Hg.): Technografie. Zur Mikrosoziologie der Technik. Frankfurt/Main 2006, S. 101–139; Tanner: Wirtschaftskurven (2002).

2 Kultur(en) der Ökonomik: ein Forschungsüberblick

2.1 Begriffs- und Diskursgeschichte der Ökonomik: Metaphern, Fiktionen, Narrationen

„Ökonomen leben in Metaphern“[36], hat Deirdre McCloskey einen ihrer Texte überschrieben. Die US-Ökonomin ist eine Hauptvertreterin des *New Economic Criticism* – und damit einer wissenschaftshistorischen Forschungsrichtung, die sich an der Schnittstelle von Literatur-/Medienwissenschaften und Wirtschaftswissenschaften mit Sprache, Begriffen, Konzepten und Narrativen der Ökonomik beschäftigt und darüber die Arbeitsweise und das Selbstverständnis der Disziplin zu verstehen sucht.[37] Metaphern werden – so McCloskey – zur Verdeutlichung der verschiedenen Position in argumentativen Auseinandersetzungen eingesetzt und sind zudem nicht selten selbst deren direkter Anlass: „Oft beziehen sich Uneinigkeiten zwischen Wirtschaftswissenschaftlern darauf, welche Metaphern verwendet werden, wobei die Wahl nicht überprüft wird, weil sie unbewusst getroffen wird.“[38] Damit verortet McCloskey die Metaphern (wie auch Analogien und Metonymien[39]) nicht lediglich im Vermittlungsprozess gesicherter Wissensbestände, sondern sieht sie als wesentlichen Teil der Wissensarbeit selbst und lässt ihnen damit eine auch forschungspraktische Rolle zukommen.

Der Ansatz McCloskeys wurde vielfach aufgegriffen und weitergeführt – am Prominentesten vielleicht in den zum Teil umfangreichen Studien zu den Figuren des

36 Deirdre N. McCloskey: Ökonomen leben in Metaphern. In: Rainer Diaz-Bone, Gertraude Krell (Hg.): Diskurs und Ökonomie. Diskursanalytische Perspektiven auf Märkte und Organisationen. Wiesbaden 2009, S. 109–124. Der Text erschien erstmals englischsprachig 1995 in der Zeitschrift „Social Research“. Vgl. auch dies.: The Rhetoric of Economics. Madison 1985.

37 Martha Woodmansee und Mark Osteen prägten den Begriff des *New Economic Criticism* für „an emerging body of literary and cultural criticism founded upon economic paradigms, models and tropes“; dies.: Taking Account of the *New Economic Criticism*. An Historical Introduction. In: dies. (Hg.): The New Economic Criticism. Studies at the Intersection of Literature and Economics. London, New York 1999, S. 3–50; S. 3. Vgl. auch Willie Henderson: Economics as Literature. London, New York 1995; sowie nach Abschluss dieser Studie den Überblickstext von Daniel Cuonz: New Economic Criticism. In: Joseph Vogl, Burkhardt Wolf (Hg.): Handbuch Literatur & Ökonomie. Berlin, Boston 2019 (= Handbücher zur kulturwissenschaftlichen Philologie Bd. 8), S. 33–47.

38 McCloskey: Ökonomen leben in Metaphern (2009), S. 116.

39 Zur häufig synonymen Verwendung der Begriffe in der wirtschaftswissenschaftlichen Auseinandersetzung vgl. Arjo Klamer, Thomas C. Leonard: So what's an Economic Metaphor? In: Philip Mirowski (Hg.): Natural Images in Economic Thought. „Markets Read in Tooth & Claw“. Cambridge, New York, Melbourne 1994, S. 20–51; S. 34.

homo oeconomicus[40] und der *unsichtbaren Hand*.[41] Aber auch andere Begriffe und Narrative der Ökonomik werden auf „Aspekte des Fiktiven, der semantischen Konnotationen ihrer Begrifflichkeit und der Mythologisierung bestimmter Konzepte“[42] untersucht. Dabei scheinen es insbesondere Phasen der Krise der Finanzwirtschaft zu sein, in denen durch das „Brüchig-Werden wirtschaftswissenschaftlicher Dogmen und Theoreme“ diese „fiktionale Qualität“ ökonomischer Texte und Theorien besonders deutlich hervortritt und entsprechende Forschungen provoziert.[43] Die Literaturwissenschaftlerin und Schriftstellerin Kathrin Röggla arbeitete für den Finanzdiskurs drei Rhetoriken heraus: die „sozialdarwinistische“, die „des Beschwichtigungsflusses“ sowie die „apokalyptische, zumindest alarmistische“[44] – ein Katalog, der sich, so die Literaturwissenschaftlerin Christine Künzel, erweitern ließe, der aber vor allem eine genauere Betrachtung der „kulturellen und historischen Dimensionen der verschiedenen Semantiken“ lohnen würde.[45] Künzel selbst und die Autor:innen eines von ihr mit herausgegebenen Bandes untersuchen mit unterschiedlichen Zugängen und anhand unterschiedlicher Felder und Aspekte der Finanzökonomie, „in welchem Maße linguistische und/oder literaturwissenschaftliche Konzepte und Theorien der Repräsentation, der Signifikation, des Fiktionalen und Imaginären, des Virtuellen und des Mythos geeignet sind, Phänomene der Finanzkrise zu erfassen.“[46] In den vorliegenden Beiträgen zeigen sich deutlich die

40 Vgl. Werner Plumpe: Die Geburt des „Homo oeconomicus“. Historische Überlegungen zur Entstehung und Bedeutung des Handlungsmodells der modernen Wirtschaft. In: Wolfgang Reinhard, Justin Stagl (Hg.): Menschen und Märkte. Studien zur historischen Wirtschaftsanthropologie. Wien, Köln, Weimar 2007, S. 319–352; Gebhard Kirchgässner: Homo Oeconomicus. Das ökonomische Modell individuellen Verhaltens und seine Anwendung in den Wirtschafts- und Sozialwissenschaften. 4., erg. u. akt. Aufl. Tübingen 2013; Martin Nehring: Homo oeconomicus. Ein universell geeignetes Modell für die ökonomische Theorie? Hamburg 2011. Vgl. für die Europäische Ethnologie/Empirische Kulturwissenschaft Wolfgang Brückner: Fiktion des Homo oeconomicus als Konstrukt des 18. bis 20. Jahrhunderts. In: ders.: Bilddenken. Mensch und Magie oder Missverständnisse der Moderne. Münster u. a. 2013, S. 87–106.

41 Vgl. Warren J. Samuels: Erasing the Invisible Hand. Essays on an Elusive and Misused Concept in Economics. Cambridge, New York 2011; William D. Grampp: What Did Smith Mean by the Invisible Hand? In: Journal of Political Economy 108/2000, H. 3, S. 441–465. Zur Wirkmacht der *invisible hand* vgl. auch Pahl: Zur performativen Dimension konstitutiver Metaphern (2013), S. 286.

42 Christine Künzel: Finanzen und Fiktionen. Eine Einleitung. In: dies., Dirk Hempel (Hg.): Finanzen und Fiktionen. Grenzgänge zwischen Literatur und Wirtschaft. Frankfurt/Main, New York 2011, S. 9–24; S. 10.

43 Ebd., S. 22, 11 f.

44 Kathrin Röggla: Gespensterarbeit, Krisenmanagement und Weltmarktfiktion. Mit einem Vorwort v. Hubert Christian Ehalt. Wien 2009 (= Wiener Vorlesungen im Rathaus, Edition Gesellschaftskritik Bd. 6), S. 52 f.

45 Künzel: Finanzen und Fiktionen (2011), S. 15.

46 Ebd., S. 20.

Interferenzen zwischen Ökonomie und Ökonomik wie auch die Beobachtung, dass der angestoßene „Dialog zwischen Literaturwissenschaft und Ökonomik“[47] auf der Ebene der Gegenstandsfelder, in den untersuchten gesellschaftlichen Bereichen, längst praktisch vollzogen und bisweilen von den Akteur:innen auch strategisch nutzbar gemacht wird.

Der fachhistorisch arbeitende Wirtschaftswissenschaftler Philip Mirowski verweist in seinen Studien – darunter das einflussreiche Werk „More Heat Than Light“[48] – auf die Determiniertheit ökonomischer Theoriebildung und arbeitet deren Orientierung an naturwissenschaftlichen, insbesondere physikalischen Begriffen und Modellen heraus. Mirowskis ökonomische Metaphorologie konzentriert sich auf in der Physik zentrale Konzepte wie Körper, Bewegung, Wert und zeigt, wie diese in der neoklassischen Theoriebildung aufgegriffen und auf den eigenen Untersuchungsgegenstand, die Wirtschaft, gewendet werden. So sei etwa der ökonomische Begriff „Bestand“ („stock“) an der physikalischen „Masse“ orientiert und „Nutzen“ („utility“) entspreche der physikalischen Idee von „Energie“: „‚utility‘ was patterned on potential energy in classical mechanics“ und die Vorstellung der „operation of the market […] was avowedly mechanical in an eminently physical sense of that term“, heißt es bei Mirowski.[49] Und: „Metaphors of motion and of the physical world were a primary rhetorical resource of even the earliest political economists, one that in many respects set the tone of the discourse.“[50] Philip Mirowski greift damit eine Beobachtung auf, die bereits im ausgehenden 19. Jahrhundert der Ökonom Alfred Marshall für seine Disziplin festhielt. Bei Marshall heißt es: „Economists have in recent years come more nearly into line with physical science by borrowing from it some of those terse and powerful phrases by which it has been long able to describe and explain nature's tendencies more easily and more precisely than is possible in ordinary language.“[51] Mit der Sprache – so diese und weitere Kommentare – adaptierte die Ökonomik zugleich auch die analytische Perspektive wie die Zugangsweisen aus den Naturwissenschaften, zuvorderst aus der Physik.

---

47 Ebd., S. 21.

48 Philip Mirowski: More Heat than Light. Economics as Social Physics: Physics as Nature's Economics. Cambridge 1989. Vgl. auch die Diskussion des Werkes in Neil de Marchi (Hg.): Non-Natural Social Science: Reflecting on the Enterprise of *More Heat than Light*. Durham, London 1993 (= History of Political Economy, Annual Supplement to Volume 25). Vgl. außerdem Mirowski: Natural Images in Economic Thought (1994).

49 Philip Mirowski: Machine Dreams. Economics Becomes a Cyborg Science. Cambridge 2002, S. 7.

50 Mirowski: More Heat than Light (1989), S. 9.

51 Alfred Marshall: The Old Generation of Economists and the New (1897). In: Arthur Cecil Pigou (Hg.): Memorials of Alfred Marshall. New York 1956, S. 295–311; S. 300. Vgl. auch ders.: Mechanical and Biological Analogies in Economics (1898). In: ebd., S. 312–318. Mirowski selbst verweist auf weitere Vorläuferstudien zu seinen Überlegungen. Vgl. die Auflistung in ders.: Against Mechanism. Protecting Economics from Science. Totowa (NJ) 1988, S. 16.

In jüngerer Zeit sind aus diskursanalytischem Blickwinkel verschiedene Publikationen zu „Metaphern und Fiktionen" in der Ökonomie erschienen, darunter der von Rainer Diaz-Bone und Gertraude Krell herausgegebene Sammelband „Diskurs und Ökonomie", der „[d]iskursanalytische Perspektiven auf Märkte und Organisationen" auslotet.[52] Ramón Reichert versteht in seinen Untersuchungen zum Börsengeschehen „das Finanzhandeln als Resultat metaphorischer Bedeutungsproduktion, medialer Dispositive und historischer Konjunkturen".[53] In „Das Wissen der Börse" (2009) unternimmt er eine „performative Sondierung der Finanzmärkte"[54], indem er in medien- und technologiehistorischer Perspektive den Börsenhandel – und damit einen „zentrale[n] Bestandteil der Finanzwirtschaft" – „als ein mehrdeutiges Feld, das mit medialen Dispositiven, kulturellen Zeichenpraktiken und sozialen Normierungen verflochten ist"[55], untersucht. Dabei nimmt er insbesondere die „visuellen Wissenstechniken"[56] in ihrer strukturgebenden Kraft in den Blick, setzt sich aber auch mit „Störungen, Unfälle[n] und Fehler[n]" auseinander, „die ein situatives Wissen generieren und neue Praxisfelder eröffnen."[57] Reichert erweitert zudem die analytische Perspektive auf die „sich neu formierende Schnittstelle von Kunst und Finanzwirtschaft, mit der ein neuer künstlerischer Wahrnehmungs- und Reflexionsraum entstanden ist, in dem sich künstlerisches Wissen und die Technologien der Finanzmärkte zu verzahnen beginnen."[58]

Auch der Wirtschaftswissenschaftler Günther Ortmann sieht „die ökonomische Theorie […] voll von erzählten Geschichten"[59], und der bereits erwähnte Joseph Vogl zeigt anhand der Entstehung der Politischen Ökonomie seit dem ausgehenden 17. Jahrhundert und der wirtschaftswissenschaftlichen Leitfigur des „homo oeconomicus", wie literarische Texte maßgeblich zur Herausbildung der ökonomischen Wissensordnung beitrugen; seit der Aufklärung wurde, so Vogl, bewusst an einer

---

52 Diaz-Bone, Krell: Diskurs und Ökonomie (2009); bei dem Zitat handelt es sich um den Untertitel des Bandes. Vgl. auch Rainer Diaz-Bone, Ronald Hartz (Hg.): Dispositiv und Ökonomie. Diskurs- und dispositivanalytische Perspektiven auf Märkte und Organisationen. Wiesbaden 2017. Vgl. außerdem den Überblick bei Maeße: Diskursforschung zur Ökonomie (2014).

53 Ramón Reichert: Börsenturbulenzen. Die Medialität der Finanzmärkte. In: Kalthoff, Vormbusch: Soziologie der Finanzmärkte (2012), S. 179–199; S. 181. Reichert greift dabei auf die Metapherntheorie Hans Blumenbergs zurück. Vgl. auch Douglas R. Holmes: Economy of Words. Communicative Imperatives in Central Banks. Chicago, London 2014.

54 Ramón Reichert: Das Wissen der Börse. Medien und Praktiken des Finanzmarktes. Bielefeld 2009, S. 19.

55 Ebd., S. 15.

56 Ebd., S. 16.

57 Ebd., S. 17.

58 Ebd., S. 18.

59 Günther Ortmann: Organisation und Welterschließung. In: Ilinx. Berliner Beiträge zur Kulturwissenschaft 3/2013: Ökonomische Praktiken, S. 129–143; S. 134.

„Poetik des ökonomischen Menschen" gearbeitet. Vogl entwirft um das, was er „Wissenspoetik" nennt, „eine Begriffs- wie Ideengeschichte vom Barock über die Aufklärung und Romantik bis in die ersten Jahrzehnte des 19. Jahrhunderts", die in ihr Zentrum das „Wechselverhältnis [...] von ökonomischem Text und textueller Ökonomik" stellt.[60] Seine empirischen Annäherungen, in denen er sich durch literarische und polit-ökonomische Texte unterschiedlicher Gattungen bewegt und in ihnen einen „gemeinsamen Wissenszusammenhang"[61] zu erkennen sucht, sind von der Annahme getragen, dass „das Auftauchen neuer Wissensobjekte und Erkenntnisbereiche mit den Formen ihrer Darstellung korreliert"[62]: „Jede epistemologische Klärung", so Vogl, „ist mit einer ästhetischen Entscheidung verknüpft."[63] Damit „ließe sich die poetologische Kraft einer Wissensform erkennen, die nicht von ihrem Erkenntniswillen, nicht von der Art und Weise zu trennen ist, wie sie ihren eigenen Objektbereich sondiert, fasst und systematisiert."[64] Entsprechend wäre ein adäquater Zugang der analytischen Annäherung eine „Poetologie des Wissens" als

> „eine Perspektive, die sich für die Verfahren und Regeln interessiert, nach denen sich ein historischer Diskurszusammenhang ausbildet und abschließt und seine interne Ordnung stabilisiert. ‚Poetologie' wäre dabei als eine Lehre von der Verfertigung der Wissensformen zu verstehen, als Lehre von ihren Genres und Darstellungsmitteln, die den Gattungsbegriff morphologisch ausweitet und etwa noch in einem statistischen Diagramm, in einer Karte, in einer Aufzählung, in einer Kurve bestimmte Regelsysteme für die Organisation von Wissensfeldern erkennt."[65]

Wirtschaftswissenschaftliche Gegenstandsbeschreibungen sind in diesem Verständnis keine nachgeordnete Handlung, sondern eine „diskursive Bewerkstelligung"[66] dieses Gegenstands, eine „Verfertigung, in der sich die Kodes und die Wertsetzungen einer Kultur, die Systematik und die Praxis eines Wissensbereichs reproduzieren."[67]

Von einer „strukturierenden Kraft des *Sprechens über Ökonomie*"[68] spricht auch der Wirtschaftssoziologe Hanno Pahl. Er selbst untersucht die Metaphorologie der Ökonomie und versteht diese – in Anlehnung an Hans Blumenbergs Metaphernkonzept – als „konstitutive und irreduzible Bestandteile wirtschaftswissenschaftlicher

60 Michael Horvath: Vielfalt der Deutungen statt exakter Modelle? Möglichkeiten und Grenzen des interdisziplinären Dialogs zwischen Ökonomik und Kulturwissenschaft. In: Künzel, Hempel: Finanzen und Fiktionen (2011), S. 45–65; S. 53.

61 Vogl: Kalkül und Leidenschaft (2002), S. 14.

62 Ebd., S. 13.

63 Ebd.

64 Ebd.

65 Ebd.

66 Ebd., S. 13 f.

67 Ebd., S. 14.

68 Hanno Pahl: Marx, Foucault und das Projekt einer Wissenssoziologie der Wirtschaftswissenschaften. In: PROKLA. Zeitschrift für kritische Sozialwissenschaft 40/2010, H. 159, S. 241–258; S. 254; Herv. i. Orig.

Theorieprogramme und Wissenschaftskulturen"[69]: Metaphern in den Wirtschaftswissenschaften – und hier nicht zuletzt auch visuelle Metaphern – verfügen über ein doppeltes Wirkpotential. Sie befördern die Ausdifferenzierung wie die Einigung wirtschaftswissenschaftlicher Felder und entwickeln zudem Effekte „über die Spezialistenzirkel disziplinären Wissens weit hinaus bzw. in die Gesellschaft hinein".[70] Sie vermitteln mit anderen Worten zwischen Forschungsfeld, akademischer Disziplin und Gesellschaft. Dabei greifen sie nicht nur auf ein „Archiv kulturell verfügbarer Bilder"[71] zu, sondern bringen sich andersherum auch in dieses ein. In ihrer basalen Mehrdeutigkeit bewegen sie sich fortgesetzt zwischen „alltagssprachlich starke[n] evaluative[n] Aufladungen"[72] und ihrer wissenschaftlichen ‚Vereindeutigung' und produzieren in dieser oszillierenden Bewegung politische Aufmerksamkeit.[73]

2.2 *Science Studies* der Ökonomik: Akteur:innen, Praktiken, Performanzen

Die in diskursanalytischen Zugängen zur Ökonomik zunehmend herausgearbeitete „Rolle von ökonomischem Expertenwissen für die Konstruktion ökonomischer Realitäten"[74] bildet ein zentrales Forschungsinteresse auch der neueren, an *STS* (*Science and Technology Studies*) und *ANT* (*Actor-Network Theory*) orientierten *Science Studies*. In den *Social Studies of Finance* richtet sich der Fokus soziologisch wie ethnographisch angelegter empirischer Studien auf „die Erforschung des Wissens der Akteure, ihrer Praktiken und ihrer analytischen Werkzeuge".[75] Die „Metapher

---

69 Pahl: Zur performativen Dimension konstitutiver Metaphern (2013), S. 277. Vgl. auch ders.: Semantiken der Entkopplung, Performativität, Klassifikationsregime: Aspekte einer Soziologie ökonomischen Wissens. In: Künzel, Hempel: Finanzen und Fiktionen (2011), S. 67–89; ders.: Disziplinierung und Popularisierung ökonomischen Wissens als wechselseitiger Verstärkungsprozess: Konstituentien der Oikodizee. In: ders., Sparsam: Wirtschaftswissenschaft als Oikodizee? (2013), S. 53–76; ders.: Zwischen Glasperlenspiel- und Ingenieurssemantiken. Diskursanalytische Untersuchungen zur Hegemonie neoklassischer Wissenschaftskultur nach 1945. In: Klein, Windmüller: Kultur der Ökonomie (2014), S. 191–214.

70 Pahl: Zur performativen Dimension konstitutiver Metaphern (2013), S. 277.

71 Ebd., S. 280.

72 Pahl: Disziplinierung und Popularisierung ökonomischen Wissens (2013), S. 70.

73 Vgl. ebd.

74 Maeße: Diskursforschung zur Ökonomie (2014), S. 301.Vgl. auch ders.: Spectral Performativity. How Economic Expert Discourse Constructs Economic Worlds. In: Economic Sociology. The European Electronic Newsletter 14/2013, H. 2, S. 25–31. URL: http://econsoc.mpifg.de/archive/econ_soc_14-2.pdf (Abrufdatum: 06.03.2017). Maeße orientiert sich hier u. a. an Überlegungen von Gertraude Krell, die von „Machtwirkungen" der Diskurse spricht: „Sie ‚fabrizieren' die Wirklichkeit, über die sie sprechen"; Maeße: Diskursforschung zur Ökonomie (2014), S. 303.

75 Kalthoff, Vormbusch: Einleitung: Perspektiven der Wirtschafts- und Finanzsoziologie (2012), S. 18.

der Einbettung" – so Herbert Kalthoff und Uwe Vormbusch in ihrer Überblicksdarstellung – ist in Untersuchungen wie denen des französischen Soziologen Michel Callon „aufgenommen und zugleich neu bestimmt worden"[76]: Es ist nun „die Wirtschaftstheorie (Economics), die als eine wissenschaftliche Disziplin die wirtschaftliche Praxis (Economy) rahmt und formatiert"[77] – oder mit den Worten Callons: „[E]conomics in the broad sense of the term, performs, shapes and formats the economy, rather than observing how it functions".[78] Und noch einmal zugespitzt: „[E]conomy is embedded not in society but in economics".[79] Damit wird, so wiederum Kalthoff und Vormbusch, nicht nur „die Trennung von Wissen und Praxis" prekär, sondern auch „die starke Unterscheidung von wissenschaftlichem und Alltagswissen für theoretisch nicht begründbar erachtet".[80] Prozessiert, figuriert und mediiert wird das Wechselverhältnis von Ökonomie und Ökonomik ganz im Sinne der *Actor-Network Theory*, die Callon gemeinsam mit Bruno Latour und John Law begründete, durch sich herausbildende sozio-technische Arrangements. Neben Menschen agieren hier „tools"[81] und „devices"[82] unterschiedlichster Art: „[f]rom analytical techniques to pricing models, from purchase settings to merchandising

---

76 Ebd., S. 19.

77 Ebd.

78 Callon: Introduction: the Embeddedness of Economic Markets in Economics (1998), S. 2. Vgl. ähnlich auch Latour, Lépinay: Die Ökonomie als Wissenschaft der leidenschaftlichen Interessen (2010), S. 24: „Die ökonomische Disziplin, die im 18. Jahrhundert erfunden worden ist, entdeckt keinen Kontinent, sie fabriziert ihn vielmehr von vorne bis hinten, oder vielmehr, sie organisiert, erobert, kolonisiert ihn."

79 Callon: Introduction: the Embeddedness of Economic Markets in Economics (1998), S. 30. Zur Kritik vgl. u. a. Daniel Miller, der darauf hinweist, dass der von Callon vorgenommene Perspektivwechsel wiederum der verbreiteten Vorstellung einer von ihren gesellschaftlichen Kontexten losgelösten Ökonomie und eines entsprechend abstrakten Marktes zuarbeitet und damit gegen klassische wirtschaftssoziologische Ansätze argumentiert; Miller: Turning Callon the Right Way Up (2002). Vgl. auch Philip Mirowski, Edward Nik-Khah: Command Performance: Exploring What STS Thinks It Takes to Build a Market. In: Trevor Pinch, Richard Swedberg (Hg.): Living in a Material World. Economic Sociology Meets Science and Technology Studies. Cambridge (MA), London 2008, S. 89–128. Herbert Kalthoff und Jens Maeße kritisieren unter anderem die „Vorstellung einer Kette von Übersetzungen und Umwandlungen" und damit den „linearen Charakter" des Modells und schlagen vor, dieses „durch ein zirkuläres Konzept zu ersetzen", das dem „kontinuierlichen Wechsel der Perspektiven" Rechnung tragen würde; Herbert Kalthoff, Jens Maeße: Die Hervorbringung des Kalküls. Zur Praxis der Finanzmathematik. In: Kalthoff, Vormbusch: Soziologie der Finanzmärkte (2012), S. 201–233; S. 230.

80 Kalthoff, Vormbusch: Einleitung: Perspektiven der Wirtschafts- und Finanzsoziologie (2012), S. 18.

81 U. a. Callon: Introduction: the Embeddedness of Economic Markets in Economics (1998), S. 26.

82 Callon, Millo, Muniesa: Market Devices (2007).

tools, from trading protocols to aggregate indicators".[83] Dabei werden analog zu Orten der naturwissenschaftlichen Wissensproduktion, auf die sich der Ansatz zunächst vornehmlich richtete und an denen er sich profilierte, die zu erforschenden Wirtschaftszusammenhänge als „Laboratorium" verstanden und der Fokus der Forschungen insbesondere auf die Performativität wirtschaftswissenschaftlicher Theorie in ökonomischen Settings gelenkt. Zum bevorzugten Forschungsfeld entwickelte sich dabei der Finanzmarktsektor. So haben sich etwa Donald MacKenzie und Yuval Millo mit einem anthropologisch informierten methodischen Instrumentarium der Beobachtungen und Befragungen dem Derivatenhandel an der Chicagoer Optionsbörse *(Chicago Board Options Exchange; CBOE)* genähert und zeigen, wie hier die akademische Disziplin der Wirtschaftswissenschaften über die Durchsetzung einer Formel – die *Black-Scholes-Gleichung* zur Berechnung von Optionspreisen – zum „intrinsic part of economic processes"[84] wird. Finanzmarkt-Akteur:innen greifen nicht nur in ihren Handlungsentscheidungen auf wirtschaftswissenschaftliches Wissen (hier in Gestalt des *Black-Scholes-Modells*) zurück, sondern das ökonomische Handlungsfeld formt sich zugleich auch in Richtung der in der Formel enthaltenen Vorannahmen über dieses Feld aus.[85]

Ebenfalls auf die soziotechnischen Arrangements des Finanzmarktes sind die von Karin Knorr Cetina durchgeführten qualitativ-ethnographischen Studien in Investmentbanken ausgerichtet. Knorr Cetinas Konzept der „Appräsentation" gilt den „reflexiven Beobachtungs- und Projektionsmechanismen"[86] im Finanzmarktge-

---

83 Fabian Muniesa, Yuval Millo, Michel Callon: An Introduction to Market Devices. In: Callon, Millo, Muniesa: Market Devices (2007), S. 1–12; S. 2. Vgl. auch Verena Halsmayer: Material des Ökonomischen, ökonomisches Material. Das Vermessen von Input-Output-Systemen am Harvard Economic Research Project, 1947–1952. In: Nach Feierabend. Zürcher Jahrbuch für Wissenschaftsgeschichte 14/2018, S. 111–138; dies.: Artifacts in the Contemporary History of Economics. In: Till Düppe, E. Roy Weintraub (Hg.): A Contemporary Historiography of Economics. London, New York 2019, S. 157–176.

84 Donald MacKenzie: An Engine, Not a Camera. How Financial Models Shape Markets. Cambridge (MA), London 2006, S. 16. Vgl. ders., Yuval Millo: Constructing a Market, Performing Theory: The Historical Sociology of a Financial Derivatives Exchange. In: American Journal of Sociology 109/2003, H. 1, S. 107–145; S. 112. Vgl. mit Blick auf die allgemeine ökonomische Theoriebildung auch Ivan Boldyrev: Ökonomische Maschinen: Zur Performativität der Gleichgewichtstheorie. In: Pahl, Sparsam: Wirtschaftswissenschaft als Oikodizee? (2013), S. 77–90.

85 Eine detaillierte Studie auf Basis dieses Ansatzes lieferte bereits 1986 Marie-France Garcia mit ihren Forschungen zum Einfluss der ökonomischen Theorie auf den Umbau eines regionalen Erdbeermarktes; vgl. dies.: La construction sociale d'un marché parfait. Le marché au cadran de Fontaines-en-Sologne. In: Actes de la recherche en sciences sociales 65/1986, S. 2–13.

86 Karin Knorr Cetina: Von Netzwerken zu skopischen Medien. Die Flussarchitektur von Finanzmärkten. In: Kalthoff, Vormbusch: Soziologie der Finanzmärkte (2012), S. 31–62; S. 32.

schehen und weist dabei den Computermonitoren und deren Konfigurationen eine zentrale Rolle zu:

> „Die technischen Systeme setzen eine Lebenswelt zusammen und bilden sie zugleich ab. Zudem appräsentieren (nahe bringen, Schütz/Luckmann 1973) und projizieren sie Kontexte und Horizonte, die sich außerhalb der Reichweite gewöhnlicher Lebenswelten befinden – sie vermitteln nicht nur transnationale Situationen, sondern übermitteln eine globale Welt, welche die für den Devisenmarkt hauptsächlich relevanten Zeitzonen umfasst."[87]

Die technischen Systeme sind „zugleich reflexiv *und* performativ (handlungsfähig)"[88], in den „Flussarchitekturen" der Finanzmärkte fallen ökonomische Praxis und Repräsentation zusammen. Die Monitore überwinden dabei nicht nur räumliche Distanzen, sondern bringen „die Wirklichkeit der Finanzmärkte" überhaupt erst hervor[89], welche zudem für alle Beteiligten „in identischer Weise präsent"[90] ist.

Herbert Kalthoff und Uwe Vormbusch verstehen in ihren wirtschafts- und finanzsoziologischen Überlegungen „das ökonomische Treiben auf den Finanzmärkten" als eine „Veranstaltung", die sich durch eine „enge Gleichzeitigkeit von formaler Rationalität und kommunikativer Mythenbildung, hoher Technisierung und impulsiver Körperlichkeit aus[zeichnet]"[91]. Sie analysieren das beobachtete Geschehen als „Drama": bestehend aus den „körperlichen Aufführungen der unter Hochspannung agierenden Akteure, die in ihren Praktiken auf ihr Wissen und ihre kognitiven Vorstellungen, ihre Erfahrung und ihre Netzwerke zurückgreifen", weiterhin aus „technischen Artefakten und ökonomischen Darstellungen, die ihrerseits eine rationale Beherrschung des Kalküls, des Risikos und der Investition inszenieren", sowie schließlich aus den „(Fach-)Öffentlichkeiten, die der ökonomischen Rationalität, den körperlichen Aufführungen der Akteure und der ungeheuren Dynamik der Finanzmärkte (sozialen) Sinn abzuringen versuchen".[92]

Den Wegen und Mitteln der Durchsetzung finanztheoretischen Wissens im Handelsraum eines japanischen Wertpapierhauses gelten die ethnographischen Stu-

---

87 Ebd., S. 33. Vgl. auch Karin Knorr Cetina, Urs Brügger: Global Microstructures. The Virtual Societies of Financial Markets. In: American Journal of Sociology 107/2002, S. 905–950; Karin Knorr Cetina, Alex Preda (Hg.): The Sociology of Financial Markets. Oxford 2004.

88 Knorr Cetina: Von Netzwerken zu skopischen Medien (2012), S. 39.

89 Ebd., S. 38.

90 Ebd., S. 42. Hier grenzt sich Knorr Cetina explizit vom in (linearen) Vor- und Nachgängigkeiten denkenden Netzwerkkonzept der *ANT/STS* ab; vgl. u. a. ebd., S. 46 f. Vgl. auch Luise Klus: Die Performanz des Portfoliomanagements. In: Kalthoff, Vormbusch: Soziologie der Finanzmärkte (2012), S. 285–312; S. 287.

91 Kalthoff, Vormbusch: Einleitung: Perspektiven der Wirtschafts- und Finanzsoziologie (2012), S. 9.

92 Ebd., S. 10.

dien des Anthropologen Hirokazu Miyazaki[93], in denen dieser über die von Callon, MacKenzie und anderen akzentuierten direkten Effekte ökonomischer Theorie auf das Finanzmarktgeschehen hinaus eine Vielfalt möglicher Materialisierungen beschreibt:

> „[O]nce economic theory is apprehended ethnographically as an object of learning, an instrument for justification, or a tool for social reform in addition to a descriptive and analytical tool, it becomes evident that the materiality of economic theory goes beyond questions regarding the realization of theoretical assumptions in the economy."[94]

Die unterschiedlichen Formen der physischen Manifestation ökonomischer Theoriebestände haben aber auch andersherum Einfluss auf die Materialisierungsmöglichkeiten der Theoriebildung; sie können hier spezifische Ausprägungen eröffnen oder auch verhindern: „different kinds of objectification of economic theory open and close theory's own materializing potential".[95] Miyazaki erinnert zudem daran, dass auch die anthropologische Forschung selbst mit ihren favorisierten Zugängen und der Nähe ihrer „analytical forms" zu denen ihres Untersuchungsgegenstands ebenfalls zu den Materialisierungen ökonomischer Theorie beitrage und es einer entsprechenden Selbstreflexion in den Forschungsdesigns der anthropologischen Wirtschaftstheorieforschung bedürfe.[96]

Gemeinsam ist diesen und weiteren Studien das Bestreben, „den am Beispiel der Finanzmärkte sichtbar werdenden ökonomischen Wissenspraktiken und ihrer

93 Hirokazu Miyazaki: The Materiality of Finance Theory. In: Daniel Miller (Hg.): Materiality. Durham, London 2005, S. 165–181; vgl. für ethnographische Studien zum Finanzmarkt auch Karen Ho: Liquidated. An Ethnography of Wall Street. Durham 2009.

94 Miyazaki: The Materiality of Finance Theory (2005), S. 174.

95 Ebd. S. 165.

96 Ebd., S. 177. Miyazaki bezieht sich hier auch auf Douglas Holmes und George Marcus, Bill Maurer sowie Annelise Riles, die auf eben diese „parallels between economic knowledge and anthropological knowledge" hingewiesen haben; ebd. Vgl. Douglas R. Holmes, George E. Marcus: Cultures of Expertise and the Management of Globalization: Toward the Re-Functioning of Ethnography. In: Aihwa Ong, Stephen J. Collier (Hg.): Global Assemblages. Technology, Politics, and Ethics as Anthropological Problems. Malden (MA) 2005, S. 235–252; Bill Maurer: Anthropological and Accounting Knowledge in Islamic Banking and Finance: Rethinking Critical Accounts. In: The Journal of the Royal Anthropological Institute 8/2002, H. 4, S. 645–667; ders.: Repressed Futures: Financial Derivatives' Theological Unconscious. In: Economy and Society 31/2002, H. 1, S. 15–36; ders.: Uncanny Exchanges: The Possibilities and Failures of ‚Making Change' with Alternative Monetary Forms. In: Environment and Planning D: Society and Space 21/2003, H. 3, S. 317–340; Hirokazu Miyazaki, Annelise Riles: Failure as an Endpoint. In: Ong, Collier: Global Assemblages (2005), S. 320–331; Annelise Riles: Real Time: Unwinding Technocratic and Anthropological Knowledge. In: American Ethnologist 31/2004, H. 3, S. 392–405.

gesellschaftlichen Bedeutung auf die Spur zu kommen."[97] Dabei wird ökonomisches Wissen als „a concrete result of social and technical arrangements"[98] konzipiert, das in Praktiken und Performanzen hervorgebracht wird (Muniesa, Millo und Callon sprechen hier von einem „‚pragmatic turn' in the study of markets and economic activities in general"[99]). Die an den theoretisch-konzeptuellen Überlegungen der jüngeren *Science Studies* orientierten Ansätze berühren zudem Fragen der Repräsentation von (ökonomischen) Wissensbeständen und eröffnen hier einen komplexeren Zugang der analytischen Annäherung und Durchdringung: „Ökonomische Darstellungen, die in den Medien der mathematischen Schrift, der kartografischen Signatur, der Matrix von Listen und Tabellen sowie in der Form von Charts einen Sachverhalt visualisieren, sind das Ergebnis eines mehr oder minder langen Übersetzungsprozesses, in dem homogenisiert, simplifiziert und weggelassen wird", schreiben Herbert Kalthoff und Uwe Vormbusch, denn „das, was ökonomische Akteure von der Ökonomie wissen, das wissen sie durch die Darstellung und ihre Medien."[100] Dies gilt für die abstrakten und insbesondere auch für die dreidimensionalen, physischen Modelle der Ökonomik, die unter anderem Mary Morgan und Marcel Boumans in mikroanalytischer Perspektive in den Blick nehmen.[101] Harro Maas, der sich in einer 2014 publizierten Studie mit der Geschichte der ökonomischen Methodologie und Methodik beschäftigt, spricht analog zu Bruno Latours „Science in Action" von den „economists in action"[102] als Thema und Perspektive der eigenen Abhandlung. Ein Schwerpunkt seiner Analysen liegt auf dem ökonomischen Modellieren als Erkenntnis- wie Repräsentationspraxis zugleich – und auf

97 Kalthoff, Vormbusch: Einleitung: Perspektiven der Wirtschafts- und Finanzsoziologie (2012), S. 12.

98 Muniesa, Millo, Callon: An Introduction to Market Devices (2007), S. 5.

99 Ebd., S. 1.

100 Kalthoff, Vormbusch: Einleitung: Perspektiven der Wirtschafts- und Finanzsoziologie (2012), S. 20.

101 Vgl. u. a. Mary S. Morgan: The World in the Model. How Economists Work and Think. New York 2012; dies., Marcel Boumans: Secrets Hidden by Two-Dimensionality: The Economy as a Hydraulic Machine. In: Soraya de Chadarevian, Nick Hopwood (Hg.): Models. The Third Dimension of Science. Stanford (CA) 2004, S. 369–401; Marcel Boumans: How Economists Model the World into Numbers. London 2005; ders.: Built-In Justification. In: Mary S. Morgan, Margaret Morrison (Hg.): Models as Mediators. Perspectives on Natural and Social Science. Cambridge 1999, S. 66–96; vgl. aus kulturwissenschaftlicher Perspektive Verena Halsmayer: Ökonomische Modelle als kulturelle Produkte. Eine Fallstudie. In: Franz X. Eder u. a. (Hg.): Kulturen des Ökonomischen. Historisch-kulturwissenschaftliche Beiträge. Wien 2013, S. 71–97; Sonja Windmüller: „Economic Plumbing". Perspektiven auf akademische Modellbildung und die sinnliche Dimensionierung von Wissen(schaft). In: Karl Braun u. a. (Hg.): Kulturen der Sinne. Zugänge zur Sensualität der sozialen Welt. Würzburg 2017, S. 111–120.

102 Harro Maas: Economic Methodology. A Historical Introduction. London, New York 2014, S. 4.

den Modellen selbst als „in fact both instruments and representations".[103] Auch die Ökonom:innen sind in diesem Forschungszuschnitt nicht nur Subjekte, sondern ebenso Objekte der Übersetzungsprozesse, denn „any shift in the nature of the instruments used by an economist to tackle complex reality changes the persona of the economist himself."[104]

3 Follow the Idea … – Ideengeschichte als Praxisgeschichte und das analytische Hilfskonstrukt der Denk- und Praxisfigur

Im Zentrum der vorliegenden Studie steht die empirische Annäherung an Praktiken und Semantiken der „Wissensgenerierung, Wissensfixierung, Wissensvermittlung und Wissensnutzung"[105] in einem spezifischen Feld der Ökonomik. Dabei führt die Analyse Überlegungen und Forschungsperspektiven aus den skizzierten Richtungen der wirtschafts-, sozial- und kulturwissenschaftlichen Wissenschaftsforschung zur Ökonomik zusammen. Aus der Ideen- und Diskursgeschichte[106] übernimmt sie die Sensibilität für Denkfiguren und deren transdisziplinäre Wirkmächtigkeit; im Unterschied zur klassischen Ideengeschichte sowie zur dogmenhistorischen Tradition in den Wirtschaftswissenschaften geht es im Folgenden jedoch nicht darum, „die Geschichte der ökonomischen Theorie als vernünftige Geschichte zu rekonstruieren"[107], sie also „auf ihre innere Konsistenz, auf den Grad der Vollkommenheit ihrer begrifflichen und konzeptuellen Ausarbeitung zu prüfen".[108] Auch wird ausdrücklich kein Beitrag zur Begriffsgeschichte im etablierten Sinne angestrebt.[109] Wenn im Folgenden der analytische Fokus auf die Rhythmen der Wirtschaft gerichtet werden soll, steht „Rhythmus" vielmehr für ein semantisches Feld, das es in seiner Heterogenität, auch in seinen Rändern und (wechselnden) Grenzziehungen zu erkunden gilt. Damit eröffnet sich ein Zugang der Ideenanalyse, der Ideen

103 Ebd., S. 5.

104 Ebd.

105 Gertraud Koch, Bernd Jürgen Warneken: Wissensarbeit und Arbeitswissen: Zur Ethnografie des kognitiven Kapitalismus (Einführung). In: dies. (Hg.): Wissensarbeit und Arbeitswissen. Zur Ethnografie des kognitiven Kapitalismus. Frankfurt/Main, New York 2012, S. 11–26; S. 13.

106 Ein Überblick zu neueren Entwicklungen in der Ideengeschichte findet sich bei Günther Lottes: Neue Ideengeschichte. In: Joachim Eibach, Günther Lottes (Hg.): Kompass der Geschichtswissenschaft. Ein Handbuch. Göttingen 2002, S. 261–269.

107 Andreas Jäger: Was ist Ökonomie? Zur Formulierung eines wissenschaftlichen Problems im 19. Jahrhundert. Marburg 1999, S. 37.

108 Ebd.

109 Vgl. hierzu u. a. Reinhart Koselleck: Einleitung. In: Otto Brunner, Werner Conze, Reinhart Koselleck (Hg.): Geschichtliche Grundbegriffe. Historisches Lexikon zur politisch-sozialen Sprache in Deutschland. Bd. 1: A–D. Stuttgart 1972, S. XIII–XXVII. Zu neueren Tendenzen der Begriffsgeschichte vgl. Ernst Müller (Hg.): Begriffsgeschichte im Umbruch? Hamburg 2005.

nicht als „reine, abgegrenzte und homogene Vorstellungen“[110] versteht und analysiert, sondern vielmehr auf deren Unschärfe, auf Disparatheiten und „eine gewisse Verstreuung“[111] zielt. Mit anderen Worten: Der Studie liegt, wenn vom Rhythmus als Idee die Rede ist, ein Verständnis von Ideen zugrunde, das an deren Beweglichkeit und einem entsprechend dynamischen Ideenbegriff orientiert ist. Es ist eingefangen in Begriffen wie dem des „Ideenumlaufs“ (ein Terminus, den Josias Ludwig Gosch bereits 1789 verwendete und der in jüngerer Zeit insbesondere von den Medienwissenschaften wiederentdeckt wurde)[112] oder auch der von dem Ethnologen Dan Sperber für die Kulturanthropologie geforderten „Epidemiologie der Ideen“[113]:

> „Im Unterschied zu den Genen, den Viren oder Bakterien, für die die Reproduktion die Regel und die Mutation die Ausnahme ist, haben die Vorstellungen eine wesentlich instabile Struktur. Das normale Schicksal einer Idee ist, sich zu wandeln oder in anderen Ideen aufzugehen, nur ausnahmsweise kann sich eine reproduzieren. Eine Epidemiologie der Ideen sollte daher […] ebenso von der Transformation wie von der Reproduktion einer Idee, oder, wenn man das vorzieht, von der Reproduktion als Grenzfall oder als Nullpunkt der Transformation handeln.“[114]

Eine Kulturanthropologie als Epidemiologie müsse, wenn sie Ideengeschichte betreibt, auch danach fragen, „warum gewisse Ideen ansteckender sind als andere“.[115] Nicht nur mit Blick auf das Phänomen der Konjunkturen und den Rhythmus der Ökonomie, aber hier besonders zwingend gilt es dabei auch die zeitliche Dimension mit einzubeziehen: Warum also, ließe sich dann in Erweiterung des Sperberschen

110 Vogl: Kalkül und Leidenschaft (2002), S. 241.

111 Ebd. Mark Buchanan spricht von „the atmosphere of ideas of modern economic theory“; ders.: Forecast. What Physics, Meteorology and the Natural Sciences Can Teach Us About Economics. New York u. a. 2013, S. ix.

112 Josias Ludwig Gosch: Fragmente über den Ideenumlauf. Kopenhagen 1789; vgl. auch Bernhard Siegert: Currents and Currency. Elektrizität, Ökonomie und Ideenumlauf um 1800. In: Jürgen Barkhoff, Hartmut Böhme, Jeanne Riou (Hg.): Netzwerke. Eine Kulturtechnik der Moderne. Köln u. a. 2004 (= Literatur – Kultur – Geschlecht Bd. 29), S. 53–68. Anders als zu seiner Zeit üblich die Ideen selbst zum Thema zu machen, interessiert sich Gosch für die Mechanismen von deren Zirkulation, den „Ideenumlauf“, über den die Ideen (als zentrale gesellschaftliche Ressource) überhaupt erst gebildet werden. Vgl. hierzu auch Georg Stanitzek, Hartmut Winkler: Eine Medientheorie der Aufklärung. Vorwort. In: Josias Ludwig Gosch: Ideenumlauf. Hg. v. Georg Stanitzek und Hartmut Winkler. Berlin 2006, S. 7–34.

113 Dan Sperber: Das Wissen des Ethnologen. Aus dem Französischen von Ulrike Bokelmann. Frankfurt/Main, New York 1989 (frz. Orig. 1982), S. 55. Vgl. zum Zusammenhang von Kultur und Epidemie auch Olaf Briese: Die Regeln von der Ausnahme. Das epidemiologische Dilemma. In: Christian Kassung, Thomas Macho (Hg.): Kulturtechniken der Synchronisation. München 2013, S. 77–98.

114 Sperber: Das Wissen des Ethnologen (1989), S. 55.

115 Ebd., S. 56.

Imperativs formulieren, entfalten bestimmte Ideen zu bestimmten Zeiten und – damit zusammenhängend – in bestimmten Kontexten eine besondere Attraktivität?

Neben dieser analytischen Blickrichtung setzt die Studie – wiederum gegen die Ausrichtung der traditionellen Ideenforschung und neuere Ansätze dieser Forschungsrichtung aufgreifend – auf eine Perspektive, die „die Genese und Transformation von Wissen als Praxen in Gemengelagen untersucht“[116], welche zudem aus verschiedenen gesellschaftlichen Bereichen und akademischen Disziplinen gespeist werden. Es soll also mit anderen Worten der Ansatz einer Ideengeschichte als Praxisgeschichte[117] verfolgt werden, bei dem die von Frank Blackler in seiner Ausdifferenzierung des Wissens herausgearbeiteten Formen des „embodied“, „embedded“, „embrained“, „encultured“ und „encoded knowledge“[118] in verschiedenen Ausprägungen und Konstellationen Beachtung finden.

Der gewählte Zugang teilt mit den an *ANT* und *STS* orientierten Ansätzen der (Wirtschafts-)Wissenschaftsforschung die Akzentuierung einer „Science in Action“[119], die Betrachtung der wissenschaftlichen Wissensarbeit „aus der Perspektive des ungesicherten Verfertigens von Wissen und nicht des fertigen Wissens“[120] und damit eine Ausrichtung des analytischen Blicks auf die Praktiken und Akteur:innennetzwerke, übernimmt jedoch nicht die starke Fixierung auf Materialisierungen und Materialitäten (als materiale Entitäten)[121], auf „economic theory as a material force“.[122] Anders als Bruno Latour und Steve Woolgar, die in ihren

116 Dommann, Speich Chassé, Suter: Einleitung: Wissensgeschichte ökonomischer Praktiken (2014), S. 107. Im Unterschied zu Dommann, Speich Chassé und Suter, die an Stelle einer „Geschichte von ökonomischen Ideen“ eine „Wissensgeschichte ökonomischer Praktiken“ betreiben wollen, ist es für das Anliegen der hier vorliegenden Studie unabdingbar, an dem im Begriff der Idee enthaltenen Gedanken der Denk- (und Praxis-) Figur – hier die des Rhythmischen – nicht nur festzuhalten, sondern ihm zentrales analytisches Gewicht beizumessen, ohne dabei jedoch einen essentialistischen Ideenbegriff zu verfolgen.

117 „[A]bstraction needs to be considered an action […] rather than an adjective (that qualifies an entity)“, formulieren entsprechend Muniesa, Millo, Callon: An Introduction to Market Devices (2007), S. 4.

118 Frank Blackler: Knowledge, Knowledge Work and Organizations: An Overview and Interpretation. In: Organization Studies 16/1995, H. 6, S. 1021–1046.

119 Latour: Science in Action (1987).

120 Hans-Jörg Rheinberger: Zu lesen aufgegeben. Beitrag zur Debatte: Kulturwissenschaft und Akteur-Netzwerk-Theorie. In: Zeitschrift für Kulturwissenschaften 2/2009, S. 130–132; S. 131.

121 Muniesa, Millo und Callon sprechen von einem Zugang zur ökonomischen Wissensarbeit, „with which materiality comes to the forefront“; dies.: An Introduction to Market Devices (2007), S. 3. Vgl. auch Pinch, Swedberg: Living in a Material World (2008) sowie die in Kap. III.2.2 erwähnten einschlägigen Werke.

122 Ilkka Arminen: Who's Afraid of Financial Markets? In: International Sociology 25/2010, H. 2, S. 170–183; S. 172.

Laborstudien im Blick auf die Abläufe als „reified theory“[123] die Frage nach dem, was in den Köpfen der beteiligten Wissenschaftler:innen passiert (und damit auch nach den Ideen jenseits ihres Status als „quasi-object“), aus ihrer Forschungsperspektive bewusst ausklammern[124], zielt die vorliegende Arbeit mit ihrem erklärten Interesse am ‚Rhythmus der Wirtschaft‘ neben der physisch-materialen explizit auch auf die kognitive Dimension von Wissensarbeit. Ideen werden dabei nicht ausschließlich als „incorporated“[125] in Dinge, Geräte, Instrumente – und damit in dingliche Akteure in Handlungssettings – verstanden (und entsprechend vorschnell in materiale Entitäten überführt und in ihnen aufgelöst). Stattdessen gehört es zum heuristischen Programm dieser Studie, bewusst einen Moment bei den (durchaus physisch-somatisch wirkmächtigen, sich aber eben nicht in der materialen Konkretheit erschöpfenden) Ideen zu bleiben, sie in der analytischen Aufmerksamkeit zu halten, da nur so – wie gezeigt werden soll – ein Phänomen wie ‚Rhythmus‘ als gestaltende Kraft der Wissensarbeit betrachtet werden kann.[126] Dabei steht weiterhin

---

123 Latour, Woolgar: Laboratory Life (1979), S. 66; Latour und Woolgar beziehen sich hier auf Gaston Bachelard. Trotz Primat der Materialitäten und der analytischen Akzentuierung der „devices“ sprechen aber auch Muniesa, Millo und Callon von „different types of knowledge required to produce and stabilize these devices“; dies.: An Introduction to Market Devices (2007), S. 5.

124 Vgl. exemplarisch Bruno Latour: Visualization and Cognition: Thinking with Eyes and Hands. In: Knowledge and Society. Studies in the Sociology of Culture Past and Present 6/1986, S. 1–40; S. 3 f.: „I was struck, in a study of a biology laboratory, by the way in which many aspects of laboratory practice could be ordered by looking not at the scientists' brain (I was forbidden to access!), at the cognitive structures (nothing special), nor at the paradigms (the same for thirty years), but at the transformation of rats and chemicals into paper“. Und an anderer Stelle: „If any shift in thinking occurs, it has nothing to do with the mind, but with the manipulation of the laboratory setting.“ Ebd., S. 25.

125 Z. B. Michel Callon: Introduction: the Embeddedness of Economic Markets in Economics (1998), S. 26.

126 Eine derartige Erweiterung bringen in ihrem kritischen Einwurf zu Latours Konzept der „Science in Action“ auch Reiner Keller und Christoph Lau ins Spiel, indem sie – hier provokativ gemeint – fragen, warum der erweiterte Handlungsbegriff, der „neben Menschen, Tieren, Pflanzen eben auch Objekte bzw. technische Artefakte ein[schließe]“, „nicht auch Ideen“ umfasse, denn „schließlich ‚bewegen‘ auch diese die Menschen“; dies.: Bruno Latour und die Grenzen der Gesellschaft. In: Kneer, Schroer, Schüttpelz: Bruno Latours Kollektive (2016), S. 306–338; S. 318. Keller und Lau kritisieren Latours „Entgrenzungseuphorie“ als „soziologisch naiv, als Sichtweise der Verwicklungen, die im Naturalismus ihres Gegenstandes selbst befangen bleibt.“ Ebd., S. 327. Vgl. auch den Kommentar von Stefan Beck zur „Wissensarbeit“, dass in dieser die „Materialität der Wissenspraxen“ mit „gemeinsame[n] Denkstile[n] und geteilte[m] stillschweigende[n] Wissen“ verbunden ist. Beck spricht demzufolge auch von „materiell-diskursiven Umwelten der Wissensarbeit“; ders.: Anmerkungen zu materiell-diskursiven Umwelten der Wissensarbeit. In: Koch, Warneken: Wissensarbeit und Arbeitswissen (2012), S. 27–39; S. 32, 36. Vgl. außerdem den Hinweis und die forschungstheoretische Forderung von Ivan A. Boldyrev im Blick auf „different material realizations, practices, and instruments

im Unterschied zur in den *ANT*-geprägten *Science Studies* beobachtbaren „Zurückhaltung gegenüber der Geschichte"[127] die historische Situiertheit der Wissensarbeit im Zentrum der Untersuchung. Schließlich nimmt die Studie eine signifikante Umakzentuierung gegenüber Callons vielfach aufgegriffenem Diktum vor, dass die wissenschaftliche Wissensarbeit als quasi vorgängig zu den sozialen Figurationen und Aushandlungsprozessen zu denken sei. So heißt es bei Callon programmatisch: „Society is not a starting point, a resource or a frame; it is, along with the market, the temporary outcome of a process in which social sciences – economics in this case – are the stakeholder."[128] Gegen diese Auffassung ist es ein Anliegen der hier vorliegenden Untersuchung herauszuarbeiten, wie stark gerade auch ökonomische Wissensarbeit, wie stark ökonomische Theoriebildung, durch kollektive Vorstellungen der Zeit ihrer Entstehung und Durchsetzung geprägt sind. Damit wird schließlich auch die in *STS* und *ANT* wirkmächtige Vorstellung einer Raumgebundenheit der Wissensarbeit an das (nach außen abgeschlossene) Labor – und die entsprechende Begrenzung des Untersuchungsfeldes auf eben dieses – zugunsten eines deutlich durchlässigeren Modells des „entangled knowledge"[129], der gesellschaftlich-kulturellen „Situiertheit"[130] akademischer Wissensarbeit – und der auf diese gerichteten Analyse – aufgelöst. Nicht nur ist ökonomisches Wissen „als Herrschaftstechnologie [...] stets auf einem ‚Gang durch die Gesellschaft'"[131], wie Monika Dommann, Daniel Speich Chassé und Mischa Suter zurecht anmerken, sondern gesellschaftliche Wissensbestände bewegen sich ebenso durch die Ökonomik und ihre Theoriebildungsarbeit und tragen sich dabei in diese ein.

---

derived directly or indirectly from the ideas of economic theory": „It should be the task of methodologists to consider in more detail these complex connections and to trace the development of technologies from specific theoretical ideas"; ders.: Philosophy of Science or Science and Technology Studies? Economic Methodology and Auction Theory. In: International Studies in the Philosophy of Science 26/2012, H. 3, S. 289–307; S. 302.

127 Henning Schmidgen: Die Materialität der Dinge? Bruno Latour und die Wissenschaftsgeschichte. In: Kneer, Schroer, Schüttpelz: Bruno Latours Kollektive (2016), S. 15–46; S. 18.

128 Callon: Introduction: the Embeddedness of Economic Markets in Economics (1998), S. 30. Vgl. auch die kritische Auseinandersetzung mit der „neuen Ontologie" der *ANT*, in der deutschsprachigen Rezeption u. a. die Debatte „Kulturwissenschaft und Akteur-Netzwerk-Theorie" mit Beiträgen von Gesa Lindemann, Andréa Belliger und David Krieger, Georg Kneer, Gustav Rößler, Hans-Jörg Rheinberger, Erhard Schüttpelz, Karin Harrasser, Urs Stäheli. In: Zeitschrift für Kulturwissenschaften 2/2009, S. 111–151.

129 Klaus Hock, Gesa Mackenthun (Hg.): Entangled Knowledge. Scientific Discourses and Cultural Difference. Münster 2012 (= Cultural Encounters and the Discourses of Scholarship Bd. 4).

130 Zum Konzept des „situierten Wissens" vgl. Donna Haraway: Situated Knowledges: The Science Question in Feminism and the Privilege of Partial Perspective. In: Feminist Studies 14/1988, H. 3, S. 575–599.

131 Dommann, Speich Chassé, Suter: Einleitung: Wissensgeschichte ökonomischer Praktiken (2014), S. 108.

Neben den erwähnten Rückbindungen an Programmatiken der sozial- und kulturwissenschaftlichen (Wirtschafts-)Wissenschaftsforschung speist sich das theoretische Profil der vorliegenden Arbeit aus verschiedenen analytischen Traditionen und in diesen entwickelten Forschungsperspektiven. Der Zugang ist insbesondere von erkenntnistheoretischen Ansätzen inspiriert, die in einer bewusst die Disziplinengrenzen überschreitenden, explizit Erfahrungswissen integrierenden wissensanalytischen Tradition stehen,[132] die „epistemische Konstellationen" als eine „Vernetzung von Wissenschaftlichem und Nicht-Wissenschaftlichem" denken.[133] Zudem

132 Zu denken ist hier etwa an die „Ikonologie" und das Konzept der „Pathosformeln" von Aby Warburg, der in der Zusammenschau von Bildern unterschiedlichster Provenienz (darunter Gemälde ebenso wie fotografische Abbildungen in Presseerzeugnissen) nach Bildtraditionen fragt, in denen Erfahrungswissen geformt, bewahrt und zugleich aktualisiert wird; vgl. Werner Hofmann, Georg Syamken, Martin Warnke: Die Menschenrechte des Auges. Über Aby Warburg. Frankfurt/Main 1980; Gottfried Korff: Vor, unter und neben der Kunst. Warburgs Methode und die volkskundliche Bildforschung. In: Helge Gerndt, Michaela Haibl: Der Bilderalltag. Perspektiven einer volkskundlichen Bildwissenschaft. Münster 2005 (= Münchner Beiträge zur Volkskunde Bd. 33), S. 49–65. Warburg interessierte sich dabei nicht nur für die „Verschiebung" der Formen, sondern auch für die den Pathosformeln eigene Energie des „leidenschaftlich und verständnisvoll nachgefühlte[n] Erlebnis[ses]". Aby M. Warburg: Dürer und die italienische Antike (1906). In: ders.: Ausgewählte Schriften und Würdigungen. Hg. v. Dieter Wuttke in Verbindung mit Carl Georg Heise. Baden-Baden 1979 (= Saecvla spiritalia Bd. 1), S. 125–135; S. 126. Zu kulturwissenschaftlichen Perspektiven auf Phänomene der Verschiebung vgl. Daria Dittmeyer, Jeannet Hommers, Sonja Windmüller (Hg.): Verrückt, Verrutscht, Versetzt. Zur Verschiebung von Gegenständen, Körpern und Orten. Berlin 2015 (= Schriftenreihe der Isa Lohmann-Siems Stiftung Bd. 8). Weiterhin können hier auch Raymond Williams' Konzept der „Gefühlsstruktur"/„structure of feeling" (als „jeweils vorherrschende[s] Set an distinkten, affektiv bedeutsamen kulturellen Annahmen und Überzeugungen"; Rolf Lindner: „Maß und Mitte" – Middletown Revisited. In: Brigitta Schmidt-Lauber (Hg.): Mittelstadt. Urbanes Leben jenseits der Metropole. Frankfurt/Main, New York 2010, S. 37–50; S. 47) sowie Hans Blumenbergs Metaphorologie und seine Überlegungen zu einer Theorie der „Unbegrifflichkeit" Erwähnung finden; vgl. Hans Blumenberg: Paradigmen zu einer Metaphorologie. Kommentar von Anselm Haverkamp unter Mitarbeit von Dirk Mende und Mariele Nientied. Frankfurt/Main 2013; ders.: Theorie der Unbegrifflichkeit. Aus dem Nachlaß hg. v. Anselm Haverkamp. Frankfurt/Main 2007. Vgl. zur Metaphorologie auch Kap. III.2.1 sowie zum Terminus der Unbegrifflichkeit die Ankündigung eines Workshops zu Blumenberg, veranstaltet vom SFB Literatur und Anthropologie in Konstanz im Jahr 2002: Mit „Unbegrifflichkeit" werde bezeichnet, was „sich der Anstrengung des Begriffes entzieht, dennoch seiner Genese zu Grunde liegt und seine ‚lebensweltliche' Motivation bezeichnet." Zit. n. Michael Eggers, Matthias Rothe: Die Begriffsgeschichte ist tot, es lebe die Begriffsgeschichte! – Einleitung –. In: dies.: (Hg.): Wissenschaftsgeschichte als Begriffsgeschichte. Terminologische Umbrüche im Entstehungsprozess der modernen Wissenschaften. Bielefeld 2009, S. 7–22; S. 11.

133 Christian J. Emden: Epistemische Konstellationen 1800–1900. Nerven, Telegrafen und die Netzwerke des Wissens. In: Jürgen Barkhoff, Hartmut Böhme, Jeanne Riou (Hg.):

profitiert die Untersuchung von ideen- wie begriffsgeschichtlichen Ansätzen, die Wissen als Orientierungswissen konzeptualisieren[134] und ihre theoretische Aufmerksamkeit dabei gerade auch auf „das zunächst ganz Unscheinbare“[135] richten, auf vermeintlich Selbstverständliches und Banales, auf das, was ‚in der Luft liegt‘ oder auch als „allgemeine Stimmung“[136] gefasst werden kann, sowie auf „silent knowledge“ bzw. „internalisiertes Wissen“.[137] Ein weiterer wichtiger Impulsgeber für diese Studie sind zudem wissenstheoretische Ansätze, die das Moment der „Unschärfe“[138] als zentralen Faktor der Generierung, Etablierung und Modifizierung von Wissen

---

Netzwerke. Eine Kulturtechnik der Moderne. Köln, Weimar, Wien 2004, S. 127–154; S. 134. Emden spricht auch von der „Dynamik des Zusammenspiels zwischen der Produktion von Wissen und deren kultureller [sic!] Echowirkungen“ und fokussiert auf „die Schnittpunkte wie Interferenzen zwischen multiplen epistemischen Diskursen“; ebd., S. 133. Zur Beschäftigung mit wissenschaftlichem Wissen als Teil des allgemeinen Wissens (und entsprechend von Wissenschaftsgeschichte als Teil der allgemeinen Wissensgeschichte) vgl. auch Lottes: Neue Ideengeschichte (2002), S. 267.

134 Vgl. exemplarisch Eggers, Rothe: Wissenschaftsgeschichte als Begriffsgeschichte (2009); Emden: Epistemische Konstellationen 1800–1900 (2004), S. 128.

135 Scharfe: Bagatellen (1995), S. 1.

136 Ludwik Fleck: Entstehung und Entwicklung einer wissenschaftlichen Tatsache. Einführung in die Lehre vom Denkstil und Denkkollektiv. Mit einer Einleitung hg. v. Lothar Schäfer und Thomas Schnelle. 10. Aufl. Frankfurt/Main 2015, S. 103.

137 Vgl. u. a. Orvar Löfgren: Selektives Wissen. Von der Bewältigung des Überflusses. In: Koch, Warneken: Wissensarbeit und Arbeitswissen (2012), S. 397–415; S. 397. Löfgren erinnert in diesem Zusammenhang auch an Nigel Thrifts Bild der „epistemischen Tapete“ für das, was „langsam als selbstverständlich hingenommen wird.“ Ebd. Vgl. ähnlich auch den Begriff des „tacit knowledge“ bzw. „tacit knowing“; Michael Polanyi: Implizites Wissen. Frankfurt/Main 1985. Vgl. auch Georg Hans Neuweg: Könnerschaft und implizites Wissen. Zur lehr-lerntheoretischen Bedeutung der Erkenntnis- und Wissenstheorie Michael Polanyis. Münster 1999; Gerd Gigerenzer: Bauchentscheidungen. Die Intelligenz des Unbewussten und die Macht der Intuition. München 2007. Vgl. auch den Hinweis von Susan Geideck und Wolf-Andreas Liebert in Bezug auf die von ihnen betrachteten „Sinnformeln“: „Es ist keinesfalls so, dass nichtthematisierte Sinnformeln nicht mehr wirksam wären, im Gegenteil: Gerade die nichtthematisierten Sinnformeln sind diejenigen, die zu ‚Selbstverständlichkeiten‘, zu kollektiven ‚Denkmustern‘ […] geworden und damit gerade besonders wirksam geworden sind.“ Dies.: Sinnformeln. Eine soziologisch-linguistische Skizze. In: dies. (Hg.): Sinnformeln. Linguistische und soziologische Analysen von Leitbildern, Metaphern und anderen kollektiven Orientierungsmustern. Berlin, New York 2003 (= Linguistik – Impulse & Tendenzen Bd. 2), S. 3–14; S. 6.

138 Vgl. in diesem Zusammenhang etwa Ludwig Wittgensteins Überlegungen zur „Familienähnlichkeit“ von Begriffen, in denen er Ungenauigkeit und Unschärfe gegen das Ideal der Exaktheit von Sprache stellt; ders.: Philosophische Untersuchungen. Frankfurt/Main 1977, u. a. S. 67, 77.

verstehen, wie auch Zugänge, die die „Herstellung von Gleichzeitigkeit“[139] in den Blick nehmen.

Mit Ludwik Flecks Erklärungsansatz des „Denkstils“, Jürgen Links epistemischem Modell der „Interdiskursanalyse“ sowie dem Konzept des „boundary objects“ von Susan Leigh Star und James R. Griesemer (hier gefasst als ‚boundary concept‘) werden im Folgenden nicht nur disziplinär und zeitlich unterschiedlich situierte, sondern auch in ihren Grundannahmen und Ausrichtungen verschieden gelagerte, aber für das eigene theoretische Programm weiterführende Konzepte der Erfassung von Wissensarbeit vorgestellt und auf das eigene Erkenntnisinteresse bezogen, bevor – das Kapitel beschließend – Überlegungen zum für diese Studie zentralen analytischen Konstrukt der Denk- und Praxisfigur angestellt werden.

Eine starke neuerliche Beachtung haben in der Wissenschaftsforschung der letzten Zeit Ludwik Flecks bereits in den 1930er-Jahren formulierte Überlegungen zur „Entstehung und Entwicklung einer wissenschaftlichen Tatsache“ erfahren, in denen er mit dem Konzept des „Denkstils“ einen wichtigen theoretischen Orientierungsrahmen auch für die vorliegende Studie entwickelte. Der Mediziner, Wissenssoziologe und Philosoph Fleck versteht wissenschaftliche Wissensarbeit als niemals voraussetzungslos. Sie ist immer historisch und kulturell dimensioniert und realisiert sich zudem als soziales Phänomen. Wissenschaftliche Erkenntnisse entstehen im „Denkkollektiv“[140] der Wissenschaftler:innen eines Faches. Dabei wirken „denkmäßige Voraussetzungen“ auf das Forschenden-Kollektiv ein, die Fleck auch als „Denkstil“ bezeichnet: „Wissenschaftliche Konzeptionen beruhen eben nicht nur auf den Beobachtungen des empirischen Materials, sondern ebensosehr auf Ideen, deren Genese weit in die Vergangenheit zurückreicht“, schreiben Lothar Schäfer und Thomas Schnelle in der Einleitung zur Neuauflage von Flecks „Entstehung und Entwicklung einer wissenschaftlichen Tatsache“.[141] Und: „Der Wert, den sie für jede Epoche haben, liegt also genau darin, daß ihr Inhalt stets neu verstanden wird, so daß sie eine heuristische, die Forschung regulierende Funktion übernehmen.“[142]

Ludwik Fleck verweist zudem darauf, dass „[v]iele wissenschaftliche, bestbewährte Tatsachen […] sich durch unleugbare Entwicklungszusammenhänge mit

139 Christian Kassung, Thomas Macho: Einleitung. In: dies. (Hg.): Kulturtechniken der Synchronisation. München 2013, S. 9–21; S. 15.

140 Fleck definiert „Denkkollektiv“ als „Gemeinschaft der Menschen, die im Gedankenaustausch oder in gedanklicher Wechselwirkung stehen“. „[Wir] besitzen […] in ihm den Träger geschichtlicher Entwicklung eines Denkgebietes, eines bestimmten Wissensbestandes und Kulturstandes, also eines besonderen Denkstiles.“ Fleck: Entstehung und Entwicklung einer wissenschaftlichen Tatsache (2015), S. 54 f. „Denkkollektive“ werden durch die „soziale Stimmung“ nicht nur angeleitet, sondern auch hervorgebracht; vgl. u. a. ebd., S. 104.

141 Lothar Schäfer, Thomas Schnelle: Einleitung. Ludwik Flecks Begründung der soziologischen Betrachtungsweise in der Wissenschaftstheorie. In: Fleck: Entstehung und Entwicklung einer wissenschaftlichen Tatsache (2015), S. VII–XLIX; S. XXXI.

142 Ebd.

vorwissenschaftlichen, mehr oder weniger unklaren verwandten Urideen (Präideen) [verbinden], ohne daß inhaltlich dieser Zusammenhang legitimiert werden könnte."[143] Versteht man den Rhythmus als eine solche (Prä-)Idee, dann ist es mit Fleck eine „der vornehmsten Aufgaben vergleichender Erkenntnistheorie" zu erforschen, „wie Auffassungen, unklare Ideen, von einem Denkstil zum anderen kreisen, wie sie als spontan entstandene Präideen auftauchen, wie sie sich, dank einer Art Harmonie der Täuschung als beharrende, starre Gebilde erhalten."[144]

Der von der jeweiligen „Denkgemeinschaft"[145] verfolgte „Denkstil" – als „gerichtetes Wahrnehmen, mit entsprechendem gedanklichen und sachlichen Verarbeiten des Wahrgenommenen"[146] – „bestimmt ‚was nicht anders gedacht werden kann'"[147], er „erfährt [...] soziale Verstärkung"[148], bewegt sich dabei im jeweiligen „geschichtliche[n] Zusammenhang"[149], weist aber zugleich „immer Spuren entwicklungsgeschichtlicher Abstammung"[150] auf. Verlässt ein Wort oder ein Gedanke das „Denkkollektiv", kommt es also zu einer „interkollektiven Wanderung"[151] des Gedankens, bringt diese Bewegung Bedeutungsverschiebungen mit sich:

> „Man kann also kurz sagen, jeder interkollektive Gedankenverkehr habe eine Verschiebung oder Veränderung der Denkwerte zur Folge. So wie gemeinsame Stimmung innerhalb des Denkkollektives zur Bestärkung der Denkwerte führt, ruft Stimmungswechsel während der interkollektiven Gedankenwanderung eine Veränderung dieser Werte in einer ganzen Skala der Möglichkeiten hervor: vom kleinen Färbungswechsel über fast vollständigen Sinnwechsel bis zur Vernichtung jedes Sinnes".[152]

---

143 Fleck: Entstehung und Entwicklung einer wissenschaftlichen Tatsache (2015), S. 35.

144 Ebd., S. 41. Fleck fährt fort: „Erst durch solches Vergleichen und Erforschen der Zusammenhänge gewinnen wir das Verständnis für unsere Epoche." Ebd.

145 Ebd., u. a. S. 62, 129.

146 Ebd., S. 130.

147 Ebd. U. a. Wolfgang Krohn erinnert daran, dass Fleck sich vor allem für die Einheitlichkeit des Denkens in wissenschaftlichen „Denkkollektiven" interessiere, während die „ethnomethodologisch angeleiteten Beobachtungen von Forschern im Alltag ihrer Interaktionen" zeigen, „dass nicht Denkzwang, sondern Flexibilität, Interpretationsoffenheit und Verhandlung am Ende eines Forschungsprozesses stehen." Ders.: Die ästhetischen Dimensionen der Wissenschaft. In: ders. (Hg.): Ästhetik in der Wissenschaft. Interdisziplinärer Diskurs über das Gestalten und Darstellen von Wissen. Hamburg 2006 (= Zeitschrift für Ästhetik und Allgemeine Kunstwissenschaft, Sonderheft 7), S. 3–38; S. 33. Für die hier vorliegende Studie werden beide Tendenzen als einander nicht ausschließend, sondern ergänzend verstanden; es sind aber gerade die von Fleck angestellten Überlegungen zu Verfestigungen des wissenschaftlichen Denkens in „Denkstilen", die das empirische Material im Hinblick auf die verfolgte Fragestellung aufzuschließen helfen.

148 Fleck: Entstehung und Entwicklung einer wissenschaftlichen Tatsache (2015), S. 130.

149 Ebd., S. 131.

150 Ebd., S. 130.

151 Ebd., S. 143.

152 Ebd., S. 143 f.

Neben dem Blick auf den „Produktionsprozess von Erkenntnis als Praxis“[153], der Ludwik Fleck in seinen Überlegungen zu „Denkkollektiv“ und „Denkstil“ interessierte, profitiert die vorliegende Studie auch von neueren Ansätzen einer weit gefassten Diskursanalyse und hier insbesondere vom Ansatz der „Interdiskursanalyse“, wie ihn Jürgen Link vorschlägt. An Michel Foucaults Verständnis diskursiver Formationen anknüpfend, entwickelte der Literaturwissenschaftler und Diskurstheoretiker Link sein Konzept, dessen wissenstheoretische und -analytische Aufmerksamkeit sich auf die Interferenzen zwischen wissenschaftlichen Spezialdiskursen richtet. Mit Foucault versteht Link Diskurse als „im Unterschied zu natürlichen Sprachen […] historisch-kulturell sehr viel stärker variable Einheiten, die jeweils spezifische kulturelle Sagbarkeits- und Wissensräume sowie deren Grenzen festlegen.“[154] Und anders als die „formellen Wissenschaften“ stellen die von Link (wie von Foucault) in den Blick genommenen Diskurse „enger mit der gesellschaftlichen Praxis verbundene Wissensgebiete bzw. Wissensräume“ dar.[155] Sie sind „geregelte, ansatzweise institutionalisierte Redeweisen als Räume möglicher Aussagen, insofern sie an Handlungen gekoppelt sind und dadurch Machtwirkungen ausüben.“[156]

Link führt mit seinem Konzept der „Interdiskurse“ eine Differenz zu den Foucaultschen „Spezialdiskursen“ ein: anders als letztere zielen die erstgenannten nicht auf „interne Konsistenz“ und die „Abschließung gegen externes Diskursmaterial“.[157] „Interdiskurse“ beziehen vielmehr explizit „Diskurselemente, Diskursparzellen und Diskurskomplexe“ mit ein, „die nicht an einen oder wenige Spezialdiskurse gebunden sind, sondern vielmehr mit variabler und flexibler Bedeutung in einer Mehrzahl von Spezialdiskursen sowie vor allem auch in allgemeinen z. B. sogenannten ‚Alltagsdiskursen‘ […] zirkulieren.“[158] Es ist gerade der in Alltag und Kunst produzierte „Konnotationsreichtum“[159] und es sind die Transfers von Wissensbeständen und -figurationen in einem „Interferenzfeld zwischen verschiedenen Spezialdiskursen und dem Elementardiskurs“[160], die Link interessieren und die er mit dem Begriff der Interdiskursivität zu fassen versucht. So führe etwa der Normalismus – als von Link angeführtes Beispiel für einen „interdiskursiven Komplex“ – „Spezialdiskurse

---

153 Jörg Niewöhner: Von der Wissenschaftstheorie zur Soziologie der Wissenschaft. In: Beck, Niewöhner, Sørensen: Science and Technology Studies (2012), S. 49–75; S. 65.

154 Jürgen Link: Von der Diskurs- zur Interdiskursanalyse (mit einem Blick auf den Übergang vom Naturalismus zum Symbolismus). In: Leopold Decloedt, Herbert van Uffelen, M. Elisabeth Weissenböck (Hg.): Rezeption, Interaktion und Integration. Niederländischsprachige und deutschsprachige Literatur im Kontext. Wien 2004 (= Wiener Schriften zur niederländischen Sprache und Kultur Bd. 3), S. 27–43; S. 27.

155 Ebd.

156 Ebd.

157 Ebd., S. 28.

158 Ebd., S. 29 f.

159 Ebd., S. 30.

160 Ebd. Link spricht von Alltagsdiskursen auch als „Elementardiskursen“; ebd., S. 29.

wie Physiologie, Psychologie und Psychiatrie, Demographie und Soziologie" zusammen.[161]

Was die Beschäftigung mit Jürgen Links Ansatz der „Interdiskursanalyse" für die Auseinandersetzung mit dem Phänomen Rhythmus interessant macht, ist neben diesem „ausgesprochen kulturwissenschaftlich[en]"[162] (so Link selbst) Blick auf die Wechselwirkungen zwischen wissenschaftlichen Spezialdiskursen, Kunst und Alltagsdiskurs[163] auch der Hinweis auf die nicht immer mögliche (und sinnvolle) Rückbindung einzelner Diskursbeiträge an eindeutig identifizierbare Intentionen individueller Diskursbeiträger:innen[164], denn:

> „Interferenzen müssen [...] keineswegs einer bewussten Autorstrategie zurechenbar sein – sehr häufig liegen die ‚modischen' interdiskursiven Komplexe sozusagen ‚in der Luft' – zudem dominiert die Massenhaftigkeit von Mikro-Bezügen über die Korrelation zwischen ganzen Texten als Einheiten."[165]

Schließlich ist es auch der Hinweis Links auf die integrative Aufgabe von „Interdiskursivität", der für die folgenden kulturanalytischen Annäherungen an die Ökonomik, speziell an die Konjunkturforschung, nutzbar gemacht werden kann, die Akzentuierung der „für moderne, d. h. spezialisierte und funktional differenzierte Gesellschaften unabdingbare[n] Funktion" der „symbolischen Reintegration der Spezialdiskurse und allgemein der Wissensteilung".[166] Deren Ausdifferenzierung wird in der hier vorliegenden empirischen Studie in Bezug auf den Rhythmus der Wirtschaft nachgegangen. Dabei können von dem Literaturwissenschaftler Link mit Blick auf literarische Texte (aber erweiterbar auch auf andere kulturelle Ausdrucksformen) identifizierte ‚modi operandi' der interdiskursiven Integration wie die „narrative Reihung" und die „symbolische Kondensierung" (und mit ihr die Nutzung der „typische[n] Mehr- bzw. Vieldeutigkeit der Symbole"[167]) ebenso wie

161 Ebd., S. 30.

162 Ebd., S. 31.

163 Vgl. ähnlich auch Joseph Vogl: „Was hier in den Blick genommen werden soll, ist die Konfiguration eines Wissens, das weder in den Disziplinen und Wissenschaften aufgehoben ist noch bloß lebensweltlichen Charakter besitzt, das vielleicht vorbegrifflich, aber nicht vordiskursiv ist, das verstreut und zusammenhängend zugleich erscheint und die diversen Textgattungen und Diskurse durchquert." Vogl: Kalkül und Leidenschaft (2002), S. 15.

164 Andersherum hilft das „interdiskursive Material" deren Subjektivität zu konstituieren; vgl. Link: Von der Diskurs- zur Interdiskursanalyse (2004), S. 32.

165 Ebd., S. 31. Der Akzent auf (literarischen) Texten ist der literaturwissenschaftlichen Perspektive Links geschuldet. Entsprechend konzentriert er sich im weiteren Verlauf seiner Argumentation auch auf „elementar-literarische Formen"; ebd.

166 Ebd., S. 32. Link weist ausdrücklich darauf hin, dass die „Diskursintegration" alles andere als total sei, dass sie stattdessen „bloß punktuelle und partielle, höchst selektive und allenfalls symbolische Reintegration" sein kann; ebd.

167 Ebd., S. 33.

die Frage nach den jeweiligen Aktivierungen und Aktualisierungen interdiskursiver Figuren und Figurationen perspektivleitend für die Annäherung an das eigene empirische Material sein.

Als eine weitere theoretische Orientierungsmöglichkeit, die nun explizit den Blick über die Konzentration auf Texte hinaus in Richtung auch anderer kultureller Ausdrucksformen sowie Praktiken öffnet, bietet sich das Konzept der „boundary objects" von Susan Leigh Star und James R. Griesemer an,[168] mit dem der Heterogenität von Forschungsarbeit, der Disparatheit der beteiligten Akteur:innengruppen, ihrer Arbeitsweisen und Standpunkte sowie der Notwendigkeit vielfältiger Übersetzungsprozesse Rechnung getragen werden soll. Dabei muss – und hier liegt der zentrale Gedanke des Ansatzes, den Star und Griesemer in kritischer Auseinandersetzung mit dem „interessement"-Konzept von Callon, Latour und Law vorschlagen und am Beispiel eines zoologischen Museums entwickeln – in der gemeinsamen praktischen Forschungsarbeit im Hinblick auf die Qualität der Ergebnisse auch keine Übereinstimmung angestrebt werden: „[I]f we examine the actual work organization of scientific enterprises, […] we find that scientific work neither loses its internal diversity nor is consequently retarded by lack of consensus. Consensus is not necessary for cooperation nor for the successful conduct of work."[169] Eine mediierende und zugleich handlungsermöglichende Rolle in Forschungsprozessen könne hier sogenannten „boundary objects" zukommen, die über drei zentrale Kriterien näher bestimmt werden: Neben einer Offenheit für verschiedene Deutungen („interpretive flexibility"[170]) zeichnen sich „boundary objects" laut Star und Griesemer vor allem dadurch aus, dass sie verschiedenen Gruppen mit heterogenen Arbeitsweisen und -auffassungen eine gemeinsame arbeitspraktische Struktur, „a sort of arrangement"[171], ermöglichen, das weder auf einen vorab erzielten Konsens aufbaut noch auf diesen hinstrebt. „Boundary objects" verfügen über „the feature that heterogeneity (internally) across things can be maintained but need not become confrontational".[172] Und schließlich zeige sich ein Wechsel der Passgenauigkeit des Einsatzes dieser „boundary objects" („the dynamic between ill-structured and more tailored uses of the objects").[173] „Boundary objects" sind

168 Vgl. Susan Leigh Star, James R. Griesemer: Institutional Ecology, ‚Translations' and Boundary Objects: Amateurs and Professionals in Berkeley's Museum of Vertebrate Zoology, 1907–39. In: Social Studies of Science 19/1989, H. 3, S. 387–420; Susan Leigh Star: This is Not a Boundary Object. Reflections on the Origin of a Concept. In: Science, Technology, and Human Values 35/2010, H. 5, S. 601–617.

169 Star, Griesemer: Institutional Ecology, ‚Translations' and Boundary Objects (1989), S. 388.

170 Star: This is Not a Boundary Object (2010), S. 601.

171 Vgl. ebd., S. 602.

172 Ebd., S. 603. Vgl. ebd., S. 604: „My initial framing of the concept was motivated by a desire to analyze the nature of cooperative work in the absence of consensus."

173 Ebd., S. 601.

> „objects which are both plastic enough to adapt to local needs and the constraints of the several parties employing them, yet robust enough to maintain a common identity across sites. They are weakly structured in common use, and become strongly structured in individual-site use. These objects may be abstract or concrete. They have different meanings in different social worlds but their structure is common enough to more than one world to make them recognizable, a means of translation. The creation and management of boundary objects is a key process in developing and maintaining coherence across intersecting social worlds."[174]

Wie Susan Leigh Star in einem jüngeren, 2010 posthum veröffentlichten Text noch einmal deutlich macht, ist der Objektbegriff in dem grundlegend dynamischen Konzept weit gefasst: „Its materiality derives from action, not from a sense of prefabricated stuff or ‚thing'-ness. Although it is embodied, voiced, printed, danced, and named, it is not exactly like a car that sits on four wheels" (wobei das Auto aber durchaus, so der Nachsatz, ein „boundary object" sein kann, wenn es im skizzierten Sinn eingesetzt und wirkmächtig wird).[175] „Boundary objects" sind – so heißt es an anderer Stelle – als „a set of work arrangements that are at once material and processual"[176] zu lesen. In diesem Objektverständnis können laut Star etwa auch Theorien zu „boundary objects" werden.[177]

Die in der Wissenschaftsforschung vielfach aufgegriffene[178] Figur des „boundary objects" verspricht wichtige Impulse auch für die gewählte Perspektive der hier vorliegenden Studie zu geben. Es wäre dabei zu überprüfen, ob es weiterführend sein könnte, vom „Rhythmus" in der Konjunkturforschung als einem *‚boundary concept'* zu sprechen, das in Prozessen der Wissensarbeit analog zum *„boundary object"* fungiert, das seine Wirkmächtigkeit nicht über die Identifikation eines „kleinsten gemeinsamen Nenners"[179], eines „identischen Bedeutungs*kerns*"[180], sondern gerade über seine „interpretive flexibilty" (die zum Beispiel neben einer Offenhaltung in interdisziplinären Kontexten maßgeschneiderte Konkretisierungen für die Bedürf

174 Star, Griesemer: Institutional Ecology, ‚Translations' and Boundary Objects (1989), S. 393.

175 Star: This is Not a Boundary Object (2010), S. 603.

176 Ebd., S. 604.

177 Vgl. ebd., S. 603.

178 Vgl. für die Europäische Ethnologie/Empirische Kulturwissenschaft u. a. Tobias Scheidegger: Geschichtete Listen: naturkundliche Lokalkataloge um 1900 als Schnittstellen von Natur, Genealogie und Systematik. In: Katharina Hoins, Thomas Kühn, Johannes Müske (Hg.): Schnittstellen. Die Gegenwart des Abwesenden. Berlin 2014 (= Schriftenreihe der Isa Lohmann-Siems Stiftung Bd. 7), S. 245–262; ders.: „Petite Science". Außeruniversitäre Naturforschung in der Schweiz um 1900. Göttingen 2017.

179 Vgl. Gustav Roßler: Kleine Galerie neuer Dingbegriffe. Hybriden, Quasi-Objekte, Grenzobjekte, epistemische Dinge. In: Kneer, Schroer, Schüttpelz: Bruno Latours Kollektive (2016), S. 76–107; S. 91.

180 Ebd., S. 92; Herv. i. Orig.

nisse innerhalb einzelner Gruppen und den Wechsel zwischen beidem erlaubt[181]) verschiedene Forschungsrichtungen in ihren Heterogenitäten zusammenführt, darüber ein sich neu herausbildendes Forschungsfeld konturiert und Praktiken der Wissensarbeit zu einer Strukturierung verhilft (ohne jedoch der Fokussierung auf materiale Verfestigungen folgen zu müssen, wie sie der Objekt-Begriff nahe legt).

Wie eingangs erwähnt, wird die vorliegende Studie im Versuch der Zusammenführung der vorgestellten Ansätze (unter Beibehaltung von deren beschriebener Heterogenität) in ihrer Argumentation auf das analytische (Hilfs-)Konstrukt der Denk- und Praxisfigur zurückgreifen. In seinen Reflexionen über den kulturwissenschaftlichen Begriff der „Denkfigur" verweist der Germanist Erich Kleinschmidt auf die vergleichsweise junge Verwendung im Rahmen kulturwissenschaftlicher Analyse. Der Fachterminus „Denkfigur" habe sich seit den 1960er-Jahren in die Diskussion „eingeschlichen"[182] und werde seitdem „mit steigender Frequenz benutzt"[183], wohl auch, weil er „noch unverbraucht wirkt, zugleich aber bekannt zu sein scheint".[184] Dabei treffen die von Kleinschmidt herausgearbeiteten Bedeutungsanlagerungen sich mit dem, wie „Rhythmus" als Thema und Untersuchungsgegenstand in der vorliegenden Studie in den Blick genommen werden soll. Kleinschmidt schreibt über die eigene begriffsgeschichtliche Recherche zur „Denkfigur": „Die Streubelege suggerieren einen Ordnungsbegriff, der in der Latenz seines synonymischen Potenzials zwischen Konzept und Idee liegt."[185] Beim Versuch einer näheren semasiologischen Bestimmung argumentiert Erich Kleinschmidt unter anderem mit dem „Zirkulationstheorem" als „konzeptioneller *Denkfigur*" in der Ökonomie des 18. Jahrhunderts und hält fest:

---

181 Vgl. Star: This is Not a Boundary Object (2010), S. 605.

182 Vgl. Erich Kleinschmidt: Übergänge: Denkfiguren. Köln 2011 (= Kleine Schriften der Universitäts- und Staatsbibliothek Köln Bd. 32), S. 38. Die „imaginäre Geschichte" (ebd., S. 30) des Begriffs verfolgt Kleinschmidt in seiner Abhandlung bis ins 18. Jahrhundert zurück.

183 Ebd., S. 59.

184 Ebd., S. 7. Vgl. ähnlich auch Ernst Müller: Denkfigur. In: Roland Borgards u. a. (Hg.): Literatur und Wissen. Ein interdisziplinäres Handbuch. Stuttgart, Weimar 2013, S. 28–32; S. 28. Wie Kleinschmidt führt auch Müller die neue Attraktivität des analytischen Begriffs der Figur in den Sozial- und Kulturwissenschaften auf Einflüsse der französischen Diskussion, speziell Foucault, zurück. Müller verweist außerdem auf Lyotard; vgl. ebd., S. 29.

185 Kleinschmidt: Übergänge: Denkfiguren (2011), S. 7. Anders dagegen die Verwendung der Begriffe „Figur" und „Figurierung" bei den Kulturanthropologen/Europäischen Ethnologen Moritz Ege und Jens Wietschorke, die „Figur" als „Sozialfigur" verstehen, welche „sowohl das typisierte Soziale als auch mediale Repräsentationen mit einschließt"; dies.: Figuren und Figurierungen in der empirischen Kulturanalyse. Methodologische Überlegungen am Beispiel der „Wiener Typen" vom 18. bis zum 20. und des Berliner „Prolls" im 21. Jahrhundert. In: LITheS 11/2014, S. 16–35; S. 32. Den Begriff der „Figurierung" konzipieren Ege und Wietschorke als „*sozialkulturelle Figurationen* im Sinn von Norbert Elias"; ebd.; Herv. i. Orig.

> „Die *Denkfigur* ist […] ein hierarchisch den Diskursen und ihrer Ordnung vorgängiges Element, weil es in seiner organisatorischen Reichweite jeweils nur Teilbereiche der ‚großen' Diskurse betrifft, aber diese intellektuell domestiziert und darstellerisch formiert. In vielen Fällen generieren *Denkfiguren*, die zunächst in einem etablierten Diskurs (meist schon disziplinär importiert) auftreten, durch Ausdifferenzierung ein eigenes neues Diskursfeld."[186]

Denkfiguren ermöglichen – mehr noch: sie provozieren – „Querungen und Kreuzungen im historischen Diskurssystem"[187], sie erscheinen in der Form eines „konzeptionellen Steuerungsmediums im konkurrierenden Raum diskursgesellschaftlicher Kommunikation".[188] Kleinschmidt verweist zudem auf eine doppelte Möglichkeit der Gerichtetheit: So können

> „*Denkfiguren* schon in einem Diskurshorizont auftauchen […], ohne dass dieser selbst oder auch andere kommunikative Repräsentationen dafür zeitgleich einen konsensuellen Ober- und Leitbegriff hätten. Die Geschichte einflussreicher *Denkfiguren* zeigt, dass eine innovativ verhandelte Gegenständlichkeit erst dann vermittelt und bewusst wird, wenn dafür eine allgemeine Semiotisierung anerkannt und damit auch ihr Ort im intellektuellen Wissen der Diskursgesellschaften bestimmt ist. Die diskursive Denkbewegung geht dann mit Foucault von den Wörtern zu den Dingen. Es kann aber ein neues Darstellungsdenken oft auch erst das Bedürfnis seiner eigentümlichen Benennbarkeit hervorrufen. Insofern geht die intellektuelle Wissensorganisation dann mehr den Weg vom konstitutiven Sachverhalt hin zu den ihn bezeichnenden Wörtern und Begriffen."[189]

Zu den elementaren Eigenschaften von Denkfiguren gehört ihr Wechsel zwischen den Disziplinen[190]; sie sind „diskurskreuzend"[191] und öffnen einen „heteronomen Denk- und Wissensraum".[192] Das „im Wort *Denkfigur* versammelte Ordnungsangebot"[193] korrespondiert mit einer „thematischen Ausfächerung", mit einer „offene[n] Sach- wie Wort-Topik zwischen Vernetzung und Verwirrung", die „semantische Brücken letztlich zu einem kulturtheoretischen Denken der Unschärfe, des Undeutlichen und Unbegrifflichen schlüge, […] in dem sich Wortbesetzungen und Sachbesetzungen vielfach kreuzen und tauschen."[194] Als „gegenstrebige Gefüge" vereinen Denkfiguren, so der Philosoph und Technikforscher Alexander Friedrich in seinem Bericht zu einer speziell dem Begriff und seinen Konzeptualisierungen gewidmeten Tagung,

186 Kleinschmidt: Übergänge: Denkfiguren (2011), S. 29; Herv. i. Orig.
187 Ebd.
188 Ebd., S. 30.
189 Ebd., S. 34; Herv. i. Orig.
190 Vgl. ebd.
191 Ebd., S. 50.
192 Ebd., S. 41. Auf den Aspekt der Übertragung verweist auch Müller: Denkfigur (2013), S. 29, 31.
193 Kleinschmidt: Übergänge: Denkfiguren (2011), S. 35; Herv. i. Orig.
194 Ebd., S. 61.

in sich Qualitäten „der Verfestigung von Abläufen und Bewegungen" ebenso wie solche der „Irritation und Transformation".[195] Im Begriff der „Figur" fallen zudem kognitive und sinnlich-physische Aspekte zusammen. Der Philosoph und Theoriehistoriker Ernst Müller nennt die Charakteristika „Anschaulichkeit, Bewegung, Performativität und Rhythmus".[196] Zudem seien Denkfiguren „präkonzeptuell, präsprachlich, sie verweisen auf ein unbegriffliches Denken".[197]

Die hier vorliegende Studie folgt der Grundannahme, dass ökonomische (als soziale) ‚Wirklichkeit' maßgeblich auch über die zu ihrer Durchdringung beziehungsweise Erfassung herangezogenen Instrumente realisiert wird. Zu diesen Instrumenten gehören – so eine weitere Grundannahme, deren Tragfähigkeit im Verlauf der Arbeit argumentativ ausgelotet werden soll – elementar auch Konzepte, Modelle, Denk- beziehungsweise Erkenntnisfiguren, gehören maßgeblich „Ideen" (in einem weit gefassten Verständnis). Im konkreten Fall ist es die kognitive wie physisch realisierte „Wissensfigur des Rhythmus"[198], auf deren Spurensuche sich die Untersuchung begeben wird, indem sie die Forschungsperspektive auf deren Konstituierungen, Aktualisierungen und Modifizierungen, den Einsatz sowie die durch sie hervorgerufenen Effekte in einem wissenschaftlichen Feld – der ökonomischen Konjunkturforschung – wie im transdisziplinären Resonanz- und Interferenzraum verfolgt.

Mit dem Terminus der „Denkfigur", ergänzt um denjenigen der „Praxisfigur"[199], der den Aspekt der *agency* sowie die performativen Aspekte der Wissensarbeit und damit eine analyseleitende Perspektive insbesondere des ersten empirischen Hauptteils der vorliegenden Studie noch einmal herausstellt, soll vor diesem konzeptuellen Hintergrund für das eigene Vorhaben ein Begriffspaar nutzbar gemacht werden, das für die gewählte Forschungsperspektive und das empirische Programm einer Ideengeschichte als Praxisgeschichte hinreichend bestimmt ist und zugleich über

---

195 Alexander Friedrich: Bericht zur Tagung „Was sind Denkfiguren? Figurationen unbegrifflichen Denkens in Metaphern, Diagrammen und Kritzeleien". Workshop, veranstaltet vom Graduiertenkolleg „Schriftbildlichkeit" in Kooperation mit dem International Graduate Centre for the Study of Culture, Freie Universität Berlin, 25.–26. Februar 2011. URL: http://kult-online.uni-giessen.de/wps/pgn/home/ KULT_online/tagungsbericht10-2011/ (Abrufdatum: 07.07.2013).

196 Müller: Denkfigur (2013), S. 29.

197 Ebd.

198 Wellmann: Die Form des Werdens (2010), S. 58.

199 Nur vorsorglich soll hier darauf hingewiesen werden, dass die Implikationen des Begriffs der Praxisfigur sich von denjenigen unterscheiden, die Alfred Lorenzer in seinen Überlegungen zu „Sprachfigur" und „Praxisfigur" (letztere als „nichtsprachliches Sinngefüge" und „Interaktionsform" konzipiert) herausarbeitet. Gemeinsam ist aber der Aspekt der Verbindung von physischem Erleben und kognitiver Durchdringung, von der „Leibgebundenheit" des Verstehens. Vgl. Alfred Lorenzer: Das Konzil der Buchhalter. Die Zerstörung der Sinnlichkeit. Eine Religionskritik. Frankfurt/Main 1984, u. a. S. 152, 161, 166.

die notwendige semantische Offenheit im Sinne der oben skizzierten theoretischen Akzentuierungen verfügt.

Mit seiner „multi-sited ethnography" machte der US-amerikanische Kulturanthropologe George Marcus auch die analytische Bewegung des „Follow the …" in der kulturanthropologischen Methodendiskussion prominent, indem er als sechs Strategien der forschenden Annäherung das „Follow the People", „Follow the Thing", „Follow the Metaphor", „Follow the Plot, Story, or Allegory", „Follow the Life or Biography" und „Follow the Conflict" benannte.[200] Die vorliegende Studie möchte als eine mögliche Ergänzung dieser Arbeitsliste für ein „Follow the Idea" sensibilisieren[201] und dessen Potenzial konkret am Beispiel des „Follow the Rhythm" in der ökonomischen Wissensarbeit vorführen. Dabei geht es nicht um eine als „tunnel history"[202] (Pocock) angelegte ideengeschichtliche Rekonstruktion, sondern gerade um eine Herausarbeitung von Wechselwirkungen, von einer historischen Situiertheit und den entsprechenden Impulsen in und aus unterschiedliche(n) Richtungen. Bevor sich die analytischen Hauptteile der empirischen Studie anschließen, werden im folgenden Kapitel zunächst einige hinführende Überlegungen zur Konzeption bzw. zur (vielfältig aufgefächerten) Idee des Rhythmischen vorgestellt sowie ein Überblick über die Forschungsliteratur gegeben.

200 George E. Marcus: Ethnography in/of the World System: The Emergence of Multi-Sited Ethnography. In: Annual Review of Anthropology 24/1995, S. 95–117; S. 106–110. Vgl. zum „Follow the …" auch Bruno Latours Vorschlag, Wissenschaftler:innen „durch die Gesellschaft zu folgen", um so Forschungsumgebungen „von innen heraus" zu erschließen; ders.: Science in Action (1987). Latour spricht auch von einem „follow the natives"; ders.: Reassembling the Social. An Introduction to Actor-Network-Theory. Oxford, New York 2005, S. 62.

201 Im Hinblick auf archivalische Quellen schlägt Julia Fleischhack ähnlich ein „follow the sources" vor; dies.: ‚(Un-)Heimliche Akteure': Überlegungen zur (archivalischen) Quellen-Arbeit. In: Reinhard Johler u. a. (Hg.): Kultur_Kultur. Denken. Forschen. Darstellen. 38. Kongress der Deutschen Gesellschaft für Volkskunde in Tübingen vom 21. bis 24. September 2011. Münster u. a. 2013, S. 492–499; S. 498 f.

202 Vgl. John G. A. Pocock: The Machiavellian Moment. Florentine Political Thought and the Atlantic Republican Tradition. Princeton (NJ) 1975. Vgl. auch Iain Hampsher-Monk: Neuere angloamerikanische Ideengeschichte. In: Eibach, Lottes: Kompass der Geschichtswissenschaft (2002), S. 293–306; S. 293 f.

IV Perspektive Rhythmus

1 Rhythm is it!?

Im März 2013 fand an der *Princeton University* eine „International Graduate Student Conference" zum Thema „The Rhythm of Learning" statt, die von Mitgliedern des PhD-Net „Das Wissen der Literatur" an der *Humboldt-Universität zu Berlin* sowie des *German Department* der *Princeton University* organisiert worden war.[1] Die Beiträger:innen setzten sich vornehmlich mit den Rhythmus-Konzepten in Werken verschiedener Schriftsteller:innen aus unterschiedlichen Epochen auseinander (darunter Herder, Schiller und Novalis ebenso wie Walser, Kafka und Dada-Texte), aber auch mit dem abstrakten Film „Rhythmus 21" von Hans Richter, Aby Warburgs „Mnemosyne"-Projekt, der *Cybernetic Pedagogy*, mit Rhythmusvorstellungen in Gregory Batesons und Sigmund Freuds Theoriebildung und nicht zuletzt im Marx'schen „Kapital".

Nur sechs Monate zuvor wurde an der *Akademie Schloss Solitude* in Stuttgart ein Symposium mit dem Titel „Rhythmanalysis" abgehalten. Im Fokus der von dem Medientheoretiker und Künstler Shintaro Miyazaki geplanten und organisierten Veranstaltung stand die „ubiquity of rhythmical structures". Im Ankündigungsflyer heißt es dazu: „In lectures, discussions, and performances, the symposium's participants will analyse the notion of rhythm in terms of sequentiality, time processuality, and measure of movement, as well as, outline effects of rhythm on humans and animals, nature and culture, space and time."[2] Die Vorträge beschäftigten sich hier mit der (Prä-)Historie des Werkzeuggebrauchs (Blandine Bril von der *École des Hautes Études en Sciences Sociales* in Paris sprach über „Rhythm in Tool Use: From Stone-knapping to Blacksmith Hammering") über die Kommunikation mit Hilfe rhythmischer Vibrationen bei Insekten (Meta Virant-Doberlet vom *National Institute of Biology* in Ljubljana erläuterte diese am Beispiel von Wanzen), mit der Erforschung von Klangwellen in tierischen und menschlichen Körpern in der Medizin und experimentellen Physiologie (referiert von dem Siegener Medienforscher Axel Volmar), mit Sequenzialität und „stroboskopischem Sehen" im Strukturellen Film der 1960er-Jahre (aus dem Dissertationsprojekt des Berliner Musik- und Kunstwissenschaftlers Jan Thoben) sowie mit „Engineering Rhythm in the Bell Telephone System" (vorgetragen von der New Yorker Medien-, Kultur- und Kommunikationswissenschaftlerin Mara Mills). Der letzte Vortrag der Tagung wurde von dem Baseler Wirtschaftswissenschaftler Dietmar Maringer gehalten und galt „The Rhythms and Noises in

---

1 URL: http://www2.hu-berlin.de/wissen-literatur/pdf/The_Rhythm_of_Learning.jpg; http://hsozkult.geschichte.hu-berlin.de/termine/id=21322 (Abrufdatum: 13.03.2013).

2 Vgl. den Ankündigungsflyer zur Veranstaltung: Rhythmanalysis. Symposium within the art, science & business program. Initiated by Shintaro Miyazaki, funded by the Andrea von Braun Stiftung and the Cogito Foundation. 22.–23. November 2012, Akademie Schloss Solitude, Stuttgart.

Financial Markets". Maringer beschäftigte sich mit der Suche nach „regularities" bzw. „patterns" als Ausgangspunkt für computergestützte Finanztransaktionen, die wiederum diese Regelmäßigkeiten erst generieren: „However, sometimes humans and computers alike fall for spurious relationships and coincidental patterns. Even more importantly, trading on (assumed) patterns will generate its own rhythm."[3]

Sowohl die Veranstaltung an der *Princeton University*, als auch diejenige an der Stuttgarter *Akademie Schloss Solitude* führen auf das Thema meiner Studie hin, ja sie können diesbezüglich als geradezu symptomatisch betrachtet werden – und zwar in dreifacher Hinsicht:

(1) Beide Tagungen – und die Liste einschlägiger Konferenzen und Sammelbände lässt sich problemlos fortschreiben[4] – stehen für ein in jüngerer Zeit offenkundig (wieder) erstarktes wissenschaftliches Interesse am Rhythmischen, für eine offensichtliche neue Faszination, die sich in verschiedenen Kontexten und Feldern äußert. Dabei erfährt Rhythmus nicht nur als (zu untersuchendes) Phänomen, sondern auch als epistemisches Konzept, als Theoriemodell Aufmerksamkeit, das zudem über die besondere Qualität zu verfügen scheint, unterschiedliche Disziplinen – wie auch verschiedene Epochen und zeitliche Strömungen – zusammenzubringen.

(2) Die Wirtschaft – als gesellschaftliches Feld – wird ebenso offensichtlich als dem aufgemachten Themenspektrum zugehörig empfunden wie die Wirtschaftswissenschaften dem disziplinären Spektrum der Teilnehmer:innen an den fachübergreifenden Tagungen und Symposien. Es scheint mit anderen Worten einen Konsens darüber zu geben, dass Rhythmus auch ein Thema der Ökonomie wie der Ökonomik ist – oder zumindest sein sollte.[5]

(3) Dabei lässt sich an den Beispielen dort, wo Rhythmus als Phänomen und Konzept wirtschaftswissenschaftlich adressiert wird, eine keineswegs ungebrochene Haltung gegenüber dem Rhythmusbegriff ablesen; es scheinen von Ökonom:innen selbst eingebaute Distanzierungsmomente auf, wie etwa das Beispiel des Stuttgarter Symposiums eindrücklich vorführt. Dort begann der Finanzwissenschaftler Dietmar Maringer seinen Vortrag mit dem Hinweis, dass der „term ‚rhythm' quite uncommon in business science" sei, stattdessen seien vielmehr die Begriffe „cycles" oder „frequencies" im Gebrauch[6]; er selbst setzte – ohne diese terminologische

3 Aus dem Abstract zum Vortrag von Dietmar Maringer: „The Rhythms and Noises in Financial Markets". In: Programmheft zum Symposium „Rhythmanalysis", Stuttgart, 22.–23. November 2012.

4 Vgl. die Nennung einschlägiger Tagungen und Publikationen in Kap. IV.4.

5 Ein älteres Beispiel aus dem Jahr 1949 für diesen disziplinenübergreifenden Fokus ist ein Themenschwerpunkt Rhythmus in der Zeitschrift „Studium Generale. Zeitschrift für interdisziplinäre Studien", zu dem der Kölner Ökonom und Finanzwissenschaftler Günter Schmölders den Beitrag „Vom Rhythmus der wirtschaftlichen Aktivität" beisteuerte; ders.: Vom Rhythmus der wirtschaftlichen Aktivität. In: Studium Generale 2/1949, H. 2, S. 104–112.

6 Mitschrift der Verfasserin vom 23.11.2012.

Differenzierung weiter auszuführen – das Wort *rhythm* in Anführungszeichen und sprach parallel von *patterns*.[7]

Dieser Hinweis Maringers adressiert zugleich eine heuristische Herausforderung der hier vorliegenden Studie, denn er berührt die Frage nach der Reichweite des in der Projektanlage zentral gesetzten Rhythmusbegriffs und seiner Positionalität gegenüber semantisch ähnlich gelagerten Termini – wie etwa Zyklen, Frequenzen oder Taktungen –, die nicht nur in den gegenwärtigen Wirtschaftswissenschaften geläufiger sind, sondern auch in den historischen Texten der sich herausbildenden Konjunkturforschung ein unbestreitbares Gewicht besitzen (schon erkennbar am Zyklusbegriff in der englischen Fachbezeichnung *Business Cycle Research*, aber auch in der deutschsprachigen Diskussion ist selbstverständlich vom Konjunkturzyklus die Rede). Vor diesem Hintergrund könnte die für das eigene Forschungsvorhaben vorgenommene Einordnung der Untersuchung in eine interdisziplinäre Rhythmusforschung eine Engführung der Perspektive bedeuten, die ausgerechnet auf den Terminus abhebt, der nicht nur, aber vor allem in der deutschen Diskussion stark moralisch-ideologisch aufgeladen und zudem ideengeschichtlich nachhaltig als antipodischer Differenzbegriff zu den anderen Termini (insbesondere zum Takt) konzeptualisiert wurde. Gegen diese Sichtweise spricht jedoch, dass es ebenso wirkmächtige Rhythmuskonzepte gibt, in denen die anderen Begriffe gleichberechtigt aufgehoben sind (und schon der zitierte Ankündigungstext des Stuttgarter „Rhythmanalysis"-Symposiums kann hier angeführt werden). Rhythmus, Zyklus, Periodizität, Takt: Diese Ausdrücke verdichten sich in den von mir untersuchten Texten zu einem gemeinsamen semantischen Feld, dessen interdisziplinäre Diskussion sich jedoch – und das ist entscheidend für das der Studie zugrunde liegende Forschungsinteresse – stärker als an den anderen Begriffen am Rhythmus entzündet hat: Am Rhythmusbegriff formulieren sich auch die Konzeptualisierungen der anderen Begriffe aus – inkludierend oder exkludierend, in der Markierung eines gemeinsamen Begriffsfeldes, der graduellen Differenzierung oder eben der Installation als Gegenbegriff und Gegenkonzept. Zugleich indiziert die – entgegen Maringers Wahrnehmung – eben doch auch im ökonomischen Bereich anzutreffende explizite Verwendung des Rhythmusbegriffs gegenüber dem Rückgriff etwa auf den Zyklus- oder den Taktbegriff eine weiterreichende Plausibilität des die verschiedenen Ansätze verbindenden Grundkonzepts und seiner unterschiedlichen Ausprägungen, die es zu erfassen und zueinander in Beziehung zu setzen gilt. Diese Dimension ist dem Rhythmusbegriff, der im Unterschied zu den anderen Termini zwingend als relationaler Begriff, als Resonanzfigur gedacht werden muss, inhärent – und zwar nicht nur auf der praktischen Ebene der Phänomenanalyse, sondern auch mit Blick auf die Wissensarbeit selbst und deren Strategien der Evidenzerzeugung (vgl. Kap. IV.5). Die Perspektivierung des Rhythmischen führt damit direkt auf den erkenntnistheoretischen Antrieb der vorliegenden Arbeit hin.

---

7 Ebd.

Aus den skizzierten Gründen wird im Folgenden vor allem von Rhythmus (als Denk- und Praxisfigur mit ihren differenten Funktions- und Bedeutungszuschreibungen) die Rede sein – bisweilen in paralleler Verwendung zu Takt, Periodizität, Zyklus, bisweilen in erklärter Abgrenzung. Aufgabe dieses Kapitels soll es sein, Ansätze der wissenschaftlichen Auseinandersetzung mit Rhythmus (im gerade skizzierten Sinne) als Forschungsgegenstand und -perspektive nachzuvollziehen und die Beobachtungen mit Blick auf das eingangs formulierte Erkenntnisinteresse der Studie und die entsprechende analytische Ausrichtung zu akzentuieren. Dabei gilt es, wenn im Folgenden bisweilen verkürzt von *der* (interdisziplinären, internationalen) Rhythmusforschung die Rede ist, stets mitzudenken – und epistemisch nutzbar zu machen –, dass die Konzeptualisierungen und Dimensionierungen von Rhythmus, die Funktions- und Bedeutungszuschreibungen alles andere als homogen sind. Zunächst aber wird das analytische Augenmerk auf Rhythmus-Konzepte speziell in der Wirtschaft(swissenschaft) und hier in ausgewählten ökonomischen Feldern neben der im empirischen Hauptteil der Arbeit vertieft behandelten Konjunkturforschung gelegt.

2 Wirtschaft(stheorie) und Rhythmus

2.1 Arbeit und Rhythmus

Der Einschätzung, dass Rhythmus in den Wirtschaftswissenschaften alles andere als ein gebräuchliches Konzept sei, steht der historisch-empirische Befund entgegen, dass in der ökonomischen Fachliteratur durchaus – implizit, aber auch explizit – mit Rhythmusvorstellungen wie mit dem Rhythmusbegriff selbst gearbeitet wird. Dies ist vielleicht am intensivsten um 1900 der Fall – unter den deutschsprachigen Publikationen allen voran in dem Werk „Arbeit und Rhythmus"[8] des Leipziger Nationalökonomen Karl Bücher, das von 1896 bis 1924 in insgesamt sechs zum Teil stark erweiterten Auflagen erschien und über einige hundert Seiten hinweg akribisch zusammengetragene, größtenteils vorindustrielle Arbeitsgesänge präsentierte. Karl Bücher, der Geschichtswissenschaften und Klassische Philologie studiert hatte, als Wirtschaftswissenschaftler der jüngeren Historischen Schule angehörte und ab

8 Karl Bücher: Arbeit und Rhythmus. Mit 26 Abbildungen auf 14 Tafeln. 6., verb. u. erw. Aufl. Leipzig 1924 [1896]. Die Ausführungen über Büchers Werk und dessen Einordnung wie auch der folgende Abschnitt über den Herzschlag der Börse folgen weitgehend dem Wortlaut der Darstellung in Sonja Windmüller: Rhythmen (in) der Ökonomie. Kulturanalytische Schlaglichter auf eine Denk- und Praxisfigur. In: Klein, Windmüller: Kultur der Ökonomie (2014), S. 57–80. Vgl. auch dies.: Standardisierung und rhythmische Organisation. Zur Verschränkung zweier Paradigmen im frühen 20. Jahrhundert. In: Frank, Windmüller: Normieren, Standardisieren, Vereinheitlichen (2006), S. 65–76.

1904 Mitherausgeber der „Zeitschrift für die gesamte Staatswissenschaft" war[9], unternahm in „Arbeit und Rhythmus" zugleich eine Theoretisierung produktiver Tätigkeit. Diese gründete in der Annahme einer jedem Menschen eigenen organischen Anlage und Neigung zu rhythmischer Bewegung, die Bücher in der Formulierung vom „Rhythmus als ökonomische[m] Entwicklungsprinzip"[10] kondensierte. Vor allem im (romantisierenden) Blick auf die „Arbeitsweise der Naturvölker"[11] versuchte der Wirtschaftsforscher Bücher zu zeigen, dass gerade deren monotone, durch Rufe oder Gesänge unterstützte Verrichtungen „an sich befriedigend"[12] wirken und damit das „ökonomische Prinzip instinktiv zur Geltung" kommen kann, „welches [...] uns befiehlt, möglichst viel Leben und Lebensgenuß mit möglichst geringer Aufopferung an Lebenskraft und Lebenslust zu erstreben."[13]

Karl Bücher lieferte damit eine ganzheitlich angelegte, organisch verankerte Deutung des zentralen ökonomischen Faktors Arbeit – eben als (physischer) Arbeitsrhythmus. Die Untersuchung bezog, wie an späterer Stelle noch ausgeführt werden wird, offenkundig Impulse aus verschiedenen, allem voran kulturwissenschaftlichen Disziplinen und wirkte andersherum – gerade über die Akzentuierung eines „vorbewussten Körperwissens"[14] – auch in diese hinein; der Rhythmusbegriff schuf also Anschlussstellen, die reichlich ausgelotet wurden.[15] Dagegen scheint das Werk im Hinblick auf die zeitgenössischen ökonomischen Entwicklungen und deren wissenschaftliche Begleitung in der Hochphase moderner Maschinisierung und Rationalisierung zunächst einen unvermittelbaren Kontrapunkt zu bilden[16] – und dies, obwohl das *Scientific Management* von Frederick Winslow Taylor, die Bewegungsstudien von Frank Bunker und Lilian Evelyn Gilbreth, die Konzepte von

---

9 Zu Karl Bücher vgl. auch Beate Wagner-Hasel: Die Arbeit des Gelehrten. Der Nationalökonom Karl Bücher (1847–1930). Frankfurt/Main, New York 2011; Jürgen G. Backhaus (Hg.): Karl Bücher. Theory – History – Anthropology – Non Market Economies. Marburg 2000; Bertram Schefold: Karl Bücher und der Historismus in der deutschen Nationalökonomie. In: Notker Hammerstein (Hg.): Deutsche Geschichtswissenschaft um 1900. Stuttgart 1988, S. 239–267.

10 Bücher: Arbeit und Rhythmus (1924), S. 434.

11 Ebd.

12 Ebd., S. 443.

13 Ebd., S. 61.

14 Inge Baxmann: Arbeit und Rhythmus. Die Moderne und der Traum von der glücklichen Arbeit. In: dies. u. a. (Hg.): Arbeit und Rhythmus. Lebensformen im Wandel. München 2009, S. 15–35.

15 Zur Einordnung vgl. Carolin Piotrowski: Arbeit im Rhythmus. Zur Geschichte eines wechselvollen Konzepts, 1896–1938. In: Christoph Büttner, Carolin Piotrowski (Hg.): Im Rhythmus. Entwürfe alternativer Arbeitsweisen von 1900 bis in die Gegenwart. Paderborn 2018, S. 23–41.

16 Peter Senn weist darauf hin, dass Büchers „Arbeit und Rhythmus" in den Bibliotheken eher in den Musik-Abteilungen als in den Ökonomie-Abteilungen zu finden ist; ders.: Music and Economics: Reflections Inspired by Karl Bücher. In: Backhaus: Karl Bücher (2000), S. 73–112; S. 77.

Henry Ford oder die industrielle Psychotechnik, wie sie Hugo Münsterberg in der Verbindung von Volkswirtschaft und Laboratoriumspsychologie vorantrieb, ihr besonderes Augenmerk auf die detaillierte Erforschung von Arbeitsabläufen und deren Taktungen im Zusammenwirken von Mensch und Arbeitsgerät, auf die rhythmische Gliederung von Arbeitsvorgängen zur Optimierung und Dynamisierung industrieller Prozesse richteten.[17]

Die von Karl Bücher im historischen Entwicklungsmodell herauspräparierte Verschiebung der Impuls gebenden Kraft vom Menschen auf die Maschine lasse jedoch seiner Meinung nach – und hier sind Büchers Ausführungen als kritische Bemerkung zu den zeitgenössischen Verhältnissen im „Taylor-System" zu lesen – den ehemals mit dem Gesang verbundenen Arbeitstakt zu „wirre[n], ohrenbetäubende[n] Geräusche[n]"[18] werden, der arbeitende Mensch sei „an den toten und doch so lebendigen Mechanismus gefesselt."[19] Damit bewegen sich Karl Büchers Überlegungen im Rahmen eines antipodischen Rhythmusmodells, das kategorial zwischen

---

17 Vgl. Anson Rabinbach: The Human Motor. Energy, Fatigue, and the Origins of Modernity. New York 1990; Bernd Stiegler: Der montierte Mensch. Eine Figur der Moderne. Paderborn 2016. Wie der mechanisch-maschinelle Rhythmus in andere gesellschaftliche Bereiche, so auch die Kunst, hineinreichte, beschrieb bereits 1925 einer der führenden Psychotechniker des angehenden 20. Jahrhunderts, Fritz Giese, in einer Studie über das US-amerikanische Phänomen der „Girlkultur", der auch in Europa erfolgreichen Tanzgruppen junger Frauen (am bekanntesten die *Tiller Girls*), die „in völlig homogen durchgeführter Körpertechnik, zu sechzehn, achtzehn oder zwanzig Personen, meist untergefasst *eine* Linie oder Gruppenlinien bildend", auftraten. Ausgehend von diesen „Bewegungsmaschinen" beschäftigte sich Giese mit einem „neuartigen", „ganz und gar andere[n]", „technisch-artifiziellen" Rhythmusbegriff: Diese „objektiv dingliche, [...] künstliche Rhythmik des Maschinen- und Großbetriebszeitalters" unterscheide sich grundlegend vom „Rhythmus erster Ordnung", dem „Naturrhythmus", so dass „[w]ir [...] also zwei rhythmische Erlebnisse" kennen. Charakteristisch für die neue Bewegungsform sei das „Motorische in seiner Exaktheit" und in „der maschinengemäßen Reihung". Fritz Giese: Girlkultur. Vergleiche zwischen amerikanischem und europäischem Rhythmus und Lebensgefühl. München 1925, S. 19, 15, 25 f., 29, 138; Herv. i. Orig. Ebenfalls am Phänomen der *Tiller Girls* entwickelte Siegfried Kracauer 1927 seine Überlegungen zum „Ornament der Masse"; vgl. ders.: Das Ornament der Masse. Essays. Frankfurt/Main 1963. Auch das neue Medium Film griff das Prinzip Rhythmus auf. Als besonders eindrückliches Beispiel gilt Walter Ruttmanns 1927 uraufgeführtes Werk „Berlin. Die Sinfonie der Großstadt", mit dem der Regisseur Ruttmann die „rhythmische Organisation der Zeit durch optische Mittel" inszenierte; ders.: Berlin? – Berlin! In: Der Filmspiegel, Berlin, Nr. 5, Mai 1927. Wiederabdruck in Jeanpaul Goergen (Hg.): Walter Ruttmann. Eine Dokumentation. Berlin o. J. [1989], S. 79. Zum Konnex von Rhythmus und Großstadt in dieser Zeit vgl. auch Daniel Morat: Rhythmus der Großstadt um 1900. In: Ralf Konersmann, Dirk Westerkamp (Hg.): Rhythmus und Moderne. Hamburg 2013 (= Zeitschrift für Kulturphilosophie 1/2013), S. 29–38.

18 Bücher: Arbeit und Rhythmus (1924), S. 460.

19 Ebd.

dem organisch gedachten, lebensnahen und künstlerisch aufgegriffenen Rhythmus einerseits sowie dem rationalistisch-mechanischen, stets gleichförmigen (Maschinen-)Takt andererseits unterscheidet und das wohl am konsequentesten Ludwig Klages in seiner Schrift „Vom Wesen des Rhythmus“[20] (1934) ausformuliert hat: Hier stehen mit dem Menschen wie der Natur assoziierte „Rhythmen des Lebendigen“ dem dominanten physischen Organisations- und Konfigurationsmodell ökonomischer wie gesamtgesellschaftlicher Rationalisierungsbestrebungen, dem Maschinentakt (das heißt: der unablässigen „Wiederkehr des Gleichen“), gegenüber. Karl Bücher sieht dabei die Problematik industrialisierter Maschinenarbeit jedoch nicht in der Einförmigkeit vermeintlich „geisttötender“ und „aufreibender“ Tätigkeiten[21], ermögliche andersherum doch gerade die Automatisierung der Bewegungen erst eine Freiheit des Geistes und der Fantasie.[22] Stattdessen sei es die (noch) fehlende Abstimmung zwischen Maschinenrhythmus und organischem Rhythmus, bei der seine Kritik ansetzt.

Über die naheliegende Lesart eines kulturpessimistischen, rückwärtsgewandten Kommentars hinaus eröffnen Büchers Ausführungen damit zugleich auch ein utopisches Potenzial – gerade über die Herausarbeitung einer Opposition innerhalb des Referenzrahmens ‚Rhythmus‘ –, indem sie auf die damit ebenfalls vorhandene Möglichkeit einer neuerlichen Vereinigung verweisen, welche wiederum neue Energien freizusetzen vermag: Es sei nicht auszuschließen, ja es müsse angestrebt werden, meint Bücher, dass es unter Beibehaltung der Effizienzsteigerung der gegenwärtigen ökonomischen Strukturen „gelingen wird, Technik und Kunst dereinst in einer höheren rhythmischen Einheit zusammenzufassen, die dem Geiste die glückliche Heiterkeit und dem Körper die harmonische Ausbildung wiedergibt“.[23]

20 Ludwig Klages: Vom Wesen des Rhythmus. Kampen 1934.

21 Bücher: Arbeit und Rhythmus (1924), S. 443.

22 Vgl. ebd. Wörtlich heißt es dort: „Gerade die Einförmigkeit der Arbeit ist die größte Wohltat für den Menschen, so lange er das Tempo seiner Körperbewegungen selbst bestimmen und beliebig aufhören kann. Denn sie allein gestattet rhythmisch-automatische Gestaltung der Arbeit, die an sich befriedigend wirkt, indem sie den Geist frei macht und der Phantasie Spielraum gewährt.“

23 Ebd., S. 463. Überprüft wurden Büchers Schlussfolgerungen zum Einfluss von Musik und Rhythmus auf den arbeitenden Menschen dann auch in empirischen Studien. Vgl. Michael Golston: „Im Anfang war der Rhythmus“. Rhythmic Incubations in Discourses of Mind, Body, and Race from 1850–1944. In: SHR 5/1996, Supplement: Cultural and Technological Incubations of Fascism. Updated December 17, 1996; URL: http://www.stanford.edu/group/SHR/5-supp/text/golston.html (Abrufdatum: 11.09.2003); dort auch eine Darstellung von den Überlegungen Büchers vergleichbaren Gedanken anderer Autor:innen. Zur Rezeption von Büchers „Arbeit und Rhythmus“ vgl. auch Baxmann u. a.: Arbeit und Rhythmus (2009). Zur „verborgene[n] Beziehung zwischen Tanz und Arbeit“ vgl. auch Hanno Möbius: Teilung und Zusammensetzung. Heinrich von Kleist und die Entwicklung zum Rhythmus-Begriff in Tanz und Arbeit sowie in der Literatur. In: Jörg Jochen Berns, Hanno Möbius (Hg.): Die Mechanik in den Künsten. Studien zur ästhetischen Bedeutung von Naturwissenschaft und Technologie. Marburg 1990,

In der Betonung der Differenz wie der Möglichkeit ihrer Überwindung erweist sich das Büchersche Denkmodell als Reflex, aber auch als Effekt auf ökonomische Praktiken sowie auf die ökonomische Ideenbildung seiner Zeit – und zwar insbesondere dort, wo Arbeit und Ökonomie im Verhältnis zu Lebensformen und damit als integraler Bestandteil gesamtgesellschaftlicher Entwürfe gedacht wurden. So findet sich etwa die von Bücher theoretisierte Idee vom „alten Traum von der glücklichen Arbeit"[24] nicht zuletzt eindrücklich auch im sozialistischen Arbeitsideal der jungen Sowjetunion wieder, das die „Rhythmisierung der Arbeitsgemeinschaft" als „Ausdruck neuer Arbeits- und Lebensformen"[25] verstand – nun im Rückgriff auf neueste technische Entwicklungen, ein symbiotisches Mensch-Maschine-Verhältnis und den entsprechend „maschinisierten Kollektivkörper"[26].

Der hier nur ausschnitthafte Blick auf Arbeit und Arbeitsforschung und damit auf einen wirtschaftlichen wie wirtschaftstheoretischen Kernbereich zeigt, wie im untersuchten Zeitschnitt des ausgehenden 19. und frühen 20. Jahrhunderts über das Rhythmische als Wahrnehmungs- und Deutungsfigur, als beherrschendes Leitkonzept und körperliches Organisationsmodell, unterschiedliche, auch zunächst gegenläufige ökonomische Entwürfe physisch wie ideell synchronisiert wurden. Dass die Wirkkraft der Rhythmus-Figur in diesem Feld offensichtlich auch heute – unter veränderten gesellschaftlichen Vorzeichen – über eine analytische Attraktivität verfügt, zeigt nicht zuletzt deren Einsatz im Zusammenhang jüngerer Diskussionen um

S. 169–182; S. 170; vgl. auch Piotrowski: Arbeit im Rhythmus (2018), S. 33–36. Zu den rassischen Implikationen des naturalisierten Arbeitsrhythmus vgl. beispielhaft die einschlägigen Textstellen in Giese: Girlkultur (1925), u. a. S. 34. Das Denkmodell einer ethnisch-rassischen Differenzierung der Rhythmusfähigkeiten durchzieht die Rhythmusdiskurse des ausgehenden 19. und des 20. Jahrhunderts und wurde dabei stets auch in verschiedene Richtungen politisch-ideologisch instrumentalisiert. Vgl. Golston: „Im Anfang war der Rhythmus" (1996); Barbara Browning: Infectious Rhythm. Metaphors of Contagion and the Spread of African Culture. New York, London 1998; Joel Dinerstein: Swinging the Machine. Modernity, Technology, and African American Culture between the World Wars. Amherst, Boston 2003; Angela M. S. Nelson (Hg.): This Is How We Flow. Rhythm in Black Cultures. Columbia (SC) 1999. Vgl. außerdem entsprechende Untersuchungen in den 1920er- und 1930er-Jahren zur rassisch-ethnischen Differenzierung von Rhythmusfähigkeiten; exemplarisch: Dorothy van Alstyne, Emily Osborne: Rhythmic Responses of Negro and White Children Two to Six. With a Special Focus on Regulated and Free Rhythm Situations. Washington, D.C. 1937 (Reprint New York 1966); Gerd Cehak: Über das psychomotorische Tempo und die Rhythmik, eine rassenpsychologische Untersuchung. München 1937.

24 Baxmann: Arbeit und Rhythmus (2009), S. 16.

25 Ebd., S. 18.

26 Ebd.; vgl. auch Kendall E. Bailes: Alexei Gastev and the Soviet Controversy over Taylorism, 1918–24. In: Soviet Studies 29/1977, H. 3, S. 373–394; Nicoletta Misler: Taylorism, Biomechanik, Jazz. Moskau um 1925. In: Inge Baxmann, Franz Anton Cramer (Hg.): Deutungsräume. Bewegungswissen als kulturelles Archiv der Moderne. München 2005, S. 95–115.

Zeitökonomie, um flexibilisierte Arbeitszeiten und deren Effekte auf die Lebensgestaltung[27], aber auch ganz konkret der Rückverweis auf die Ideen Karl Büchers bei der „Auseinandersetzung mit dem Wandel und der Zukunft von Arbeit im Rahmen einer Neuverhandlung von Wissenskulturen“[28], wie sie etwa der von Inge Baxmann, Sebastian Göschel, Melanie Gruß und Vera Lauf herausgegebene Sammelband „Arbeit und Rhythmus. Lebensformen im Wandel“ (2009) verfolgt. Dieser fügt sich nicht zuletzt in eine breitere gesellschaftliche Debatte über die Herausforderung ein, „Arbeits- und Lebensrhythmen“ miteinander in Einklang zu bringen, die „von den Biorhythmen über die Rhythmen der Arbeit und ihrer Organisation bis zu den sozialen Rhythmen [reichen], wie sie aus der gesellschaftlichen Arbeitsteilung und Kooperation entstehen.“[29]

2.2 Der „Herzschlag der Börse“ und sein Schrittmacher – zur materialen und performativen Dimension des Rhythmischen in der Ökonomie

Ein Bereich der Ökonomik, der direkt in deren Zentrum führt, ist die Finanztheorie und -praxis, die ebenfalls – und das soll hier im Rekurs auf Studien zur Börse, deren Praktiken und Requisiten wenigstens kurz angerissen werden – stark von rhythmischen Denk- und Praxisfiguren geprägt ist. In den letzten Jahren hat sich im Bereich der *Studies of Finance* eine Forschungsperspektive etabliert, die – mit besonderem Blick auf das Börsengeschehen – die „zeitliche Synchronisation [der Akteur:innen; S.W.] mit dem zeitlichen Rhythmus des Marktes“[30] betrachtet, dabei auf die physisch-sinnliche und damit verbunden auf die affektive Dimension von Wirtschaft verweist sowie verstärkt die Technologien und Instrumente in den Blick nimmt. Hier bekommt für den betrachteten Zeitschnitt des ausgehenden 19. und frühen 20. Jahrhunderts vor allem der zur „Ikone des Wirtschaftssystems“[31] aufsteigende Börsentelegraph beziehungsweise Börsenticker nicht nur über seine physische Präsenz und Greifbarkeit einen zentralen Platz in der (medialen) Vermittlung von Wirtschaft(sprozessen) zuge-

27 Vgl. u. a. Karlheinz A. Geißler: Vom Tempo der Welt. Am Ende der Uhrzeit. Freiburg 1999; Volker Hielscher: Verflüssigte Rhythmen. Flexible Arbeitszeitstrukturen und soziale Integration. Berlin 2006; Urs Stäheli: Aus dem Rhythmus fallen. Zur öffentlichen Entnetzung. In: Kursbuch 177/2014 (Themenheft: Privat 2.0), S. 66–77.

28 Inge Baxmann, Sebastian Göschel, Melanie Gruß, Vera Lauf: Einleitung. In: dies. (Hg.): Arbeit und Rhythmus (2009), S. 7–11; S. 10.

29 Baxmann: Arbeit und Rhythmus (2009), S. 15.

30 Stefan Laube: Im Takt des Marktes. Körperliche Praktiken in technologisierten Finanzmärkten. In: Kalthoff, Vormbusch: Soziologie der Finanzmärkte (2012), S. 265–284; S. 281.

31 Stäheli: Spektakuläre Spekulation (2007), S. 309.

wiesen[32], sondern er vermag auch im Hinblick auf die innere wie äußere Organisation des Ökonomischen eine besondere Rolle einzunehmen. Dabei scheinen es nicht zuletzt seine rhythmischen wie rhythmisierenden Qualitäten zu sein, entlang derer sich die zeitgenössische Wirkkraft wie auch deren Theoretisierung entfalten konnte.

Der 1867 erstmals auf dem Parkett der New Yorker Börse in Einsatz gebrachte mechanische Börsentelegraph fand bis zu seiner Ablösung durch den elektronischen Ticker ab 1960 in verschiedenen Weiterentwicklungen Verwendung, indem er die Bewegungen des Marktes in auf ein Papierband gedruckte Buchstaben- und Zahlenkolonnen (Bezeichnungen der Finanzgüter, Preise, Handelsvolumina) übertrug. Gerade über die von zeitgenössischen Berichterstatter:innen immer wieder herausgestellte Lautstärke, mit der das neue Gerät arbeitete, über seine pulsierende „Lärmigkeit“[33], über das Raum füllende „unaufhörliche Hämmern“[34] vermochte der Börsenticker Kontinuität zu produzieren[35]; der „Takt der Börse“[36] wurde performativ und dabei ganz unmittelbar physisch etabliert.

Am Beispiel des Börsentickers zeigt der Finanzwissenschaftler Alex Preda, wie die eingesetzte Technik zur Formatierung der (Finanz-)Märkte beiträgt. Dabei standen am Anfang nicht unbedingt Normierungs- und Rationalisierungsbestrebungen im Vordergrund; es ging nicht primär um eine „erhöhte Leistungsfähigkeit oder Geschwindigkeit“, sondern viel grundlegender darum, „die Geräusche und das Durcheinander zu beseitigen, die von der Börse ausgingen“[37] (mit anderen Worten: über den akustisch wie optisch präsenten Rhythmus des Geräts ökonomische Geordnetheit zu forcieren), aber auch darum, „den sozialen Status und das Monopol über Preisdaten zu verstärken“[38] – und zwar über die Verteilung von Zugangsmöglichkeiten, aber nicht zuletzt auch über die Erlangung und den (demonstrativen) Einsatz von Kompetenzen im Umgang mit der (rhythmisch organisierten) Gleichmäßigkeit und Gleichförmigkeit. So erwähnt etwa Alex Preda den Makler und Gründer des „Magazine of Wall Street“, Richard D. Wyckoff, der in seinen 1934 veröffentlichten Memoiren von Freunden berichtet, die es eineinhalb Stunden aushielten, vor dem Ticker zu sitzen und auf das Band zu schauen. Er selbst schaffe es nach intensivem Training, dieses bis zu einer Stunde ohne Unterbrechung zu beobachten.[39]

---

32 Vgl. Urs Stäheli: Der Takt der Börse. Inklusionseffekte von Verbreitungsmedien am Beispiel des Börsen-Tickers. In: Zeitschrift für Soziologie 33/2004, H. 3, S. 245–263; Preda: Wie Techniken Finanzmärkte erschaffen (2006).

33 Stäheli: Der Takt der Börse (2004), S. 257; vgl. Preda: Wie Techniken Finanzmärkte erschaffen (2006), S. 126 f.

34 Stäheli: Spektakuläre Spekulation (2007), S. 333.

35 Zu den durchaus vorhandenen technischen Synchronisationsschwierigkeiten der frühen Tickerapparate vgl. u. a. ebd., S. 318 f.

36 Stäheli: Der Takt der Börse (2004).

37 Preda: Wie Techniken Finanzmärkte erschaffen (2006), S. 117.

38 Ebd., S. 118.

39 Vgl. ebd., S. 123.

Neben die räumliche und sozial(hegemonial)e Ordnungsfunktion, die Zugehörigkeiten regelt und (auch öffentlichkeitswirksam[40]) anzeigt, tritt zudem eine zeitliche Ordnungsfunktion. Der Börsentelegraph, so Predas Argumentation, generiert ebenfalls Zeitstrukturen – auch in die Zukunft hinein –, die er zugleich synchronisiert: „Aus der Perspektive des Maklerhauses half er, Zeit und Rhythmus von Marktteilnehmern am Rhythmus der Wall Street zu orientieren."[41] Dabei induzierte der Börsentelegraph als sinnlich erfahrbares Instrument ganz neue Handlungen – im Modus des Rhythmischen – um seine physische Präsenz herum: „Der Ticker band Investoren und Makler an seinem Rhythmus fest"[42], formuliert es Alex Preda mit Blick in die zeitgenössischen Handbücher, und Urs Stäheli spricht von einer Übersetzung der „ökonomischen Operationen in den Takt des Tickers".[43]

Über die Kulturtechnik der Synchronisierung gelang es in der physischen wie kognitiven Ausrichtung auf das technische Gerät zudem, individuelle Erfahrungen und Bestrebungen in eine gemeinschaftliche Bewegung zu transformieren und damit wechselseitig abzusichern, zu plausibilisieren und zu verstärken. Der französische Historiker Robert Lacour-Gayet verweist, so Urs Stäheli zu dessen Text über „La Spéculation en Amérique" 1929), auf diese „kollektive Kraft des Tickers"[44]: „A chaque vibration du ‚ticker' correspond, dans le cœur de millions d'individus, une vibration identique qui, a travers l'espace, les réunit dans un même vœu ou dans une même désillusion."[45]

Als technisches Gerät hatte der Börsenticker paradoxerweise gerade in seiner physischen Konkretheit massiv an der Abstraktion des Wirtschaftsgeschehens teil – wobei sich beide Dimensionen nicht gegeneinander aufheben, sondern wechselseitig bestärken. So heißt es bei Preda:

> „Der Fluss der Preisveränderungen machte die Resultate fortwährender Gespräche sichtbar und trennte deren Resultate von der einzelnen Autorität der Teilnehmer an jenen Gesprächen. Gleichzeitig verband dieser Fluss die Resultate miteinander und machte diese Verbindungen sichtbar, während das Band weiterlief. Der Markt wurde als abstraktes, dennoch sehr lebhaftes Ganzes sichtbar gemacht."[46]

40 Vgl. Stäheli: Spektakuläre Spekulation (2007).

41 Preda: Wie Techniken Finanzmärkte erschaffen (2006), S. 118. Vgl. Reichert: Das Wissen der Börse (2009), S. 127 f. Stäheli sieht den Ticker als Signet für „den Umbau einer auf Repräsentation beruhenden räumlichen Ordnung hin zu einer in erster Linie temporal organisierten Ordnung der Gleichzeitigkeit." Ders.: Spektakuläre Spekulation (2007), S. 321.

42 Preda: Wie Techniken Finanzmärkte erschaffen (2006), S. 122.

43 Stäheli: Spektakuläre Spekulation (2007), S. 314.

44 Ebd., S. 336.

45 Zit. n. ebd.

46 Preda: Wie Techniken Finanzmärkte erschaffen (2006), S. 119.

Zugleich wurde der Ticker für die Spekulanten zum Seismographen des Marktgeschehens: „[W]hen the market was breaking he could tell it with his eyes closed just by listening to the ticker".[47] Durchaus analog zum oben skizzierten Arbeitsrhythmus als Interaktionsbeziehung Mensch–Werkzeug/Maschine bietet offensichtlich auch das technische Instrument Börsenticker als – in Akteur-Netzwerk-theoretischer Diktion – Aktant in einem zentralen performativen Feld der Ökonomie im Zeitschnitt des ausgehenden 19. und frühen 20. Jahrhunderts Anknüpfungspunkte für interpretierende Zugänge zum Wirtschaftsgeschehen – und im Folgeschritt auch für Theoretisierungsbestrebungen. Auf einer alltagsweltlichen Erfahrungsebene wurde er zum wirtschaftsanalytischen Instrument, das hier über die Störung, die Konfrontation (den Lärm, der schon bald mittels einer über den Ticker gestülpten Glashaube gedämpft, nicht jedoch zum Verstummen gebracht wurde[48]) Vorstellungen eines regulären Wirtschaftsverlaufs indizieren konnte.

Gerade die sich abwechselnden Phasen des An- und Abschwellens, die jeweils immer schon die Ablösung durch die andere Phase mit aufrufen und damit das Wirtschaftsgeschehen – als Handlungsaufforderung und Versprechen – in die Zukunft verlängern, lassen (eben gerade in der Veränderlichkeit) Wirtschaft evident werden: Der Börsenticker verkörperte – auch nachdem er in seiner mechanischen Form längst seine Bedeutung eingebüßt hatte und durch andere Technik ersetzt worden war – in offensichtlich geradezu idealtypischer Weise die bis heute wirkmächtige Vorstellung von der „Börse als dem Herzen der Wirtschaft, dessen Pulsschlag an den Ausschlägen des Index gemessen werden konnte"[49]. Dabei implementierte der Börsenticker nicht nur über seine Funktion der kontinuierlichen Echtzeitübertragung von Informationen eine räumliche Entgrenzung des Marktes.[50] Zugleich bot das Denk- und Erfahrungsmodell „Rhythmus" – und dieser Gedanke wird ein zentraler auch der Untersuchungen im analytischen Hauptteil dieser Studie zur sich herausbildenden Konjunkturforschung sein – Anschlussmöglichkeiten an andere Felder.[51] Gerade über die Unschärfe seines Bedeutungsspektrums eröffnete es dabei

47 Fred Schwed Jr.: Where are the Customer's Yachts? or, A Good Hard Look at Wall Street. New York 1940, S. 157; zit. n. Stäheli: Spektakuläre Spekulation (2007), S. 336.

48 Für eine bildliche Darstellung vom „Ticker in der Vitrine" siehe Stäheli: Spektakuläre Spekulation (2007), S. 335.

49 Tanner: Wirtschaftskurven (2002), S. 146. Vgl. auch den Webauftritt der Stock Ticker Company, „The Heartbeat of Wall Street"; URL: www.stocktickercompany.com/ (Abrufdatum: 01.08.2017).

50 Vgl. u. a. Reichert: Das Wissen der Börse (2009), S. 128.

51 Es ist nicht zuletzt das Bild vom Organismus, das in Abhandlungen über die Börse bemüht wird. Vgl. exemplarisch Georg Bernhard: Die Börse. Ihre Geschichte, ihr Wesen und ihre Bedeutung. Berlin 1906 (= Handel, Industrie und Verkehr in Einzeldarstellungen Bd. 7). Bernhard schreibt über die Aufgabenverteilung von Bankiers und Börsenmaklern im Börsengeschehen, „daß die Bankiers den Verkehr der Börse mit der Außenwelt vermitteln, also gewissermaßen dem Börsenkörper von außen fortwährend

interessengeleitete Handlungsoptionen, indem es den Wechsel zwischen Aufstieg und Niedergang zum Prinzip und Motor wirtschaftlicher Aktivität erhob.

2.3 Vom Takt des Geldes (als Takt der Gesellschaft)

Ein weiterer zentraler Bereich der Ökonomie, der sich für inner- wie interdisziplinäre Rhythmus-Studien aufzudrängen scheint, ist die analytische Durchdringung und Konzeptualisierung des Geldes. So finden sich etwa in Georg Simmels „Philosophie des Geldes“ (1900) aus soziologisch-philosophischem Blickwinkel grundsätzliche Überlegungen zum „Rhythmus, in dem die Lebensinhalte auftreten und zurücktreten“, zur „Rhythmik als allgemeine[m] Schema“, das „unsere ganze Lebensform bestimmt“.[52] Zu diesem rhythmischen Organisationsprinzip geselle sich eine ebenso grundlegende konträre Tendenz zur Nivellierung, zur „durchgängigen Vergleichmäßigung“[53] (in diachroner Perspektive sichtbar nicht nur an technischen Errungenschaften wie der elektrischen Beleuchtung, die den Tag-Nacht-Rhythmus aufhebe, sondern etwa auch an künstlerischen Entwicklungen wie der Musik Wagners oder an demographischen Zahlen der sich angleichenden Geburtenverteilung im Jahreslauf[54]). Im Hinblick auf diese universelle Perspektivierung des Rhythmus beschäftigt sich Simmel mit der gesellschaftlichen Rolle des Geldes und hier speziell mit der Frage, „ob das Geld nicht nur in seinen eigenen Bewegungen daran teil hat, sondern auch jenes Herrschen oder Sinken der Periodik des Lebens von sich aus beeinflußt“[55]. „Die Entwicklung des Geldwesens“, so Simmels Beobachtung, „folgt dem gleichen Schema“, das sich auch für andere gesellschaftliche Erscheinungsformen beobachten lasse:

> „Es zeigt gewisse rhythmische Erscheinungen als eine Art Mittelstufe: aus der chaotischen Zufälligkeit, in der sein erstes Auftreten sich bewegt haben muß, gelangt es zu jenen, die doch immerhin ein Prinzip und eine sinnvolle Gestaltung aufzeigen, bis es auf weiterer Stufe eine Kontinuität des Sich-Darbietens gewinnt, mit der es sich allen sachlichen und persönlichen Notwendigkeiten, frei von dem Zwange eines rhythmischen und in höherem Sinn doch zufälligen Schemas, anschmiegt.“[56]

---

frisches Blut zuführen, während die Makler den Kreislauf der Geschäfte im Innern der Börse zu regulieren haben.“ Ebd., S. 39.

52 Georg Simmel: Philosophie des Geldes. 2., vermehrte Aufl. Leipzig 1907 [1900], S. 552. Simmels Überlegungen zum Verhältnis von Rhythmus und Geld finden sich konzentriert im Abschnitt III des Kapitels 6 („Der Stil des Lebens“) der „Philosophie des Geldes“.

53 Ebd., S. 555.

54 Vgl. ebd.

55 Ebd., S. 552.

56 Ebd., S. 560.

Den Übergang von der zweiten zur dritten Stufe datiert Simmel auf die Zeit der Wende vom 16. zum 17. Jahrhundert und koppelt ihn an die „Vervollkommnung der Geldwirtschaft“[57]. Entsprechend verortet er das Geld zunächst im dem „Rhythmisch-Symmetrischen“ entgegengesetzten Prinzip des „Individualistisch-Spontanen“: Das Geld

> „nivelliert durch seine Fernwirkungen wie durch seine Reduktion der Dinge auf ein und dasselbe Wertmaß unzählige Schwankungen, gegenseitige Ablösungen von Distanz und Annäherung, Schwingung und Stillstand, die dem Individuum sonst allgemeingültige Abwechslungen in seinen Betätigungs- und Empfindungsmöglichkeiten auferlegten.“[58]

Zugleich ist Geld aber auch auf der Seite des Rhythmischen verankert, denn „gerade dieses an sich wesenlose Wesen des Geldes ermöglicht, daß es sich auch der Systematik und Rhythmik des Lebens leihe, wo das Entwicklungsstadium der Verhältnisse oder die Tendenz der Persönlichkeit darauf hindrängt“[59] – als „unvergleichlich zweckmäßige Technik“[60] etwa der Aufrechterhaltung von Herrschaftsstrukturen. Dabei bedeutet die von Simmel diagnostizierte „Objektivität des Geldes [...] kein Jenseits der Gegensätze, das dann nur von einem dieser illegitim gegen den anderen ausgenutzt würde; sondern diese Objektivität bedeutet von vornherein den Dienst beider Seiten des Gegensatzes.“[61]

Den Zusammenhang von Rhythmus und Geld verfolgt ebenfalls, mehr als einhundert Jahre später in seiner 2004 publizierten Monographie „Im Takt des Geldes“, der Altphilologe Eske Bockelmann, wobei seine Argumentationslinie im Unterschied zu der von Simmel (auf den er keinen Bezug nimmt) eine monodirektional-evolutionistische ist. In seinem kulturgeschichtlichen Großentwurf einer ökonomisch grundierten Universaltheorie des Rhythmus knüpft Bockelmann die neuzeitliche Herausbildung des Taktrhythmus (und damit des heute allumfassend dominanten und quasi naturalisierten Rhythmusverständnisses) an die Etablierung einer neuen Geldwirtschaft und sieht hier die entscheidende Zäsur an der Wende vom 16. zum 17. Jahrhundert (also in genau derjenigen Epoche, in der Simmel den Wechsel von Stufe 2 zu Stufe 3 seiner rhythmusbasierten Konzeptualisierung des Geldes datiert). Zunächst markiert Eske Bockelmann den so selbstverständlich, quasi natürlich und als „immer schon da gewesen“ erscheinenden Taktrhythmus, der unsere heutige Rhythmuswahrnehmung und unser Rhythmusverständnis in den verschiedenen Bereichen bestimmt, als ein historisches Phänomen der Neuzeit.[62] Einen zentralen

57 Ebd., S. 561.

58 Ebd., S. 564.

59 Ebd.

60 Ebd.

61 Ebd. S. 567.

62 Vgl. Eske Bockelmann: Im Takt des Geldes. Zur Genese modernen Denkens. Springe 2004. Bockelmann spricht von einem „zwingend starke[n],unwillkürliche[n] Reflex [...] rhythmischer Gliederung“, der „*a priori* im Subjekt“ verankert und aufgrund dieser

Begründungszusammenhang sieht er dabei nicht im „Herzschlag“, „Beischlaf“ oder der Musik[63], sondern in der parallel verlaufenden Durchsetzung der Geldwirtschaft. Ging es in der antiken griechischen Rhythmusvorstellung um die „Proportion materialer Größen“[64] und damit um die Regelmäßigkeit konkreter Erscheinungsformen, sei der Taktrhythmus durch ein „abstraktes Verlaufsgesetz“[65] bestimmt, in das sich die jeweiligen Phänomene einfügen. Und eben dieser Abstraktionssinn sowie das „aktive Synthetisieren“[66] zweier Einheiten seien am neuen Geldverständnis und den neuen gesellschaftsübergreifenden monetären Alltagspraktiken erst ausgeprägt und geschult worden.

Bockelmann setzt damit gegen die Annahme einer „übergeschichtlichen Identität des Rhythmus als solche[m]“[67], gegen eine quasi natürliche Rhythmusauffassung, die konsequente Historisierung nicht nur der an Rhythmus-Wahrnehmungen angelagerten Diskurse, sondern des physisch-somatischen Rhythmus-Erlebnisses selbst und nimmt damit eine grundlegende Weichenstellung vor, die auch in der hier vorliegenden Studie zur Konjunkturforschung im frühen 20. Jahrhundert maßgebend sein soll – allerdings im Vergleich zu Bockelmann noch einmal erweitert um die Auffassung, dass zu unterschiedlichen Zeiten verschiedene Rhythmuskonzepte auch parallel zueinander existieren konnten, ja mehr noch: gezielt miteinander und ge-

---

Vorreflexivität so wirkmächtig ist: „Weil wir Rhythmus zwingend nach Takten wahrnehmen, können wir uns Rhythmus nicht anders als nach Takten denken.“ Ebd., S. 49, 94, 35; Herv. i. Orig. Unter anderem die Rhythmusbewegung des frühen 20. Jahrhunderts, deren Exponent:innen sich in ihren programmatischen Äußerungen klar gegen das in ihren Augen Missverständnis einer Identität von Rhythmus und Takt wandten, zeigt allerdings, dass daneben andere Rhythmusauffassungen prominent erhalten blieben.

63 Ebd., S. 164.

64 Ebd., S. 89.

65 Ebd.

66 Vgl. ebd., S. 179: „In der Selbstverständlichkeit, dass etwas etwas kostet, verbirgt sich also erstens eine *synthetische Leistung* – und zwar eine Leistung, die allgemein *Jeder* zu erbringen hat, auch ohne dass er davon wüsste. Und diese besteht zweitens darin, dass man jeweils genau *zwei* Einheiten zueinander *in Entsprechung* setzt und miteinander *verbindet*. In beidem wird man bereits, möglicherweise überrascht, aber unschwer, den Umriss der synthetischen Leistung des Taktreflexes wieder erkennen.“ Herv. i. Orig. Und auch das „Herzstück dieser Synthesis, die *Unterscheidung* beider Einheiten, und zwar ihre Unterscheidung im reinen Ausschließungsverhältnis von Ja und Nein, bestimmt gegen nicht-bestimmt“, ist in der Verbindung von Geld und Ware vorgeprägt: „Im alltäglichen Umgang mit Geld setzen, verbinden und unterscheiden wir also je zwei Elemente nach dem reinen Ausschließungsverhältnis, das als solches notwendig asymmetrisch ist. So ist die Synthesis bestimmt, die wir am Geld zu leisten haben. Und ganz genauso ist auch diejenige Synthesis bestimmt, die wir als die taktrhythmische kennen.“ Ebd., S. 180, 183; Herv. i. Orig.

67 András Horn: Das Anziehende am Rhythmus. In: Edith Anna Kunz, Roger W. Müller Farguell (Hg.): Rhythmus. Freiburg 2001 (= Colloquium Helveticum. Schweizer Hefte für allgemeine und vergleichende Literaturwissenschaft Bd. 32), S. 31–46; S. 31.

geneinander in Stellung gebracht wurden und werden. Dies soll zunächst mit einem genaueren Blick auf Rhythmus als gesellschaftliches wie wissenschaftliches Thema um 1900 verdeutlicht werden, um daran anschließend unter Einbezug der neueren interdisziplinären Rhythmusforschung Perspektivierungen der Denk- und Praxisfigur Rhythmus in der wissenschaftlichen Wissensarbeit vorzunehmen, die als Folie für die Analyse in den empirischen Hauptkapiteln der Studie dienen werden.

3 Faszination Rhythmus (um 1900)[68]

„Je rythme, donc je suis"[69], formulierte Marcel Jousse (1886–1961) in seiner posthum veröffentlichten „Anthropologie du geste" und lieferte damit eine griffige Formel für die Universalität eines Konzepts, das offensichtlich in allgemeingesellschaftlichen wie (natur- und geistes-)wissenschaftlichen Wahrnehmungs- und Deutungsansätzen gleichermaßen seit der Antike als tragfähiger „Schlüsselbegriff"[70] unter Beweis gestellt wurde und wird. Vor allem für das ausgehende 19. und frühe 20. Jahrhundert zeigt sich eine intensive Beschäftigung mit Rhythmus als einem gesellschaftlichen Zentralthema, wobei die USA und Deutschland als „Herzländer"[71] dieser Entwicklung ausgemacht werden und sich die Bestrebungen insbesondere in der sogenannten „Rhythmusbewegung" konzentrierten. In der Forschungsliteratur ist retrospektiv von einer „wahren Rhythmuseuphorie"[72] die Rede, die Helmut Günther in seinem ideengeschichtlichen Abriss zu der Einschätzung bewegte: „Es war unmöglich, nicht vom Rhythmus zu reden und rhythmisch zu leben – Rhythmus war das große Zauberwort jener Zeit."[73]

---

68 Dieser und die folgenden Abschnitte greifen auf überarbeitete und erweiterte Auszüge aus bereits veröffentlichten Texten zurück: Windmüller: Standardisierung und rhythmische Organisation (2006); dies.: Verwandlung durch Rhythmus? Zur kulturellen Semantik von Tanzpädagogik am Beispiel „Rhythm Is It!" In: Kathrin Bonacker, Sonja Windmüller (Hg.): Tanz! Rhythmus und Leidenschaft. Marburg 2007 (= Hessische Blätter für Volks- und Kulturforschung Bd. 42), S. 118–134; dies.: Faszination Rhythmus. Überlegungen zu einem Forschungsprogramm. In: Zeitschrift für Volkskunde 106/2010, H. 1, S. 45–65; dies.: Rhythm a World Language? Reflections on Movement-Oriented Cultural Analysis. In: Ethnologia Europaea 1/2010, S. 30–41; dies.: Rhythmen (in) der Ökonomie (2014).

69 Marcel Jousse: L'anthropologie du geste. Paris 1974, S. 145.

70 Isabel Zollna: Der Rhythmus in der geisteswissenschaftlichen Forschung. Ein Überblick. In: Zeitschrift für Literaturwissenschaft und Linguistik 96/1994, S. 12–52; S. 45. Zollna gehört zu den Autor:innen, die den Satz von Jousse anführen; ebd., S. 13.

71 Helmut Günther: Historische Grundlinien der deutschen Rhythmusbewegung. In: Gertrud Bünner, Peter Röthig (Hg.): Grundlagen und Methoden rhythmischer Erziehung. 2., überarb. und erw. Aufl. Stuttgart 1975, S. 33–69; S. 34.

72 Zollna: Der Rhythmus in der geisteswissenschaftlichen Forschung (1994), S. 19.

73 Günther: Historische Grundlinien der deutschen Rhythmusbewegung (1975), S. 52.

Die Auseinandersetzung mit dem Rhythmischen fand um 1900 weit über ihre angestammten Gegenstandsbereiche – die Musikwissenschaft[74] und die Verslehre der Altphilologie[75] – hinaus fächerübergreifend statt. Ganz direkt nachvollziehen lässt sich dies an den mehr als 700 Titeln einer von Christian A. Ruckmich erstellten Rhythmus-Bibliographie, für die er einschlägige Veröffentlichungen seit dem 18. Jahrhundert, vor allem aber aktuelle Abhandlungen zusammentrug und die er von 1913 bis 1924 in vier Folgen im „American Journal of Psychology" publizierte.[76] Obwohl Ruckmichs Zusammenstellung schon aufgrund der disziplinären Verortung von Autor und Veröffentlichungsort ihre nachvollziehbar verlässlichste Dichte im Bereich der psychologischen Literatur aufweist, lassen sich beachtliche 76,8 Prozent der aufgeführten Werke anderen fachlichen Kontexten (konkret der Musik, Literatur, Ästhetik, Biologie und Physiologie) zuordnen – so jedenfalls das Ergebnis einer von Albert Spitznagel durchgeführten Auswertung der ersten drei Folgen (1913, 1915 und 1918).[77]

Ruckmichs eigene Forderung nach einer „complete study of rhythm"[78] wie auch entsprechende Vorstöße von Theoretiker:innen anderer Disziplinen sind – so die Schlussfolgerung Michael Golstons aus seiner Analyse rhythmischer Konzepte von 1850 bis 1944 – als Indikator für eine generelle Wahrnehmung jener Zeit zu verste-

74 Vgl. u. a. die einschlägige Darstellung im Überblicksartikel „Rhythmus, Metrum, Takt" von Wilhelm Seidel in: Ludwig Fischer (Hg.): Die Musik in Geschichte und Gegenwart. Allgemeine Enzyklopädie der Musik begründet von Friedrich Blume. Sachteil 8 Quer–Swi. 2., neubearb. Ausgabe Kassel u. a. 1998, Sp. 257–317.

75 Vgl. Friedrich Nietzsches einflussreiche Vorlesungsaufzeichnungen zur griechischen Rhythmik und Metrik aus dem Wintersemester 1870/71, in denen er die rhythmische Sprache an den Leib zu binden, sie also „physiologisch" zu begründen suchte; ders.: Griechische Rhythmik. In: ders.: Vorlesungsaufzeichnungen (SS 1870–SS 1871). Bearbeitet von Fritz Bornmann und Mario Carpitella. Berlin, New York 1993 (= Nietzsche Werke. Kritische Gesamtausgabe. Begründet von Giorgio Colli und Mazzino Montinari. Weitergeführt von Wolfgang Müller-Lauter und Karl Pestalozzi. 2. Abt., 3. Bd., hg. v. Fritz Bornmann), S. 99–201; ders.: [Aufzeichnungen zur Metrik und Rhythmik]. In: ebd., S. 203–261; ders.: Zur Theorie der quantitirenden Rhythmik. In: ebd., S. 263–280; ders.: Rhythmische Untersuchungen. In: ebd., S. 281–338.

76 Christian A. Ruckmich: A Bibliography of Rhythm. In: The American Journal of Psychology 24/1913, S. 508–519; 26/1915, S. 457–459; 29/1918, S. 214–218; 35/1925, S. 408–413. Von Ruckmich in seine Bibliographie aufgenommen wurden nur Veröffentlichungen, in deren Titel ein Rhythmus-Bezug erkennbar ist; entsprechend dürfte die tatsächliche Zahl von Schriften, die sich mit dem Rhythmus-Thema beschäftigten, noch deutlich größer gewesen sein. Vgl. auch Steven Winick: Rhythm. An Annotated Bibliography. Metuchen (NJ) 1974.

77 Vgl. Albert Spitznagel: Zur Geschichte der psychologischen Rhythmusforschung. In: Katharina Müller, Gisa Aschersleben (Hg.): Rhythmus. Ein interdisziplinäres Handbuch. Bern u. a. 2000, S. 1–40; S. 5 f.

78 Christian A. Ruckmich: The Role of Kinaesthesis in the Perception of Rhythm. In: The American Journal of Psychology 24/1913, S. 305–359; S. 306.

hen, „that the time had come for a science of rhythm to be formulated as a theoretical field in its own right".[79] Rhythmus wurde zum „ideological incubator, able to traverse easily and mutually inform diverse areas of discourse".[80] Gesellschaftliche Phänomene wie die rhythmische Gymnastik, die rhythmische Früherziehung, der Ausdruckstanz, die neuen Auseinandersetzungen mit Rhythmus in der darstellenden Kunst und Musik, aber auch eine an der Chronobiologie[81] ausgerichtete Lebensführung erhielten nicht nur ihre wesentlichen Impulse aus der wissenschaftlichen Beschäftigung, sondern wirkten – ebenso wie Vorstellungen und Bestrebungen in Richtung einer rhythmisch organisierten (maschinellen, urbanen) Bewegungseffizienz – umgekehrt auch in diese hinein.

In experimentalpsychologischen Studien wurde an der Wende vom 19. zum 20. Jahrhundert die physische Rhythmuswahrnehmung intensiv und in unterschiedlichen Versuchsanordnungen erforscht. 1909 etwa erschien die Berliner Dissertation von Kurt Koffka mit den Ergebnissen seiner „Experimental-Untersuchungen zur Lehre vom Rhythmus"[82] und fünfzehn Jahre zuvor, 1894, hatte Thaddeus L. Bolton im „American Journal of Psychology" die Erkenntnisse aus einer Studie zur Wahrnehmung von Klangreizen publiziert.[83] Obwohl diese – so Boltons Beobachtung – im Experiment in Tonhöhe, Lautstärke und Frequenz keinerlei Unterschiede aufwiesen, wurden sie als rhythmisch identifiziert, d. h. Gruppen von zwei, drei oder vier Tönen wurden in der Rezeption zusammengebunden und zudem der jeweils erste Ton als stärker betont wahrgenommen. „Die rhythmische Ordnung wird vom Wahrnehmenden gleichsam den Reizgegebenheiten auferlegt"[84], schreibt Spitznagel in seiner Darstellung von Boltons Experiment und weist zudem darauf hin, dass ein vergleichbares Wahrnehmungsmuster „inzwischen auch für optisches Stimu-

79 Golston: „Im Anfang war der Rhythmus" (1996).

80 Ebd.

81 Zur Chronobiologie vgl. den Überblick bei Christian Bartsch, Hella Bartsch: Chronobiologie: Rhythmen des Lebens. In: Barbara Naumann (Hg.): Rhythmus. Spuren eines Wechselspiels in Künsten und Wissenschaften. Würzburg 2005, S. 15–48.

82 Kurt Koffka: Experimental-Untersuchungen zur Lehre vom Rhythmus. In: Zeitschrift für Psychologie und Physiologie der Sinnesorgane 52/1909, S. 1–109. Ein Teilabdruck erschien bereits 1908 als eigenständige Publikation: ders.: Experimental-Untersuchungen zur Lehre vom Rhythmus. Jena 1908. Vgl. in diesem Zusammenhang auch die experimentalpsychologischen Studien von Wilhelm Wundt sowie Ernst Meumann: Untersuchungen zur Psychologie und Ästhetik des Rhythmus. Leipzig 1894.

83 Thaddeus L. Bolton: Rhythm. In: The American Journal of Psychology 6/1894, H. 2, S. 145–238.

84 Spitznagel: Zur Geschichte der psychologischen Rhythmusforschung (2000), S. 20. Bei Spitznagel findet sich auch ein Überblick zur frühen experimentalpsychologischen Rhythmusforschung. In der Zusammenschau einschlägiger Abhandlungen zeigt er zudem, „wieweit die beginnende, experimentalpsychologische Rhythmusforschung durch prominente musiktheoretische, poetische, ästhetische Auffassungen des ganzen 19. Jahrhunderts beeinflusst worden ist." Ebd., S. 3.

lusmaterial (Lichtreize, Linien) nachgewiesen"[85] sei. James Burt Miner, der 1903 die Ergebnisse vergleichbarer Studien vorlegte, hält fest, „that rhythm brings into consciousness a group feeling or ‚Zusammenfassung,' which is not present in the objective stimuli"[86]. Er spricht auf Basis seiner experimentellen Beobachtungen von Rhythmen als „kinœsthetic sensations"[87].

Eine andere Form des Rhythmus-Erlebens – und ein anders begründetes Rhythmusverständnis – wurde in der Lebensreformbewegung entwickelt und praktiziert. Der Lebensphilosoph, Graphologe und promovierte Chemiker (!) Ludwig Klages zielte in Vorträgen[88] und Veröffentlichungen, darunter „Vom Wesen des Rhythmus" (1933), auf den Rhythmus als Prinzip des Lebens, als „allgemeine Lebenserscheinung"[89]. Während der Takt – als Prinzip des Geistes und entsprechend menschengemacht – „wiederholt", „erneuert" der Rhythmus.[90] Im „Wechsel von Auf und Ab" ist er „polarisierte Stetigkeit".[91] Stark beeinflusst von den lebensreformerisch-zivilisationskritischen Gedanken Klages' war unter anderem der Gründer der Bode-Schule für rhythmische Gymnastik, Rudolf Bode, der Klages 1912 kennenlernte und mehrere Vorlesungen bei ihm hörte.[92] Die Zeitschrift des *Bode-Bundes*, „Rhythmus" (ab 1927), trug zur Verbreitung der Ideen von Ludwig Klages bei – unter anderem in einer Festschrift zum 65. Geburtstag des Philosophen, die mit 46 Beiträgen 1937 als Heft des „Rhythmus" erschien.[93] Bevor er seine eigene

---

85 Ebd., S. 20.

86 James Burt Miner: Motor, Visual and Applied Rhythms. An Experimental Study and a Revised Explanation. New York 1903 (= Psychological Review, Series of Monograph Supplements Bd. 21), S. 2.

87 Ebd., S. 3.

88 Darunter auch die dreiteilige Vortragsreihe „Rhythmus als Lebens- und Ausdrucksprinzip"; vgl. Hans Kasdorff: Ludwig Klages im Widerstreit der Meinungen. Eine Wirkungsgeschichte von 1895–1975. Bonn 1978, S. 15, 168.

89 Ludwig Klages: Vom Wesen des Rhythmus (1933). In: ders.: Philosophische Schriften. Mit einem Kommentar von Hans Eggert Schröder. Bonn 1974 (= Sämtliche Werke. Hg. v. Ernst Frauchiger u. a. Bd. 3: Philosophie III), S. 499–551; S. 510.

90 Ebd., S. 526.

91 Ebd., S. 536. Vgl. zu Klages auch die ausführlichere Darstellung in Kap. VI.4.2.

92 Vgl. Kasdorff: Ludwig Klages im Widerstreit der Meinungen (1978), S. 16, 106; Anita Neudorfer: Rhythmus als unsichtbare Religion. Die Rhythmusbewegung der Weimarer Republik aus religionswissenschaftlicher Sicht. Diplomarbeit Wien 2012; URL: http://othes.univie.ac.at/23711/1/2012-10-13_9949196.pdf (Abrufdatum: 09.01.2017), S. 118. Rudolf Bode entwickelt seinen Rhythmusbegriff u. a. in ders.: Aufgaben und Ziele der rhythmischen Gymnastik. 2. Aufl. München 1923; ders.: Rhythmus und Körpererziehung. Fünf Abhandlungen. Jena 1925; ders.: Ausdrucksgymnastik. München 1926.

93 Vgl. Kasdorff: Ludwig Klages im Widerstreit der Meinungen (1978), S. 16. In dem Text findet sich eine umfassende Zusammenstellung der Klages-Rezeption, die auch kritische Stimmen versammelt, in den eigenen Kommentierungen aber von einer deutlichen Sympathie für Klages' Positionen getragen ist. Zur Einordnung Klages' vgl. auch Steffi Hammer (Hg.): Widersache oder Wegbereiter? Ludwig Klages und die Moderne.

Schule aufbaute, war Bode von 1910 bis 1911 Lehrer an der von dem Begründer der rhythmisch-musikalischen Erziehung, Émile Jaques-Dalcroze, geleiteten Bildungsanstalt in Hellerau bei Dresden, die zum international wahrgenommenen Zentrum einer „Neuentdeckung des Rhythmus als Körpererfahrung“[94] avancierte und neben Bode auch weitere bekannte Rhythmiker:innen ausbildete – darunter die spätere Begründerin des Ausdruckstanzes, Mary Wigman.[95]

Ganz grundsätzlich zeigt sich in der Zusammenschau der Literatur, dass sich an der disziplinären Schnittstelle von Philosophie, Psychologie, von Natur- und Geisteswissenschaften eine Sensibilität für Rhythmus und Rhythmisches entwickelte, die immer auch an die – affirmative oder (wie in den letztgenannten Beispielen) kritische – Beschäftigung mit neu ausgemachten Massenphänomenen, an zunächst ökonomische, dann auch gesamtgesellschaftliche Entwicklungen der Mechanisierung und Rationalisierung gekoppelt zu sein scheint. Seine offensichtliche Attraktivität gewannen der forschende Zugriff auf Rhythmusvorstellungen und deren weitere konzeptionelle Ausarbeitungen dabei nicht zuletzt über die Anschlussfähigkeit einerseits an fortschrittsoptimistische Bestrebungen der möglichst reibungsfreien Eingliederung des Menschen in industriell-maschinelle Prozesse, andererseits – quasi als Gegenbewegung – an zu jener Zeit virulente (nationalromantische) Vor-

---

Materialien der gleichnamigen Tagung, die vom 21. bis 23. Mai 1992 in der Martin-Luther-Universität zu Halle/S. stattfand. Berlin 1992; sowie mit Schwerpunkt auf der Zeit des Nationalsozialismus auch Tobias Schneider: Ideologische Grabenkämpfe. Der Philosoph Ludwig Klages und der Nationalsozialismus 1933–1938. In: Vierteljahrshefte für Zeitgeschichte 49/2001, H. 2, S. 275–294; ders.: Sektierer oder Kampfgenossen? Der Klages-Kreis im Spannungsfeld der NS-Kulturpolitik. In: Walter Schmitz, Clemens Vollnhals (Hg.): Völkische Bewegung – Konservative Revolution – Nationalsozialismus. Aspekte einer politisierten Kultur. Dresden 2005, S. 299–323. Zur „dunkle[n] Seite der Rhythmusbewegung und ihre[r] Rezeption im Nationalsozialismus“ siehe auch das entsprechende Kapitel bei Neudorfer: Rhythmus als unsichtbare Religion (2012), S. 176–198. Klages‘ Ideen wiederaufgegriffen hat u. a. seit den 1980er-Jahren Hermann Schmitz in seiner Neuen Phänomenologie und Leib-Philosophie, in der er den Rhythmus zu den Kategorien der Leiblichkeit zählt. Vgl. ders.: Neue Phänomenologie. Bonn 1980; ders.: Der Leib, der Raum und die Gefühle. Bielefeld, Locarno 2007.

94 Neudorfer: Rhythmus als unsichtbare Religion (2012), S. 1. Zu Jaques-Dalcroze vgl. auch Irwin Spector: Rhythm and Life. The Work of Émile Jaques-Dalcroze. Stuyvesant (NY) 1990 (= Dance and Music Series Bd. 3).

95 Zu den Differenzen im Rhythmus-Verständnis und der Ausrichtung der Rhythmusschulen in Hellerau und München, darunter die Kritik der „Münchner Rhythmusrebellen“ an der starken Konzentration auf die Musik sowie die Nicht-Unterscheidung von Rhythmus und Takt bei Jaques-Dalcroze, vgl. Neudorfer: Rhythmus als unsichtbare Religion (2012), insb. S. 81–84. Zur Rhythmik vgl. auch Helga Tervooren: Die rhythmisch-musikalische Erziehung im ersten Drittel unseres Jahrhunderts. Von der Jahrhundertwende bis zum Ausgang der Kestenberg-Reform unter besonderer Berücksichtigung von Kindergarten und Grundschule. Frankfurt/Main 1987.

stellungen vom Leben in „überlieferten [kulturellen] Ordnungen“[96] und (lebensreformerisch) im Einklang mit der eigenen Leiblichkeit und in Nähe zur (rhythmisch organisierten) Natur.

Hier fand insbesondere die bereits erwähnte Publikation „Arbeit und Rhythmus“[97] des Nationalökonomen Karl Bücher interdisziplinäre Beachtung. Er selbst verstand sein Werk als explizit fächerübergreifend, ausdrücklich angesiedelt im Schnittfeld von Ökonomik, Physiologie und Psychologie sowie Sprachwissenschaft und Musik. So wie die Veröffentlichung von Zugang und Materialsammlungen der Ethno-Wissenschaften Volks- und Völkerkunde profitierte, übte sie andersherum eine nachhaltige Wirkung auf diese Disziplinen aus. Die bislang zusammengetragenen Hinweise auf interdisziplinäre Verflechtungen, in denen Büchers Studie erschien und rezipiert worden ist,[98] sind trotz noch ausstehender systematischer Erforschung bereits jetzt beeindruckend. So hatte nicht nur der Sozialanthropologe Bronislaw Malinowski von 1908 bis 1910, sondern nahezu zeitgleich auch der Historiker und Mitbegründer der *Annales*-Schule Marc Bloch zwischen 1908 und 1909 in Leipzig unter anderem bei Karl Bücher studiert und spricht rückblickend über die „pages lumineuses“ der volkswirtschaftlichen Schriften Büchers sowie deren Bedeutung für die Ausbildung zukünftiger Wirtschaftshistoriker.[99] Und der Soziologe und Ethnologe Marcel Mauss, der in seinen Überlegungen zu den „Techniques du corps“ die „Bedeutung des Rhythmus für das Soziale“[100] herausstellt, bezieht sich dabei auf Karl Büchers „Arbeit und Rhythmus“[101]: In „durchaus widerspenstiger Verwandtschaft“[102] zu

96 Leopold Schmidt: Die Volkskunde als Geisteswissenschaft. In: Handbuch der Geisteswissenschaften Bd. 2, H. 1. Wien 1948, S. 7–30; S. 14.

97 Bücher: Arbeit und Rhythmus (1924).

98 Vgl. u. a. die einschlägigen Beiträge in Backhaus: Karl Bücher (2000); Baxmann u. a.: Arbeit und Rhythmus (2009); Michael Neumann: „Einverseelung vorgeprägter Ausdruckswerte“. Rhythmus und Übertragung um 1900. In: Konersmann, Westerkamp: Rhythmus und Moderne (2013), S. 15–28. Vgl. zudem den nun auch digital zugänglichen Bücher-Nachlass an der Universitätsbibliothek Leipzig; URL: histbest.ub.uni-leipzig.de/content/estate_buecher.xml.

99 Marc Bloch: Karl Bücher. In: ders., Lucien Fèbvre (Hg.): Annales d'histoire économique et sociale. Bd. 4. Paris 1932, S. 65 f.; S. 66; vgl. auch Baxmann: Arbeit und Rhythmus (2009), S. 29.

100 Ebd., S. 30. Vgl. Marcel Mauss: Die Techniken des Körpers. In: ders.: Soziologie und Anthropologie 2: Gabentausch, Soziologie und Psychologie, Todesvorstellungen, Körpertechniken, Begriff der Person. Frankfurt/Main 1989, S. 199–220.

101 Vgl. ebd.

102 Iris Därmann, Kirsten Mahlke: Das Notebook von Marcel Mauss. Eine Einführung in eine ‚impressionistische Kladde‘. In: Marcel Mauss: Handbuch der Ethnographie. Aus dem Französischen von Lars Dinkel und Andreas Haarmann. Hg. v. Iris Därmann und Kirsten Mahlke. München 2013 (= Übergänge Bd. 60; Orig.: Manuel d'ethnographie; Paris 1967), S. 9–45; S. 35.

Bücher konzipiert er den Menschen als von Grund auf „rhythmisches Wesen“[103] und lässt die Arbeit aus dem Rhythmus hervorgehen.[104]

Nicht zuletzt rekurrierten die Protagonisten der lebensreformerischen Rhythmuserziehung auf Bücher, so etwa Wolf Dohrn, Bauherr der Bildungsanstalt Hellerau bei Dresden, in einer Rede anlässlich der Grundsteinlegung 1911, in der er als ein „bedeutsames Zeichen“ sah, „daß, völlig unabhängig von Jaques-Dalcroze, ja früher als er, ein deutscher Gelehrter, kein Musikhistoriker, kein Kunsthistoriker, sondern ein nüchterner Nationalökonom die Bedeutung des Rhythmus für die bisherige Entwicklung der Menschheit festgestellt hat“.[105] Bücher, dem „[u]nter den deutschen Gelehrten der Nationalökonomie [...] besonnenste[n] Kopf“[106], sei es gelungen, „mit nüchternem Tatsachensinn die Bedeutung des Rhythmus als eines Erziehers der Menschheit durch die Jahrtausende hindurch, in allen Völkern, auf allen Wirtschaftsstufen nach[zu]weis[en]“.[107]

Während Büchers Stoßrichtung trotz kritischer Wahrnehmung der neuesten Errungenschaften des Maschinenzeitalters durchaus kompatibel mit Ideen insbesondere zur Effizienz rationalistischer Arbeitsorganisation war, nahm die zeitgenössische volkskundliche Rezeption eine Verankerung des (vor allem bäuerlichen und handwerklichen) Arbeitsliedes in Sitte und Brauch der ländlich-agrarischen Gesellschaft in den Blick; Rhythmus konnte – auch angesichts diagnostizierter gesellschaftlicher Auflösungserscheinungen – zum Grundelement und Indikator einer (stabilen) vorindustriellen Ordnung werden – wie etwa in dem von Lutz Mackensen verfassten Kapitel „Sitte und Brauch“ in Adolf Spamers Überblickswerk „Die Deutsche Volkskunde“ (1934), in dem es über die von Bücher zusammengetragenen Arbeitslieder heißt, dass sie „dem Leben einen ganz bestimmten, festen Rhythmus“ geben; „je mehr ein Lebenslauf sittenmäßig verankert ist, um so genauer

103 Mauss: Handbuch der Ethnographie (2013 [1967]), S. 160.

104 Vgl. ebd.: „Schließlich die Bedeutung des Rhythmus: Die Arbeit leitet sich vom Rhythmus ab, mehr noch als der Rhythmus von der Arbeit. Der Mensch ist ein rhythmisches Wesen.“ Bücher dagegen sieht in der „Dreieinigkeit“ Arbeit, Musik, Poesie die Arbeit als „Grundelement“, „während die beiden anderen nur accessorische Bedeutung haben“; Bücher: Arbeit und Rhythmus (1924), S. 385. Mauss wiederum stellt fest: „Doch der Arbeitsgesang ist weder am Ursprung des Gesangs noch der Arbeit, wie Bücher behauptet; der Arbeitsgesang ist ganz einfach eine besondere Form des Gesangs.“ Mauss: Handbuch der Ethnographie (2013 [1967]), S. 164.

105 Wolf Dohrn: Die Aufgabe der Bildungsanstalt Jaques-Dalcroze. Niederschrift nach einer Rede zur Grundsteinlegung des Institutes, gehalten im Alten Landhaus zu Dresden am 22. April 1911. In: Der Rhythmus. Ein Jahrbuch 1/1911, S. 2–19; S. 7. Vgl. auch Melanie Gruß: Der tanzende Arbeiter – Revolutionär, Volkskörper oder ‚Held der Arbeit'. In: Baxmann u. a.: Arbeit und Rhythmus (2009), S. 175–202; S. 179.

106 Dohrn: Die Aufgabe der Bildungsanstalt Jaques-Dalcroze (1911), S. 7.

107 Ebd., S. 8; vgl. Windmüller: Standardisierung und rhythmische Organisation (2006), S. 71.

ist er rhythmisiert".[108] Insgesamt lässt sich für die volkskundliche Literatur dieser Zeit eine breite, sich über so verschiedene Themenfelder wie Volkslied und Volkstanz, Frömmigkeit, Sitte und Brauch, Feste im Lebens- und Jahreslauf erstreckende, dabei zumeist aber präanalytische Verwendung des Rhythmusbegriffs beobachten.[109]

In der Zeit um 1900 – und das sollte in diesem lediglich holzschnittartigen Aufriss mit einigen exemplarischen Vertiefungen deutlich werden – rückte Rhythmus als Denk- und Praxisfigur vehement in den Fokus der wissenschaftlichen wie gesellschaftlichen Aufmerksamkeit. Die Idee des Rhythmischen verfügte zugleich nicht nur über ein spezifisches kulturtektonisches wie -analytisches Potenzial, sondern bildete in ihrer ubiquitären Uneindeutigkeit, in ihren heterogenen Verortungen und deren wechselseitigen Durchleuchtungen das Zentrum unterschiedlicher, auch gegenläufiger Konzeptualisierungen. Gerade durch deren Zusammenführungen, durch ein vielfältiges Aufeinanderbezogensein der unterschiedlichen Modelle, wurde Rhythmus zur – transdisziplinär potenten – epistemischen Figur, die Praktiken und Diskurse gleichermaßen durchwirkt.

4 Forschungsfeld Rhythmus – kulturwissenschaftliche Ansätze

Die für das ausgehende 19. und frühe 20. Jahrhundert herausgearbeitete Faszination am Rhythmus ist nicht auf diesen Zeitschnitt begrenzt; vielmehr unterliegt der Rhythmus selbst offensichtlich einer rhythmischen Aufmerksamkeitskurve mit wiederkehrenden Hochphasen.[110] So zeigt etwa die Wissenschaftshistorikerin Janina Wellmann eindrucksvoll für die Epoche um 1800 eine grundlegende Ausrichtung der sich herausbildenden Lebenswissenschaften an der Leitidee des Rhythmischen,

108 Lutz Mackensen: Sitte und Brauch. In: Adolf Spamer (Hg.): Die Deutsche Volkskunde. 2 Bde. Bd. 1. Berlin 1934, S. 108–167; S. 118. Die völkische Grundausrichtung des Mackensen'schen Gedankengebäudes trifft sich mit dem Konzept eines „großen völkischen Rhythmus" – mit diesem von Max H. Boehm übernommenen Begriff argumentiert u. a. der nordschleswigsche Pastor Johannes Schmidt-Wodder in seinen Ausführungen zum „schleswigschen Minderheitenproblem"; ders.: Das Schleswigsche Minderheitenproblem. In: Hans Martin Johannsen (Hg.): Grenzland Schleswig. Aufsätze zur Deutsch-Dänischen Frage. Crimmitschau 1926, S. 64–77; S. 65 f.; den Fund verdanke ich Nina Jebsen (Sonderburg).

109 Als weitere Beispiele der Rezeption von „Arbeit und Rhythmus" in der Volkskunde dieser Zeit vgl. den Abschnitt „Handwerkslieder" von Karl Bücher in: Bilder aus der Volkskunde. Gesammelt von Othmar Meisinger. Frankfurt/Main 1920, S. 217–220, sowie kritisch: Otto Lauffer: Arbeitsrhythmus und Liedrhythmus in der deutschen Volkskunde. In: Walther Steller (Hg.): Festschrift Theodor Siebs zum 70. Geburtstag 26. August 1932. Breslau 1933, S. 393–408; dort auch eine Diskussion der bisherigen volkskundlichen Wahrnehmung des Werkes.

110 Spitznagel spricht hier treffend von einer „Rhythmik der Rhythmusforschung"; ders.: Zur Geschichte der psychologischen Rhythmusforschung (2000), S. 3.

die sich – als „ästhetisch-philosophische Kategorie"[111] – zentral auch in den zeitgenössischen künstlerischen Werken und Diskursen, der Poetologie und Philosophie findet. Rhythmus, so Wellmann, „beschrieb die Bildung und Formation des Lebendigen nicht allein als ein Fortschreiten der Zeit, sondern als eine *Ordnung von Zeit*"[112]; sein zentrales Charakteristikum war seine Struktur schaffende Kraft in der Vereinigung von Regel und Variation.[113]

Auch in jüngerer Zeit besitzt die Beschäftigung mit rhythmischen Phänomenen ebenso wie das Ausloten der wissenstheoretischen wie methodologischen Potenziale des Rhythmus augenscheinlich eine neuerliche Attraktivität. So konstatiert bereits Mitte der 1990er-Jahre die Romanistin und Rhythmusforscherin Isabel Zollna entsprechende Tendenzen für die Theorielegungen der Philologien seit den 1980er-Jahren[114] – sie objektivieren sich in den letzten Jahrzehnten aber ebenso in Projekten wie einem im Jahr 2000 erschienenen interdisziplinären Rhythmus-Handbuch[115],

111 Wellmann: Die Form des Werdens (2010), S. 23. Vgl. auch die einschlägigen Beiträge zum Rhythmus um 1800 in Patrick Primavesi, Simone Mahrenholz (Hg.): Geteilte Zeit. Zur Kritik des Rhythmus in den Künsten. Schliengen 2005 (= Zeiterfahrung und ästhetische Wahrnehmung Bd. 1); Caroline Torra-Mattenklott: Bewegung und Verhalt. Theorien über die Kräfte des Rhythmus im 18. Jahrhundert. In: Kunz, Müller Farguell: Rhythmus (2001), S. 71–90.

112 Wellmann: Die Form des Werdens (2010), S. 16; Herv. i. Orig.

113 Vgl. ebd., S. 33.

114 Zollna: Der Rhythmus in der geisteswissenschaftlichen Forschung (1994), S. 45. Vgl. auch dies.: Rhythmus – Körper – Sprache. In: Gabriele Berkenbusch, Christine Bierbach (Hg.): Soziolinguistik und Sprachgeschichte: Querverbindungen. Brigitte Schlieben-Lange zum 50. Geburtstag von ihren Schülerinnen und Schülern überreicht. Tübingen 1994 (= Tübinger Beiträge zur Linguistik Bd. 398), S. 209–228. Hier auch die sprachwissenschaftlichen Überlegungen von Émile Benveniste („La notion de ‚rythme' dans son expression linguistique", 1951) und Henri Meschonnic („Critique du rythme. Anthropologie historique du langage", 1982), in denen Rhythmus nicht als abstraktes Formprinzip und Strukturelement verstanden wird, sondern als die Dimension der Rede, in der Sprache, Subjekt und Sinn zusammenfallen. Vgl. Jürgen Trabant: Rhythmus versus Zeichen. Zur Poetik von Henri Meschonnic. In: Zeitschrift für französische Sprache und Literatur 100/1990, S. 193–212; Hans Lösener: Der Rhythmus in der Rede. Linguistische und literaturwissenschaftliche Aspekte des Sprachrhythmus. Tübingen 1999 (= Konzepte der Sprach- und Literaturwissenschaft Bd. 59). Für die Musikwissenschaft vgl. die Publikation von Martin Pfleiderer: Rhythmus. Psychologische, theoretische und stilanalytische Aspekte populärer Musik. Bielefeld 2006; sowie neuerdings die rhythmustheoretische Abhandlung von Julian Caskel, der prominent im Titel seiner Studie mit dem auch für die vorliegende Untersuchung zentralen Begriff der Denkfigur arbeitet, diesen jedoch im Text selbst nicht weiter als analytischen Begriff nutzbar macht: ders.: Die Theorie des Rhythmus. Geschichte und Ästhetik einer Denkfigur des 20. Jahrhunderts. Bielefeld 2020.

115 Müller, Aschersleben: Rhythmus (2000).

weiteren fächerübergreifenden Publikationen[116] sowie einer erhöhten Konzentration von Konferenzen im Themenfeld[117] (wobei die interdisziplinären Veröffentlichungen nicht selten aus den Tagungen bzw. Workshops hervorgehen).

Neben den erwähnten Sammelbänden sind zudem einige umfangreichere Einzelstudien entstanden, die versuchen, das Phänomen des Rhythmischen in größeren kulturellen Dimensionen und gesellschaftlichen Anbindungen zu fassen. Hierher gehört neben Eviatar Zerubavels Auseinandersetzung mit Rhythmus als Ordnung

---

116 Vgl. Kunz, Müller Farguell: Rhythmus (2001); Christa Brüstle u. a. (Hg.): Aus dem Takt. Rhythmus in Kunst, Kultur und Natur. Bielefeld 2005; Naumann: Rhythmus (2005); Primavesi, Mahrenholz: Geteilte Zeit (2005); Friedrich Balke, Bernhard Siegert, Joseph Vogl (Hg.): Takt und Frequenz. Paderborn 2011 (= Archiv für Mediengeschichte Bd. 11); Konersmann, Westerkamp: Rhythmus und Moderne (2013); Massimo Salgaro, Michele Vangi (Hg.): Mythos Rhythmus. Wissenschaft, Kunst und Literatur um 1900. Stuttgart 2016; Sabine Schmolinsky, Diana Hitzke, Heiner Stahl (Hg.): Taktungen und Rhythmen. Raumzeitliche Perspektiven interdisziplinär. Berlin, Boston 2018; Büttner, Piotrowski: Im Rhythmus (2018).

117 Vgl. z. B. das 5. Symposion des Mediävistenverbandes in Göttingen 1993 „Rhythmus und Saisonalität", den „Schwerpunkt Rhythmus" des Mainzer Graduiertenkollegs Theater im Sommersemester 1999, die Jahrestagung 2001 der *Schweizerischen Gesellschaft für allgemeine und vergleichende Literaturwissenschaft* in Freiburg (Schweiz) 2001 zum Thema „Rhythmus", die 2003 an der *Hochschule für bildende Künste Hamburg* abgehaltene Tagung „Wiederholung wiederholt" sowie das „Interdisziplinäre Kolloquium zur ‚Wiederholung'" im Dezember 2004 in Berlin, die bereits erwähnten Konferenzen „Rhythmanalysis" in Stuttgart 2012 und „The Rhythm of Learning" in Princeton 2013, den 5. Workshop der Erfurter RaumZeit-Forschungseinheit im Juli 2013 zum Thema „Taktungen. Zeiten. Rhythmen. Räume.", den Interdisziplinären Workshop des Graduiertenkollegs „Das Reale in der Kultur der Moderne" der *Universität Konstanz* im November 2015 zum Thema „Im Rhythmus. Entwürfe alternativer Arbeitsweisen um 1900 und in der Gegenwart" sowie die Vortragsreihe „Rhythmanalysis: Everything You Always Wanted to Know but Were Afraid to Ask" am Londoner *Goldsmith College* im Frühjahr 2017. Auch das erwähnte Rhythmus-Handbuch von Müller und Aschersleben ist aus den Beiträgen eines Symposiums – „Kognitive Aspekte der Wahrnehmung und Produktion von Rhythmus", abgehalten im April 1999 in Ohlstadt (Bayern) – hervorgegangen; der von Brüstle u. a. herausgegebene Band „Aus dem Takt" (2005) dokumentiert die Beiträge einer Tagung des Berliner Sonderforschungsbereichs „Kulturen des Performativen" im April 2004. Vgl. außerdem in internationaler Perspektive die Online-Plattform „Rhuthmos. Plateforme internationale et transdisciplinaire de recherche sur les rythmes dans les sciences, les philosophies et les arts", die Veranstaltungen und Publikationen der Rhythmusforschung versammelt; URL: http://rhuthmos.eu/ (Abrufdatum: 01.08.2017). Das wissenschaftliche Interesse am Rhythmus korrespondiert zudem mit einer gesellschaftlichen Attraktivität, die ebenfalls in unterschiedlichen Feldern zu beobachten ist – darunter die nicht nur musikorientierte Techno- und HipHop-Bewegung, Verhandlungen von Biorhythmen, Jetlag, Sommerzeit/Winterzeit-Umstellungen, Schlaf- und Herzrhythmusstörungen oder Mobilitätsrhythmen kommunaler Infrastrukturen; vgl. Windmüller: Faszination Rhythmus (2010).

gebender und Zeit strukturierender gesellschaftlicher Kraft der Organisation und Konfiguration[118] auch William H. McNeills umfassende Untersuchung „Keeping Together in Time. Dance and Drill in Human History“ (1995), in der dieser – gleichwohl in stark generalisierender Perspektive – die emotionalen Auswirkungen rhythmischer Bewegungen und Gesten in militärischen, tänzerischen wie religiös-zeremoniellen Formationen unterschiedlicher Kulturen sowie konkret die Herstellung von Bindung über Muskelbewegung („muscular bonding“) verfolgt.[119] McNeills Abhandlung, aber etwa auch die Studien von Edward T. Hall zur „hidden dimension“[120] von Kultur gehören zu den frühen Beispielen einer sich zunehmend durchsetzenden Forschungsperspektive, die aus sozial- und kulturwissenschaftlichem Blickwinkel körperliche Bewegungen als Ausdruck wie Konstituens von Kultur versteht – ein Fokus, den vor allem die jüngeren Bewegungswissenschaften, die kulturwissenschaftlich orientierten Sport- und Tanzwissenschaften vorangetrieben haben und der auch der Rhythmusforschung neue Impulse verliehen hat, indem er etwa den kinästhetischen Aspekt der Synchronie, das „Syncing, or ‚being in sync,‘“[121] als elementares Moment des Rhythmischen akzentuiert.

Das kommunikationsanalytische Modell des „Interaktionsrhythmus“ bzw. der „Interaction Synchrony“ – erweitert zum auch „Umweltrhythmen“ in den Synchronisierungsprozess einbeziehenden „Kommunikationsrhythmus“ – wählt der Pädagoge Ralf Albrecht zum theoretischen Ausgangspunkt seiner Studie über „Jugendkultur und Rhythmus“, in der er die Westberliner „Halbstarkenkrawalle“ der Jahre 1956 bis 1958 untersucht.[122] Generell führen „Kommunikationspartner“ in der Kommunikationssituation „einen wechselseitigen rhythmischen Abgleich“ durch[123]; sie

---

118 Eviatar Zerubavel: Hidden Rhythms. Schedules and Calendars in Social Life. Berkeley, Los Angeles 1981.

119 William H. McNeill: Keeping Together in Time. Dance and Drill in Human History. Cambridge (MA) 1995. Laut McNeill ist Rhythmus „something felt, not talked about“; vgl. ebd., S. 2. Zum Rhythmus als Phänomen der Massenbewegung vgl. auch Elias Canetti: Masse und Macht. Frankfurt/Main 1980 (1960), insb. S. 28–32; zum schon bei Platon für die Bewegungserziehung explizierten Bezug zwischen Tanzkunst und militärischen Exerzitien vgl. Roger W. Müller Farguell: Tanz. In: Karlheinz Barck (Hg.): Ästhetische Grundbegriffe. Historisches Wörterbuch in sieben Bänden. Bd. 6: Tanz–Zeitalter/Epoche. Stuttgart 2005, S. 1–15; S. 2.

120 Vgl. u. a. Edward T. Hall: The Hidden Dimension. Garden City (NY) 1969; ders.: Beyond Culture. New York 1976; ders.: The Dance of Life. The Other Dimension of Time. New York 1983.

121 Hall: Beyond Culture (1976), S. 71.

122 Ralf Albrecht: Jugendkultur und Rhythmus. Eine Untersuchung der Westberliner Halbstarkenkrawalle 1956–58 unter kommunikationsrhythmischem Aspekt. Frankfurt/Main 2009. Für das Modell der „Interaction Synchrony“ bezieht sich Albrecht vor allem auf die Studien von William S. Condon; vgl. u. a. ders.: Cultural Microrhythms. In: Martha Davis (Hg.): Interaction Rhythms. Periodicity in Communicative Behavior. New York 1982, S. 53–76.

123 Albrecht: Jugendkultur und Rhythmus (2009), S. 78.

synchronisieren sich. Konträr zu diesem Bedürfnis nach „Balance der Rhythmen"[124] kann Jugendkultur als „kommunikationsrhythmische Dissynchronisation im Verhältnis zwischen Jugendlichen und Angehörigen der Erwachsenengeneration"[125] verstanden werden. Diese Distinktion über Rhythmus werde, so Albrecht, vor allem auf der Ebene körperlicher Bewegung herbeigeführt. Jugendliche „Rhythmusdistinktion" werde damit zu einer „spezifische[n] Form kommunikationsrhythmischer Dissynchronisation".[126]

Eine erkennbare Popularität zeigen Rhythmuskonzepte in der jüngeren geographischen Forschung, die sich im Zuge ihrer Beschäftigung mit dynamischen Raumkonzepten auch mit Henri Lefebvres „rythmanalyse" (erstmals 1992 posthum publiziert) auseinandersetzt und sich von diesem in den unterschiedlichsten Feldern, vor allem aber in der Beschäftigung mit urbanen Räumen, anregen lässt.[127] Der französische Soziologe und Stadtforscher Lefebvre hatte mit seinen unvollendeten Überlegungen zur *rythmoanalyse*[128] weniger ein geschlossenes theoretisches Modell, als vielmehr ein methodisches Programm der Alltagskulturforschung, der Erfassung und Durchdringung beweglicher Räume vorgelegt, bei dem es um die Identifizierung sich überlagernder (Alltags-)Rhythmen in diesen Räumen und speziell die Interferenzen zyklischer und linearer Rhythmen geht. Ausgangspunkt der Forschung ist der „corps spatial", der räumlich situierte, Räume prägende und konstituierende Körper in seiner Polysensualität – „the multiplicity of the *senses* (sensorial and meaningful)"[129] – und Polyrhythmizität (zu der auch die zirkadianen Rhythmen gehören).

Im Vergleich zu anderen kulturwissenschaftlichen Disziplinen zeigten sich die Ethnowissenschaften in der Auseinandersetzung mit dem „rhythmischen Faktor"[130]

---

124 Ebd., S. 75.

125 Ebd., S. 79.

126 Ebd., S. 81.

127 Vgl. exemplarisch Tim Edensor (Hg.): Geographies of Rhythm. Nature, Place, Mobilities and Bodies. Farnham/Surrey, Burlington (VT) 2010. Auf Lefebvres Konzept der Rhythmusanalyse bezieht sich auch der Kulturanthropologe Stefan Helmreich in seinen Studien zur Wissenschaftsgeschichte der Lebenswissenschaften und hier speziell zum Konzept der Energiewellen in der Forschung zu Herzschlag und Hirnströmen; ders.: Potential Energy and the Body Electric. Cardiac Waves, Brain Waves, and the Making of Quantities into Qualities. In: Current Anthropology 54/2013, H. S7, S. 139–148.

128 Vgl. Henri Lefebvre: Éléments de rythmanalyse. Introduction à la connaissance des rythmes. Paris 1992; engl. Übersetzung: ders.: Rhythmanalysis. Space, Time and Everyday Life. London 2004. Bereits 1985 hatte Lefebvre gemeinsam mit seiner Frau Catherine Régulier-Lefebvre „Le projet rythmanalytique" veröffentlicht. Den Begriff der „rythmanalyse" übernahm Lefebvre von dem brasilianischen Philosophen Lucio Alberto Pinheiro dos Santos, der diesen 1931 im Titel einer Publikation verwendet hatte.

129 Henri Lefebvre: Seen from the Window. In: ders.: Writings on Cities. Translated and edited by Eleonore Kofman and Elizabeth Lebas. Oxford u. a. 1996, S. 219–227; S. 223; Herv. i. Orig.

130 Müller Farguell: Tanz (2005), S. 14.

kultureller Erscheinungsformen lange eher zurückhaltend – insbesondere dort, wo seine ordnende, strukturierende Dimension akzentuiert wird. In der Europäischen Ethnologie/Empirischen Kulturwissenschaft konnte die programmatische Abkehr von Kontinuitätskonzepten und biologischen Erklärungsmustern im Zuge der Neuorientierung des Faches nach dem Zweiten Weltkrieg – und nicht zuletzt auch die von Wolfgang Brückner konstatierte „Tabuisierung des Ordnungsbegriffs“[131] – eine Forschungsperspektive auf „Rhythmisches“ kaum als attraktiv erscheinen lassen. Erst eine vorsichtige Neuannäherung an Fragen kultureller Dauer sowie der verschiedentlich eingeforderte Blick auf das Ganze[132] rückten auch Rhythmusphänomene und -konzepte als bei weitem noch nicht angemessen bearbeitetes Gegenstandsfeld erneut auf die fachliche Agenda (Anknüpfungspunkte bieten hier etwa Arbeiten zur Zeitwahrnehmung und -strukturierung[133], zum Phänomen der Wiederholung[134] sowie zur Ritualforschung[135]). Insbesondere aber die jüngere

131 Wolfgang Brückner: Ordnungsdiskurse in den Kulturwissenschaften. In: Österreichische Zeitschrift für Volkskunde 102/1999, S. 457–497; S. 496. Vgl. dagegen die Hochschultagung der Deutschen Gesellschaft für Volkskunde 2014 in Saarbrücken zum Thema „Ordnung als Kategorie der volkskundlich-kulturwissenschaftlichen Forschung“. Vgl. zudem den Kongress der Deutschen Gesellschaft für Volkskunde 2001 in Jena zum Thema „Komplexe Welt. Kulturelle Ordnungssysteme als Orientierung“.

132 Vgl. ebd. sowie Konrad Köstlin: Lust aufs Ganze. Die gedeutete Moderne oder die Moderne als Deutung – Volkskulturforschung in der Moderne. In: Österreichische Zeitschrift für Volkskunde 98/1995, S. 255–275.

133 Vgl. z. B. Stefan Beck: Nachmoderne Zeiten. Über Zeiterfahrungen und Zeitumgang bei flexibilisierter Schichtarbeit. Tübingen 1994; Daniel Drascek: Zeitkultur. Zur Rhythmisierung des Alltags zwischen zyklischer und linearer Zeitordnung um die Jahrhundertwende. In: Rolf Wilhelm Brednich, Annette Schneider, Ute Werner (Hg.): Natur – Kultur. Volkskundliche Perspektiven auf Mensch und Umwelt. 32. Kongress der Deutschen Gesellschaft für Volkskunde in Halle vom 27.9. bis 1.10.1999. Münster u. a. 2001, S. 395–404; Gabriela Muri: Pause! Zeitordnung und Auszeiten aus alltagskultureller Sicht. Frankfurt/Main, New York 2004; Heinz Schilling (Hg.): Welche Farbe hat die Zeit? Recherchen zu einer Anthropologie des Wartens. Frankfurt/Main 2002; Laura Wehr: Alltagszeiten der Kinder. Die Zeitpraxis von Kindern im Kontext generationaler Ordnungen. Weinheim 2009. Vgl. auch den nach Abschluss dieser Studie erschienenen Band zum 43. Kongress der Deutschen Gesellschaft für Empirische Kulturwissenschaft (DGEKW) 2022 in Regensburg: Manuel Trummer u. a. (Hg.): Zeit. Zur Temporalität von Kultur. Münster, New York 2023.

134 Vgl. in fachlicher Perspektive Andreas Hartmann: Die Macht der Wiederholung. In: ders., Silke Meyer, Ruth-E. Mohrmann (Hg.): Historizität. Vom Umgang mit Geschichte. Hochschultagung „Historizität als Aufgabe und Perspektive“ der Deutschen Gesellschaft für Volkskunde vom 21.–23. September 2006 in Münster. Münster u. a. 2007, S. 19–29.

135 Vgl. den Überblick bei Dietrich Harth, Axel Michaels (Hg.): Ritualdynamik. Soziokulturelle Prozesse in historischer und kulturvergleichender Perspektive. Heidelberg 2005. Auch Studien zur Brauch- und Festforschung arbeiten wieder stärker mit dem Rhythmusbegriff, ohne diesen jedoch zu theoretisieren. Vgl. stellvertretend Dorothy Noyes: Fire in the Plaça. Catalan Festival Politics after Franco. Philadelphia 2003.

europäisch-ethnologische/empirisch-kulturwissenschaftliche Bewegungs-/Mobilitätenforschung widmet dem Rhythmischen eine neue Aufmerksamkeit.[136] Hier kommen Impulse aus der Stadt- und Urbanitätsforschung, die unter anderem (analog zu der bereits skizzierten Entwicklung in der Geographie) Henri Lefebvre für sich neu entdeckte (und mit ihm sein Konzept der „rythmanalyse")[137], sowie andererseits aus der sozial- und kulturwissenschaftlichen Bewegungsforschung, die bereits seit einiger Zeit Überlegungen zum Phänomen Rhythmus anstellt. Auf der Basis von Bourdieus Habituskonzept und theoretischer Figur des „Sens pratique"[138] sowie dem von Gunter Gebauer und Christoph Wulf neuerlich stark gemachten Deutungsmodell der sozialen Mimesis[139] plädiert etwa die auch in der Europäischen Ethnologie/Empirischen Kulturwissenschaft intensiv rezipierte Hamburger Bewegungs-, Sport- und Tanzsoziologin Gabriele Klein für eine körper- und bewegungsorientierte Kulturforschung, die über die „Analyse von Symbolen – ihrer Konstitution, ihren Bedeutungs- und Sinngehalten"[140] – hinausweist: „Kulturelle Alltagspraxis", heißt es bei Gabriele Klein, „ist physisch, sinnlich – und ästhetisch. Sie muß gelebt und erfahren werden, das heißt, sie ist ein Erfahrungsfeld, das leibliche Präsenz erfordert"[141] – und leibliche Präsenz realisiert sich über nachvollzogene Bewegungsabläufe, die nicht zuletzt rhythmisch konfiguriert sind.

---

136 Vgl. exemplarisch Yonca Krahn: Erfahrende Rhythmen. Dimensionen von Raum-, Bewegungs- und Körpererleben im Sport. In: Stefan Groth, Linda Mülli (Hg.): Ordnungen in Alltag & Gesellschaft. Empirisch-kulturwissenschaftliche Perspektiven. Würzburg 2019, S. 277–296; Johanna Rolshoven: Die Straßen dieser Welt. Ein Essay zu Stadtbewegungen im Frühling 2019. In: Nicole Puckermayr (Hg.): Demokratie und Frieden auf der Straße. Comrade Conrade – Kunst-, Forschungs- und Friedensprojekt in Graz 2016–2019. Graz 2019, S. 226–243; Windmüller: Faszination Rhythmus (2010).

137 Dabei fanden selbstverständlich Aneignungen und Modifizierungen statt. Vgl. zum Beispiel für die Erweiterung der Rhythmusanalyse Lefebvres um eine historische Perspektive Ben Highmore: Cityscapes. Cultural Readings in the Material and Symbolic City. Basingstoke, New York 2005; für eine humangeographische Perspektive Justin Winkler: Über Rhythmusanalyse. In: Dietrich Henckel, Caroline Kramer (Hg.): Zeitgerechte Stadt. Konzepte und Perspektiven für die Planungspraxis. Hannover 2019, S. 87–108; für eine kulturanthropologische Rezeption verschiedene Studien von Johanna Rolshoven, u. a. dies.: Die Straßen dieser Welt (2019).

138 Vgl. Pierre Bourdieu: Le sens pratique. Paris 1980.

139 Vgl. exemplarisch Gunter Gebauer, Christoph Wulf: Spiel, Ritual, Geste: Mimetisches Handeln in der sozialen Welt. Reinbek bei Hamburg 1998.

140 Gabriele Klein: Electronic Vibration. Pop Kultur Theorie. Wiesbaden 2004, S. 275. Vgl. auch Inge Baxmann: Mythos: Gemeinschaft. Körper- und Tanzkulturen in der Moderne. München 2000.

141 Klein: Electronic Vibration (2004), S. 274. Vgl. auch dies.: Dancing the Urban. Körper-Rhythmen und der Sound der postindustriellen Stadt. In: Primavesi, Mahrenholz: Geteilte Zeit (2005), S. 101–114; sowie grundsätzlich Gabriele Klein: Bewegung denken. Ein soziologischer Entwurf. In: dies. (Hg.): Bewegung. Sozial- und kulturwissenschaftliche Konzepte. Bielefeld 2004, S. 131–154. Zum Zusammenhang von Rhythmus und prä-

In ihrer erstmals 1999 publizierten Habilitationsschrift zur urbanen Technobewegung attestiert Klein (in Übereinstimmung mit von ihr befragten Ravern und DJs) dieser in der musikalischen Ausrichtung als auch in den Erlebnisqualitäten durchaus Ähnlichkeiten mit afrikanischer Musik- und Tanzkultur, beruhe das „Körpererleben" doch ebenfalls auf einer „energetischen Spannung von Rhythmus, Baßlinien, Raum und Körper"[142], das rhythmusgeprägte „rauschhafte Gruppenerlebnis"[143] führe bis zur Trance und erzeuge „ein soziales Ritual, das die Raver gern mit schamanistischen Tänzen vergleichen"[144]. Der körperlich-tänzerische Dialog dient, so eine Erkenntnis Kleins, der Stabilisierung wie der Dynamisierung kultureller Gefüge. Er ist als Form kultureller Aneignung und Vermittlung immer auch ambivalent und verfügt über eine durchaus „machtorientierte, gewaltvolle und destruktive Seite"[145].

Dass diese Beobachtung nicht nur für die von Gabriele Klein betrachteten Techno-Rhythmen der ‚4 to the floor'-Bassdrum zutrifft, sondern auch für andere Bereiche der körperlichen Rhythmuserfahrung gilt, zeigt etwa der Blick auf die sogenannte Rhythmuserziehung: Rhythmische Bewegungsmuster spielen nicht nur eine wirkmächtige Rolle bei der Herausbildung, Etablierung und Irritierung kultureller Formen, sondern werden – nicht zuletzt normativ orientiert und entsprechend institutionell rückgebunden (mit Einrichtungen der Kinder- und Erwachsenenbildung – darunter Kindergärten, Schulen, Musikschulen, Sportvereine, heil- und sonderpädagogische Einrichtungen, Volkshochschulen, Senioren- und Gemeindezentren – als Motor wie als Korrektiv) – eingeübt, ge- und verstärkt.[146]

Zugleich etablierten sich gerade auch in der Bewegungsforschung Rhythmuskonzepte, die weniger durch den Gedanken der Reproduktion und Stabilisierung, als vielmehr durch (nicht-lineare) Modelle von Dynamik und Veränderung informiert sind (und damit applizierbar auf Ideen komplexerer Gesellschaften). Der Kulturwissenschaftler und -kritiker Erik Davis etwa arbeitet anhand der parallelen

---

sentischem Erleben vgl. auch Hans Ulrich Gumbrecht: Rhythmus und Sinn. In: ders., K. Ludwig Pfeiffer (Hg.): Materialität der Kommunikation. Frankfurt/Main 1988, S. 714–729.

142 Klein: Electronic Vibration (2004), S. 164 f.

143 Ebd., S. 163.

144 Ebd., S. 165. Vgl. auch Cornelius Schlicke: Segmentierung als Grundlage kultureller Praxis: Eine Untersuchung der Musikkultur Techno; URL: http://www2.hu-berlin.de/fpm/texte/schlicke.htm (Abrufdatum: 25.04.2008).

145 Klein: Electronic Vibration (2004), S. 248.

146 Vgl. hier speziell zur Tanzpädagogik Windmüller: Verwandlung durch Rhythmus? (2007) sowie zur rhythmischen Früherziehung dies.: Faszination Rhythmus (2010). Vgl. in diesem Zusammenhang auch, dass Michel Foucault in seinen Überlegungen zur „Normalisierungsgesellschaft" als eines der drei wesentlichen Elemente dieses Dispositivs die „Festsetzung von Rhythmen" benennt (neben dem „Zwang zu bestimmten Tätigkeiten" sowie der „Regelung der Wiederholungszyklen"); ders.: Überwachen und Strafen. Die Geburt des Gefängnisses. Übersetzt von Walter Seitter. Frankfurt/Main 1977, S. 192.

Betrachtung von Black Electronic Music und der Polyrhythmik westafrikanischer Trommelmusik ein komplexes Rhythmusmodell heraus, das an Stelle ontologischer Qualitäten den Rhythmus mit der Idee einer „immanence of multiplicity"[147] verknüpft:

> „[I]ntense drum'n'bass produces for many listeners the same kind of disturbing confusion that West African drumming does; only instead of being threatened by the ‚frenetic chaos' of the ‚primitive', they are threatened by the digital chaos of sampled code complexifying out of control".[148]

Davis folgt hier den rhythmustheoretischen Überlegungen von Gilles Deleuze und Félix Guattari, in denen diese Rhythmus als ein „rhizomorphic routed set of vectors and exchanges"[149] entwickeln und damit als „flow" (in Differenz zum Rhythmus als standardisierendem System zeitlicher Referenz). Deleuze und Guattari selbst formulieren diese Umakzentuierung so: „It is the difference that is rhythmic, not the repetition, which nevertheless produces it: productive repetition has nothing to do with reproductive meter".[150]

Ebenfalls in der Folge von Deleuze und Guattari exploriert die Medientheoretikerin Stamatia Portanova in ihren Studien zu den globalen Dimensionen von Klang- und Tanzrhythmen „rhythm as a force of disruption and of re-organisation":

> „By disentangling rhythm from human corporeality, habits and purposes (rhythm as a prerogative of human movement), we will propose its re-qualification as an attribute of matter itself: rhythm as a galvanising current flowing in and between all human, animal and technological, animate and inanimate, organic and inorganic bodies, simultaneously dissolving their solid organisation and remodelling their fluid exchanges."[151]

---

147 Erik Davis: Roots and Wires. Polyrhythmic Cyberspace and the Black Electronic; URL: http://www.techgnosis.com/cyberconf.html (Abrufdatum: 17.05.2010).

148 Ebd.

149 Ebd.

150 Gilles Deleuze, Félix Guattari: A Thousand Plateaus: Capitalism and Schizophrenia. Minneapolis 1987 (Orig.: Mille plateaux: Les Editions de Minuit. Paris 1980), S. 314. Vgl. ebd., S. 313: „It is well known that rhythm is not meter or cadence, even irregular meter or cadence: there is nothing less rhythmic than a military march. [...] Meter, whether regular or not, assumes a coded form whose unit of measure may vary, but in a noncummunicating milieu, whereas rhythm is the Unequal or the Incommensurable that is always undergoing transcoding. Meter is dogmatic, but rhyhthm is critical; it ties together critical moments or ties itself together in passing from one milieu to another. It does not operate in a homogeneous space-time, but by heterogeneous blocks. It changes direction."

151 Stamatia Portanova: Rhythmic Parasites: A Virological Analysis of Sound and Dance. In: FibreCulture 4/2005; URL: http://journal.fibreculture.org/issue4/issue4_portanova.html (Abrufdatum: 05.05.2005).

Auf Basis der *electronic beats* und neuer Tanzrituale des Techno, der „twenty-four hour plus rave experience", der „combinations of acoustic amplifications, visuals, techno sounds and drugs" identifiziert Portanova eine „epidemiological rhythmicity" mit Rhythmus als „a viral propagation infecting all biological, social or cybernetic bodies" („Working as a virus, rhythm disrupts linear bodily movements and clear perceptions, re-organising them after its own order").[152] In dieser Konzeption erscheint Rhythmus nicht lediglich als ein „liberating and revolutionary movement opposed to the ordered, metric structures of capitalism"[153]; Portanova forciert zugleich ein simultanes Modell, das „practices of potential modulation and total control, censorship and commercialisation" ebenso befördert wie „a different, alternative ecology of biological and cultural transmission through the forces of sound and dance".[154]

Und auch jenseits der kulturwissenschaftlichen Bewegungsforschung im Feld der Musik und des Tanzes mehren sich Rhythmus-Betrachtungen, welche die lange dominierende Akzentuierung des Struktur- und Ordnungsbegriffs irritieren. „Der Begriff des Rhythmus impliziert also nicht nur Regelmäßigkeit", betonen etwa Christa Brüstle, Nadia Ghattas, Clemens Risi und Sabine Schouten in der Einleitung zu dem von ihnen herausgegebenen Sammelband, „sondern auch Störung, Bruch, Pause, Differenz und Diskontinuität, und zwar im Wechselspiel, in der gegenseitigen Bezugnahme."[155]

Einen Versuch der generalisierenden Zusammenführung verschiedener Rhythmuskonzepte zu einer „anthropology of rhythm" unternahm 1994 die Medizinanthropologin Haili You.[156] Auf der Basis einer etymologischen Rekapitulation sowie der Systematisierung rhythmusanalytischer Überlegungen vor allem französischer Kulturtheoretiker (Durkheim, Mauss, Levi-Strauss, Jousse, Bourdieu, Foucault) schlägt You vier grundlegende Justierungen vor: das Verständnis von Rhythmus – in seinen disparaten Konzeptualisierungen – als (1) einer menschlichen Erfahrungskategorie und zugleich als (2) einer „all-purpose metaphor with which we perceive, describe and interpret the temporal experience of the body at different conceptual levels and on different experiential orders".[157] Aufgabe der kulturwissenschaftlichen Beschäftigung mit Rhythmus ist dabei (3) dessen jeweilige genaue phänomenologische Beschreibung, um so den Rhythmus-Diskurs aufzuweiten. Dazu gehört der Blick auf die Situiertheit des menschlichen Körpers in unterschiedlichen Temporalitäten, auf Symbolisierungsprozesse und die Reproduktion von Machtverhältnissen,

152 Ebd.

153 Ebd.

154 Ebd.

155 Christa Brüstle u. a.: Zur Einleitung: Rhythmus im Prozess. In: dies.: Aus dem Takt (2005), S. 9–30; S. 15.

156 Haili You: Defining Rhythm. Aspects of an Anthropology of Rhythm. In: Culture, Medicine and Psychiatry 18/1994, H. 3, S. 361–384.

157 Ebd., S. 374.

den Einfluss von Technik auf die Zeitwahrnehmung und nicht zuletzt die Perspektivierung einer „cultural history of rhythmology as an ideology".[158] Schließlich (4) verortet You ausgehend von ihrem eigenen Forschungsschwerpunkt, der Medizinanthropologie, die kulturanthropologische Beschäftigung mit Rhythmus im Feld von Ethos und Moral („moral in the sense of *sittlich* – from *Sitte*"[159]) – auch mit der Maßgabe, in globaler Perspektive verschiedene medizinhistorische Traditionen integrieren zu können.

Für das eigene analytische Unterfangen einer Rhythmusanalyse im Feld der Ökonomik ist zudem ein weiterer Aspekt beachtenswert, den You ihren strukturierenden Überlegungen voranstellt. In Anlehnung an Susanne Langer konzipiert sie Rhythmus nicht lediglich als ein abstraktes wie konkret physisches Struktur- und Ordnungsprinzip, sondern betont in zeitlicher Perspektive die stets mit angelegte Verlängerung ins Prospektive: „The essence of rhythm is not merely the perceived order (or pattern) of repetition (recurrence) of something; it is the demand, preparation and anticipation for something to come."[160] Und: „Rhythm is a future-oriented temporal order."[161] Dieses Potenzial des Rhythmus wird insbesondere im Hinblick auf die ökonomische Konjunkturforschung genauer zu exemplifizieren sein.

5 Rhythmus, Resonanz und Konnektivität

Die vorgestellten Ansätze der historischen wie gegenwärtigen Rhythmusforschung sollten zeigen, dass es nicht nur eine weite Fächerung der alltagskulturellen Rekurse auf ‚*den* Rhythmus', des lebensweltlichen Deutungs- und Erfahrungswissens gibt, sondern auch der wissenschaftlichen Beschäftigung über die disziplinären Grenzen hinweg. Diese wirkt nicht nur in die gesellschaftliche Wahrnehmung rhythmischer Phänomene hinein, sondern bezieht andersherum ihre Evidenz maßgeblich aus dem Rückbezug auf vorreflexives physisches Rhythmuserleben.

In der Zusammenschau der Abhandlungen steht der Dichte der Anwendungsbeispiele eine augenfällige inhaltlich-konzeptionelle Unschärfe des Rhythmusbegriffs zur Seite, die ihm nicht erst in der Gegenwart anhaftet. Walther Dürr und Walter Gerstenberg stellen keineswegs als einzige eine „verwirrende Fülle von Rhythmus-Definitionen"[162] fest, in der *Encyclopaedia Britannica* ist im Artikel „Rhythm" zu lesen: „Precision, however, has hardly yet been reached"[163], und Albert Spitznagel

158 Ebd.

159 Ebd., Herv. i. Orig.

160 Ebd., S. 363.

161 Ebd., S. 364.

162 Walther Dürr, Walter Gerstenberg: Rhythmus, Metrum, Takt. In: Friedrich Blume (Hg.): Die Musik in Geschichte und Gegenwart. Allgemeine Enzyklopädie der Musik. Bd. 11. Kassel u. a. 1963, Sp. 383–419; Sp. 385.

163 Artikel „Rhythm". In: Encyclopaedia Britannica. A New Survey of Universal Knowledge. Bd. 19. Chicago u. a. 1959, S. 272.

weist in seinem Abriss „Zur Geschichte der psychologischen Rhythmusforschung" auf „mehr als 100 Definitionen" hin,

> „die sich mehr oder weniger unterscheiden. Die zwischen ähnlich und heterogen variierenden definitorischen Vorschläge oder manchmal auch dicta sind mittlerweile zu einem Gegenstand sui generis geworden und haben einer Literatur zur Entstehung verholfen, deren Schwerpunktthema die ‚Bestimmung von Rhythmus' ist."[164]

Das Spektrum der Definitionen reicht dabei von der weit gefassten Vorstellung einer „marche de l'energie"[165], als „mikro- und makrokosmisches Urphänomen"[166], als „immerwährende Erneuerung", über die „Periodizität von Spannung und Auflösung"[167], Erwartung und Erfüllung, den Wiederholung und Varianz vereinenden Struktur- und Ordnungsbegriff[168], das abstrakte Einteilungs- und Gliederungssystem, bis hin zur mechanistisch angelegten „stetigen Wiederkehr des Gleichen"[169] – oder mit einer von Peter Röthig vorgeschlagenen Verbfolge als performativer Bogen formuliert: Rhythmus ist „mitreißen, verbinden, einordnen, einfügen, unterordnen, regulieren, beharren, beruhigen usw."[170] Mit Friedrich Nietzsche ließe sich zudem der „Zwang" ergänzen, die „unüberwindliche Lust, nachzugeben, mit einzustimmen."[171] Dabei verfügt Rhythmus parallel zu seinen „rationale[n], logische[n], numerische[n]" Potenzialen auch über ein „irrationale[s], affekthafte[s] und fluktuale[s] Moment"[172] – Dimensionen, die im Diskurs immer wieder neu vermittelt, aber auch gegeneinander in Stellung gebracht werden.

Entgegen dem Ringen um definitorische Verbindlichkeit, die insbesondere von Forscher:innen angestrebt werden muss, denen Rhythmus als analytisch-funktionaler Begriff, als *terminus technicus* des eigenen Zugangs dient, verfolgt die hier gewählte europäisch-ethnologische/empirisch-kulturwissenschaftliche Perspektive einen heuristischen Zuschnitt, der das In-den-Blick-Nehmen der semantischen

---

164 Spitznagel: Zur Geschichte der psychologischen Rhythmusforschung (2000), S. 14.

165 Eugène Landry: La théorie du rythme et le rythme du français déclamé. Paris 1911, S. 330.

166 Artikel „Rhythmus". In: Günther und Irmgard Schweikle (Hg.): Metzler-Literatur-Lexikon: Begriffe und Definitionen. 2., überarb. Aufl. Stuttgart 1990, S. 391 f.; S. 391.

167 Herbert Bruhn: Zur Definition von Rhythmus. In: Müller, Aschersleben: Rhythmus (2000), S. 41–56; S. 51.

168 Spitznagel spricht von der „Idee, rhythmische Organisation als Ordnungsprinzip anzunehmen"; ders.: Zur Geschichte der psychologischen Rhythmusforschung (2000), S. 11.

169 Artikel „Rhythmus". In: Gero von Wilpert: Sachwörterbuch der Literatur. 4., verb. u. erw. Aufl. Stuttgart 1964, S. 582–584; S. 583.

170 Peter Röthig: Zur Theorie des Rhythmus. In: Gertrud Bünner, Peter Röthig (Hg.): Grundlagen und Methoden rhythmischer Erziehung. Stuttgart 1971, S. 11–32; S. 14.

171 Friedrich Nietzsche: Die fröhliche Wissenschaft. In: Nietzsche Werke. Kritische Gesamtausgabe. Hg. v. Giorgio Colli, Mazzino Montinari. 5. Abt., 2. Bd. Berlin, New York 1973, S. 21–335; S. 116. András Horn spricht ähnlich vom „Anziehenden am Rhythmus"; ders.: Das Anziehende am Rhythmus (2001).

172 Möbius: Teilung und Zusammensetzung (1990), S. 176 f.

Bandbreite – auch quer zu den wissenschaftlichen Disziplinen und gerade in den gegenseitigen Bezugnahmen – favorisiert. Die begrifflich-konzeptuelle Unsicherheit erscheint so nicht als analytisches Problem, sondern als gewinnbringende Herausforderung, ja mehr noch: Sie wird zum erkenntnisleitenden Zugang. Dabei geht es wiederum im Unterschied zu holistischen Theoretisierungsmodellen um eine Perspektive, die den konkreten Ausgestaltungen rhythmischer Phänomene sowie deren konsequenter Kontextualisierung, der Frage nach den jeweiligen gesellschaftlichen An- und Einbindungen, den Funktionen und Bedeutungsgehalten der Erscheinungsformen verpflichtet ist. In einer Mikro- und Makroebene zusammenführenden Forschungsperspektive können so deutende Annäherungen an konkrete Ideen und Praktiken des Rhythmischen vorgenommen werden, die für das expansive Potenzial ebenso sensibel sind wie für die gegenläufige Tendenz der Verengung von Handlungs-, Wahrnehmungs- und Deutungsrepertoires.

Ein besonderes Augenmerk soll der Frage gelten, wie unterschiedliche, auch (vermeintlich) konkurrierende Figurationen des Rhythmischen zusammengeschlossen, wie explizite und unterschwellige Modelle und Praktiken mit weitergehenden Sinngehalten angereichert werden, wie diese aber auch – in der performativen Realisation und Manifestation – Qualitäten der Generierung und Verhandlung von Wissensbeständen entfalten. Rhythmus erscheint dabei nicht nur als abstraktes Klassifizierungssystem, sondern ist immer auch mit Körperlichem assoziiert und entfaltet seine Wirkkraft in der Interaktion.[173] Sein erkenntnisgenerierendes Potenzial entfaltet er dort, wo das „Oszillieren zwischen den Extremen“[174] nicht aufgelöst wird, wo er als „Spannung zwischen Wiederholung und Abweichung [...] die Wahrnehmung irritiert“.[175] Rhythmus wird so gerade in der „Störung von Erwartungen“[176] zum „produktiven Schock“[177].

---

173 John Blacking spricht von den „rhythms of interaction“; ders.: Towards an Anthropology of the Body. In: ders. (Hg.): The Anthropology of the Body. London 1977, S. 1–28; S. 9. In seinem Versuch einer synthetisierenden Auseinandersetzung mit den verschiedenen Ansätzen der Rhythmusforschung unterscheidet Hellmuth Benesch in eine naturwissenschaftliche Rhythmusauffassung, die „auf den Vorgängen eines Gegenstandes [fußt]“, und die Benesch auch als „Objektrhythmus“ bezeichnet, von dem „ästhetischen Begriff“, der „auf der jeweiligen psychischen Verarbeitung eines Vorganges“ gründet und den Benesch „Subjektrhythmus“ nennt. Ders.: Das Problem des Begriffes Rhythmus. In: Wissenschaftliche Zeitschrift der Friedrich-Schiller-Universität Jena 4/1954–55, Gesellschafts- und Sprachwissenschaftliche Reihe H. 3/4, S. 359–379; S. 360; Herv. i. Orig. Barbara Naumann spricht hier von einer „Doppelperspektive auf den Rhythmus“; dies.: Einleitung. Vom Unbehagen am Rhythmus. In: dies.: Rhythmus (2005), S. 7–13; S. 8. Die Formulierung „Doppelperspektive“ findet sich auch in der Einleitung des im selben Jahr erschienenen Sammelbandes von Brüstle u. a.: Zur Einleitung (2005), S. 13.

174 Primavesi, Mahrenholz: Einleitung (2005), S. 24.

175 Ebd., S. 15.

176 Ebd.

177 Ebd., S. 19.

Nicht verkannt werden darf hier eine Dimension der wissenschaftlichen Beschäftigung mit Rhythmus, die Albert Spitznagel als „forschungsstrategisch"[178] bezeichnet. Er selbst geht soweit, dass er für seine Disziplin, die Psychologie, konstatiert: „Rhythmische Tatbestände haben immer dann eine Rolle gespielt, wenn es um theoretische Neuorientierungen oder um die Integration oppositioneller Richtungen ging. Rhythmus erscheint in dieser Hinsicht als ‚sensibler' Prüfstein für die Geltung von Grundauffassungen."[179] Auch wenn man dem Rhythmus diese paradigmatische Bedeutung nicht zuerkennen möchte, so zeigt sich doch, dass über ihn kardinale Verständigungen der transdisziplinären Wissensarbeit stattfinden, dass er Verbindungen schafft, aber auch Abgrenzungen evoziert. Dabei wird Rhythmus gerade in seiner konstitutiven Relationalität, als Konnektivitätsfigur, epistemisch wirkmächtig.

Die abschließenden Überlegungen zu den Perspektivierungen und Dimensionierungen des Rhythmischen sollen einem in der Forschungsliteratur zum Rhythmus prominent behandelten Charakteristikum gewidmet sein, das bei der folgenden Beschäftigung mit Rhythmuskonzepten und -praktiken der ökonomischen Konjunkturforschung ebenfalls einen zentralen Stellenwert einnehmen wird: das für rhythmische Phänomene konstitutive Moment der Resonanz. Rhythmus ist hier „nicht bloßer Widerhall [...], sondern Modifikation".[180] „Die mögliche Abweichung oder Ähnlichkeit, die das Resonanzereignis zulässt", schreiben Karsten Lichau, Viktoria Tkaczyk und Rebecca Wolf in der Einleitung zu dem von ihnen herausgegebenen Sammelband „Resonanz. Potentiale einer akustischen Figur" (2009), „legt eine Metaphorik nahe, in der Fremdes zum Eigenen werden kann."[181] Damit verfügt Rhythmus als „Resonanzfigur" (die „zwischen Modell, Metapher und Methode oszilliert"[182]) über eine kulturtheoretische Dimension immer dort, „wo sie sozusagen selbst epistemisch oder kulturell ‚resoniert' und damit einen Resonanzraum eröffnet."[183] Ein weitreichender Effekt ist hier die Transzendenz disziplinärer Grenzen: „Der Austausch von Figuren zwischen Wissenschaft, Literatur, Musik, Theater oder Bildkunst versetzt nicht nur die ausgetauschten Wissens-Objekte, sondern auch die Orte ihrer Herkunft und Transformation in Anregung."[184] Wie Rhythmus verfügt dabei auch Resonanz als „sinnkonstituierende Figur des Wissens"[185] über eine „auffällige terminologische wie konzeptuelle Unschärfe", welche die „Tran-

178 Spitznagel: Zur Geschichte der psychologischen Rhythmusforschung (2000), S. 34.

179 Ebd.

180 Karsten Lichau, Viktoria Tkaczyk, Rebecca Wolf: Anregungen. In: dies. (Hg.): Resonanz. Potentiale einer akustischen Figur. München 2009, S. 11–32; S. 20.

181 Ebd., S. 19.

182 Ebd., S. 25.

183 Ebd., S. 24.

184 Ebd.

185 Kyung-Ho Cha: Zusammenleben. Zum musikologisch-biologischen Denkstil im Fin de siècle (Paul Kammerer, Alma und Gustav Mahler). In: Lichau, Tkaczyk, Wolf: Resonanz (2009), S. 123–141; S. 125.

skription und Zirkulation in angrenzenden Wissensarealen erleichtert, wenn nicht gar ermöglicht."[186]

Insgesamt gilt für die kulturwissenschaftliche Rhythmusforschung trotz sich mehrender engagierter Vorstöße, dass sich eine profunde, auch systematische kulturanalytische Durchdringung des Rhythmischen als Idee und Praxis erst noch emanzipieren muss. Dennoch lassen sich – und das sollten die Ausführungen in diesem Kapitel gezeigt haben – aus der heterogenen Forschungsliteratur Beobachtungen extrahieren, die ein diskursives Fundament für die folgende Analyse der Denk- und Praxisfigur Rhythmus in der ökonomischen Konjunkturforschung bieten.

186 Ebd., S. 131. Cha bezieht das „Resonanzparadigma" zudem auf Ludwik Flecks Konzept der Denkstile und sieht es als dessen „Vehikel und Manifestation"; ebd., S. 136. Zur Resonanz als kulturwissenschaftlicher Figur vgl. auch Stephen Greenblatt: Resonanz und Staunen. In: ders.: Schmutzige Riten. Betrachtungen zwischen Weltbildern. Frankfurt/Main 1995 (Orig.: 1990); zur „Resonanzerfahrung" als „zentrale Kategorie" für eine „Soziologie der Weltbeziehungen" auch den Universalentwurf von Rosa: Resonanz (2016).

V ‚Doing Rhythm' – Morphologie und Praxeologie der Konjunkturrhythmen

1 Arbeit am Rhythmus (Vorbemerkungen)

Der empirische Hauptteil der vorliegenden Studie (Kap. V und VI) gliedert sich in zwei analytische Anläufe, die sich unterschiedlich gelagerten Perspektiven auf die ‚Rhythmen (in) der Ökonomie' widmen. Der erste Durchgang (Kap. V) konzentriert sich auf die Formungs- und Gestaltungskraft der Idee des Rhythmischen, auf deren *agency* als – so wird zu zeigen sein – zentrales diskursives wie praktisch-performatives Element der sich herausbildenden Konjunkturforschung. Das Kapitel untersucht die den ‚Rhythmen (in) der Ökonomie' eigene prozessuale Dimension und versteht diese als Element und Faktor der wirtschaftswissenschaftlichen Verständigung und Theoriebildung. ‚Rhythmus' zeigt sich in dieser Perspektivierung weniger als ökonomisches Forschungs*objekt*, denn als *modus operandi*, als zudem nicht per se vorhanden, sondern als eine Denk- und Praxisfigur, die sich in der zeitgenössischen Beschäftigung mit ihr erst konstituiert: Rhythmus ist demnach Arbeit am Rhythmus; die Identifikation rhythmischer Formen und Figurationen ist bei näherem Hinsehen von Anbeginn eine komplexe Mischung aus Beobachtung und aktiver Herausbildung, aus Entdecken und Erarbeiten zugleich.

Diese Betrachtungsweise vertiefend, soll das Augenmerk auf die Akteur:innen, auf die Praktiken, auf Settings und Performanzen, Instrumente und Apparaturen der ‚Rhythmusarbeit' im Feld der Ökonomik, hier konkret der entstehenden Konjunkturforschung, gerichtet und dabei zunächst die Rolle der Idee des Rhythmischen für die Herausbildung der neuen Wissenschaftsrichtung betrachtet werden (Kap. 2). Auf den ersten Blick erscheint Rhythmus, wie er in den Texten der Wirtschaftswissenschaften greifbar wird, fast naiv und weitgehend unreflektiert als (präanalytische) Entdeckung, die Forscher:innen bei der Beschäftigung mit ihrem Untersuchungsgegenstand, ‚*der* Wirtschaft', machen und die sich als Ergebnis einer erfahrungs- wie datensensiblen Betrachtung – und damit als epistemischer Befund – allenthalben zu zeigen scheint. Diesem Phänomen, das durchaus auch sinnlich konnotiert ist, gelten die Ausführungen des ersten Unterkapitels (2.1), das sich entsprechend der identifizierten Grundstimmung in der frühen Konjunkturforschung den ‚Entdeckerfreuden', dem ‚Finden und Befinden' (Mirowski spricht treffend von einem „Hunting for periodicities"[1]) widmet. Parallele Bemühungen um eine Stabilisierung der ökonomischen Rhythmusforschung als eigenes Wissenschaftsfeld sind dann Thema des zweiten Abschnitts (2.2) – wobei die vorgenommene perspektivische Trennung analytisch bedingt ist: Beide Bewegungen der wissenschaftlichen Arbeit gehen in der Praxis zusammen, ja sie durchdringen und stimulieren sich wechselseitig. So bringen sie nicht nur wissenschaftliche Erkenntnis hervor, sondern zugleich auch eine ‚heuristische Schablone' (hier: den idealtypischen Konjunkturverlauf bzw.

1 Mirowski: The Birth of the Business Cycle (1985), S. 81.

„Idealzyklus"), die den Erkenntnisprozess wie das generierte Wissen strukturiert, modelliert und abbindet (2.3), zugleich aber auch neue Unwägbarkeiten, Lücken und Uneindeutigkeiten produziert. Weitere Kapitel (3 und 4) dieses ersten analytischen Komplexes führen den Gedanken der ‚Arbeit am Rhythmus' fort und nehmen deren technische Seite, die am Phänomen entwickelten Praktiken und Verfahren der „Sichtbarmachung" rhythmischer Wirtschaftsverläufe, genauer in den Blick. Während Kapitel 3 die sich im Material abzeichnenden Techniken und Strategien der rhythmischen Zurichtung ökonomischer Entwicklungslinien betrachtet, zielt das anschließende Kapitel 4 grundsätzlicher auf die gewählten Erkenntnismodi.

Wenn im Folgenden von „Arbeit" die Rede sein wird, geschieht dies bewusst in der doppelten Konnotation des Begriffs, mit dem Verständnis von „Arbeit als der Herstellung von Werken (‚opera')", als Prozess, der auf ein Ergebnis hin angelegt ist, und „Arbeit (‚labor') als Mühsal (‚molestia')"[2], als Tätigkeit, die mit einem intellektuellen wie physischen Aufwand verbunden ist.

2 Entdeckerfreuden und Stabilisierungsbestrebungen: zur Ein- und Ausrichtung einer neuen (Rhythmus-)Wissenschaft

2.1 Überall Rhythmus – Finden und Befinden

„... hunting cycles is almost like hunting blueberries in a particularly fertile road-side clump. Look intently enough at any spot and you'll find one."[3]
(John Brooks, 1962)

Rhythmische Phänomene scheinen sich sensiblen Wirtschaftsbetrachter:innen im späten 19. und frühen 20. Jahrhundert geradezu aufgedrängt zu haben. Der Blick auf ökonomische Prozesse (und zwar empirisch ebenso wie theoretisch, datenbasiert ebenso wie phänomenorientiert beobachtend, alltagsweltlich ebenso wie wissenschaftlich-analytisch) lieferte offenkundig nahezu überall und stets – zumindest in den industrialisierten Gesellschaften der sogenannten westlichen Welt – denselben Befund: Letztlich bewegt sich die (moderne) Ökonomie nicht in einer linearen Vor- bzw. Aufwärtsbewegung, sondern ist durch ein wiederkehrendes Auf und Ab, durch einen mehr oder weniger regelmäßigen Wechsel von Auf- und Abschwung, charakterisierbar, dessen Gesetzmäßigkeiten es wissenschaftlich zu erkennen und

2 Martin Jörg Schäfer: Bereinigte Arbeit. Eine Vorgeschichte der Autonomieästhetik bei John Locke. In: Nacim Ghanbari, Marcus Hahn (Hg.): Reinigungsarbeit. Bielefeld 2013 (= Zeitschrift für Kulturwissenschaften Bd. 1/2013), S. 15–21; S. 15.

3 Brooks bezieht sich hier auf die Arbeit von Edward Dewey, den er porträtiert. John Brooks: Profiles ... Something Out There. In: The New Yorker Magazine 1962. Wiederabdruck in: Cycles 07–08/1971, S. 167–175; S. 169 f. URL: www.cycleslibrary.org/history/index.htm (Abrufdatum: 31.08.2013).

zu beschreiben gilt – eine Aufgabe, der sich die sich herausbildende Konjunkturforschung zu stellen suchte.

„Unter Konjunktur versteht man alle rhythmischen und zyklischen Schwingungserscheinungen der modernen Volkswirtschaft, die in Veränderungen der Marktdaten und insbesondere der Preise und Umsatzziffern zum Ausdruck kommen."[4] Und: „Aufgabe der Konjunkturtheorie ist die Analyse dieser ‚Wellenbewegung des Wirtschaftslebens'."[5] Mit diesen Sätzen versuchte der Professor für Volkswirtschaftslehre an der Technischen Hochschule Karlsruhe, Rolf Fricke, das Phänomen der Konjunktur und die mit ihm beschäftigte Wissenschaft zu fassen. Der Definitionsversuch, der sich in einer Abhandlung von 1958 findet, zeigt sich als symptomatisch für die frühe Konjunkturforschung. Diese ist – und das gilt es im Folgenden herauszuarbeiten – Rhythmusforschung im oben (Kap. IV) skizzierten Sinne: in der Anlage der theoretischen Modelle ebenso wie in der Ausrichtung des praktisch-empirischen Vorgehens. Das wird im Blick auf die Konzeptualisierungen erkennbar sowie – und Fricke liefert hier nur eines und zudem ein vergleichsweise spätes von unzähligen Beispielen – über die verwendete Sprache demonstriert, die neben dem Zyklus- und Periodizitätsbegriff auch direkt auf den Rhythmusbegriff zurückgreift – in synonymem wie in differenzierendem Gebrauch.

Bereits in seinem frühen, wegweisenden Standardwerk der Konjunkturforschung, „Business Cycles" (1913), überschreibt der US-amerikanische Ökonom und spätere Forschungsdirektor des *National Bureau of Economic Research (NBER)*, Wesley Clair Mitchell, den letzten von drei Hauptteilen der Untersuchung mit dem Titel „The Rhythm of Business Activity" und versucht in diesem eine differenzierte Darstellung der „rhythmical expansions and contractions which business activity has undergone in recent years".[6] Obwohl er im Text selbst nicht weiter mit dem Rhythmus-Begriff argumentiert und entsprechend davon entfernt ist, diesen zu konzeptualisieren, hält Mitchell auch mit der zeitlichen Distanz von mehr als einem Jahrzehnt am Terminus und dessen offensichtlicher Signalfunktion fest. Jedenfalls ist in den Vorbemerkungen zur überarbeiteten Neuauflage der „Business Cycles" von 1927, die Mitchell nun in seiner Leitungsfunktion beim *NBER* und mit dessen Unterstützung vorlegte und die zunächst unter dem Titel „Studies in Business Cycles No. 1. The Problem and Its Setting" nur den aktualisierten und dabei stark erweiterten ersten Teil der Abhandlung umspannte, der Hinweis auf einen geplanten zweiten Band zu finden, der den bewährten Titel des ehemals dritten Teils beibehalten sollte: „A second volume on ‚The Rhythm of Business Activity' will follow as soon as I can finish it."[7] Und auch

4 Fricke: Wirtschaftsordnung und Konjunktur (1958), S. 13.

5 Ebd., S. 14.

6 Mitchell: Business Cycles (1913), S. 91.

7 Ders.: Studies in Business Cycles No. 1. The Problem and Its Setting. New York 1927, S. IX.

im Vorwort zur deutschen Übersetzung des Werkes von 1931 wird der zweite Band als „Der Rhythmus der Wirtschaft"[8] angekündigt.

Mitchells projektierter Buchtitel weist damit eine frappante Ähnlichkeit zum Untertitel der zwischenzeitlich von Ernst Wagemann, dem Leiter des Berliner *Instituts für Konjunkturforschung*, publizierten Abhandlung „Konjunkturlehre. Eine Grundlegung zur Lehre vom Rhythmus der Wirtschaft"[9] (1928) auf. Bei deren 1930 veröffentlichter US-amerikanischer Übersetzung wiederum, zu der Mitchell das Vorwort beisteuerte, erfuhr der Rhythmus-Begriff sogar eine Verschiebung vom Unter- in den Obertitel; das Werk erschien in den USA als „Economic Rhythm. A Theory of Business Cycles".[10]

Auch andere Autor:innen von Abhandlungen zur Konjunkturforschung operierten im untersuchten Zeitfenster auffallend häufig mit dem Rhythmusbegriff, sie setzen diesen vielfach eher beiläufig (und mit entsprechend großer Selbstverständlichkeit), bisweilen explizit und hin und wieder exponiert ein. So verwendet der US-amerikanische Ökonom und Wirtschaftsstatistiker Henry Ludwell Moore in seiner Studie „Economic Cycles: Their Law and Cause" von 1914, in der er den ökonomischen Konjunkturzyklus in engagierter Argumentation ursächlich auf den Wetterzyklus zurückzuführen versucht, den Rhythmusbegriff über die gesamte Abhandlung hinweg in großer Häufigkeit[11] – wie auch der französische Konjunkturforscher Albert Aftalion in seinem zweibändigen Werk „Les crises périodiques de surproduction" (1913) geradezu durchgängig in Kapitelüberschriften wie im Text auf den Rhythmus („le rythme") der von ihm untersuchten Preis-, Einkommens-, Produktions- und Nachfrageentwicklungen rekurriert.[12] Gottfried Haberler fügt in seiner im Auftrag des Völkerbunds erstellten Übersicht der zeitgenössischen Konjunkturtheorien in die Kapitel zur „rein monetären Theorie", zu „monetären Überinvestitionstheorien" sowie zu „nichtmonetären Überinvestitionstheorien" jeweils einen Abschnitt über „Rhythmus und Periodizität" ein und verweist darauf im Register mit dem Eintrag „Rhythmik und Periodizität der Konjunkturzyklen".[13] Wilhelm Röpke, der davon spricht, dass „das gesamte moderne Wirtschaftsleben"

---

8 Ders.: Vorwort des Verfassers zur amerikanischen Ausgabe. In: ders.: Der Konjunkturzyklus. Problem und Problemstellung. Nach der vom Verfasser durchgesehenen und ergänzten Originalausgabe hg. v. Eugen Altschul. Leipzig 1931, S. VI–VIII; S. VI.

9 Ernst Wagemann: Konjunkturlehre. Eine Grundlegung zur Lehre vom Rhythmus der Wirtschaft. Berlin 1928.

10 Ernst Wagemann: Economic Rhythm. A Theory of Business Cycles. Translated by D. H. Blelloch. With a Prefatory Note by Wesley C. Mitchell. New York, London 1930.

11 Henry Ludwell Moore: Economic Cycles: Their Law and Cause. New York 1914. Eine Zählung hat auf den 149 Seiten der Abhandlung insgesamt 36 Treffer für „rhythm", „rhythmic", „rhythmical" und „rhythmically" ergeben.

12 Albert Aftalion: Les crises périodiques de surproduction. 2 Bde Paris 1913. Von Aftalion ebenso häufig verwendete Formulierungen, die sich mit dem Rhythmusbegriff abwechseln, sind „les oscillations périodiques" bzw. „les fluctuations cycliques".

13 Haberler: Prosperität und Depression (1948 [1937]), S. 522.

einem „großen allgemeinen Rhythmus […] unterworfen ist"[14], hat ein entsprechendes Stichwort „Rhythmus des Wirtschaftslebens" in das Sachregister seiner Abhandlung „Krise und Konjunktur" (1932) aufgenommen[15], und Johan Åkerman gibt einem seiner Werke den Titel „Om det ekonomiska livets rythmik" (dt.: Über den Rhythmus des wirtschaftlichen Lebens).[16]

Vielleicht am konsequentesten arbeitete der schon erwähnte Leiter des *Instituts für Konjunkturforschung (IfK)* in Berlin, der Nationalökonom und Statistiker Ernst Wagemann, in seinen Publikationen zur Konjunkturforschung mit Idee und Begriff des Rhythmus, auf dessen Basis er seine wirtschaftsanalytische Programmatik entfaltet und konzeptionell unterfüttert. Wagemann, der seit 1919 eine außerordentliche Professur an der Universität Berlin innehatte und seit 1923 Präsident des *Statistischen Reichsamtes* war, bevor er seit 1925 auch dem von ihm initiierten *IfK* vorstand, veröffentlichte Ende der 1920er-Jahre seine bereits erwähnte „Konjunkturlehre. Eine Grundlegung zur Lehre vom Rhythmus der Wirtschaft"[17] sowie wenige Jahre danach „Struktur und Rhythmus der Volkswirtschaft. Grundlagen einer weltwirtschaftlichen Konjunkturlehre"[18] und räumte damit dem Rhythmusbegriff gleich zweimal und zudem in Publikationen, die als seine Hauptwerke gelten können, einen prominenten Platz schon im Titel, aufgegriffen und vervielfacht aber dann im Text der Abhandlungen, ein.

Wagemann wollte in diesen Publikationen, so sein erklärtes Anliegen, die „weltwirtschaftliche Dynamik"[19] erfassen, die er an den „konjunkturellen Schwingungen"[20], an den „Konjunkturwellen" festmachte, welche sich „von einem Wirtschaftsgebiet zum andern fortpflanzen" und dabei „von dem Charakter der Wirtschaftssysteme beeinflußt" werden würden. Ins Zentrum seines Erklärungsversuchs rückte er den Rhythmus – hier: den „weltwirtschaftlichen Rhythmus"[21] – und sprach ihm die Rolle einer Art wirtschaftstheoretischen Leitkonzepts mit Qualitäten einer Grundkonstante zu. Wirtschaftliche Eruptionen, die Wagemann nicht zuletzt in seinem statistischen Material abgebildet fand, wurden über ein global orientiertes Modell unterschiedlich langer Konjunkturwellen, der aufeinandertreffenden Rhythmen der Volkswirtschaften und der Weltökonomie deutbar:

14 Röpke: Krise und Konjunktur (1932), S. 1.

15 Ebd., S. 141. Auch bei Ernst Wagemann findet sich das Stichwort „Rhythmus" – mit den Unterpunkten „–, gebundener (Saisonbewegung)", „–, freier (Konjunkturbewegung)" und „–, der Konjunktur" im Sachregister; vgl. ders.: Konjunkturlehre (1928), S. 300.

16 Johan Åkerman: Om det ekonomiska livets rytmik. Stockholm 1928. Vgl. zu Åkermans konjunkturanalytischem Ansatz auch Reinhard Kamitz: Johan Åkermans Beitrag zur Konjunkturtheorie. In: Zeitschrift für Nationalökonomie 21/1961,62, S. 204–215.

17 Wagemann: Konjunkturlehre (1928).

18 Ders.: Struktur und Rhythmus der Weltwirtschaft. Grundlagen einer weltwirtschaftlichen Konjunkturlehre. Berlin 1931.

19 Ebd., S. VII.

20 Ebd., S. 6.

21 Ebd., S. 368–374.

> „Mit dem Ineinandergreifen der langwelligen mit der kurzwelligen Wirtschaftsbewegung ist es möglicherweise zu erklären, daß nach einer längeren Periode verhältnismäßig leichter Krisen plötzlich heftige Erschütterungen auftreten, so wie auf eine Periode schwacher Erdbeben von Zeit zu Zeit schwere Katastrophen zu folgen pflegen.“[22]

Ökonomische – und mit ihnen gesellschaftliche – Krisen könnten dann sogar ein „‚strukturelles Maß‘ annehmen, wenn die weltwirtschaftliche Dynamik zuvor in einen allzu scharfen Gegensatz zu den innerwirtschaftlichen Konjunkturen geraten war“.[23] Konkret ließe sich eine „7–9jährige Konjunkturwelle in der Wirtschaftsgeschichte so weit“ zurückverfolgen, „wie wir überhaupt Einblick gewinnen konnten. Sie dürfte eine mit aller Wirtschaft unlösbar verknüpfte Erscheinung sein.“[24] Daneben wäre aber auch – und zwar global – eine „langwellige“ Konjunkturbewegung zu beobachten, die „mit großer Kraft durch alle Wirtschaftsvorgänge hindurchschlägt“[25] und damit den „Grundrhythmus der Weltwirtschaft“[26] bilden würde.

Bei der Identifizierung der verschiedenen Konjunkturzyklen greift Ernst Wagemann auf bestehende Erklärungsmodelle konjunktureller Verläufe zurück, die Anfang des 20. Jahrhunderts breit diskutiert werden. Auf diese wird an späterer Stelle genauer einzugehen sein. Hier soll zunächst die Konzentration Wagemanns auf die kognitive Figur des Rhythmus, sein „Glaube an gewisse Regelmäßigkeiten im Konjunkturverlauf, vor allem an die rhythmische Wiederkehr des Zyklus selbst“[27], festgehalten werden, der sich nicht zuletzt auf die Ausrichtung der wissenschaftlichen Arbeit am Berliner *Instituts für Konjunkturforschung* übertrug.

Das heuristische Programm der frühen Konjunkturforschung ist selbst dort rhythmusorientiert, wo aus theoretischen Überlegungen oder aus der Deutung des statistischen Datenmaterials heraus die Frage nach der Existenz regelmäßiger Schwankungen oder Wellen kritisch bewertet wird. Auch hier ist trotz artikulierter und argumentierter Zweifel, trotz Abgrenzung und bisweilen grundsätzlicher Verwerfung der Vorstellung eines periodisch-zyklischen Wirtschaftsverlaufs eben diese Vorstellung die Referenzfigur, an der sich die Konjunkturforscher:innen abarbeiten, gegen die sie gegebenenfalls auch anschreiben, die aber unverkennbar in den Texten präsent ist. „Practically all students who have made studies of business fluctuations in the past quarter of a century look at the rhythmical phenomena as a cyclical movement“[28], schreibt wie erwähnt Arthur B. Adams in seinem Einführungswerk „Economics of Business Cycles“ von 1925. Obwohl die Zyklen sich hinsichtlich ihrer Beschaffenheit, Intensität und Dauer unterscheiden würden („No two business cy-

---

22 Ebd., S. 372.

23 Ebd., S. 373.

24 Ebd., S. 372.

25 Ebd.

26 Joseph Huber: Soziale Bewegungen. In: Zeitschrift für Soziologie 17/1988, H. 6, S. 424–435; S. 424; Wagemann wiedergebend.

27 Kulla: Die Anfänge der empirischen Konjunkturforschung (1996), S. 93.

28 Adams: Economics of Business Cycles (1925), S. 30.

cles are exactly alike …"[29]), ließen sie sich doch gemeinhin („commonly, though not invariably"[30]) in einem wiederkehrenden Ablaufschema („consisting of an upward swing followed by a downward swing and recovery"[31]) erfassen. Hier wird, wie auch in zahllosen anderen Abhandlungen zur Konjunkturforschung, trotz Betonung der Komplexität der zu beobachtenden Konjunkturverläufe eine sich wiederholende Periodisierung als leitendes Erfassungsmodell zugrunde gelegt.

Auch Wesley Clair Mitchell weist darauf hin, „daß die Aufeinanderfolge von Expansion und Kontraktion" sich in der Wirtschaft „nirgends regelmäßig vollzieht", und fragt: „Darf man solche Schwankungen dann als ‚zyklisch' bezeichnen?"[32] Seine eigene Antwort ist ein eingeschränktes ‚ja': Angesichts der „‚Wiederkehr verschiedener Phasen' des Konjunkturverlaufs" sieht er „ein gewisses Recht, das Wort Zyklus für diese Erscheinungen zu verwenden", während ihm der Begriff der „Periodizität" auch vor dem Hintergrund von dessen naturwissenschaftlicher Verwendung als für die „höchst ungleich[en]" Wirtschaftszyklen unpassend erscheint.[33]

Selbst Ökonom:innen, die ein rhythmisch organisiertes Erklärungsmodell konjunktureller Verläufe als komplett abwegig bewerten, sehen sich offensichtlich herausgefordert, diese Denkfigur aufzugreifen, ihr argumentativ entgegenzutreten und sie damit zum Gegenstand bisweilen umfangreicher Ausführungen zu machen. Mit erkennbarer Verve und in bewusst eindrücklich-plakativer Sprache führt dies etwa der US-amerikanische Ökonom, Professor an der *Yale University* und Vertreter des neoklassischen Ansatzes, Irving Fisher, vor, der „den Konjunkturzyklus" („the business cycle") konsequent in Anführungszeichen setzt und auch vom „Mythos" des „So-called Business Cycle" spricht:

> „Of course, if by the business cycle is meant merely the statistical fact that business does fluctuate above and below its average trend, there is no denying the existence of a cycle and not only in business but in any statistical series whatsoever! If we draw any smooth curve to represent the general trend of population, the actual population figures must necessarily rise sometimes above and sometimes below this mean trend line. Otherwise the series would be as remarkable as the great orator who, his enthusiastic friend claimed, never fell below his average and often rose above it! In the same way weather conditions necessarily fluctuate about their own means; so does the luck at Monte Carlo. Must we then speak of ‚the population cycle,' ‚the weather cycle' and ‚the Monte Carlo cycle'?"[34]

29 Ebd.

30 Ebd.

31 Ebd.

32 Mitchell: Der Konjunkturzyklus (1931), S. 376.

33 Ebd., S. 377.

34 Irving Fisher: Our Unstable Dollar and the So-Called Business Cycle. In: Journal of the American Statistical Association 20/1925, H. 150, S. 179–202; S. 191. Eine deutsche Übersetzung des Zitats liefert Mitchell: Der Konjunkturzyklus (1931), S. 468 f. Zykluskritische Autor:innen wie Fisher mussten nicht nur gegen eine innerwissenschaftliche, sondern auch gegen eine gesellschaftliche Grundstimmung argumentieren, die gerade in den

Neben der inhaltlichen Kritik, den nicht nur von Irving Fisher geäußerten Vorbehalten gegenüber einer zu sehr am Theorem – in seinen Augen vielleicht sogar: Ideologem – der Regelmäßigkeit orientierten Konjunkturforschung, ist der Einwand auch in rhythmusanalytischer Hinsicht (und damit für das Anliegen dieser Studie) interessant, denn er wirft zugleich ein Schlaglicht auf die Denkfigur, die offensichtliche Attraktivität, aber auch Gefahr ihrer Unschärfe, auf das sich aufdrängende Potenzial und die unübersehbare Tendenz des Rhythmuskonzepts zur Ubiquität. Während Fisher dieses damit als heuristisch wertlos erklärt, lässt sich bei denjenigen Konjunkturforscher:innen, die an ihm nicht nur festhalten, sondern es mehr noch als das epistemische Zentrum ihrer Disziplin verstehen, ein Streben nach genauerer theoretischer wie methodischer Ausarbeitung und damit eine weitere Profilierung erkennen, die im Folgenden eingehender betrachtet werden soll. Es wird in den nächsten Kapiteln also darum gehen, die von Fisher (in distanzierender Absicht) gelegte Spur produktiv aufzugreifen und in wissenschaftsanalytischer Perspektive auf die sich herausbildende Konjunkturforschung weiter zu verfolgen.

2.2 Rhythmus, Zyklus, Wechsellagen: konzeptuelle Verständigungen und terminologische Setzungen

„Eines aber fehlt anfangs noch weitgehend", vermerkt Rolf Krengel im wissenschaftshistorischen Blick auf die frühe Konjunkturwissenschaft: „[e]ine als verbindlich anerkannte Terminologie, eine Fachsprache der Konjunkturforschung."[35] Dass und wie die sich herausbildende Konjunkturwissenschaft an der Etablierung und Schärfung von Begriffen und Konzepten arbeitet, ist Gegenstand dieses Abschnitts. Es galt zunächst, wie Paul Eppstein 1933 formulierte, „ein (formales) Denkschema für den Konjunkturzyklus zu erhalten."[36] Dabei wurde eine besondere Aufmerksamkeit auf die Rolle des Rhythmus nicht nur als Gegenstand, sondern auch als Leitperspektive, als Zentrum der heuristischen Verständigungen gerichtet. Er wurde zum Strukturelement „einer Wissenschaft, die ihr Forschungsgebiet in verschiede-

USA „außerordentlich ‚zyklusbewußt'" gewesen sei; Günter Schmölders: Konjunkturen und Krisen. Hamburg 1955, S. 73.

35 Krengel: Das Deutsche Institut für Wirtschaftsforschung (Institut für Konjunkturforschung) 1925–1979 (1986), S. 13. Mit Blick auf die ersten Publikationen des Berliner *Instituts für Konjunkturforschung* stellt Krengel fest, dass hier „noch ein erheblicher Lernprozeß zu bewältigen war"; ebd. Vgl. auch den Hinweis von Kulla in Bezug auf die „Vierteljahrshefte zur Konjunkturforschung" des *IfK*: „Zu den Schwierigkeiten der Anfangszeit gehörte die Entwicklung eines [sic!] einheitlichen Terminologie der Konjunkturforschung. Es ist nicht immer eindeutig auszumachen, ob Änderungen des Vokabulars wirklich die Änderung eines Zustandes bedeuteten oder es sich nur um eine modifizierte Ausdrucksweise handelte." Ders.: Die Anfänge der empirischen Konjunkturforschung (1996), S. 90.

36 Eppstein: Die Symptomatik in der Konjunkturforschung (1933), S. 63.

ne Perioden teilt und die Zusammenhänge innerhalb dieser und zwischen diesen Perioden zu klären sucht."[37] Über die Idee des Rhythmus lief die theoretische wie methodologische Aus- und Einrichtung der neuen akademischen Sub- bzw. Querschnittsdisziplin, die Herausbildung eines anerkannten Repertoires geeigneter Zugänge, konzeptueller Settings wie technischer Verfahren zur adäquaten Erfassung des gemeinsamen Forschungsgegenstands. Dabei gilt es das Augenmerk speziell auf die *Klassifikation* als Modus der Erkenntnisarbeit und ihre „besondere Rolle [...] in der älteren Konjunkturforschung" zu richten, erfüllte diese doch – so Ullrich Heilemann – „eine Reihe von Zwecken, die von der ‚orientierenden Beschreibung' bis hin zur Vorstufe der Theoriebildung reichen".[38] Klassifizierungsarbeit bedeutete nicht nur die Zusammenfassung der unterschiedlichen konjunkturanalytischen Ansätze zu am jeweils dominanten Erklärungsangebot orientierten Theoriegruppen – wie sie schon in Kapitel II angerissen wurde und wissenschaftsanalytische Studien zur frühen Konjunkturforschung bis heute dominiert[39] –, sondern konnte sich auch an den formalen Ausprägungen, an der physischen Gestalt der Konjunkturbewegung und den ausgemachten Differenzen zu einem Katalog rhythmischer Qualitäten entfalten. So baut etwa das von Oskar Morgenstern vorgeschlagene Typenmodell der „Konjunkturtheorie-Varianten"[40] auf der Differenzierung der Phasendauer und Phasenintensität der analysierten Zyklen auf. Für den „sogenannte[n] ‚selbstentstehende[n]' Zyklus"[41] sieht er als „*Untertypen*, die in Betracht kommen"[42], im Hinblick auf die Zeitdauer:

> „a) Die Zyklen sind gleich lang bei ungleicher Phasendauer;
> b) die Zyklen sind ungleich lang, die Phasen ebenso;
> c) die Proportion der einzelnen Phasen zueinander bleibt durch die Zyklen hindurch gleich, aber letztere schwanken in der Länge [...];
> d) die Proportion der einzelnen Phasen zueinander schwankt, dabei mag 1. die Länge der Zyklen untereinander gleich oder 2. ungleich sein."[43]

Für die „*Intensität* der Phasen" lasse sich ein analoges Kategorienschema eröffnen: „a) gleiche Intensitäten der Phasen; b) ungleiche Intensitäten der Phasen, dazu in jedem Falle noch c) gleiche bzw. d) ungleiche Proportionen, Dauer usw."[44]

37 Kamitz: Johan Åkermans Beitrag zur Konjunkturtheorie (1961/62), S. 215.

38 Heilemann: Diskriminanzanalyse als Instrument der Konjunkturforschung (2000), S. 118.

39 Vgl. exemplarisch den Überblick bei Elmer Clark Bratt: Business Cycles and Forecasting. 3. Aufl. Chicago (IL) 1949, S. 159 ff.: Kapitel „Classification of Business-Cycle Theories".

40 Oskar Morgenstern: Wirtschaftsprognose. Eine Untersuchung ihrer Voraussetzungen und Möglichkeiten. Wien 1928, S. 16.

41 Ebd.

42 Ebd., S. 17; Herv. i. Orig.

43 Ebd.

44 Ebd., S. 18; Herv. i. Orig. Ein ganz anders gelagertes Modell der Klassifizierung von Konjunkturverläufen schlug der französische Statistiker de Foville vor, der in seinem

Seit dem als „bahnbrechend“[45] wahrgenommenen Werk „Des Crises Commerciales et de leur Retour Périodique“ (1860; 2. Aufl. 1889) von Clément Juglar, der wie oben skizziert einige Jahrzehnte vor der Institutionalisierung der Konjunkturforschung den Wirtschaftsverlauf mit dem Konzept wie Begriff der Periodizität verknüpfte, gab es immer wieder Anstrengungen einer systematischen Beschreibung der Konjunkturbewegung, die den Wiederholungsaspekt wie die Regelmäßigkeit des beobachteten Phänomens akzentuieren und eine entsprechend für die Analyse nutzbringende Segmentierung in einzelne Phasen und deren Spezifika im Hinblick auf die Gesamtdynamik bereitstellen sollten. Dabei ist nicht nur eine Tendenz zur Vereinfachung, sondern auch zur Abstraktion zu beobachten, so dass sich bald ein relativ feststehendes Schema herausbildete, das den Rahmen für weitere Analysen schuf.

Einen frühen Versuch der Arbeit an diesem Ablaufschema legte der britische Bankier Samuel Jones Loyd (1796–1883; 1850 zum Lord Overstone geadelt) vor. Sein Entwurf weist insgesamt zehn Phasen auf, bevor sich der Kreis schließt und eine neue erste auf die letzte Phase folgt. Bei Lord Overstone heißt es:

> „The state of trade resolves apparently in an established cycle. First we find it in a state of quiescence – next, improvement – growing confidence – prosperity – excitement – overtrading – convulsion – pressure – stagnation – distress – ending again in quiescence.“[46]

Während die Suchbewegungen hier zunächst eine größere Ausdifferenzierung der Phasenbeschreibung zeigten, etablierte sich schon bald ein deutlich reduziertes Schema, das aus zwei, drei oder vier Phasen bestehen konnte. Wesley C. Mitchell schreibt in seinem Überblickswerk mit dem Anspruch einer umfassenden Dokumentation aller existierenden Ansätze der Konjunkturforschung:

---

konjunkturanalytischen Werk von 1888 vier Zensuren – gut, ziemlich gut, mäßig und schlecht – an die von ihm untersuchten Konjunkturkurven vergab. Bewertungsgrundlage war dabei das Verhalten der jeweiligen Kurve im Hinblick auf die gesellschaftliche Lage (schlechte Noten zum Beispiel bei fallenden Umsatzkurven, aber bei steigenden Selbsttötungskurven); vgl. Wagemann: Einführung in die Konjunkturlehre (1929), S. 78 f., der urteilte: „Zu einem brauchbaren Ergebnis führte dies aber kaum.“ Ebd., S. 79.

45 Mitchell: Der Konjunkturzyklus (1931), S. 9.

46 Zit. n. Monatsberichte des Österreichischen Institutes für Konjunkturforschung 1–6/1927 (Einleitungsheft), S. 3. Vgl. auch die deutschsprachige Übersetzung bei Mitchell: Der Konjunkturzyklus (1931), S. 10: „Die Geschichte dessen, was wir ‚Wirtschaftslage‘ zu nennen pflegen, ist höchst instruktiv. Es wirken darauf verschiedene periodisch wiederkehrende Bedingungen; sie läuft in einem regelrechten Zyklus ab. Wir finden zunächst einen Ruhezustand – dann folgt Aufschwung – wachsende Zuversicht – Prosperität – Erregung – Überspekulation – Rückgang – Anspannung – Stillstand – Not – und endlich wieder Ruhe.“ Lord Overstones Konjunkturablaufschema wurde in etlichen Publikationen zur Konjunkturforschung zitiert, so unter anderem auch bei Ludwig von Mises, der von einer Beschreibung in „wundervoll plastischer Weise“ spricht; ders.: Geldwertstabilisierung und Konjunkturpolitik (1928), S. 56.

> „Man unterscheidet oft nur zwei Phasen des Konjunkturzyklus: Depression und Aufschwung. Häufiger spricht man von einer Dreiteilung in Aufschwung, Krise und Depression. Wenn aber der Übergang zur Depression durch eine besondere Phase gekennzeichnet wird, so muß man logischerweise auch den zum Aufschwung getrennt behandeln: wir erhalten so den Vierphasenzyklus aus Aufschwung, Krise, Depression und Erholung."[47]

Mitchell verweist auch auf individuelle Abweichungen, insbesondere Versuche stärkerer Ausdifferenzierung bzw. „Verfeinerung", denn „[d]ieser Teilungsprozeß kann beliebig weit fortgesetzt werden". So gehe zum Beispiel Warren M. Persons „noch einen Schritt weiter": „Er gliedert die Phasen zwischen Aufschwung und Depression in ‚finanzielle Anspannung' und ‚Industriekrisis' und kommt so zu fünf Phasen."[48] Mitchell ordnet hier Persons Fünf-Phasen-Modell einem spezifischen Erkenntnisinteresse zu, das an einer bestimmten Stelle eben diese Ausdifferenzierung verlangte. Letztlich aber setzte sich der in vier Phasen differenzierte Konjunkturzyklus als bevorzugtes Schema durch. So zählt Gottfried Haberler 1937 in seiner Synthese der zu dieser Zeit existierenden theoretischen Ansätze der Konjunkturanalyse die „vier Phasen des Zyklus" zu dessen „grundlegenden Tatsachen".[49] Wie wirkmächtig und nachhaltig das Modell war, zeigen Bemerkungen wie die von Rolf Fricke im Jahr 1958: „Der vierphasige hochkapitalistische Konjunkturzyklus beherrscht auch heute noch das Denken der Theoretiker, obwohl die praktische Entwicklung der Wirtschaft diesen Rhythmus seit dem Ausbruch des ersten Weltkrieges oder spätestens seit der Weltwirtschaftskrise nach 1932 nicht mehr erkennen läßt."[50]

Konzeptarbeit ist in der frühen Konjunkturforschung erkennbar auch Begriffsarbeit. Die entwickelten analytischen Kategorien müssen eindeutig benannt, die als notwendig erachteten Differenzierungen sprachlich markiert werden.[51] Mitchell widmet in seinen „Business Cycles" der „terminologischen Frage"[52] ein eigenes Kapitel und auch Arthur B. Adams schärft den Blick für die Begrifflichkeiten und deren Angemessenheit, erinnert aber zugleich an bereits vorhandene Konventionen: „It would be more logical to call the phenomena business waves rather than business

---

47 Mitchell: Der Konjunkturzyklus (1931), S. 377.

48 Ebd.

49 Haberler: Prosperität und Depression (1948 [1937]), S. 255.

50 Fricke: Wirtschaftsordnung und Konjunktur (1958), S. 23.

51 Vgl. z. B. die Präzisierung des Periodizitätsbegriffs bei Walter Heinrich, der zunächst von dessen Verwendung in einer bestimmten Gruppe theoretischer Ansätze, den kosmischen und psychologischen Konjunkturtheorien, ausgeht: „Unter Periodizität ist hier die vermeintlich stetige Wiederkehr nach einer gleichbleibenden Anzahl von Jahren, also eine bestimmte Länge des Zyklus, zu verstehen …" Und er ergänzt in einer angefügten Fußnote: „Die beiden anderen, oft mit dem Begriffe Periodizität verbundenen Bedeutungen, die Tatsachen, a) daß auf einen Aufschwung ein Umschwung und b) daß auf eine Stockung ein Aufschwung folgt, wollen wir nicht als Periodizität fassen, sondern als Abfolge der Wechsellagen oder Rhythmus." Ders.: Grundlagen einer universalistischen Krisenlehre (1928), S. 137.

52 Mitchell: Der Konjunkturzyklus (1931), S. 376.

cycles. However, we shall use the commonly accepted word cycle to designate the phenomenon."[53]

Daneben zeigen sich in der theoretischen Verständigung über das Konjunkturphänomen Versuche einer Setzung alternativer Termini für gleiche Beschreibungsinhalte – als wohl prominentestes Beispiel die von Arthur Spiethoff geprägten (und zunächst als deutsche Übersetzung verstandenen) Ausdrücke „Wechsellagen" und „Wechselspannen" für den Konjunkturverlauf (sowie dazugehörend die „Wechsellagenlehre"). Der von dem Bonner Ökonomen konsequent platzierte Alternativbegriff zur „Konjunktur" fand nicht nur in seinem engeren Umfeld in zahlreichen Einzelstudien Verwendung[54], sondern zog sich aufgrund der herausragenden Stellung Spiethoffs innerhalb der Forschungsrichtung (Bombach spricht vom „deutschen ‚Konjunkturpapst'"[55]) und des entsprechenden Referenzcharakters seiner Texte durch die weitere Literatur – zumeist versehen mit einem ergänzenden Hinweis auf die inhaltliche Deckungsgleichheit der Ausdrücke.[56] Derartige Anstrengungen der Etablierung einer alternativen Terminologie bilden jedoch die große Ausnahme. Gängiger ist der Rückgriff auf ein begrenztes, sich schnell verfestigendes Begriffsrepertoire, das abhängig von den jeweils vorgenommenen Akzentuierungen des Deutungsmodells erweitert werden konnte.

Dass sich die Konjunkturforscher:innen der Macht der Begriffssetzung bewusst waren, zeigt nicht nur das Spiethoffsche Beharren auf dem Ausdruck „Wechsellagen", dessen Verwendung in der Forschungsliteratur zugleich immer eine Reverenz an den Konjunkturforscher selbst und dessen Ansatz bedeutete. Auch andere Beiträger:innen zum Forschungsfeld und insbesondere die führenden Konjunkturinstitute schienen die Einflussnahme über terminologische Setzungen zu nutzen und eine entsprechende ‚Begriffspolitik' im innerfachlichen Austausch wie in die Gesellschaft hinein zu verfolgen. Dabei trug die Etablierung von Spezialtermini ebenso wie die Durchsetzung mit ihnen jeweils verknüpfter bestimmter Lesarten zur Stabilisierung der vertretenen Annahmen und Ansätze (und letztlich der gesamten Forschungsrichtung) bei. In diesem Sinne kann (neben dem praktischen Interesse) auch der Hinweis in der „Festschrift zum zehnjährigen Bestehen des Instituts für Konjunkturforschung" in Berlin 1936 auf „die Tatsache" verstanden werden, „daß bestimmte Begriffsbildungen, die aus unserer Arbeit erwachsen sind, sich in der

53 Adams: Economics of Business Cycles (1925), S. 30.

54 Vgl. hier die von Spiethoff herausgegebene Schriftenreihe „Beiträge zur Erforschung der wirtschaftlichen Wechsellagen Aufschwung, Krise, Stockung" (2/1929 ff.).

55 Bombach: Zyklen im Ablauf des Wirtschaftsprozesses (1992), S. 7.

56 Vgl. auch den Hinweis auf „Decknamen wie ‚wirtschaftliche Wellenbewegungen', ‚industrielle Schwankungen', ‚Wirtschaftsoszillationen'" bei Mitchell: Der Konjunkturzyklus (1931), S. 470.

Öffentlichkeit allgemein durchgesetzt haben."[57] Auch habe die „Erziehungsarbeit" des Instituts einen bewussteren Einsatz der Terminologie bewirkt:

> „Während früher Begriffe wie ,Konjunkturschwankung', ,Saisonbewegung', ,Krise', ,Depression' je nach der ,Schule', aus der der Autor stammte, im verschiedensten Sinne verwendet wurden, hat das Institut allmählich die öffentliche Diskussion, vor allem soweit sie in der Tagespresse geführt wurde, dazu gezwungen, sich einer eindeutigen und klaren Begriffsbildung zu bedienen."[58]

Mit der konzeptuellen Festlegung des Phasenablaufs der Wirtschaftszyklen wie der gleichzeitigen Einhegung und Schärfung der Begrifflichkeiten war auch eine entsprechende Erwartungshaltung an die Konjunkturanalyse selbst verbunden: nämlich die Anforderung, sich analog zur Konjunkturbewegung konsequent durch alle Zyklusphasen (in der gegebenen Abfolge) durchzuarbeiten. Mitchell formuliert diesen Anspruch wie folgt: „With whatever phase of the business cycle analysis begins, it must take for granted the conditions brought about by the preceding phase, postponing explanation of these assumptions until it has worked around the cycle and come again to its starting point."[59]

Nicht zuletzt lieferte die sich schnell durchsetzende Einteilung und Identifizierung des Konjunkturzyklus über seine Phasen auch ein wirkmächtiges Hilfsmittel zur Systematisierung und Vergleichbarkeit von Untersuchungszugängen und Ergebnissen der theoretischen wie der empirisch-statistischen Konjunkturanalyse: über die Bereitstellung eines allgemeingültigen Rahmens, in dem die einzelnen Forschungen sich positionieren[60], an dem sie sich aber auch kritisch abarbeiten konnten. Durch eine weitgehende Orientierung aller Vertreter:innen des neuen Forschungsgebiets an diesem Schema konnte eine formale Verdichtung der Erkenntnisse hergestellt werden, ohne dass sie sich jedoch eine inhaltliche Kongruenz abverlangen mussten. So hielt etwa Erich Preiser in seinen „Grundzügen der Konjunkturtheorie" (1933) noch einmal ausdrücklich fest: „Wir gebrauchen den Ausdruck Periodizität nur

57 N. N.: Zehn Jahre Institut für Konjunkturforschung. In: Charles J. Bullock u. a.: Beiträge zur Konjunkturlehre. Festschrift zum zehnjährigen Bestehen des Instituts für Konjunkturforschung. Hamburg 1936, S. 9–20; S. 14.

58 Ebd. Inwieweit der am Berliner Institut für Konjunkturforschung gerade in der Anfangszeit in den Monographien Wagemanns wie auch im Periodikum „Vierteljahrshefte zur Konjunkturforschung" intensiv eingesetzte Rhythmusbegriff selbst im Sinne einer solchen „Begriffspolitik" Verwendung fand, ließ sich nicht klären. Bekannt ist allerdings, dass Wagemann Wert auf eine klare Sprache in allen Publikationen des Instituts legte.

59 Mitchell: Business Cycles (1913), S. 571.

60 Vgl. Mitchell: Der Konjunkturzyklus (1931), S. 475: „Den besten Rahmen für eine Untersuchung über den Verlauf der Konjunkturzyklen geben die einzelnen Phasen: Aufschwung, Rückschlag, Depression und Erholung. Unsere ,Business Annals' und ebenso die Theorien passen sich diesem Schema gut an …"

in dem ganz allgemeinen Sinn der Aufeinanderfolge von Konjunkturzyklen. Über Zeitdauer und Amplitude der Schwankungen ist also damit nichts ausgesagt."[61]

2.3 Die Idee des „Normalzyklus"

Trotz der immer wieder zu findenden Hinweise, dass Konjunkturzyklen individuell verlaufen würden, galt – so jedenfalls der Kieler Konjunkturtheoretiker und spätere Finanzreferent und Wirtschaftsberater der US-amerikanischen Regierung, Gerhard Colm – „Regelmäßigkeit [...] als die Norm. Konjunkturforschung versuchte ausfindig zu machen, wie lange ein Aufschwung und ein Abschwung typischerweise dauern könnten."[62] So setzte sich die Vorstellung eines „‚normal' cycle"[63], eines „Normalzyklus"[64] beziehungsweise „normalen Konjunkturrhythmus"[65] durch, der in seiner standardisierten Anlage als heuristische Orientierungsmöglichkeit[66] wie

---

61 Erich Preiser: Grundzüge der Konjunkturtheorie. Tübingen 1933, S. 149. Friedrich August von Hayek, selbst Leiter des *Österreichischen Instituts für Konjunkturforschung* in Wien, problematisierte gerade diese Offenheit als eine Relativierung und damit Verharmlosung des Forschungsgegenstandes, die mit dem grundlegenden Konzept der Konjunktur beginne, sich aber verstärkt in der Terminologie zeige: „Es muß hier auch hervorgehoben werden, daß die neuere Auffassung, die an Stelle der Krise den gesamten Konjunkturzyklus zum Gegenstand der Erklärung macht, die Gefahr in sich birgt, daß gerade dem entscheidenden Problem immer weniger Beachtung geschenkt wird. Namentlich das Bestreben, dem Gegenstand unserer Theorie möglichst neutrale Namen, wie industrielle Schwankungen, ‚Wellenbewegungen des Wirtschaftslebens' u. dgl. beizulegen, droht das eigentliche theoretische Problem mehr in den Hintergrund treten zu lassen, als dies in der alten Krisentheorie der Fall war." Friedrich A. Hayek: Geldtheorie und Konjunkturtheorie. Wien, Leipzig 1929, S. 19 f.

62 Gerhard Colm: Entwicklungen in Konjunkturforschung und Konjunkturpolitik in den Vereinigten Staaten von Amerika. Kiel 1954 (= Kieler Vorträge N.F.H. 6), S. 8. Auch Mitchell, der terminologisch argumentiert, hält fest: „Das Substantiv ‚Zyklen' schließt jene Schwankungen aus, die nicht mit einer gewissen Regelmäßigkeit wiederkehren." Ders.: Der Konjunkturzyklus (1931), S. 471.

63 Swanson: Scandinavian Business Cycle Theory (1944), S. 273.

64 Mitchell: Der Konjunkturzyklus (1931), S. 245.

65 N. N.: Zur weltwirtschaftlichen Lage. In: Vierteljahrshefte zur Konjunkturforschung 1/1926, H. 3, S. 5 f.; S. 6.

66 Vgl. den Hinweis von Arthur Spiethoff, dass es dank des Konjunkturmodells „möglich" geworden ist, „jeden Augenblick festzustellen, an welchem Punkte das Wirtschaftsleben sich befindet." Zit. n. Brück: Die Konjunktur- und Krisentheorien der Österreichischen Nationalökonomie und der jüngeren Historischen Schule (2009), S. 168.

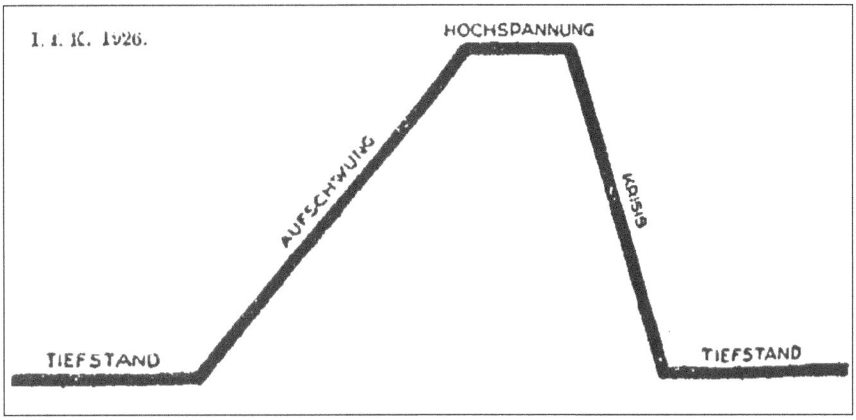

Abb. 4: „Schema des Konjunkturverlaufs" des Berliner *Instituts für Konjunkturforschung*. U. a. abgedruckt in: Vierteljahrshefte zur Konjunkturforschung 1/1926, H. 1, S. 15.

Referenz gleichermaßen diente. Konjunkturforschung fand „unter Zugrundelegung des idealtypischen Bildes"[67], des „abstrakten Schema[s] des ‚reinen' Zyklus"[68] statt.

Die „Vierteljahrshefte zur Konjunkturforschung" etwa arbeiteten mit einem „Schema des Konjunkturverlaufs" (Abb. 4), das zwar explizit Raum für individuelle Zyklusausformungen ließ, über die Einteilung der Wirtschaftsbewegung in die bereits angesprochenen, fest aufeinander folgenden Phasen „Tiefstand (Depression)", „Aufschwung", „Hochspannung" und „Krisis" sowie deren typisierte Darstellung aber die Vorstellung eines standardisierten Verlaufs evozierte. Auch dort, wo der tatsächliche Konjunkturverlauf alles andere als regelmäßig verlief, wurde eine erkannte Tendenz zum Rhythmischen als Bewegung hin zur Normalisierung akzentuiert. So heißt es etwa gleich im ersten Heft des ersten Jahrgangs 1926:

> „Seit der Währungsstabilisierung läßt die deutsche Wirtschaft wieder einen deutlich sichtbaren Rhythmus der Konjunktur erkennen. Der Zyklus, der vom Tiefstand zum Aufschwung, zur Hochspannung, zur Krisis und wieder zum Tiefstand führt, tritt seit Anfang 1924 immer klarer hervor. Von den konjunkturellen Gezeiten der Vorkriegswirtschaft unterscheidet sich jetzt die Wirtschaftsbewegung fast nur durch die kürzere Phasendauer".[69]

Das hinter den Ausführungen liegende idealtypische Modell wird von Ernst Wagemann wie folgt gefasst:

67 Kuschmann: Die Untersuchungen des Berliner Instituts für Konjunkturforschung (1933), S. 27.

68 Adolf Löwe: o. T. In: Aftalion u. a.: Der Stand und die nächste Zukunft der Konjunkturforschung (1933), S. 154–160; S. 157.

69 N. N.: Einleitung. Weltwirtschaftliche Zusammenhänge des Konjunkturverlaufs. In: Vierteljahrshefte zur Konjunkturforschung 1/1926, H. 1, S. 9–49; S. 47.

> „Der typische Konjunkturverlauf gliedert sich in mehrere Phasen. Wir verstehen unter einer *Konjunkturphase eine bestimmte Konstellation der Wirtschaftselemente, d. h. ein System wirtschaftlicher Bewegungsrelationen*, wirtschaftlicher Bewegungsverflechtungen. Die Phasen kehren in einer bestimmten Reihenfolge (Turnus) immer wieder, so daß sie sich zu einem Zyklus zusammenschließen.“[70]

Am Anfang zahlreicher einschlägiger Abhandlungen findet sich die exponierte Darstellung des typischen Verlaufsmodells, das die rhythmische Organisation der Konjunkturbewegung in ein Grundschema alternierender Bewegungsrichtungen und entsprechender Umschlagpunkte einpasst und über dessen formale Regelhaftigkeit nicht zuletzt Geschlossenheit suggeriert. Arthur Spiethoff präsentiert in seinem Überblicksartikel zu den „wirtschaftlichen Wechsellagen“ eine – so Spiethoff selbst – „lehrmäßige Uebersicht, die eine Art Musterkreislauf darstellt, bei dem es natürlich ohne Verallgemeinern und Gleichmachen nicht abgeht“.[71] Das von ihm vorgeschlagene Ablaufschema (Abb. 5) konnte sich jedoch letztlich gegenüber dem noch einmal deutlich reduzierten, in einer Sinuskurve visualisierten vierteiligen Aufschwung-Hochphase-Abschwung-Krise-Modell nicht durchsetzen, das bis heute in Abhandlungen zur Konjunkturforschung aufgerufen wird.[72]

Auf dieses reduzierte Modell greift auch der österreichische Konjunkturforscher Oskar Morgenstern zurück, wenn er (in expliziter Anlehnung an Max Webers sozialanalytisches Verfahren der Bildung von Idealtypen) den Einfluss „erratischer Restschwankungen“ auf die Wirtschaftsbewegung diskutiert – können diese doch, so Morgenstern, „manchen schönen zyklischen oder periodischen Ablauf stören.“[73] Im Verhältnis der „aktuellen Periode“ zur „ideellen Periode“ (Abb. 6) bleibe trotz äußerer Einflüsse „die ideelle Periode […] das gültige Schema, an das sich der aktuelle Kurvenverlauf nicht nur annähert, sondern das er auch tatsächlich erreichen muß.“[74]

Dass es sich beim „Idealzyklus“ um ein Konstrukt handelt, das nicht nur eine Folie empirischer Konjunkturforschung darstellt, sondern auch als deren Ergebnis erscheint, hebt – analog zu Morgenstern unter Verweis auf Max Webers sozialwissenschaftliche Methode des idealtypischen Verfahrens – der Berliner, später Leipziger Ökonom und Statistiker Rudolf Meerwarth in seiner „Einführung in die empirische Nationalökonomie“ (1925) hervor. Mit Blick auf den von ihm betrachteten *Economic Service des Harvard University Committee on Economic Research* schreibt

70 Wagemann: Einführung in die Konjunkturlehre (1929), S. 103; Herv. i. Orig.

71 Spiethoff: Krisen (1925), S. 38. Selbstkritisch ergänzt er: „Die Mannigfaltigkeit der Wirklichkeit ist allerdings so groß, daß es zuweilen zweifelhaft bleibt, welcher Wechselstufe ein bestimmtes Jahr zuzuweisen ist.“ Ebd.

72 Vgl. die einschlägigen Abbildungen im Anhang dieser Arbeit.

73 Morgenstern: Wirtschaftsprognose (1928), S. 15. Zu den „erratischen Restschwankungen“ vgl. auch die Ausführungen in Kap. VI.3.2.

74 Morgenstern: Wirtschaftsprognose (1928), S. 15.

Musterkreislauf der wirtschaftlichen Wechsellagen und Wechselstufen.

Stockung	Niedergang	Sinken der Kapitalanlage, des Eisenverbrauches, der Eisenerzeugung, des Leihzinses.
	1. Anstieg	Aufhören der Senkung der Eisenerzeugung, des Eisenverbrauches, der Kapitalanlage und beginnende schwache Aufwärtsbewegung.
Aufschwung	2. Anstieg	Erheblich vermehrte Kapitalanlage, namentlich in Aktien. Der Eisenverbrauch nähert sich dem Gipfel des früheren Hochschwungs.
	Hochschwung	Steigender Leihzins, Ueberhöhung des Eisenverbrauches.
	Kapitalmangel	Schwierigkeit der Kapitalbeschaffung: Abnahme der Kapitalanlage, hoher Leihzins, Abflauen der Aktienkurse, Abnahme des Wohnungsbaues, Abflauen des Eisenverbrauches.
Krise		Zusammenbruch des Kredites, gehäufte Zahlungseinstellungen.

Abb. 5: „Musterkreislauf der wirtschaftlichen Wechsellagen und Wechselstufen". Aus: Spiethoff: Krisen (1925), S. 38.

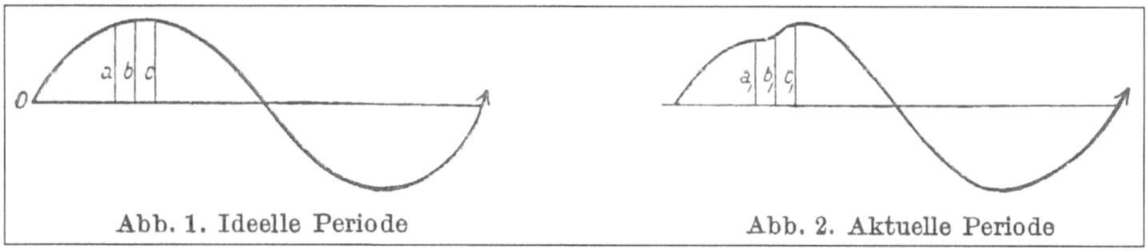

Abb. 6: „Ideelle Periode" und „Aktuelle Periode". Aus: Morgenstern: Wirtschaftsprognose (1928), S. 15.

Meerwarth: „Was ist nun eben – vom logischen Gesichtspunkt aus betrachtet – geschildert worden? Eine Entwicklung, ein Konjunkturablauf, konstruiert – um in der Ausdrucksweise Max Webers zu bleiben – als Idealtypus."[75] Auf der Basis empirischer Daten – hier der ökonomischen Reihen einer bestimmten Zeitspanne – werde

75 Rudolf Meerwarth: Nationalökonomie und Statistik. Eine Einführung in die empirische Nationalökonomie. Berlin, Leipzig 1925, S. 497. Vom „Idealtypus des Konjunkturverlaufes" spricht auch Löwe: Der gegenwärtige Stand der Konjunkturforschung in Deutschland (1925), S. 373.

„nicht der ‚wahre' Ablauf oder der ‚normale' Ablauf der Entwicklung geschildert", sondern „vielmehr eine idealtypische Konstruktion, ein Idealtypus errichtet."[76] Und Max Weber direkt zitierend: „In seiner begrifflichen Reinheit ist dieses Gedankenbild nirgends in der Wirklichkeit empirisch vorfindbar, es ist eine Utopie".[77] Der „Ökonomische Dienst" habe

> „die ‚Idee' eines Konjunkturablaufs zu zeichnen versucht. Ob die ‚Idee' glücklich gezeichnet ist, ob die Ursachenverknüpfung gut vollzogen ist, ob nicht überhaupt an entscheidenden Stellen eine eigentliche Ursachenverknüpfung fehlt, kann hier nicht untersucht werden, soll hier, wo es sich nicht um eine empirische, sondern zunächst um eine logische Untersuchung handelt, nicht erörtert werden. Es wird vielmehr angenommen, die idealtypische Entwicklung sei vom Ökonomischen Dienst gut konstruiert worden."[78]

Max Weber hatte in erfahrungswissenschaftlicher Perspektive unter anderem am Beispiel der vom Gleichgewichtsansatz dominierten abstrakten Wirtschaftstheorie sein epistemologisches Prinzip der Idealtypen erläutert:

> „Wir haben in der abstrakten Wirtschaftstheorie ein Beispiel jener Synthesen vor uns, welche man als ‚*Ideen*' historischer Erscheinungen zu bezeichnen pflegt. Sie bietet uns ein Idealbild der Vorgänge auf dem Gütermarkt bei tauschwirtschaftlicher Gesellschaftsorganisation, freier Konkurrenz und streng rationalem Handeln. Dieses Gedankenbild vereinigt bestimmte Beziehungen und Vorgänge des historischen Lebens zu einem in sich widerspruchslosen Kosmos *gedachter* Zusammenhänge. Inhaltlich trägt diese Konstruktion den Charakter einer *Utopie* an sich, die durch *gedankliche* Steigerung bestimmter Elemente der Wirklichkeit gewonnen ist."[79]

Dieses utopische Konstrukt dient laut Weber dazu, die tatsächlichen Zusammenhänge besser durchdringen, sie „an einem *Idealtypus* pragmatisch *veranschaulichen* und verständlich machen"[80] zu können. Geschaffen wird der Idealtypus durch „einseitige *Steigerung eines* oder *einiger* Gesichtspunkte und durch Zusammenschluß einer Fülle von diffus und diskret, hier mehr, dort weniger, stellenweise gar nicht, vorhandenen Einzelerscheinungen, die sich jenen einseitig herausgehobenen Gesichtspunkten fügen".[81] So entsteht ein „einheitliches *Gedanken*bild", eine Idee, die „nirgends in der Wirklichkeit empirisch vorfindbar" ist und an der sich die historischen Erscheinungsformen spiegeln lassen.[82]

---

76 Meerwarth: Nationalökonomie und Statistik (1925), S. 497.

77 Ebd.

78 Ebd.

79 Max Weber: Die „Objektivität" sozialwissenschaftlicher und sozialpolitischer Erkenntnis (1904). In: ders.: Gesammelte Aufsätze zur Wissenschaftslehre. 3., erw. u. verb. Aufl. Tübingen 1968, S. 146–214; S. 190; Herv. i. Orig.

80 Ebd., S. 190; Herv. i. Orig.

81 Ebd., S. 191; Herv. i. Orig.

82 Ebd.; Herv. i. Orig.

Weber formuliert damit, ohne die zyklenorientierte Konjunkturforschung überhaupt im Blick gehabt zu haben, geradezu deren Blaupause – und er deutet zugleich auch deren epistemische Herausforderungen an. Wird von Max Weber der Idealtypus streng von einem „Gedanke[n] des Seinsollenden, ‚Vorbildlichen'"[83] unterschieden, sieht er doch die Gefahr einer Vermischung – etwa indem der Idealtypus als der „‚eigentliche' Gehalt", als „das ‚Wesen' der geschichtlichen Wirklichkeit" verstanden wird oder „man gar die ‚Ideen' als eine hinter der Flucht der Erscheinungen stehende ‚eigentliche' Wirklichkeit, als reale ‚Kräfte' hypostasiert".[84] Grundsätzlich sind – so der Entwurf von Weber – die Idealtypen von den „‚Ideen' einer Epoche"[85], den Idealen im landläufigen Wortsinn, heuristisch zu unterscheiden; dennoch ergeben sich aber durchaus Verbindungen zwischen beiden. Hier kann dann – und Weber spricht damit einen Aspekt an, der bei der konjunkturwissenschaftlichen Zyklenforschung in den angeführten und weiteren Beispielen vielfach zu beobachten ist – eine Verschiebung der erfahrungswissenschaftlich erarbeiteten Idealtypen von ihrem epistemischen Hilfscharakter hin zu einer Verwendung „im praktischen Sinne", als „vorbildliche Typen, welche [...] das enthalten, was [...] sein soll", eintreten – kurz: Die Idealtypen werden zum Normativ, an dem die Wirklichkeit nicht mehr nur „vergleichend *gemessen*", sondern eben auch „wertend *beurteilt*" wird.[86]

Dieses normative Potenzial klingt auch bei Norbert Naphtali Pinkus an, der sich in seinen bereits 1906 vorgelegten metaperspektivischen Vermessungen des „Normalen in der Nationalökonomie"[87] speziell mit Abhandlungen zum „Krisenproblem" beschäftigte und hier die Verbindungen zwischen dem als „normal" Markierten und eigenen Einstellungen und Urteilen der Forschenden herausarbeitete. Ausgangspunkt von Pinkus' Anstrengungen ist seine Beobachtung, dass „Erörterungen über das Wesen des Normalen [...] von den meisten Nationalökonomen für unnötig gehalten" würden. Zugleich aber „operierte[n]" diese mit dem „Begriff bei verschiedenen Gelegenheiten wie mit etwas Feststehendem, ohne zu merken, daß er dabei seinen Sinn änderte".[88] Das „wirtschaftlich Normale" müsse vor diesem

83 Ebd., S. 192.

84 Ebd., S. 195.

85 Ebd.

86 Ebd., S. 199; Herv. i. Orig.

87 Norbert Naphtali Pinkus: Das Problem des Normalen in der Nationalökonomie. Beitrag zur Erforschung der Störungen im Wirtschaftsleben. Leipzig 1906. Reflexionen zum Begriff des „Normalen" finden sich auch bei Walter Heinrich – mit Blick auf die Gleichgewichtstheorie („normal" heißt „im Gleichgewicht") über die Gleichsetzung von „normal" und „regelmäßig" und die Vorstellung, „daß der kapitalistischen Wirtschaft der Zyklus der Konjunkturen das ‚Normale' sei" (S. 188) bis hin zu „Normalität" als dem „Zustande ausgeglichener Entsprechung der Leistungen" (S. 189); ders.: Grundlagen einer universalistischen Krisenlehre (1928), S. 187–189.

88 Pinkus: Das Problem des Normalen in der Nationalökonomie (1906), S. 248.

Hintergrund als eine „teleologische Kategorie“[89] verstanden werden: Das „Normale“ und das „Ideale“ rücken zusammen[90]; sie sind „gleichsam optische Gläser, die mit unserem geistigen Auge verwachsen sind und die uns die wirtschaftliche Welt in rosigen oder düsteren Farben, in vergrößerter oder verkleinerter Gestalt sehen lassen, die endlich den einen das Erstrebenswerte dicht in der Nähe, den anderen dagegen – in die Ferne entrückt zeigen.“[91]

Während Pinkus in der Konsequenz seiner wissenschaftsreflexiven Studien versucht, selbst eine von Werturteilen unabhängige Krisentheorie zu entwickeln, verfolgt Wesley C. Mitchell eine andere Stoßrichtung. Auch er setzt sich – ausgehend von der Idee des „Normalzyklus“ – kritisch mit dem Begriff des „Normalen“ und dessen Tendenz zur Uneindeutigkeit auseinander:

> „Wenn unter ‚normal‘ ein von ‚störenden Ursachen‘ freier Zustand als gewöhnlich angesehen wird, so zeigen die ‚Annals‘ [die vom *National Bureau of Economic Research* herausgegebene Sammlung von Wirtschaftsdaten; S.W.] als einzig normalen den Wechsel. Das kann aber nicht gemeint sein. [...] Bedeutet ‚normal‘ andererseits nicht den für gewöhnlich herrschenden, sondern einen als erwünscht angesehenen Zustand der Wirtschaft, so ist das ebenfalls eine Illusion, wenn auch vielleicht eine nützliche.“[92]

Mitchell rät grundsätzlich davon ab, ein „so zweideutiges Wort wie ‚normal‘“ zu verwenden[93], auch und nicht zuletzt, da die offensichtlich attraktive „Vorstellung eines ‚normalen‘ Zyklus“ als Ausgangspunkt der Konjunkturanalyse („Man hat die Gleichförmigkeit des Konjunkturzyklus [...] übertrieben“, hält er an einer Stelle disziplinenkritisch fest) „das Problem zu sehr vereinfacht“ habe.[94] Die Idee des „Normalzyklus“ berge die Gefahr des normativen Charakters in sich, der bereits im Erkenntnisprozess wirksam werde und entsprechend an den konkreten Forschungsprogrammen ablesbar sei. „Selbst die Statistiker“, so Mitchell,

> „ließen sich zunächst von diesem Begriff der ‚Normalität‘ gefangen nehmen. Sie bemühten sich eifrigst, die ‚Periodizität der Krisen‘ festzustellen, die durch Krisen wie die von 1815, 1825, 1836, 1847, 1857 und 1866 suggeriert wurde. Dieser Wunsch bestimmte auch die Auswahl und Bearbeitung ihrer Daten.“[95]

---

89 Ebd., S. 263; Herv. i. Orig. Pinkus selbst versuchte eine von Werturteilen unabhängige Krisentheorie zu entwickeln; vgl. ebd., S. 264–291.

90 Pinkus findet diesen Gedanken der Identität von „Normalem“ und „Idealem“ unter anderem bei Gabriel Tarde, mit dessen 1902 erschienener „Psychologie économique“ und den dort enthaltenen Vorstellungen zum Normalen er sich eingehend beschäftigt; vgl. insb. ebd., S. 251.

91 Ebd., S. 262.

92 Mitchell: Der Konjunkturzyklus (1931), S. 375.

93 Ebd.

94 Ebd., S. 383.

95 Ebd.

Die hier angesprochenen forschungspraktischen Effekte der Idee des „Normalzyklus", die erkennbare „Drift zum Normalen"[96], aber auch das weniger eindeutige Aus- und Einrichten der Forschungsprogramme auf die bzw. an der Vorstellung eines – dann wiederum durchaus unterschiedlich gefassten – rhythmischen Konjunkturverlaufs sollen im folgenden Kapitel weiter verfolgt und genauer betrachtet werden. Im Zentrum stehen dabei die Prozeduren und Techniken der theoretischen sowie insbesondere der empirischen Konjunkturforschung, ihre konzeptuellen Orientierungen wie methodischen Settings.

3 Arbeit an der Regelmäßigkeit – Prozeduren der Rhythmusbildung

3.1 „... cycles being produced rather than identified"

Gegen Ende seiner Ausführungen zu einer „Theorie der Konjunkturschwankungen" (1926) reflektiert der damalige Kieler Privatdozent für Wirtschaftliche Staatswissenschaften Rudolf Stucken noch einmal abschließend sein Vorgehen. Dabei scheint es ihm hervorhebenswert zu sein, dass das „Bild des Konjunkturverlaufs, das hier zur Darstellung gebracht wurde, [...] unter mannigfachen Abstraktionen gewonnen"[97] wurde. Es war, so Stucken, „nicht Aufgabe dieser Untersuchung", „das Bild des Konjunkturverlaufs weitmöglichst der Wirklichkeit anzupassen". Stattdessen habe sein Vorgehen darauf gezielt, „nur diejenigen Tatsachen" in die Überlegungen einzubeziehen, „deren Existenz für die Entwicklung des Schwankungszustandes als unentbehrliche Voraussetzung erschien."[98] Sein Fachkollege Hans Peter, Privatdozent an der Universität Tübingen, weist – nun für die empirisch ausgerichtete Konjunkturforschung – darauf hin, dass „statistische[s] Material zunächst nichts als eine rohe, formlose Masse [ist], die der ordnenden Hand bedarf."[99] Ähnlich beschreibt Wesley Clair Mitchell die Komplexität und Verworrenheit des vorgefundenen statistischen Ausgangsmaterials: „Erscheinungen von so komplizierter Struktur [gemeint sind die ‚in ihrer Amplitude und ihrer Periodenlänge erheblich voneinander abweichenden Konjunkturzyklen'; S.W.] können durch ein einfaches Verfahren nicht adäquat erfasst werden. Eine getreue graphische Darstellung von Konjunkturzyklen wäre ein unentwirrbarer Knäuel aus Hunderten von Kurven."[100] Zwar würde „[z]weifellos [...] die Schattierung, die bei solcher Darstellung durch die Häufung von Linien auf

96 Tanner: Wirtschaftskurven (2002), S. 151.

97 Rudolf Stucken: Theorie der Konjunkturschwankungen. Jena 1926, S. 66.

98 Ebd.

99 Peter: Grenzen der Statistik in der Konjunkturforschung (1930), S. 15. Heinz Kuschmann spricht fast wortgleich von „einer rohen statistischen Reihe", die der Bearbeitung bedürfe, um „wenigstens annähernd die Bewegung der wirtschaftlichen Wechsellagen herauszulösen." Ders.: Die Untersuchungen des Berliner Instituts für Konjunkturforschung (1933), S. 6.

100 Mitchell: Der Konjunkturzyklus (1931), S. 305.

bestimmten Flächen und ihre dünne Verteilung an anderen Stellen entsteht, einen interessanten Gesamteindruck ergeben"[101], sie wäre jedoch der gewünschten analytischen Zugänglichkeit alles andere als zuträglich (eine „getreue Wiedergabe" hätte „zweifelhaften Wert"[102], schreibt Mitchell), so dass sich eine ganze Reihe von Verfahren der „Bereinigung"[103], der „Eliminierung"[104] störender Faktoren, der „Glättung", des „Ausgleichens" und „Transformierens" herausbildeten, die den Verlauf der Konjunktur, die „‚reine' Konjunkturbewegung"[105], hervortreten ließen und so für die jeweiligen interpretatorischen Ansätze vorbereiten sollten. „Noch ehe man an die Arbeit der empirischen Konjunkturanalyse gehen [...] kann", betont Adolph Wagner mit Blick auf die frühe wie die gegenwärtige Konjunkturforschung, „muss man vorab bereits [...] per Entscheidung eine Klarheit schaffen, ob und wie das Konjunkturphänomen aus dem statistischen Bild der gesamtwirtschaftlichen Entwicklung [...] herausgeschält wird."[106] Hierfür entstand ein Repertoire an Techniken und Strategien, die entwickelt, erprobt, modifiziert und auch wieder verworfen wurden.

In der empirischen Konjunkturforschung trat also schon bald neben die Abfrage und Zusammenstellung aktuellen statistischen Zahlenmaterials sowie (für eine historische Verlängerung) die „fleißige Sammlung und kritische Sichtung zahlloser Berichte, Zeitschriften, Flugschriften"[107] eben auch dessen Bearbeitung, welche – und das wird noch genauer zu zeigen sein – intentional an die Idee der Rhythmizität des Konjunkturverlaufs geknüpft ist. Es entspannte sich eine Diskussion darüber, „[i] n welcher Form man statistische Reihen transformieren soll, um ihre wichtigen Eigenschaften und Beziehungen aufzudecken"[108], die als „Aufeinanderfolge typischer

101 Ebd.

102 Ebd.

103 Adolf Löwe spricht davon, dass „das Urmaterial in der Regel ‚gereinigt'" werde; ders.: Der gegenwärtige Stand der Konjunkturforschung in Deutschland (1925), S. 373.

104 Exemplarisch Mitchell: Der Konjunkturzyklus (1931), u. a. S. 365, 467; Ellen Quittner-Bertolasi: Das Verhältnis von Trend und Konjunkturzyklen als mathematisch-ökonomisches Problem. Mit 5 graphischen Darstellungen. Leipzig 1933 (= Veröffentlichungen der Frankfurter Gesellschaft für Konjunkturforschung N.F. Bd. 7), S. 12.

105 Löwe: Der gegenwärtige Stand der Konjunkturforschung in Deutschland (1925), S. 374.

106 Adolf Wagner: Konjunkturtheorie – zum Wandel der Begriffe und Modelle. In: Konjunkturforschung heute – Theorie, Messung, Empirie. Beiträge zum wissenschaftlichen Kolloquium am 18./19. November 1999 in Wiesbaden. Wiesbaden 2000 (= Forum der Bundesstatistik, hg. v. Statistischen Bundesamt, Bd. 35), S. 46–61; S. 49.

107 Mitchell: Der Konjunkturzyklus (1931), S. 359. Mitchell beschreibt, dass der Leiter der vom NBER herausgegebenen „Business Annals" für seine Datensammlung, die für die USA bis ins Jahr 1790, für andere Länder bis ins 19. Jahrhundert zurückgeht, die „reichen Quellen der New Yorker Public Library nach offiziellen Dokumenten, Berichten, Flugblättern und Zeitschriften sowie nach Büchern, die systematisch oder auch zufällig die Wirtschaftsverhältnisse verschiedener Länder behandeln", sichtete und zudem auf „großzügige Mitarbeit einiger ausländischer Gelehrter" zurückgriff; ebd., S. 360.

108 Ebd., S. 357.

Bewegungen“[109] gedacht und konturiert wurden – bisweilen so konsequent und selbst für Außenstehende unverkennbar, dass dieses Vorgehen Gegenstand etwa auch medialer Kommentare wurde: „Man kann sich“, schreibt der *Hannoversche Kurier* vom 19. September 1928 über das Berliner *Institut für Konjunkturforschung*, „des Eindrucks nicht erwehren, als ob das Institut [...] einen bestimmten Ablauf der Konjunktur haben will und sich alle erdenkliche Mühe gibt, diesen Zustand, wenn auch mit schmerzlichen Einschränkungen, abzuleiten.“[110]

Wie aber sah diese ‚Arbeit am Rhythmus' (der Konjunktur) konkret aus? Mit welchen Techniken, Strategien und Methoden erfolgte die konzeptuelle Sichtbarmachung des konjunkturellen Wirtschaftsverlaufs (sowie damit auch: dessen Hervorbringung[111]) und welche Rolle spielte dabei die grundsätzliche Annahme der Expert:innen, dass die zu analysierenden Konjunkturbewegungen rhythmisch organisiert sind? In den folgenden Abschnitten dieses Kapitels soll exemplarisch vertiefend das Vorgehen konjunkturwissenschaftlicher Forschung untersucht werden. Im Zentrum des Blicks auf die verschiedenen innerdisziplinären Diskussionslinien und aus ihnen heraus entwickelten Praktiken der Konjunkturanalyse stehen insbesondere die vorwiegend empirisch ausgerichteten, neu gegründeten Institute und deren Arbeitsweise, auch wenn sich im Verlauf der Ausführungen zeigen wird, dass es im Hinblick auf die hier behandelte Fragestellung durchaus konzeptuelle wie arbeitspraktische Ähnlichkeiten zwischen theoretischen und empirisch-statistischen Ansätzen gibt, die landläufige Unterscheidung also alles andere als trennscharf ist. Entsprechend werden auch konjunkturtheoretische Äußerungen argumentativ einbezogen.

3.2 Auswählen, Zurichten, Verstärken: zur Praxis der Konjunkturanalyse

Ein frühes Vorbild für die praktische Arbeit der neu gegründeten Konjunkturforschungsinstitute war das von Charles J. Bullock (1869–1941) und Warren M. Persons (1878–1937) im *Harvard University Committee on Economic Research* entwickelte und systematisch angewandte Analyseverfahren, das sogenannte „Harvard-Barometer“[112], welches seit seiner Etablierung 1919 in verschiedenen Publikationen

109 Ebd.

110 Zit. n. Kulla: Die Anfänge der empirischen Konjunkturforschung (1996), S. 16.

111 Olav Bjerkholt spricht bezeichnend von „cycles being produced rather than identified“; ders.: Frisch's Econometric Laboratory and the Rise of Trygve Haavelmo's Probability Approach. In: Econometric Theory 21/2005, H. 3, S. 491–533; S. 495. Jens Christopher Andvig sieht „collection and manipulation“ als die Kernaufgaben des empirischen Forschungsprogramms der Konjunkturanalyse: „The manipulation was necessary in order to highlight the ‚real' cyclical component in any given series.“ Ders.: Ragnar Frisch and Business Cycle Research during the Interwar Years (1992 [1981]), S. 72.

112 Im Einsatz war das „Harvard-Barometer“ bis zur Weltwirtschaftskrise, wo es fundamental irrte und danach aufgegeben wurde; eine detaillierte Vorstellung des Barometers fin-

detailliert vorgestellt wurde (darunter auch „gemeinverständliche Darstellungen", die für eine noch größere Verbreitung des Zugangs sorgen sollten[113]). Vom *Harvard Committee* wurde eine Konjunkturvorstellung vertreten und popularisiert, die von der Grundidee ausging, dass „es sich bei diesen Wellenlinien um die Darstellung eines mehrfachen Rhythmus des Wirtschaftslebens handelt, der also in seine einzelnen Komponenten zerlegt werden muß"[114] – so Walter Heinrich in seiner Beschreibung und Einordnung des Verfahrens. Die methodischen Bemühungen von Bullock, Persons und ihren Mitstreiter:innen galten der Erschaffung und dem Einsatz eines „Schema[s], durch das die Mannigfaltigkeit der Wirtschaftsbewegung aufgespalten und gruppiert"[115] werden konnte. Das propagierte Vorgehen zielte dabei erstens auf die Herausarbeitung des möglichst „reinen" Konjunkturverlaufs aus einem vorgefundenen heterogenen Datenmaterial mit Hilfe statistisch-mathematischer Verfahren und zweitens auf die Analyse der Wirtschaftsentwicklung mittels Indizes, die in der aus drei jeweils für einen Bereich der Gesamtwirtschaft aggregierten Kurven (A-Kurve, B-Kurve und C-Kurve) zusammengesetzten „ABC-Chart" visualisiert wurden.

Von den Harvard-Methoden ging eine enorme Strahlkraft auf die empirisch-statistische Konjunkturforschung nicht nur in den USA, sondern weltweit aus; das Verfahren wurde intensiv rezipiert (durch Lektüre der Veröffentlichungen, den Austausch auf Konferenzen, aber auch durch Forschungsaufenthalte vor Ort[116]), angewandt, diskutiert (es gibt eine Fülle von Publikationen, insbesondere auch Qualifizierungsarbeiten, die sich speziell mit dem Harvard-Barometer oder einem seiner Elemente kritisch auseinandersetzen) und – den eigenen Bedürfnissen oder nationalen Gegebenheiten entsprechend – modifiziert. Daher erscheint es für die Strukturierung der nachfolgenden Überlegungen sinnvoll, entlang der Ausführungen zur Harvard-Methodik zu argumentieren und diese mit anderen (empirischen wie theoretischen) Zugängen zusammenzubringen. Die so aus dem diskursiven

---

det sich in: The Review of Economic Statistics 1/1919, eine kritische Diskussion bei Oskar Anderson: Zur Problematik der empirisch-statistischen Konjunkturforschung. Kritische Betrachtung der Harvard-Methoden. Bonn 1929 (= Veröffentlichungen der Frankfurter Gesellschaft für Konjunkturforschung Bd. 1).

113 Ebd., S. 10; vgl. zum Anleitungscharakter der Publikationen auch Meerwarth: Nationalökonomie und Statistik (1925), S. 495. Eine tabellarische Gegenüberstellung der Phasenmodelle des *Harvard Committee*, des Berliner *Instituts für Konjunkturforschung* und des Spiethoffschen *Wirtschaftsdienstes* findet sich bei Heinrich: Grundlagen einer universalistischen Krisenlehre (1928), S. 157 f.

114 Ebd., S. 146.

115 N. N.: Zehn Jahre Institut für Konjunkturforschung (1936), S. 16.

116 Vgl. exemplarisch die Forschungsaufenthalte von Friedrich von Hayek und Ludwig von Mises in den USA, um sich mit den dortigen Methoden der Konjunkturanalyse vertraut zu machen; bei Reichmann heißt es: „Hayek war Teil eines transatlantischen *brain drains* von Amerika nach Europa"; ders.: Die Disziplinierung des ökonomischen Wandels (2010), S. 50.

Material gewonnenen Einsichten in die Prinzipien und zugleich Techniken der konjunkturwissenschaftlichen ‚Arbeit am Rhythmus' werden entsprechend diesem Vorgehen in drei analytischen Zuschnitten verdichtet.

Technik 1: Der selektive Blick (Akzentuieren und Ignorieren)

In der 1919 erschienenen Vorabausgabe der institutseigenen Zeitschrift „The Review of Economic Statistics" gab das *Harvard Committee* einen umfassenden Einblick in seine Arbeitsweise, die sich als ein Bündel unterschiedlicher Praktiken und Verfahren erweist. Die Darstellung beginnt mit der Erhebung des statistischen Materials:

> „Handelszeitungen, Wirtschaftsjournale und amtliche Veröffentlichungen wurden nach geeignetem Material durchforscht. Einige 50 Reihen kamen in Betracht: hiervon wurden 23 Reihen zergliedert, bereinigt und verglichen; 3 Reihen – die Tagesgeldsätze, die Schiffstonnage des auswärtigen Handels der Vereinigten Staaten und die Neugründungen von Firmen in den östlichen Staaten – wurden als nicht geeignet für unsere Zwecke ausgemerzt. Die verbleibenden 20 Reihen zeigen charakteristische Konjunkturschwankungen oder wellenartige Bewegungen, die mit Ebbe und Flut des Geschäftsgangs zusammenhängen."[117]

Mit dem Idealbild eines rhythmischen Wirtschaftsverlaufs im Kopf kamen offensichtlich bereits bei der Auswahl der verwendeten statistischen Datenreihen Techniken zum Einsatz, mit denen die vorgefundene ökonomische ‚Wirklichkeit' diesem Idealbild angepasst wurde. Eine der niedrigschwelligen, wenig aufwendigen, oft nicht einmal bewusst vorgenommenen und entsprechend wenig reflektierten Prozeduren der konjunkturanalytischen Rhythmusarbeit ist die in der zitierten Passage angesprochene, wenn auch nicht näher thematisierte Auswahl „geeigneter Kurven" zur näheren Betrachtung bei gleichzeitigem Ausschluss der weniger geeigneten Kurvenverläufe. Als (verdecktes) Kriterium diente dabei die „Regelmäßigkeit" der Reihen.[118] Es wurde also keineswegs das verfügbare Wirtschaftsdatenmaterial in seiner Umfänglichkeit für die Analyse nutzbar gemacht, sondern vielmehr die an das eigene Konjunkturkonzept gekoppelte Erwartungshaltung als Bewertungsmaßstab für die Eignung der vorhandenen Datensätze eingesetzt. Im Fall des Harvard-Barometers sind es nicht nur die benannten „3 Reihen", die von vornherein als inadäquat

117 Warren M. Persons: An Index of General Business Conditions. In: The Review of Economic Statistics 1/ 1919, H. 2, S. 111–117; S. 111; zit. n. der deutschen Übersetzung bei Wagemann: Einführung in die Konjunkturlehre (1929), S. 39. Der Begriff „ausgemerzt" findet sich nicht im Original. Dort heißt es lediglich „were found not to be suitable for our purpose". Der besseren Lesbarkeit halber zitiere ich hier wie auch im Folgenden wo möglich nach der deutschsprachigen Wiedergabe.

118 Mitchell nennt explizit die „Regelmäßigkeit" als Kriterium, nach dem „Persons und seine Mitarbeiter" die Reihen für ihre Indizes auswählten; Mitchell: Der Konjunkturzyklus (1931), S. 321 f.

für das verfolgte Analyseziel aus der statistischen Aufbereitung ausgeschlossen wurden, sondern im Verlauf der Datenbearbeitung ließen weitere Kurven „eine deutliche Folgebewegung" vermissen und wurden ebenfalls „ausgeschaltet".[119]

Der sich hier manifestierende selektive Blick auf das heterogene Datenmaterial, der in der analytischen Praxis einzelne Datenreihen bei fehlender Passförmigkeit zum zugrunde liegenden Konjunkturmodell marginalisiert, lässt sich in Abhandlungen unterschiedlicher Herkunft finden. So sieht es etwa Ernst Wagemann als sinnvoll an, „[b]ei der Kennzeichnung der Konjunkturlage [...] vor allem die Reihen [zu] betrachten, die in einer engeren Beziehung zur Wohlstandsentwicklung, insbesondere zum Realeinkommen und zur Vermögensgestaltung, stehen", während er die Berücksichtigung von Zahlenreihen aus anderen Bereichen, die „eine gewisse Parallelbewegung oder doch eine ziemlich enge Folgebewegung" nicht aufweisen, „nicht empfehlen" kann (Wagemann denkt hier an Finanzmarkt- und Spekulationsreihen).[120]

Neben der „Ausscheidung" abweichender Wirtschaftsbewegungen aus dem Datensample der Konjunkturanalyse kann der selektive Blick auch einen Schritt später, bei der Betrachtung der als „geeignet" bewerteten ökonomischen Zeitreihen, zum Einsatz kommen. So betont Michael Wicharz in Auseinandersetzung mit „Albert Aftalions Tatsachenbild und Lehre der wirtschaftlichen Wechsellagen", dass dessen

> „Statistiken [...] im allgemeinen nur Wendepunkte der Bewegungen vorführen. Auf diese Weise empfängt der Beobachter mitunter den Eindruck einer Regelmäßigkeit, die tatsächlich nicht zu bestehen braucht, weil etwa zwischen den Wendepunkten liegende Schwankungen seinem Blick entgehen. Insbesondere läßt sich so die Art des Bewegungsverlaufs meist nicht feststellen, ob die Bewegung gleichmäßig oder abschnittweise, ob sie rückschlaglos oder unterbrochen verläuft, was für ihre Beurteilung von wesentlicher Bedeutung ist."[121]

Eine andere Form des selektiven Blicks zeigte William Stanley Jevons bei der Konkretisierung seiner Konjunkturtheorie, die auf der strengen Wiederkehr eines in der Phasenlänge exakt festgelegten Zyklenverlaufs basierte. Mit „bewundernswerter Ehrlichkeit"[122], so Mitchell über Jevons, habe dieser seine Theorie dem sich ändernden Erkenntnisstand angepasst und dafür mit Methoden der Hinzufügung und Auslassung gearbeitet (vgl. ausführlich zu Jevons Kap. VI.2). So „strich Jevons

119 Persons: An Index of General Business Conditions (1919), zit. n. der deutschen Übersetzung bei Wagemann: Einführung in die Konjunkturlehre (1929), S. 39. „... it was decided to discard some of the series", schreiben Charles O. Hardy und Garfield V. Cox über das Vorgehen des Harvard Service; dies.: Forecasting Business Conditions. New York 1927, S. 79.

120 Wagemann: Einführung in die Konjunkturlehre (1929), S. 104 f.

121 Michael Wicharz: Albert Aftalions Tatsachenbild und Lehre der wirtschaftlichen Wechsellagen. Jena 1935, S. 103.

122 Mitchell: Der Konjunkturzyklus (1931), S. 383.

bewußt ‚einen großen kommerziellen Rückschlag im Jahre 1810–11 (der nicht in den 10jährigen Zyklus paßt)' von seinem Krisenverzeichnis. Er ließ auch die Krise von 1873 aus und schaltete dafür 1878 eine ein, die noch kein anderer Autor festgestellt hatte."[123] Der selektive Blick wird damit – in einer der (ökonomischen) ‚Wirklichkeit' verpflichteten empirisch-analytischen Wissenschaft – zum (ideengeleiteten) Instrument der Zensur. Offensichtlich war die Erwartungshaltung an den regelmäßigen Konjunkturverlauf so stark, dass Abweichungen nicht als erkenntnisstiftende analytische Herausforderungen betrachtet wurden, sondern als zu eliminierende Störungen.

Auch bei Persons finden sich ähnliche Exklusionen von als irregulär erkanntem Material, d. h. von Abschnitten seiner Datenreihen, die den Anspruch der „continuous and homogeneous series"[124] nicht erfüllten. So sah Oskar Anderson in dieser Erwartung Persons' an das Zahlenmaterial den „Grund, weshalb er aus seinen Betrachtungen die Kriegsjahre 1915–1918 ganz ausschließt."[125] Und Anderson zitiert zur Untermauerung dieser Annahme Arthur Lyon Bowley und K. C. Smith, die mit den Kohlenstreiks ein weiteres Beispiel für Persons' Vorgehen benennen: „Where particular months were subject to temporary abnormal conditions", schreiben Bowley und Smith, „the records of those months for series affected were omitted from the calculations: for example, series affected by coal strike in the early months of 1912 were specially treated."[126] Abweichungen dieser Art begegnete das *Harvard Committee* letztlich in seinem konjunkturanalytischen Zugang auf methodischer Ebene mit der Etablierung einer eigenen Kategorie der „[r]esidual variations" bzw. „[i]rregular or accidental occurrences"[127] (vgl. auch Technik 3: Reihenzerlegung), zu deren adäquater Bearbeitung wiederum eigene statistisch-mathematische Verfahren entwickelt wurden.

Technik 2: Synchronisationen (Kombinieren und Verschieben)

Zu den vom *Harvard Committee* schließlich als geeignet ausgewählten zwanzig Zeitreihen (die überwiegend aus Monatszahlen bestanden) gehörten so unterschiedliche Serien wie der „Clearingverkehr in New York City (seit Januar 1903)", die Roheisenproduktion, „Bauerlaubnisse", die „Roheinnahmen der Eisenbahnen" (alle im selben Zeitraum), die „Angekommene Tonnage (Januar 1900)", Konkurse (ab Januar 1893), der „Preisindex des Bureau of Labour (Januar 1900)" oder die

123 Ebd., S. 384.

124 Warren M. Persons: Indices of Business Conditions. In: The Review of Economic Statistics 1/1919, H. 1, S. 5–107; S. 7.

125 Anderson: Zur Problematik der empirisch-statistischen Konjunkturforschung (1929), S. 14.

126 Zit. n. ebd.

127 Persons: Indices of Business Conditions (1919), S. 8.

„Darlehen der New Yorker Banken (Januar 1879)".[128] Trotz der Heterogenität des Materials (wie auch der unterschiedlichen Denominationen der ermittelten Werte) erkannten die Konjunkturexpert:innen am Harvard-Institut eine Gleichförmigkeit der Kurvenverläufe, die durch ein geschicktes Zusammenfassen einzelner Reihen weiter herausgearbeitet werden konnte. In Persons' Darstellung der institutseigenen Methodik im „Review of Economic Statistics" ist darüber zu lesen:

> „Die Bewegungen der 20 Reihen weisen Ähnlichkeiten, aber auch Unterschiede auf. Bei allen Reihen sind die Zeitspannen von Wellenberg zu Wellenberg oder von Wellental zu Wellental annähernd gleich. Die Zeitpunkte jedoch, zu denen die einzelnen Reihengruppen Wellenberg und Wellental erreichen, sind im allgemeinen nicht gleichartig. Jedoch gibt es eine Anzahl von Reihen, bei denen die Wellenbewegung gleichzeitig erfolgt."[129]

Diese „simultan" verlaufenden Reihen wurden zu zunächst fünf und letztlich drei – nun vor allem auf zweimonatlichen Daten basierenden – Gruppen, den sogenannten „Indizes", zusammengefasst, die auch als „Barometer der drei Märkte" firmierten.[130]

---

128 Zit. n. der Auflistung bei Heinrich: Grundlagen einer universalistischen Krisenlehre (1928), S. 145.

129 Persons: An Index of General Business Conditions (1919); S. 111; zit. n. der deutschen Übersetzung bei Wagemann: Einführung in die Konjunkturlehre (1929), S. 39. Grundlage der Beurteilung waren Korrelationsmessungen zwischen den Kurven. Die Begriffe „Wellenberg" und „Wellental" entstammen der Übersetzung Wagemanns; im Original spricht Persons von Berg („crest") und Tal („trough").

130 Vgl. Persons: An Index of General Business Conditions (1919), S. 111. Dort heißt es zum Wechsel von fünf auf drei Gruppen: „This new grouping was made in order to secure a clearer picture of the time relationship of the cyclical movements than is given by five groups of series of monthly items." Die bis heute wirkmächtige Zusammenfassung einzelner Wirtschaftsreihen zu Indizes wurde vom *Harvard Committee* nachhaltig popularisiert, fand sich aber auch schon früher als Praxis vor allem von US-amerikanischen Prognose-Instituten – so etwa dem *Brookmire Economic Service*, der bereits 1911 die „United States Barometer Chart" veröffentlichte, bestehend aus: „(1) an index of banking funds, (2) an index of security prices, (3) an index of general business activity". Weitere Beispiele für frühe Generalindizes und Mehrkurvenbarometer finden sich bei Wagemann: Konjunkturlehre (1928), S. 105 ff. Auch Wagemann weist auf ein dem „Brookmire-Barometer sehr ähnliches Kurvenbild" des Harvard-Barometers hin; ebd., S. 112.

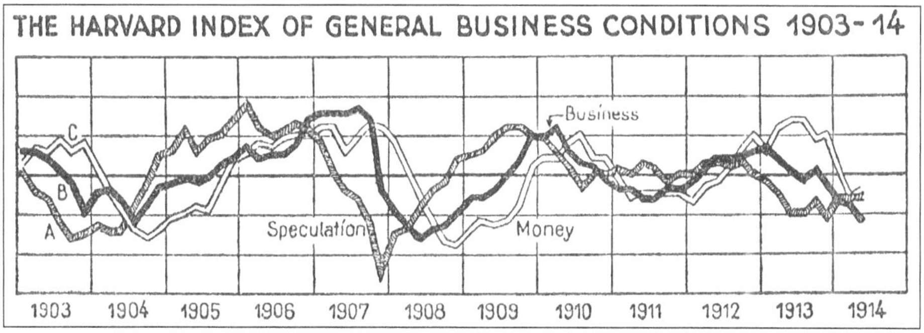

Abb. 7: „The Harvard Index of General Business Conditions 1903–14". Aus: Wagemann: Einführung in die Konjunkturlehre (1929), S. 98. Vgl. die entsprechende Kurve bei Persons: An Index of General Business Conditions (1919), S. 112 f.

Während die „A-Kurve" als „Spekulations-" bzw. „Effektenmarktkurve" („speculation") vier Zahlenreihen zu Aktienkursen und Börsenabschlüssen zusammenfasste, vereinte die aus fünf Reihen bestehende „B-Kurve" („business") Zahlen zu Produktionsmengen und Preisen „sensitiver" Waren (sie wird daher auch als „kombinierter Preis- und Produktionsindex" bezeichnet) und die „C-Kurve" vier Zahlenreihen zum Geldmarkt („money"). Grundlage der Interpretation war nun die Beobachtung, dass die Kurven ähnliche Verläufe hatten, sich dabei aber zeitversetzt entwickelten: Für den dargestellten Zeitraum 1903 bis 1914 „gingen die Bewegungen der Kurve A regelmäßig denen der Kurve B und diese wiederum denen der Kurve C voraus"[131] (Abb. 7). Entscheidend für die Auswahl der jeweils verwendeten Reihen war ihr „symptomatischer Charakter" im Hinblick auf die Gesamtentwicklung.

Getragen wurde die Analyse der Wirtschaftsentwicklung, die auch unter dem Namen „sequence theory" Verbreitung fand, von drei dem Material zugeschriebenen Qualitäten: Zum einen wurde eine Regelmäßigkeit der Zeitreihenentwicklung, genauer: ein zyklischer Charakter, festgestellt, der sich in allen drei Index-Kurven gleichförmig ausprägte. Weiterhin wurde diese erkannte Regelmäßigkeit als symptomatisch für die wirtschaftliche Entwicklung insgesamt verstanden. Und schließlich waren die Phasenverschiebungen, die „Gangunterschiede"[132] und damit das „Vorauseilen" und „Hinterherhinken" der Kurven im Verhältnis zueinander (das „leading and lagging"), und die auch hier erkannte Regelmäßigkeit (in diesem Fall: des Abstands zwischen den Kurvenverläufen) von Bedeutung. Erst diese drei – allesamt an das Prinzip des Rhythmischen in der Ökonomie gekoppelten – Annahmen ermöglich-

131 Wagemann: Einführung in die Konjunkturlehre (1929), S. 40. Vgl. Persons: An Index of General Business Conditions (1919), S. 114; Persons verwendet hier den Ausdruck „systematically precede".

132 Eugen Altschul: Die moderne Konjunkturforschung in ihrer Beziehung zur theoretischen Nationalökonomie. In: Karl Diehl (Hg.): Beiträge zur Wirtschaftstheorie. 2. Teil: Konjunkturforschung und Konjunkturtheorie. München, Leipzig 1928, S. 165–184; S. 172.

ten dem „Harvard-Barometer“ nicht nur Diagnosen zum Zustand der Wirtschaft, sondern auch prognostische Aussagen zum erwarteten Konjunkturverlauf zu treffen.

Das konkrete analytische Vorgehen beschreibt der Statistiker Walter Hahn und tönt dabei den mit der „Konstruktion des Harvard-Barometers“ verbundenen Effekt einer Verstärkung des rhythmischen Konjunkturcharakters an. Hahn schreibt über die Harvard-Methode:

> „[M]an ermittelte den ‚Lag‘ außerhalb der Korrelationsmethode mit Hilfe optischer Schätzung und prüfte diese Schätzung mit Hilfe der Korrelationsmethode. Man machte sich den Umstand zunutze, daß zwei ähnliche Kurven, die in ihrer Zeitlage eine Verschiebung erlitten haben, zur Deckung gebracht werden können, wenn man die Verschiebung wieder rückgängig macht. Man schob sie gewissermaßen zu einer maximalen Korrelation zusammen.“[133]

Auch beim *National Bureau of Economic Research* galt der Erkenntnis leitende Grundsatz, dass „bestimmte Reihen oder Gruppen von Reihen anderen vorausgehen oder folgen“[134], und die Idee des „lag“ wurde zudem von anderen Konjunkturforschungsinstituten aufgegriffen und weitergedacht. Eine systematische Darstellung der „rein logischen Möglichkeiten der Arten dieses Lag“ lieferte Oskar Morgenstern, der drei Varianten präsentiert:

> „1. der Lag ist *starr*, endgültig und kann nicht geändert werden, 2. der Lag ist innerhalb enger Grenzen *veränderlich*, 3. der Lag ist lediglich auf einen gewissen Verhaltenstypus zurückzuführen, als solcher, solange diese Verhaltensweise andauert, durchaus verständlich, aber kann durch völlig andere Lags ersetzt werden.“[135]

---

133 Hahn: Die statistische Analyse der Konjunkturschwingungen (1929), S. 129 f.

134 Mitchell: Der Konjunkturzyklus (1931), S. 276. Das *NBER* erstellte erstmals 1937 eine Liste von 21 Konjunkturindikatoren, die in eine führende Gruppe („leading indicators“), eine mit dem allgemeinen Konjunkturverlauf zusammengehende Gruppe („roughly coincident indicators“) und eine nachhinkende Gruppe („lagging indicators“) zusammengefasst wurden, und betrachtete ihre Beziehungen zueinander, die „lead-lag-Relation“. Kriterien für die Auswahl der Indikatoren waren unter anderem die Gleichförmigkeit der „leads“, die Korrespondenz der einzelnen Zeitreihe mit dem allgemeinen Konjunkturverlauf, die Deutlichkeit der Ausprägung des Zyklus und die Wahrscheinlichkeit, mit der diese Ausprägung auch in der Zukunft zu erwarten ist. Damit wurden „alle Zeitreihen, die nicht über einen langen Zeitraum ein gleiches Verhalten im Konjunkturzyklus zeigten, ausgeschieden.“ Schiefer: Konjunkturtheorie und Konjunkturindikatoren (1968), S. 102; vgl. zum „lead-lag“-Vorgehen des *NBER* auch ebd., S. 8, 13, 15 f.; ebd., S. 107 f. auch eine Auflistung der Konjunkturindikatoren des *NBER* von 1938 mit Vermerk des jeweiligen „lead“ oder „lag“.

135 Morgenstern: Wirtschaftsprognose (1928), S. 78; Herv. i. Orig. Eine disziplinenübergreifende Einordnung nimmt Harold T. Davis vor, der das Phänomen ökonomischer „lags“ in einen Zusammenhang mit vergleichbaren Phänomen etwa in der Physik stellt und speziell auf das als Teil der Magnetismustheorie entwickelte Konzept der Hysteresis bezieht. Davis zielt dabei auch und nicht zuletzt auf die Frage der Einflussmöglichkeiten

Der Tübinger Ökonom Hans Peter verstand als die „charakteristische Form einer Konjunkturkomponente [...] eine Wellenlinie, die eine gewisse Ähnlichkeit mit einer Sinuslinie hat."[136] Für die „Konjunkturkomponenten verschiedener Wirtschaftskurven" sah auch er ein Set unterschiedlicher Anordnungsmöglichkeiten. Sie

> „können entweder so liegen, daß sie – von zufälligen Störungen durch eine singuläre Komponente abgesehen – zur Deckung gebracht werden können, oder so, daß die Phasen der Wellen gegeneinander verschoben sind, daß also zwischen zwei Kurven ein sog. ‚lag' besteht. [...] Wenn es sich um periodische Kurven von gleicher Phasenlänge handelt und der Phasenabstand – was bei exakter Periodizität selbstverständlich ist – stets der gleiche bleibt, so läßt jede Kurve einen Schluß auf die andere zu."[137]

Mit der Idee, dass sich die Entwicklungen unterschiedlicher Wirtschaftsbereiche synchronisieren, arbeitete auch der Konjunkturprognostiker Roger W. Babson. Er machte diese Tendenz zum Gleichlauf als ein die Konjunkturbewegung maßgeblich konstituierendes ökonomisches Prinzip aus, das er für die Erkenntnisgewinnung und insbesondere für seine Vorhersagen einzusetzen versuchte. „In a general way, the labor cycle synchronizes with the business cycle"[138], lautet etwa eine seiner Grundannahmen.

Schon früh hatte der französische Ökonom und Konjunkturforscher Albert Aftalion sein Augenmerk auf das Phänomen der „lags" gelegt. Er führte die Vorstellung dieser „Anpassungsverzögerungen" als zentrales Element der Konjunkturbewegung in die ökonomische Theorie ein und sah in ihnen nicht nur einen Indikator, sondern den zentralen Auslöser und Verstärker des zyklischen Wirtschaftsverlaufs.[139]

Eine Ausdifferenzierung des Barometer-Ansatzes und seines „lead-lag-Schemas"[140] nahm das Berliner Konjunkturforschungsinstitut vor. Ernst Wagemann hielt die Erkenntnismethode – solange sie als einzige, allgemeingültige Form auftrat – für unterkomplex, denn „[e]in solcher Anspruch muß schon an der Tatsache scheitern, daß sich wie alles Leben auch die Wirtschaft niemals in eine einzige Formel bannen läßt."[141] Im Ergebnis wurde in Berlin jedoch nicht der Verzicht auf die Arbeit mit Konjunkturbarometern geübt, sondern – weiterhin eng orientiert an den in Harvard entwickelten Verfahren – auf eine Pluralisierung des kritisierten

---

ab; vgl. ders.: The Analysis of Economic Time Series. With a Foreword by Alfred Cowles. Neuaufl. San Antonio (TX) 1963 [1941], S. 355 f.

136 Peter: Grenzen der Statistik in der Konjunkturforschung (1930), S. 23.

137 Ebd.

138 Roger W. Babson: Actions and Reactions. An Autobiography. New York, London 1935, S. 368.

139 Bombach weist darauf hin, dass Aftalion damit „bedeutende Vorarbeiten geleistet und sich bereits mit dem beschäftigt [hatte], was wir heute *real business cycle* nennen würden." Ders.: Zyklen im Ablauf des Wirtschaftsprozesses (1992), S. 35.

140 Schiefer: Konjunkturtheorie und Konjunkturindikatoren (1968), S. 97.

141 Wagemann: Einführung in die Konjunkturlehre (1929), S. 102.

Analyseinstruments gesetzt: „In der Tat gewinnt das Harvard-Barometer sein volles Daseinsrecht in dem Moment, in dem es in eine Vielheit von Barometern eingefügt wird.“[142]

Dass der „Verzögerungseffekt“ als Erkenntnis generierendes Element des Konjunkturverlaufs auch über das Forschungsfeld hinaus wirtschaftstheoretischen Einfluss entwickeln konnte, zeigt der von dem Agrarökonomen Arthur Hanau herausgearbeitete „Rhythmus des Schweinepreiszyklus“[143] – ein Erklärungsmodell, dessen Popularität bis heute anhält und das in Selbstdarstellungen und historischen Leistungsbilanzen des Berliner *Instituts für Konjunkturforschung*, an dem Hanau beschäftigt war, seinen festen, Identität stiftenden Platz gefunden hat.[144]

Hanau unterzog in seiner 1927 erstmals als Sonderheft der institutseigenen Reihe „Vierteljahrshefte zur Konjunkturforschung“ publizierten Dissertation[145] ein begrenztes Marktsegment, den Schweinemarkt, einer eingehenderen konjunkturanalytischen Untersuchung, wobei er die Zeitreihe der Schweinepreisentwicklung in Saisonschwankungen und Konjunkturschwankungen segmentierte und dabei feststellte, dass der drei- bis vierjährige Schweinepreiszyklus „in einer auffallend regelmäßigen Wellenbewegung“[146] verlaufe. Als deren Begründung identifizierte er einen in der Aufzuchtzeit der Schweine bis zur Mastreife begründeten 18-monatigen „Verzögerungseffekt“: Bei hohen Marktpreisen verstärkt getätigte Investitionen wirken sich mit eben dieser Verzögerung auf das Angebot aus. Das zeitversetzte

142 Ebd. Das Berliner Institut arbeitete vorrangig mit einem erwerbswirtschaftlich orientierten Barometer, das aus drei Gruppen (Ertragsbarometer, Produktionsbarometer und Absatzbarometer) bestand; vgl. N. N.: Zehn Jahre Institut für Konjunkturforschung (1936), S. 16 f. Eine detaillierte Darstellung der Weiterentwicklung des Harvard-Barometers am Berliner *Institut für Konjunkturforschung* findet sich bei Kuschmann: Die Untersuchungen des Berliner Instituts für Konjunkturforschung (1933). Am *Deutschen Institut für Wirtschaftsforschung* (dem umbenannten Institut für Konjunkturforschung) wurde die Idee der Erfassung von Wirtschaftsverläufen anhand von Indikatoren nach US-amerikanischem Vorbild weiter in Richtung von *Input-Output-Rechnungen* erweitert und 1947 die erste *Volkswirtschaftliche Gesamtrechnung* veröffentlicht. Vgl. Deutsches Institut für Wirtschaftsforschung: Gelehrtenrepublik und Denkfabrik (2012), S. 68 f.

143 Arthur Hanau: Die Prognose der Schweinepreise. Berlin 1928 (= Vierteljahrshefte zur Konjunkturforschung, Sonderheft 7 = 2., erw. und nach dem neuesten Zahlenmaterial ergänzte Aufl. des Sonderhefts 2), S. 29.

144 Das *Deutsche Institut für Wirtschaftsforschung* (ehemals *Institut für Konjunkturforschung*) spricht in einer Publikation zu seinem 90jährigen Bestehen von „eine[r] seiner bis heute einflussreichsten Studien“ sowie von einem „Meilenstein in der Entwicklung der modernen landwirtschaftlichen Marktforschung – und weit über diese hinaus“; Deutsches Institut für Wirtschaftsforschung (Hg.): Gelehrtenrepublik und Denkfabrik. Das Deutsche Institut für Wirtschaftsforschung 1925–2015. Berlin 2015, S. 60, 61.

145 Arthur Hanau: Die Prognose der Schweinepreise. Berlin 1927 (= Vierteljahrshefte zur Konjunkturforschung, Sonderheft 2).

146 Hanau: Die Prognose der Schweinepreise (1928), S. 15.

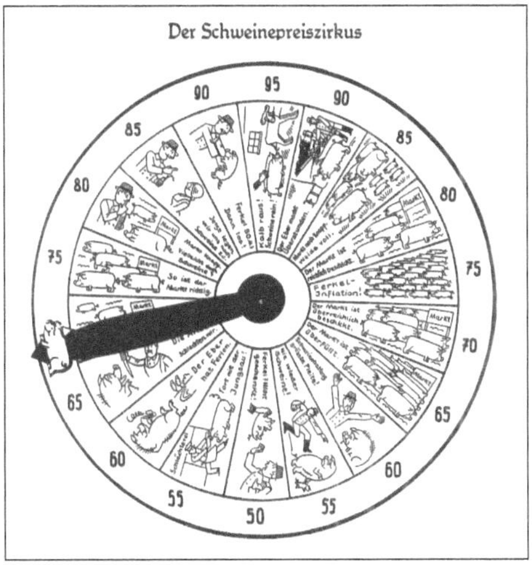

Abb. 8 und 9: Zeichnungen von Hermann Abeking: In: Fritz Baade: Schweinefibel, oder: Was jeder Bauer vor dem Decken seiner Sauen bedenken muß. Hg. v. der Reichsforschungsstelle für landwirtschaftliches Marktwesen. Berlin 1930; hier entnommen aus: Deutschen Institut für Wirtschaftsforschung (Hg.): Gelehrtenrepublik und Denkfabrik (2015), S. 62. In der Originalausgabe ist der papierene Zeiger des „Schweinepreiszirkus" mit einer metallenen Rundkopfklammer befestigt und lässt sich drehen.

Überangebot führe dann zu einem Preisverfall, auf den die Landwirte mit Produktionsrückgang reagieren. Die Minderung der Produktion habe wiederum verzögert eine Verknappung des Angebots und eine Preissteigerung zur Folge, auf die erneut mit erhöhten Investitionen geantwortet werde.

Der „Schweinezyklus" sollte Landwirt:innen bei der für ihre Rentabilitätskalkulationen entscheidenden Einschätzung der zukünftigen Marktentwicklung helfen. 1929/30 erschien eine von Fritz Baade auf der Basis der Erkenntnisse Hanaus verfasste und um illustrierende Zeichnungen von Hermann Abeking ergänzte „Schweinefibel"[147] (vgl. Abb. 8 und 9), die den Landwirt:innen diesen Zusammenhang verdeutlichen sollte und auf breite Beachtung stieß. Der „Verzögerungseffekt" (auch: „time lag") und die dadurch verursachten regelmäßigen, sich „selbsttätig fortsetzenden" Schwankungen wurden als Erklärungsmodell auf andere ökonomische wie auch außerökonomische Bereiche übertragen.[148]

147 Fritz Baade: Schweinefibel, oder: Was jeder Bauer vor dem Decken seiner Sauen bedenken muß. Hg. v. der Reichsforschungsstelle für landwirtschaftliches Marktwesen. Berlin 1930. Der Einzelverkaufspreis betrug 50 Pfennig, „bei Bestellung über 100 Stück Sonderpreise"; ebd., Titelblatt.

148 Vgl. Deutsches Institut für Wirtschaftsforschung: Gelehrtenrepublik und Denkfabrik (2015), S. 60 f.

Technik 3: Reihenzerlegung (Isolieren, Bereinigen, Ausschalten)

Eine in der frühen Konjunkturforschung beliebte Methode der ‚Herausarbeitung' des rhythmischen Konjunkturverlaufs lag darin, die vorgefundenen Zeitreihen zunächst von denjenigen Elementen zu ‚bereinigen' („to iron out"[149], „eliminate"[150] oder „get rid of them"[151] sind hier gebräuchliche Formulierungen), die keine Konjunkturbewegungen im engeren Sinne darstellen, sondern diese sogar verdecken. „Manche Statistiken" werden, so Michael Wicharz in seiner Auseinandersetzung mit „Albert Aftalions Tatsachenbild und Lehre der wirtschaftlichen Wechsellagen", „für den theoretischen Zweck aufbereitet, indem nichtpassende Sonderbewegungen ausgeschaltet" werden.[152] Eugen Altschul formulierte in derselben Argumentationslinie:

> „Die zu beobachtenden Konjunkturschwankungen, durch andersartige Bewegungen überlagert, treten nur selten in ihrer zyklischen Gestalt unmittelbar zutage. Es bedarf einer weitgehenden Differenzierung und Isolierung der einzelnen Bewegungen, ehe die Konjunkturschwankungen der einzelnen Wirtschaftskurven miteinander vergleichbar werden."[153]

Wicharz und Altschul griffen hier die von nahezu allen Konjunkturinstituten gesehene Notwendigkeit auf, dass „die zyklischen Schwankungen so vollkommen wie möglich von den anderen Schwankungen getrennt werden"[154] müssen, bevor die eigentliche Deutungsarbeit der Konjunkturanalyse beginnen kann. Hierfür setzte sich in der konjunkturstatistischen Tradition des *Harvard Committee* die Annahme durch, dass „eine Zeitreihe sich aus vier Bewegungskomponenten zusammensetzt".[155]

---

149 U. a. Bratt: Business Cycles and Forecasting (1949), S. 22. Der Autor spricht hier von „attempts to iron out the seasonal variation".

150 Dieser Ausdruck ist nicht nur in der englischsprachigen, sondern auch in der deutschsprachigen Literatur beliebt; vgl. exemplarisch Hahn: Die statistische Analyse der Konjunkturschwingungen (1929), S. 68.

151 U. a. Mitchell: Business Cycles (1927), S. 212: „Secular trends of time series have been computed mainly by men who were concerned to get rid of them." Vgl. auch G. Udny Yule, Maurice G. Kendall: An Introduction to the Theory of Statistics. 14., durchges. u. erw. Aufl. London 1950, S. 625. Yule und Kendall erwähnen hier die Isolierung der „seasonal effects" mit dem Ziel, diese genauer erfassen zu wollen und/oder „to get rid of them".

152 Wicharz: Albert Aftalions Tatsachenbild und Lehre der wirtschaftlichen Wechsellagen (1935), S. 103.

153 Altschul: Vorwort des Herausgebers (1931), S. III.

154 Mitchell: Der Konjunkturzyklus (1931), S. 191.

155 Abraham Wald: Berechnung und Ausschaltung von Saisonschwankungen. Mit 30 Abbildungen und 12 Tabellen. Wien 1936 (= Beiträge zur Konjunkturforschung, hg. v. Österreichischen Institut für Konjunkturforschung, Bd. 9), S. 1.

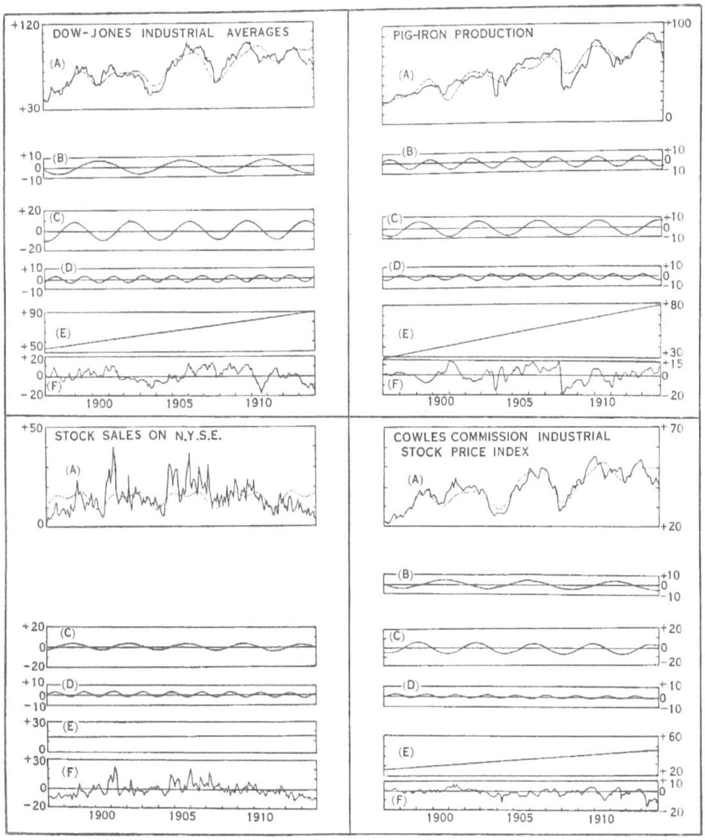

FIGURE 44.—REDUCTION OF TIME SERIES TO RANDOM ELEMENT.
This chart shows how harmonic components and trend are removed from economic time series. (A) = original series; (B), (C), (D) = harmonic elements; (E) = trend; (F) = Residuals.

Abb. 10: „Reduction of Time Series to Random Element". Aus: Davis: The Analysis of Economic Time Series (1963 [1941]), S. 232.

Die „sog. ‚Bereinigung' der empirischen Wirtschaftsbewegung von anderen als konjunkturellen Einflüssen"[156] bedeutete die „Isolierung der Konjunkturbewegung von Trend und Saisonschwankungen"[157] sowie einer Restkomponente („residual element" oder „residual variations"), die unregelmäßige „Störungen" des Wirtschaftsverlaufs zusammenfasste.

156 Hahn: Die statistische Analyse der Konjunkturschwingungen (1929), S. VII. Nahezu wortgleiche Formulierungen finden sich in fast allen einschlägigen Publikationen. Vgl. exemplarisch Wagemann: Einführung in die Konjunkturlehre (1929), S. 79: „Um die ursprünglichen Reihen für die Zwecke der Konjunkturforschung überhaupt erst vergleichbar zu machen, bedarf es ihrer ‚Bereinigung' von nicht konjunkturellen Veränderungen".

157 Hahn: Die statistische Analyse der Konjunkturschwingungen (1929), S. VII.

Mit dem Trend („secular trend“) sollte die „Grundrichtung“ bzw. „Hauptströmung“ oder auch „allgemeine Richtungstendenz“[158] der wirtschaftlichen Entwicklung bestimmt und entfernt werden, mit den „seasonal variations“ die jahreszeitenabhängigen witterungsbedingten Schwankungen, „aber auch andere an Zahlungs-, Lieferungs-, Mode- und Arbeitssitten anknüpfende, kurzwellige Bewegungen der Volkswirtschaft“, „die Jahr für Jahr mit einer gewissen Regelmäßigkeit wiederkehren.“[159] Um die „reinen Konjunkturschwankungen“ freizulegen, mussten zudem „residual factors“ beziehungsweise „random fluctuations“ erkannt und soweit möglich „ausgeschaltet“ werden – also unregelmäßig auftretende Einflüsse auf das Wirtschaftsgeschehen wie Kriege, Streiks oder Missernten.[160]

In statistisch ausgerichteten Abhandlungen der Konjunkturforschung in den 1920er- und 1930er-Jahren finden sich oft detaillierte Darstellungen der verschiedenen mathematisch-statistischen Verfahren zur „Zerlegung statistischer Reihen“[161] und Isolierung der Konjunkturzyklen – sowie schematisch gehaltene graphische Veranschaulichungen der vorzunehmenden Schritte (die in voneinander abweichender Reihenfolge durchgeführt wurden) und erwarteten Ergebnisse (vgl. Abb. 10). Die Autor:innen beschäftigen sich mit den technischen Herausforderungen und diskutieren die Stärken und Schwächen, insbesondere auch den mit der jeweiligen Methode verbundenen Aufwand (in Relation zum Nutzen und im Abgleich mit alternativen Verfahren).[162] In seiner „Einführung in die Konjunkturlehre“

---

158 Eine Reihe synonymer Bezeichnungen findet sich bei Anderson: Zur Problematik der empirisch-statistischen Konjunkturforschung (1929), S. 11. Paul Lorenz spricht vom Trend auch als dem „großen allgemeinen Zug einer Wirtschaftskurve ohne Rücksicht auf vorübergehende Schwankungen“; ders.: Der Trend. Ein Beitrag zur Methode seiner Berechnung und seiner Auswertung für die Untersuchung von Wirtschaftskurven. Berlin 1928 (= Vierteljahrshefte zur Konjunkturforschung, Sonderheft 9), S. 7.

159 Heinrich: Grundlagen einer universalistischen Krisenlehre (1928), S. 146.

160 Mitchell zählt zu diesen „Kriege und Aufstände“ sowie „Erdbeben, Brände, Überschwemmungen, Dürre, Epidemien, Insektenplagen, Streiks und Aussperrungen, Eisenbahnsperrungen, Erfindungen, Umlagerung der Handelswege, Entdeckung neuer Naturschätze, Gesetzesänderungen, gerichtliche Entscheidungen und so weiter in einer unendlichen Liste“. In der Konsequenz gehöre jede Wirtschaftsbewegung dazu, die „nicht auf den Trend, die Saison oder die Konjunktur zurückgeht“. Ders.: Der Konjunkturzyklus (1931), S. 243. Arthur B. Adams sieht die „random fluctuations“ als „so widely scattered and of such irregular occurrence that their discovery and elimination is a practical impossibility.“ Ders.: Economics of Business Cycles (1925), S. 50.

161 Ellen Quittner-Bertolasi: Rezension zu Oskar Anderson: Zur Problematik der empirisch-statistischen Konjunkturforschung. Kritische Betrachtung der Harvard-Methoden (1929). In: Archiv für Sozialwissenschaft und Sozialpolitik 62/1929, S. 201–205; S. 201.

162 Vgl. zur Trendberechnung exemplarisch Paul Lorenz: Der Trend. Ein Beitrag zur Methode seiner Berechnung und seiner Auswertung für die Untersuchung von Wirtschaftskurven und sonstigen Zeitreihen. Berlin 1931 (= Vierteljahrshefte zur Konjunkturforschung, Sonderheft 21 = 2., vollständig neu bearb. Aufl. des Sonderhefts 9 [1928]); Simon Kuznets: Wesen und Bedeutung des Trends. Zur Theorie der säkularen Bewegung. Bonn 1930

von 1929 gibt Ernst Wagemann einen detaillierten Einblick in das seiner Ansicht nach in Frage kommende Repertoire der Techniken und Prozeduren. Hierbei gehe es zunächst darum, die unregelmäßigen, einmaligen Störungen zu isolieren, indem „Ausschläge" im Kurvenverlauf der Datenreihen identifiziert werden. Da es jedoch schwierig sei, deren „indirekte Wirkungen" mit Hilfe mathematischer Verfahren zu erfassen, bleibe oft „zur Herstellung der Vergleichbarkeit der Reihen kein anderer Weg übrig, als in roher Schätzung Zu- oder Abschläge zu machen."[163] Zum Ausgleich der Saisonschwankungen schlägt Wagemann die „rechnerische Ermittlung" vor, für die „eine ganze Reihe von Methoden zur Verfügung"[164] stünden – darunter die Periodogramm-Analyse, die „Personsche Methode der Gliedziffernbildung" sowie die „Methode des gleitenden 12-Monatsdurchschnitts".[165] Als „Methoden der Trendermittlung" nennt Wagemann neben dem „sehr häufig anwendbare[n], aber primitive[n] Verfahren" der „sogenannte[n] ‚*Freihand-Methode*', bei der man in die empirische Kurve eine einfache, glatt verlaufende Linie (gerade oder gebogene Linie) einzeichnet, die dem großen Zug der empirischen Kurve gut folgt, ohne ihre einzelnen Schwankungen mitzumachen"[166], die Methode des „beweglichen Durchschnitts" sowie verschiedene aus der analytischen Geometrie stammende Verfahren der Trendermittlung: „Mit ihrer Hilfe sucht man eine Grundkurve zu finden, die einem einfachen mathematischen Gesetz folgt, oder, anders gesagt, die durch eine einfache mathematische Gleichung darstellbar ist (Gleichung für eine Gerade, Parabel, Exponentialkurve usw.)."[167] Schließlich bleibe die „Konjunkturreihe als Restgröße"[168] übrig, wobei bedacht werden müsse, „daß allen Berechnungsmethoden, die wir angewandt haben, etwas Willkürliches anhaftet, was schon daran zu erkennen ist, daß es fast in jedem Falle verschiedene Möglichkeiten der Berechnung gibt."[169]

(= Veröffentlichungen der Frankfurter Gesellschaft für Konjunkturforschung Bd. 7); Quittner-Bertolasi: Das Verhältnis von Trend und Konjunkturzyklen als mathematisch-ökonomisches Problem (1933). Die Methoden zur Berechnung der Saisonschwankungen diskutieren u. a. Otto Donner: Die Saisonschwankungen als Problem der Konjunkturforschung. Berlin 1928 (= Vierteljahrshefte zur Konjunkturforschung, Sonderheft 6); ders.: Die Saisonschwankungen der wichtigsten Wirtschaftsvorgänge in Deutschland seit 1924. Mit einer Zusammenstellung der wichtigsten Wirtschaftszahlen, ihrer Saisonnormalen und ihrer saisonbereinigten Entwicklung. Berlin 1928 (= Vierteljahrshefte zur Konjunkturforschung, Sonderheft 11); Wald: Berechnung und Ausschaltung von Saisonschwankungen (1936).

163 Wagemann: Einführung in die Konjunkturlehre (1929), S. 79.

164 Ebd., S. 81.

165 Ebd., S. 81, 83, 84.

166 Ebd., S. 85; Herv. i. Orig.

167 Ebd., S. 86.

168 Ebd., S. 87.

169 Ebd., S. 87 f.

Eine kritische Bilanz der Konjunkturermittlung über deren statistisch-mathematische Isolierung zog – neben anderen – Wesley Clair Mitchell: Während die Bestimmung von Trend und Saisonschwankungen „nur Näherungsverfahren, keine eigentlichen Messungen" einsetze, sehe es bei der Ermittlung der Restschwankungen noch ernüchternder aus: „Bei den Zufallsschwankungen wagt überhaupt kein Statistiker, mehr als die Unregelmäßigkeiten der Ursprungskurven durch Freihandzeichnungen oder gleitende Mittelwerte auszugleichen."[170] Nichtsdestotrotz traf wohl unter den statistisch-mathematisch arbeitenden Konjunkturforscher:innen die Einschätzung Oskar Morgensterns auf breite Zustimmung, dass die „Aufspaltung der ursprünglichen, gemeinen Reihe" in ihre Komponenten „eine[n] der größten Fortschritte der Konjunkturtheorie"[171] bedeutete – sei es doch zwingend notwendig, „auf die Vorgänge hinter der Gesamtkurve zurückzugehen".[172] Man „muß", so Morgenstern, „diesen Rhythmus, wenn er wirklich da ist, zerlegen und sehen, welche Faktoren ständig schwingen, welche nicht, ob manche von ihnen periodisch sind, andere bloß zyklisch usw."[173]

Die Separierungen sind Teil einer übergeordneten Vorstellung, dass der rhythmische Konjunkturverlauf in einer heterogenen, in ihrer Erscheinungsform durchaus chaotischen Wirtschaftsentwicklung verborgen liegt und zum besseren Verständnis aus den ihn umringenden Bewegungen anderer Herkunft befreit werden muss. Der Konjunkturzyklus wird damit zum Bestandteil eines komplexen Sets sich überlagernder, jeweils mehr oder weniger zyklischer Bewegungen. Während das *Harvard Committee* und viele der ihm methodisch-konzeptuell folgenden Institutionen die Ausdifferenzierung der ökonomischen Entwicklung in die vier „Komponenten" primär über deren unterschiedliche Ursachen begründeten (und die Trend-Bewegung durchaus nicht zwingend als Kurve, sondern verschiedentlich eher als Gerade verstanden[174]), fokussierten Jan Tinbergen und Jacques J. Polak hier stattdessen die Bewegungen selbst (die nun allesamt als periodisch angenommen wurden) und bautenihr analytisches Kategoriensystem auf den unterschiedlichen Längen der jeweiligen zyklischen Verläufe auf. „As a rule", schreiben Tinbergen und Polak,

---

170 Mitchell: Der Konjunkturzyklus (1931), S. 248 f.

171 Morgenstern: Wirtschaftsprognose (1928), S. 58.

172 Ebd., S. 23.

173 Ebd.

174 Gängig ist die Bezeichnung des Trends als „Normallinie" oder „Normalniveau"; vgl. exemplarisch Hans J. Schneider: Konjunktur-Messung. Gefahren der Trend-Methode. In: Deutsche Bergwerks-Zeitung (Düsseldorf) Nr. 36 vom 12.02.1931 [HWWA: H n SM 54]. Eugen Altschul differenziert Trend und Konjunkturbewegung grundsätzlich als „eine evolutorische und eine undulatorische Komponente"; ders.: (Aufgabe, Voraussetzung und Grenzen der empirisch-statistischen Konjunkturforschung). In: Aftalion u. a.: Der Stand und die nächste Zukunft der Konjunkturforschung (1933), S. 11–15; S. 13.

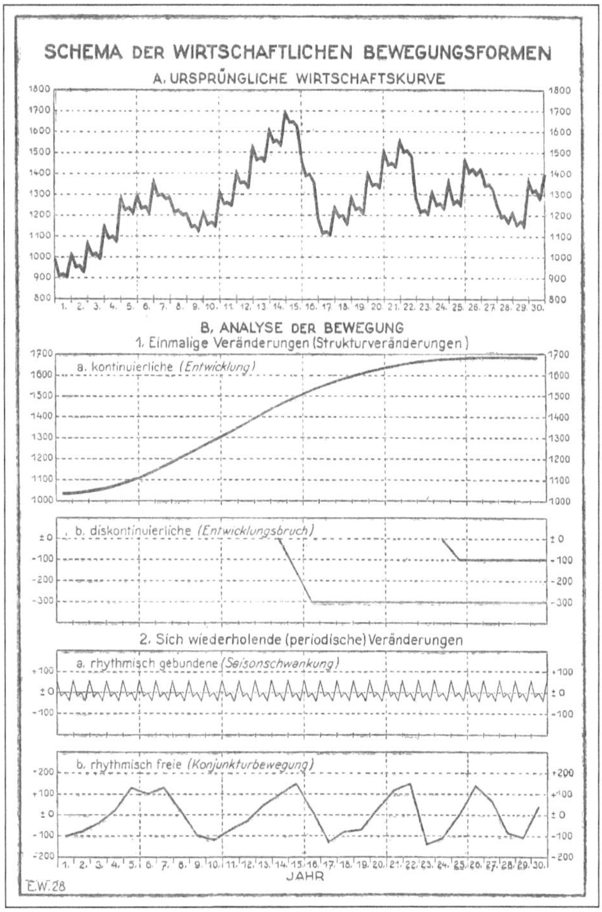

Abb. 11: „Schema der wirtschaftlichen Bewegungsformen". Aus: Wagemann: Konjunkturlehre (1928), S. 46.

„all fluctuations with a period in excess of eleven years are comprised in the trend component. The monotonic movements of the trend component may be considered as parts of very long cycles or even of movements with an infinitely long period. All movements with a period of between one and eleven years are considered to be part of the cyclical component; those with a period of one year represent the seasonal component; and those with a period of less than one year, the random component."[175]

Diese Ausrichtung des Analyseschemas an den Bewegungsformen findet sich auch in den Ausführungen zum Vorgehen des Berliner *Instituts für Konjunkturforschung* – wobei hier ergänzend zur Zyklenlänge nun auch die ‚rhythmische Qualität' zum zentralen Kriterium erhoben wurde. Eng am Harvard-Schema der Konjunkturisolierung orientiert, sah Ernst Wagemann den Konjunkturverlauf als eine von „vier grundsätzlich verschiedene[n] Bewegungen", von „vier Grundformen der Dynamik", in welche sich die „ganze unendliche Mannigfaltigkeit des wirtschaftlichen

175 Tinbergen, Polak: The Dynamics of Business Cycles (1950) [basierend auf Jan Tinbergen: Economische Bewegingsleer. Amsterdam 1942], S. 10 f.

Bewegungsspiels" gliedern lasse.[176] Wagemann unterscheidet in „einmalige Veränderungen", zu denen er „kontinuierliche" Bewegungsformen (des Wachstums, der Umbildung und Rückbildung) und „diskontinuierliche" Bewegungsformen („Brüche" oder „Unterbrechungen" der Wirtschaftsentwicklung) zählt, von „periodischen" Bewegungen. Letztere beinhalten neben den Saisonschwankungen (bei Wagemann: „rhythmisch gebundene" Bewegungen, die er auch als „pendelmäßig" beziehungsweise „taktmäßig" bezeichnet[177]) die „Konjunktur im engeren Sinne" – bei Wagemann auch: „rhythmisch freie" beziehungsweise „wellenmäßige"[178] Bewegungen (vgl. das von Wagemann entworfene Schaubild, Abb. 11). Er konstatiert: „Jede dieser Bewegungsformen gehört zu den Gegenständen der Konjunkturlehre. Wir müssen uns hier freilich auf die wichtigste davon, nämlich auf die periodische rhythmisch freie Bewegung (Konjunktur i. e. S.) beschränken."[179]

Wenn auch die Komponenten des Harvard-Barometers in diesem Entwurf weiterhin (nicht zuletzt – wie oben ausgeführt – als analytische Handlungsaufforderung) erkennbar sind, so zeigt sich doch in den letztgenannten Beispielen eine Verschiebung des Augenmerks von der kategorialen Unterscheidbarkeit aufgrund von Kausalitäten hin zu einer bewegungsformalen Ausdifferenzierung. Diese für eine kulturwissenschaftliche Perspektive auf wirtschaftswissenschaftliche Rhythmusforschung hoch interessante Beobachtung soll im nächsten Abschnitt aufgegriffen und noch einmal vertieft werden.

3.3 Konjunkturelles Bewegungsspiel der Wirtschaft – Bewegungsprofile und Bewegungsphysiognomien

Mit der grundlegenden Erkenntnis, dass die „‚normale Wirtschaftslage' […] eine Illusion"[180] sei und sich die Analyse der wirtschaftlichen Entwicklung vielmehr mit deren wiederkehrendem „Auf und Ab" zu beschäftigen habe, entwickelte sich bei den Forscher:innen nicht nur ein Sensorium für die Bewegungsverläufe einer als grundsätzlich dynamisch konzipierten Ökonomie, sondern damit zusammengehend ist auch ein besonderes Interesse an den konkreten Ausgestaltungen, am möglichen Formenrepertoire sowie damit verbunden die Erarbeitung eines bewegungssensiblen analytischen Vokabulars für die Beschreibung und Deutung wirtschaftlicher Zusammenhänge zu beobachten. Es bildete sich mit anderen Worten eine ökonomische Bewegungsforschung mit einer differenzierenden Terminologie

176 Wagemann: Einführung in die Konjunkturlehre (1929), S. 34.
177 Wagemann: Konjunkturlehre (1928), S. 51 f.
178 Ebd., S. 52.
179 Wagemann: Einführung in die Konjunkturlehre (1929), S. 36.
180 Mitchell: Der Konjunkturzyklus (1931), S. 375.

heraus, deren Anliegen es war, „[d]ie Bewegungsvorgänge in der Volkswirtschaft"[181] zu betrachten und zu erfassen.

So spricht etwa Wesley C. Mitchell – um ein prominentes Beispiel herauszugreifen – von einem „zackige[n] Profil der Konjunkturindizes"[182], von Bewegungen, die „ruck- und stoßweise"[183] verlaufen, von Kurven, die „nicht genau synchron schwanken"[184], von „kleine[n] Gegenbewegungen", von „Wellenberg oder Wellental einer gegebenen Konjunkturwelle"[185] beziehungsweise einer „Bewegung von Wellenberg zu Wellental und Wellental zu Wellenberg"[186], die „steigt, bricht und wieder absinkt"[187]. In heuristischer Perspektive identifiziert er als „das Problem" der Konjunkturforschung: „festzustellen, wieviele Arten von Bewegungen in der wirtschaftlichen Realität durcheinandergehen, sie zu unterscheiden, ihre charakteristische Wellenlänge zu messen, die Regelmäßigkeit ihrer Wiederkehr zu bestimmen, endlich eine Theorie zu finden, die alle diese Bewegungen und ihr Verhältnis zueinander hinreichend erklärt."[188]

Eine Ausdifferenzierung des Bewegungsbildes der Konjunkturverläufe nimmt auch Walter Hahn vor. Er sieht die „Grundgestalt der Konjunkturbewegung" als „eine Wellenschwingung"[189] und bezeichnet die graphische Umsetzung „regelhafter" Zeitreihen entsprechend als „Schwingungskurven", während „regellose" Zeitreihen ihren visuellen Ausdruck in „Schwankungskurven" fänden.[190] Für den analytischen Vergleich verschiedener Kurven führt er zudem den Begriff der „relativen Bewegung"[191] ein, der das Bewegungsverhältnis der Kurven zueinander fassen soll. Anhand der Kriterien „Intensität, Zeitlage und Bewegungsrichtung" könne dabei eine vorliegende „Bewegungsähnlichkeit" beziehungsweise „Bewegungsverwandtschaft" herausgearbeitet werden.[192]

181 So der Titel einer Vorlesung, die Ernst Wagemann im Wintersemester 1935/36 im Fach Konjunkturforschung an der Humboldt-Universität zu Berlin hielt; vgl. Die Geschichte der Wirtschaftswissenschaften an der Humboldt-Universität zu Berlin. URL: http://hicks.wiwi.hu-berlin.de/history/start.php?type=lehrstuhl&id=567811 (Abrufdatum: 24.07.2017).

182 Mitchell: Der Konjunkturzyklus (1931), S. 327.

183 Ebd.

184 Ebd., S. 328.

185 Ebd., S. 334.

186 Ebd., S. 343; vgl. auch S. 349.

187 Ebd., S. 476.

188 Zit. n. Hans Wolfram Graf Finckenstein: Das Problem des Trend. Kurze, mittlere und lange Wellen des wirtschaftlichen Ablaufs. Bern 1946, S. 7.

189 Hahn: Die statistische Analyse der Konjunkturschwingungen (1929), S. 8.

190 Ebd., S. 3.

191 Ebd., S. 9.

192 Ebd., S. 9, 88, 90.

Vielleicht am hingebungsvollsten hat sich der Leiter des *Instituts für Konjunkturforschung*, Ernst Wagemann, mit den „Bewegungsformen der Wirtschaft"[193] beschäftigt. Am Berliner Institut wurde die Harvard-Methodik nicht nur im Hinblick auf die nationalökonomischen Spezifika modifiziert[194], sondern das Institut entwickelte für seine eigenen „Konjunkturbarometer" auch eine besondere Affinität zum Bewegungsrepertoire, dem „Bewegungsstand" und den „Bewegungskonstellation[en]" des Wirtschaftsrhythmus.[195] Die angestrebten „Bewegungsvergleiche"[196] sollten letztlich dazu dienen, „ein klares Bild vom Bewegungsspiel der Wirtschaft zu gewinnen"[197]. Das vorgefundene „gewaltige Bewegungsbild" ist laut Wagemann „Gegenstand der Konjunkturlehre, die man auch als wirtschaftliche Bewegungslehre [...] bezeichnen könnte. Sie hat die Aufgabe, den gordischen Knoten der tausendfältig ineinandergreifenden wirtschaftlichen Bewegungen zu entwirren."[198]

Über das bereits im letzten Abschnitt beschriebene „Schema der wirtschaftlichen Bewegungsformen"[199] hinaus beschäftigt sich Wagemann eingehender mit den Phasen des Konjunkturzyklus selbst. Dessen „so große Regelmäßigkeit" führt er auf den „Tatsachenkomplex der Konjunkturspannungen" zurück[200]; d. h. er versteht und beschreibt die „Wellenbewegung der Konjunktur" als ein „Ineinandergreifen der vorwärts drängenden Bestrebungen und der sie wieder zurückstoßenden, zum Teil aus ihnen selbst hervorgehenden Gegentendenzen".[201] Im Detail heißt das für die „vier Grundformen" der Phaseneinteilung:

193 Wagemann: Konjunkturlehre (1928), S. 21 ff.: Kap. „Die Bewegungsformen der Wirtschaft".

194 Für den „praktischen Konjunkturdienst" rückte das Berliner Institut vom „Drei-Märkte-Barometer" als alleinigem Instrument der Konjunkturanalyse ab und setzte an dessen Stelle ein deutlich ausdifferenziertes, dabei insgesamt stärker erwerbswirtschaftlich ausgerichtetes „ganzes System von Wirtschaftsbarometern"; Wagemann: Konjunkturlehre (1928), S. 127. Eine Auflistung der Berliner Barometer mit Stand 1928 findet sich ebd., S. 128.

195 Ebd., S. 105.

196 Ebd.

197 Ebd., S. 189; vgl. auch ebd., S. 3.

198 Ebd., S. 22. An anderer Stelle spricht Wagemann von einem „äußerst mannigfaltige[n] und verwickelte[n] Bewegungsbild"; ebd., S. 21.

199 Ebd., S. 46.

200 Ebd., S. 87.

201 Wagemann: Einführung in die Konjunkturlehre (1929), S. 106. Zum Rückgriff der Konjunkturforschung auf aus anderen Bereichen entnommenes (Rhythmus-)Vokabular vgl. auch den kritischen Einwurf von Ludwig von Mises: „Wenn in der Konjunkturlehre Ausdrücke wie Zyklus, Wellenbewegung u. dgl. verwendet werden, so sind das Bilder, die die Darstellung erleichtern sollen. Mehr kann und darf man in einem Vergleich, der als solcher immer hinkt, nicht suchen." Ders.: Geldwertstabilisierung und Konjunkturpolitik (1928), S. 43.

„1. Negative Spannungen (Depression)
2. Lösung dieser negativen Spannungen: Anspannung (Auftrieb)
3. Positive Spannungen (Hochspannung)
4. Lösung dieser positiven Spannungen: Entspannung (Liquidation, eventuell Krisis)."[202]

Von „einem Zustande völliger Spannungslosigkeit" ist, wie Wagemann betont, „abgesehen worden. Das wäre der Zustand der Statik".[203] Diesen sieht er als „lediglich [...] fiktiven Grenzfall"[204], der „in einer lebendigen Wirtschaft [...] niemals vorkommen" wird, „denn in irgendwelchen Teilen werden immer negative oder positive Spannungen vorhanden sein."[205]

Nicht nur den Blick auf den einzelnen Konjunkturverlauf, sondern auch die wechselseitigen Effekte der Entwicklung in unterschiedlichen Wirtschaftsbereichen aufeinander versteht Wagemann als ein „Zusammenspiel"[206] der Bewegungen, die sich in ein (wiederum viergliedriges) Schema der „dynamischen Beziehungen zueinander" „gruppieren" lassen[207] (Abb. 12):

„1. Gleichbewegung (gleichgerichtete Bewegung gleicher Intensität),
2. ‚Strahlenbündel' (Bewegung gleicher Richtung, nicht gleicher Intensität),
3. Folgebewegung,
4. Gegenbewegung (Scherenbewegung)."[208]

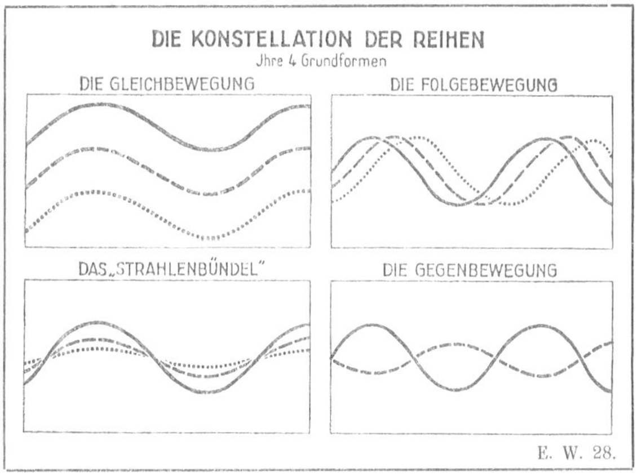

Abb. 12: „Die Konstellation der Reihen. Ihre 4 Grundformen". Aus: Wagemann: Einführung in die Konjunkturlehre (1929), S. 95. Die gleiche Abbildung befindet sich auch in ders.: Konjunkturlehre (1928), S. 93.

202 Wagemann: Einführung in die Konjunkturlehre (1929), S. 106.
203 Ebd.
204 Ebd.
205 Wagemann: Konjunkturlehre (1928), S. 88. Dieses und die vorangegangenen Zitate finden sich fast wortgleich sowohl in Wagemanns „Konjunkturlehre" (1928), als auch in seiner „Einführung in die Konjunkturlehre" (1929).
206 Wagemann: Konjunkturlehre (1928), S. 109.
207 Ebd., S. 92.
208 Ebd., S. 93.

In heuristischer Perspektive formuliert Wagemann für die einzelnen Kategorien des Schemas graduell wie qualitativ divergierende Potenziale, die in der Konjunkturanalyse entsprechend unterschiedlich nutzbar gemacht werden können. So sei „das Auffinden gleichbewegter Reihen" „[s]ehr wichtig nicht nur für die theoretische, sondern gerade auch für die praktische Arbeit".[209] Sie eröffnen einerseits Möglichkeiten der abstrahierenden Deutung, haben andererseits aber auch eine ganz handfeste Funktion im Prozess der Wissensgenerierung: „Die Feststellung solcher Parallelbewegungen ist für die praktische Arbeit schon deswegen sehr wertvoll", bemerkt Wagemann unumwunden, „weil sich die Reihen mit einem gewissen Recht substituieren lassen, wenn bei der einen oder anderen Reihe das statistische Material nur lückenhaft oder zu spät anfällt."[210] Um eine „Gleichbewegung niedrigeren Ranges"[211] handelt es sich in Wagemanns Bewegungsmodell der Konjunktur bei dem sogenannten „Strahlenbündel", das aus einer Richtungsgleichheit der Zahlenreihen bei unterschiedlicher Intensität der Phasenausprägungen entsteht.

Wie das *Harvard Committee* und zahlreiche methodisch an ihm orientierte Konjunkturforschungseinrichtungen legt auch das Berliner Institut bei der analytischen Auseinandersetzung mit dem empirischen Zeitreihenmaterial einen besonderen Akzent der Erkenntnisgewinnung auf die hier „Folgebewegungen" genannten „lags", die analog zur Gleichbewegung über Korrelationsrechnungen erfasst werden sollen. „Eine ganz andere Art von Einblicksmöglichkeiten" sieht Wagemann in der genaueren Betrachtung der „Gegen- oder auch Scherenbewegungen", da diese „oft auf Spannungen hinweisen, die zur Lösung drängen."[212]

Übertragen auf die vorgefundenen ökonomischen Zeitreihen und deren mögliche Gruppierungen entwirft Ernst Wagemann für die Arbeit des Berliner Instituts für Konjunkturforschung ein komplexes „Schema der Lagen und Spannungen"[213], das er als eine „Zusammenstellung typischer Phasenbilder"[214] und „Übersicht über die Bewegungsverflechtungen"[215] verstanden wissen will (Abb. 13). Die Kombinationen der Datenreihen lassen in der von Wagemann praktizierten bewegungsanalytischen Perspektive differente „Bewegungsphysiognomien"[216] entstehen, die zunächst grundsätzlich in ein „Schema der Konjunkturlagen" (in dem sich „Reihen der Gleich- und Folgebewegung" befinden und die den „Bewegungsrhythmus" deutlich erkennen lassen) sowie ein „Schema der Spannungen" (in dem sich „Reihen der

209 Ebd.
210 Ebd., S. 95.
211 Ebd.
212 Ebd., S. 100.
213 Ebd., S. 140.
214 Ebd., S. 142.
215 Ebd.
216 Wagemann: Einführung in die Konjunkturlehre (1929), S. 73.

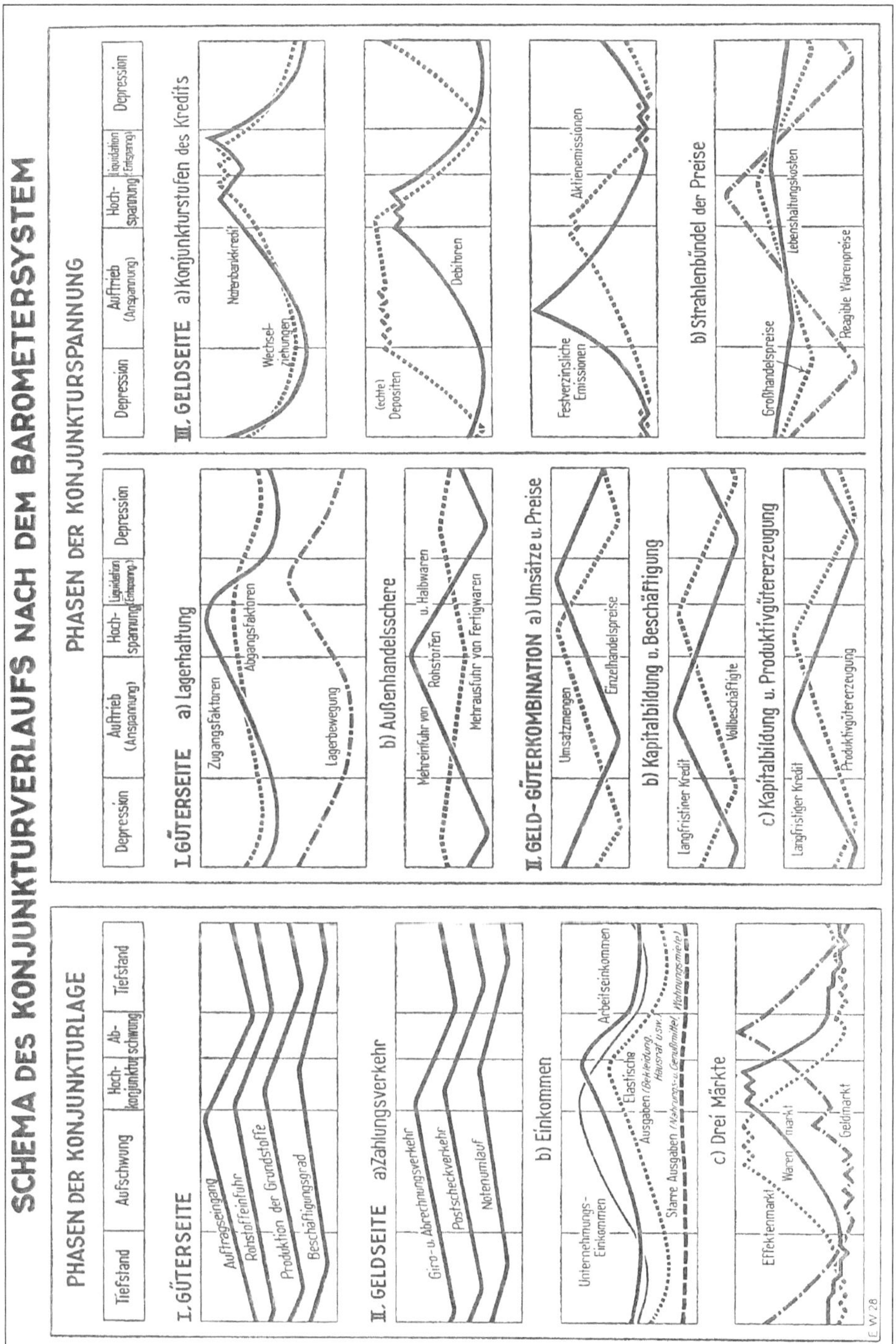

Abb. 13: „Schema des Konjunkturverlaufs nach dem Barometersystem". Aus: Wagemann: Konjunkturlehre (1928), S. 141. Die Abbildung befindet sich auch in Wagemann; Einführung in die Konjunkturlehre (1929), S. 101.

Gegenbewegung und des ‚Strahlenbündels'" befinden und die „stärker auf Inkongruenzen, gestörte Relationen, Spannungen hinweisen") differenziert werden.[217]

Ohne weiter in die Tiefe zu gehen, sollte in den vorangegangenen Ausführungen deutlich geworden sein, dass mit der Konjunkturforschung Wirtschaftswissenschaft ler:innen Bewegungsexpertise nicht nur aus anderen Disziplinen wie aus der Erfahrungswelt aufgriffen und für sich nutzbar machten, sondern auch selbst ausbildeten und vorantrieben. An den Arbeiten des *Berliner Instituts für Konjunkturforschung*, aber auch anderer einschlägiger Forschungseinrichtungen und -schwerpunkte wird bis in die Terminologie deutlich, dass sich dieser bewegungsanalytische Fokus auf das wirtschaftliche Geschehen, das Grundverständnis von der Konjunkturforschung als „Lehre von den Bewegungsverflechtungen der Wirtschaft"[218], an Konzepten, Ideen und Begrifflichkeiten aus dem Bereich des Rhythmischen ausbildete (darunter die „raumzeitliche Sicht"[219], Begriff und Konzept der Wellenbewegung, das Prinzip der Spannung und „Lösung der Spannung"[220], Gleich- und Folgebewegung, Resonanz und Synchronisation) so dass Ernst Wagemann nicht von ungefähr prominent und wiederholt von einem „Bewegungsrhythmus"[221] der Wirtschaft spricht. Dabei treibt gerade die empirische Konjunkturforschung, wie sie etwa das Berliner Institut vertritt, nicht nur das Verständnis einer dynamischen Wirtschaft voran, sondern arbeitet zugleich auch an einer Dynamisierung der Erkenntnis: Die „Möglichkeit, jederzeit das Erkenntnisziel zu wechseln", heißt es bei Ernst Wagemann, wird „kennzeichnend für die moderne Konjunkturforschung und zeigt deutlich ihren Gegensatz zu den alten auf irgendwelchen Thesen einseitig festgelegten Krisentheorien, deren Geist noch heute die deutsche Nationalökonomie allzu sehr beherrscht."[222]

Dass die bisher vor allem in ihrer sachlich-nüchternen Verwendung vorgeführte bewegungsaffine Sprache der Wirtschaftsanalyse im Register des Rhythmischen auch über sinnlich-expressive Qualitäten verfügt, die durchaus von Konjunkturforscher:innen eingesetzt wurden, soll abschließend eine Äußerung des Hamburger Ökonomen Kurt Singer zumindest andeuten. In einem „Weltwirtschafts-Krisis?" übertitelten Artikel für den „Wirtschaftsdienst" (1930) formuliert der „eco-

217 Wagemann: Konjunkturlehre (1928), S. 140. Wilhelm Röpke bezeichnet in einer Besprechung von Wagemanns „Konjunkturlehre" die von diesem eingeführte Differenzierung in Konjunkturlagen und Konjunkturspannungen als „wesentliche Bereicherung des konjunkturtheoretischen Begriffsapparates"; Wilhelm Röpke: Wirtschafts-Literatur. In: Magazin der Wirtschaft Nr. 8 vom 21.02.1929 [HWWA: A 10 n SM 54].

218 Wagemann: Einführung in die Konjunkturlehre (1929), S. 142.

219 Ernst Wagemann: Konjunkturforschung – wirtschaftliche Raumzeitforschung. In: Berliner Börsen-Zeitung Nr. 10 vom 07.01.1937 [HWWA: H n SM 54].

220 Kuschmann: Die Untersuchungen des Berliner Instituts für Konjunkturforschung (1933), S. 14.

221 Wagemann: Konjunkturlehre (1928), S. 112.

222 Wagemann: Einführung in die Konjunkturlehre (1929), S. 142.

nomist with the soul of a poet" (so Richard Storry über Singer[223]), dass sich die Wirtschaft nicht mehr „in dem langsam schwingenden Rhythmus kräftig durchgehaltener Aufschwünge und ruhig durchduldeter Stockungen" bewege, „sondern in unruhigen Stößen, im Wechsel kurzatmiger Belebungen und hastiger Sammlungen."[224]

Wurde die ‚Arbeit am Rhythmus' in der Konjunkturforschung bislang vor allem als ein Set aus Techniken und Praktiken der Bereinigung, Sortierung, Bündelung und Gruppierung einzelner Zeitreihen mit Ausrichtung auf *einen* übergeordneten „Bewegungsrhythmus" skizziert, soll im Folgenden ein weiteres grundlegendes Prinzip, das der Rhythmen-Kombinatorik, eingehender betrachtet werden: Die zyklischen Bewegungen der Konjunktur vereinen in sich „kurze und lange Wellen", „zuweilen sogar [...] kurze, mittlere und lange Wellen".[225] Bevor diese in der zeitgenössischen Konjunkturforschung prominent vertretene Idee der Vermischung (und analytischen Entmischung) verschieden langer Zyklen der Wirtschaftsbewegung im nächsten Abschnitt vorgestellt und aus Rhythmus-orientierter kulturwissenschaftlicher Perspektive diskutiert wird, soll zunächst eine der erwähnten Ausprägungen, die bis heute weit über den ökonomischen Bereich hinaus bekannten und als Deutungsmodell auch für allgemeine gesellschaftliche Zusammenhänge virulenten „langen Wellen", Thema sein.

3.4 Die „langen Wellen der Konjunktur"

Das Konjunkturphänomen der „langen Wellen" wird vor allem mit den Forschungen von Nikolai Dmitrijewitsch Kondratieff (1892–1938) identifiziert, auch wenn bereits vor dem russischen Wirtschaftswissenschaftler und Gründer des Moskauer Konjunkturinstituts etwa die niederländischen Nationalökonomen Jacob van Gelderen (1913) und Samuel de Wolff (1924) auf diese langphasigen Zyklen hinwiesen.[226]

---

223 Zit. n. Wolfgang Schwentker: Max Weber in Japan. Eine Untersuchung zur Wirkungsgeschichte 1905–1995. Tübingen 1998, S. 109.

224 Kurt Singer: Weltwirtschafts-Krisis? In: Wirtschaftsdienst. Weltwirtschaftliche Nachrichten 15/1930, H. 33, S. 1401–1403; S. 1401.

225 Wagemann: Konjunkturlehre (1928), S. 45.

226 Jacob van Gelderen: Springvloed. Beschouwingen over industriële ontwikkeling en prijsbeweging. In: De Nieuwe Tijd 1913, S. 253–277, 369–384, 445–464; Samuel de Wolff: Prosperitäts- und Depressionsperioden. In: Otto Jenssen (Hg.): Der lebendige Marxismus. Festgabe zum 70. Geburtstage von Karl Kautsky. Jena 1924, S. 13–43. De Wolff verweist in dem Text auf andere Autoren, die ebenfalls auf „periodische Bewegungen [...] von langer Dauer" (S. 16) hingewiesen haben, darunter Albert Aftalion in „Les crises périodiques de surproduction" (1913). Die erste Erwähnung von langen Wellen wird gemeinhin Hyde Clarke zugeschrieben, der 1847 „einen 54jährigen Zyklus feststellen zu können glaubte. Wegen seiner astronomischen Begründung, also des Rückgriffs auf exogene Faktoren, ist er wieder in Vergessenheit geraten." Egon Tuchtfeldt: Lange Wellen – Ein dogmengeschichtlicher Rückblick. Hamburg 1998 (= Discussion Papers in Economic Policy Research Bd. 89), S. 2. Auch Karl Marx hatte „im 3. Band des ‚Kapitals'

Untrennbar mit dem Namen Kondratieff verbunden wurden die „langen Wellen" spätestens, seit Joseph Schumpeter sie in sein Drei-Zyklen-Modell der Konjunkturbewegung (vgl. Kap. V.3.5) integrierte und dabei als „Kondratieff-Zyklen" (oder kurz: „Kondratieffs") bezeichnete.[227]

Nikolai Kondratieff, der unter anderem von 1910 bis 1915 bei Michail I. Tugan-Baranowski an der Universität von St. Petersburg Wirtschaftswissenschaften studierte und nach der Februarrevolution 1917 Vize-Ernährungsminister in der Übergangsregierung war, gründete 1920 das theoretisch wie wirtschaftspolitisch ausgerichtete Moskauer Konjunkturinstitut und wurde dessen erster Leiter.[228] 1924 unternahm er eine lange Forschungsreise, die ihn in die USA, nach Großbritannien, Kanada und Deutschland führte. Er war Mitherausgeber verschiedener Fachzeitschriften und Mitglied zahlreicher internationaler Fachgesellschaften, darunter die *American Economic Association*, die *American Association of Agricultural Economics* (Kondratieff war allem voran Agrarwissenschaftler), die *Royal Economic Society* sowie die *Royal Statistical Society*.[229] 1922 wurde Kondratieff wegen gegenrevolutionärer Aktivitäten verhaftet und auch in der Folgezeit aufgrund seiner vom Sowjetregime als Provokation empfundenen ökonomischen Forschungen und wirtschaftspolitischen Vorschläge verfolgt. Im September 1928 wurde er als Leiter des Konjunkturforschungsinstituts entlassen und das Institut geschlossen. 1930 fand eine weitere Verhaftung statt; 1938 wurde Kondratieff nach achtjährigem Gefängnisaufenthalt erneut angeklagt, verurteilt und hingerichtet.[230]

Mit den „langen Wellen" setzte sich Nikolai Kondratieff bereits 1922 in seinem Buch „Мировое хозяйство и его коньюктура во время и после войны" („Die Weltwirtschaft und ihre Konjunktur während und nach dem Krieg") auseinander.

---

den Tatbestand langer Wellen angedeutet"; ebd. Ein Abriss weiterer Wirtschaftsforscher, die sich früh mit langen Wellen beschäftigten, findet sich ebd., S. 3 f. Vgl. auch Jacob J. van Duijn: The Long Wave in Economic Life. London 1983; Vincent Barnett: Dating the Long Cycle Turning Points: Kondratiev and After. In: Natalia Makasheva, Warren J. Samuels, Vincent Barnett (Hg.): The Works of Nikolai D. Kondratiev. Translated by Stephen S. Wilson. Bd. 1: Economic Statics, Dynamics and Conjuncture. London 1998, S. XXXV–L; S. XLI f.

227 Vgl. die zahlreichen Belege in Schumpeter: Business Cycles (1939).

228 Zum Aufbau des Instituts sowie zu seinen Publikationen vgl. Barnett: Kondratiev and the Dynamics of Economic Development (1998), insb. S. 9 f., 11–13.

229 Vgl. ebd.; Natalia Makasheva: A Russian Perspective. In: dies., Samuels, Barnett: The Works of Nikolai D. Kondratiev Bd. 1 (1998), S. XXVII–XXXIV; S. XXIX.

230 Vgl. Makasheva: A Russian Perspective (1998). Insbesondere Kondratieffs Ansatz einer dem Kapitalismus inhärenten Zyklizität, die nicht zum Zusammenbruch des Wirtschaftssystems, sondern im Gegenteil zu seiner Aufrechterhaltung beitrug, war unvereinbar mit der offiziellen Doktrin. Als Provokation wurden aber auch Kondratieffs konkrete Ansichten und Vorschläge zur sowjetischen Planwirtschaft gesehen. Kondratieff wurde in der Sowjetunion zweimal rehabilitiert: 1963 wurde das Urteil von 1938 gegen ihn widerrufen und 1987 die Verurteilung von 1932 aufgehoben; vgl. ebd., S. XXXIII.

Einen eigenen Text widmete er ihnen dann 1925 mit einem Aufsatz über „Вопросы коньюктуры" („Fragen zur Konjunktur"), der 1926 in gekürzter deutscher Übersetzung als „Die langen Wellen der Konjunktur" im „Archiv für Sozialwissenschaft und Sozialpolitik" erschien und 1935 noch einmal weiter eingekürzt in englischer Übersetzung als „The Long Waves in Economic Life" im „Review of Economic Statistics" publiziert wurde. Insgesamt veröffentlichte Kondratieff sechs Abhandlungen zum Phänomen der „langen Wellen", den letzten einschlägigen Text im Jahr 1928.[231]

Mit Hilfe der Auswertung statistischer Datensätze (etwa zur Entwicklung der Warenpreise, der Arbeitslöhne, Umsätze im Außenhandel, aber zum Beispiel auch der Kohlenerzeugung und des Kohlenverbrauchs) aus Deutschland, Frankreich, England und den USA seit den Anfängen ihrer Erhebung im ausgehenden 18. Jahrhundert versuchte er zu zeigen, „daß die Dynamik des Wirtschaftslebens in der kapitalistischen Gesellschaftsordnung nicht einfachen und linearen, sondern komplexen und zyklischen Charakters ist".[232] Das „Vorhandensein langer Wellen mit ungefähr den gleichen Perioden"[233] bleibe dabei nicht nur auf die Wirtschaftsentwicklung beschränkt, sondern habe Effekte auch auf andere gesellschaftliche Bereiche. So „fallen" zum Beispiel „[i]n die Zeit des Ansteigens der langen Wellen, d. h. der Hochspannung im Wachstum des Wirtschaftslebens [...] in der Regel die meisten und größten kriegerischen und inneren sozialen Erschütterungen."[234] Kondratieff sieht in der von ihm betrachteten Zeit ab den 1790er-Jahren drei „lange Wellen", deren Umschlagspunkte er für verschiedene Länder und Wirtschaftsfelder und zudem in verschiedenen Texten unterschiedlich datiert[235]: Der erste Anstieg habe bis in die 1810er-Jahre gedauert, der anschließende Abstieg bis in die 1840er- bzw. frühen 1850er-Jahre. Den zweiten Anstieg sieht er bis in die 1870er-Jahre, den Abstieg bis in die 1890er-Jahre. Der dritte Anstieg fand bis in die 1910er-Jahre statt, seitdem vermutet er den folgenden Abstieg.

Wie schon für andere Studien zur Konjunkturforschung herausgearbeitet, verweist auch Kondratieff auf die Notwendigkeit des Einsatzes mathematischer Operationen, auf „komplizierte Methoden der Verarbeitung statistischer Reihen"[236], da sonst „die Wellen entweder gar nicht oder nicht deutlich genug in die Erscheinung"[237] treten. Trotz rechnerischer Anstrengungen, die einer stärkeren Herauspräparierung der Wirtschaftswellen dienten, musste Kondratieff vermerken, dass es ihm auch nach bereinigender „Verarbeitung" der vorgefundenen statistischen Reihen nicht

231 Vgl. Brian J. L. Berry: Long-Wave Rhythms in Economic Development and Political Behavior. Baltimore u. a. 1991, S. 35 f.; Barnett: Dating the Long Cycle Turning Points (1998).

232 Nikolai D. Kondratieff: Die langen Wellen der Konjunktur. In: Archiv für Sozialwissenschaft und Sozialpolitik 56/1926, S. 573–609; S. 573.

233 Ebd., S. 587.

234 Ebd., S. 591.

235 Vgl. Barnett: Dating the Long Cycle Turning Points (1998).

236 Kondratieff: Die langen Wellen der Konjunktur (1926), S. 575 f.

237 Ebd., S. 575.

für alle Bereiche gelungen war, deren gleichförmigen periodischen Verlauf nachzuweisen; so ließen sich etwa für den französischen Baumwollverbrauch und für die Woll- und Zuckererzeugung der Vereinigten Staaten von Amerika keine langwelligen Bewegungen aufzeigen.[238] Kondratieff konnte diese Beobachtung stehen lassen, ohne sie als Irritation seines Kurvenmodells zu begreifen, indem er sie als Rest einer mathematischen Operation verstand, die insgesamt auf eine Bereinigung des vorgefundenen Materials ausgerichtet war.

Dass er für die englischsprachigen Übersetzungen das Wort „cycle" gegenüber „wave" favorisierte und selbst konsequent an dem Begriff festhielt, sieht der Kondratieff-Experte Vincent Barnett auch darin begründet, dass Kondratieff von der Annahme einer strikten Periodizität der „major cycles" trotz daran geäußerter Kritik überzeugt war.[239] Für die erkennbaren Unterschiede ihrer Länge akzeptierte er einen beachtlichen „Spielraum von 48–60 Jahren"[240] (bei zweieinhalb identifizierten Zyklen in den untersuchten ca. 140 Jahren). Das Kriterium und die entsprechend wichtigen Aspekte der wiederkehrenden „langen Wellen" lagen also offensichtlich für Kondratieff nicht wie bei anderen Konjunkturforscher:innen (besonders eindrücklich bei Jevons) in einer möglichst exakten Übereinstimmung der Schwingungslängen,[241] sondern vielmehr in einem sich abzeichnenden wiederholenden Grundverlauf der Bewegung, dem „flow pattern".[242] Zudem kehrte er die Frage nach den Ursachen in eine Beschreibung der Effekte um. So sieht Kondratieff „nicht, wie ihm oftmals unterstellt wird, die Änderungen in der Technik, Kriege und Revolutionen, die Ausweitung des Welthandels und die Schwankungen der Goldgewinnung als Ursache, sondern vielmehr als Folge langfristiger Fluktuationen in der Wirtschaftsentwicklung"[243], deren zyklischer Charakter wiederum im kapitalis-

---

238 Ebd., S. 587.

239 Vgl. Barnett: Kondratiev and the Dynamics of Economic Development (1998), S. 106 f. Als „Welle" sah er dagegen einen halben Zyklus, d. h. ein Zyklus setzte sich aus einer ansteigenden Welle („Повышательная волна") und einer abnehmenden Welle („Понижательная волна") zusammen; vgl. ebd.

240 Hans Joachim Gerster: Lange Wellen wirtschaftlicher Entwicklung. Empirische Analyse langfristiger Zyklen für die USA, Großbritannien und weitere vierzehn Industrieländer von 1800 bis 1980. Frankfurt/Main u. a. 1988, S. 9.

241 Dies gilt auch für spätere Lange-Wellen-Forscher:innen; vgl. exemplarisch Siegfried Knetsch: Lange Konjunkturwellen und Wirtschaftswachstum. Marburg 1959, S. 118: „Wir wollen uns bei der Suche nach den Ursachen der langen Wellen nicht auf eine bestimmte Wellenlänge festlegen."

242 Nikolai D. Kondratieff: The Concepts of Economic Statics, Dynamics and Conjuncture (1924). In: Makasheva, Samuels, Barnett: The Works of Nikolai D. Kondratiev Bd. 1 (1998), S. 1–23; S. 23.

243 Gerster: Lange Wellen wirtschaftlicher Entwicklung (1988), S. 9. Bei Kondratieff selbst heißt es über Entwicklungen wie die ansteigende Goldgewinnung, Kriege oder soziale Erschütterungen: Diese „lassen sich [...] in den Rhythmus der langen Wellen einfügen und erweisen sich nicht als die Kräfte, von denen diese Bewegungen ausgehen, sondern als eine ihrer Erscheinungsformen"; ders.: Die langen Wellen der Konjunktur (1926),

tischen Wirtschaftssystem selbst, genauer: in seiner Eigenschaft der Selbstkorrektur, begründet sei:

> „Each consecutive phase [of the long wave] is a result of a cumulative process during the preceding phase, and, as long as the principles of the capitalistic economy are conserved, each new cycle follows its predecessor with the same regularity with which the different phases succeed each other".[244]

Insgesamt zeichnet sich das rhythmische Prinzip der „langen Wellen" durch eine große formale Flexibilität aus. Der Ökonom Gottfried Bombach spricht noch Anfang der 1990er-Jahre in einem Vortrag an der *Rheinisch-Westfälischen Akademie der Wissenschaften* vom „Kondratieff-Zyklus" als einem „Kuriosum unserer Wissenschaft": „Man weiß nicht, ob es ihn wirklich gibt, aber es konkurrieren gegen fünf Hypothesen zu seiner Erklärung. Ein strenger statistischer Nachweis ist nicht möglich, weil die entsprechende ‚Masse' fehlt."[245] Hinzu kommt die schon erwähnte Bandbreite der Schwingungsdauer. Dennoch (oder gerade deshalb?) scheint der „Kondratieff-Zyklus" eine hinreichende analytische Rahmung anzubieten und dabei identitätsstiftend zu wirken – auch über disziplinäre Grenzen hinweg. Die „langen Wellen" entwickelten eine beachtliche Strahlkraft – nicht in den Wirtschaftswissenschaften selbst (wo sie „eher ein Dasein am Rande der ‚mainstream economics'"[246] führen), dafür aber umso auffälliger in den Politik- und Sozialwissenschaften sowie

---

S. 594. Walter Heinrich verweist auf diese Passage Kondratieffs und schreibt ergänzend: „… die langen Wellen anders als die mittleren erklären, welche inneren Ursachen der Dynamik der kapitalistischen Wirtschaft entspringen, hieße, ‚die Folgen für die Ursachen nehmen und dort eine Zufälligkeit sehen, wo eine Gesetzmäßigkeit vorliegt'"; Heinrich: Grundlagen einer universalistischen Krisenlehre (1928), S. 160 f.; Zitat im Zitat von Kondratieff. Vgl. auch die Einschätzung von James E. Cronin, dass die explosive Kraft sozialer Bewegungen auf die fluktuierende Wirtschaftsbewegung speziell der „langen Wellen" als „the internal rhythm of capitalism" zurückzuführen sei; ders.: Stages, Cycles, and Insurgencies: The Economics of Unrest. In: Terence K. Hopkins, Immanuel Wallerstein (Hg.): Processes of the World-System. Beverly Hills, London 1980 (= Political Economy of the World-System Annuals Bd. 3), S. 101–118; S. 109 f. Dort heißt es: „These long waves lie behind the discontinuous course of social struggle; they determine its form and content, and guarantee its expression." Ebd., S. 109.

244 Zit. n. Berry: Long-Wave Rhythms in Economic Development (1991), S. 36.

245 Bombach: Zyklen im Ablauf des Wirtschaftsprozesses (1992), S.48.

246 Tuchtfeldt: Lange Wellen – Ein dogmengeschichtlicher Rückblick (1998), S. 2. Vgl. Berry: Long-Wave Rhythms in Economic Development and Political Behaviour (1991). Joshua S. Goldstein spricht sogar von einer „hostile reception to long cycles" in den Wirtschaftswissenschaften; ders.: Long Cycles: Prosperity and War in the Modern Age. New Haven, London 1988, S. xii. Zur zeitgenössischen Kritik vgl. exemplarisch George Garvy: Kondratieff's Theory of Long Cycles. In: The Review of Economic Statistics 25/1943, H. 4, S. 203–220. Einen Literaturüberblick zur Kondratieff-Rezeption gibt Kenneth Barr: Long Waves: A Selective, Annotated Bibliography. In: Review (Fernand Braudel Center) 2/1979, H. 4, S. 675–718.

der Geographie, in den Geschichtswissenschaften und selbst in der europäisch-ethnologischen/empirisch-kulturwissenschaftlichen Literatur.[247]

3.5 Polyrhythmik – Zyklenkombinatorik

> „Die Erkenntnis, daß sich die Konjunktur in einem gewissen Rhythmus vollzieht, daß die Auf- und Abwärtsbewegungen der Wirtschaft nach einer bestimmten Gesetzmäßigkeit, einer inneren Logik vor sich gehen, ist nicht neu; die Auffassungen über Wesen und Art des Konjunkturverlaufs sowie über die Dauer der einzelnen Konjunkturphasen gehen aber ziemlich weit auseinander."[248]

Mit dieser Einschätzung eröffnete Ernst Wagemann die vom Berliner *Institut für Konjunkturforschung* seit 1926 publizierten „Vierteljahrshefte zur Konjunkturforschung". Gerade die Länge der Zyklen rief in der frühen Konjunkturforschung eine besondere Aufmerksamkeit hervor, und ihre Diskussion nimmt in etlichen der im Zuge dieser Untersuchung gelesenen Abhandlungen einen auffällig großen Raum ein – ja, mehr noch: in nicht wenigen Werken wird der jeweils als zutreffend identifizierte ‚eine' Rhythmus, der dem komplexen Konjunkturverlauf zugrunde liegen soll, zum zentralen, die Argumentation organisierenden Punkt der Darstellung.[249] An der Zyklenlänge entzündeten sich die unterschiedlichen Auffassungen bei der Suche nach Erklärungen für die konjunkturelle Strukturiertheit der Wirtschaft; der Streit um die ‚richtige' Länge verband sich mit der Durchsetzung des eigenen Deutungsansatzes und wurde zum Aufhänger auch systematisierender Versuche in Überblicksdarstellungen. So nimmt es nicht wunder, dass die Namen verschiedener damaliger Konjunkturforscher:innen bzw. Konjunkturforschungseinrichtungen mit

---

247 Vgl. Barnett: Kondratiev and the Dynamics of Economic Development (1998). Eine Übersicht gibt ebenfalls Cronin: Stages, Cycles, and Insurgencies (1980), S. 111. Zur Rezeption der Kondratieff-Wellen in der marxistisch geprägten Wirtschafts- und Gesellschaftsanalyse vgl. auch Hickel: Konjunktur und Krise – neu betrachtet (1979), S. XXII. Vgl. für die Europäische Ethnologie/Empirische Kulturwissenschaft Peter F. N. Hörz: Volkskunde im sechsten Kondratieff. Versuch einer Positionsbestimmung der Europäischen Ethnologie in der Wissensgesellschaft. Hildburghausen 2004 (= Bamberger Beiträge zur Volkskunde, Studienreihe Bd. 1). Dass die Ausweitung der „langen Wellen" als Deutungsansatz auch in nicht-ökonomischen Bereichen bereits zu Kondratieffs Lebzeiten vorzufinden war, zeigt das vierbändige Werk „Social and Cultural Dynamics" (1937) von Pitirim Sorokin; vgl. Barnett: Kondratiev and the Dynamics of Economic Development (1998), S. 137 f.

248 Ernst Wagemann: Einleitung. Weltwirtschaftliche Zusammenhänge des Konjunkturverlaufs. In: Vierteljahrshefte zur Konjunkturforschung 1/1926, H. 1, S. 9–49; S. 9.

249 Vgl. als prominentes Beispiel Henry Ludwell Moore, auf dessen konjunkturanalytische Überlegungen an späterer Stelle noch detailliert eingegangen wird (vgl. insb. Kap. V.4.2 und VI.2.6).

der Bestimmung von Zykluslängen verknüpft sind. Bei Wagemann heißt es etwa in Fortführung der zitierten Feststellung:

> „So stellt Spiethoff für Deutschland von 1880 an einen Stockung, Aufschwung und Krisis umfassenden Turnus von 7 bis 8 Jahren fest. Tönnies hat für den Zeitraum von 1872 bis 1911 sowohl für Deutschland wie für England einen Zyklus von 8 Jahren errechnet, der in zwei deutlich erkennbare Phasen von je 4 Jahren zerfällt. Das Harvard-Institut weist für die Vereinigten Staaten 1903 bis 1913 einen Turnus von 3 bis 4 Jahren nach."[250]

Auch die Beziehung der identifizierten Zyklen unterschiedlicher Länge zueinander geriet ins Blickfeld der Konjunkturforscher:innen: „Über die Unterscheidung von Juglar- und Kitchin-Zyklen hat es unendliche Diskussionen darüber gegeben, ob sie zur gleichen ‚Familie' gehören oder als unterschiedliche Phänomene zu behandeln sind"[251], stellt rückblickend Gottfried Bombach heraus. In der Konjunkturforschung bildete sich an verschiedenen Stellen – und vor allem auch angesichts des vorgefundenen heterogenen statistischen Materials – die Überzeugung heraus, dass sich der Wirtschaftsverlauf „aus einer Reihe verschiedener kurzer, mittlerer, langer und längster Wellen zusammensetzt"[252]: „Most business curves do not show simple rhythmic behaviour but, on the contrary, show compound rhythmic characteristics that need to be separated …"[253] Damit wurde es zur zentralen Aufgabe und Herausforderung,

> „festzustellen, wieviele Arten von Bewegungen in der wirtschaftlichen Realität durcheinandergehen, sie zu unterscheiden, ihre charakteristische Wellenlänge zu messen, die Regelmäßigkeit ihrer Wiederkehr zu bestimmen, endlich eine Theorie zu finden, die alle diese Bewegungen und ihr Verhältnis zu einander hinreichend erklärt."[254]

„Analysis of the composite business cycle shows that it is the result of many different cycles of radically different dimensions, both as to length of period, from peak to

---

250 Wagemann: Einleitung. Weltwirtschaftliche Zusammenhänge des Konjunkturverlaufs (1926), S. 9.

251 Bombach: Zyklen im Ablauf des Wirtschaftsprozesses (1992), S. 18.

252 Finckenstein: Das Problem des Trend (1946), S. 7.

253 Edward R. Dewey: Putting Cycles to Work in Science and Industry. A Talk Given at McGill University. Foundation Reprint No. 11. First issued 1941, reissued in 1945, reissued in 1953, S. 12. Die von Dewey 1941 begründete *Foundation for the Study of Cycles* katalogisierte nicht weniger als 1.380 ökonomische Zyklen, die eine Länge von 20 Stunden bis zu 700 Jahren aufweisen: „Among these are 75 cycles ranging from 16 to 60 years that record general business activity, and 23 cycles that record crises, depressions, and repressions ranging from 3.5 to 108 years", referiert Nathan H. Mager die Ergebnisse der von der *Foundation* geleisteten Sammlungsarbeit; ders.: The Kondratieff Waves. New York 1987, S. 2.

254 Mitchell: Der Konjunkturzyklus (1931), S. 222 f.

peak or through to through, and as to the wideness of their swings"[255], konstatiert Frank D. Newbury und schlägt vor, den unübersichtlichen, in rhythmusorientierter Perspektive unzugänglichen Gesamtzyklus, wie er sich im statistischen Material zeige, in diverse Einzelzyklen aufzubrechen. Sein konjunkturanalytischer Arbeitsentwurf heißt entsprechend: „look inside the composite business cycle"[256] und: „separate this irregular and unpredictable cycle"[257] (in einzelne, unabhängige Zyklen). Dieses Vorgehen übersetzte eine heuristische Hoffnung in ein strategisches Programm der Bearbeitung des Datenmaterials, denn, so wiederum Newbury: „A highly complicated and unsolvable problem can be handled if it is broken down into a number of separate problems."[258] Oder noch einmal anders formuliert bei Gottfried Bombach: „So wurde versucht, den Konjunkturzyklus generell als eine (zufällige) Überlagerung einer Vielzahl von Einzelzyklen zu deuten (als ein Streuungsphänomen)."[259] Festzuhalten bleibt hier als eine weitere Technik und Strategie der konjunkturwissenschaftlichen ‚Rhythmusarbeit' die praktische Realisierung der Vorstellung, dass der Wirtschaftsverlauf aus einer Mehrzahl sich überlagernder Rhythmen besteht, also quasi polyrhythmisch organisiert ist.

Axel F. Enström sieht das „system of corresponding cycles", das er in seiner Untersuchung „On Periodicities in Climatic and Economic Phenomena and their Covariation" beschreibt, aus zwei „Grundzyklen" von ca. neunjähriger und ca. sechzigjähriger Länge sowie einer Reihe weiterer Zyklen „of less importance" (darunter diejenigen von neunzehn-, dreizehn-, und elfjähriger Länge) zusammengesetzt. Darüber hinaus glaubt er „[t]races of very long waves" auszumachen, für die es Indizien in den meteorologischen und ökonomischen Zeitreihen gäbe und die „in some cases" einen Zeitraum von „111 and 223 years" umspannen könnten. Diese seien wiederum überlagert von sehr kurzen Zyklen „from 2 to 4 years in length".[260]

Ernst Wagemann spricht von einem „mindestens dreifachen Rhythmus" mit „drei großen Wiederholungsvorgängen: einer etwa 150jährigen, einer 50–60jährigen, einer 7–9jährigen Welle."[261] Und auch George F. Warren und Frank A. Pearson, beide Ökonomie-Professoren an der *Cornell University*, stellten die Überlegung an, dass die am historischen Zahlenmaterial ablesbaren (auf den ersten Blick unregelmäßigen) Konjunkturverläufe das Ergebnis von Überlagerungen aus kürzeren regelmäßigen Zyklen sein könnten. Sie illustrierten diese Annahme anhand einer Reihe möglicher Kombinationen und lieferten graphisches An-

255 Frank D. Newbury: Business Forecasting. Principles and Practice. New York, Toronto, London 1952, S. 136.

256 Ebd., S. 135.

257 Ebd.

258 Ebd.

259 Bombach: Zyklen im Ablauf des Wirtschaftsprozesses (1992), S. 35.

260 Axel F. Enström: On Periodicities in Climatic and Economic Phenomena and their Covariation. Stockholm 1924 (= Ingeniörsvetenskapsakademiens Handlingar Bd. 31), S. 8.

261 Ernst Wagemann: Wirtschaft in Konjunkturwellen. In: Wirtschaftsrevue Nr. 52/53 vom 30.12.1948 [HWWA: P Wagemann 17894 0054 JEU].

schauungsmaterial, darunter die Effekte der Synthese aus einem angenommenen „perfect cycle of mathematical regularity 3 years in length and another of perfect regularity 4 years in length" (Abb. 14), ebenso aus einem sechs- und einem achtjährigen Zyklus (Abb. 15) wie auch (als Vier-Zyklen-Kombination) aus einem drei-, einem fünf-, einem acht- und einem siebzehnjährigen Zyklus (Abb. 16).[262] Edward Dewey und Edwin Dakin, die in ihrer Abhandlung „Cycles" die Grafiken von Warren und Pearson reproduzierten[263], kommentieren: „Here it is sufficient to note in passing that the cycles with which we must deal in economic life are usually very complex indeed, being seemingly the synthesis of various rhythms of different lengths – together, of course, with numerous accidental variations."[264]

Dewey und Dakin selbst identifizierten vier Hauptrhythmen menschlicher Aktivitäten („of the many that have been isolated"[265]), die über den ökonomischen Bereich hinaus Geltung fänden: den 54-jährigen Rhythmus, einen Neun-Jahres-Rhythmus, einen dreieinhalbjährigen Rhythmus sowie einen achtzehnjährigen Rhythmus.[266]

---

262 George F. Warren, Frank A. Pearson: World Prices and the Building Industry. New York, London 1937, S. 155 f. Eine Abbildung der Kombination aus sechs- und achtjährigem Zyklus findet sich auch in dies.: Prices. New York, London 1933, S. 128; dies.: Gold and Prices. New York, London 1935, S. 235.

263 Vgl. Dewey, Dakin: Cycles (1950 [1949]). Dewey und Dakin fügen den kombinatorischen Fingerübungen von Warren und Pearson noch eine weitere Kombination aus neunjährigen und 54-jährigen Zyklen hinzu; ebd., S. 96.

264 Ebd., S. 67.

265 Ebd., S. 135.

266 Vgl. ebd., S. 69–134. Bei den ersten drei genannten Zyklenlängen orientierten sich Dewey und Dakin an Schumpeters „Business Cycles"; vgl. die Ausführungen an späterer Stelle in diesem Unterkapitel.

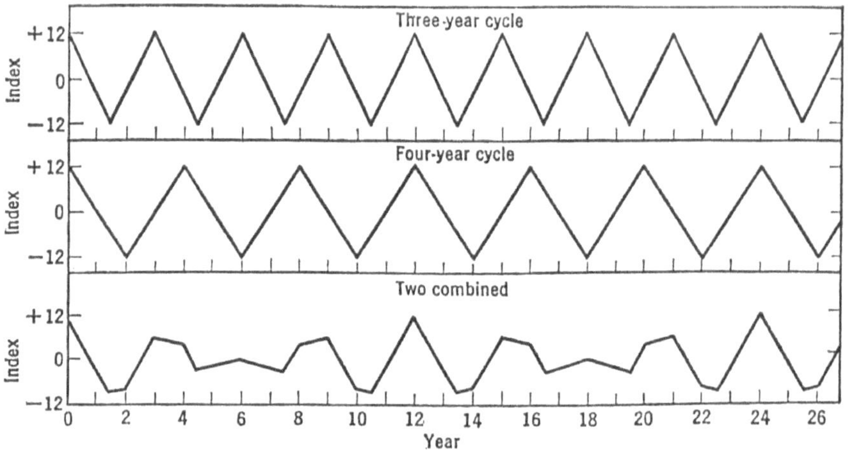

Fig. 16. Synthesis of Two Cycles

Regular 3-year and 4-year cycles, and the two combined. The sum of the two repeats every 12 years. (After Warren and Pearson.)

Abb. 14: „Synthesis of Two Cycles. Regular 3-year and 4-year cycles, and the two combined“ (nach Warren und Pearson). Aus: Dewey, Dakin: Cycles (1950 [1949]), S. 65.

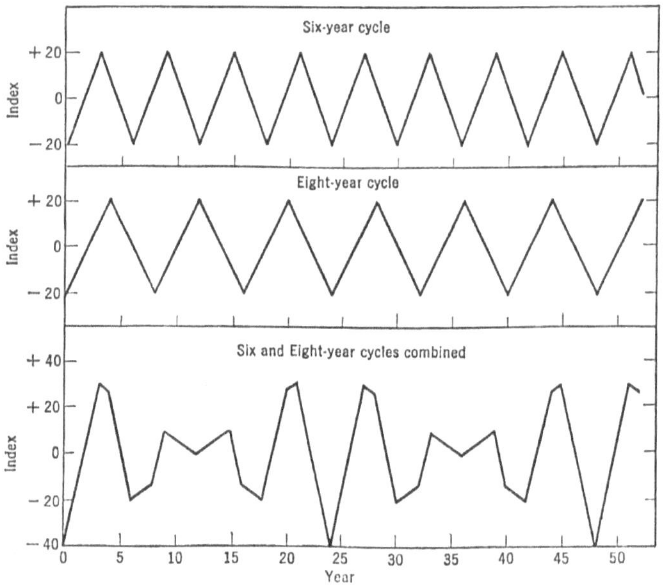

Fig. 17. Synthesis of Two Cycles

Regular 6-year and 8-year cycles, and the two combined. The sum of the two repeats every 24 years. (After Warren and Pearson.)

Abb. 15: „Synthesis of Two Cycles. Regular 6-year and 8-year cycles, and the two combined“ (nach Warren und Pearson). Aus: Dewey, Dakin: Cycles (1950 [1949]), S. 65.

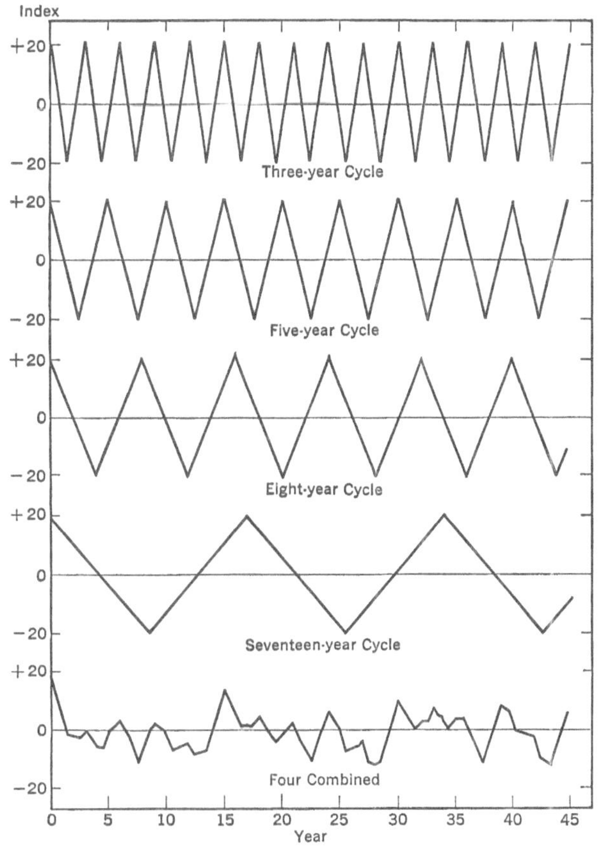

Fig. 18. Synthesis of Four Cycles
Regular 3-, 5-, 8-, and 17-year cycles and the four combined. The sum of the four repeats every 2040 years. (After Warren and Pearson.)

Abb. 16: „Synthesis of Four Cycles. Regular 3-, 5-, 8-, and 17-year cycles and the four combined" (nach Warren und Pearson). Aus: Dewey, Dakin: Cycles (1950 [1949]), S. 66.

Nicht nur konnten neben den Konjunkturbewegungen die (von allen Autor:innen als streng regelmäßig charakterisierten) Saisonschwankungen, sondern auch der bisweilen linear angelegte „säkulare Trend" (als – mit den Worten Albert Wainsteins – „eine zyklische Schwankung mit sehr großer Periode"[267]) in dieses Potpourri der Rhythmen integriert werden. Auch Carl Brinkmann wirft den Gedanken des Trends als „Teil (und also logisch ein Unterbegriff) einer größeren zyklischen Bewegung" auf und verweist darauf, dass „mit dieser Hypothese [...] theoretisch schon gearbeitet worden" sei.[268] Oskar Morgenstern wiederum stellt fest: „*Was heute als Trend gilt, wäre demnach vielleicht nur ein Ast einer großen Sinuskurve* (oder dgl.), deren

267 Albert L. Wainstein: Meteorologische und wirtschaftliche Zyklen, Probleme der Wirtschaftsprognose. In: Vierteljahrshefte zur Konjunkturforschung 1929, Sonderheft 12: Russische Arbeiten zur Wirtschaftsforschung, S. 5–43; S. 13.

268 Carl Brinkmann: (Zyklus und Trend). In: Aftalion u. a.: Der Stand und die nächste Zukunft der Konjunkturforschung (1933), S. 38–41; S. 39.

Gesetz und ganze Bewegungsrichtung wir nicht erkennen und nur deshalb als einseitig gerichteten Trend auffassen."[269] Es können hier, so Morgenstern, „Überzyklen" vorliegen, und „auch diese größeren Zyklen" wären dann „wieder nur Teile von noch größeren usw."[270] – für den Wiener Konjunkturforscher eine Vorstellung, die den Horizont ökonomischer Analyse hinter sich lasse und in die Erkenntnistheorie, die Kulturphilosophie und Metaphysik hineinreiche.[271]

Es war der österreichische Ökonom Joseph Alois Schumpeter (1883–1950), der wohl am nachdrücklichsten und argumentativ ausgefeiltesten die „Feststellung und Darstellung aller der ‚Wellen' verschiedener Länge, die unser Material enthält"[272], zur zentralen disziplinären Aufgabe erkor. Schumpeter, der zeitweise österreichischer Finanzminister (nach 1919), aber auch Banker und Spekulant gewesen war, 1925 bis 1932 eine Professur in Bonn innehatte und anschließend einem Ruf nach Harvard folgte, veröffentlichte 1939 mit der voluminösen, zweibändigen Publikation „Business Cycles"[273] sein konjunkturanalytisches Hauptwerk. Dort wandte er sich

269 Morgenstern: Wirtschaftsprognose (1928), S. 85; Herv. i. Orig.

270 Ebd.

271 Vgl. ebd.

272 Schumpeter: o. T. (1933), S. 267.

273 Schumpeter: Business Cycles (1939). Ich zitiere im Folgenden nach der deutschsprachigen Neuauflage: Joseph A. Schumpeter: Konjunkturzyklen. Eine theoretische, historische und statistische Analyse des kapitalistischen Prozesses. Aus dem Amerikanischen von Klaus Dockhorn. Mit einer Einleitung von Cord Siemon. Göttingen, Oakville (CT) 2010. Das Werk wurde von den zeitgenössischen Fachkolleg:innen eher kritisch besprochen; vgl. exemplarisch die 1940 in der „American Economic Review" erschienene Rezension von Simon Kuznets: Schumpeter's Business Cycles (1940). In: ders.: Economic Change. Selected Essays in Business Cycles, National Income, and Economic Growth. Melbourne, London, Toronto 1954, S. 105–124. Kuznets bemängelte unter anderem (und mit dieser Kritik stand er nicht alleine da), dass Schumpeter kein überzeugendes Erklärungsangebot bieten würde, warum die nicht zwingend regelmäßigen unternehmerischen Vorstöße und Innovationen als behauptete Ursache der Konjunkturbewegung ausgerechnet periodische Zyklenverläufe hervorbringen sollten; vgl. ebd., S. 122 f. Cord Siemon bezeichnet in seiner Einleitung zur Neuausgabe von Schumpeters „Konjunkturzyklen" das Buch, „verglichen mit seinen vorherigen und späteren Werken, als Flop – in den Verkaufsregalen (nur ca. 1000 verkaufte Exemplare in den ersten 18 Monaten) und in der Resonanz der akademischen Zunft." Ders.: Schumpeters Konjunkturzyklen: Eine Einführung. In: Schumpeter: Konjunkturzyklen (2010), S. V–LIII; S. XXVI. Roman Köster sieht aus heutiger Perspektive die – im Vergleich zur fast gleichzeitig erschienenen „General Theory" von Keynes – „geringe Aufmerksamkeit" des Fachpublikums gegenüber Schumpeters „Business Cycles" nicht nur in der „schier unglaubliche[n] Fülle an Tatsachenmaterial" begründet, die das Werk „nahezu unleserlich" machte, sondern auch in dessen grundsätzlicher Ausrichtung: „… das Projekt einer umfassenden Konjunkturtheorie als kapitalistischer Normalentwicklung war in der zweiten Hälfte der 1930er Jahre nicht mehr aktuell. Keynes' Theorie entsprach dem durch die Weltwirtschaftskrise erzeugten Bedürfnis nach einer neuen Theorie sehr viel mehr, als Schumpeter das mit seinem Ansatz vermochte." Köster: Die Wissenschaft der Außenseiter (2011), S. 267 f.

gegen die Vorstellung, dass es „nur eine einzige Abfolge von Zyklen gibt, von denen jeder vom gleichen Typus ist wie alle seine Vorgänger und Nachfolger."[274] Statt dieser „Einzyklen-Hypothese" sei vielmehr von „[v]iele[n] gleichzeitige[n] Zyklen" unterschiedlicher Länge und Amplitude auszugehen:

> „Es besteht kein Grund dafür, daß der zyklische Entwicklungsprozeß nur eine wellenförmige Bewegung hervorbringen sollte. Im Gegenteil bestehen viele Gründe für die Erwartung, daß er eine unbeschränkte Zahl von wellenförmigen Schwankungen auslösen wird, die gleichzeitig abrollen und während dieses Prozesses sich gegenseitig stören."[275]

Als Triebfeder des ‚polyrhythmischen' Erscheinungsbildes – und zugleich als ‚Verursacher' der Konjunkturentwicklung generell – sieht Schumpeter die Unterschiedlichkeit wirtschaftlicher Innovationen, denen er in seinem konjunkturtheoretischen Entwurf eine strategische Rolle zuweist. „[W]enn", so Schumpeter,

> „Innovationen die eigentliche Quelle zyklischer Schwankungen sind, dann kann man nicht damit rechnen, daß diese eine einzige wellenförmige Bewegung darstellen, weil die Perioden des Anlaufs und der Absorption der Wirkungen durch das Wirtschaftssystem im allgemeinen nicht bei allen Innovationen, die zu irgendeiner Zeit vorgenommen werden, die gleichen sein werden."[276]

Und er geht weiter ins Detail:

> „Es gibt Innovationen von relativ langer Spanne, und zusammen mit diesen werden andere Innovationen durchgeführt, die auf dem Rücken der durch die ersteren hervorgebrachten Wellen in kürzeren Perioden ablaufen. Dies deutet sofort auf eine Vielfalt der Schwankungen und auf die Art von Störungen zwischen ihnen, die wir erwarten müssen. Wenn eine langwellige Bewegung in ihrer Prosperitätsphase ist, dann können kleinere Wellen – die in der Regel den weniger bedeutsamen Innovationen entsprechen werden – leichter entstehen, und solange die ‚zugrunde liegende' Prosperität andauert, wartet immer ein Auffangkissen auf sie, während es in der Depressionsphase der ihnen zugrunde liegenden Welle für sie überhaupt unmöglich sein kann, sichtbar zu werden, obwohl sie sich immer noch bemerkbar machen können, indem sie die Depression durch ihre Prosperitäten mildern und durch ihre eigenen Depressionen verschärfen."[277]

Dass zu bestimmten Zeiten Phasen des Konjunkturzyklus in ihrem spezifischen Verlauf besonders intensiv ausfielen, ist mit Schumpeter durch spezifische Konstellationen in der gegenseitigen Überlagerung der verschieden langen Zyklen zu erklären Mit seinem differenzierten Modell der sich überlagernden Rhythmen meint er eine Erklärung für das „Verhalten von Zeitreihen, welches allen Erwartungen zu

---

274 Schumpeter: Konjunkturzyklen (2010), S. 171.
275 Ebd.
276 Ebd., S. 176.
277 Ebd.

widersprechen scheint"[278], gefunden zu haben. Zur Veranschaulichung konzentriert er sich in seinen weiteren Ausführungen auf drei verschiedene Wellenformen und deren Zusammenspiel: einen langwelligen, 50- bis 60-jährigen Zyklus, weiterhin einen mittelwelligen sieben- bis zehnjährigen Zyklus sowie schließlich einen kurzwelligen, 40-monatigen Zyklus – die von Schumpeter auch (nach ihrem jeweiligen „Entdecker") als „Kondratieffzyklus", „Juglarzyklus" und „Kitchinzyklus" bezeichnet werden.[279] So ergibt sich eine relationale Grundform, in der „sechs Juglarzyklen auf einen Kondratieffzyklus und drei Kitchinzyklen auf einen Juglarzyklus"[280] entfallen. Als Illustration wählt Schumpeter eine Kombination aus Sinuskurven („[o]bwohl wir grundsätzlich weder innere Regelmäßigkeit noch Sinusform der Bewegung fordern"[281]), die in der Konjunkturforschungsliteratur als das Schumpetersche „Drei-Wellenschema" bekannt und vielfach reproduziert wurde (Abb. 17).

In der Überlagerung der absolut regelmäßig verlaufenden Kurven ergibt sich, so eine der zentralen Aussagen Schumpeters zu seiner Grafik, ein komplexes Bild des Konjunkturverlaufs – und er hält fest: „Für den, der mit statistischer Methode nicht vertraut ist, sollte allein die Tatsache, daß die äußerste Regelmäßigkeit von nur drei Komponenten eine so unregelmäßig aussehende zusammengesetzte Kurve zum Ergebnis haben kann, sehr lehrreich sein."[282] In umgekehrter Blickrichtung wird das hier propagierte Prinzip der Zyklenkombinatorik aber zugleich auch zu einem Generator von Rhythmizität, denn mit der Ausdifferenzierung des einen Konjunkturzyklus in diverse Unterzyklen kann zugleich „die *Idee* ein[geführt werden], *daß die Wirtschaftsschwankungen von noch größerer Regelmäßigkeit sind, als gemeinhin angenommen wird*".[283] Auch wenn „das Endprodukt sozusagen irregulär erscheinen mag, so könnte es aus völlig kontinuierlichen und zyklischen, wiederkehrenden Einzelfaktoren entstammen".[284] Ermöglicht wird mit diesem Prinzip der „hidden periodicities"[285] sowie der zugeordneten wirtschaftswissenschaftlichen Arbeitsweise, dass Konjunkturverläufe „auf ihre Komposition hin analysiert"[286] werden, in der Konsequenz nicht weniger als „die Erhebung von bloßen Fluktuationen, die bisher rein erratischen Charakter zu haben schienen, in die Klasse

278 Ebd., S. 177.

279 Vgl. ebd., S. 179. Schumpeter hatte zunächst auch mit dem Gedanken gespielt, den „Kitchinzyklus" nach W. L. Crum zu benennen; vgl. ebd.

280 Ebd., S. 183.

281 Ebd., S. 222. Für seine Grafik wählte Schumpeter eine konkrete Zyklenlänge von 684, 114 und 38 Monaten resp. 57, 9 1/2 und 3 1/6 Jahren; vgl. ebd., S. 1085.

282 Ebd., S. 222.

283 Morgenstern: Wirtschaftsprognose (1928), S. 84; Herv. i. Orig.

284 Ebd.

285 Arthur Schuster: On Hidden Periodicities. In: Terrestrial Magnetism 3/1898, S. 13–41. Vgl. Henry Ludwell Moore: Generating Economic Cycles. New York 1923, S. 48.

286 Morgenstern: Wirtschaftsprognose (1928), S. 84.

der Regelmäßigkeiten, die gesetzmäßige Abläufe darstellen, als solche bisher lediglich noch nicht erkannt waren".[287]

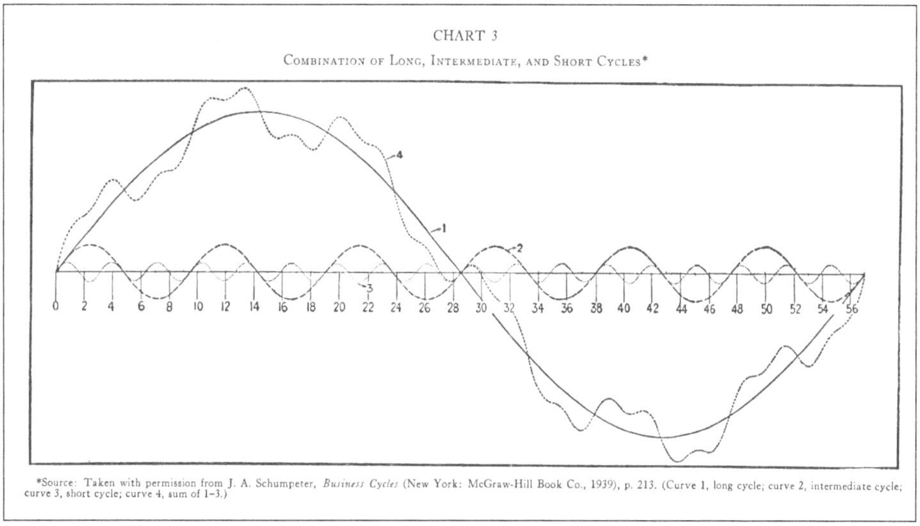

Abb. 17: „Combination of Long, Intermediate, and Short Cycles" – Schumpeters „Drei-Wellenschema", hier reproduziert nach: Bratt: Business Cycles and Forecasting (1949), S. 6; vgl. Schumpeter: Konjunkturzyklen (2010), S. 223.

3.6 Arbeit an der Abstraktion und die „theoretische Re-Interpretation" der Konjunkturzyklen

> „There is, namely, in this field a great danger of seeing cycles where no cycles are. Indeed, there is even a certain risk of creating fictive cycles by the very manipulation of the material."[288]
>
> (Ragnar Frisch, 1932)

Der folgende Abschnitt widmet sich weiterhin der praktisch-technischen Dimension der Beschäftigung einer sich etablierenden Konjunkturforschung mit dem Rhythmus, die – wie gezeigt wurde – nicht allein dessen Erfassung und Dokumentation, sondern immer auch und oft zuvorderst dessen Herausarbeitung zu meinen scheint. Während in den vorangegangenen Kapiteln das Denkmodell des Zyklischen – und mit ihm die Praxis der Überführung empirisch erhobener wirtschaftlicher Datenreihen in ‚bereinigte' Verläufe – als für die Konjunkturforschung wirkmächtiges Instrument der Schaffung und Optimierung von Berechenbarkeit wie Vergleich-

287 Ebd.

288 Ragnar Frisch: New Orientation of Economic Theory. Economics as an Experimental Science. In: Nordic Statistical Journal 4/1932, H. 1–2, S. 97–111; S. 109.

barkeit und damit nicht zuletzt auch als unabdingbare Grundlage wirtschaftlicher Prognostik identifiziert wurde, soll in diesem Unterkapitel ausgeführt werden, dass und wie Rhythmus auch beim Vorantreiben einer abstrakten Theorielegung, bei den Bemühungen um eine Separierung der Wirtschaftsanalyse von konkreten, historisch situierten ökonomischen Prozessen eine zentrale Rolle spielte. Im Fokus steht dabei die Ökonometrie als eine sich im frühen 20. Jahrhundert herausbildende Wissenschaftsrichtung, die als Ansatz ökonomischer Theoriebildung bestrebt war, statistische Verfahrensweisen mit mathematischen Modellierungen zusammenzubringen.[289]

Nahezu parallel zueinander unternahmen in den 1920er- und 1930er-Jahren an verschiedenen Orten mathematisch interessierte und geschulte Wirtschaftstheoretiker – darunter als zentrale Protagonisten neben dem norwegischen Ökonomen, mathematischen Statistiker und Mitbegründer der *Econometric Society* im Jahr 1930, Ragnar Frisch (1895–1973), insbesondere auch der schottische Statistiker George Udny Yule (1871–1951) sowie der russische Mathematiker, Statistiker und Ökonom Evgeny (Eugen) Slutsky (1880–1948), die in der folgenden Darstellung exemplarisch besondere Aufmerksamkeit erfahren werden – Anstrengungen, das Phänomen der Konjunkturzyklen mit mathematischen Techniken weiter zu durchdringen. Dabei spielten Ansätze der sich in dieser Zeit ebenfalls neu herausbildenden Wahrscheinlichkeitstheorie[290] und deren Transformation in Richtung auf ökonomische Prozesse eine besondere Rolle.

Speziell Eugen Slutsky, der 1926 auf Einladung Kondratieffs als einer von drei ‚Spitzenberatern' an das Moskauer Konjunkturforschungsinstitut berufen worden war[291], wurde zum wichtigen Impulsgeber dieses Ansatzes. Der interdisziplinär ausgebildete Slutsky[292], der zuvor als Professor für mathematische Statistik in Kiew

---

289 Vgl. als immer noch zentrales Werk der Auseinandersetzung mit dieser Denktradition Morgan: The History of Econometric Ideas (1990). Morgan fasst den Ansatz wie folgt: „By using statistical methods, econometricians also obtained access to an experimental tradition in statistics. This tradition consisted of generating data artificially, under theoretically known and controlled conditions, to provide a standard for comparison with empirical data or to investigate the behaviour of data processes under certain conditions." Ebd., S. 73. Vgl. außerdem die detail- wie materialreiche Untersuchung von Francisco Louça, der die Geschichte der Ökonometrie, ihrer Institutionalisierung und ihres Einflusses von der zentralen Forscherpersönlichkeit Ragnar Frisch aus erzählt; Louça,: The Years of High Econometrics (2007).

290 Zu Ansätzen der Wahrscheinlichkeitstheorie in unterschiedlichen wissenschaftlichen Disziplinen im 19. und frühen 20. Jahrhundert vgl. Lorenz Krüger, Lorraine J. Daston, Michael Heidelberger (Hg.): The Probabilistic Revolution. 2 Bde Cambridge (MA) 1987 (Bd. 1: Ideas in History, Bd. 2: Ideas in the Sciences).

291 Vgl. u. a. Vincent Barnett: E.E. Slutsky as Economist and Mathematician. Crossing the Limits of Knowledge. London, New York 2011, S. 81.

292 Aufgrund seines Engagements in der Studierendenbewegung wurde Slutsky von seinem Studium an der physikalischen und mathematischen Fakultät der Universität Kiew,

lehrte und forschte und bereits früh die Idee verfolgte, Mathematik und Ökonomie zusammenzudenken[293], nahm mit seinen Arbeiten zur Zyklizität in Rechnungen mit Zufallsreihen und hier insbesondere mit seinem viel beachteten Aufsatz „The Summation of Random Causes as the Source of Cyclic Processes" eine entscheidende Neubewertung des Unvorhergesehenen und Unvorhersehbaren als Element periodischer Wirtschaftsverläufe vor. Der Text wurde erstmalig 1927 in russischer Sprache (mit einer kurzen englischsprachigen Zusammenfassung) vom Moskauer Konjunkturforschungsinstitut publiziert. 1937 erschien eine vom Autor selbst überarbeitete englische Version in der von Ragnar Frisch begründeten und herausgegebenen Zeitschrift *Econometrica*.[294]

Auch wenn Eugen Slutsky in der unter anderem als „groundbreaking"[295], als „landmark paper on cyclical phenomena"[296] und (mit der zeitlichen Distanz einiger Dekaden) „now a classical contribution"[297] bewerteten Abhandlung mit Hilfe konkreter Szenerien auf seine Forschungsfrage und sein Unterfangen einstimmt – so beginnt er seinen Aufsatz mit dem Hinweis auf die strukturelle Ähnlichkeit von Wirtschaftsverläufen mit dem Natur-Szenario der wechselnden Gezeiten Ebbe und Flut (vgl. Kap. VI.2) –, ist ihm doch an der Herauslösung der mathematischen Problemstellung aus ebendiesen konkreten Verläufen gelegen. Auf der Basis reiner Zufallszahlen (Slutsky verwendete dafür die Endziffern der Lose der russischen Staatslotterie) demonstrierte er, dass die Ergebnisse rechnerischer Operationen mit diesen Zahlen Kurven hervorzubringen vermögen, die eine augenscheinlich regelmäßige wellenförmige Gestalt aufweisen: „a (spurious) oscillatory movement in the series might be generated where none had existed originally".[298] Entsprechend kann, wie unter anderem Judy L. Klein in ihrer Beschäftigung mit den Ansätzen und Arbeiten

dann auch an allen Universitäten russlandweit ausgeschlossen. Daraufhin studierte er zeitweise Maschinenbau am Münchner Politechnikum sowie politische Ökonomie in Zürich, bevor er doch sein Studium in Kiew abschließen durfte. Durch diesen erzwungenen Studienortwechsel weiter forciert, genoss Slutsky eine seinen wechselnden Interessen entsprechende breite akademische Ausbildung, darunter neben Mathematik und Ökonomie auch Physik, Philosophie und Kunst; vgl. ebd., S. 23–25.

293 Vgl. die autobiographische Notiz von Slutsky zu seinem Studienaufenthalt in München 1902–1905: „In Munich I seriously studied Ricardo, Marx, Lenin … I already had outlined a plan of work for the application of mathematics to economics." Zit. n. John J. O'Connor, Edmund F. Robertson: Evgeny Evgenievich Slutsky; URL: http://www.history.mcs.st-andrews.ac.uk/Biographies/Slutsky.html (Abrufdatum: 03.06.2014).

294 Eugen Slutzky: The Summation of Random Causes as the Source of Cyclic Processes. In: Econometrica 5/1937, H. 2, S. 105–146. Die erste Fassung erschien 1927 unter dem Titel „Сложение случайных причин, как источник циклических процессов".

295 Vincent Barnett bemerkt zu Slutskys Aufsatz: „It is frequently described as ‚groundbreaking'." Ders.: E.E. Slutsky as Economist and Mathematician (2011), S. 84.

296 Davies, Mahon: The Meaning of Slutsky (2009), S. 13.

297 So Roy George Douglas Allen in seinem Nachruf auf Slutsky; ders.: The Work of Eugen Slutsky. In: Econometrica 18/1950, H. 3, S. 209–216; S. 209.

298 Barnett: E.E. Slutsky as Economist and Mathematician (2011), S. 87.

Eugen Slutskys festhält, die von ihm selbst gestellte Forschungsfrage, „is it possible that a definite structure of a connection between random fluctuations could form them into a system of more or less regular waves?“[299], mit einem unstrittigen „yes“ beantwortet werden, das Slutsky mit Hilfe einer „variety of models and manipulated chance series“[300] untermauerte.

Über die bereits in dem Aufsatz von 1927 vorgestellten Rechenexperimente schreibt der Wissenschaftsforscher und Slutsky-Experte Vincent Barnett:

> „In these experiments, Slutsky applied various different moving average and differencing procedures to sequences of random numbers as follows. First of all, he took a ten-item moving summation of the first basic series of random numbers, and it was the graph that resulted from this procedure that was juxtaposed to the index of English business cycles for 1855–77. Slutsky also performed a two-item moving summation 12 times in succession on the third basic series of random numbers, and then took first and second differences of the results. The graphs of these multi-summated and then differenced sequences might also have looked similar to actual plots of business cycles, if they had been so compared. Even more significantly, Slutsky applied a tenfold summation of three items at a time, with the weights chosen at random for each successive summation. When depicted graphically by means of ten separate charts, this procedure could clearly be seen to approach the Gaussian curve as a limit, a striking visual illustration of the tendency to sine wave form through repeated moving summation that Slutsky had revealed.“[301]

Diese detaillierte Beschreibung verdeutlicht eine auch hier aufwendige praktische Arbeit zur Herstellung rhythmischer Verläufe, die – und darin lag ihr elektrisierender Effekt für die zeitgenössische Konjunkturforschung – eben nicht im zugrunde liegenden Zahlenmaterial angelegt, aber auch nicht von ungefähr entstanden sind. Für die von ihm vorgestellten Modelle gelte vielmehr, so Slutsky, dass ein erkenn-

---

299 Slutzky: The Summation of Random Causes as the Source of Cyclic Processes (1937), S. 106.

300 Bei Judy L. Klein heißt es entsprechend: „For Slutsky the answer was ‚yes,‘ and he proceeded to demonstrate this with a variety of models and manipulated chance series.“ Dies.: The Rise of „Non-October“ Econometrics: Kondratiev and Slutsky at the Moscow Conjuncture Institute. In: History of Political Economy 31/1999, H. 1, S. 137–168; S. 153. Slutsky formuliert an anderer Stelle: „… *the undulatory character of the processes and the approximate regularity of the waves* are the two facts for which we shall try to find a possible source in random causes combining themselves in their common effect.“ Slutzky: The Summation of Random Causes as the Source of Cyclic Processes (1937), S. 107; Herv. i. Orig.

301 Barnett: E.E. Slutsky as Economist and Mathematician (2011), S. 86. Klein schreibt über Slutskys „model I“: „In his 1927 essay, Slutsky introduced several models combining random disturbances. From his model I – the number 5 added to a ten-term moving summation of the last digit of Soviet lottery numbers – he generated 1010 observations.“ Dies.: The Rise of „Non-October“ Econometrics (1999), S. 154.

bares Vorkommen von „approximately regular waves"[302] über die Bezüge herstellenden Rechenvorgänge selbst zu begründen sei: „This hardly can be considered to be a chance occurrence; the explanation of such an effect must be found in the mechanism of the connection of the random values."[303]

Dabei ist Slutsky nicht nur bestrebt, den Nachweis für die mögliche Herausbildung von regelmäßigen Kurven aus Abfolgen von Zufallszahlen zu erbringen. Zugleich (und dabei geht er argumentativ einen Schritt weiter und setzt zudem auch ein Statement als Ökonom, das unmissverständlich in Richtung seiner Fachkolleg:innen zielt), weist er explizit auf die Ähnlichkeit dieser Kurven mit Wirtschaftskurven hin: Die mit Hilfe einer relativ einfachen Rechenoperation gewonnene Kurve seines „Model I" gleiche eben – und Slutsky rekurriert hier auf die visuelle Evidenz – auffällig dem Verlauf der britischen Wirtschaftskurven des 19. Jahrhunderts, wie sie Dorothy S. Thomas für ihren *Quarterly Index of British Cycles* errechnet und das *NBER* in seinen „Business Annals" publiziert hatte.[304] Zur Unterstützung dieser Feststellung liefert Slutsky eine Grafik (Abb. 18), die er wie folgt einführt: „A small section of Model I is plotted in Figure 3 with an index of the English business cycles for 1855–77 in juxtaposition – an initial graphic demonstration of the possible

302 Slutzky: The Summation of Random Causes as the Source of Cyclic Processes (1937), S. 121.

303 Ebd., S. 122.

304 U. a. Judy L. Klein weist darauf hin, dass diesem „incredible visual matching" von Slutskys aus Zufallswerten errechneter Kurve und der auf empirischem Material basierenden Wirtschaftskurve „extensive manipulations in a drawing mode" durch Slutsky selbst zugrundeliegen; dies.: The Rise of „Non-October" Econometrics (1999), S. 154. Dabei betont sie die ironische Dimension des Vergleichs der beiden Kurven: Es könnte sein, dass die zur Erstellung der Wirtschaftskurve verwandte rechnerische Bearbeitungstechnik die zu beobachtenden Zyklen ganz im Sinne Slutskys erst generiert hat, Slutsky also als Referenz für sein Modell ausgerechnet eine Kurve gewählt hat, der das von ihm vorgestellte Prinzip bereits (prätheoretisch) zugrunde liegt; vgl. ebd., S. 156, FN 13. Der von Slutsky vorgenommenen Parallelisierung ähnlich verwies auch der Ökonometriker Ragnar Frisch für seine aus abstrakt-theoretischen Konjunkturberechnungen gewonnenen drei Durchschnittszyklen auf die Kongruenz mit empirisch-statistisch erhobenen Konjunkturdaten und sah darin eine Bestätigung für die Richtigkeit seines Vorgehens. Ein erster Zyklus von 8,57-jähriger Länge stimme mit dem „well-known long business cycle" überein, ein zweiter Zyklus von 3,50-jähriger Länge entspräche wiederum „nearly exactly" dem „short business cycle" empirischer Konjunkturforschung. Für einen dritten von ihm identifizierten Zyklus von 2,20-jähriger Länge vermutet Frisch, dass sich für diesen ebenfalls eine Entsprechung im statistischen Material finden ließe, wenn jenes besseren Analyseverfahren („a more powerful technique of time series analysis") unterzogen werden würde. Vgl. Ragnar Frisch: Propagation Problems and Impulse Problems in Dynamic Economics. In: Economic Essays in Honour of Gustav Cassel. October 20th 1933. London 1933, S. 171–205; S. 188–190.

effects of the summation of unconnected causes. In turn the consequences become causes."[305]

Dieser argumentative Vorstoß Slutskys in Richtung einer „theoretischen Re-Interpretation"[306] der Konjunkturzyklen beinhaltete weitreichende Folgen für die zeitgenössische Ökonomik: Er machte zuvorderst die große Teile der Konjunkturforschung in ihrer Frühphase beherrschende Suche nach regelmäßig wirkenden Kräften, nach wiederkehrenden Impulsen als Basis der Organisation regelmäßiger Wirtschaftszyklen (oder in den Worten Slutskys: nach dem „mechanism of causality which, decade after decade, reproduces the same sinusoidal wave"[307]) hinfällig, da in der Konsequenz der Ergebnisse von Slutskys Rechenexperimenten nun nicht mehr erkennbar war, ob auch bei den historisch beobachtbaren Konjunkturwellen zyklische Bewegungsverläufe ihre Ursache nicht maßgeblich oder sogar ausschließlich in Zufallsereignissen haben könnten. Mary S. Morgan hält entsprechend fest: „Slutsky's simulation, showing the power of summations of random numbers to mimic business cycle data, was widely understood at the time to suggest that the cause of business cycles might lie in series of random events."[308] Damit wurden auch Einzelereignisse wie technische Erfindungen, Naturkatastrophen oder Kriege nicht nur in periodische Konjunkturverläufe integrierbar, sondern konnten mehr noch als Impulsgeber regelmäßiger Zyklen konzeptualisiert werden.

Ähnlich ist auch der fast zeitgleich entstandene Beitrag von George Udny Yule zur Theorie der (Wirtschafts-)Statistik zu lesen. Der schottische Statistiker Yule, der neben seinem Studium in Ingenieurwissenschaften am *University College* in London auch Experimentalphysik bei Heinrich Hertz in Bonn studiert und sich hier insbesondere mit elektrischen Wellen beschäftigt hatte, bekam nach seiner Rückkehr nach London zunächst eine Stelle bei dem Mathematiker und Statistiker Karl Pearson am *University College*, bevor er selbst mit seinen Studien zu Regression und Korrelation, vor allem aber mit dem Einführungswerk „An Introduction to the Theory of Statistics"[309] als Statistiker Bekanntheit erlangte. In seinem auch von Slutsky wahrgenommenen und erwähnten Text „Why Do We Sometimes Get Nonsense-Correlations Between Time-Series? – A Study in Sampling and the Nature of Time-Series", den er 1926 im *Journal of the Royal Statistical Society* publizierte[310], beschäftigt sich Yule mit der Beobachtung, dass formal höchst signifikante

305 Slutzky: The Summation of Random Causes as the Source of Cyclic Processes (1937), S. 109 f.

306 Barnett spricht im Hinblick auf Slutskys Leistung von einer „theoretical re-interpretation of cycle theory based on his profound knowledge of mathematics and statistics", Barnett: E.E. Slutsky as Economist and Mathematician (2011), S. 88.

307 Slutzky: The Summation of Random Causes as the Source of Cyclic Processes (1937), S. 106 f.

308 Morgan: The World in the Model (2011), S. 333.

309 George Udny Yule: An Introduction to the Theory of Statistics. London 1922.

310 George Udny Yule: Why Do We Sometimes Get Nonsense-Correlations Between Time-Series? – A Study in Sampling and the Nature of Time-Series. In: Journal of the Royal

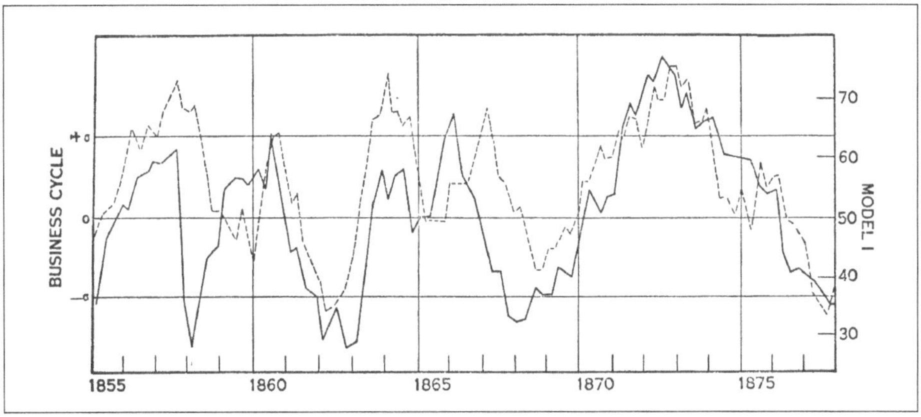

Abb. 18: „Figure 3. – An Index of English business cycles from 1855 to 1877; scale on the left side. – Terms 20 to 145 of Model I; scale on the right side". Aus: Slutzky: The Summation of Random Causes as the Source of Cyclic Processes (1937), S. 110.

Übereinstimmungen in Verläufen von Datenreihen inhaltlich nicht begründbar sein müssen bzw. dass sie irrtümlich einen inhaltlichen Zusammenhang zwischen Variablen nahelegen können. Bei diesen „nonsense-correlations" haben die erkennbaren Korrelationen „no meaning whatever" und entsprechend sei es – so Yule in durchaus drastischem Vokabular – „absurd to suppose that the two variables in question are in any sort of way, however indirect, causally related to one another"[311]:

> „But what one feels about such a correlation is, not that it must be interpreted in terms of some very indirect catena of causation, but that it has no meaning at all; that in non-technical terms it is simply a fluke, and if we had or could have experienced of the two variables over a very much longer period of time we would not find any appreciable correlation between them. But to argue like this is, in technical terms, to imply that the observed correlation is only a fluctuation of sampling, whatever the ordinary formula for the standard error may seem to imply: we are arguing that the result given by the ordinary formula is not merely wrong, but very badly wrong."[312]

Auf der Basis statistisch-mathematischer Experimente, für die er einerseits Zufallszahlen verwendete und sich andererseits mit vorhandenen, empirischen Datenreihen beschäftigte, versuchte Yule zu zeigen, welcherart diese Zahlenreihen beschaffen sein mussten, damit sie „nonsense correlations" hervorzubringen vermochten. Das Ziel seiner Bemühungen war dabei nicht zuletzt deren analytische Bestimmbarkeit: „He found that he could predict which series would give nonsense correlations on

Statistical Society 89/1926, H. 1, S. 1–63. Zur Yule-Rezeption bei Slutsky vgl. ders.: The Summation of Random Causes as the Source of Cyclic Processes (1937), S. 107.

311 Yule: Why Do We Sometimes Get Nonsense-Correlations Between Time-Series (1926), S. 2.

312 Ebd., S. 4.

the basis of their serial correlation characteristics."[313] Worauf Eugen Slutsky bei Yule insbesondere rekurrierte und was entsprechend die Gemeinsamkeit der Bestrebungen beider Forscher bildete, ist das Hervorbringen zyklischer Verläufe über die (rechnerische) Transformation von Zufallswerten.

Schon bald nach dem Erscheinen von Slutskys russischsprachiger Erstveröffentlichung von „The Summation of Random Causes as the Source of Cyclic Processes" wurde der Text von Ökonomen weltweit rezipiert. Zur Verbreitung in der englischsprachigen wirtschaftswissenschaftlichen Literatur trug vor allem Simon Kuznets bei, der als russischstämmiger Migrant in den USA im von Mitchell geleiteten *National Bureau of Economic Research* arbeitete und Slutskys Überlegungen zum Anlass nahm, statistische Experimente zu ihrer Überprüfung durchzuführen.[314] In einem 1929 im *Journal of the American Statistical Association* publizierten Aufsatz über „Random Events and Cyclical Oscillations" bilanzierte Kuznets: „If cycles arise from random events [...] then we obviously do not need the hypothesis of an independent regularly recurring cause which is deemed necessary by some theorists of business cycles."[315] Und auch der norwegische Wirtschaftstheoretiker Ragnar Frisch, der eine (wenn nicht *die*) treibende Kraft der sich neu formierenden ökonometrischen Richtung der Ökonomik war, kam bereits früh mit Slutskys Aufsatz von 1927 in Kontakt und nutzte ihn als Inspiration für seine Analyse der Triebkräfte von Konjunkturzyklen und darauf basierend die Entwicklung eines „random shocks" integrierenden, dynamischen makroökonomischen Modells.[316]

Eugen Slutsky verweist für seine Aufsummierungen von Zufallsreihen und die darüber generierten, zu Sinuswellen tendierenden Kurven darauf, dass diese ihre Entsprechung in der Natur fänden, ja mehr noch: sie seien ein dort weit verbreitetes Prinzip, das sich in die Wirtschaft und deren Entwicklung hinein erweitere (vgl. zur Rückbindung von Slutskys ökonomischen Überlegungen an Vorgänge in

---

313 Morgan: The History of Econometric Ideas (1990), S. 76.

314 Vgl. u. a. Vincent Barnett: Chancing an Interpretation: Slutsky's Random Cycles Revisited. In: European Journal of the History of Economic Thought 13/2006, S. 411–432; S. 417.

315 Simon Kuznets: Random Events and Cyclical Oscillations. In: Journal of the American Statistical Association 24/1929, H. 167, S. 258–275; S. 274.

316 Vgl. Davies, Mahon: The Meaning of Slutsky (2009), S. 42. Für die „Entwicklung und Anwendung dynamischer Modelle zur Analyse von Wirtschaftsprozessen" erhielt Frisch 1969 gemeinsam mit Jan Tinbergen den ersten Wirtschaftsnobelpreis; vgl. ebd. Vgl. zur Frisch-Rezeption des Slutsky-Textes auch Barnett: Chancing an Interpretation (2006), S. 419 f.; ders.: E.E. Slutsky as Economist and Mathematician (2011), S. 2 f. Barnett weist auf die anhaltende Auseinandersetzung darüber hin, „what Slutsky really meant", und erwähnt hier exemplarisch eine 1997 von Milton Friedman auf der einen und Finn E. Kydland und Edward C. Prescott auf der anderen Seite geführte Auseinandersetzung, in der Friedman sich „in detail" auf Slutskys Text von 1927 bezog „to make the case on this point"; Barnett: Chancing an Interpretation (2006), S. 412. Zum Einfluss Slutskys auf die spätere Ökonomik, speziell auch auf die „Real Business Cycle Analysis", die in den 1980er-Jahren in den USA aufkam, vgl. ebd., S. 427 f.

der Natur auch Kap. VI.2). Neben dieser vom Autor wie von anderen zeitgenössischen Konjunkturforschenden augenscheinlich favorisierten Lesart, die Vincent Barnett als „‚real' or ‚genuine' interpretation" bezeichnet, liegt jedoch eine weitere Deutungsmöglichkeit nahe, die Barnett als „‚statistical' or ‚spurious' interpretation" einführt[317]:

> „Another veiled possibility that was not fully articulated in the original article [gemeint ist Slutskys russische Erstveröffentlichung des Textes über „The Summation of Random Causes as the Source of Cyclic Processes" im Jahr 1927; S.W.] was that randomly generated cycles might be indistinguishable from cycles with periodic causes, in that they both would appear to an observer as very similar, if not actually identical, although both were (in this scenario) actually present in a given economy."[318]

Es ist dieses zweite Interpretament der „appearance of pseudo-cycles"[319], das in der späteren Forschungsliteratur als Argument für eine Fundamentalkritik an der Zyklusfixiertheit der (nicht nur) frühen Konjunkturforschung herangezogen wurde. Der Wirtschaftsmathematiker Gottfried Bombach kommt Anfang der 1990er-Jahre in seiner Darstellung der Konjunkturwissenschaft zu folgender Bewertung: Slutsky vermochte zu zeigen, dass „die unbedachte Anwendung von Glättungsverfahren [...] Gefahr [läuft], jene Zyklen zu finden, die man (mit gleitenden Mittelwerten etwa) selbst vorgegeben hat."[320] Und vier Jahre zuvor hatte bereits Kyun Kim in seiner historischen Darstellung zur Konjunkturtheorie ähnlich der Einschätzung Bombachs vermerkt, dass Slutskys Text die Annahme untermauere, „that the business cycle was nothing but a statistical artefact with no substantial meaning at all".[321] Auch wenn diese später favorisierte Lesart in der zeitgenössischen Diskussion eher angestimmt als ausgearbeitet zu finden ist, verweist sie sehr deutlich auf ein von den genannten, aber auch weiteren mathematisch ausgerichteten Wirtschaftstheoretiker:innen durchaus absichtsvoll in die Konjunkturforschung eingebautes basales Moment der Distanz, der Entkopplung und Freistellung von Zyklizität aus ihrer vormals empirischen Verankerung, ihrer Gebundenheit an präanalytische Gegebenheiten.

Unabhängig davon, welche Deutungsrichtung favorisiert wurde, schärften die Überlegungen Slutskys das Bewusstsein für die Möglichkeit der Übersetzung von Nicht-Zirkulärem, A-Rhythmischem in Zirkuläres, Rhythmisches – und erwiesen sich so als substanzieller Kommentar zur zeitgenössischen Konjunkturforschung.

---

317 Barnett: E.E. Slutsky as Economist and Mathematician (2011), S. 87.

318 Ders.: Chancing an Interpretation (2006), S. 413.

319 Ebd., S. 421.

320 Bombach: Zyklen im Ablauf des Wirtschaftsprozesses (1992), S. 17.

321 Kim: Equilibrium Business Cycle Theory in Historical Perspective (1988), S. 1. Vgl. ähnlich auch Davies, Mahon: The Meaning of Slutsky (2009), S. 42. Dort heißt es: „One interpretation of Slutsky's work is that the remarkable synchrony he found between simulated cycles and the ups and downs of the British economy is an artifact of statistics, an illusion with no bearing on the movements of the real economy."

Judy S. Klein verweist auf grundlegende Veränderungen in deren theoretischem Gebäude, die Slutsky – wie nahezu zeitgleich Yule und Frisch – vorgenommen hatte, indem er eine elementare Neukonzeptionierung (und damit Neubewertung) des Zufallselements in der Modellierung ökonomischer Konjunkturzyklen vorlegte: „His work, along with that of Udny Yule (1926, 1927) and Ragnar Frisch (1933), rotated the perspective of statisticians from seing the random components as errors of observation to seing them as disturbances that were an important part of the data-generating process."[322]

Unter den Vorzeichen einer Ideengeschichte des Rhythmischen in der Ökonomie stehen die vorgestellten Ansätze ökonometrischer Konjunkturforschung daneben nicht zuletzt auch für das Bestreben, (Wirtschafts-)Rhythmus – und damit das Kernelement der zeitgenössischen Konjunkturtheoriebildung – quasi unter Laborbedingungen als ‚reine', universal gültige Form(el) zu generieren. Hier wird im Bereich der Konjunkturforschung, über die Grundform der Zyklizität und Periodizität, kurz: über das Rhythmische, nicht nur ein weiterer Schritt der Abstraktionsarbeit betrieben, sondern zugleich ein paradigmatischer Wechsel vorbereitet: hin zu einer neuen Vorstellung von angemessener Ökonomik und hin zu einem (komplexen) mathematischen Instrumentarium als adäquater Näherungsweise der Theoretiker:innen, das bis heute den fachwissenschaftlichen wie öffentlichen Diskurs um Wirtschaft prägt.

Dass Slutskys Entwurf nicht in der monodirektionalen Transformation von Chaos in Rhythmus aufgeht, soll hier zumindest kurz angerissen werden. Sein analytisches Verfahren arbeitete zugleich gegen die Durchsetzung der Vorstellung einer als absolut zu verstehenden Rhythmizität der Konjunktur an – denn (so Slutskys Beobachtung an seinen Rechenprozessen) während die unregelmäßigen Daten unter dem Einfluss der auf sie angewandten Rechenoperationen zunächst eine Tendenz zur regelmäßigen Form haben, lassen sich nach einigen Wiederholungen Unregelmäßigkeiten ausmachen, die das System torpedieren können und von Slutsky entsprechend als „Regimewechsel" bezeichnet werden: „After a more or less considerable number of periods every regime becomes disarranged, the transition to another regime occurring sometimes rather gradually, sometimes more or less abruptly, around certain critical points."[323] Es sind diese Regime-Wechsel, die für Slutskys heuristisches Modell die Anschlussfähigkeit an die statistisch erhobene „ökonomische Wirklichkeit" und die dort zu beobachtenden Erschütterungen erhalten[324] und die zugleich die eben auch vorhandenen epistemischen Grenzen der vermeintlich ubiquitären Denk- und Praxisfigur Rhythmus im Bewusstsein halten.

---

322 Klein: The Rise of „Non-October" Econometrics (1999), S. 153.

323 Slutzky: The Summation of Random Causes as the Source of Cyclic Processes (1937), S. 123. Den Terminus „Regime" übernahm Slutsky nach eigenen Angaben aus den hydrographischen Überlegungen von seinem Kollegen am Moskauer Konjunkturinstitut, Tchetverikov; vgl. ebd., S. 122.

324 Vgl. Klein: The Rise of „Non-October" Econometrics (1999), S. 156.

4 Modi wirtschaftswissenschaftlicher Rhythmusarbeit

4.1 Erkenntniswege

Bereits mehrfach wurde im Verlauf dieser Studie herausgestellt, dass die wirtschaftswissenschaftlichen Forscher:innen Rhythmen (oder gar: *den* Rhythmus) nicht (nur) an der Wirtschafts-„Realität" ab- oder aus dem statistischen Material herauslesen, sondern das Rhythmische (auch) in dieses hineinarbeiten. Dass dabei auf verschiedene Modi der analytischen Durchdringung zurückgegriffen wird, soll Thema der folgenden Überlegungen sein. Insbesondere wird dabei neben der Identifizierung dieser Modi auch ein Blick auf die mit ihnen verbundenen konkreten Praktiken der Wissensgenerierung und -verbreitung wie auf deren Kombinatorik geworfen; es stehen mit anderen Worten die grundlegenden ‚Arbeitsweisen' der frühen Konjunkturforschung im Mittelpunkt dieses letzten Kapitels des ersten analytischen Hauptteils.

Einblicke in die Wissensarbeit der Konjunkturforschung des frühen 20. Jahrhunderts geben nicht nur Archivalien, sondern das Vorgehen wird auch in den Publikationen der Protagonist:innen kenntlich gemacht und bisweilen detailreich beschrieben. Exemplarisch sei eine längere Passage aus Wesley C. Mitchells Standardwerk „Der Konjunkturzyklus" zitiert, in der er sich mit dem Zusammenhang von Schwankungsverläufen unterschiedlicher wirtschaftlicher Zeitreihen beschäftigt:

> „Wenn man die Aufeinanderfolge von Zeitreihen untersuchen will, fängt man gewöhnlich damit an, sie in gleichmäßig eingeteilter Zeitskala auf Pauspapier zu zeichnen. Jeden dieser Streifen kann man auf einen anderen legen und ihn so lange nach rechts oder links verschieben, bis die Lage gefunden ist, in welcher die beiden Reihen von Konjunktur- und Zufallsschwankungen am besten zusammenpassen. [...] Um dieses einfache Verfahren zu kontrollieren und die vielen zweifelhaften Fälle zu entscheiden, bedient man sich einer exakteren Methode. Man berechnet verschiedene Korrelationskoeffizienten für zwei Reihen, indem man die Wertpaare auf verschiedene Weise zusammenstellt. Wenn man beispielsweise bei dem visuellen Vergleich glaubt, die Übereinstimmung sei am größten bei zwei Monaten Abstand von Reihe A hinter B, so berechnet man mehrere, z. B. sieben Korrelationskoeffizienten [...]. Sind alle diese Berechnungen ausgeführt, so betrachtet man diejenige Koppelung, die den höchsten Korrelationskoeffizienten ergeben hat, als die engste Verbindung. Ist der Korrelationskoeffizient am höchsten, wenn September A und Juni B einander zugeordnet werden, so wird man sagen, Reihe A folgt Reihe B mit drei Monaten Abstand; ist er am höchsten, wenn Mai A und Juni B zusammengestellt werden, so wird man sagen, Reihe A geht B um einen Monat voraus; ist er am höchsten, wenn Juni mit Juni gepaart werden, so sagt man, beide Reihen schwanken synchron."[325]

In diesem Zitat werden zwei der zentralen analytischen Zugänge zum ökonomischen Konjunkturphänomen und die in ihrem Zusammenhang eingesetzten Ar-

325 Mitchell: Der Konjunkturzyklus (1931), S. 276.

beitsmodi erkennbar: das Rechnen – als dem „Messen“[326] beigeordnetes Verfahren – (Kap. 4.2) sowie das Sehen bzw. der visuelle Zugang (Kap. 4.3). Mit dem Hinweis auf das „Pauspapier“ ruft Mitchell außerdem die materiale Dimension der frühen Konjunkturarbeit ins Bewusstsein, deren eingehenderer Betrachtung das letzte Unterkapitel (Kap. 4.4) gewidmet sein wird. Darüber hinaus kann und muss noch eine weitere elementare Strategie der ökonomischen Wissensarbeit Erwähnung finden, schon weil sie ein konstitutives Element der Herausbildung und Vermittlung, der Performanz und Repräsentanz konjunkturanalytischer Wissensbestände darstellt: das Erzählen (im Sinne McCloskeys[327]) bzw. die Narrative. Die Entscheidung, hier auf ein gesondertes Kapitel zu verzichten, liegt darin begründet, dass diese Dimension des Narrativen in der im Hinblick auf das Erkenntnisinteresse vorgenommenen Akzentuierung quer zu den betrachteten Modi liegt und diese – auch verbindend – durchzieht. Zudem fundiert sie – nicht zuletzt in den aufgerufenen Bildern, Metaphern, Analogien – den zweiten analytischen Hauptteil dieser Studie (Kap. VI) und wird entsprechend dort in größerer Differenziertheit ausgearbeitet.

4.2 Rechnen (als „objektive Methode“)

> „Warum soll der Nationalökonom vor dem Hilfsmittel der Mathematik zurückschrecken – selbst wenn er sich vorher einem mathematischen Kursus unterziehen müßte!“[328]
> (N.N., 1926)

Wenn auch Abhandlungen zur Wirtschaftsforschung im untersuchten Zeitfenster an verschiedenen Stellen darauf hinweisen, dass ökonomische Sachverhalte zu komplex für eine mathematisch-rechnerische Erfassung seien[329], wird doch das Rechnen

326 Vgl. Klein, Morgan: The Age of Economic Measurement (2001).

327 Vgl. hier die Ausführungen in Kap. III.2.1.

328 N.N.: Moderne Konjunkturforschung und -beobachtung. In: Deutsche Bergwerks-Zeitung (Essen) Nr. 18 vom 22.01.1926 [HWWA: A 10 n SM 54].

329 So bemerkt u. a. Alfred Marshall: „In my view every economic fact, whether or not it is of such a nature as to be expressed in numbers stands in relation as cause and effect to many other facts: and since it never happens that all of them can be expressed in numbers, the application of exact mathematical methods to those which can is nearly always a waste of time, while in the large majority of cases it is positively misleading; and the world would have been further on its way forward if the work had never been done at all.“ Aus einem Brief von Marshall an Bowley vom 3. März 1901. Abgedruckt in: A. C. Pigou: Memorials of Alfred Marshall. London 1925, S. 422; hier zit. n. Ingrid Hahne Rima: Development of Economic Analysis. 7. Aufl. London, New York 2009, S. 516. Insbesondere wird für die Ökonomik auf die elementaren Unterschiede ihres Forschungsgegenstands etwa zu dem der Astronomie und Meteorologie hingewiesen, in denen anders als in den Wirtschaftswissenschaften „vor allem Beobachtungen über große Zeiträume verfügbar und fast keine Störeinflüsse festzustellen sind.“ Billeter, Vlach: Zeitreihen-Analyse (1981), S. 7.

immer wieder als nicht nur „genaues", sondern „objektives", „von dem persönlichen Urteil des Forschers unabhängig[es]"[330] Vorgehen besprochen und propagiert. In der sich herausbildenden empirischen Konjunkturanalyse wurde die statistische Sammlung und Darstellung von Daten, wie sie durch die Wirtschaftsforschung insbesondere im deutschsprachigen Bereich in der Tradition der Kameralistik lange praktiziert worden war, als nicht mehr hinreichend empfunden. Konjunkturverläufe müssen – so vermittelt die einschlägige Forschung – darüber hinaus be- bzw. errechnet werden. Die in den Wirtschaftswissenschaften des ausgehenden 19. und frühen 20. Jahrhunderts zunehmend beobachtbare Mathematisierung, die Herausbildung des mathematischen Paradigmas der Ökonomik (Jakob Tanner spricht auch von einem „furor mathematicus"[331]) fand zentral in der noch jungen Konjunkturforschung statt – auch als Bindeglied zwischen deren theoretischer und empirisch-statistischer Ausrichtung.[332]

Wirtschaftswissenschaftler:innen, die sich mit der empirischen Erforschung konjunktureller Entwicklungen beschäftigten, besaßen nun eine mathematische Vorbildung – „They understood probability distributions, least squares, simultaneous equations, and matrix algebra", schreibt Ingrid Rima in ihrer wissenschaftshistorischen Einführung „Development of Economic Analysis"[333] – oder ließen sich entsprechend ausbilden. Der US-amerikanische Ökonom Henry Ludwell Moore, von dem in diesem Abschnitt noch eingehender die Rede sein wird, hatte bereits 1901 in seinen privaten Aufzeichnungen die Überzeugung formuliert, „that pure economics is a mathematical science to be developed only through the use of higher mathematics"[334], sich entsprechend weitergebildet und später selbst Kurse in Wirt-

330 Mitchell: Der Konjunkturzyklus (1931), S. 256 f.

331 Jakob Tanner: Die ökonomische Handlungstheorie vor der „kulturalistischen Wende"? Perspektiven und Probleme einer interdisziplinären Diskussion. In: Hartmut Berghoff, Jakob Vogel (Hg.): Wirtschaftsgeschichte als Kulturgeschichte. Dimensionen eines Perspektivenwechsels. Frankfurt/Main, New York 2004, S. 69–98; S. 71.

332 Zur Herausbildung der mathematischen Dominanz in der Ökonomik seit dem Zweiten Weltkrieg vgl. Maas: Economic Methodology (2014). Vgl. zum „soziale[n] Phänomen der (ökonomischen) Kalkulation" auch Kalthoff, Maeße: Die Hervorbringung des Kalküls (2012), Zitat auf S. 201.

333 Rima: Development of Economic Analysis (2009), S. 507. In der ökonometrischen Beschäftigung mit Konjunkturphänomenen liegt auch der Grundstein der die Wirtschaftswissenschaften heute prägenden mathematischen Modellbildung, die sich vor allem mit der Entwicklung der Computer und damit anderer Rechenmöglichkeiten seit den 1950er-Jahren durchsetzte; vgl. ebd. Vgl. für die Frühphase insbesondere auch Morgan: The History of Econometric Ideas (1990) sowie in geweiteter Perspektive Klein: Statistical Visions in Time (1997); E. Roy Weintraub: How Economics Became a Mathematical Science. Durham, London 2002.

334 Zit. n. George J. Stigler: Henry L. Moore and Statistical Economics. In: Econometrica 30/1962, H. 1, S. 1–21; S. 4. Moore ergänzte diese Forderung um eine Liste zu lesender Werke: „With a view to contribute something toward this pure, mathematical economic science, I propose to go through these works: 1. De Morgan: The Study of Mathematics

schaftsmathematik angeboten. Und auch Konjunkturanalytiker, die sich nicht im Feld der Ökonometrie exponierten (Moore zählt zu den Gründern und etablierte zudem den Begriff der „statistical economics“[335]), erkannten die Notwendigkeit mathematischer Expertise. So ist etwa – um nur ein Beispiel zu nennen – von dem Wiener Wirtschaftswissenschaftler Oskar Morgenstern überliefert, dass er auch als Leiter des *Österreichischen Instituts für Konjunkturforschung* einmal wöchentlich Mathematik-Stunden bei dem Mathematiker und Statistiker Abraham Wald nahm.[336] In der *Abteilung für Statistische Weltwirtschaftskunde und Internationale Konjunkturforschung* am Kieler *Institut für Weltwirtschaft* kündigte Adolf Löwe kurz nach deren Gründung und seinem eigenen Wechsel vom Berliner *Institut für Konjunkturforschung* auf die Abteilungsleiterposition eine „Übung über Konjunkturstatistik“ an, „an der die gesamten Assistenten der Abteilung teilnehmen sollen“, da „eine exakte Konjunkturforschung ohne methodische Beherrschung der mathematischen Hilfsmittel ganz unmöglich ist“.[337] Zudem stellte er als eines der monographischen Projekte der Abteilung (und zugleich als Arbeitsauftrag durch das Berliner Institut) das Verfassen einer Abhandlung über die „methodischen Untersuchungen zur Konjunkturstatistik“ vor. In ihr sollten „der Reihe nach die wichtigeren mathematisch statistischen Probleme (ausser der Korrelationsrechnung die Probleme der Streuung, des Durchschnitts u.s.w.) in allgemein verständlicher Weise“ analysiert und deren „Zusammenhang mit den ökonomischen Fragen der Konjunkturforschung“ dargestellt werden, um so die „allgemeine Ablehnung, die auch heute noch in Deutschland der mathematischen Statistik ganz im Gegensatz zu den angelsächsischen Ländern zuteil wird“, überwinden zu helfen, sei diese doch „vor allem darauf zurückzuführen, dass die wenigen deutschen Vertreter dieses Wissenschaftszweiges

---

2. Lagrange: Elementary Mathematics 3. Cournot: L'Algèbre et la Géometrie 4. Euler: Introduction à l'Analyse Infinitesimale 5. Cournot: Théorie des Fonctions 6. Newton: Principia 7. Lagrange Mécanique Analytique 8. Clerk Maxwell: Electricity and Magnetism, or Webster's Introduction to Electricity and Magnetism.“ Zit. n. ebd. Ökonometriker wie Slutsky oder Frisch hatten ein Mathematik-Studium absolviert; vgl. Rima: Development of Economic Analysis (2009), S. 508 sowie die Bemerkungen zu Slutskys Werdegang in Kap. V.3.6.

335 Vgl. Stigler: Henry L. Moore and Statistical Economics (1962), S. 1.

336 Vgl. Reichmann: Die Disziplinierung des ökonomischen Wandels (2010), S. 95. In den Tagebüchern von Joseph Schumpeter wiederum ist dokumentiert, wie er sich gerade im Vorfeld seines Werkes zu den „Business Cycles“ „almost daily and helplessly“ mit dem Berechnen von Gleichungen beschäftigte, in dem Versuch seine Theorien zu modellieren; Louçã: The Years of High Econometrics (2007), S. 77.

337 Zur Organisation der Statistischen Abteilung [1926] [IfW: Hs Allg. 20b (Astwik): „Abteilung für Statistische Weltwirtschaftskunde und Internationale Konjunkturforschung. Denkschriften: Organisation“, Nr. 4], S. 9.

[...] nicht verstanden haben, ihre Untersuchungen in eine den Nationalökonomen verständliche Form zu bringen.“[338]

Entsprechend nehmen in den Überblickswerken zur Konjunkturforschung mathematische Formeln und Berechnungen zunehmend Raum ein. Ernst Wagemanns „Einführung in die Konjunkturlehre“ endet bezeichnenderweise mit einer Auflistung „Konjunkturstatistischer Berechnungsformeln“, darunter die mathematische Ermittlung des Saisonindex mittels Periodogramm-Analyse und Gliedziffern-Methode, Erläuterungen zum gleitenden arithmetischen Mittel, zur mittleren quadratischen Abweichung, zum Korrelationskoeffizienten und zur „Beziehung zweier Wirtschaftsreihen auf eine gemeinsame zeitliche Basis“.[339]

Doch mathematische Verfahren stützen nicht nur die ökonomisch-statistische Analyse. Bezogen auf den ‚Rhythmus der Konjunktur‘ sind sie ein maßgebliches Instrument, diesen über die Entdeckung, das Erkennen hinaus auch aktiv herauszuarbeiten – und zwar nicht nur losgelöst von einer empirisch-statistischen Grundierung, wie dies Slutsky vorführt (Kap. V.3.6), sondern auch in der direkten Aus- und Zurichtung des Datenmaterials im Hinblick auf das verfolgte Erkenntnisziel der Identifizierung eines rhythmischen Konjunkturverlaufs.

Ein einschlägiges Beispiel dafür, wie Rhythmus in der Konjunkturforschung über die epistemische Operation „Rechnen“ erst hergestellt, ja wissenschaftlich ‚erarbeitet‘ wird, sind die Studien von Henry Ludwell Moore, in denen dieser auf der Suche nach einer Ursache für die konjunkturellen Schwankungen im Wirtschaftsverlauf theoretische Überlegungen mit empirisch-statistischen Anstrengungen zusammenzubringen versucht und dabei wohl als erster für seine ökonomischen Berechnungen auf die 1898 von dem Physiker Arthur Schuster auf Basis der Fourierreihen entwickelte Periodogramm-Analyse zurückgreift.[340] Moores zentrale Schriften „Econo-

338 Ebd. Vgl. als Ergebnis die Einführung von Walter Hahn in die mathematischen Verfahren der Konjunkturanalyse; ders.: Die statistische Analyse der Konjunkturschwingungen (1929).

339 Wagemann: Einführung in die Konjunkturlehre (1929), S. 143–149. Vgl. als ein Beispiel für die detaillierte Beschäftigung mit mathematischen Fragestellungen Oskar Anderson: Die Korrelationsrechnung in der Konjunkturforschung. Ein Beitrag zur Analyse von Zeitreihen. Bonn 1929 (= Veröffentlichungen der Frankfurter Gesellschaft für Konjunkturforschung Bd. 4).

340 Vgl. Billeter, Vlach: Zeitreihen-Analyse (1981), S. 84. Große Beachtung unter Ökonomen fand die Anwendung der Fourierreihen/harmonischen Analyse auf Zeitreihen der Weizenproduktion und Weizenpreise durch William H. Beveridge; ders.: Weather and Harvest Cycles. In: The Economic Journal 31/1921, H. 124, S. 429–452; ders.: Wheat Prices and Rainfall in Western Europe. In: Journal of the Royal Statistical Society 85/1922, H. 3, S. 412–475; vgl. Wainstein: Meteorologische und wirtschaftliche Zyklen, Probleme der Wirtschaftsprognose (1929), S. 14. Moore selbst schreibt über seinen Zugang: „The method used in the inquiry is Fourier’s Theorem as it has been developed for statistical purposes by Professor Schuster and Professor Turner.“ Ders.: Generating Economic Cycles (1923), S. 42. In den 1960er-Jahren wurde die Methode der Periodogramm-Analyse

mic Cycles: Their Law and Cause“ (1914) und „Generating Economic Cycles“ (1923) wurden von Fachkolleg:innen auch und vor allem aufgrund des in ihnen detailliert dargelegten mathematisch-rechnerischen Vorgehens intensiv rezipiert. Im deutschsprachigen Raum fanden sie nicht zuletzt durch die ausführliche Darstellung und Diskussion in einem Sonderband der „Vierteljahrshefte zur Konjunkturforschung“ im Jahr 1929 durch den Moskauer Agrarwissenschaftler Albert L. Wainstein weite Verbreitung, der Moores Abhandlungen „wegen der Materialfülle, der Eleganz und Scharfsinnigkeit der Ausführungen de[n] erste[n] Platz“ unter den empirischen Arbeiten einer an „kosmischen Faktoren“ orientierten Konjunkturanalyse zusprach.[341]

Moore glaubte, einen achtjährigen Zyklus ökonomischer Verläufe nachweisen zu können, den er auf exogene – hier: meteorologische – Ursachen zurückführte (vgl. auch Kap. VI.2.6):

> „The rhythm in the activity of economic life, the alternation of buoyant, purposeful expansion with aimless depression, is caused by the rhythm in the yield per acre of the crops; while the rhythm in the production of the crops is, in turn, caused by the rhythm of changing weather which is represented by the cyclical changes in the amount of rainfall. The law of the cycles of rainfall is the law of the cycles of the crops and the law of Economic Cycles.“[342]

Moore unterscheidet in seinem theoretischen Entwurf zur Konjunkturanalyse zwei grundsätzlich voneinander verschiedene Arten von Zyklen: die durch nichtwirtschaftliche Einflüsse verursachten „generating cycles“ und die wiederum durch diese hervorgerufenen „derived cycles“.[343] Zunächst widmet sich Moore den „generating cycles“. Er beginnt seine Ausführungen mit der Aufbereitung von Datenmaterial zu den Niederschlagsmengen in Ohio, für die er eine „streng regelmäßige Zyklizität mit Perioden von 8 Jahren“[344] nachweist. Diese stehen wiederum in einem

---

vor allem durch Watts und Jenkins entscheidend weiter verfeinert; vgl. Wolfgang Götze: Grafische und empirische Techniken des Business-Forecasting. Lehr- und Übungsbuch für Betriebswirte und Wirtschaftsinformatiker. 2., korr. Aufl. München 2010, S. 24.

341 Wainstein: Meteorologische und wirtschaftliche Zyklen, Probleme der Wirtschaftsprognose (1929), S. 6.

342 Moore: Economic Cycles (1914), S. 135.

343 Vgl. Moore: Generating Economic Cycles (1923), S. 18: „Generating economic cycles will then be economic cycles which have their origin in non-economic causes and are themselves the originating source of derived economic cycles. […] If the existence of such a generating cycle is established, there will be no need, in treating the phases of economic cycles, to seek separate explanations for their existence. The phases of the generating cycles will themselves originate corresponding phases in the dependent, derived cycles.“

344 Wainstein: Meteorologische und wirtschaftliche Zyklen, Probleme der Wirtschaftsprognose (1929), S. 6. George J. Stigler kommentiert eine Serie von Aufsätzen zur Konjunkturforschung, die Moore in den Jahren 1919–21 veröffentlichte, mit den Worten: „8 year cycles are now found almost everywhere“; ders.: Henry L. Moore and Statistical Economics (1962), S. 10. Moore selbst schließt nicht aus, dass es auch Zyklen anderer Längen

engen Zusammenhang mit den für denselben Zeitraum ermittelten Erntemengen (Moore betrachtet hier exemplarisch die Zahlen für Roggen, Weizen, Baumwolle, Heu, Hafer und Kartoffeln). Und auch die Rohstoffproduktion, die Moore am Beispiel von Steinkohle und Roheisen in den Blick nimmt, folge den achtjährigen Zyklen, „mit dem Unterschied nur, daß die Zyklen in der Produktion von Steinkohle und Roheisen etwa um 0,3 Jahre hinter der Kurve der Ernteergiebigkeit zurückbleiben"[345] – um daraufhin festzustellen, dass „[d]ie Gesamtproduktion der genannten sechs landwirtschaftlichen Waren und der beiden Industrieerzeugnisse, die in ihrer Gesamtheit 94,6 v. H. aller verbrauchten Rohstoffe darstellen, [...] endlich demselben Gesetz der periodischen Zyklen von acht Jahren mit den gleichen Maximajahren wie bei den meteorologischen Faktoren"[346] unterliegen.

Im nächsten Schritt vergleicht Moore statistische Daten zu Ernteschwankungen mit denen zu Schwankungen der Preise und identifiziert für letztere ebenfalls achtjährige (entgegengerichtete) zyklische Verläufe: „Die so erhaltenen Maxima fallen in dieselben Jahre, wie sie von Moore auch für die anderen Erscheinungen ermittelt worden sind."[347] Und er geht noch einen Schritt weiter, indem er herausstellt, dass auch die Preise industrieller Endprodukte mit den Preisschwankungen bei den Rohstoffen – und somit letztlich auch mit den Schwankungen der Ernteerträge wie der Wetterbedingungen – in der Zykluslänge korrespondieren (müssen), wie er unter Rückbezug auf den Sauerbeckschen Index der Großhandelspreise von 1818 bis 1913 nachzuweisen sucht.[348]

Die von Henry Ludwell Moore für dieses analytische Programm als adäquat empfundene Arbeitsweise und gleichermaßen Plausibilisierungstechnik ist das Rechnen. Sein argumentatives Vorgehen basiert auf der Anwendung klar benennbarer und entsprechend nachvollziehbarer mathematischer Verfahren, die – in dieser Zeit noch keineswegs selbstverständlich, aber auch nicht mehr unvertraut – in die ökonomische Analyse eingeführt werden und die dabei maßgeblich zur Abstützung des eigenen Deutungsangebots im Forschungsfeld beitragen. In der Darstellung von Moores Ansatz bei Wainstein heißt es entsprechend – und ich zitiere bewusst eine längere Passage, um nicht nur die Rolle und Wirkkraft mathematischer Elemente im von Moore verfolgten Argumentationsgang, sondern auch ihre Funktion im Hinblick auf das Erkenntnisziel der Fixierung eines regelmäßigen Konjunkturverlaufs mit Perioden von achtjähriger Länge kenntlich zu machen:

> „Zur Herausschälung der Zyklen glich *Moore* zunächst die vorhandenen empirischen Reihen aus, um den etwa vorhandenen secular trend auszuschalten. So erhielt er neue

---

gibt, und findet selbst auch Beispiele, die er aber nicht weiter verfolgt. Vgl. u. a. Moore: Generating Economic Cycles (1923), S. 11.

345 Wainstein: Meteorologische und wirtschaftliche Zyklen, Probleme der Wirtschaftsprognose (1929), S. 7.

346 Ebd.

347 Ebd., S. 8.

348 Vgl. Moore: Generating Economic Cycles (1923), S. 42.

Reihen, die er auf das Vorhandensein einer Zyklizität durch Anwendung der Methode der harmonischen Analyse prüfte.
Dieser Methode liegt der Lehrsatz *Fouriers* zugrunde, der aussagt, daß eine jede periodische Funktion, die in einem bestimmten Intervall definiert ist, im Endergebnis durch eine trigonometrische Reihe (Fouriersche Reihe) folgender Art ausgedrückt werden kann:

$$(1) \quad y = f(t) = A_0 + A_1 \sin (kt + e_1) + A_2 \sin (2kt + e_2) + A_3 \sin (3kt + e_3) + \ldots$$

Die Gleichung $y = A_i \sin (i\,kt + e_i)$ ist bekanntlich die Formel der einfachen harmonischen Schwingung, die graphisch durch eine Kurve, die Sinuskurve, dargestellt wird, wobei A_i die Amplitude, e_i die Phase der einfachen harmonischen Schwingung und k eine von der Schwingungsperiode T abgeleitete Größe ist $(k = {}^{2\pi}/_{T})$
Demnach besteht der Lehrsatz *Fouriers* darin, daß eine jede periodische Bewegung, wie kompliziert sie auch sein mag, in eine Reihe einfacher harmonischer Schwingungen zerlegt werden kann, die eine Art Spektrum darstellen; legt man diese Schwingungen übereinander, so erhält man die gegebene empirische Kurve.
Wenn also eine jede periodische Funktion durch eine *Fourier*sche Reihe dargestellt werden kann, so läuft die Aufgabe darauf hinaus, die Werte der Koeffizienten der Gleichung (1) auf Grund der gegebenen empirischen Größen y aufzufinden. Die Ermittlung dieser Koeffizienten ist aber auf Grund der bekannten Formeln nur dann möglich, wenn im voraus die Größe T, d. h. die Periode der Schwingungen, bekannt ist. Wie bestimmt man aber die Schwingungsperiode T für die gegebene empirische Reihe, wenn gerade dies in Frage steht? Zu diesem Zweck bedient sich *Moore* der Periodogrammethode.
Die Periodogrammethode scheint uns ein einfaches Mittel in die Hand zu geben, um die wahren Zyklen, soweit sie vorhanden sind, herauszuschälen. Das von uns gebrachte Periodogramm der Niederschläge zeigt, daß die erheblicheren Werte von A_i^2 den Perioden von 8 und 33 Jahren entsprechen.
Die *Fourier*sche Reihe wird jedoch in den behandelten Werken nicht nur zur Herausschälung der zyklischen Schwankungen, sondern auch zur Herausfühlung des secular trend verwandt, eine Methode, die, soviel uns bekannt ist, erstmals von *Moore* in die Statistik eingeführt worden ist.
Bekanntlich ist die Aussonderung des secular trend in Form einer bestimmten algebraischen Kurve in starkem Maß willkürlich. Um dieser Willkürlichkeit zu entgehen, bedient sich *Moore* der Haupteigenschaft der *Fourier*schen Reihe – der Unabhängigkeit eines jeden einzelnen Gliedes dieser Reihe von den anderen.
Der secular trend und die zyklischen Schwankungen der wirtschaftlichen Erscheinungen werden nämlich gewöhnlich als unabhängig voneinander und verschieden verursacht angenommen. Wollen wir deshalb aus der empirisch gegebenen statistischen Reihe den secular trend und die Zyklen aussondern, d. h. sie in zwei einander ergänzende, logisch unabhängige Komponenten zerlegen, so stellen die ersten Glieder der *Fourier*schen Reihe eben den secular trend dar.
Diese Methode setzt voraus, daß die gegebene komplizierte Kurve aus einer Reihe voneinander unabhängiger harmonischer Schwingungen besteht, die sich übereinander lagern und im Ergebnis die empirische Kurve bilden, die durch Gleichung (1) ausgedrückt wird. Daraufhin werden die Koeffizienten, d. h. A_1, A_2, A_3 ...., ermittelt.
Es ist einleuchtend, daß das spezifische Gewicht eines jeden Gliedes der Gleichung (1) vor allem von der Größe des entsprechenden A-Koeffizienten abhängt.

Bei der Untersuchung der Dynamik des Totalpreisindex von *Sauerbeck* seit 1818, d. h. für den Zeitabschnitt *T* von 96 Jahren, ermittelte *Moore* alle Werte A_i^2 dieser komplizierten Kurve und fand erhebliche Werte für die Perioden von 96 und 48 Jahren, ferner für Perioden zwischen 24 und 16 Jahren und schließlich zwischen 8,7 und 7,4 Jahren. *Moore* betrachtet die Kurve, welche die Zyklen von 96, 48, 19,2 und 16 Jahren enthält, als die ausgeglichene Kurve des secular trend des *Sauerbeck*schen Index. Sie hat bei ihm folgende Gestalt (vgl. obere Kurve des Schaubilds):

$$(2) \quad y = 88{,}6 + 11{,}2 \sin\left(\tfrac{360^\circ}{96} t + 342^\circ\right) + 13{,}8 \sin\left(\tfrac{360^\circ}{48} t + 55^\circ\right) + 5{,}3 \sin\left(\tfrac{360^\circ}{19{,}2} t + 52^\circ\right) + 3{,}6 \sin\left(\tfrac{360^\circ}{16} t + 343^\circ\right),$$

wobei der Nullpunkt der Koordinaten ins Jahr 1818 fällt.

Durch Subtraktion der Koordinaten dieser theoretischen Kurve von den empirischen Größen des Totalpreisindex *Sauerbeck*s erhalten wir Restelemente (residuals) [...], die sowohl die eigentlichen zyklischen Schwankungen wie auch zufällige Abweichungen enthalten. Diese Restelemente (Abweichungen vom Trend) zeigen annähernd regelmäßige achtjährige Zyklen des *Sauerbeck*schen Index, die wir bereits erwähnt haben [...].“[349]

Wie die Originaltexte Moores macht auch die Wiedergabe bei Wainstein deutlich, dass und wie die empirischen Funde zum Konjunkturverlauf in ein mathematisches Denkgerüst eingepasst werden, das als allgemeingültig etabliert wird. Es schafft erst die Verbindung zwischen der Analyse von Naturphänomenen – hier der Niederschlagsmenge sowie dahinterstehenden kosmischen Bewegungen – und der wirtschaftswissenschaftlichen Analyse von Konjunkturverläufen. Der rechnerische Vorgang kann dabei auf Datensätze aus verschiedenen Bereichen appliziert werden und ermöglicht so eine Generalisierung der Einzelbeobachtungen im Sinne der argumentativen Zielsetzung Moores. Mehr noch aber dient der mathematische Prozess als Mittel der Erkenntnisgenerierung zugleich auch der Objektivierung des analytischen Verfahrens; über ihn kann und soll Wissenschaftlichkeit im modernen Sinne hergestellt werden.[350] „In an inductive treatment of any form of rhythmic or cyclical change“, schreibt Moore bereits 1914, „it is necessary that the method adopted shall satisfy two conditions: (1) It shall be consistent with recognized mathematical processes; (2) It shall afford means of testing the degree of probability that the results are not chance phenomena.“[351] Der Zyklus als „a real phenomenon with a natural cause“[352] wird mit Hilfe eines eindeutig benennbaren, transparenten wie fak-

349 Wainstein: Meteorologische und wirtschaftliche Zyklen, Probleme der Wirtschaftsprognose (1929), S. 9–11.

350 Harro Maas weist in seiner Studie zur Geschichte ökonomischer Methodologie darauf hin, dass mit dem grundlegenden Wechsel wirtschaftswissenschaftlicher Methoden und Techniken im frühen 20. Jahrhundert hin zu mathematischer Modellbildung auch ein Wechsel der öffentlichen (Selbst-)Verortung der Ökonomik einherging; ders.: Economic Methodology (2014).

351 Moore: Economic Cycles (1914), S. 7.

352 Ebd., S. 18.

tisch überprüfbaren Verfahrens ebenso ermittelt wie ein solches für die „separation of true cycles from spurious or accidental cycles"[353] eingesetzt wird.

Ein genauerer Blick in die Originaltexte Moores zeigt zudem auch auf sprachlich-rhetorischer Ebene die über den Schritt der Mathematisierung praktizierte Evidenzerzeugung. Formuliert Moore zunächst die für seine Theorie basale Annahme der Existenz achtjähriger Zyklen und die Abhängigkeit der Wirtschaftszyklen von den meteorologischen bzw. kosmischen[354] Zyklen als Kausalannahme – „If now we can show that the combined yield of the crops is periodic, there will be excellent reason for believing that their combined prices will be periodic and that the prices of commodities produced from farm materials will tend to show the same well-defined rhythm"[355], heißt es an einer Stelle –, wird die in die gewählte Sprache eingeschriebene Ebene der Wahrscheinlichkeit im Lauf der mathematischen Argumentation auf die Ebene der Faktizität überführt:

> „Considering the high correlation between the two series of cycles and the harmony of their congruence with the theory of economic cycles embodied in this Essay, we conclude that the cycles of the yield per acre of the crops cause the cycles of general prices and that the law of the cycles of crops is the law of the cycles of general prices."[356]

Mit der vorgenommenen Transformation des Zahlenmaterials findet im Modus der mathematischen Modellierung ein Wechsel von Vorannahme zu schlussendlicher Behauptung statt. Hier zeigt sich eindrücklich, was der Mathematiker und Kulturphilosoph Brian Rotman als „a duplication of persuasive technique" durch das Zusammenschnüren von „empirical *factuality*" und „mathematical *certainty*" bezeichnet hat.[357] Ideenanalytisch formuliert lässt sich im vorliegenden Beispiel mit Hilfe mathematischer Argumentation als „persuasive technique" ein Übersetzungsprozess der Idee „from the stage of a promising speculation"[358] zu einer „well-ordered working hypothesis"[359] ausmachen, die wiederum im Anschluss an den mathematischen Prozess in den Status des „result"[360] wechseln kann. Die ma-

---

353 Ebd.

354 In „Generating Economic Cycles" von 1923 verwendet Moore viel Platz und argumentative Energie darauf, die achtjährigen Zyklen auf die Rotationen der Venus im interstellaren Verhältnis zu Sonne und Erde herauszuarbeiten. Vgl. auch die Ausführungen in Kap. VI.2.6.

355 Moore: Generating Economic Cycles (1923), S. 24. Auch an anderen Stellen verwendet Moore auffallend häufig sogenannte if-clauses; vgl. z. B. ebd., S. 30: „… if there are real cycles …", 33: „… if there is a cycle …".

356 Moore: Economic Cycles (1914), S.124.

357 Brian Rotman: Ad Infinitum – The Ghost in Turing's Machine. Taking God Out of Mathematics and Putting the Body back in. An Essay in Corporeal Semiotics. Stanford (CA) 1993, S. 68.

358 Moore: Generating Economic Cycles (1923), Preface, S. X.

359 Ebd.

360 Ebd, S. XI.

thematische Berechnung fungiert dabei als wirkmächtiges Zwischenglied im Entwicklungsgang der (angestrebten) Durchsetzung von Wissensbeständen, hier eines universal wirksamen achtjährigen Natur- wie Wirtschaftszyklus und seiner kausalen Begründbarkeit. Die Gesetzmäßigkeiten der Mathematik strahlen bei Moores Suche nach einem Kausalgesetz der Ökonomie auf diese ab, so dass er schlussendlich zu dem Ergebnis kommt:

> „We may now formulate the law: The weather conditions represented by the rainfall in the central part of the United States, and probably in other continental areas, pass through cycles of approximately thirty-three years and eight years in duration, causing like cycles in the yield per acre of the crops; these cycles of crops constitute the natural, material current which drags upon its surface the lagging, rhythmically changing values and prices with which the economist is more immediately concerned."[361]

Wurde bisher gezeigt, dass und wie die epistemische Technik Rechnen die Wahrnehmung von Konjunkturrhythmen stützt, gilt es abschließend in gewendeter Perspektive in den Blick zu nehmen, dass aber auch andersherum die Idee des rhythmischen Verlaufs makroökonomischer Entwicklungen den gewählten mathematischen Zugang maßgeblich prägt. Ernst P. Billeter und Vladimir Vlach schreiben in ihrer Einführung in die Zeitreihen-Analyse: „Oft [...] werden Periodizitäten vermutet, ohne daß diese bekannt sind. In der Zeitreihen-Analyse sind deshalb Verfahren wichtig, die es ermöglichen, solche unbekannte Periodizitäten zu entdecken."[362] Hier kann mit der Fourier-Analyse auf eine Methode zurückgegriffen werden, die in der ihr zugrundeliegenden Idee auf der Zerlegung komplexer Schwingungen in regelmäßige Sinus- und Kosinuskurven fußt und damit intentional aus dem heterogenen Verlauf der vorliegenden Zeitreihen streng gleichförmige Wellenbewegungen ‚produziert'. Der Kultur- und Medienwissenschaftler Martin Donner schreibt über Fourier (unter Einbezug eines Zitats aus dessen Publikation „Analytische Theorie der Wärme" von 1822):

> „Die mathematische und wissenschaftstheoretische Brisanz seiner Theorie entstand [...] aus der Behauptung, ‚dass man auch Functionen, die keinem festen Gesetze unterworfen sind, und die graphisch ganz unregelmäßig geformte oder mit Diskontinuitäten versehene Curven darstellen, doch nach convergenten Reihen entwickeln oder auch durch bestimmte Integrale auszudrücken vermag.' Diese so genannten trigonometrischen Reihen, mit denen sich demnach auch Diskontinuitäten darstellen lassen, bestehen dabei

361 Moore: Economic Cycles (1914), S. 149.

362 Billeter, Vlach: Zeitreihen-Analyse (1981), S. 59. Auf das Problem der Erzeugung von Scheinperiodizitäten durch die Periodogramm-Analyse soll an dieser Stelle nicht weiter eingegangen werden. Vgl. die einschlägigen Darstellungen des Verfahrens ebd., S. 84, aber auch in anderen Publikationen zur Zeitreihenanalyse. Eine kritische Diskussion der rechnerischen Methode Moores findet sich bei Wainstein: Meteorologische und wirtschaftliche Zyklen, Probleme der Wirtschaftsprognose (1929), insb. S. 20–23.

> aus nichts anderem als harmonischen Sinus- und Kosinusschwingungen, deren Frequenz jeweils ein Vielfaches ihrer Grundfrequenz beträgt."[363]

Donner hat seiner Darstellung eine eindrückliche graphische Versinnbildlichung des Prinzips der Fourier-Analyse beigefügt, das die mathematisch-rechnerische Transformation der unregelmäßigen in die streng regelmäßigen Schwingungen verdeutlicht (Abb. 19).

Auch bei Moore finden sich Graphiken, die diese Übersetzungsarbeit – bezogen auf seine konkreten Beispiele – optisch in Szene setzen und damit das von ihm gewählte rechnerische Verfahren über die bildliche Dominanz regelmäßiger Sinus-/Kosinuskurven visuell-sinnlich plausibilisieren (vgl. exemplarisch Abb. 20–22 sowie die Abbildungen zur Zyklenkombinatorik in Kap. V.3.5).

Es lässt sich also sagen, dass der Entschluss, die sogenannten Fourier-Reihen ins Zentrum der mathematischen Analyse zu stellen, zentral dazu beiträgt, die erwarteten regelmäßigen Zyklen zu finden. Andersherum ist aber auch die Idee der regelmäßigen Wirtschaftswellen, sind das ‚Leitbild Rhythmus' als alltagsweltlich wie akademisch etablierte Denk- und Praxisfigur sowie die „Suche nach diesen ‚verborgenen Periodizitäten'"[364] das Movens für den Einsatz der gewählten mathematischen Operationen und Formeln. Ohne die Vorstellung von den achtjährigen Rhythmen der Ökonomie wäre das rechnerische Vorgehen Moores – und die eingehendere Beschäftigung mit ihm steht exemplarisch für eine wirkmächtige Tendenz der Wirtschaftsforschung – ohne Fokus und damit unplausibel.

Die von Moore im Verlauf seines Argumentationsgangs konsequent eingesetzten Graphiken korrespondieren als visuelle Methode der Evidenzerzeugung mit der

363 Martin Donner: Fouriers Beitrag zur Geschichte der Neuen Medien (2006). URL: www.medienwissenschaft.hu-berlin.de/de/medienwissenschaft/medientheorien/hausarbeiten/downloads/hausarbeiten/fourier-neue-medien-web.pdf (Abrufdatum: 22.06.2015), S. 2; Zitat im Zitat von Jean Baptiste Joseph Fourier: Analytische Theorie der Wärme (1822). Dt. Ausgabe Berlin 1884, S. 7. Donner weist zurecht darauf hin, dass dieser Gedanke nicht originär von Fourier stammt, sondern deutlich weiter zurückreicht; „doch erst die Akzeptanz seines universalen Beschreibungsmodells führte zu den zahlreichen neuen Theorieansätzen und Experimenten, mit denen Oszillationen aller Art schließlich zum Mediendispositiv der Moderne werden konnten." Ebd., S. 8. Auch „in der Zahlentheorie, der Statistik, der Kombinatorik und der Wahrscheinlichkeitstheorie sowie in Kryptographie, Meteorologie, Geophysik und den Wirtschaftswissenschaften" spielte „Fouriers universales Beschreibungsmodell" „eine Rolle": „sie kommt überall dort zum Einsatz, wo es um das Aufspüren und Analysieren beziehungsweise Kodieren von Periodizitäten geht." Ebd., S. 9. Vgl. für die frühe Konjunkturforschung Paul Lorenz: „Während [...] die Fourierschen Entwicklungen im allgemeinen nur zur Zerlegung von im gebundenen Rhythmus schwingenden Wirtschaftserscheinungen geeignet sind, kann man die orthogonalen, ganzen rationalen Funktionen zur Zerlegung von im freien Rhythmus schwingenden Wirtschaftsreihen verwenden." Ders.: Der Trend (1931), S. 20.

364 Rainer Schlittgen, Bernd H. J. Streitberg: Zeitreihenanalyse. 9., unwes. veränd. Aufl. München, Wien 2001, S. 368.

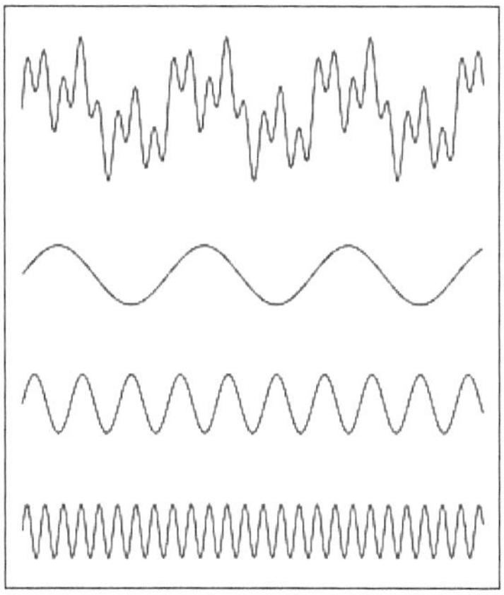

Abb. 19: „Der Schwingungsverlauf oben kann in die drei unteren Schwingungen zerlegt werden." Aus: Donner: Fouriers Beitrag zur Geschichte der Neuen Medien (2006), S. 4.

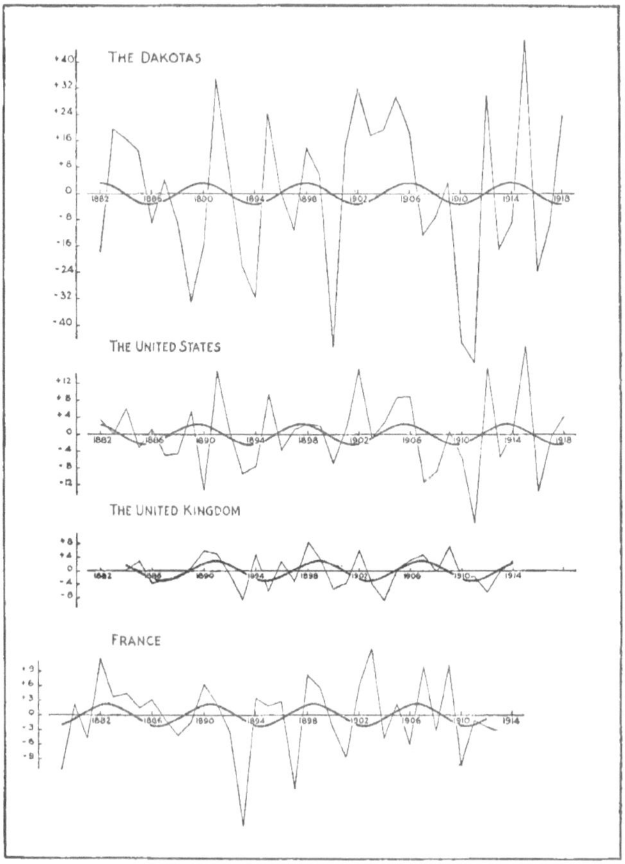

FIGURE 18. Cycles in the yield of wheat, oats, and barley in the Dakotas, the United States, the United Kingdom, and France.

The Dakotas: $y = 3.20 \sin (\frac{360^\circ}{8} t + 93^\circ 59')$, origin at 1882;

The United States: $y = 2.49 \sin (\frac{360^\circ}{8} t + 111^\circ 27')$, origin at 1882;

The United Kingdom: $y = 3.02 \sin (\frac{360^\circ}{8} t + 142^\circ 0')$, origin at 1884;

France: $y = 2.17 \sin (\frac{360^\circ}{8} t + 292^\circ 56')$, origin at 1879.

Abb. 20: „Cycles in the yield of wheat, oats, and barley in the Dakotas, the United States, the United Kingdom, and France." Aus: Moore: Generating Economic Cycles (1923), S. 71.

mathematischen. Dem optischen Modus der Rhythmusarbeit im Bereich der sich herausbildenden makroökonomischen Konjunkturforschung sollen die folgenden Beobachtungen gelten.

4.3 Visualisierungen: Erkenntnis mit Augenmaß

„Impressive visual aids do not merely act as illustrations or as eyebait. … they are part of the explanations themselves."
(Otto Neurath, 1939)[365]

„[D]ie Bewegungszusammenhänge treten zuweilen nur dann deutlich hervor, wenn man in der Lage ist, zu gleicher Zeit die eine Bewegung mit der Lupe, die zweite mit dem umgekehrten Fernrohr und die dritte mit dem bloßen Auge zu betrachten."[366] Dieser Hinweis zum Konjunkturgeschehen und seiner Erfassung stammt von Ernst Wagemann. In bildlicher Sprache verweist er eindrücklich auf die Bedeutung visueller Techniken der konjunkturwissenschaftlichen Erkenntnisproduktion, die sich nicht nur metaphorisch, sondern vor allem auch in der Erstellung und im Umgang mit vielfältigem Kurvenmaterial manifestieren und die im Folgenden eingehender betrachtet werden sollen.

Wie in anderen Disziplinen wurden auch in der Ökonomik des frühen 20. Jahrhunderts bei der Erschließung, Stabilisierung und Verbreitung von Wissensbeständen Verfahren der Visualisierung eingesetzt – vielleicht am eindrücklichsten (und zugleich mit einer gesellschaftspolitischen Programmatik unterfüttert wie mit einem pädagogisch-emanzipatorischen Impetus ausgestattet) bei dem österreichischen Nationalökonomen, Philosophen und Sozialreformer Otto Neurath (1882–1945), der in der Zwischenkriegszeit gemeinsam mit Grafiker:innen, allen voran mit Gert Arntz, in der Zusammenführung von Wissenschaft und Kunst eine „International Picture Language" entwickelte. Diese sollte im Sinne einer „visual education" wirtschaftsstatistische Daten mit Hilfe einer allgemeinverständlichen, leicht zugänglichen Typographie für breite Bevölkerungsschichten sichtbar und nachvollziehbar machen.[367] Dabei verstand Neurath die „Wiener Methode der Bildstatistik" auch als Versuch, konventionelle graphische Formen zu überwinden, die seiner Ansicht nach „gewissermaßen als Sondereigentum einer kleinen Gruppe Wissender" fungierten,

365 Otto Neurath: Modern Man in the Making. New York 1939; zit. nach Robert J. Leonard: „Seeing is Believing": Otto Neurath, Graphic Art, and the Social Order. In: Neil De Marchi, Craufurd D. W. Goodwin (Hg.): Economic Engagements with Art. Durham, London 1999 (= History of Political Economy, Annual Supplement to Volume 31), S. 452–478; S. 452.

366 Wagemann: Einführung in die Konjunkturlehre (1929), S. 89.

367 Vgl. die einschlägigen Texte von Otto Neurath, u. a. in ders.: Gesammelte bildpädagogische Schriften. Wien 1991; vgl. auch Leonard: „Seeing is Believing" (1999).

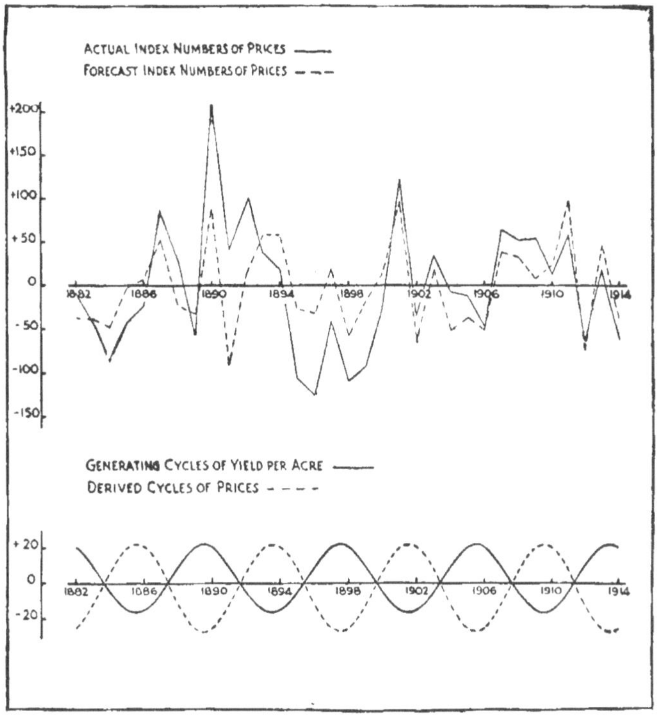

FIGURE 19

Upper part: Actual index numbers of prices of the six representative crops and the index numbers of prices forecast from the index numbers of the yield per acre by means of the formula

$$y = -1.295x - .02.$$

Lower part: Generating cycles of the yield per acre of the crops,

$$y = 1.6 + 20.0 \sin (45°t + 109°), \text{ origin at } 1882;$$

Derived cycles of prices of the crops computed from the generating cycles of yield by means of the formula,

$$y = -1.295x - .02.$$

Abb. 21: „Index numbers of prices of representative crops and generating cycles of yield." Aus: Moore: Generating Economic Cycles (1923), S. 73.

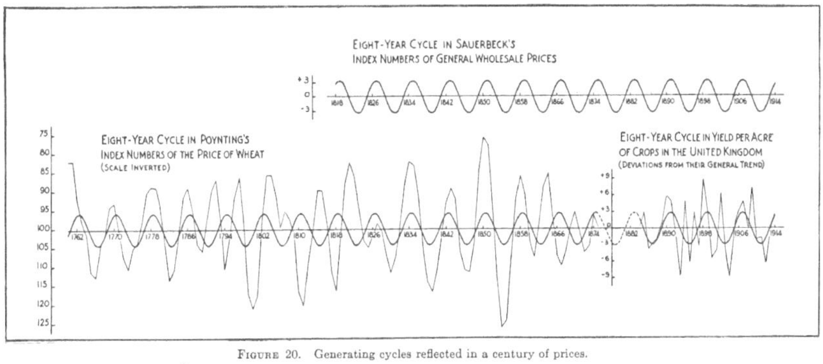

FIGURE 20. Generating cycles reflected in a century of prices.

Upper curve: $y = 3.5 \sin (\frac{360°}{8}t + 51°)$, origin at 1818. Derived from the 8.73 and 7.38 years Fourier constituents of Sauerbeck's index numbers.

Lower curves: Poynting's index numbers, $y = 100 2 + 4.4 \sin (\frac{360°}{8}t + 248°)$, origin at 1762;

Yield per acre of the crops, $y = 3.0 \sin (\frac{360°}{8}t + 142°)$, origin at 1884.

Abb. 22: „Generating cycles reflected in a century of prices." Aus: Moore: Generating Economic Cycles (1923), S. 75.

während zum Beispiel in der alltäglichen Medienrezeption „[v]iele Menschen, Erwachsene und Kinder, [...] einen Artikel ungelesen beiseite" legten, „wenn sie Tabellen und Kurven erblicken", da sie bei der Konfrontation mit diesen von einer „Art heiliger Scheu" erfasst würden.[368]

Otto Neuraths graphische Vermittlungsversuche bauten zudem auf einem Verständnis von Wirtschaft als gesellschaftlich rückgebundenen ökonomischen Sachverhalten, als „a collection of visible, tangible, and potentially manipulable objects, rather than as the manifestation of invisible, intangible, and less controllable beliefs and desires"[369] auf, das er als wirtschaftswissenschaftliches Gegenmodell zur abstrakten Theorie etwa eines Friedrich Hayek verfolgte:

> „While Hayek turned to the mind to ground the market social structure in the invisible characteristics of a relatively fixed human nature, Neurath turned to visual language as a way to avoid addressing the role of the mind, or the ‚mental,' in social theory. His appropriation of visual art was part of a bid to give plasticity to the socioeconomic order – to portray it as highly malleable, and ultimately dependent on social debate and political action rather than on impersonal market forces."[370]

In diesem Abschnitt soll der visuelle Modus der konjunkturwissenschaftlichen ‚Arbeit am Rhythmus' betrachtet und dabei sein spezifisches – keineswegs nur unkritisch gesehenes – Potenzial im Hinblick auf die Diskussion und Durchsetzung der Idee eines in sich schwingenden, rhythmischen Wirtschaftsverlaufs in den Blick genommen werden. Dabei sind es in der frühen Konjunkturforschung in der Tat vorrangig die von Neurath angesprochenen Tabellen und Kurven, die als optische Elemente wie visuelle Techniken zur innerdisziplinären Evidenzerzeugung, aber auch zur Plausibilisierung ökonomischen Spezialwissens über den engen ökonomischen Diskurs hinaus eingesetzt wurden[371] und dabei das dichotome Modell Neuraths und die damit behauptete Distanz zwischen kognitiv-abstrakter ökono-

---

368 Otto Neurath: Bildliche Darstellung gesellschaftlicher Tatbestände (1927). In: ders.: Gesammelte bildpädagogische Schriften (1991), S. 118–125; S. 122; zit. n. Ernst Schulte-Holtey: Über Kurvenlandschaften in Printmedien. Am Beispiel der Hamburger Zeitung *Die Woche*. In: Ute Gerhard, Jürgen Link, Ernst Schulte-Holtey (Hg.): Infografiken, Medien, Normalisierung. Zur Kartografie politisch-sozialer Landschaften. Heidelberg 2001 (= Diskursivitäten Bd. 1), S. 93–114; S. 106.

369 Leonard: „Seeing is Believing" (1999), S. 453.

370 Ebd., S. 453 f.

371 Wie sehr der visuelle Modus der Wissensarbeit die Aufbereitung konjunkturwissenschaftlicher Wissensbestände für eine breitere, ökonomisch interessierte Zielgruppe bestimmte, zeigt ein Blick in die von den Konjunkturinstituten verantworteten Periodika mit Beiträgen zur Wirtschaftsentwicklung. So bestanden etwa die „Monatsberichte" des *Österreichischen Instituts für Konjunkturforschung* „beinahe ausschließlich aus mehr oder weniger übersichtlichen Tabellen und grafischen Darstellungen wirtschaftsstatistischer Zahlenreihen. Textliche Darstellungen machen nur einen kleinen Teil des Inhalts aus." Reichmann: Die Disziplinierung des ökonomischen Wandels (2010), S. 144.

mischer Theoriebildung und sinnlich-visueller Erfahrbarkeit durchaus zu irritieren vermochten. Auch die sich als theoretisch-abstrakt verstehenden Ansätze griffen auf verschiedene Bildtechniken zurück, um in „unmittelbarer Anschaulichkeit"[372] eine Verbindung zur ‚Erfahrungswelt' und damit eine Relevanz der eigenen Untersuchungen herzustellen, nicht zuletzt aber auch – weit über das Moment der Veranschaulichung bereits generierter wissenschaftlicher Wissensbestände hinaus (und dies gilt für abstrakt wie empirisch ausgerichtete Zugänge gleichermaßen) – als epistemisches Instrument und Ressource, etwa um für die angestellten Überlegungen zentrale Denkfiguren, Begrifflichkeiten und deren Relationen verständlich zu machen.[373]

Dass auch im visuellen Modus zugleich an einer konzeptuellen Rahmung der analytischen Praxis gearbeitet wurde, lässt sich unter anderem an den graphischen Skizzen verdeutlichen, mit denen Ende der 1920er-Jahre der Kieler Ökonom und Referent am *Institut für Weltwirtschaft und Seeverkehr*, Walter Hahn, die von ihm verwendete Terminologie präzisierte, indem er zum Beispiel die Bedeutung der Begriffe „Schwingung", „Schwingungsweite", „Phase" und „Wellenlänge (Periode)" sowie deren Beziehung zueinander visuell fixierte (Abb. 23). Hahns Schwingungsskizze rief in ihrer Formensprache Assoziationen eines regelmäßig-periodischen Konjunkturverlaufs auf, sie produzierte „eine Art Rein- oder Schönschrift der ökonomischen Welt"[374] und festigte diese zugleich, so dass darauf die weitere Argumentation aufgebaut werden konnte.

Die Kurve fungierte hier und in weiteren Beispielen (vgl. Ernst Wagemanns graphische Schemata konjunktureller Bewegungsarten; u. a. Kap. V.3.3, Abb. 12 und 13) nicht zuletzt als Wahrnehmungsimperativ, über den „desirable readings of a figure"[375] induziert werden konnten. Mit anderen Worten: Die bildliche Aufbereitung arbeitet in ihrer Anschaulichkeit und Übersichtlichkeit der Vorstellung einer grundsätzlich rhythmischen Organisiertheit der Wirtschaft zu – auch und gerade auf der Ebene der Begriffsklärung und Einführung analytischer Denkfiguren und Deutungsmodelle. Bilder wie das angeführte Beispiel aus Hahns „statistischer Analyse der Konjunkturschwingungen" treiben so die Durchsetzung und Verfestigung eines neuen ökonomischen Verständnisses der sich herausbildenden Konjunkturforschung maßgeblich mit voran. Sie etablieren die Sichtweise eines dynamischen, wiederkehrenden Aufs und Abs – auch ohne den ‚Realverlauf' der Wirtschaft überhaupt abzubilden.

372 Den Begriff der „unmittelbar anschaulichen Bedeutung" verwendet z. B. Paul Lorenz; ders.: Der Trend (1931), S. 6.

373 Bis heute sind in der makroökonomischen Literatur schematische Graphiken idealtypischer Konjunkturmodelle zu finden; vgl. exemplarisch die Abbildungen in Anhang 2.

374 Vogl: Das Gespenst des Kapitals (2012 [2010]), S. 25.

375 Vgl. Klaus Amann, Karin Knorr Cetina: The Fixation of (Visual) Evidence. In: Human Studies 11/1988, S. 133–169; S. 162.

Ihre unhinterfragte Autorität beziehen diese abstrakten Kurven aber nicht zuletzt aus der Setzung von und Argumentation mit *konkreten* Kurven, d. h. der Transformation wirtschaftsstatistischer Zahlen in ein visuelles Format, das aber wiederum – und diese Doppelbewegung scheint für den visuellen Modus der Konjunkturforschung elementar zu sein – eine Tendenz zur Abstraktion aufweist. „Der erste Schritt bei der Bearbeitung von Zeitreihen ist gewöhnlich die graphische Darstellung", schreibt Wesley Clair Mitchell Ende der 1920er-Jahre in seinem Standardwerk zum Konjunkturzyklus und verweist dabei auf William Playfair, der „den Anspruch" erheben könne,

> „als erster (1786) auf diesen Kunstgriff verfallen zu sein. Er beschreibt dessen Vorteile folgendermaßen: ‚Da mit dem Auge Verhältnisse schneller und genauer abgeschätzt werden können als auf anderem Wege, ist diese Darstellungsweise überall da besonders geeignet, wo es sich um relative Quantitäten und allmähliche Zu- und Abnahme eines Wertes handelt; sie gibt eine einfache, genaue und bleibende Vorstellung, indem sie eine Anzahl sonst abstrakter, unzusammenhängender Gedanken in Form und Gestalt bringt.'"[376]

Mitchell erwähnt zudem William Stanley Jevons, der 1863 bis 1865 „in Fortbildung der graphischen Methode von Playfair die logarithmische Einteilung der Vertikalskala zur Charakteristik des Variationsgrades eingeführt"[377] habe: „Der Vorteil dieses Verfahrens", so Mitchell, „besteht darin, daß gleiche prozentuale Veränderungen durch Linien von gleicher Neigung dargestellt werden, unabhängig von der absoluten Größe der betreffenden Zahlen."[378]

Ebenfalls über das Vorgehen von Jevons schreibt aus gegenwärtiger Perspektive der Wirtschaftshistoriker Harro Maas in seiner Studie zur „Economic Methodology" und führt über einen von diesem gezeichneten Graphen und die dort verwendete gestrichelte Linie aus:

---

376 Mitchell: Der Konjunkturzyklus (1931), S. 199 f.; Zitat im Zitat: William Playfair: The Commercial and Political Atlas. 3. Aufl. London 1801, S. 10. Vgl. auch die Einschätzung von Jürgen Link zur Rolle Playfairs bei der Herausbildung des Normalismus, als dessen zentrales Instrument Link die „Kurven-Landschaft", d. h. die „Gesamtheit der temporalen Verlaufsformen", sieht: „Wachstumskurven existieren implizit in Tabellenform seit dem späten Mittelalter in der Ökonomie und seit dem 17. Jahrhundert in der Demographie. Erst William Playfair aber erfand und entwickelte seit 1786 (*The Commercial and Political Atlas*) jene suggestiven graphischen Instrumente wirklicher Kurvenlandschaften, die binnen kurzem zu einem der konstitutiven Dispositive moderner Gesellschaften avancieren sollten." Link: Versuch über den Normalismus (1997), S. 198. Vgl. hier auch die Studie von Jakob Tanner zur „Archäologie der Wirtschaftskurve", in der er eindrücklich nachzeichnet, wie sich diese in den Naturwissenschaften bereits etablierte Form der Darstellung seit dem späten 19. Jahrhundert auch in der Nationalökonomie gegenüber der zuvor lange dominanten tabellarischen Darstellung durchsetzte; Tanner: Wirtschaftskurven (2002).

377 Mitchell: Der Konjunkturzyklus (1931), S. 201.

378 Ebd.

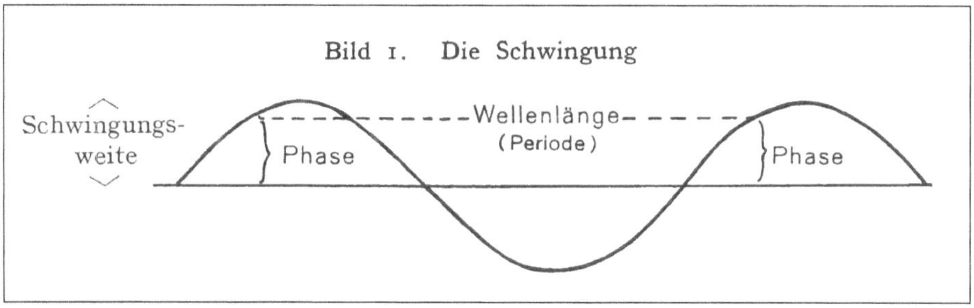

Abb. 23: „Bild 1. Die Schwingung". In: Hahn: Die statistische Analyse der Konjunkturschwingungen (1929), S. 7.

> „The dashed line demonstrates Jevons' attitude to his data; he does not make it pass through all the dots but instead draws a flowing line that treats the dots as observations with a certain margin of error. In other words, there is scope for slight abberations. Jevons [...] draws a line that evens out errors [...]. The dashed line ‚fits' the data."[379]

Den erkenntnispraktischen Nutzen der optischen Aufbereitung empirischer Werte betont ebenfalls Walter Hahn und sieht hier einen wesentlichen Grund für die „popularisierende Wirkung der graphischen Methode"[380] in mathematisch-statistischen Verfahren (nicht nur) der Konjunkturanalyse:

> „Die Zeitkurve als Punktfolge vermittelt einen geschlosseneren Gesamteindruck, als eine Zeitreihe als Ziffernfolge dies zu leisten vermag. Die Gesamtgestaltung, die Einpassung der Einzelbewegung in die Gesamtbewegung kann eine Ziffernreihe aus dem Grunde nicht darstellen, weil sie sukzessive Eindrücke vermittelt, während das Auge die graphische Darstellung simultan aufnimmt. Die Gesamtwirkung ist aber sicher nicht an letzter Stelle Bedingung für das Deutlichwerden einer ‚Gestaltqualität', die über die Summe der Teile hinaus ein dieser Summe inhaltlich überlegenes Ganzes entstehen läßt."[381]

Über die „graphische Methode" werden so „alle Kurvenpunkte zu einem Gegenstand vereint"[382], der wiederum in seiner „Gestaltqualität" als „wesentliche[r] Inhalt des Bewegungsgesetzes"[383] die Erkenntnis entscheidend vorantreibe. Mehr noch müssen – und das machen Jevons und Hahn gleichermaßen deutlich – die aus dem Zahlenmaterial generierten Punkte selbst nicht zwingend Bestandteil der Kurve sein: Es ist die Kombination aus einer Leitidee der rhythmischen Organisation von Wirtschaftsverläufen und einem visuell-optischen Vorgehen der ökonomischen Wissensarbeit, aus der die Konjunkturkurve generiert wird, wenn es etwa – ebenfalls bei Walter Hahn – heißt:

---

379 Maas: Economic Methodology (2014), S. 27. Bei Maas finden sich auch Beispiele für frühe Hinweise auf die Potenziale von Graphen in der Ökonomik; ebd., insb. S. 28.

380 Hahn: Die statistische Analyse der Konjunkturschwingungen (1929), S. 137.

381 Ebd.

382 Ebd.

383 Ebd.

„Soll das Bewegungsgesetz konjunkturondulatorisch (sinusartig bzw. zykloidisch) sein, so muß man in der Regel die Bedingung fallen lassen, daß die entstehende Kurve alle gegebenen Punkte in sich enthalte. Man muß sich mit der Forderung begnügen, daß die entstehende ‚Ausgleichslinie' sich möglichst dicht der gegebenen Punktreihe anschmiegen soll. Dies wiederum bedeutet, daß die Kurve sich so durch die Punkte hindurchbewegt, daß diese zu beiden Seiten der Kurve zu liegen kommen und daß die Summe der Quadrate der Abstände der Punkte von der Kurve minimal ist."[384]

In diesen Beispielen ist bereits eine Loslösung der Kurve und ihres heuristischen Potenzials von den durch sie repräsentierten Zahlen angerissen (auch wenn die ‚realen' Datensätze Ausgangspunkt und Referenz bleiben). Auf eine anders gelagerte Weise zeigt sich diese Tendenz zur Verselbständigung, wenn etwa Wesley Mitchell für eine „Zusammenstellung der wichtigsten Reihen zur Charakteristik zyklischer Bewegungen"[385] eine imposante Aufschichtung verschiedener Kurven zwar auf einer Zeitachse basieren lässt, diese jedoch außerhalb der Diagramm-Rahmung angelegt ist (Abb. 24).

Wichtiger als die Ablesbarkeit konkreter Zahlenwerte ist, so gibt Mitchell selbst in der Bildüberschrift an, hier die Charakteristik der jeweiligen Neigungswinkel (die Nennung von Zahlenwerten auf der Ordinate wird für den verfolgten Zweck der visuellen Plausibilisierung entsprechend verzichtbar). Im Text erläutert Mitchell:

„Die Arbeitslosigkeit zeichnet sich durch wellenförmige Bewegungen um ein ziemlich konstantes Niveau aus. Gerade diese wellenförmigen Bewegungen oder ‚Konjunkturschwankungen' sind der Hauptgegenstand unseres Interesses. Finden wir sie auch in den anderen Fällen? Spuren davon sieht man in allen Kurven, ausgenommen vielleicht die Weizenkurve, deren Schwankungen eigenwillig sind."[386]

Eine besondere Wirkmächtigkeit entfalten optische Verfahren als integraler Bestandteil statistisch-mathematischer Operationen (wie sie in den Abhandlungen zur Konjunkturforschung, aber auch darüber hinaus expliziert werden). Zur Ermittlung des „wellenförmige[n] Hauptverlauf[s] einer empirischen Kurve"[387] kommen – wie in den Zitaten schon angeklungen – neben rechnerischen auch visuelle Techniken des „Fitting" zum Einsatz. „[M]an legt durch die Ursprungskurve freihändig eine Linie, die den persönlichen Eindruck des Forschers aus sorgfältiger Untersuchung wiedergibt."[388] Kurvenverläufe werden dabei „by inspection"[389] ermittelt; ihren

384 Ebd., S. 47. Dieses Zitat ist zugleich ein Beispiel dafür, wie visueller und mathematisch-rechnerischer Modus – hier in der Anwendung der Methode der kleinsten Quadrate – zusammengehen.

385 Mitchell: Der Konjunkturzyklus (1931), S. 201.

386 Ebd., S. 203.

387 Lorenz: Der Trend (1931), S. 16.

388 Mitchell: Der Konjunkturzyklus (1931), S. 205.

389 Persons: Indices of Business Conditions (1919), S. 12.

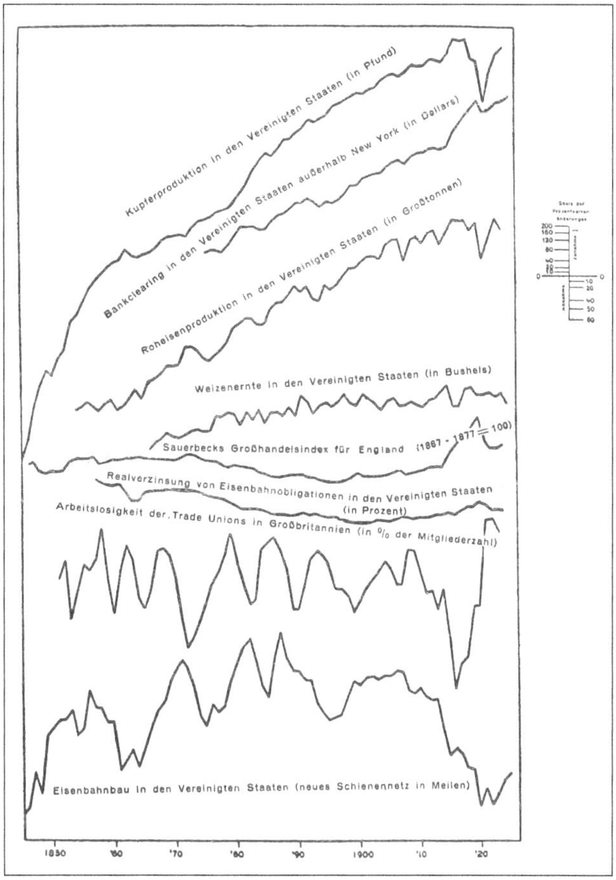

Abb. 24: „Diagramm 1. Zeitreihen in logarithmischer Darstellung". In: Mitchell: Der Konjunkturzyklus (1931), S. 202.

Verlauf „lehrt der Augenschein"[390], genauer: das „Augenmaß"[391], wie der Berliner Konjunkturstatistiker Paul Lorenz betont. Angesichts oft aufwendiger Rechenoperationen werden „[s]orgfältig gezogene freihändige Kurven […] von sehr erfahrenen Statistikern vorgezogen, nicht nur weil sie leichter herzustellen sind, sondern auch, weil sie den visuellen Vergleich mit der Ursprungskurve genau so gut aushalten wie die anspruchsvollen mathematischen Konstruktionen."[392]

Nicht selten wird dieses Verfahren in der Literatur auch kritisch besprochen, denn „[s]o einfach und beinahe eindeutig […] dürfte sich ein wellenförmiger Hauptverlauf einer empirischen Kurve jedoch nur in seltenen Fällen aus freier Hand zeichnen lassen. In den meisten Fällen werden verschiedene Zeichner zu recht weit voneinander abweichenden Ergebnissen kommen."[393] Auch Autor:innen, die selbst

390 Lorenz: Der Trend (1931), S. 6.

391 Ebd., S. 16.

392 Mitchell: Der Konjunkturzyklus (1931), S. 208.

393 Lorenz: Der Trend (1931), S. 16. Vgl. auch Yule, Kendall: An Introduction to the Theory of Statistics (1950), S. 342 f., 360.

mit optischen Verfahren argumentieren, stellen neben deren Qualitäten die Gefahren heraus. So heißt es bei Mitchell ähnlich:

> „Über das Verhältnis der Kurven in den Diagrammen 1 – 8 läßt sich bei visueller Untersuchung eine Anzahl von Schlüssen ziehen. Erfahrungsgemäß sind aber Schlüsse aus rein visueller Untersuchung stark vom subjektiven Urteil des Beobachters abhängig. Man sieht in die Kurven hinein, was man haben will, und übersieht, worauf man nicht vorbereitet ist. Überdies wird der visuelle Vergleich mehr von den hervortretenden Wendepunkten, den Maxima und Minima, beeinflußt als von den Abschnitten dazwischen. Endlich ist das Ergebnis eines solchen Vergleichs nur ein ungefähres und läßt sich nicht zahlenmäßig ausdrücken."[394]

Eugen Slutsky, der ebenfalls die Möglichkeit visueller Erkenntnis anführt (und seine Argumentation nicht zuletzt mit Hilfe eines visuellen Beweises – der optischen Übereinstimmung der von ihm errechneten „Zufallskurve" mit der „realen" Kurve der britischen Ökonomie – stützt; vgl. Kap. V.3.6[395]), formuliert Grenzen des Verfahrens, um sich dann auf eine rechnerische Beweisführung zu konzentrieren. In seiner Abhandlung „The Summation of Random Causes as a Source of Cyclic Processes" schreibt er zum Beispiel: „The accuracy of the above deduction is limited by the imperfection of a visual impression. To eliminate this shortcoming, let us analyze one or two sections of our models harmonically by means of Fourier's analysis."[396]

In den Augen von Udny Yule ist es „quite possible that what looked a good match to the eye would not seem at all a good match when subjected to strict analysis."[397] In seiner Einführung in die Theorie der Statistik stellt er weiterhin fest: „The eye is not a reliable guide to the closeness with which a given curve lies to data, and

---

394 Mitchell: Der Konjunkturzyklus (1931), S. 256.

395 Vgl. auch Klein: The Rise of „Non-October" Econometrics (1999), S. 154: „Despite the sophisticated mathematical exposition and the tedious computations, Slutsky was suggesting a qualitative, not a quantitative model of the capitalist cycles. He was modeling [sic!] an eternal, perpetual wave-like *form* of capitalism. It was ultimately through juxtaposition with tracing paper and drawing tools, not with quantitative comparisons or empirical tests, that Slutsky declared his simple model of cyclical process a success." Interessanterweise bekamen die Graphiken bei Slutsky in der englischen Fassung seines Textes von 1937 noch einmal stärkeres Gewicht, weil hier auf den Abdruck der Tabellen verzichtet wurde; vgl. ebd. Welche Bedeutung den Tabellen dennoch zukommen kann, zeigt unter anderem ein Kommentar von Wesley C. Mitchell in den Vorbemerkungen zu seinen „Business Cycles" über das gewählte Druckformat des Werkes: „The quarto format was chosen in order that the charts might be printed directly on the page without the use of folding ‚inserts'." Ders.: Business Cycles (1913), S. VII.

396 Slutzky: The Summation of Random Causes as the Source of Cyclic Processes (1937), S. 121.

397 Yule: Why Do We Sometimes Get Nonsense-Correlations between Time-Series? (1926), S. 26.

it is desirable to have some more accurate measure of the closeness of fit."[398] Und Oskar Anderson warnt in seiner Schrift „Zur Problematik der empirisch-statistischen Konjunkturforschung" (1929):

> „Wenn der Forscher eine gegebene statistische Reihe auf Grund ihres Diagramms rein visuell in Komponenten zerlegt, so läuft er Gefahr, daß die äußerliche ‚Glätte' der Reihe ihm etwas vortäuscht, was dem wirklichen Tatbestand nicht ganz entspricht: es ist denkbar, daß in gewissen Fällen einzelne Reihenkomponenten, die einen recht ungleichmäßigen Verlauf aufweisen, dennoch in der Gesamtwirkung einander kompensieren."[399]

Gerade die kritischen Einwürfe, die mahnenden Hinweise auf die Gefahr eines „Hineinsehens" des Erwarteten (oder Erhofften) in die Kurven, machen deutlich und rufen zugleich in Erinnerung, dass der „Prozeß der Sinnkonstruktion"[400] im Modus des Visuellen und die dabei vorgenommenen Vereinfachungen bildgebender Verfahren keineswegs beliebig vonstattengehen, dass die ihnen zugrunde liegenden Auswahl- und Entscheidungsprozesse der „Sichtbar-*Machung*"[401] auf der Basis von Denkmustern erfolgen und in der Konsequenz „mit den heute unentbehrlichen gewordenen Kurven auch Sichtweisen transportiert werden".[402] Diese haben sich kollektiv herausgebildet und werden kollektiv geteilt[403]: „Man sieht eigentlich nur, was man kennt, und man sieht nur, was man sehen will"[404], zitiert die Wissenschafts- und Technikforscherin Regula Burri einen von ihr befragten Radiologen über seinen Blick auf Röntgenbilder, und der Astrophysiker Arnold Benz bemerkt in seiner Studie über „Das Bild als Bühne der Mustererkennung": „Muster bilden sich in einem gegebenen Erfahrungshorizont und werden dort wieder erkannt. Der Schatz von Mustern, mit denen wir die ‚Bilder der Welt' betrachten, bestimmt, was wir erkennen können."[405]

---

398 Yule, Kendall: An Introduction to the Theory of Statistics (1950), S. 360.

399 Anderson: Zur Problematik der empirisch-statistischen Konjunkturforschung (1929), S. 9.

400 Regula Burri: Doing Images. Zur soziotechnischen Fabrikation visueller Erkenntnis in der Medizin. In: Heintz, Huber: Mit dem Auge denken (2001), S. 277–303; S. 287.

401 Bettina Heintz, Jörg Huber: Der verführerische Blick: Formen und Folgen wissenschaftlicher Visualisierungsstrategien. In: dies.: Mit dem Auge denken (2001), S. 9–40; S. 12; Herv. i. Orig.

402 Nikolow: „Den spröden Zahlenreihen Leben einhauchen" (2000), S. 70.

403 Vgl. Heintz, Huber: Der verführerische Blick (2001), S. 22 (unter Rückbezug auf Ludwik Flecks wissenschaftstheoretisches Modell vom Denkstil); vgl. auch Monika Dommann, Marietta Meier: Wissenschaft, die Bilder schafft. In: Traverse. Zeitschrift für Geschichte 6/1999, S. 15–18; S. 16. Dort heißt es, dass Bilder immer „auch Ausdruck zeitgenössischer ‚Denkstile'" sind.

404 Burri: Doing Images (2001), S. 288.

405 Arnold Benz: Das Bild als Bühne der Mustererkennung. Ein Beispiel aus der Astrophysik. In: Heintz, Huber: Mit dem Auge denken (2001), S. 65–78; S. 76.

In seinen grundlegenden Studien zum Normalismus, die ein ganzes Forschungsfeld geprägt haben, weist der Literaturwissenschaftler und Diskursanalytiker Jürgen Link darauf hin, dass dessen zentrales Instrument, die „normalistische Kurvenlandschaft", sich keineswegs aus Kurven zusammensetzen müsse, die präzise Zahlenwerte abbilden. Es handele sich vielmehr um „symbolische Kurven"; ihre „praktische Orientierungsfunktion [kann] auch bei bloß sehr grober Annäherung an die ‚sauberen' mathematischen Prototypen erfüllt werden".[406] Eine solche Tendenz der Loslösung vom statistisch ermittelten Zahlenmaterial lässt sich auch für die Kurvendarstellungen der frühen Konjunkturforschung beobachten (wobei jedoch im Abstraktionsprozess anders als in der Linkschen Diagnose die enge Rückbindung an die Mathematik aufrechterhalten wird), und das, obwohl sich Wirtschaftskurven, so jedenfalls der Ökonom und Statistiker Paul Lorenz, „von vielen anderen empirischen Kurven, z. B. Kurven chemischer oder physikalischer Prozesse, durch ihre heftigen Schwankungen" unterscheiden, „die auf eine große Zahl von Einfluß nehmenden Ursachen hindeuten und es fast immer aussichtslos erscheinen lassen, den Ablauf einer Wirtschaftserscheinung durch einen mathematischen Ausdruck mit wenigen Konstanten erschöpfend darzustellen".[407]

Vielleicht liegt in dieser Wahrnehmung, die Lorenz mit anderen frühen Konjunkturforscher:innen teilt, einer der Gründe, warum sich gerade im Feld der Wirtschaftskurven die von Link skizzierte „normalistische Kurve" (verstanden als „symbolische Kurve", als „Typus standardisierter Veranschaulichung"[408]) so wirkmächtig herausbilden konnte. Dabei scheint die Diskrepanz zwischen wahrgenommener Unübersichtlichkeit der aus den Zahlenwerten generierten Kurvenverläufe einerseits und dem Anspruch des graphischen Formats, Eingängigkeit und Überschaubarkeit herzustellen, andererseits eine Bearbeitung des empirischen Materials und mit ihm der Kurven herauszufordern: zur besseren Erfassbarkeit ihrer Grundzüge, zur Herstellung von Vergleichbarkeit, mit dem zugleich gewonnenen Effekt einer Verdichtung im Sinne der anvisierten Regelhaftigkeit. So wird angesichts der wahrgenommenen Komplexität der „Ursprungskurven" eine „Bereinigung" und

406 Link: Versuch über den Normalismus (1997), S. 199. Vgl. auch Jakob Tanner, der im Rückgriff auf ein Zitat von Nelson Goodman feststellt: „... das Bild hat eine Wirkung sui generis, es ist ‚gewöhnlich an der Erzeugung dessen, was bildlich dargestellt wird, beteiligt'." Tanner: Wirtschaftskurven (2002), S. 131; Zitat im Zitat: Nelson Goodman: Sprachen der Kunst. Entwurf einer Symboltheorie. Frankfurt/Main 1995, S. 41. Den Gedanken von Goodman aufgreifend, spricht Tanner auch von „Kurven als Ikonen", die im Sinne der Semiotik von Charles S. Peirce losgelöst von ihren Verweisobjekten als Zeichen fungieren. Dabei sind sie aber durchaus diskursiv eingebunden: „Wirtschaftskurven machen Sinn nur durch ihre Verbindung mit narrativen Mustern und strukturierten Plots. Statistiken, visuelle Repräsentationen und Diskurse stützen und bedingen sich gegenseitig"; Tanner: Wirtschaftskurven (2002), S. 131.

407 Lorenz: Der Trend (1931), S. 5.

408 Uwe Pörksen: Logos, Kurven, Visiotype. In: Gerhard, Link, Schulte-Holtey: Infografiken, Medien, Normalisierung (2001), S. 63–76; S. 67.

„Glättung" im graphischen Programm der Konjunkturforschung geradezu notwendig, ohne dabei zu vergessen, dass visuelle Techniken bei der ‚Arbeit am Rhythmus' in der Konjunkturforschung ihr unbestritten zentrales Terrain dort markieren können, wo sie (vermeintlich) „tatsächliche" Konjunkturverläufe zum Inhalt haben, oder anders formuliert: wo Übersetzungsprozesse von vorgefundenen Datensätzen in das jeweils vertretene Denkmodell stattfinden.

Auf eine noch einmal andere Weise kommt dies zum Ausdruck, wenn die Übersetzungsprozesse in den Grafiken selbst sichtbar gemacht und als Plausibilisierungsinstrument eingesetzt werden. In seinem bereits mehrfach erwähnten Einführungswerk zur „statistischen Analyse der Konjunkturschwingungen" von 1929[409] veröffentlichte Walter Hahn im Abschnitt über die „Anwendbarkeit der mathematischen Zeitfolgeanalyse auf empirische Reihen" neben einer tabellarischen (Abb. 25) auch eine graphische Darstellung (Abb. 26) zur Errechnung der „richtigen Wellenlänge"[410] periodischer Wirtschaftsverläufe auf der Basis ihrer Wellenumschlagspunkte. Dort unterscheidet er nicht nur zwischen „richtigen" und „falschen" Wellenlängen (siehe Tabellenspalten Abb. 25 und Legende Abb. 26), sondern er unterlegt auch den ermittelten Kurvenverlauf mit regelmäßigen „Durchschnittszyklen", die eben diesen gleichförmigen Verlauf für die „normale" Wirtschaftskurve generell evozieren (vgl. ähnlich auch die Wirkweise der Graphiken bei Henry Moore; Kap. V.4.2, Abb. 20–22).

Bei genauerem Hinsehen zeigt sich also in der frühen Konjunkturforschung ein ausdifferenzierter Einsatz visueller Mittel zur „Modellierung, Stabilisierung und Popularisierung von wissenschaftlichem Wissen"[411], und es gilt, was Monika Dommann und Marietta Meier in ihren Überlegungen zu „bildschaffenden Prozessen in der wissenschaftlichen Tätigkeit"[412] generell feststellen: dass nämlich über diese „wissenschaftliches Wissen überhaupt erst in eine stabile, aussagefähige und kommunizierbare Form gebracht"[413] wird, „innerhalb der *scientific community* zu Evidenz" gelangt und „schliesslich gesellschaftliche Akzeptanz" erhält.[414]

Auch wenn die Kurven bisweilen ohne eine erkennbare konkrete Rückgebundenheit auskommen, erhalten sie ihre Glaubwürdigkeit und Beweiskraft doch ganz

---

409 Hahn: Die statistische Analyse der Konjunkturschwingungen (1929).

410 Ebd., S. 62.

411 Dommann, Meier: Wissenschaft, die Bilder schafft (1999), S. 16.

412 Ebd.

413 Ebd., S. 15.

414 Ebd., S. 16. Zur Spezifik wie zur gesellschaftlichen Relevanz dieses Bildtypus vgl. eine ganze Reihe von Ansätzen insbesondere der Technik- und Wissenschaftsforschung, die sich relativ ähnlich gelagert mit „ganz normalen Bildern" (Gugerli/Orland), „Visiotypen" (Pörksen), „Viskursen" (Knorr Cetina) oder der „normalistischen Kurvenlandschaft" (Link) beschäftigen. Einen Überblick geben die fast zeitgleich erschienenen Sammelbände von Heintz, Huber: Mit dem Auge denken (2001); Gerhard, Link, Schulte-Holtey: Infografiken, Medien, Normalisierung (2001); Gugerli, Orland: Ganz normale Bilder (2002).

grundsätzlich über ihre Nähe zur Mathematik bzw. zur Statistik. „Ausgangspunkt der Visualisierung ist in der Regel eine Datenlage, die professionell statistisch erarbeitet wurde“[415], schreiben Ute Gerhard, Jürgen Link und Ernst Schulte-Holtey in der Einleitung zu dem von ihnen verantworteten Sammelband „Infografiken, Medien, Normalisierung. Zur Kartografie politisch-sozialer Landschaften“ (2001), und auch die im Vergleich zu den dort untersuchten Bildern vor allem jüngeren Datums deutlich einfacher gestrickten Graphiken der frühen Konjunkturforschung kommen ohne diese grundsätzliche statistisch-mathematische Rückbezogenheit nicht aus. Ihre Fähigkeit, Expertise herzustellen, zu behaupten und zu stabilisieren, erlangen sie maßgeblich als Teil eines mathematisch basierten „Spezialdiskurses“.[416] Dabei zeigen sich – und das soll abschließend noch einmal akzentuiert werden – die visuelle Techniken keineswegs als ausschließliches Mittel der Repräsentation zu vorgängigen mathematisch-rechnerischen Verfahren, als (nachgeordnete) Verstärkung oder auch Korrektiv im Sinne der verfolgten Argumentationslinie, sondern zugleich als elementarer Bestandteil der mathematischen Verfahren selbst (und zwar unabhängig davon, ob eine anschließende Veröffentlichung der Forschungsergebnisse überhaupt mit visuellen Darstellungen arbeitet).

Das Potenzial von Kurven als „formales und generelles Orientierungsschema“[417] liegt dabei auch hier gerade in ihrer Eigenschaft der sinnlichen Eindrücklichkeit, die– nicht selten im Zuge pragmatischer Überlegungen – in abstrakt-mathematische Methoden der konjunkturanalytischen Aufbereitung wirtschaftsstatistischer Daten integriert wird. Analog zum rechnerischen Verfahren gilt es auch bei der visuellen Technik der Evidenzerzeugung, die materialitäten- und technikanalytische Perspektive um eine ideenanalytische Sichtweise zu ergänzen. Jakob Tanner verweist auf eine „visuelle Erwartung“, die bei der „Transformation des Primärmaterials […] ins Spiel [komme], die wiederum aus einer Wahrnehmungsgewohnheit resultiert, die im ‚inneren Bildschirm‘ der modernen Kurvenlandschaft ihre mentale Repräsentation gefunden hat.“[418] Was Tanner hier eher unspezifisch als „Wahrnehmungsgewohnheit“ bezeichnet, lässt sich mit ideensensiblem Zugang genauer fassen. Mit Blick auf die Denk- und Praxisfigur Rhythmus gerät eine konkrete Spur ins Feld der Aufmerksamkeit, in der sich die „visuelle Erwartung“ und damit die Einrichtung des „inneren Bildschirms“, die – um im Bild zu bleiben – keineswegs beliebige Programmwahl bewegt. Nicht nur ermöglicht – wie am Beispiel der Hahnschen Konjunkturwellen gezeigt – die graphische Darstellung eine Übersetzung der Abfolge von Zahlenwerten in eine kurvenförmige Linie, sondern hier wird zugleich

415 Ute Gerhard, Jürgen Link, Ernst Schulte-Holtey: Infografiken, Medien, Normalisierung – Einleitung. In: dies.: Infografiken, Medien, Normalisierung (2001), S. 7–22; S. 9.

416 Ebd.

417 Ute Gerhard, Jürgen Link, Ernst Schulte-Holtey: Infografiken, Medien, Normalisierung – Einleitung. In: dies.: Infografiken, Medien, Normalisierung (2001), S. 7–22; S. 9.

418 Tanner: Wirtschaftskurven (2002), S. 142.

Tabelle 7
Errechnung der Wellenlänge

1	2	3	4	5	6	7	8	9	10
	Wellenlänge 7 (falsch)				Wellenlänge 8 (richtig)				
Lfd. Nr. der Ordinate 3 Wellen	Bei Welle I	Bei Welle II	Bei Welle III	Ordinatensumme	Bei Welle I	Bei Welle II	Bei Welle III	Ordinatensumme	Ordinatenmittel *
1	0	—2	—5	—7	0	0	0	0	0
2	+4	0	—3	+1	+4	+2	+3	+ 9	+3
3	+5	+2	0	+7	+5	+3	+5	+13	+4,3
4	+3	+3	+3	+9	+3	+1	+3	+ 7	+2,3
5	0	+1	+5	+6	0	0	0	0	0
6	—2	0	+3	+1	—2	—3	—3	— 8	—2,6
7	—3	—3	0	—6	—3	—5	—4	—12	—4,0
8					—2	—3	—3	— 8	—2,6

Summe d. Ordinatensummen ohne Berücksichtig. d. Vorzeichens: 37 | 57

37 : 7 = 5,3 | 57 : 8 = 7,1

* Das bei richtiger Einteilung gewonnene Ordinatenmittel ergibt den in Bild 13 eingezeichneten Durchschnittszyklus.

Abb. 25: „Tabelle 7. Errechnung der Wellenlänge". In: Hahn: Die statistische Analyse der Konjunkturschwingungen (1929), S. 61.

Bild 13. Einteilung in Wellen von richtiger Länge (R) und falscher Länge (S).

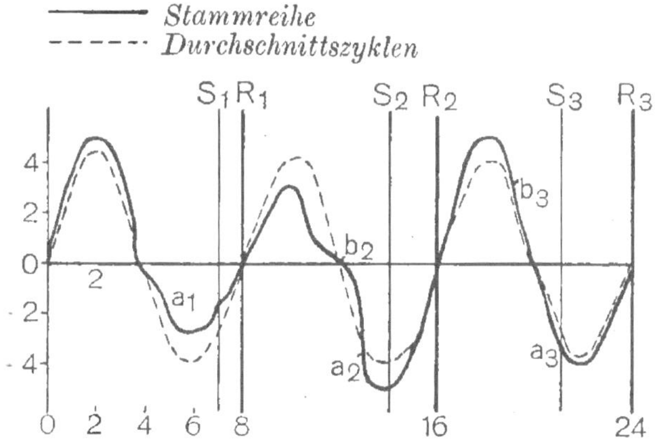

Abb. 26: „Bild 13. Einteilung in Wellen von richtiger Länge (R) und falscher Länge (S)". In: Hahn: Die statistische Analyse der Konjunkturschwingungen (1929), S. 61.

eindrücklich sichtbar, wie die Vorstellung eines regelmäßigen, streng periodischen Verlaufs die Aus- und Zurichtung des Datenmaterials maßgeblich prägt – in diesem Fall als eine gestrichelte Orientierungslinie, die als „Durchschnittszyklen" markiert wie eine Schablone wirkt, in die der Verlauf der erhobenen Werte möglichst optimal eingepasst werden soll und die damit zugleich auch für die Rezipient:innen eine entsprechende Lesart der gleichmäßigen Wiederkehr der Konjunkturschwingungen gegenüber dem tatsächlichen Kurvenverlauf als den erwartbaren ‚Normalfall' visuell durchsetzt.[419]

Die von Tanner angesprochene Einrichtung des „inneren Bildschirms" kann (und damit ist ein Übergang zur materialen Dimension der Wirtschaftsforschung gelegt, die im nächsten Abschnitt dieses Kapitels genauer betrachtet werden soll) mit der Errichtung äußerer Bildschirme – im Sinne eines Kontrollzentrums der Konjunkturentwicklung – zusammengehen, wie das Beispiel des Kieler *Instituts für Weltwirtschaft* zeigt. In einem internen Papier zur Organisation der dort neu gegründeten *Abteilung für Statistische Weltwirtschaftskunde und Internationale Konjunkturforschung* (*Astwik*) findet sich der Vorschlag, im „Schreibmaschinenzimmer" der Abteilung zugleich ein „weltwirtschaftliches Kartenzimmer" einzurichten: „Geplant ist, alle wichtigen Wirtschaftsbarometer (Harvard, London, Paris, Berlin, Moskau usw.), vor allem aber die von der Abteilung selbst aufgestellten weltwirtschaftlichen Kurven in Grossformat aufzuzeichnen und dauernd fortzuführen". Dafür solle „eine technische Kraft als Zeichner laufend zur Verfügung" stehen, die zudem über „[b]esondere Kenntnisse in den graphischen Methoden" verfügen müsse.[420] Hier wird die Plausibilisierung des Wirtschaftsrhythmus über die direkte physische Konfrontation mit einer Massierung der Kurven am Arbeitsplatz permanent neu bestärkt und abgesichert.

Die Ausführungen zu Visualisierungstechniken und -strategien in der frühen Konjunkturforschung beschließend, soll das Fazit des wissenschaftlich vielseitig interessierten Physikers Felix Auerbach in seinen Überlegungen zur „graphischen Darstellung" angeführt werden, die er bereits 1914 disziplinenübergreifend verfasste und die sich wie eine Verdichtung des bisher Ausgeführten liest. Über die „graphische Methode" heißt es dort:

> „Erstens kommt sie dem Anschauungsbedürfnis des Menschen entgegen, und zwar dem aller Menschen, auch derer, in denen es zeitweilig systematisch erstickt worden war. Zweitens dient es der Popularisierung der Wissenschaft, wohlverstanden einer gesunden Popularisierung, da sie den Laien an die exakte Erfassung der Dinge gewöhnt und ihn zu konzentrierter Auffassung zwingt. Drittens führt sie sicherer und darum erfolgreicher zur Feststellung von gesetzlichen Beziehungen, sie fördert also auch die Wissenschaft

419 Zum doppelten Verständnis der Linie als „trace" und „thread" vgl. auch Tim Ingolds vergleichende Anthropologie der Linie. Ders.: Lines. A Brief History. New York 2007.

420 Zur Organisation der Statistischen Abteilung [1926] [IfW: Hs Allg. 20b (Astwik): „Abteilung für Statistische Weltwirtschaftskunde und Internationale Konjunkturforschung. Denkschriften: Organisation", Nr. 4], S. 4.

selbst. Und das tut sie viertens noch ganz besonders dadurch, daß sie die vergleichende Betrachtung verschiedener Erscheinungen fördert und so der Hauptaufgabe aller wissenschaftlicher Tätigkeit dienstbar wird: die Erscheinungen der Natur und des Geistes in der einfachsten und einheitlichsten Weise zu erfassen und dadurch zu einer homogenen und tiefgegründeten Weltanschauung zu gelangen."[421]

4.4 Geräte, Instrumente, Hilfsmittel – zur materialen Dimension der Arbeit am Rhythmus

Die physisch-materiale Dimension der Wissensarbeit ist, wie in den theoretischen Ausführungen im hinführenden Teil dieser Studie bereits thematisiert, in den Wirtschaftswissenschaften lange Zeit kaum beachtet worden – auch, da die Ökonomik gemeinhin als eine abstrakte Disziplin identifiziert wurde (und nicht selten noch wird). Einerseits bildet sie über die Profilierung dieser Abstraktheit ihr Selbstverständnis aus und treibt ihre Positionierung in der Wissenschaftslandschaft sowie in der gesellschaftlichen Öffentlichkeit voran. Andererseits wird die herausgestellte (nicht gleichbedeutend mit: tatsächliche) Loslösung ökonomischer Wissensarbeit aus physisch-materialen Kontexten durchaus und gerade auch im Bezug zu anderen, insbesondere naturwissenschaftlichen Forschungssettings als Limitierung für die eigenen epistemologischen Möglichkeiten wie für die disziplinäre Präsenz problematisiert: „Woher das Interesse der Allgemeinheit für die meisten anderen Wissenschaften und ihre Gleichgültigkeit gegenüber der Wirtschaftswissenschaft, die doch eigentlich jeden genau so persönlich angeht wie etwa die Medizin?" – Diese Frage stellte vor mittlerweile achtzig Jahren, im Dezember 1943, der Autor eines Artikels in „Die Deutsche Volkswirtschaft". Und er fährt fort:

> „Die Antwort ist einfach. Die meisten anderen Wissenschaften haben den Vorteil des anschaulichen Experimentes. Der Chemiker hat seine Retorten, der Physiker seine genial kombinierten Messapparate, der Astronom seine Riesenteleskope, der Geograph macht abenteuerliche Forschungsreisen, der Mediziner spritzt seine Meerschweinchen, der Psychologe experimentiert mit Mensch und Tier. Der Wirtschaftswissenschaftler dagegen kann keine Laboratoriumsversuche machen. [...] Denn jedes Wirtschaftsexperiment ist von einer Größenordnung und Kostspieligkeit, daß alle Riesencyklotronen oder Riesenzentrifugen sich dazu etwa verhalten wie eine Puppenküche zum Verwaltungsgebäude."[422]

Bei einer genaueren Sicht auf die alltägliche Arbeitspraxis von Ökonom:innen lässt sich – und dies gilt insbesondere für die Konjunkturforschung – die behauptete methodologische Kluft jedoch in dieser Kategorialität nicht aufrecht erhalten.

421 Felix Auerbach: Die graphische Darstellung. Eine allgemeinverständliche, durch zahlreiche Beispiele aus allen Gebieten der Wissenschaft und Praxis erläuterte Einführung in den Sinn und den Gebrauch der Methode. Leipzig, Berlin 1914, S. 97.

422 Bengt Paul: Umwälzungen in einer unpopulären Wissenschaft. In: Die Deutsche Volkswirtschaft Nr. 34/35 vom 01.12.1943 [HWWA: A 10 k 1 SM 8].

Entgegen der zitierten Einschätzung zeigt sich nicht nur ein durchaus vorhandener Rückbezug auf physi(kali)sche Instrumente der Erkenntnisgewinnung, sondern auch eine gerade über diese materiale Dimension der Wissensarbeit hergestellte Nähe zu den Praktiken und Verfahren der im Zitat erwähnten Disziplinen. Mit den neu gegründeten Konjunkturforschungsinstituten waren demnach nicht nur konzeptionelle Umorientierungen der Wirtschaftsforschung verbunden, sondern auch ein Umbau der physischen Arbeitsumgebungen, die sich nun an naturwissenschaftlichen Laboratorien orientierten. So erscheint es geradezu als symptomatisch, dass die *Abteilung für Statistische Weltwirtschaftskunde und Internationale Konjunkturforschung* am Kieler *Institut für Weltwirtschaft* laut eines internen Positionspapiers „auf dem Gebiet der Weltwirtschaftslehre im gewissen Umfange die Bedeutung der Laboratorien in den Naturwissenschaften übernehmen“[423] sollte. Der Wiener Ökonom Oskar Morgenstern spricht nach einem USA-Aufenthalt von „einer Art Inferioritätskomplex“[424] der Nationalökonomie gegenüber den exakten Wissenschaften, „den sie mit der Begründung großer, naturwissenschaftlichen Instituten ebenbürtiger Forschungsstellen zu überwinden hofft“.[425] Nicht nur werde „an allen amerikanischen Universitäten ein „statistical Laboratory“ errichtet, sondern auch die dortige technische Ausrüstung „[m]it Stolz“ vorgeführt: „die raffinierten Rechenmaschinen, diese Retorten künftiger großer Theorien und wirtschaftspolitischer Maßnahmen“, und „die unendlichen Kataster und ‚Files‘, die modernen Särge der ökonomischen Vergangenheit“.[426] Mit dieser sicht- und erfahrbaren materialen Aufrüstung wurde die Konjunkturforschung auch zum gesellschaftlichen Faktor, den Morgenstern ebenfalls aufmerksam registriert: „Aus alledem“, so seine Einschätzung, „resultiert ein großer Respekt des Laien für die Nationalökonomie; denn wenn für eine Wissenschaft so viel Geld ausgegeben wird, so muß an ihr wohl ‚etwas dran sein‘.“[427]

Neben diesem repräsentativen Moment übernehmen Dinge im Rahmen der Rhythmusarbeit der sich herausbildenden Konjunkturwissenschaft weitere, unterschiedlich gelagerte und auf verschiedenen Ebenen angesiedelte Aufgaben: Sie sind – und hier soll das Augenmerk der folgenden Ausführungen liegen – Hilfsmittel zur Vereinfachung von Arbeitsprozessen, aber auch Ideengeber und Referenz bei der Entwicklung analytischer Erklärungsmodelle und nicht zuletzt Stifter eines utopischen Moments der Erfassbarkeit und Beherrschbarkeit des zu erforschenden

423 Zur Organisation der Statistischen Abteilung [1926] [IfW: Hs Allg. 20b (Astwik): „Abteilung für Statistische Weltwirtschaftskunde und Internationale Konjunkturforschung. Denkschriften: Organisation“, Nr. 4], S. 3.

424 Oskar Morgenstern: Aufgaben und Grenzen der Institute für Konjunkturforschung. In: Karl Diehl (Hg.): Beiträge zur Wirtschaftstheorie. 2. Teil: Konjunkturforschung und Konjunkturtheorie. München, Leipzig 1928 (= Schriften des Vereins für Sozialpolitik Bd. 173), S. 337–353; S. 340.

425 Ebd.

426 Ebd.

427 Ebd.

Phänomens. Vor allem in der empirisch-statistischen Konjunkturarbeit, der Aufbereitung und Interpretation wirtschaftlicher Datensätze unterschiedlicher Herkunft und Dichte, aber auch bei deren theoretischer Durchdringung spielen Dinge als Geräte, Hilfsmittel und Instrumente eine nicht zu unterschätzende Rolle, selbst wenn sie (wie das konkrete Vorgehen und die Abläufe der ausgeführten wissenschaftlichen Tätigkeiten generell) von den Forscher:innen nur selten und dann auch eher beiläufig thematisiert werden.

Hier haben insbesondere die an der *Acteur-Network-Theory* (*ANT*) orientierten *Science and Technology Studies* (*STS*) an die Wichtigkeit der materialen Dimensionierung wissenschaftlicher Erkenntnis- und Vermittlungsprozesse erinnert und eine entsprechende Perspektivverschiebung der Analyse vorgenommen, die sich gerade in den letzten Jahren als ein prominenter Zugang der sozial- und kulturwissenschaftlichen Wissenschaftsforschung – auch zur Ökonomik (vgl. Kap. III.2.2) – etabliert hat. Das Augenmerk gilt dabei den Mensch-Ding-Allianzen in Handlungsverläufen, der mitgestaltenden Kraft wie den Erkenntnis generierenden Qualitäten gerade auch von scheinbar selbstverständlich eingesetzten Gegenständen, die entsprechend selten Eingang in ‚offizielle' Darstellungen methodischer Verfahren finden.

Eine Ausnahme stellen hier die 1919 veröffentlichten methodenreflexiven Ausführungen („The Method Used") von Warren M. Persons dar. In ihnen findet sich der Hinweis auf einen am *Harvard Economic Service* entwickelten und eingesetzten elektrischen Leuchtkasten (Abb. 27), der beim Kurvenvergleich als Hilfsmittel diente. Auf seiner Glasauflage wurden, so die Erläuterung, graphisch aufbereitete Zyklen verschiedener Wirtschaftsreihen auf transparentem Pausleinen übereinander gelegt und dann nach links und rechts gegeneinander verschoben, um so im optischen Vergleich Passgenauigkeiten der Verläufe erkennen zu können.[428] Als eines der wenigen Instrumente der praktischen Konjunkturarbeit, die in den einschlägigen Publikationen Erwähnung finden, ist die Leuchtbox und sind mit ihr die Pausleinen-Streifen zugleich „Partner" in einem Arbeitsprozess der Erkenntnisgenerierung, in dem die praktische Bewegung mit dem theoretischen Modell korrespondiert: Die für das „Harvard-Barometer" zentrale heuristische Annahme der Korrelationen wie der mit Verzögerung („lags") aufeinander folgenden regelmäßigen Wirtschaftskurven der „drei Märkte" (vgl. auch Kap. V.3.2) wird durch das Hin- und Herschieben der übereinanderliegenden Kurven physisch nachvollzogen und zugleich immer wieder neu hervorgebracht.

In der Ökonomik des frühen 20. Jahrhunderts verlangte die sich maßgeblich in der Konjunkturanalyse herausbildende und zunehmend komplexer werdende mathematische Ausrichtung der Disziplin geradezu nach materialer Unterstützung, nach „Allianzen" (in *ANT*-Diktion) mit dinglichen Helfenden. Dabei wird vor allem die Bedeutung von Rechenmaschinen für die wissenschaftliche Arbeit in diesem Feld herausgestellt. Der Berliner Konjunkturforscher Paul Lorenz etwa sieht

---

428 Vgl. Warren M. Persons: II. The Method Used. In: The Review of Economics and Statistics 1/1919, H. 2, S. 117–139; S. 120 f.

deren Einsatz als „Bedingung" für „die vorteilhafte Verwendung" einer von ihm vorgeschlagenen Methode der Trendberechnung und damit der Herausarbeitung der eigentlichen konjunkturellen Entwicklung.[429] Andersherum wird ein Fehlen oder gar Verlust der Rechenmaschinen (etwa in Folge von Kriegszerstörungen) als maßgeblich limitierender Einfluss auf die Produktivität der Forschungsarbeit und mehr noch: auch auf die Möglichkeit der Realisierung bestimmter Rechenoperationen markiert. Noch für die 1960er-Jahre berichtet rückblickend ein Mitarbeiter des *Österreichischen Instituts für Konjunkturforschung*, den der Soziologe und Wissenschaftsforscher Werner Reichmann im Zuge seiner gegenwartsorientierten Studie zur Konjunkturforschung in Österreich befragte, über Einschränkungen der Arbeit, „[n]icht weil die Methoden und Formeln nicht entwickelt waren! Man konnte es nicht rechnen!"[430] Während er selbst eine mechanische Handrechenmaschine mit Kurbel besaß, verfügte seine Statistikerin über eine elektronische Rechenmaschine:

> „... die hat damals 30 000 Schilling gekostet. Das war ein Vermögen und wenn man mit der eine einfache Regression gerechnet hat, hat sie einen halben Tag gebraucht. Halber Tag für eine einfache Regression mit einer Variable!!! Mit zwei Variablen konnte man gar nicht rechnen. [...] Und dann haben wir irgendwann einmal, das war ganz spät, haben wir eine Maschine bekommen, die war so groß wie ein Schreibtisch und die konnte multiple Regressionen rechnen aber hat auch wahnsinnig lange gebraucht und hat ein Vermögen gekostet."[431]

Noch weiter zurückgehend in die Frühphase der Konjunkturanalyse in Österreich ergänzt der Autor Reichmann: „Die österreichischen Konjunkturforscher der Zwischenkriegszeit mussten ohne irgendwelche automatischen Rechenmaschinen arbeiten."[432] Und für die Anfangsjahre des 1925 gegründeten Berliner *Instituts für Konjunkturforschung* hält Rolf Krengel in seinem historischen Abriss fest: „Die Maschinenausstattung begann mit einer Schreib- und zwei Rechenmaschinen (vom Typ Archimedes, die noch nach 1945 jahrelang gute Dienste leisteten)."[433]

---

429 Lorenz: Der Trend (1928), S. 8.

430 Zit. n. Reichmann: Die Disziplinierung des ökonomischen Wandels (2010), S. 95 f.

431 Ebd., S. 96.

432 Ebd. Vgl. ebd., FN 47, den Hinweis, dass erst mit der Entwicklung der Statistik-Software SPSS und deren Installation auch auf PCs „multivariante Verfahren in großer Zahl von ‚normalen' Wissenschaftlern verwendet werden [konnten]."

433 Krengel: Das Deutsche Institut für Wirtschaftsforschung (Institut für Konjunkturforschung) 1925–1979 (1986), S. 11. An anderer Stelle weist Krengel darauf hin, „daß im März 1945, als die sowjetischen Armeen sich Berlin näherten, einige Institutsangehörige die damals noch vorhandenen Rechen- und Schreibmaschinen an sich nahmen und in Sicherheit brachten. Diese Maschinen bildeten im Sommer 1945 den technischen Grundstock des Instituts, einige Rechenmaschinen wurden noch in den fünfziger Jahren benutzt!" Ebd., S. 44.

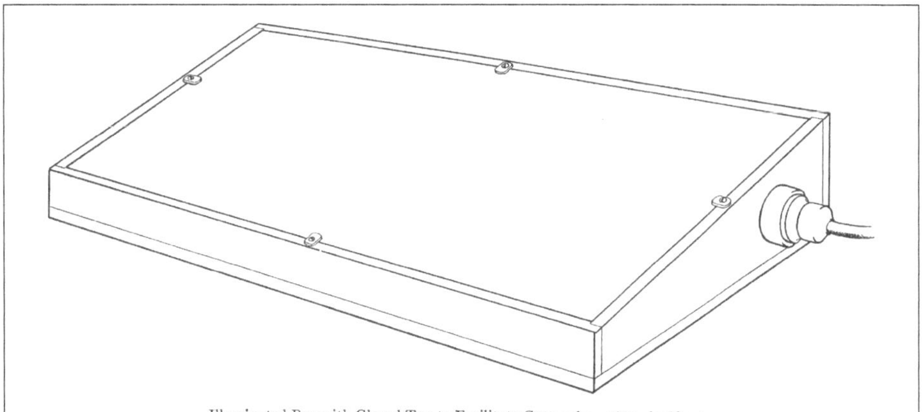

Abb. 27: „Illuminated Box with Glazed Top to Facilitate Comparison of Cycle Charts". In: Persons: II. The Method Used (1919), S. 121.

Ein differenziertes, aber ebenfalls im Narrativ des Mangels vorgetragenes Bild der „dinglichen Akteure" der Wirtschaftsforschung im für diese Studie gewählten Zeitschnitt des ausgehenden 19. und frühen 20. Jahrhunderts findet sich bei Katepalli R. Sreenivasan, der in seinem Kommentar zu William C. Brainards und Herbert E. Scarfs Artikel „How to Compute Equilibrium Prices in 1891" ausführt:

> „Computational tools available were meager. Tables of logarithms, trigonometric functions, squares, square roots, and so on were available, as were primitive computing machines (Thomas de Colmar's ‚Arithometer,' ca. 1850, Leon Bollee's ‚Multiplier,' ca. 1889, perhaps Otto Steiger's ‚Millionaire,' ca. 1890, and various special-purpose machines employed by big business and the census office). Yet, that was the age of levers and pulleys, and machines based on mechanical principles were being used as analog computers in many different ways."[434]

Neben dem Physiker Lord Kelvin, der eine Maschine zur Vorausberechnung der Gezeiten entwickelte, erwähnt Sreenivasan hier auch den Ökonomen William Stanley Jevons, der durch seine „Sonnenfleckentheorie" der Konjunkturschwankungen (vgl. Kap. VI.2.4) bekannt wurde.[435] Damit leitet er in seiner Zusammenschau von ‚allgemeinen' Rechenmaschinen auf spezifische Geräte und Apparaturen über, die auf die Idee der Erkennung rhythmischer Kurvenverläufe hin konstruiert worden sind.

---

434 Katepalli R. Sreenivasan: Comment on William C. Brainard and Herbert E. Scarf's „How to Compute Equilibrium Prices in 1891". In: The American Journal of Economics and Sociology 64/2005, H. 1, S. 89–92; S. 90.

435 Vgl. ebd. Sreenivasan sieht Jevons hier zudem als Wegbereiter für Irving Fisher und seine mechanisch-hydraulischen Analogien ökonomischer Theoriebildung. Zu Jevons' Affinität zu mechanischen Instrumenten vgl. auch Maas: Economic Methodology (2014), S. 23.

Gerade für die Identifizierung (beziehungsweise: die Herausarbeitung) von Periodizitäten im mathematischen Verfahren der *harmonischen Analyse*, das wie oben ausgeführt neben anderen wissenschaftlichen Disziplinen auch in der ökonomischen Konjunkturforschung eingesetzt worden ist, sind spezielle Objekte zur Unterstützung und Vereinfachung der zeitaufwendigen Rechenoperationen ersonnen worden, so dass der Astronom Karl Stumpff in seiner „Analyse periodischer Vorgänge" über die Wissenschaftspraxis nicht nur in der eigenen Disziplin schreibt:

> „Die umfangreiche Rechenarbeit, die für jede harmonische Analyse erforderlich ist, wenn nicht gar zu geringe Ansprüche an die Genauigkeit gestellt werden, hat frühzeitig das Bestreben geweckt, den Rechenprozeß nach Möglichkeit zu mechanisieren oder durch irgendwelche sonstigen physikalischen Hilfsmittel zu vereinfachen."[436]

Stumpff spricht von „Verfahren verschiedenster Art", die dafür entwickelt worden seien, „das zeitraubende Ordnen des Zahlenmaterials nach verschiedenen Perioden, das ein immer wieder neues Abschreiben der Beobachtungsdaten nötig macht, so einfach wie möglich zu gestalten"[437] – darunter als verbreitete Technik das Notieren der „gesamten Beobachtungsreihe auf einen langen, schmalen Papierstreifen" und dessen Vervielfältigung „in genügender Anzahl". Die dann zu „endlosen Bändern" zusammengeklebten Streifen werden gegeneinander verschoben, um so „beliebige Zahlen der Beobachtungsreihe untereinander zu bringen, z. B. also alle diejenigen Zahlen, die mit demselben sin- oder cos-Wert zu multiplizieren sind. Die Addition erfolgt dann kolonnenweise, event. mit Hilfe einer Rechenmaschine."[438] Alternativ erwähnt Stumpff „Masken oder Schablonen, die, auf die tabellenförmig angelegteBeobachtungsreihe gebracht, nur die jeweils zusammenzufassenden Werte freilassen."[439] Und: „Neuerdings sind auch Apparate konstruiert worden, die diesen ganzen Vorgang des Ordnens nach verschiedenen Perioden autographisch besorgen, etwa durch Pausen auf lichtempfindliches Papier."[440] Zudem sei „eine große Zahl" sogenannter „harmonischer Analysatoren" konstruiert worden, die „auf mechanische oder sonstwie physikalische Weise die Werte der Fourierkoeffizienten unmittelbar liefern"[441] und die Stumpff in einer Auswahl detailliert in ihrer Funktionsweise vorstellt. Gerade diese Maschinen werden im Sinne des *Acteur-Network*-Ansatzes zu Aktionspartnerinnen, die sich über die ihnen eigenen Potenziale der Akzentuierung von Periodizitäten maßgeblich in den Verlauf des Erkenntnisprozesses einbringen.

---

436 Karl Stumpff: Analyse periodischer Vorgänge. Ein Abriß der Periodographie mit besonderer Berücksichtigung moderner Methoden. Berlin 1927, S. 47.

437 Ebd.

438 Ebd., S. 47 f.

439 Ebd., S. 48.

440 Ebd.

441 Ebd., S. 48 f.

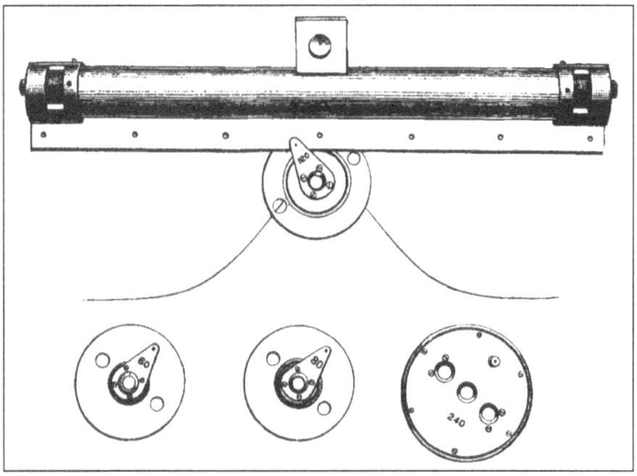

Abb. 28: Harmonischer Analysator von George Udny Yule. In: ders.: On a Simple Form of Harmonic Analyser (1895), S. 370.

Während sich für die Arbeit des Großteils der Konjunkturforscher:innen der frühen Phase nicht mehr nachvollziehen lässt, inwieweit derartige Apparate tatsächlich zur Verfügung standen und zum Einsatz kamen, finden sich – und Jevons ist hier nur ein Beispiel – vereinzelt sehr konkrete Hinweise auf die Entwicklung dieser, aber auch einfacherer Hilfsmittel durch die Konjunkturforscher:innen selbst. 1895 etwa veröffentlichte der Statistiker und spätere Konjunkturanalytiker George Udny Yule im „Philosophical Magazine" einen Artikel, in dem er einen einfachen „harmonic analyser" zur Bestimmung der Fourier-Koeffizienten periodischer Funktionen sowie der Konstruktion der Kurven beschreibt, der sich im Wesentlichen aus einem fixierten Lineal und einem Planimeter[442] fertigen lässt. Daneben schlägt er ein etwas komplizierter herzustellendes Instrument vor: ein auf zwei Walzen befestigtes Lineal, das zudem mit einer achtzahnigen Stange ausgestattet ist, die durch ein Gegengewicht in Position gehalten wird und an die wiederum verschiedene Zahnscheiben mit einer unterschiedlichen Anzahl von Zähnen angelegt werden.[443]

Diese und weitere Geräte und Apparaturen unterstützten nicht nur auf mechanischem Weg die mathematisch-statistische Rhythmusarbeit, sondern machten sie auch physisch präsent und sinnlich-körperlich erfahrbar: Sie halfen also in gleich doppelter Weise die Idee der rhythmisch verlaufenden Wirtschaftsentwicklungen zu profilieren. Dabei ging es nicht nur darum, dass sie in der eigenen Forschungspraxis unmittelbar anwesend waren. Apparaturen wie die „harmonischen Analysatoren" strahlten, auch wenn sie in anderen Disziplinen entwickelt und angewandt

442 Mit dem Planimeter können Flächeninhalte durch Abfahren ihrer Ränder mit dem sogenannten Fahrstift ermittelt werden. Das von Yule vorgeschlagene Polarplanimeter wurde in den 1850er-Jahren von Jakob Amsler-Laffon entwickelt. Vgl. N.N.: Polar Planimeter von Amsler. In: De L'évaluation Mécanique des Surfages Planes par M. M. Piecard commissaire général et S. Cuénoud professeur de mathématiques à Lausanne. Lausanne 1861; Jakob Amsler-Laffon: Polar-Planimeter. Schaffhausen 1864.

443 Vgl. George Udny Yule: On a Simple Form of Harmonic Analyser. In: Philosophical Magazine 39/1895, S. 367–374. Vgl. auch die Darstellung der Yule'schen Analysatoren bei Andreas Galle: Mathematische Instrumente. Leipzig, Berlin 1912, S. 134–137.

wurden, in die Ökonomik hinein, indem sie etwa in einschlägigen Kreisen durch Darstellungen in Fachpublikationen und Vorführungen ihrer Arbeitsweise bekannt gemacht wurden. So konnten sie auch unabhängig davon wirkmächtig werden, ob sie tatsächlich in wissenschaftlichen Arbeitsprozessen im Bereich der Konjunkturforschung zum Einsatz kamen.

Besonders eindrücklich zeigt sich dies in den disziplinenübergreifenden Bemühungen des bereits erwähnten Ökonomen und Zyklenforschers Edward Dewey, der in den Veröffentlichungen seiner *Foundation for the Study of Cycles* immer wieder entsprechende Apparaturen vorstellte bzw. Vorführungstermine ankündigte. In einer die Ergebnisse eines mehrtägigen interdisziplinären Austauschs zusammenfassenden Systematisierung der Anstrengungen, wiederkehrende Zyklen in allen Feldern der Natur und der Gesellschaft zu eruieren, präsentierte Dewey 1950 in der organisationseigenen Publikation „Cycles" eine Aufstellung „How to Get Hints of Cycles That May Be Present in a Series of Figures". Neben fünfzehn „Graphic Methods" (darunter „Simple inspection", „Quick count", „Autocorrelation" und „Moving averages", „Periodic tables" sowie „Adjust for cycles already found") listet der Zyklenforscher auch vier „types of machines" („Optical machines", „Mechanical machines", „Electrical machines" und „Punch card and tabulating machines") auf, stellt Beispiele vor und kommentiert deren Arbeitsweise.[444]

Ebenfalls 1950 erschien in „Cycles" die Ankündigung einer Vorführung des „Bogno-Works Electric Cycle Analyzer" durch seine Entwickler Samuel Bogno und Charles Works im Rahmen einer Sitzung des New Yorker Ortsverbands der *Foundation for the Study of Cycles*. Bogno und Works, so der Hinweis, „will analyze any silhouettes presented. The silhouettes should not exceed 4" in width and 3¼" in height. The bottom should be black, the upper part clear. Cut from paper or use photograph film."[445]

In den Veröffentlichungen der *Foundation*, aber auch in anderen Publikationen, in denen die Berechnung von Kurvenverläufen mit Hilfe von Instrumenten und Apparaturen beschrieben wird, werden Geräte in durchaus beeindruckender Zahl versammelt, deren Realisierung jedoch oft nicht über den Status des Prototypenoder eine Produktion in wenigen Exemplaren hinausgekommen ist. „A discussion of optical machines is more or less academic", heißt es etwa bei Dewey, „for there are only two such machines that I know about, one in Tucson, Arizona, and the other in Chicago."[446] Und dort, wo es sich um Serienprodukte handelt, wird auf den hohen, nur von wenigen bezahlbaren Preis hingewiesen. Wiederum Dewey bemerkt über

444 N.N.: Technical Cycle Analysis. How to Get Hints of Cycles. In Two Parts – Part I. In: Cycles 9/1950, S. 19–22; S. 19. Vgl. auch die genaueren Beschreibungen der Apparate in: N.N.: Technical. How to Get Hints of Cycles That May Be Present in a Series of Figures. In Two Parts – Part II. In: Cycles 10/1950, S. 23–27.

445 N.N.: The Bogno-Works Electric Cycle Analyzer. In: Cycles 6/1950, S. 15.

446 N.N.: Technical (1950), S. 26. Während die Apparatur in Tucson aus dem Jahr 1914 stammt, wurde die Chicagoer Maschine laut „Cycles" rund dreißig Jahre später entwickelt. Vgl. ebd.

Abb. 29: „Henrici's Harmonic Analyzer". In: Dayton Clarence Miller: The Science of Musical Sounds. 2. Aufl. New York 1922, S. 96. Reproduziert in: Cycles 9/1950, S. 21.

Abb. 30: „Machine for calculating amplitudes and phases in harmonic analysis". In: Dayton Clarence Miller: The Science of Musical Sounds. 2. Aufl. New York 1922, S. 104.[447]

mechanische Maschinen zur harmonischen Analyse: „The best one that I know about is manufactured by the Mico Instrument Company of Cambridge, Massachusetts. The latest model costs $ 12,500. We would like one, so if you are feeling generous …!"[448]

Vor dem Hintergrund dieser und ähnlicher Kommentare lässt sich im Hinblick auf die materiale Dimension der frühen – empirisch-statistischen wie theoreti-

447 Nicht alle in Millers Publikation vorgestellten Geräte und Apparaturen werden von Dewey aufgegriffen, sie diente aber offensichtlich als zentrale Referenz, die zudem von Dewey zur weiteren Lektüre empfohlen wird.

448 Ebd.

schen – Konjunkturforschung festhalten, dass neben den eingesetzten Hilfsmitteln der Rechen-, Schreib-, Zeichen- und Denkarbeit auch (noch) nicht vorhandene, (noch) fehlende oder allenfalls in (zu) geringer Anzahl verfügbare Instrumente im Erkenntnisprozess wirkmächtig wurden. In den zeitgenössischen wie rückblickenden Statements schwingt in den Betonungen des defizitären Zustands, der Limitierung der Arbeitsbedingungen durch fehlende Geräte und Maschinen, zugleich ein zukunftsgerichtetes, utopisches Moment mit, das über die ihm zugrundeliegenden Ideen handlungsbestimmend wurde. Konjunkturforscher:innen orientierten sich in der Anlage und Ausrichtung ihrer Zugänge und Methoden interdisziplinär und arbeiteten sich hier insbesondere an den Naturwissenschaften als Referenzdisziplinen ab. Dabei wurden Grenzen, aber auch Möglichkeiten der wissenschaftlichen Arbeit ausgelotet. Gleichzeitig wurden die in den einschlägigen Wissenschaftsbereichen entwickelten „Hilfsmittel zur Aufsuchung versteckter Periodizitäten“[449] mit

---

449 Leo Wenzel Pollak: Hilfsmittel zur Aufsuchung versteckter Periodizitäten sowie zur harmonischen Analyse überhaupt. In: Annalen der Hydrographie und Maritimen Meteorologie. Zeitschrift für Seefahrt- und Meereskunde 7/1925, S. 209–222. Auch Pollak, der für in diesem Fall astronomische Forschungen unter anderem einen „Versuchswellenautograph für lichtempfindliches Papier“, einen „Versuchswellenautograph für gewöhnliches Schreibpapier“ sowie eine Vorrichtung für die „[d]irekte Herstellung des Periodogrammes auf elektromagnetischem Wege“ vorstellt, beschreibt als Ausgangspunkt für die Entwicklungen den fehlenden Zugriff auf technische Maschinen: „Wenn man als einzelner, der über keine zugewiesenen Hilfskräfte und auch nicht über einen der sehr kostbaren und seltenen maschinellen Analysatoren (z. B. von Michelson und Stratton) verfügt, an die Aufgabe herantritt, mehrtägige Perioden aus einem großen Material nach dem Schusterschen Verfahren sicherzustellen, so tritt als größtes Hindernis die ungeheuere Arbeit, welche mit dem wiederholten Umschreiben der Zahlenreihen verbunden ist, auf. Besitzt man keine Addiermaschine, so kommt noch die Mühe der Additionen hinzu. Die zu bewältigende Arbeit nimmt dann solche Dimensionen an, daß es mir kaum glaublich erscheint, daß ein einzelner in absehbarer Zeit diese zu schaffen imstande ist.“ Ebd., S. 210 f. Vgl. auch andere Darstellungen von naturwissenschaftlichen Apparaturen zur Analyse periodischer Verläufe, exemplarisch Ernest W. Brown: A Simple and Inexpensive Apparatus for Tidal Analysis. In: The American Journal of Science 229/1915, S. 386–390, sowie die aufgeführten mechanischen und photographischen Kurvenschreiber bei Auerbach: Die graphische Darstellung (1914), S. 85–95. Zur Plausibilisierung von Wirtschaftskurven über Instrumente der Rhythmuserkennung aus anderen wissenschaftlichen Feldern vgl. auch eine Passage bei Jakob Tanner, in der dieser darauf hinweist, dass der Einsatz von Maschinen zum Messen von Körpervorgängen – Thermometer und Blutdruckmesser, Ergografen, Kymografen, Arthrodynamometer, Elektrokardiagrafen etc. – den Eindruck festsetze, „es handle sich bei diesen Aufzeichnungen um eine authentische ‚Sprache der Natur‘“: „Wird nun eine solche Operation auf diskrete Phänomene – wie eben Märkte – bezogen, so können wir von einer Naturalisierung des Sozialen und des Ökonomischen sprechen.“ Ders.: Wirtschaftskurven (2002), S. 144.

Interesse wahrgenommen und deren Angebote der wissenschaftlichen Sinn- und Erkenntnisproduktion auf das eigene Forschungsfeld übertragen.

Diese Beobachtung weist über die konzeptuellen Überlegungen der *Science and Technology Studies* und speziell des *Acteur-Network*-Ansatzes hinaus, bei dem die analytisch-epistemologische Aufmerksamkeit auf konkrete Interaktionen, auf die Akteursnetzwerke zwischen Menschen und Objekten gerichtet ist, indem die ‚vor Ort' physisch existenten Dinge als Handlungspartner, als Aktanten in den Blick genommen werden und ihre Rolle in Prozessen der Wissensproduktion herausgearbeitet wird. In Erweiterung dazu zeigt sich in der frühen Konjunkturforschung, dass hier vor allem auch projektierte, ersehnte, aber noch nicht vorhandene oder zumindest nicht für das Gros der Forscher:innen zugängliche Maschinen und Apparate den wissenschaftlichen Diskurs wie die entwickelten Denkmodelle und -figuren entscheidend mitprägen sowie darüber hinaus als Ideengeber (und zugleich als materiale Verdichtungen dieser Ideen) auch eine aktive Rolle bei der wissenschaftlichen Arbeit, hier: der Präfigurierung von Forschungsprofilen in der konjunkturanalytischen Praxis, spielen.

Entsprechend vermag eine ideenorientierte Perspektivierung und Dimensionierung des Blicks auf wissenschaftliche Praxis und ihre Materialitäten den Dingen einen Rang zuzuweisen, der neben den funktionalen Potenzialen auf ihre semantische Wirkkraft zielt. Dinge (so legen es die Apparaturen zur Identifizierung von Periodizitäten nahe) plausibilisieren und legitimieren über die in sie eingeschriebenen und in ihnen materialisierten Ideen (hier: die Existenz zunächst nicht erkennbarer Rhythmen und die Möglichkeit ihrer Sichtbarmachung) nicht nur die ökonomische Zyklusforschung – sie formen sie zugleich auch maßgeblich mit und eröffnen so einen noch einmal anders gelagerten Blick auf die „Macht der Dinge"[450] in Handlungsprozessen.

Diese Überlegung weiterdenkend, eröffnet sich der Blick über die Maschinen und Instrumente der Rhythmusanalyse hinaus auch auf Dinge, die das Konzept der rhythmischen Konjunkturverläufe mit abstützen helfen, ohne dass eine materiale Anwesenheit im Erkenntnisprozess auch nur angestrebt wäre. Gemeint sind Gegenstände, die als Analogien in der Theoriebildung eingesetzt werden und so ebenfalls maßgeblich zur Evidenzerzeugung beitragen. Die Rhythmusarbeit der theoretischen Konjunkturforschung verfügt hier über ein ausgesuchtes Sortiment an Objekten, auf die diskursiv rekurriert wird, die aber durchaus auch physisches Zentrum vorgelagerter Experimente sind, welche dann wiederum als unverzichtbare Grundlage ökonomischer Modellierungen verstanden werden.

In seinem Überblickswerk zu den zeitgenössischen Konjunkturtheorien beginnt Gottfried Haberler den Abschnitt „Rhythmus und Periodizität" der Überinvestitionstheorien mit dem Hinweis auf eine „berühmte Metapher" von Michael Tugan-Baranowski:

---

450 Karl-Heinz Kohl: Die Macht der Dinge. Geschichte und Theorie sakraler Objekte. München 2003.

> „Tugan-Baranowski vergleicht das Arbeiten des Mechanismus des Konjunkturzyklus mit dem einer Dampfmaschine. ‚Die Akkumulation freien leihbaren Kapitals spielt die Rolle des Dampfes im Zylinder; wenn der Dampfdruck auf dem Kolben eine gewisse Kraft erreicht hat, wird dessen Widerstand überwunden, der Kolben in Bewegung gesetzt und bis zum Ende des Zylinders vorwärts bewegt. Er erreicht eine Öffnung, die den Dampf herauslässt, und der Kolben strebt zu seiner alten Stellung zurück. In derselben Weise erzwingt sich das sich ansammelnde freie Leihkapital, nachdem es einen gewissen Druck erreicht hat, seinen Weg in die Industrie, welche es in Bewegung setzt. Es wird ausgegeben, und die Industrie kehrt zu ihrer früheren Stellung zurück.'“[451]

Weitere Beispiele dieser analogischen Form der *agency* von Dingen finden sich in der Ökonometrik, die sich zentral in der Konjunkturforschung des frühen 20. Jahrhunderts herausbildete und über mathematisch-abstrakte Modellierung zu (universellen) theoretischen Erkenntnissen über den Wirtschaftsverlauf zu gelangen suchte. So greift etwa der norwegische Konjunkturforscher und Begründer der *Econometric Society*, Ragnar Frisch, das von dem schwedischen Ökonomen Knut Wicksell (1851–1926) verwendete Bild des mit einem Stock in Bewegung versetzten Schaukelpferdes („If you hit a wooden rocking-horse with a club, the movement of the horse will be very different to that of the club.“[452]) auf, um mit dessen Hilfe eine Idee der Übersetzung unregelmäßiger Impulse in regelmäßige ökonomische Schwingungen zu entwickeln. Noch stärker als das Schaukelpferd allerdings diente Frisch das Pendel als seine Theorie abstützende und vorantreibende Referenz.

Der Ökonom und Wirtschaftshistoriker Francisco Louçã, der dem Rekurs auf das Pendel in den Wirtschaftswissenschaften und speziell bei Frisch eine eigene Studie gewidmet hat, spricht von „the crucial importance of one metaphor, the pendulum, for the purposes of persuasion and representation, as well as for the creation

---

451 Haberler: Prosperität und Depression (1948 [1937]), S. 86; Zitat im Zitat: Michael Tugan-Baranowski: Studien für Geschichte der Handelskrisen in England. Jena 1901, S. 251. Gottfried Haberler entwickelt an Tugan-Baranowskis Vergleich einen weiter zu verfolgenden konjunkturtheoretischen Fragenkatalog: „Was entspricht im Konjunktursystem dem Treibstoff der Dampfmaschine? Warum geht die zyklische Bewegung immer weiter und kommt nie zu einem Ende? Warum nehmen die Wellen ökonomischer Tätigkeit nicht allmählich ab wie die Bewegung der Dampfmaschine, wenn kein neuer Treibstoff zugeführt wird?“ Ebd.

452 Knut Wicksell, hier zit. n. Phil Davies, Joe Mahon: The Meaning of Slutsky (2009), S. 14. In den 1920er-Jahren verwendete der schwedische Konjunkturforscher Johan Åkerman das Bild von Steinen auf dem Grund von Gewässern, die trotz ihres unregelmäßigen Vorkommens regelmäßige Wellen auf der Wasseroberfläche hervorbringen; vgl. ebd. Die Wissenschaftsforscherin und Wirtschaftshistorikerin Mary Morgan möchte im Hinblick auf Ragnar Frischs zentrale Veröffentlichung zum Thema, die sonst aufgrund ihres Publikationsortes, der Festschrift für Gustav Cassel von 1933, auch als „Cassel paper“ bezeichnet wird, eher von der „rocking horse theory“ sprechen; Morgan: The History of Econometric Ideas (1990), S. 92.

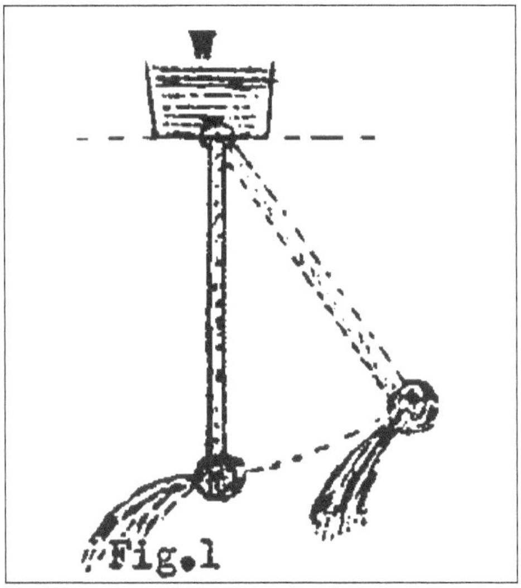

Abb. 31: „Frisch's representation of the Schumpeterian pendulum". Aus: Louçã: The Years of High Econometrics (2007), S. 141.

of new conjectures in economics and in particular for research into long-term evolution and fluctuations."[453] Louçã zeigt in seiner materialreichen Untersuchung, die insbesondere einen Gedankenaustausch zwischen dem Ökonometriker Frisch und dem damals in Harvard lehrenden Ökonomen Joseph Schumpeter nachzeichnet, dass und wie sich das gemeinsame Ringen um ein adäquates Verständnis des Konjunkturphänomens unter Einbezug des Pendels (und seines durchaus widersprüchlichen semantischen Gehalts) entwickelt hat. Als zunächst gut etablierte Analogie[454] unterstützt es, indem es ein Veranschaulichungsangebot macht, den Erkenntnisprozess; als formales Modell eröffnet es zugleich Raum für Simulationen, die neben der Erfassung von Vergangenheit und Gegenwart diesen Erkenntnisprozess auch in die Zukunft, ins Prognostische, verlängern. Das Pendel bietet dabei mehr als eine bloße Möblierung abstrakter konjunkturanalytischer Konzepte, die körperlich-sinnliche Anschlussmöglichkeiten an bekannte, ja vertraute Erfahrungswelten herzustellen vermag. Mit ihren verschiedenen Implikationen treibt die Vorstellung des Pendels zugleich die ökonomische Theoriebildung voran und erfährt dabei auch selbst im

453 Louçã: The Years of High Econometrics (2007), S. 127. Das Zitat entstammt dem Kapitel „Intriguing Pendula. Delights and Dangers of Econometric Conversation", das Louçã in einer älteren Version bereits 1999 als Aufsatz veröffentlichte; ders.: Intriguing Pendula: Founding Metaphors in the Analysis of Economic Fluctuations. In: Cambridge Journal of Economics 25/2001, H. 1, S. 25–55.

454 Vgl. Louçã: The Years of High Econometrics (2007), S. 132: „The pendulum was already an important reference at that time for the analysis of cycles. Indeed, it had dominated the rhetoric of cycle analysis prior to the use of the rocking-horse analogy: Marx, Fisher, Yule and Hotelling, among others, had used the pendulum metaphor in previous years. Frisch had used it since at least 1927, when he made his first efforts to model cycles as fluctuations submitted to friction, and so did Tinbergen later on in 1935."

fortschreitenden Erkenntnisprozess Veränderungen.[455] Diese Herausbildungen, Verschiebungen, Stabilisierungen, Irritationen und Verwerfungen rhythmisch grundierter Semantiken der Konjunkturforschung sollen Thema des nächsten Kapitels sein, und auch das Pendel wird hier – im Zusammenhang mit Überlegungen zur Physik der Konjunktur (Kap. VI.3) – noch einmal intensiver betrachtet werden.

455 So bringt etwa George Udny Yule mögliche Störungen ins Spiel, die unmittelbar auf die Regelmäßigkeit der Pendelschwankungen einwirken, indem er die Pendel-Szene um den Auftritt von Jungen erweitert, die Erbsen gegen das Pendel werfen: „The motion is now affected, not by *superposed fluctuations* but by true *disturbances*, and the effect on the graph will be of an entirely different kind. The graph will remain surprisingly smooth, but amplitude and phase will vary continually." Ders.: On a Method of Investigating Periodicities in Disturbed Series, with Special Reference to Wolfer's Sunspot Numbers. In: Philosophical Transactions of the Royal Society of London, Series A, 226/1927, S. 267–298; S. 268; Herv. i. Orig. Vgl. auch Yule, Kendall: An Introduction to the Theory of Statistics (1950), S. 645 f. Zur Überprüfung der von Yule angedeuteten Effekte dieser „true disturbances" fanden auch mechanische Versuche statt. Vgl. Morgan: The History of Econometric Ideas (1990), S. 78, FN 4: „A physical experiment with a galvonometer was carried out in the 1930s by Davis at the Cowles Commission to replicate Yule's pendulum being hit by peas (see Davis (1941). The oscillations were set to match the periodicities observed in the Dow Jones Industrial Average index and then subjected to shocks. This produced very irregular data, closer in appearance to economic cycle data than the smooth picture of Yule's demonstration." Zur Weiterentwicklung des Konjunkturmodells bei Hicks, der nun statt abschwellender wachsende Amplituden annimmt und die Schaukelpferd- bzw. Schaukelstuhl-Analogie durch die des Billardtisches mit von Bande zu Bande gestoßenen Kugeln austauscht, vgl. u. a. Bombach: Zyklen im Ablauf des Wirtschaftsprozesses (1992), S. 38.

VI Wirtschaftsrhythmen – semantische Felderkundungen

1 *Making Sense of Cycles* und *Making Sense with Cycles* (Vorbemerkungen)

Der Rhythmus des Wirtschaftsverlaufs ist für die sich herausbildende Konjunkturforschung nicht nur ein technisch-praktisches Problem der Identifizierung von Bewegungsmustern, sondern zugleich eine semantische Herausforderung: „Die Konjunkturforschungsinstitute haben – anders als es die präindustriellen Wirtschaftsforscher gemacht haben – den Zahlenreihen und Wirtschaftsdaten Bedeutungen verliehen und sie mit theoretischen Überlegungen verknüpft“[1], schreibt Werner Reichmann in seiner wissenschaftssoziologischen Studie über die empirische Konjunkturforschung und ihre Institutionalisierung, und eine vergleichbare Beobachtung gilt auch für stärker theoretisch ausgerichtete konjunkturanalytische Ansätze. Damit werden die Konjunkturzyklen zugleich zum Ausdruck und Kulminationspunkt vielfältiger Rückbindungsmöglichkeiten der Wirtschaft an Natur, Kultur, Gesellschaft. Dem „Making sense of cycles“[2] wird mit anderen Worten ein *making sense with cycles* zur Seite gestellt, also eine Sinnproduktion mit und über Rhythmus. Es offenbart sich in den Texten der frühen Konjunkturforschung ein Konglomerat an semantischen Aufladungen, Rückbindungen, Referenzen in unterschiedliche wissenschaftliche wie gesellschaftliche Bereiche, nicht selten auch in Kombinationen innerhalb desselben Textes oder Ansatzes.

Die folgenden Kapitel beschäftigen sich mit der Frage, wie der Rhythmus zur und in die Wirtschaft kam. Was faszinierte die Ökonom:innen, aber auch Gesellschaft und Politik am Konzept der „ups and downs“, der mehr oder weniger regelmäßigen „Wirtschaftsschwankungen“ und „Wirtschaftsschwingungen“? Was sind das eigentlich für Rhythmen, über die in der Konjunkturforschung gesprochen wird? In welchem diskursiven Umfeld bewegen sie sich beziehungsweise werden sie bewegt? Welche Themen, Vorstellungen, Werte werden in ökonomischen Texten durch die ‚heuristische Brille‘ des rhythmischen Wirtschaftsverlaufs (mit) verhandelt? Dabei gilt das Augenmerk nicht zuletzt dem Rhythmus als einer erstaunlich stabilen, augenscheinlich robusten wie belastbaren Denk- und Praxisfigur, die gleichzeitig über hinreichend Flexibilität und Offenheit im Hinblick auf semantische Anlagerungen und Füllungen, deren Konsistenzen wie Friktionen verfügt.

Die Anschlussfähigkeit ökonomischer Rhythmus-Konzeptionen als von den Konjunkturforschenden erkanntes und eingesetztes epistemisches Potenzial (als gestalt- wie sinngebende Kraft), die semantischen Rückbindungen wie Verlängerungen, das Einspeisen außerökonomischer Expertise in den ökonomischen Diskurs für die Plausibilisierung eigener Vorgehensweisen und Erklärungsansätze, aber auch das ‚Mitschreiben‘ der ökonomischen Konjunkturfoschung an (gesamtgesell-

---

1 Reichmann: Die Disziplinierung des ökonomischen Wandels (2010), S. 85.

2 Davies, Mahon: The Meaning of Slutsky (2009), S. 14.

schaftlichen) Rhythmus-Vorstellungen werden im Folgenden anhand verschiedener semantischer Felder exemplifiziert, die zum Teil unabhängig voneinander aufgerufen, zum Teil aufeinander bezogen werden und entsprechend zusammenlaufen, aber auch gegeneinander in Stellung gebracht werden können.

2 Ökonomische Wetterlagen. Zur Natur(gesetzlichkeit) der Konjunkturrhythmen

2.1 Gezeiten der Wirtschaft

Eine der eingängigsten und entsprechend häufig adressierten Ausdrucksformen des rhythmischen Prinzips in der Natur sind die Gezeiten. Als wirkmächtige Analogie werden sie auch in der frühen Konjunkturforschung zur Plausibilisierung des als regelmäßig angenommenen Wirtschaftsverlaufs in Anschlag gebracht. „There is a considerable unanimity of opinion among experts that, from the purely economic point of view, the most general and characteristic phenomenon of a changing society is the ebb and flow of economic life“[3], bemerkt schon 1914 Henry Ludwell Moore, und tatsächlich lässt sich eine Häufung von oft beiläufig dahingeworfenen Formulierungen wie „the ebb and flow of business“[4] oder „the ceasedless ebb and flow of economic activity“[5] beobachten. Daneben finden sich dezidiertere Ausführungen, so etwa bei dem US-amerikanischen Ökonomen Carl Snyder, der über die Parallelen zwischen in der Sphäre der Natur verorteten Gezeiten und der oszillierenden Wirtschaftsbewegung schreibt: „One strange way of nature must long have been to the ancients deeply puzzling. That was the ebb and flow of the tides. [...] Not less puzzling, in our own day and to the wisest, the strange and disturbing tides of trade; what Dr. Wagemann has called ‚economic rhythm,‘ and our Wesley Mitchell, ‚business cycles.‘“[6]

Auch abstrakt-mathematisch argumentierende Konjunkturforscher:innen wie Ragnar Frisch oder Eugen Slutsky setzen die Gezeiten-Analogie in ihren wirtschaftstheoretischen Überlegungen ein. So spricht letzterer vom Konjunkturverlauf als einer „sinusoidal wave which rises and falls on the surface of the social ocean

3 Moore: Economic Cycles (1914), S. 1.

4 Maurice Beck Hexter: Social Consequences of Business Cycles. With an Introduction by Allyn A. Young. Boston, New York 1925, S. xiii.

5 Mitchell: Business Cycles (1913), S. 570; vgl. auch ebd., u. a. S. 19, 92. Van Gelderen und – an ihn anschließend – de Wolff sprechen statt von „Flut“ auch von „Springflut“ bzw. „Springflutperioden“; vgl. van Gelderen: Springvloed (1913); de Wolff: Prosperitäts- und Depressionsperioden (1924).

6 Carl Snyder: Measures of Industrial Growth and their Significances. In: Bullock u. a.: Beiträge zur Konjunkturlehre (1936), S. 171–197; S. 171.

with the regularity of day and night"[7] und lässt seine Abhandlung „The Summation of Random Causes as the Source of Cyclic Processes" wie folgt beginnen:

> „Almost all of the phenomena of economic life, like many other processes, social, meteorological, and others, occur in sequences of rising and falling movements, like waves. Just as waves following each other on the sea do not repeat each other perfectly, so economic cycles never repeat earlier ones exactly either in duration or in amplitude. Nevertheless, in both cases, it is almost always possible to detect, even in the multitude of individual peculiarities of the phenomena, marks of certain approximate uniformities and regularities."[8]

Ragnar Frisch schlägt entsprechend seinen theoretischen Vorstellungen eines interferentiellen Konjunkturmodells mit diversen Einflussfaktoren auf den Wirtschaftsverlauf ein deutlich komplexeres Wellenbild vor, in dem die Idee von Ebbe und Flut aber ebenfalls einen festen Bestandteil bildet:

> „Let me use an analogy. A scientist who was sitting on the seashore patiently watching the shifting aspects of the surface of the water would be thoroughly mistaken if he tried to account for *all* the changes observed by the same kind of explanation. He would at least have to admit three different sets of ideas: first, the idea of direct action of the wind on the surface of the water. This would account for the small waves. Next, the idea of propagation of the long swells coming from the ocean. And third, the idea of ebb and flow caused by the attraction of the moon.
> The situation in economics is exactly the same. In order to understand the ups and downs of business, we must first of all try to understand the fundamental differences between the various *sorts* of ups and downs."[9]

---

7 Slutzky: The Summation of Random Causes as the Source of Cyclic Processes (1937), S. 107.

8 Ebd., S. 105. Nach der Verhaftung seines Chefs am Moskauer Konjunkturinstitut, Nikolai Kondratieff, wegen kritischer Äußerungen zur Wirtschaftspolitik der Sowjetunion sowie der Schließung des Instituts gab Slutsky seine Beschäftigung mit ökonomischen Fragen auf. Stattdessen verlegte er seine Studien in den Bereich der Mathematik sowie der Meteorologie und übernahm noch im selben Jahr eine Stelle am Zentralinstitut für Meteorologie, wo er sich der Erforschung der Sonnenaktivitäten widmete; vgl. Klein: The Rise of „Non-October" Econometrics (1999), S. 160; vgl. auch ausführlich Barnett: E.E. Slutsky as Economist and Mathematician (2011), S. 104–129.

9 Ragnar Frisch in Yale in seiner Vorlesung über Zeitreihen, erste Lecture über „A Method of Decomposing and Smoothing Statistical Series" (1930); zit. n. Louçã: The Years of High Econometrics (2007), S. 135. Ähnlich schreibt Frisch auch in einem Brief an Mitchell vom 24. November 1930: „I feel rather strongly that if we do not take the possibility of such an economic interference phenomenon into account we will be just as hopelessly on the wrong track in our attempt at explaining the ups and downs of the ocean by the *same* sort of argument, without distinguishing between the wind waves (that have to be explained mainly by the friction between the atmosphere and the water), the long swells (that have to be explained mainly by the inertia properties of the water), and the ebb and flow (that have to be explained by the attraction of the moon)." Zit. n. ebd.

Bereits in dieser ersten kleinen Beispielauswahl, die sich problemlos um weitere Belege ergänzen ließe, manifestiert sich die offensichtlich empfundene Passgenauigkeit wie Attraktivität einer aus einem anderen Bereich – hier dem der Natur – importierten Bewegungsfigur des Rhythmischen als Instrument der Charakterisierung des Konjunkturphänomens. Zudem zeigt sich aber auch, dass die zunächst so stringent auftretende Gezeiten-Analogie bei näherer Betrachtung von den Konjunkturforscher:innen keineswegs eindeutig gefüllt, sondern durch unterschiedliche semantische Akzentuierungen eines rhythmischen Grundverlaufs geprägt ist, die wiederum maßgeblich durch den Rekurs auf voneinander abweichende, auch elementar unterschiedliche, in der Ideengeschichte des Rhythmusbegriffs durchaus konkurrierende Modelle gespeist werden: so etwa durch Konzeptualisierungen des Rhythmischen als einer ‚ewigen Wiederkehr des Identischen' einerseits und die Herausstellung einer individuellen Ausformung der einzelnen Perioden als maßgebliches Signum andererseits, wie sie etwa in Slutskys Eingangsbild der Konjunkturwellen zu finden ist. Doch trotz der von Slutsky skizzierten Diversität im Detail betont auch er – wie die anderen angeführten Autoren – in seiner Gezeiten-Analogie die konjunkturprägenden „uniformities and regularities". Er macht die zum Zeitpunkt der Veröffentlichung seines Textes bereits gut etablierte Analogie mithin für sein konzeptionelles Anliegen nutzbar, die konkreten ökonomischen Situationen in eine abstrakte, letztlich mehr am Verlauf selbst als an den Ursachen interessierte Modellierung mit universalem Gültigkeitsanspruch zu überführen (vgl. Kap. V.3.6).[10] Auch bei Ragnar Frisch wird das Bild von Ebbe und Flut epistemologisch wirkmächtig, indem er es so in sein Konjunkturmodell integriert, dass bei dessen Ausdifferenzierung die innere Bedeutungslogik der ‚natürlichen Gesetzmäßigkeiten' nicht nur erhalten bleibt, sondern (in der Kombinatorik verschiedener Formationen und sie begründender Faktoren) als Aufforderung zur wissenschaftlichen Durchdringung verstanden wird.

Mit der Ebbe-Flut-Analogie beziehen sich die zitierten Autoren im heterogenen Feld der sich herausbildenden Konjunkturanalyse eigentümlich gleichförmig auf allgemeines, intuitiv zugängliches Erfahrungswissen; sie knüpfen an ein geläufiges, unmittelbar auf- und abrufbares Bild an, das zugleich Vorstellungen einer über die Zeiten und wechselnde (historische, gesellschaftliche) Umstände hinweg unveränderten und unveränderlichen Regelmäßigkeit der Abläufe evoziert; diese werden

10 Vgl. die Beschreibung der Vorgehensweise Slutskys bei Judy Klein; dies.: The Rise of „Non-October" Econometrics (1999), S. 160 f.: „Slutsky took ahistorical formalism to an even higher plane with the artistic licence he used in appraising the wave-like form of his qualitative model. Slutsky gave no explanation for the social or individual mechanism for accumulating random disturbances, no justification for assuming that the disturbances emanated from a constant probability structure, and no rationale for combining the disturbances at equally spaced intervals that did not even correspond to the intervals of empirical observation. It was measurement that lacked both economic theory and history."

‚auf Dauer gestellt', und zwar paradoxerweise gerade in der und über die Bewegung. Damit stützt das hier für die allgemeine Wirtschaftsentwicklung gebrauchte Gezeiten-Bild nicht zuletzt eine Tendenz zur Stabilisierung, zu einer ‚Verregelmäßigung' des (beobachteten) konjunkturellen Geschehens, die dann wiederum je nach argumentativer Verwendung weitere sinn- und bedeutungsstiftende Weichenstellungen vorzubereiten oder zu begleiten vermag.

So bedient der Rekurs auf das Bild von Ebbe und Flut über die erkennbare semantische Bandbreite der Einzelbeispiele hinaus letztlich immer auch den konjunkturanalytischen Anspruch der Erfassung des hinter den Wirtschaftsschwankungen und ihrem repetitiven Charakter stehenden „mechanism"[11], der „motive force"[12]. Diese wird – und das unterscheidet die Gezeiten-Vorstellung von anderen Naturbildern, mit denen der Konjunkturverlauf verkoppelt wird (vgl. Kap. VI.5.2) – jedoch in einer analytischen Bewegung der A-Historisierung und Universalisierung in einen zwar mit wissenschaftlichen Mitteln erfassbaren, aber nicht beeinflussbaren Bereich verlegt: den Kosmos (als zugleich konkreten wie abstrakten Motor der Produktion von Regelmäßigkeit, des „Konjunkturschicksals"[13]). Oder anders formuliert: Die Gezeiten-Analogie unterstreicht und stärkt die Vorstellung „that there is Something Out There […] that is somehow forcing all those cycles. ‚Out there' could mean in the sky, in the atmosphere, or even inside the earth".[14]

Doch der Rekurs der Konjunkturforschung auf die Gezeiten als kosmische Bewegung lohnt auch über die metaphorische und analogische Verwendung hinaus eine eingehendere Betrachtung. Das herausgearbeitete bildliche Sinnstiftungspotenzial, die das epistemische Programm des wirtschaftswissenschaftlichen Forschungsbereichs abstützende imaginäre Kraft wird noch einmal anders wirksam, wo sie selbst zum unverzichtbaren Element konjunkturtheoretischer Erklärungsansätze wird: als formgebender wie inhaltlicher Faktor dort, wo sich konjunkturanalytische Arbeiten mit der *Beantwortung* der im Gezeiten-Bild aufgerufenen Frage nach dem „allgemeinen Mechanismus der meteorologischen (kosmischen) Einflüsse"[15] auf das Wirtschaftsgeschehen auseinandersetzen, der Frage danach, „wie und in welchem

---

11 Snyder: Measures of Industrial Growth and their Significances (1936), S. 171.

12 Ebd.

13 Der Deutsche Oekonomist Nr. 2820 vom 10.07.1930 [HWWA: H n SM 54].

14 Brooks: Profiles … Something Out there (1971), S. 5. In gegenläufiger Richtung diskutiert 1927 der Ökonom und Wirtschaftsjournalist Jacob Marschak im „Magazin der Wirtschaft" die Annahme einer „‚*Urschwingung*' des europäischen Wirtschaftskörpers", die zwar „bei einer gewissen Phantasie denkbar" sei, deren Verfolgung allerdings „alles andere, alle Stoßkräfte neueren Datums, als ‚residuals' abtut. Es fragt sich, ob z. B. von der deutschen Konjunkturforschung viel übrig bliebe, wenn man die Anstöße des Krieges, der Inflation, der Stabilisierung und Rationalisierung wirklich sauber ‚ausschalten' könnte." Jacob Marschak: Die rebellische Konjunktur-Kurve. In: Magazin der Wirtschaft Nr. 11 vom 17.03.1927, S. 390–395; S. 391 f. [HWWA: H n SM 54].

15 Erwin Th. Hadorn: Das Wetter als Konjunkturfaktor. In: Schweizerische Beiträge zur wirtschaftlichen Wellen- und Konjunkturforschung Bd. 1. Bern 1946, S. 53–131; S. 78.

Ausmaß ein kosmisches Phänomen [...] auf das irdische Geschehen einzuwirken vermag".[16] In den folgenden Abschnitten sollen die mit dieser ,kosmischen Erweiterung' der Wirtschaftsforschung im Modus des Zyklisch-Rhythmischen verbundenen Implikationen weiter herausgearbeitet werden.

2.2 Kosmologien: die Konjunktur und der Griff nach den Sternen

Von Beginn an sieht sich die ökonomische Konjunkturforschung – gerade dort, wo sie die regelmäßige Wiederkehr der Wirtschaftszyklen in den Blick nimmt und an deren analytischer Durchdringung arbeitet – eng mit der Astronomie und Meteorologie verbunden. Dabei sind die in den wirtschaftswissenschaftlichen Texten zu findenden Bezugnahmen vielfältig: von der analytischen Terminologie und Analogiebildungen im ökonomischen Sprechen, über methodische Rekurse, Anleihen bei der analytischen Perspektivierung und Konzeptualisierung bis hin zur konsequenten Ausrichtung ganzer theoretischer Gebäude.

Es ist zuvorderst der Konjunkturbegriff selbst, der die neue wirtschaftswissenschaftliche Forschungsrichtung in die Nähe der Sternenforschung rückt. Abgeleitet vom lateinischen Partizip „coniunctus" zu „coniungere" („zusammenbinden", „verknüpfen") bezeichnete „Konjunktur" zunächst die Konstellation zweier Planeten zueinander, doch „später glaubte man zu erkennen, dass diese Planetenstellung Geschehnisse beeinflusst. So wandelt sich die Bedeutung zu ,Wirtschaftslage mit bestimmter Tendenz'."[17] Auch dort, wo sich in den Texten der frühen Konjunkturforschung Reflexionen zu ihrem Namen gebenden Zentralbegriff finden, wird dieser Zusammenhang hergestellt. Ernst Wagemann etwa doziert in seiner „Einführung in die Konjunkturlehre" von 1929:

> „Das Wort ,*Konjunktur*' stammt aus dem Latein der mittelalterlichen Sternenkunde. Man wendete es hier etwa in demselben Sinn an wie das Wort ,Konstellation', worunter man die jeweilige Stellung der Gestirne zueinander versteht. Schon im 17. Jahrhundert wurde es von der Sprache des täglichen Lebens übernommen und ging bald in die Kaufmannssprache über: als Ausdruck für den Wandel der Geschäfte."[18]

Die frühe Konjunkturforschung rekurriert mit ihrer erklärten Orientierung an der Astronomie auf eine Wissenschaft, die – so der britische Moralphilosoph und Wissenschaftsforscher William Whewell (1794–1866) auf dem Jahrestreffen der *British Association for the Advancement of Science* (BAAS) im Jahr 1833 – als „not only the

16 Ebd., S. 60.

17 Eintrag „Konjunktur". In: Herkunftswörterbuch. URL: www.wissen.de/wortherkunft/konjunktur (Abrufdatum: 22.01.2016).

18 Wagemann: Einführung in die Konjunkturlehre (1929), S. 18; Herv. i. Orig.

queen of sciences, but, in a stricter sense of the term, the only perfect science"[19] gelten könne. Dabei waren die ökonomischen Konjunkturforscher:innen insbesondere von der exakten Methodik begeistert, die in der Astronomie ausgeprägt wurde, speziell auch von Statistik und Wahrscheinlichkeitsrechnung als „trusted assistant to the queen of the sciences".[20] In seinem Versuch einer Begriffsbestimmung schreibt zum Beispiel der russische Konjunkturforscher und Leiter des Moskauer Konjunkturinstituts, Nikolai Kondratieff:

> „We are inclined to see the economic content of the concept of conjuncture as being nothing other than the set of circumstances which are found to favour the market, which determines the intensity of private and national economic life and reflects this by rises and falls. Just as the concept of a constellation in astronomy and other sciences points to a coincidence of objectively defined conditions, so the concept of conjuncture points to a coincidence of circumstances, which determine and reflect the success of economic activity. The whole problem centres on determining as precisely as possible the actual circumstances involved and the favourableness or unfavourableness of their coincidence."[21]

Die letztlich von Kondratieff formulierte allgemeine Definition des Konjunkturbegriffs – „By *economic conjuncture at any given time* we understand *the direction and degree of change in the set of all elements of national economic life in comparison to a previous time*"[22] – versteht Wirtschaft (analog zum Kosmos) als relationales Gebilde aus einzelnen, über umkehrbare Prozesse miteinander verbundenen Elementen: „... in our search to define the concept of conjuncture, we encounter its natural connection with reversible processes."[23] Der Konjunkturforschung käme im Hinblick auf dieses Setting die Aufgabe einer möglichst exakten Erfassung der Prozesse und ihrer Wechselbeziehungen zu. Aufgerufen wird dabei die astronomische Grundannahme der sich regelmäßig verändernden und wiederkehrenden Konstellationen der Himmelskörper, deren statistische Erfassbarkeit (ohne Notwendigkeit eines Wissens um die Gründe) sowie mathematische Berechenbarkeit als ein Leitbild der wissenschaftlichen Annäherung auch an ökonomische Phänomene.

---

19 Zit. n. James P. Henderson: The Place of Economics in the Hierarchy of the Sciences: Section F from Whewell to Edgeworth. In: Mirowski: Natural Images in Economic Thought (1994), S. 484–535; S. 485. Auf diese Bewertung der Astronomie im frühen 19. Jahrhundert als „the most perfect and advanced of the sciences" verweist auch Morgan: The History of Econometric Ideas (1990), S. 3.

20 Susan Faye Cannon: Science in Culture: The Early Victorian Period. New York 1978, S. 241; vgl. Henderson: The Place of Economics in the Hierarchy of the Sciences (1994), S. 490.

21 Kondratiev: The Concepts of Economic Statics, Dynamics and Conjuncture (1998 [1924]), S. 17.

22 Ebd., S. 19; Herv. i. Orig.

23 Ebd., S. 17.

Ähnlich klingt es in den Ausführungen von Ernst Wagemann, der den „Vergleich mit den astronomischen Erscheinungen [...] auch in einem tieferen Sinn zutreffend“[24] findet:

> „Denn so wie die Gestirne sich nach bestimmten Gesetzen einander nähern oder voneinander entfernen, so kreuzen und verflechten sich auch die wirtschaftlichen Vorgänge nach einer bestimmten Gesetzmäßigkeit. Eine einzelne wirtschaftliche Erscheinung steht nicht für sich allein, sondern ist nur aus dem Zusammenhang der gesamten Wirtschaftsbewegung zu begreifen. Die Wirtschaft bildet in diesem Sinne einen in sich geschlossenen Kosmos, dessen Bewegungsgesetze – freilich in einem anderen Sinne als in dem der Astronomie – bis zu einem gewissen Grade erkennbar sind. Die *Konjunkturwissenschaft* nun sucht diese Gesetzmäßigkeiten zu durchleuchten; sie ist demgemäß *die Lehre von den wirtschaftlichen Bewegungsvorgängen und ihren gesetzmäßigen Zusammenhängen.*“[25]

Der bei Wagemann im Satzeinschub angedeutete Hinweis auf eine Differenz zwischen den Disziplinen wird auch bei Harold T. Davis angesprochen und konkretisiert: aufgrund der komplexeren Ausgangssituation als grundsätzlicher Nachteil sowie zugleich als eine nachholende Bewegung der ökonomischen gegenüber der astronomischen Analyse. Davis schreibt:

> „Historically the investigation of time series began with the astronomers and it will be well for us to keep this fact in mind as we proceed. Their problem and that of the economists are essentially the same and the methods which they have employed in untangling the complex motions and interactions of the heavenly bodies contain much that is illuminating in an analysis of the complicated behaviour of economic series. The astronomers, however, were much more fortunate than the economists in one very important matter. The structure of their series as it applied to planetary motion was determined by one or two dominating causes. The motions of the planets were influenced mainly by the excessive mass of the sun and secondarily by the mass of Jupiter. [...] Yet, in spite of this unusual dominance of the sun, one mathematical equation in the set which determines the motion of the moon reaches the incredible length of 170 pages. The economists may learn patience from the astronomers, who have needed three centuries to attain the control which they now have over the elements of their time series.“[26]

Ähnlich ist auch die Diagnose von Carl Snyder, der jedoch angesichts der identifizierten Unvollkommenheit des ökonomischen gegenüber dem astronomischen Zahlenmaterial Gelassenheit empfiehlt: „I have the impression, derived from ten years of experimentation, that even if we possessed astronomical knowledge in this

24 Wagemann: Einführung in die Konjunkturlehre (1929), S. 18.

25 Ebd.; Herv. i. Orig.

26 Harold Thayer Davis: The Analysis of Economic Time Series. Bloomington (IN) 1941 (= Monograph 6 of the Cowles Commission for Research in Economics), S. 1 f.; vgl. auch das gekürzte Zitat dieser Passage in Dewey, Dakin: Cycles (1950 [1949]), S. 67.

field, that is, could have all the data that we desire, the final result would not differ greatly from that which we have here."[27]

Das in der Auseinandersetzung der wirtschaftswissenschaftlichen Konjunkturforschung mit der Astronomie und ihrem analytischen Instrumentarium gezeichnete Bild zeigt, dass die dort im Hinblick auf die Betrachtung und Durchdringung der Wiederkehr kosmischer Abläufe bereitgestellte Expertise der Konjunkturforschung des frühen 20. Jahrhunderts als Orientierungsmarke für die eigene wissenschaftliche Arbeit diente. Sie begründete maßgeblich das zu beobachtende Heranrücken der Wirtschaftsforschung an eine naturwissenschaftliche Wissenschaftsauffassung und das entsprechende methodische Programm (vgl. die Ausführungen zur Physik der Konjunktur in Kap. VI.3). Zugleich etablierte sie aber auch nachhaltig die Vorstellung einer zyklischen Grundorientiertheit der zu erforschenden Bewegungen, wobei wirtschaftliche Phänomene in einen „Zusammenhang zwischen Sonnenausbrüchen, elektrischen und magnetischen Wirbelstürmen, Erdbeben, Perturbationen in der Atmosphäre und Witterungsverhältnissen auf der Erde"[28] eingebettet werden.

Über die bisher skizzierte formal-strukturelle Nähe der analytischen Ausrichtung und konkret die Adaption methodischer Zugänge hinaus konnten Astronomie und Meteorologie als Referenzwissenschaft auch – und das soll im folgenden Abschnitt vertiefend betrachtet werden – im Hinblick auf Erklärungsmuster für die zyklischen Abläufe der Wirtschaft eine offensichtliche, dabei keineswegs unumstrittene Attraktivität entfalten. Sie stützten die durchaus verbreitete Überzeugung, „that the cycle followed natural laws".[29] Auf der Suche nach den Konjunkturursachen räumten dabei insbesondere Ansätze, die exogene Faktoren für einen rhythmischen Wirtschaftsverlauf annahmen und theoretisch zu verdichten suchten, kosmischen Konstellationen und daraus resultierenden Wetterphänomenen eine zentrale Rolle als Produzent eben dieser Schwankungen ein; „[d]as Wetter als Konjunkturfaktor"[30] hatte selbst Konjunktur. Die folgenden Ausführungen greifen diese Beobachtung auf und folgen dabei insbesondere der Idee des Rhythmischen, der Zyklizität und Periodizität als richtungsweisendem Element in den Entwürfen.

2.3 Wetterzyklen der Konjunktur

> „No accidental cause, however, is sufficient to explain so widespread and recurrent a state of trade. The present depression is no new and exceptional phenomenon; it is, as I shall show, only one instance added to a long series of events of the same kind, occurring with

27 Snyder: Measures of Industrial Growth and their Significance (1936), S. 188.

28 Wainstein: Meteorologische und wirtschaftliche Zyklen (1929), S. 9.

29 Sandra Peart: The Economics of W. S. Jevons. London, New York 1996, S. 53.

30 Mitchell: Der Konjunkturzyklus (1931), S. 12; Hadorn: Das Wetter als Konjunkturfaktor (1946).

> remarkable regularity at intervals of about ten years. The cause can only be found in some great and widespread meteorological influence recurring at like periods."[31]

Diese Äußerung aus dem Jahr 1878 stammt von dem britischen Wirtschaftsforscher William Stanley Jevons. Der Geograph und Ökonom Ellsworth Huntington formulierte einige Jahrzehnte später: „Die Konjunktur hängt von der geistig-seelischen Haltung der Gesellschaft ab […], diese von der Gesundheit […], die Gesundheit endgültig vom Wetter."[32] Beiden gemeinsam ist die Überzeugung, dass die Begründung des als zyklisch identifizierten Wirtschaftsverlaufs eine meteorologische sein muss.

Noch 1955 schrieb der Kölner Wirtschaftswissenschaftler Günter Schmölders: „Die eleganteste Erklärung der Periodizität der Konjunkturen und ihrer regelmäßigen zyklischen Wiederkehr bieten diejenigen Theorien, die das Auf und Ab im Wirtschaftsleben als Folge kosmischer Vorgänge betrachten; sie gehen in der Regel von dem Einfluß des *Wetters* auf die Landwirtschaft aus."[33] Schmölders übernahm damit fast wörtlich eine Formulierung von Wesley Clair Mitchell, der die „meteorologischen Theorien" in seinem Standardwerk der Konjunkturanalyse „[z]u den elegantesten modernen Erklärungen des Konjunkturzyklus" zählte.[34]

Diese Einschätzung bezieht sich auf Erklärungsansätze für das Konjunkturphänomen, die insbesondere in der Anfangsphase seiner Erforschung herangezogen wurden. Während des ausgehenden 19. und frühen 20. Jahrhunderts entstand eine Reihe theoretischer Überlegungen, die in den kosmischen Verhältnissen und den durch diese verursachten Wettererscheinungen den zentralen, oft einzigen Grund für den zyklischen Verlauf der Wirtschaft sahen und entsprechend in den zeitgenössischen Systematisierungsversuchen der konjunkturwissenschaftlichen Ausrichtungen als „Wettertheorien"[35] gefasst wurden. Bezugsgröße waren dabei unter anderem zahlreiche agrarökonomisch orientierte Untersuchungen, die einen Zusammenhang von (regelmäßigen) Wetterzyklen und (entsprechend ebenso regelmäßigen) Erntezyklen herauszuarbeiten versuchten.[36] Darauf aufbauend bemühten sich wiederum

---

31 William Stanley Jevons: The Periodicity of Commercial Crises and Its Physical Explanation (1878). In: ders.: Investigations in Currency and Finance. London 1884. Reprint New York 1964, S. 206–220; S. 206.

32 Ellsworth Huntington: World-Power and Evolution. New Haven 1919, S. 29 und 42; zit. n. Mitchell: Der Konjunkturzyklus (1931), S. 15.

33 Schmölders: Konjunkturen und Krisen (1955), S. 39.

34 Mitchell: Der Konjunkturzyklus (1931), S. 12.

35 Vgl. u. a. Haberler: Prosperität und Depression (1948 [1937]), S. 239; Mises: Geldwertstabilisierung und Konjunkturpolitik (1928), S41. Auch Elmer Clark Bratt führt in seiner Klassifizierung der Konjunkturtheorien die Wettertheorien als eine von sechs Rubriken exogener Theorien (neben sieben endogenen Theoriegruppen) auf; vgl. Bratt: Business Cycles and Forecasting (1949), S. 161.

36 Mitchell erinnert an die Arbeit von Sir William Herschel, der bereits 1801 den Effekt der Veränderungen der Sonnenflecken auf Ernte und Preisentwicklung untersuchte. Erwin

einige Konjunkturforscher:innen, die „Ernteschwankungen als konjunkturbildenden Faktor“[37] zu identifizieren und als entsprechend wirtschaftstheoretisch wirkmächtig zu konzipieren, denn:

> „Die Produktions-, Einkommens- und Geldseite der Wirtschaft sind nun aber gerade die Vorgänge, welche am schärfsten den Verlauf der Konjunkturen wiedergeben. Da alle diese Vorgänge direkt oder indirekt von den Witterungsschwankungen beeinflußt werden, so werden letzten Endes auch Entstehung und Verlauf der Konjunkturen nicht nur der Agrarwirtschaft, sondern auch der gesamten Volkswirtschaft durch die Veränderungen beeinflußt, die auf die Witterungsschwankungen zurückzuführen sind.“[38]

– so beschreibt Erwin Th. Hadorn den Kausalnexus, der den entsprechenden Studien (einschließlich seiner eigenen Überlegungen) zugrunde liegt.[39]

In einer in den 1870er-Jahren erstmals erschienenen Abhandlung zur Konjunkturentwicklung sucht der US-amerikanische Farmer und Wirtschaftsprognostiker Samuel Benner eine kosmische Begründung für die von ihm zusammengestellten ökonomischen Datenreihen. Hierfür rekapituliert er zunächst verschiedene astro-

---

Th. Hadorn verweist in seiner Abhandlung über „Das Wetter als Konjunkturfaktor“ auf die zeitgenössischen agrarmeteorologischen Studien von P. Savicky: Vom Einfluß der Komplexe meteorologischer Elemente im Frühjahr auf den Ertrag der Feldfrüchte. Prag 1932; J. Kerek: Einfluß auf die Witterung, auf die Quantität und Qualität der Ernte auf der ungarischen Tiefebene. Budapest 1934; A. Gloden: Bestimmung der Korrelations-Koeffizienten zwischen dem jährlichen Ertrag an Winterweizen und der monatlichen Niederschlagsmenge im Großherzogtum Luxemburg. In: Zeitschrift für angewandte Meteorologie 2/1938; R. Berce, R. Wilbaux: Recherche statistique des relations entre le rendement des plantes de grande culture et les facteurs météorologiques en Belgique. In: Bulletin de l'Institut agronomique de Gembloux 4/1935; R. Arléry: Winterregen und Getreideernten in den Departementen Seine-et-Oise. La Météorologie. Paris 1938; J. Simek: Beziehungen zwischen klimatischen Faktoren und dem Ertrag der Kulturpflanzen. Prag 1935; Joret, Malierre: Conditions météorologiques et rendements en blé dans la Santerre. In: Contes rendus hebdomadaires des séances de l'Académie d'agriculture de France 20/1934; P. Holdefleiß: Agrarmeteorologie. Die Abhängigkeiten der Ernteerträge von Wetter und Klima. Berlin 1930 ; J. Sanson: Relations entre les caractères météorologiques et les rendements des blés dans le quart nord-ouest de la France. La Météorologie, Tome VI. Paris 1930; Moore: Economic Cycles (1914); ders.: Generating Economic Cycles (1923). Kurzdarstellungen der Inhalte finden sich bei Hadorn: Das Wetter als Konjunkturfaktor (1946), S. 75–78.

37 Ebd., S. 111.

38 Ebd., S. 121.

39 Hadorn selbst betont aber, dass es sich hier nicht um eine monokausale Erklärung handelt, sondern weitere Einflüsse neben dem Wetter den Konjunkturverlauf entscheidend mit beeinflussen; vgl. exemplarisch ebd., S. 113: „Der Wirtschaftsprozeß ist ein zu komplizierter Mechanismus, als daß er von einem einzigen Standort aus übersehen werden könnte. Deshalb stellt jede Theorie, die sich mit den Ursachen seiner Bewegungen und Veränderungen befaßt, nur eine Seite des Problems dar.“

nomisch-meteorologische Ansätze, darunter die gerade erschienenen Ausführungen von John H. Tice zu den „Elements of Meteorology“, in denen dieser planetarische Konstellationen – konkret: Äquinoktien (Tag-und-Nacht-Gleichen) und durch sie bewirkte Störungen – als meteorologische ‚Zyklenmacher‘[40] identifiziert. Benner referiert:

> „Gives the equinoxes of Vulcan, Mercury, Venus, Earth, Mars, Jupiter, and Saturn, and also a historical record of auroras, sun-spots, earthquakes, magnetic disturbances, cyclones, rain-falls, and hail storms, in verification of his cycle, and demonstrates that Jupiter is the cause of the atmospheric, telluric, and solar perturbations that occur once and in a modified form twice in every one of his orbital revolutions, and that the maximum disturbance upon the earth must occur at or near Jupiter's equinox, and that the energy of the equinox of any planet is intensified when that of another occurs at or about the same time.“[41]

Tice, so Benner weiter, habe eine 11,86-jährige Länge des Jupiter-Jahres ausgemacht und „Jovial Cycle“ genannt; dieser wiederum konnte durch eine Reihe historischer Fakten untermauert werden.[42] Und auch für den ökonomischen Bereich könnten Korrespondenzen angenommen werden, denn Preise, und diese sind Benners vorrangiges Thema,

> „follow nature more closely than formerly, and their cycles must correspond very closely with meteorological cycles. [...] It may be a meteorological fact that Jupiter is the ruling element in our price cycles of natural productions; while also it may be suggested that Saturn exerts an influence regulating the cycles in manufacture and trade.“[43]

Benner bezieht sich hier unter anderem auf „numerous discussions during the present century“, in denen der Einfluss „of the sun-spot period upon production and prices“ herausgearbeitet worden sei.[44] Auch wenn „[p]anics in the commercial and financial world have been compared to comets in the astronomical world“ und Kometen nachgesagt werde, „that they have no regularity of movement, no cycles, and that their movements are beyond the domain of astronomical science to find out“, so existiere dennoch ein – durch die Konjunkturforschung näher bestimmbarer – „inevitable cycle which is ever true to the laws of trade, as affected and ruled by the operations of the laws of natural causes.“[45]

---

40 Den Begriff „cycle-maker“ verwendet John R. Hicks: A Contribution to the Theory of the Trade Cycle. Oxford 1950, u. a. S. 3, 137; vgl. Bombach: Zyklen im Ablauf des Wirtschaftsprozesses (1992), S. 37.

41 Samuel Benner: Benner's Prophecies of Future Ups and Downs in Prices. 9. Aufl. (with Forecast for 1894). Cincinnati 1894, S. 120.

42 Vgl. ebd.

43 Ebd., S. 123 f.

44 Ebd., S. 123.

45 Ebd., S. 96.

2.4 Sonnenflecken

„Just at present I am very actively engaged in following out my sunspot theory of commercial fluctuations, of which the plot thickens by degrees. It is a most interesting and important subject and after studying commercial fluctuations for 20 years I begin (or seem to begin) to see light.“[46]
(William Stanley Jevons, 1878)

Die von Benner angesprochene Sonnenflecken-Theorie wurde in den Wirtschaftswissenschaften vor allem durch William Stanley Jevons (1835–1882) etabliert. Bereits in den 1860er-Jahren hatte sich der britische Ökonom, der zunächst in Meteorologie und Chemie ausgebildet worden war, mit dem periodischen Verlauf von Wirtschaftsentwicklungen beschäftigt. 1862 reichte er für das Treffen der *British Association* ein Papier mit dem Titel „On the Study of Periodic Commercial Fluctuations, with five diagrams“[47] ein; im Jahr 1875 trug er ebenfalls vor der *British Association* seine Überlegungen zu „The Solar Period and the Price of Corn“[48] vor, in denen er die Wirtschaftsfluktuationen mit der Bewegung der Sonnenflecken zusammenführte.[49] Wiederum drei Jahre später war sein Thema „The Periodicity of Commercial Crises and its Physical Explanation“.[50] Außerdem verfolgte er den Gedanken der „Sun-Spots“ als Ursache der Wirtschaftsschwankungen in Artikeln, die er in der Zeitschrift „Nature“ veröffentlichte. Am Beginn seiner Forschungen in diesem Bereich verkündete Jevons: „It seems necessary, then, that all commercial fluctuations should be investigated according to the same scientific methods with which we are familiar in other complicated sciences, such especially as meteorology and terrestrial magnetism“[51] – ein Statement, das John Maynard Keynes zu der Einschätzung veranlasste, dass “[t]he significance of his method may be expressed by saying that

46 William Stanley Jevons: Brief an Jonas Marsh Libbey vom 22. Dezember 1878. In: William Stanley Jevons: Papers and Correspondence. Bd. 4: Correspondence 1873-1878. Hg. v. R. D. Collison Black. London, Basingstoke 1977, S. 304 f.; S. 304.

47 Das zwölfseitige Papier wurde abgedruckt in Jevons: Investigations in Currency and Finance (1964 [1884]), S. 1–12.

48 Abgedruckt in ebd., S. 194–205.

49 Zu William Stanley Jevons vgl. u. a. ders.: Papers and Correspondence. Hg. v. R. D. Collison Black. 7 Bde London, Basingstoke 1972–1981; für die Jevons-Rezeption auch: John Cunningham Wood (Hg.): William Stanley Jevons. Critical Assessments. 3 Bde London, New York 1988.

50 Abgedruckt in Jevons: Investigations in Currency and Finance (1964 [1884]), S. 206–220.

51 William Stanley Jevons: On the Study of Periodic Commercial Fluctuations (1862). In: ebd., S. 3–11; S. 4.

he approached the complex economic facts of the real world, both literally and metaphorically, as meteorologist."[52]

Inspiriert von den Erkenntnissen des Astronomen Wilhelm Herschel, der 1801 erstmals den Zusammenhang von Sonnenflecken und Klimaverlauf hergestellt hatte[53], aber auch von einem meteorologisch geprägten akademischen Umfeld[54] glaubte Jevons, eine Korrespondenz zwischen der durchschnittlichen Periode der Sonnenflecken-Fluktuationen und derjenigen der Wirtschaftsbewegungen erkannt zu haben. Wie stark die Idee rhythmischer Verläufe sein Forschungsinteresse wie auch die Ergebnisse seiner Studien prägte, zeigen Jevons' Kommentare zu den eigenen Publikationen. „I am aware", schreibt er in „The Solar Period and the Price of Corn" (1875), „that speculations of this kind may seem somewhat far-fetched and finely-wrought; but financial collapses have recurred with such approach to regularity in the last fifty years, that either this or some other explanation is needed."[55] Als er feststellen musste, dass der Zeitreihenvergleich die erwartete Eindeutigkeit der periodischen Übereinstimmung doch nicht bestätigte,[56] zog er zunächst die

52 John Maynard Keynes: William Stanley Jevons 1835–1882: A Centenary Allocution on his Life and Work as Economist and Statistician (1936). In: Wood: William Stanley Jevons (1988), Bd. 1, S. 59–93; S. 66. Keynes verweist zudem darauf, dass die Mehrheit der Veröffentlichungen Jevons', bevor er sich der Ökonomie zuwandte, meteorologischen Fragestellungen gewidmet waren. Vgl. ebd.

53 Vgl. hier auch den Hinweis von Albert L. Wainstein auf Herschel, der „schon um die Wende des 18. Jahrhunderts einen Zusammenhang zwischen der Häufigkeit der Sonnenflecken und dem Weizenpreis in Indien festzustellen suchte"; Wainstein: Meteorologische und wirtschaftliche Zyklen (1929), S. 6.

54 So war unter anderem der Physiker, Astronom und Sonnenflecken-Forscher Arthur Schuster ein Kollege von Jevons am Owens College in Manchester; vgl. Keynes: William Stanley Jevons 1835–1882 (1988 [1936]), S. 70. Außerdem profitierte Jevons von dem Material, das andere Studien zur Verfügung stellten, darunter die Abhandlung von James E. Thorold Rogers: A History of Agriculture and Prices in England. Oxford 1866. Zum akademischen Umfeld von Jevons und seinen Einflüssen vgl. Peart: The Economics of W. S. Jevons (1996), insb. das Kap. „Sunspots and Expectations. Jevons's theory of economic fluctuations", S. 45–69. Auf Schusters Forschungen bezogen sich auch andere Konjunkturanalytiker, so unter anderem Eugen Slutsky, der in den Fußnoten seines Textes über „The Summation of Random Causes as the Source of Cyclic Processes" auf Schusters Veröffentlichungen „On the Periodicities of Sunspots" und „The Periodogram of the Magnetic Declination as Obtained from the Records of the Greenwich Observatory during the Years 1871–1895" verweist; Slutsky: The Summation of Random Causes as the Source of Cyclic Processes (1937), S. 105 f.; vgl. auch Barnett: Chancing an Interpretation (2006), S. 417.

55 William Stanley Jevons: The Solar Period and the Price of Corn (1875). In: ders.: Investigations in Currence and Finance (1964 [1884]), S. 194–205; S. 204.

56 An seinen Kollegen Mills schrieb Jevons, dass „the same data would give other periods of variation equally well"; Brief an John Mills vom 03.01.1877. In: Jevons: Papers and Correspondence. Bd. 4: Correspondence 1873–1878 (1977), S. 188.

Veröffentlichung des Textes zurück, um dann aber drei Jahre später einen erneuten Anlauf zu unternehmen, in dem wiederum die korrespondierenden Periodizitäten von Sonnenaktivität und Wirtschaftsverlauf im Zentrum standen – nun auf dem astronomischen Wissensstand, dass eine Sonnenperiode nicht (wie zunächst angenommen) 11,1 Jahre, sondern 10,45 Jahre umspannte, „which fitted much better his series of commercial crises."[57]

Die von William Stanley Jevons empfundene „beautiful coincidence"[58] fasst John Maynard Keynes in seinem Artikel über Jevons pointiert mit folgenden Worten zusammen: „He produced considerable evidence for the view that commercial crises had occurred at intervals of about 10 ½ years. The astronomers told him that the solar period was about 10 ½ years. This ‚beautiful coincidence', as he called it, produced in him an unduly strong conviction of causal nexus."[59] Und er zitiert Jevons: „I beg leave to affirm […] that I never was more in earnest, and that after some further careful enquiry, I am perfectly convinced that these decennial crises do depend upon meteorological variations of like period".[60]

Wie sehr Jevons' Forschungen von der Idee einer „wonderful periodicity"[61], d. h. von der theoretischen Vorannahme geprägt waren, dass es erstens einen streng periodischen Wirtschaftsverlauf gibt und dieser zweitens von kosmischen Einflüssen (konkret: dem Sonnenfleckenzyklus) geprägt ist, zeigen seine analytischen Anstrengungen in diese Richtung: die Änderungen der Forschungsdesigns wie der Erklärungsansätze. So begründete er etwa Abweichungen im periodischen Wirtschaftsverlauf von den kosmisch geprägten Wetterzyklen durch ergänzende gesellschaftliche Einflüsse – und um diese weitgehend auszuschließen, griff er zur Überprüfung seiner Theorie auf agrarwirtschaftliches Zahlenmaterial früherer Zeiten, aus dem

57 Keynes: William Stanley Jevons 1835–1882 (1988 [1936]), S. 70. Peart weist darauf hin, dass für Jevons nicht die Größe der Fluktuationen, sondern ihre Periodizität entscheidend war; vgl. dies.: The Economics of W. S. Jevons (1996), S. 59.

58 William Stanley Jevons: Investigations in Currency and Finance. Illustrated by Twenty Diagrams. Hg. v. H. S. Foxwell. London 1884, S. 228.

59 Keynes: William Stanley Jevons 1835–1882 (1988 [1936]), S. 70.

60 Zit. n. ebd., S. 70 f. Bei Jevons heißt es weiter: „…, which again depend, in all probability, upon cosmical variations of which we have evidence in the frequency of sun-spots, auroras, and magnetic perturbations." W. S. Jevons an den Herausgeber von The Times: Sun-Spots and Commercial Crises. Veröffentlicht in der Ausgabe vom 19. April 1879. In: William Stanley Jevons: Papers and Correspondence. Bd. 5: Correspondence 1879–1882. Hg. v. R. D. Collison Black. London, Basingstoke 1977, S. 44–48; S. 45. Eine wortgleiche Passage findet sich auch in dem Artikel „Commercial Crises and Sun-Spots", den Jevons im April 1879 in der Zeitschrift Nature veröffentlichte. William Stanley Jevons: Commercial Crises and Sun-Spots. Part II. Wiederabgedruckt in ders.: Investigations in Currence and Finance (1884), S. 221–243; S. 235 f.

61 Jevons: The Periodicity of Commercial Crises and Its Physical Explanation (1884 [1878]), S. 209; ders: The Solar-Commercial Cycle (1882). In: ders.: Papers and Correspondence. Hg. v. R. D. Collison Black. Bd. 7: Papers on Political Economy. London, Basingstoke 1981, S. 108–112; S. 108.

13. und 14. Jahrhundert[62], oder auch aus nicht-europäischen Regionen[63] zurück und verband damit die Hoffnung, dass hier die ‚störenden' Einflüsse deutlich geringer gewesen seien. Zudem wird bei der Lektüre von Jevons' Korrespondenz deutlich, dass er sich aktiv um Zahlenmaterial bemühte, welches so gelagert war, dass es seine eigene Hypothese zu stützen vermochte.[64] Und er selbst reflektiert: „I am free to confess that in this search I have been thoroughly biased in favour of a theory, and that the evidence which I have so far found would have no weight, if standing by itself."[65]

Als die astronomische Forschung nach Jevons' Tod den Solarzyklus auf eine Dauer von nun durchschnittlich 11,125 Jahren korrigierte, war es Jevons' Sohn Herbert Stanley Jevons (1875–1955), der den theoretischen Versuch seines Vaters neuerlich modifizierte, indem er herausarbeitete, dass Sonnenstrahlen und Luftdruck alle 3½ Jahre wechselten und entsprechend zwei oder drei Ernten in einem Konjunkturzyklus stattfinden würden.[66] Herbert Jevons lockerte damit die von seinem Vater behauptete Kongruenz der Länge von Wirtschaftszyklus und meteorologischem Zyklus, ohne sie jedoch ganz aufzugeben. Zugleich eröffnete er mit der neuen Zahl aber auch andere Anschlussmöglichkeiten für eine nach übergreifenden Gesetzmäßigkeiten suchende Konjunkturforschung. So endet etwa ein Bericht von Albert L. Wainstein über die Anpassungsbestrebungen von Jevons Jr. mit dem Hinweis: „Interessant ist der Umstand, daß die Periode von 3,5 Jahren als Durchschnitt auch für die Konjunkturschwankungen der Vereinigten Staaten festgestellt wurde [...], wenn auch ohne jede Beziehung zu atmosphärischen und kosmischen Faktoren."[67]

---

62 Diese Zahlen hat Jevons von Thorold Rogers aus dem Jahr 1866 übernommen; vgl. Jevons: The Solar Period and the Price of Corn (1884 [1875]).

63 Darunter „India, China, and [...] other parts of the tropical and semi-tropical regions"; Jevons: Commercial Crises and Sun-Spots (1884 [1878/1879]), S. 232.

64 Vgl. u. a. den Brief von Jevons an Arthur Schuster vom 7. Januar 1879. In: Jevons: Papers and Correspondence. Bd. 5: Correspondence 1879–1882 (1977), S. 572 f.; W. S. Jevons to the Editor of *The Times*: Sun Spots and Commercial Crises. Veröffentlicht in der Ausgabe vom 17. Januar 1879. In: ebd., S. 10–12; Brief von Jevons an A. M. de Foville vom 1. Februar 1879. In: ebd., S. 16 f. Auch Mary Morgan verweist auf dieses Bestreben und schreibt: „He searched avidly for evidence of crises where there appeared to be ones missing in the sequence and even for evidence which would make the cycles come at exactly equal intervals by suggesting reasons why crises had been either accelerated or retarded by a few months from their due date." Dies.: The History of Econometric Ideas (1990), S. 21. Angesichts der in Jevons' Texten erkennbaren Vorgehensweise stand der Vorwurf der Schummelei bzw. des Betrugs im Raum; vgl. z. B. die Bemerkung bei Alvey: „Professor Wesley Mitchell virtually accused him of cheating." James E. Alvey: Stanley Jevons: A Centennial Assessment (1982). In: Wood: William Stanley Jevons (1988), Bd. 1, S. 351–368; S. 360.

65 Jevons: Commercial Crises and Sun-Spots (1884 [1878/1879]), S. 228.

66 Herbert Stanley Jevons: The Sun's Heat and Trade Activity. London 1910. Vgl. Wainstein: Meteorologische und wirtschaftliche Zyklen (1929), S. 12, FN 3; Keynes: William Stanley Jevons 1835–1882 (1988 [1936]), S. 72; Schmölders: Konjunkturen und Krisen (1955), S. 40.

67 Wainstein: Meteorologische und wirtschaftliche Zyklen (1929), S. 12, FN 3.

2.5 Kosmische Rhythmusgeber – eine Fortsetzungsgeschichte

Trotz der Kritik wurde Jevons' Sonnenflecken-Theorie in der Folgezeit von unterschiedlichen Autor:innen aufgegriffen, wurden Deutungsversuche vorangetrieben, die „als die Ursache des wirtschaftlichen Rhythmus einen kosmischen Rhythmus"[68] annahmen, so unter anderem von Heinrich Dietzel in seinem Eintrag „Ernten (Erntezyklus und Wirtschaftszyklus)" im „Handwörterbuch der Staatswissenschaften".[69] „Wie auf dem Meere Flut und Ebbe sich ablösen, so wechseln in der sozialen Wirtschaft Aufschwung und Niedergang, gute und schlechte Konjunktur", lässt der Sozialökonom Dietzel seinen Artikel beginnen und fährt fort:

> „Dort handelt es sich um eine in der *natürlichen* Ordnung begründete, unabwendbare Erscheinung. Hier dagegen – so lautet die herrschende, am nachdrücklichsten von den Kollektivisten vertretene Theorie – um eine Erscheinung, die das Produkt einer bestimmten *sozialen* Ordnung ist. [...] – Die herrschende Theorie irrt."[70]

Im Anschluss an diese so lapidar knapp formulierte Bewertung stellt Dietzel klar, dass zwar soziale Einflüsse auf den konkreten Verlauf der Wirtschaftszyklen einwirken – „[a]ber *daß* die Konjunktur schwankt, hat seinen Grund in der *natürlichen* Ordnung".[71] Letztlich bestimme der Erntezyklus über den Wirtschaftszyklus: „Die Erntemengen variieren; weil sie variieren zufolge Naturlaunen, ist das Hin und Her der allgemeinen Wirtschaftslage ein Produkt der natürlichen Ordnung, genau so wie das Sichablösen von Flut und Ebbe."[72] Als „eines der ‚großen ehernen Gesetze',

---

68 Wagemann: Konjunkturlehre (1928), S. 223.

69 Heinrich Dietzel: Ernten (Erntezyklus und Wirtschaftszyklus). In: Johannes Conrad u. a. (Hg.): Handwörterbuch der Staatswissenschaft. Bd. 3: Binnenschiffahrt – Exportmusterlager. Jena 1909, S. 1091–1102. Vgl. auch die Erwähnung bei Schmölders, der die Überlegungen Dietzels als „[d]ie klarste ökonomische Ableitung der Wettereinflüsse auf die Wirtschaftslage" bezeichnet; Schmölders: Konjunkturen und Krisen (1955), S. 41.

70 Dietzel: Ernten (Erntezyklus und Wirtschaftszyklus) (1909), S. 1091 f.; Herv. i. Orig. Als Vertreter der von ihm verworfenen Sozialtheorien der Wirtschaft sieht Dietzel die „Kollektivisten" (namentlich erwähnt werden Kautsky und Macdonald) und als deren zentrale Annahme: „Der Wirtschaftszyklus – oder, wie der Marxismus zu sagen liebt, der ‚industrielle Zyklus' – währt nur so lange, wie die heutige soziale Ordnung in Kraft steht." Ebd., S. 1092.

71 Ebd.; Herv. i. Orig.

72 Ebd. Dennoch sieht Dietzel einen elementaren Unterschied zwischen Gezeiten und Konjunktur, der zugleich eine deutliche Differenz etwa zum von Jevons vertretenen Ansatz markiert: „Flut und Ebbe lösen sich ab nach fester, gewußter Regel; Kornflut und Kornebbe dagegen nicht. Zufolge der Erntezufälle schwebt, wie das Fatum der Unstetigkeit, so das des Irrtums über der sozialen Wirtschaft." Ebd. Jevons dagegen akzentuiert gerade die Regelmäßigkeit. Vgl. Morgan: The History of Econometric Ideas (1990), S. 26: „His [Jevons'; S.W.] theory was about an underlying exact cycle not about the observed cycles of different lengths."

die die soziale Wirtschaft beherrschen", gelte dieser Zusammenhang auch – trotz gegenteiliger Meinungen – „bei Industrievölkern": „Wer den ‚industriellen Zyklus' in der Werkstätte der Welt, in Westeuropa, verstehen will, muß den Erntezyklus in den Vereinigten Staaten, Kanada, Argentinien, Indien, Rußland, Rumänien kennen – den Welterntezyklus."[73]

Auch der erste Präsident der *Kungliga Ingenjörsvetenskapsakademien* (Königliche Akademie für Ingenieurwissenschaften) in Schweden, Axel F. Enström, verfasste eine Abhandlung, in der er – im Rückbezug unter anderem auf Jevons und Beveridge – den Zusammenhang von ökonomischen und klimatischen Zeitreihenverläufen herauszuarbeiten bestrebt war:

> „As the author pointed out in previous papers [...] there is a special interest attached to a group of periods about 9, 11 and 13 years, apparently frequently demonstrating their existence in statistical data on meteorological and economic elements. Other authors also have touched upon the same periods."[74]

Enström selbst konzentriert sich in dieser Abhandlung vor allem auf den seiner Ansicht nach besonders auffälligen wie beständigen 9-Jahres-Zyklus, dessen Isolierung und gesonderte Betrachtung im Zeitreihen-Vergleich für Sonnenflecken-Frequenz, Temperatur, Erntemengen, Preise sowie „industrielle Aktivität" ihm besonders vielversprechend erscheint.[75]

Die Sonnenflecken-Theorie erlangte schon dadurch Aufmerksamkeit (und Verbreitung), dass William Stanley Jevons unter zeitgenössischen Wirtschaftswissenschaftler:innen als Begründer der neuen Forschungrichtung ‚Konjunkturwissenschaft' galt und bei der Betonung dieser Pionierleistung auch der von Jevons vorgebrachte Erklärungsansatz referiert und damit – selbst wenn er als nicht überzeugend empfunden wurde – immer wieder aufgerufen sowie in der Konsequenz verfestigt wurde. Stellvertretend für zahllose nahezu gleich lautende Belege sei hier die Darstellung von Simon Kuznets erwähnt, der 1930 in einem Text zur Konjunkturtheorie schreibt: „W. S. Jevons, the first economist to insist on the rhythmical character of business fluctuations (of which the crisis was only a culminating point), found it possible to explain business cycles not by any economic cause, but by the influence of periodic fluctuations in the radiation of the sun."[76]

---

73 Dietzel: Ernten (Erntezyklus und Wirtschaftszyklus) (1909), S. 1102.

74 Enström: On Periodicities in Climatic and Economic Phenomena and their Covariation (1924), S. 14.

75 Ebd., insb. S. 28 f. Enström arbeitet zentral mit dem Begriff der „Covariation".

76 Simon Kuznets: Equilibrium Economics and Business-Cycle Theory (1930). In: ders.: Economic Change. Selected Essays in Business Cycles, National Income, and Economic Growth. Melbourne, London, Toronto 1954, S. 3–31; S. 4. Auf eine Anzahl einschlägiger ökonomischer Abhandlungen in der russischen Literatur zur Periodizität von Sonnenflecken verweist Wainstein: Meteorologische und wirtschaftliche Zyklen, Probleme der Wirtschaftsprognose (1929), S. 15. Zu den erwähnten Autoren gehört auch B. S. Jastrem-

Beständige Erwähnung finden auch die Ausführungen des damaligen Direktors der *London School of Economics*, William Beveridge (1879–1963), der in den europäischen Weizenpreisen der Jahre 1545 bis 1844 diverse Wetterzyklen abgebildet sieht. Mitchell etwa, der dem wettergestützten Erklärungsansatz in seiner Überblicksdarstellung der Konjunkturforschung Platz für eine ausführliche Darstellung einräumt, zitiert Beveridge mit den Worten:

> „Irgendwo in unserm Sonnensystem existieren periodische Bewegungen, die unser Wetter und unsere Ernten beeinflussen, zehn, zwanzig oder mehr, weit unregelmäßiger als man je geglaubt hat, in einigen Fällen vielleicht von der Regelmäßigkeit und Dauer astronomischer Bewegungen, in anderen plötzlich entstehend und vergehend.“[77]

2.6 Venus-Zyklen

Eine vergleichbar häufige Erwähnung wie Jevons' Sonnenflecken-Theorie fand die Venus-Theorie von Henry Ludwell Moore (1869–1958), die dieser maßgeblich in den beiden Monographien „Economic Cycles: Their Law and Cause“[78] (1914) und „Generating Economic Cycles“[79] (1923) entwickelte. Wird Jevons (1835–1882) in der untersuchten Literatur vor allem in seiner historischen Bedeutung für die neue Konjunkturforschung als ‚Gründungsfigur‘ wie als früher Impulsgeber für das Spektrum meteorologisch grundierter Deutungsversuche des Konjunkturphänomens exponiert, gilt der gut dreißig Jahre jüngere Moore mit seinen „brillanten Arbeiten“[80] unter den zeitgenössischen Ökonom:innen gerade auch aufgrund seines heuristischen Anspruchs der Suche nach den Gesetzmäßigkeiten ökonomischer Vorgänge und des von ihm bereits früh forcierten ökonometrischen Zugangs als weithin anerkannter Vertreter der wissenschaftlichen Beschäftigung mit Wirtschaftsschwankungen.[81] Sein streng mathematisches Programm verknüpfte Moore mit der Suche

ski, der „einen Zusammenhang zwischen der Anzahl der Sonnenflecken, der Dauer der Stallhaltung des Viehs, dem Zuzug der Lerchen und der Roggenernte im Gouvernement Moskau“ feststellte. Vgl. ebd.

77 Beveridge: Wheat Prices and Rainfall in Western Europe (1922), S. 452; hier zit. nach der deutschen Übersetzung bei Mitchell: Der Konjunkturzyklus (1931), S. 14. Beveridge selbst spricht von 19 relevanten Zyklen. Ders.: Wheat Prices and Rainfall in Western Europe (1922), S. 442.

78 Moore: Economic Cycles (1914).

79 Ders.: Generating Economic Cycles (1923).

80 Morgenstern: Wirtschaftsprognose (1928), S. 7.

81 Vgl. u. a. die Einschätzung von Charles O. Hardy und Garfield V. Cox: „Professor H. L. Moore is the author of a theory which has gained, on the strength of his investigations, a very wide acceptance among economists.“ Dies.: Forecasting Business Conditions (1927), S. 123. Hardy und Cox selbst standen der Theorie Moores skeptisch gegenüber; vgl. ebd., Appendix H. Vgl. zur mathematischen Methode Moores auch die Ausführun-

nach einer „single explanation of the entire rhythm and its constituent parts"[82] und einem entsprechend monokausalen theoretischen Überbau seiner Konjunkturanalyse, der die Gründe für den „rhythmischen Wechsel", den „Mechanism of Cycles"[83] letztendlich in kosmischen Konstellationen sieht. Entsprechend boten ihm hier die sich mit Himmelskonstellationen beschäftigenden Wissenschaften theoretische Orientierung:

> „The pursuit has led into meteorology, astronomy, and solar physics, where I may possibly have gone astray. But whatever uncertainties may be felt with regard to these adventures into natural science, they should not weigh against the theory of the origin of economic cycles in natural causes. The linking of astronomic, meteorological, agricultural, and economic causes places the whole discussion upon a rational, rather than upon an empirical basis."[84]

Dabei interessierten Henry Ludwell Moore vor allem die naturwissenschaftlichen Kompetenzen im Erkennen und in der präzisen Bestimmung von Periodizitäten sowie deren Begründung:

> „There are uncertainties in respect to several links, but with the accumulation of weather data meteorologists are facing with an open mind the problem of periodicities; and with the startling discoveries in electricity and magnetism, solar physicists are advancing revolutionary views regarding the Sun's radiation, the interrelations of the planets, and the nature of the interplanetary medium."[85]

Moores Überlegungen, in denen er Jevons' Idee der Sonnenflecken aufgreift und weiterentwickelt, führen die Oszillationen der Wirtschaft auf die Bewegungen des Planeten Venus und dessen daraus resultierende wechselnde Stellungen zu Erde und Sonne zurück. Die damit verbundenen Erhitzungen und Abkühlungen würden klimatische Wechsel erzeugen, die sich wiederum direkt auf die landwirtschaftliche Produktion auswirken und in regelmäßigen Zyklen der Produktionsmenge äußern. Die davon abhängigen wechselnden Preise für Rohstoffe würden korrespondierende Zyklen auch in der restlichen Wirtschaft hervorrufen – eine Beobachtung, die Moore mit zusammengetragenem Datenmaterial sowie unterstützenden Studien vornehmlich aus der Meteorologie zu untermauern versucht, wobei seine Zahlenreihen vor allem aus den mittleren Gebieten der USA stammen, weil für diese die längsten Wetteraufzeichnungen vorlagen.

---

gen in Kap. V.4.2. Von Morgan wird Moore als „the most important pioneer American econometrician" bezeichnet; dies.: The History of Econometric Ideas (1990), S. 5.

82 Ders.: Generating Economic Cycles (1923), S. 15.

83 Ders.: Economic Cycles (1914), S. 93 ff. Auf die mechanischen Implikationen verschiedener Konjunkturzyklen-Modelle wird an späterer Stelle (Kap. VI.3) noch einmal ausführlicher eingegangen.

84 Ders.: Generating Economic Cycles (1923), S. 12.

85 Ebd.

„The only object of investigating cycles of rainfalls or cycles of economic phenomena is that the knowledge of the constant recurrence of the cycles may place one in a position to foresee and utilize the dependent phenomena. But the control of phenomena dependent upon a cycle presupposes that the cycle is itself a real phenomenon with a natural cause, and that consequently it persists with an increase in the number of observations.“[86]

Mit seiner Methode identifizierte Moore regelmäßige dreiunddreißigjährige sowie achtjährige Erntezyklen, die er mit den gemessenen, gleich langen Regenperioden in Verbindung zu bringen suchte: „The fundamental, persistent cause of the cycles in the yield of the crops is the cyclical movement in the weather conditions represented by the rhythmically changing amount of rainfall".[87] Über die Zyklizität der Ernteschwankungen wiederum entstehe eine korrespondierende Schwankung bei den allgemeinen Preisen mit entsprechenden Einflüssen auf die Handelsbilanz.

Nach statistischer Abgleichungsarbeit und mathematischer Überprüfung zum Ausschluss „falscher" („spurious") Periodizitäten[88] kann Moore schließlich sein Konjunkturgesetz präsentieren. „We may now formulate the law", heißt es am Ende seiner Studie, und dieses Gesetz lautet:

„The weather conditions represented by the rainfall in the central part of the United States, and probably in other continental areas, pass through cycles of approximately thirty-three years and eight years in duration, causing like cycles in the yield per acre of the crops; these cycles of crops constitute the natural, material current which drags upon its surface the lagging, rhythmically changing values and prices with which the economist is more immediately concerned.“[89]

Oder nochmals verknappt: „The law of the cycles of rainfall is the law of the cycles of the crops and the law of Economic Cycles.“[90]

86 Moore: Economic Cycles (1914), S. 17 f.

87 Ebd., S. 149.

88 Moore greift dabei auf die Periodogramm-Analyse zurück; vgl. auch Kap. V.4.2).

89 Moore: Economic Cycles (1914), S. 149. Vgl. auch das Zitat in deutscher Übersetzung bei Mitchell: „Die Wettergestaltung, wie sie sich darstellt in den Niederschlägen des Mittelteils der Vereinigten Staaten, und wahrscheinlich auch in anderen Teilen des Kontinents, unterliegt Zyklen von etwa 33- und 8-jährigen Wellenlängen, was entsprechende Erntezyklen verursacht; diese Erntezyklen bilden den Strom, der den rhythmischen, zeitlich nachhinkenden Wechsel von Werten und Preisen hinter sich her trägt, der den Nationalökonomen unmittelbar interessiert." Mitchell: Der Konjunkturzyklus (1931), S. 13. An anderer Stelle heißt es bei Moore: „The principal contribution of this Essay is the discovery of the law and cause of Economic Cycles. The rhythm in the activity of economic life, the alternation of buoyant, purposeful expansion with aimless depression, is caused by the rhythm in the yield per acre of the crops; while the rhythm in the production of the crops is, in turn, caused by the rhythm of changing weather which is represented by the cyclical changes in the amount of rainfall." Ders.: Economic Cycles (1914), S. 135.

90 Ebd., S. 135.

So vehement Henry Moore auch diese Kausalverknüpfung behauptete, vermochte er sie letztendlich doch nicht zu belegen. „Moore ist es nicht gelungen, den Beweis dafür zu erbringen, daß die Ursache der Periodizität der meteorologischen Faktoren wirklich die achtjährigen Änderungen der Venuskonstellation zur Erde und Sonne sind", bilanziert Albert L. Wainstein das Moore'sche Unterfangen, denn „er hat nur die ziemlich bedingte Übereinstimmung beider Schwankungsperioden nachweisen können."[91] Wobei Wainstein präzisiert: „Wir sagen ‚bedingt', weil die Periode der Venusbewegung genau 8 Jahre ausmacht, während die Zyklen der anderen Elemente nur annähernd 8 Jahre betragen."[92]

Wainstein verweist mit diesem Kommentar auf die innere Organisiertheit der Argumentation Moores. Dessen Nachweis für den behaupteten Kausalzusammenhang von planetarischer Konstellation und wirtschaftlicher Entwicklung verläuft über die Herausarbeitung analoger Bewegungsverläufe, wobei die Übereinstimmung (und damit der Zusammenhang) über das ‚rhythmische Element' plausibilisiert werden soll: Letztlich wird – wie auch schon bei Jevons, der in seiner Analyse vergleichbar vorgeht[93] – die notwendige Beweiskraft über die Vorführung (nahezu) identischer Zyklenlängen hergestellt.

2.7 Wirtschaftsrhythmus, Naturalisierung, Universalisierung – ein Ausblick

Schon von den zeitgenössischen Fachkolleg:innen wurden die kosmischen Erklärungsversuche des Konjunkturverlaufs zwar zur Kenntnis genommen, von Ausnah-

91 Wainstein: Meteorologische und wirtschaftliche Zyklen (1929), S. 17.

92 Ebd. Trotz seiner kritischen Anmerkung hält auch Wainstein an der Möglichkeit eines kosmischen Einflusses auf die Wirtschaft fest, favorisiert allerdings theoretische Ansätze, die als Zwischenschritt auf die Verfasstheit des Menschen zielen. Vgl. ebd.: „Theoretisch ist die Einwirkung kosmischer Faktoren auf unser Wirtschaftsleben auch in anderer Weise als durch die Vermittlung der Klima- und Ernteschwankungen möglich. Wenn man beweisen könnte, daß die Sonnentätigkeit die Psyche des Menschen ebenso unmittelbar beeinflußt, wie sie die Magnetnadel zum Ausschlag veranlasst, so hätten wir eine andere Erklärung und eine festere Grundlage für die Regelmäßigkeit der Aufeinanderfolge der Wellen von Optimismus und Pessimismus, die von einigen Forschern als die Grundursache der rhythmischen Konjunkturschwankungen bezeichnet werden kann." Als Referenzen verweist Wainstein auf die Arbeiten von L. Petrazycki zur „Bedeutung des emotionalen Faktors für den Wechsel der Zyklen", aber auch auf Überlegungen von Pigou und Lavington; die vielzitierte Formel von Ellsworth Huntington aus dem Jahr 1919 (vgl. Kap. VI.2.3) kann hier ebenfalls erwähnt werden.

93 Bei Jevons heißt es an einer Stelle zu diesem Vorgehen: „... this period [der meteorologischen Daten; S.W.] so closely agrees with the commercial period already pointed out, that a strong presumption of causal connection at once arises." Ders.: The Solar Influence on Commerce (1879). In: ders.: Papers and Correspondence. Bd. 7: Papers on Political Economy. Hg. v. R. D. Collison Black. London, Basingstoke 1981, S. 90–98; S. 92.

men (wie den erwähnten) abgesehen aber vorwiegend mit Skepsis betrachtet.[94] „Jevons' sunspot theory was ridiculed, rather than criticised"[95], schreibt Mary Morgan über die damaligen Reaktionen und verweist auf das durchaus erkennbare kreative Potenzial der Auseinandersetzung: „They poked fun at the theory as a whole by suggesting unlikely relationships between sunspot cycles and other phenomena."[96] So wurde die Sonnenflecken-Theorie gerne auf andere Bereiche ausgedehnt, und es scheint fast ein Wettkampf der absurden Anwendungsfelder entbrannt zu sein:

> „Indeed, Jevons' articles and letters were part of a general literature of the time connecting sunspots with other recurrent events. This literature involved a fair sprinkling of spoofs, and it is not always easy to tell which were meant seriously. Compare, for example, the titles ‚Locusts and Sunspots' and ‚Sunspots and the Nile' with one of Jevons' own short notes ‚Sunspots and the Plague' (three articles from *Nature* in late 1878 and early 1879). Jevons felt that one anonymous contribution in the Journal of the Royal Statistical Society for 1879: ‚University Boat Races and Sunspot Cycles' was particularly aimed at him. Nevertheless, Jevons was not abashed …"[97]

Die Ironisierungen sind – und das macht sie in ideenanalytischer Perspektive interessant – nicht nur Ausdruck eines augenscheinlichen Misstrauens in die Einfachheit

94 Keynes sah Jevons' Studien zu den Sonnenflecken und deren Einfluss auf den Wirtschaftsverlauf im Vergleich zu anderen Texten des Autors als unbedeutender: „The sunspot papers cannot be ranked on at all the same plane of genius or of achievement as *A Serious Fall in the Value of Gold*." Keynes: William Stanley Jevons 1835–1882 (1988 [1936]), S. 72. Vgl. mit der gleichen Stoßrichtung auch Stephen M. Stigler: Jevons as Statistician (1982). In: Wood: William Stanley Jevons (1988), Bd. 1, S. 369–382; S. 380 f.: „It is easy to understand that such a bold hypothesis as that of an economy driven by sunspots could exert a hypnotic influence, particularly in Jevons's case, with his background in meteorology and his sense of destiny. But his work on this, with his too easy acceptance of happenstance empirical relationships and his sifting of data for support, however weak, while it may have counterparts in other, even recent, social science research, still seems to run counter to his more careful and critical work on price statistics and gold coinage." Andererseits beschäftigte sich z. B. George Udny Yule 1927 in einer Studie mit der Häufigkeitsanalyse von Sonnenflecken; ders.: On a Method of Investigating Periodicities in Disturbed Series, with Special Reference to Wolfer's Sunspot Numbers (1927); vgl. auch Morgan: The History of Econometric Ideas (1990), S. 76.

95 Ebd., S. 23.

96 Ebd.

97 Ebd. Die Beispiele werden u. a. auch bei Stigler genannt, der bereits zu ähnlichen Einschätzungen gekommen war; vgl. Stigler: Jevons as Statistician (1988 [1982]), S. 380. 1883 erschien ein von A. Westwood Oliver verfasstes Büchlein mit dem Titel „Sunspottery: or what do we owe to the sun? A popular account of the spots on the sun, their phenomena, nature, and cause; with an inquiry into their alleged influence upon the weather, famines, pestilences, commercial panics etc." Vgl. Bergmann: Die Wirtschaftskrisen (1895), S. 251, FN 4. Zur Kritik an Jevons' Abhandlungen zu den Sonnen-Flecken vgl. auch Peart: The Economics of W. S. Jevons (1996), S. 64–67.

der Konstruktion und ihren universalen Geltungsanspruch. Sie schreiben in der zugespitzten Adaption des kritisierten Denkmodus das Deutungsmuster zugleich fort und sind damit nicht zuletzt Marker für dessen aufmerksamkeitsgenerierendes Potenzial. Nicht zuletzt loten sie in den hergestellten Übertragungen den semantischen Resonanzraum der Idee des Rhythmischen aus.

Aber auch dort, wo der wettertheoretische Erklärungsansatz nicht geteilt beziehungsweise wo er mit erkennbarer Skepsis betrachtet wird, schimmert dessen Terminologie in den entworfenen Gedankengebäuden durchaus – sogar in prominenter Position – in metaphorischer beziehungsweise analogischer Funktion auf. So äußert etwa der Leiter des Berliner *Instituts für Konjunkturforschung*, Ernst Wagemann, wiederholt einen generellen, grundlegenden Vorbehalt gegenüber monistischen Ansätzen der Theoriebildung in der (von ihm selbst als empirisch-statistisch konzipierten) Konjunkturanalyse und meldet entsprechend seine Zweifel auch gegenüber dem Universalanspruch des kosmisch-meteorologischen Interpretaments an:

> „Gewiß, man wird immer die Frage aufwerfen, immer wieder klarzustellen suchen, wie weit es ‚Gezeiten der Wirtschaft' gibt, vielleicht sogar kosmisch, vielleicht auch biologisch bedingt: man hüte sich aber vor irgendwelcher Festlegung, denn die ‚Zeiten' der Wirtschaft werden zu ‚Gezeiten' nur unter bestimmten Annahmen. Sie sind mit anderen Worten zunächst nur eine Hypothese; als eine Realität haben wir nichts weiter in der Hand als die Tatsache, daß im 19. Jahrhundert und noch bis in die jüngste Zeit hinein derartige Periodizitäten immer wieder wahrzunehmen sind."[98]

Wagemann, den mit Henry Moore eine exponierte Verwendung des Rhythmusbegriffs in den eigenen Abhandlungen zum Konjunkturphänomen verbindet, hindern die geäußerten Vorbehalte jedoch nicht an einer durchaus augenfälligen Verwendung meteorologischen Vokabulars in seinen eigenen konjunkturwissenschaftlichen Abhandlungen – und zwar auch dann noch, wenn sich die Regelmäßigkeiten der Wirtschaftsentwicklung in der Komplexität beobachteter Bewegungsrichtungen und -verläufe aufzulösen scheinen: „In wie mannigfaltigem Bewegungsspiel die Preis- und Lohnreihen gegenwärtig verlaufen, zeigt uns das folgende Schaubild, das man als das ‚Gewitterbild der Preise' bezeichnen möchte"[99], schreibt er zu einer Graphik (Abb. 32) im Kapitel „Die Zweigbewegungen und ihre Verflechtung" in seiner „Konjunkturlehre. Eine Grundlegung zur Lehre vom Rhythmus der Wirtschaft"

---

98 Ernst Wagemann: Konjunkturforschung – wirtschaftliche Raumzeitforschung. In: Berliner Börsen-Zeitung Nr. 10 vom 07.01.1937 [HWWA: H n SM 54]. An anderer Stelle exkludiert Wagemann – wiederum im Rekurs auf die Astronomie – die Ursachensuche aus dem Forschungsbereich der Konjunkturanalyse: „So wie die Astronomen die Frage nach der Entstehung der Himmelskörper als Grenzgebiet betrachten, das nicht den eigentlichen Gegenstand ihrer Wissenschaft bildet, so liegt auch für die Konjunkturlehre die Frage nach den Ursachen der Wirtschaftsbewegung außerhalb ihres eigentlichen Problembereichs." Wagemann: Konjunkturlehre (1928), S. 220.

99 Ebd., S. 176.

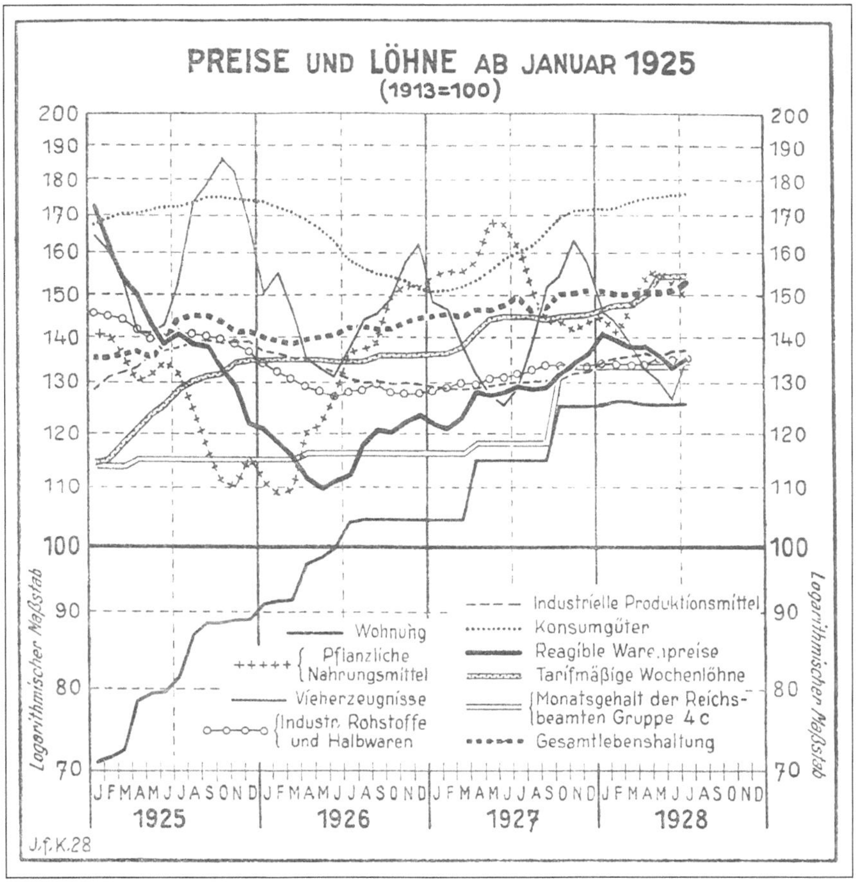

Abb. 32: „Preise und Löhne ab Januar 1925 (1913=100)“. In: Wagemann: Konjunkturlehre (1928), S. 177.

(1928). Und an anderer Stelle vermerkt er zum im Zuge seiner eigenen Systematisierungsversuche entwickelten „Schema der Konjunkturlagen“: „Das Schema steht der Wirklichkeit ebenso nahe und ebenso fern, wie etwa eine Charakterisierung der Jahreszeiten, die den Januar mit Eis und Schnee und den Juli mit glühender Hitze ausstattet, oder wie die Beschreibung eines Gewitters, ‚wie es im Buche steht‘.“[100]

Noch eindrücklicher zeigt sich das Festhalten an der Wetterterminologie – und an den mit ihr verbundenen Vorstellungen – in der geradezu durchgehenden Verwendung (nicht nur bei Wagemann) der Bezeichnung „Barometer“ für das diagnostische wie prognostische Instrument zur analytischen Erfassung konjunktureller Zusammenhänge und Entwicklungsverläufe (exemplarisch Abb. 33). Der vom Harvard-Institut für sein Drei-Kurven-Verfahren geprägte Begriff (vgl. auch Kap. V.3.2. und VI.5) vermochte sich nachhaltig durchzusetzen, wohl auch, weil in ihm die – immer wieder relativierte – Hoffnung mitschwang, dass sich in der

100 Ebd., S. 140.

Wirtschaft (wenn auch nicht vollkommen, so doch wenigstens in der Tendenz) eine ähnliche Regelmäßigkeit der Phänomenentwicklungen finden ließe, wie sie in der Astronomie – als unabdingbare Voraussetzung für das dortige exakte methodische Vorgehen und die entsprechende Präzision der Analyse – vorzufinden war.[101]

Es ist wiederum Ernst Wagemann, der in einer systematisierenden Darstellung der verschiedenen Konjunkturbarometer unter anderem an den französischen Statistiker und Ökonomen Alfred de Foville erinnert, der in einem 1887 präsentierten Vortrag die Differenzierung der „Barometer, Thermometer, Hygrometer und alle[r] möglichen anderen Instrumente der Wirtschaftsbeobachtung" propagierte.[102] De Foville lieferte eine Aufzählung von Registriergeräten, die neben den genannten Instrumenten noch die Fotometer zur Messung der Leuchtdichte beziehungsweise Lichtstärke von Himmelskörpern und die Anemometer zur Messung des Windes umfasste, und betonte das eigene Bestreben, für das Wirtschaftsgefüge nach analogen Messinstrumenten zu suchen, die – und hier findet sich eine mögliche Begründung für die Popularität und den entsprechend hohen Verbreitungsgrad von Konjunkturbarometern sowie die nachhaltige Installierung von Konjunkturdiensten als „Wetterdiensten" – „genauso wahr, einfach und anschaulich" wie ihre meteorologischen Vorbilder sein sollten.[103]

Dass die in den „Wetter-Theorien" vorangetriebene Tendenz zur Naturalisierung und Universalisierung und damit verbunden holistische Vorstellungen vom Rhythmischen der Wirtschaft als Teil umfassender zyklischer Bewegungen in einer langen, bis heute anzutreffenden Deutungstradition zu sehen ist, zeigt der britisch-amerikanische Geograph Brian J. L. Berry in seiner Studie über „Long-Wave

101 Vgl. u. a. die längere Passage zum Wirtschaftsbarometer in: Monatsberichte des Österreichischen Institutes für Konjunkturforschung 1–6/1927 (Einleitungsheft), S. 11. Vgl. in diesem Zusammenhang auch den Hinweis von Ramón Reichert, der im Kontext der Kursentwicklungen an der Börse für die „Instrumentenmetapher des Barometers" feststellt, dass diese „auf beständige Regressionen und Progressionen verweist und damit auf eine Art schwingender Bewegung als grundlegende Form ökonomischer Regelmäßigkeit"; ders.: Börsenturbulenzen (2012), S. 182 f.

102 Ebd., S. 109. Wagemann bezieht sich auf den Text von Alfred de Foville: Essai de météorologie économique et sociale. In: Journal de la société statistique de Paris 29/1888, S. 243–249.

103 De Foville: Essai de météorologie économique et sociale (1888), S. 243. Wörtlich heißt es dort: „Il y a des baromètres, des thermomètres, des hygromètres, des photomètres, des anémomètres enregistreurs ... Eh ! bien, Messieurs, j'ai cherché à faire, dans l'ordre économique, quelque chose d'analogue. J'ai cherché, en construisant ce tableau, à figurer d'une manière aussi vrai, aussi simple et aussi parlante que possible les fluctuations de l'activité économique de notre pays depuis un certain nombre d'années." Ein differenzierender Rekurs auf die Instrumente mit zudem impliziter Wertung findet sich bei Babson, der für seine Methodik der Konjunkturforschung festhält : „... the various business subjects which I have previously described as fundamentals become *barometers* of business, instead of mere *thermometers*." Roger W. Babson: Business Fundamentals. How to Become a Successful Business Man. New York 1923, S. 55; Herv. i. Orig.

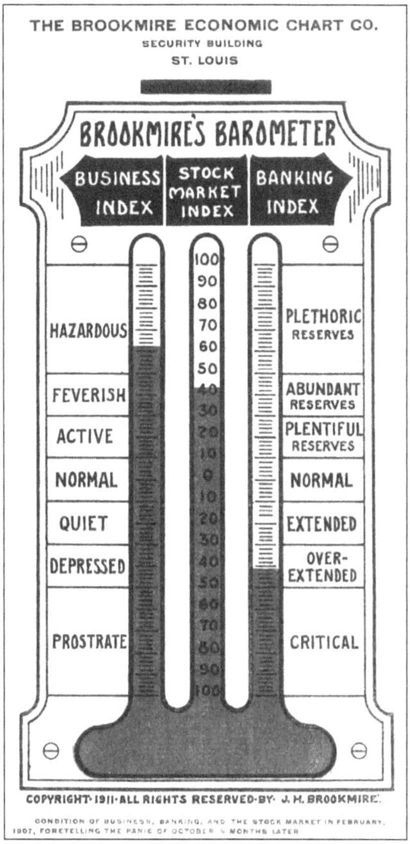

Abb. 33: Ein frühes Beispiel für die Veranschaulichung von Konjunkturentwicklungen im Bild des Messinstruments: „Brookmire's Barometer". James H. Brookmire: The Brookmire Economic Charts. A Graphic Record of Fundamental Political and Industrial Conditions as a Barometer to the Financial and Business Situation (St. Louis: Brookmire Economic Chart Co., 1913). Hier entnommen aus: Walter A. Friedman: Fortune Tellers. The Story of America's First Economic Forecasters. Princeton, Oxford 2014, S. 121.

Rhythms in Economic Development and Political Behaviour". Er lässt diese in den frühen Kulturen beginnen:

> „A 52-year long wave would not have surprised the ancient Maya. […] Their world was cyclical, repetitive, and predestined; all shorter-term cycles were embedded within the calendar round. The Maya were not alone. The life-rhythms of most early civilizations were guided by astronomer-priests, and 50-year cycles were common. The great astronomical clock at Stonehenge, for example, has an outer ring of 56 Aubrey holes. And even today there are those who are comforted by the certainty of predestination and who turn to cosmology to explain long cycles."[104]

Über die Konjunkturforscher des frühen 20. Jahrhunderts führt Berry die Reihe der Autoren, die den Zusammenhang von klimatisch-kosmischen und ökonomischen Zyklen vertreten und die er „climatic determinists" nennt, bis in die Gegenwart fort: von Dewey und Dakin („Cycles", 1947 [Berry nennt als Erscheinungsjahr 1927]) und Clarence D. Long Jr. („Building Cycles and the Theory of Investment", 1940) über

104 Berry: Long-Wave Rhythms in Economic Development and Political Behaviour (1991), S. 167.

L. Peter Cogans „The Rhythmic Cycles of Optimism and Pessimism" (1969), Michael Zahorchaks „Climate: The Key to Understanding Business Cycles ... The Raymond H. Wheeler Papers" (1983) bis zu Theodor Landscheidts „Sun – Earth – Man" (1989).[105]

Ein eindrückliches Beispiel für die Gründung von Ausführungen zur Konjunkturentwicklung in (regelmäßigen) Wetterverläufen und deren kosmischen Ursachen ist in der deutschsprachigen Wirtschaftsliteratur nach dem Zweiten Weltkrieg die Abhandlung von Günter Schmölders über „Konjunkturen und Krisen" (1955), aus der oben bereits zitiert wurde. Schmölders, der 1958 in Köln eine Forschungsstelle für empirische Sozialökonomik eingerichtet hatte und 1984 in Frankfurt die Schmölders-Stiftung für Verhaltensforschung im Wirtschaftsleben gründete,[106] verfolgt in seinen Forschungen zur Sozialökonomie einen interdisziplinären empirischen Ansatz, der Erkenntnisse aus der Psychologie und Soziologie mit einbezieht und hier eine Brücke auch zur Meteorologie schlägt. In der Monographie zur Konjunkturforschung findet sich neben dem Abschnitt über „Kosmische Einflüsse" in der historisch angelegten Überblicksdarstellung zu den verschiedenen konjunkturtheoretischen Ansätzen ein weiterer Abschnitt „Kosmische Einflüsse" im perspektivischen Kapitel „Der Rhythmus der ökonomischen Aktivität", welcher wie folgt beginnt:

> „Soll mit der Auffassung des Wirtschaftens als menschliches Handeln Ernst gemacht werden, so kann die Erklärung der rhythmischen Schwankungen der wirtschaftlichen Aktivität diese durch zahlreiche Reihen erhärteten Feststellungen der Psychologie und Biologie nicht einfach beiseiteschieben. Es fehlt denn auch in der Konjunkturliteratur keineswegs an Erklärungsversuchen, die beispielsweise die *Witterungsschwankungen* für die wirtschaftliche Aktivität der Menschen und damit letztlich für die Konjunkturschwankungen verantwortlich machen, insoweit diese ihrerseits auf die Stimmungsschwankungen zurückgeführt werden. Seitdem die jüngsten Forschungen der Psychiatrie mit großer Wahrscheinlichkeit vermuten lassen, daß die Periodizität der geistigen Störungen ebenso wie die auffallende jahreszeitliche Rhythmik der Sexual- und Gewaltverbrechen weit mehr von den Einflüssen des *Lichtes* als von den Energieüberschüssen des bloßen Wärmehaushalts abhängig sind, verdient diese ganze Gruppe der von der Konjunkturtheorie vielleicht etwas vorschnell ad acta gelegten biologischen Deutungen der menschlichen Aktivitätsrhythmen jedenfalls neben den mechanistisch-mathematischen Erklärungsversuchen ein gleichberechtigtes Interesse; sowohl die Solartheorie der beiden Jevons als auch vor allem die interessante Theorie der elektromagnetischen Strahlung von Moore, die einen annähernd achtjährigen kosmischen Rhythmus zugrundelegt, sollten unter diesem Gesichtspunkt erneut überprüft werden."[107]

---

105 Ebd., S. 168–171.

106 Vgl. Gerhard Maier: Angst vor der Zukunft. Günter Schmölders: Psychologe der Wirtschaft. In: Wirtschaftswoche Nr. 48 vom 22.11.1991 [HWWA: P Schmölders 15730 0083 JEU].

107 Schmölders: Konjunkturen und Krisen (1955), S. 105 f. Schmölders dehnte den Ansatz auch auf das Konsumverhalten aus. Vgl. Gerhard Maier: Angst vor der Zukunft. Günter Schmölders: Psychologe der Wirtschaft. In: Wirtschaftswoche Nr. 48 vom 22.11.1991

In einem Porträt Schmölders', das in der *Wirtschaftswoche* 1991 erschienen ist, wird dieses Interesse an den kosmischen Begründungen des Konjunkturverlaufs noch einmal ausgiebig referiert, um dann jedoch den Kommentar folgen zu lassen: „Damit hatte sich Schmölders in Bereiche vorgewagt, in die ihm die Mehrzahl seiner Kollegen nicht mehr folgten."[108]

Und dennoch finden sich auch bis ins 21. Jahrhundert durchaus Rekurse auf die Beziehung von Wirtschaftsentwicklung und kosmisch-meteorologischen Verhältnissen, die jedoch vor allem aus der nicht-wirtschaftswissenschaftlichen Außenperspektive in die Diskussion eingespeist werden. 2013 erschien etwa ein Buch des US-amerikanischen Wissenschaftsautors (und Physikers) Mark Buchanan mit dem Titel „Forecast", dessen Untertitel „What Physics, Meteorology, and the Natural Sciences Can Teach Us About Economics"[109] den angesprochenen Zusammenhang aufruft. Buchanans Intention ist eine Übertragung des in den Naturwissenschaften untersuchten Prinzips der positiven Rückkopplung – „the natural language of positive feedback"[110] – auf den Bereich der Wirtschaft, als konzeptioneller Gegenentwurf zum lange eingeübten Gleichgewichtsdenken der inhärenten Stabilität und Selbstregulierungskraft ökonomischer Systeme: „The crucial thing, I'll argue, is getting past the archaic fixation on equilibrium, and adopting concepts from the science of ‚nonequilibrium' systems, of which the earth's atmosphere and ecosystems are natural examples."[111] Dabei zeigen seine Ideen zu „economies as natural systems" – unabhängig von der Frage nach deren Reichweite in der *Scientific Community* – eine Verschiebung der Bezugsgrößen in den Referenzwissenschaften, die nun weniger durch den Aspekt der regelmäßigen Wiederkehr, der Kontinuitäten (wie in den Ansätzen von Jevons oder Moore und in der Folge auch noch bei Schmölders), als

[HWWA: P Schmölders 15730 0083 JEU]: „Schmölders bestritt beispielsweise, daß die ‚Kauflust' der Bevölkerung lediglich, wie viele Ökonomen unterstellen, vom Einkommen abhängt. Er verwies auf empirische Untersuchungen, die zeigen, daß die Rhythmik der Kauflust nur mit zwei Kurven eine wirkliche Übereinstimmung aufweisen [sic!]: ‚mit der Kurve der Luftfeuchtigkeit und der mittleren Temperatur, also mit den Komponenten dessen, was wir als Klimafaktoren bezeichnen'."

108 Ebd.

109 Buchanan: Forecast (2013). Die Illustration auf dem Buch-Cover zeigt ein Dollar-Zeichen, wobei sich an der Stelle der vertikalen Striche ein geschlossener Regenschirm befindet. Vgl. zur Parallelisierung von Wirtschaftsforschung und der Erforschung von Naturphänomenen (hier u. a. Erdbeben) auch Johannes Voit: The Statistical Mechanics of Financial Markets. Berlin u. a. 2001. Vgl. auch Philip Mirowski: The Realms of the Natural. In: ders. (Hg.): Natural Images in Economic Thought (1994), S. 451–483; S. 451: „One major theme of the inquiry into the place of Natural metaphors in economics is the question of order and how we know whether we have it or whether it has slipped through our grasp. Because the notion of order is frequently treated as an undefined primitive, we find references made to it only obliquely or covertly, often through the use of analogy and metaphor."

110 Buchanan: Forecast (2013), S. 6.

111 Ebd., S. 14.

vielmehr gerade durch den Aspekt der Instabilität, der Turbulenzen und damit auch einer grundlegend anderen Auffassung von „Dynamik" geprägt sind.

3 Konjunkturphysik: Bewegungsgesetze der Wirtschaft

3.1 „… to capture the methods and brightness of physics"[112]

Am 8. Februar 1932 hielt der norwegische Ökonom und Konjunkturforscher Ragnar Frisch seine Antrittsvorlesung als Professor an der Osloer Universität. Der Text wurde noch im selben Jahr im „Nordic Statistical Journal" unter dem Titel „New Orientation of Economic Theory. Economics as an Experimental Science" gedruckt.[113] In dem programmatischen Entwurf skizzierte Frisch sein Bild einer neuen Ökonomik, die erstmalig in der Disziplinengeschichte eine Annäherung von theoretischer und empirischer Ausrichtung anstreben, sich dabei einer experimentellen Arbeitsweise nach Vorbild der Naturwissenschaften verschreiben und damit verbunden den Umbau der Forschungsmethodik in Richtung exakter, quantifizierbarer Maßstäbe vorantreiben würde: „One of the most important sides of the development of economics in an experimental direction has been *the quantification* of the economic conceptions, that is to say, the effort to make the conceptions measurable."[114]

Frisch ist vielleicht derjenige unter den Konjunkturforscher:innen der ersten Jahrzehnte des 20. Jahrhunderts, der eine physikalisch-mechanische Operationalisierung des ökonomischen Forschungsgegenstandes am konsequentesten vorantrieb: institutionell durch die Bestrebungen zur Gründung der *Econometric Society*[115] und deren Zeitschrift „Econometrica", inhaltlich wie methodologisch durch die Propagierung exakter Verfahren der wissenschaftlichen Analyse. „As long as the analysis remains purely qualitative and it is considered sufficient to prove that a certain measure produces effects in such and such definite directions, there is little prospect of truly elucidating matters"[116], formuliert Frisch an einer Stelle seiner Ausführungen,

---

112 Louçã: The Years of High Econometrics (2007), S. 90.

113 Frisch: New Orientation of Economic Theory (1932).

114 Ebd., S. 100; Herv. i. Orig. Vgl. auch – für die empirische Konjunkturforschung – die Einschätzung von Carl Snyder: „Economists have been slow to utilize the extraordinarily fruitful methods of the physical sciences. It has been much pleasanter, and much easier, to exercise their astonishing powers of logic and dialectic, at what they are pleased to call ‚reasoning' about things, than to search through weeks and months and years for the solid foundations of scientific *proof*." Ders.: Measurement versus Theory in Economics. In: Economic Essays in Honour of Gustav Cassel. October 20th 1933. London 1933, S. 591–597; S. 592 f.

115 Zu Frisch als zentraler Figur der sich verstärkt seit den 1930er-Jahren herausbildenden Ökonometrie vgl. inbesondere die materialreiche Studie von Louçã: The Years of High Econometrics (2007).

116 Frisch: New Orientation of Economic Theory (1932), S. 101; Herv. i. Orig.

um an anderer Stelle auf die anvisierten Referenzwissenschaften zu verweisen: „But it is certain, in any case, that if the modern natural sciences were robbed of everything that is quantitative, little would remain to them. It is not far from being the case that the quantitative formulation of laws and conceptions is equally important in economics."[117] Und im Verlauf seiner Ausführungen noch konkreter:

> „This connection between axiomatic theory and actual observation within the modern economic theory is, after all, wholly the same as that which we meet with within a natural science sphere such as, for instance, the theory of relativity. When the physicist is to define the conception of time in relativistic philosophy he is in the first place awake to the fact that he can make no progress by refering to the psychological view of the passage of time. He must build up his definition on experiments."[118]

Dabei ginge es jedoch, und diese Unterscheidung ist Frisch gerade auch im Hinblick auf seine Vorstellung einer adäquaten Wirtschaftstheoriebildung wichtig, nicht um die tatsächliche Durchführung, sondern um eine „prinzipielle" Durchführbarkeit der Experimente.[119]

Mit ihrer Affinität zu den exakten Naturwissenschaften, speziell der Physik, und dem Versuch einer Ausrichtung der eigenen Forschungsdesigns an deren Verfahren und Methoden des Erkenntnisgewinns sind Ökonomen wie Ragnar Frisch, aber etwa auch sein späterer Mit-Nobelpreisempfänger Jan Tinbergen, auf den sich Frisch in seinen Überlegungen bezieht, in einer naturwissenschafts- und speziell physikaffinen Tradition der wirtschaftswissenschaftlichen Theoriebildung des 19. und 20. Jahrhunderts zu sehen, auf die wohl am nachdrücklichsten Philip Mirowski mit seiner zugespitzten These hingewiesen hat, dass sich „economic theory used in the West to discuss all manner of events and issues" als „essentially a simulacrum of the physics of the mid-nineteenth century"[120] zeige. Beide Disziplinen seien in derselben Ideengeschichte verankert und würden entsprechend übereinstimmende Grundkonzepte verfolgen, wobei sich die wirtschaftswissenschaftliche Orientierung

117 Ebd., S. 100. Die Gegenposition fand sich vor allem auch in der Historischen Schule der deutschen Nationalökonomie. Vgl. exemplarisch Karl Diehl, Vorsitzender des 1922 gegründeten Theoretischen Ausschusses des *Vereins für Socialpolitik*: „Die Nationalökonomie muß aufhören, in naturwissenschaftlichen Kategorien zu denken, und das gilt auch in besonderem Maße für die Konjunkturforschung." Karl Diehl: Einleitung. In: Franz Boese (Hg.): Wandlungen des Kapitalismus. Auslandanleihen. Kredit und Konjunktur. Verhandlungen des Vereins für Sozialpolitik in Zürich 1928. München, Leipzig 1929 (= Schriften des Vereins für Sozialpolitik Bd. 175), S. 275–287; S. 284. Diehl kritisierte konkret die „Manier, durch einige wenige ‚Gesetze' das komplizierte wirtschaftliche Geschehen auf ein paar Formeln bringen zu wollen"; ders.: Einführung in das Studium der Nationalökonomie. Jena 1933, S. 43; zit. n. Köster: Die Wissenschaft der Außenseiter (2011), S. 223.

118 Frisch: New Orientation of Economic Theory (1932); S. 105.

119 Vgl. ebd.

120 Mirowski: More Heat than Light (1989), S. 3.

an der Physik bereits im unverkennbaren Rückgriff auf dasselbe Metaphernfeld zeige:

> „Although it was ultimately called ‚energy' in physics and ‚utility' in economics, it was fundamentally the same metaphor, performing many of the same explanatory functions in the respective contexts, evoking many of the same images and emotional responses, not to mention many of the same mathematical formalisms."[121]

Als eindrückliche Beispiele für die Physik als „powerful inertial guidance system"[122] der Ökonomik führt Mirowski unter anderen William Stanley Jevons und Léon Walras sowie nicht zuletzt Alfred Marshall an, der seine Überlegungen zu mechanischen Analogien in der Wirtschaftsanalyse unter anderem in einem Aufsatz im „Economic Journal" (März-Heft 1898) veröffentlichte, wo er die Anleihen aus der Physik allerdings älteren Entwicklungsstufen der Ökonomik zuweist, während neuere wirtschaftstheoretische Ansätze sich eher an der jüngeren Wissenschaft Biologie orientieren würden.[123]

Jevons, der mit seiner Sonnenfleckentheorie ein früher Ideengeber der sich herausbildenden Konjunkturforschung war, konstatierte in seiner erstmals 1871 publizierten „Theory of Political Economy", dass die von ihm aufgestellten Gleichungen „do not differ in general character from those which are really treated in many branches of physical science"[124]. Und: „The notion of value is to our science what that of energy is to mechanics."[125] Walras – als ein Hauptvertreter der neoklassischen Theorie – formulierte in seinen „Éléments d'économie pure ou théorie de la richesse sociale"/„Elements of Pure Economics" (1874): „[T]his pure theory of economics is

121 Ebd., S. 4. Vgl. zu Mirowskis Ansatz auch die Ausführungen in Kap. III.2.1.

122 Mirowski: More Heat than Light (1989), S. 279.

123 Vgl. Marshall: Mechanical and Biological Analogies in Economics (1956 [1898]).

124 William Stanley Jevons: The Theory of Political Economy. 3. Aufl. London 1888, S. 102. Vgl. auch ebd., S. XVI f.: „It [economics; S.W.] is no more one science than statics, dynamics, the theory of heat, optics, magnetoelectricity, telegraphy, navigation, and photographic chemistry are one science. But as all the physical sciences have their basis more or less obviously in the general principles of mechanics, so all branches and divisions of economic science must be pervaded by certain general principles. It is to the investigation of such principles – to the tracing out of the mechanics of self-interest and utility, that this essay has been devoted." Jevons verfügte wie einige andere Ökonomen der Zeit über eine mathematische Ausbildung. Er hatte außerdem Vorlesungen bei Faraday gehört und sich mit physikalischen Schriften unter anderem zur Mechanik beschäftigt; vgl. Mirowski: Against Mechanism (1988), S. 21. Auch bei Henry Moore findet sich in Bezug auf dessen Venus-Zyklen-Theorie ein eigenes Kapitel zur Diskussion des „eight-year generating cycle in relation to its physical cause"; ders.: Generating Economic Cycles (1923), S. 103–141.

125 William Stanley Jevons: The Principles of Economics. A Fragment of a Treatise on the Industrial Mechanism of Society and other Papers. With a Preface by Henry Higgs. London 1905, S. 50.

a science which resembles the physico-mathematical sciences in every respect“[126] – eine Position, die er verschiedentlich ausführte, darunter in einem Aufsatz von 1909, „Économique et mécanique“[127], über den Philip Mirowski schreibt:

> „In this article he [Walras; S.W.] develops the two favorite metaphors of the early neoclassical economist, the rational mechanics of the equilibrium of the lever and the mathematical relations between celestial bodies; he also asserts that the ‚physico-mathematical science‘ of his Elements uses *precisely* the identical mathematical formulae.“[128]

Gerade die hier für die neoklassische Wirtschaftstheorie exemplifizierte Konzentration auf den energetischen Aspekt der Physik, auf physikalisch-mechanische Konzepte von Körper, Kraft, Bewegung, erwies sich als impulsgebend und direkt anschlussfähig für den Entwurf rhythmischer Wirtschaftsverläufe in der Konjunkturforschung. Entsprechend beschäftigten sich nicht zuletzt vorrangig an der Theoriebildung interessierte Konjunkturforscher:innen zum Teil intensiv mit den einschlägigen Ansätzen in der Physik und strebten einen Austausch mit deren Fachvertreter:innen an oder hatten sogar selbst eine physikalische Ausbildung genossen. So war etwa im Programm der zweiten Konferenz der europäischen Ökonometriker 1933 im niederländischen Leiden, die sich dem Thema der Konjunkturzyklen widmete und von Jan Tinbergen organisiert worden war, neben den ökonomischen Beiträgen auch ein Vortrag des österreichischen Quantenmechanikers und Boltzmann-Schülers Paul Ehrenfest über „harmonische Schwingungen“ vorgesehen.[129] Tinbergen war Physiker, bevor er sich – als Mitglied der sozialistischen Partei eher aus gesellschaftspolitischen, denn aus wissenschaftlichen Gründen – auf die Ökonomik konzentrierte („My interest in economics was not primarily scientific; it was typically social“[130], äußerte er im Rückblick), und wurde bei Ehrenfest mit einer Arbeit über „Minimumproblemen in de natuurkunde en economie“ promoviert.[131]

---

126 Léon Walras: Elements of Pure Economics or the Theory of Social Wealth. Translated by William Jaffé. London 1954, S. 71.

127 Léon Walras: Économique et Mécanique. In: Bulletin de la Societé Vaudoise de Sciences Naturelles 45/1909, S. 313–325.

128 Mirowski: Against Mechanism (1988), S. 14; Herv. i. Orig.

129 Dass der Vortrag nicht stattfand, lag an Ehrenfests Tod kurz vor der Tagung. Vgl. Louçã: The Years of High Econometrics (2007), S. 21. Vgl. auch Marcel Boumans: Paul Ehrenfest and Jan Tinbergen: A Case of Limited Physics Transfer. In: Neil de Marchi (Hg.): Non-Natural Social Science: Reflecting on the Enterprise of *More Heat than Light*. Durham, London 1993 (= History of Political Economy, Annual Supplement to Volume 25), S. 131–156.

130 Jan R. Magnus, Mary S. Morgan: The ET Interview: Professor J. Tinbergen. In: Econometric Theory 3/1987, S. 117–142; S. 119.

131 Vgl. Boumans: Paul Ehrenfest and Jan Tinbergen (1993), S. 140. Dort schreibt Boumans über die Dissertation: „Economic Problems were discussed in an appendix. Only the economic part of the dissertation was published, in *Archiv für Sozialwissenschaft und Sozialpolitik* (1929b), and Tinbergen never returned to the subject again. The problems

Dass Paul Ehrenfest ebenfalls an ökonomischen Fragestellungen interessiert war, zeigte sich unter anderem an seinem Briefwechsel mit Joseph Schumpeter, in dem Ehrenfest die Nähe der Disziplinen zueinander betonte: „I am particularly interested in theoretical economics because it conforms to mathematical physics and because, methodically, it has several points of contact especially with a theoretical physics discipline which has kept me occupied for a long time, thermodynamics."[132] Zudem weisen die Notizen von Ehrenfest zahlreiche Überlegungen zu einer „Ökodynamik" (als Zusammenziehung von Ökonomie und Thermodynamik) auf.[133]

Von Seiten der Konjunkturforschung hielt unter anderem der US-amerikanische Ökonom und Statistiker Carl Snyder, der lange in der Forschungsabteilung der *Federal Reserve Bank of New York* angestellt war, in der 1933 erschienenen Festschrift für Arthur Spiethoff ein Plädoyer für eine an der physikalischen Mechanik ausgerichtete Wirtschaftswissenschaft: „The science of mechanics is the foundation and the paradigm of all our modern knowledge. We ‚understand' this world solely and only as a mechanistic process. [...] So I apprehend, when a real science of economics comes, [...] it will be purely as a mechanistic science."[134]

In den folgenden Abschnitten soll die Denk- und Praxisfigur des Rhythmischen in der Konjunkturforschung auf diese Affinität der Ökonomik zur Physik abgeklopft werden. Es geht mit anderen Worten um die Epistemologie insbesondere mechanischer und energetischer Annahmen in ökonomischen Rhythmuskonzepten. Zunächst soll die Idee eines dynamischen Wirtschaftsmodells als Charakteristikum der sich herausbildenden neuen Forschungsrichtung eingehender betrachtet werden (Kap. 3.2). Im Anschluss wird das zur Erklärung periodischer Wirtschaftsverläufe herangezogene Newtonsche Prinzip von Aktion und Reaktion thematisiert (Kap. 3.3) und schließlich die Hochzeit der theoretischen Konjunkturanalyse und ihr Wechsel hin zu einer mathematisch-abstrakt ausgerichteten Disziplin in Bezug auf die Verflechtung von Rhythmusvorstellungen und physikalischen Argumentationslinien genauer in den Blick genommen (Kap. 3.4). Beendet wird dieser Abschnitt mit einigen Anmerkungen zu Adaption und Konnektivität (Kap. 3.5).

3.2 Projekt Dynamisierung

Am Beginn seiner Überlegungen zu den „Mechanical and Biological Analogies in Economics" von 1898 stellt der britische Ökonom Alfred Marshall fest:

---

treated were determined by their mathematical analogy with physics and not by their economic relevance."

132 Brief Ehrenfests an Schumpeter vom 2. Mai 1918; zit. n. Louçã: The Years of High Econometrics (2007), S. 52; vgl. auch ebd., S. 229.

133 Vgl. Boumans: Paul Ehrenfest and Jan Tinbergen (1993), S. 131.

134 Carl Snyder: (The concept of momentum and inertia in economics). In: Aftalion u. a.: Der Stand und die nächste Zukunft der Konjunkturforschung (1933), S. 270–275; S. 270.

„The terms Statics and Dynamics are imported into economics from physics; and some discussions about them among economists have seemed to imply that statics and dynamics are distinct branches of physics. But of course they are not. The modern mathematician is familiar with the notion that dynamics include statics."[135]

Laut Marshall arbeitet die ökonomische Theoriebildung dort, wo sie zur Erläuterung wirtschaftlicher Zusammenhänge auf physikalische Konzepte zugreift, mit unterkomplexen, in den Naturwissenschaften selbst bereits veralteten Annahmen:

„The most helpful applications of mathematics to economics are those which are short and simple, which employ few symbols; and which aim at throwing a bright light on some small part of the great economic movement rather than at representing its endless complexities. Thus, then, dynamical solutions, in the physical sense, of economic problems are unattainable."[136]

Mehr als in der Physik sieht Marshall begriffliche wie konzeptuelle Orientierungsangebote für die Wirtschaftsanalyse (gerade auch dort, wo dynamische Bewegungen auszumachen sind, wie etwa bei der Oszillation um das Gleichgewicht bei Angebot und Nachfrage) in der Biologie seiner Zeit:

„In the earlier stages of economics, we think of demand and supply as crude forces pressing against one another, and tending towards a mechanical equilibrium; but in the later stages, the balance or equilibrium is conceived not as between crude mechanical forces, but as between the organic forces of life and decay."[137]

Während Alfred Marshall also bereits Ende des 19. Jahrhunderts die Physik als Leitwissenschaft der Ökonomik durch die Evolutionsbiologie abgelöst sieht („The Mecca of the economist is economic biology rather than economic dynamics."[138]) bleibt in der sich herausbildenden Konjunkturforschung (wie auch bei Vertreter:innen der neoklassischen Theorie) die Attraktivität eines physikalischen Referenzrahmens für die Analyse ökonomischer Phänomene erkennbar erhalten. Dabei ist es insbesondere das von Marshall angeführte Begriffspaar der Statik und Dynamik, das zentral in (von Marshall als unterkomplex kritisierter) dichotom-kontrastiver Verwendung für die eigene Profilbildung eingesetzt wird. Die Konjunkturanalyse – und dies gilt für empirische wie theoretische Ansätze gleichermaßen – entwickelte sich in einer sich reibenden Auseinandersetzung mit der bislang vorherrschenden ökonomischen Gleichgewichtsannahme, die als „statisch" charakterisiert wurde, weil sich deren Konzeption auf einen ‚Normalzustand' konzentrierte und davon abwei-

135 Marshall: Mechanical and Biological Analogies in Economics (1956 [1898]), S. 312.
136 Ebd., S. 313.
137 Ebd., S. 318.
138 Ebd.

chende Entwicklungen als „Krise“ interpretierte, die eben genauso lange andauern würde, bis sich das Gleichgewicht wieder eingestellt hätte.[139]

Gegen diesen von ihr als nicht hinreichend empfundenen „Mechanismus“ setzte die neue disziplinäre Ausrichtung als ihre Kernannahme ein „dynamisches“ Verständnis, das die Schwankungen im Wirtschaftsverlauf als diesem elementar zugehörig verstand, erst recht, da sich die periodischen Verläufe in verschiedenen ökonomischen Bereichen wie auch in unterschiedlichen Staaten parallel zueinander vollzogen. Sergej Perwuschin bemerkt in seinem „Versuch einer Theorie der wirtschaftlichen Konjunkturen“: „Die Konjunktur ist ein Begriff, der sich auf die Dynamik der Wirtschaft bezieht. Übrigens gibt es im reellen Wirtschaftsleben so etwas wie eine reine Statik überhaupt nicht: das wirtschaftliche Leben ist seinem Wesen nach durchaus dynamisch.“[140] Dabei stoße das

> „‚perpetuum mobile‘ in der Konjunktur […] theoretisch auf denselben Widerspruch wie in der Mechanik. Das aus der Depression hervorgehende *Gleichgewicht* kann eine kurze oder lange Zeit dauern, ohne in einen neuen Konjunkturaufstieg überzugehen. Auch hier im Wirtschaftsleben, ebenso wie in der Mechanik, bringt die ‚Reibung‘ (friction) die Bewegung zum Stillstand.“[141]

An die Stelle einer Akzeptanz dieses „Stillstands“ (der dem ökonomischen Gleichgewicht entsprechen würde) tritt bei Perwuschin – wie auch bei anderen Konjunkturforscher:innen – die Frage nach einem „*besondere[n] Impuls*, welcher

---

139 Vgl. auch die formale Definition von Gottfried Haberler: „Unter einer statischen Theorie verstehen wir eine Theorie, in der alle Variablen (zu erklärende Größen) durch Daten erklärt werden, die sich auf denselben Zeitpunkt oder dieselbe Zeitdauer beziehen. Eine derartige Theorie kann nie eine Bewegung im Ablauf der Zeit erklären.“ Ders.: Prosperität und Depression (1948 [1937]), S. 238. Erich Preiser, der selbst in seinen „Grundzügen der Konjunkturtheorie“ mit dem Begriffspaar „Statik“/„statische Untersuchung“ vs. „Kinetik“/„kinetische Untersuchung“ operiert, weist auf die Geschichte des Begriffspaars Statik/Dynamik hin: von seinen Anfängen in der Mechanik über die Ausdehnung seiner Verwendung in anderen Bereichen der Physik, die Übernahme in die Soziologie durch Comte („Soziale Physik“) bis zur Einführung in die Nationalökonomie durch Mill. „Der Sinn, den er ihnen unterlegt“, schreibt Preiser über Mill, „ist primitiv genug: Statik ist die Betrachtung einer ‚in festem Zutand befindlichen‘ Gesellschaft, während die Dynamik den ‚Fortschritt‘ untersucht. Die weitere Entwicklung ist nun deshalb so verwirrend, weil – bewußt oder unbewußt – diese einfache Begriffsfassung mit der ganz andersartigen, auf ganz anderer Ebene liegenden Einteilung in statische und dynamische Betrachtung verquickt wird.“ Preiser: Grundzüge der Konjunkturtheorie (1933), S. 13; vgl. ebd., S. 11–13.

140 S. A. Perwuschin: Versuch einer Theorie der wirtschaftlichen Konjunkturen, auf die Konjunkturentwicklung der Vorkriegszeit in Rußland angewandt. In: Vierteljahrshefte zur Konjunkturforschung 1929, Sonderheft 12: Russische Arbeiten zur Wirtschaftsforschung, S. 44–78; S. 44.

141 Ebd., S. 55; Herv. i. Orig.

mächtig genug ist, den Mechanismus der Volkswirtschaft *wieder in Gang zu setzen*".[142] Dabei sieht nicht nur der Freiburger Ökonom Friedrich Lutz die Aufgabe einer „dynamischen Theorie" in dem Nachweis, „daß die Wirtschaft aus ihrer eigenen Gesetzmäßigkeit heraus auf und ab schwinge. Nur dann verdient sie den Namen einer dynamischen Theorie, nur dann würde sie auch dem Problem gerecht, das der Konjunkturzyklus an eine reine Theorie zu stellen scheint."[143]

Schon 1912 hatte der österreichische Nationalökonom Joseph Schumpeter gefordert, dass in der wirtschaftswissenschaftlichen Analyse neben der „statischen" Betrachtung „des Kreislaufs des Wirtschaftslebens"[144] auch die Perspektive der „Entwicklung" (der Veränderungen der Wirtschaft „aus sich selbst heraus"[145]) eingenommen werden müsse, wobei die beobachtbaren Krisen „Wendepunkte der wirtschaftlichen Entwicklung"[146] markieren: „Und nur soweit sie es sind, wollen wir uns mit ihnen beschäftigen."[147] Statt auf einen „quasi statische[n] Zustand"[148] zu schauen, müsse der „Prozeß der Herbeiführung desselben"[149], der „Prozeß der Statisierung"[150] analysiert werden, zu dem sich „jeder dynamische Aufschwung"[151] entwickelt. Dabei gelte es über die deskriptive Betrachtung individueller Verläufe hinaus in theoretischer Analyse „die Art und Weise des Vorgangs, […] seinen Mechanismus"[152] zu erfassen – wie auch die Impulse, welche die Dynamik antreiben. Schumpeter selbst widmet sich dem Thema in einer knapp 550 Textseiten umfassenden „Theorie der wirtschaftlichen Entwickung" und hält schließlich fest:

> „Unser wichtigstes Resultat ist, daß es eine solche wirtschaftliche Entwicklung wirklich gibt. Das heißt, daß sich das Bild jeder Volkswirtschaft auch dann verändern würde – und zwar in bestimmter uns nun bekannter Weise –, wenn sich in der Welt des Nichtwirtschaftlichen nichts änderte."[153]

Joseph Schumpeter beschreibt damit vergleichsweise früh für die sich herausbildende Konjunkturforschung ein Bewegungsmodell der Ökonomie, das sich vom älteren, mechani(sti)schen Bild des statischen Gleichgewichtsmodells abheben soll, dabei aber ebenfalls auf physikalisch-mechanische Vorstellungen und Begrifflichkeiten zurückgreift. So

142 Ebd., S. 56; Herv. i. Orig.
143 Lutz: o. T. (1933), S. 163.
144 Schumpeter: Theorie der wirtschaftlichen Entwicklung (1912), S. 103.
145 Ebd.
146 Ebd., S. 425.
147 Ebd.
148 Ebd., S. 447.
149 Ebd.
150 Ebd., S. 448.
151 Ebd., S. 437.
152 Ebd., S. 467.
153 Ebd., S. 469.

> „[wäre] das Gesamtbild der wirtschaftlichen Entwicklung eines Volkes [...] nicht durch eine stetig ansteigende, einem einheitlichen Gesetz gehorchende Kurve, sondern durch aneinander anschließende Kurvenstücke zu versinnlichen, deren jede ihre besondre Form hat, wenngleich es der ganze Charakter des Mechanismus der Entwicklung mit sich bringt, daß diese Formen einander ähnlich sein werden.“[154]

Eine vergleichbare Stoßrichtung der Argumentation wie auch ein entsprechendes Repertoire an Beschreibungsvokabular um den zentralen Begriff der Dynamik findet sich in zahlreichen weiteren konjunkturanalytischen Abhandlungen, unter anderem in Nikolai Kondratieffs 1924 erschienenen Überlegungen zur Konzeptualisierung von ökonomischer Statik und Dynamik. Hier bietet der Begründer und Leiter des Moskauer Konjunkturforschungsinstituts der wirtschaftswissenschaftlichen Theoriebildung einen Definitionsversuch für beide Begriffe an: Statik und Dynamik seien nicht als zwei mögliche Erscheinungsformen ökonomischer Sachverhalte zu verstehen, sondern als zwei analytische Perspektiven auf die Wirtschaft als per se dynamischer Forschungsgegenstand („Economic activity is dynamic by its very nature.“[155]). Auch Kondratieff macht den grundlegenden epistemischen Wechsel auf: Während die bisherige Forschung vom statischen Ansatz dominiert worden sei, zeige sich ein zunehmender Bedarf an der Entwicklung einer „dynamischen Theorie“.[156] Kondratieff rekurriert dabei – wobei auch er explizit die Physik (und Chemie) als Referenzwissenschaft(en) im Blick hat – auf die Unterscheidung irreversibler und reversibler Prozesse als sinnvolles analytisches Kategorienpaar zur Erfassung wirtschaftlicher Entwicklungen („While in economics the concepts of statics and dynamics were already beginning to be borrowed in Mill's day, it was incomprehensible why it should not be possible to extend the sphere of application of the concept of reversible and irreversible processes.“[157]). Die Aufgabe der von Kondratieff perspektivierten (dynamischen) Konjunkturforschung liegt hier vorrangig in der Durchdringung nicht der irreversiblen Faktoren, die das Voranschreiten der Nationalökonomie bedingen, sondern der „reversiblen“, einer „wave-like curve“[158] folgenden ökonomischen Elemente („since we can only define the concept of conjuncture in association with these“[159]).

Damit wird der zyklische Kurvenverlauf bei Kondratieff wie in der ökonomischen Konjunkturforschung generell zum zentralen Moment der dynamischen Perspektive auf die wirtschaftliche Gesamtentwicklung. Er bildet das maßgebliche Unterscheidungs- und Abgrenzungskriterium zur statischen Perspektive, in der sich ökonomische Entwicklungen idealerweise im Gleichgewicht befinden und auch bei

---

154 Ebd., S. 490.

155 Kondratiev: The Concepts of Economic Statics, Dynamics and Conjuncture (1998 [1924]), S. 5.

156 Ebd., S. 2.

157 Ebd., S. 11.

158 Ebd., S. 13.

159 Ebd., S. 14.

durch äußere Effekte bedingten Abweichungen diesem letztlich wieder annähern. In Rhythmus-orientiertem Blickwinkel zeigt sich allerdings interessanterweise auch hier (in den Abweichungs- und erneuten Annäherungsbewegungen) ein zyklischer Verlauf – und tatsächlich ist gerade in der frühen Konjunkturforschung das konzeptuelle Verhältnis zwischen Konjunkturphänomen und der fest etablierten Vorstellung vom ökonomischen Gleichgewicht alles andere als eindeutig. Es reicht von kategorialer Differenz (als zentralem definitorischen Moment) bis hin zu Erklärungsmodellen für die Konjunkturschwankungen, die auf ausschließlich exogene Einflüsse auf den grundsätzlich regelmäßigen Wirtschaftsverlauf als deren Movens abstellen und damit letztlich nicht weit vom Gleichgewichtsmodell entfernt sind.[160] In dieser ‚unbestimmten Beziehung' von Statik und Dynamik vermag die Idee des Rhythmischen (in ihrer theoretischen Unschärfe) nicht nur der Profilierung einer Differenz, sondern zugleich bei Bedarf auch als verbindendes Moment zu dienen.

3.3 Das Gesetz von Aktion und Reaktion

Besonders auffällig findet sich eine Parallelisierung von Wirtschaft und rhythmisch grundierter physikalischer Mechanik bei dem US-amerikanischen Ökonomen und Konjunkturforscher Roger W. Babson, der seine wirtschaftstheoretischen Vorstellungen konsequent am Newtonschen Resonanzprinzip von Aktion und Reaktion ausrichtete. Er „bedient sich nicht nur der Analogie der Mechanik", schreibt der zeitgenössische russische Ökonom und Konjunkturforscher Albert L. Wainstein, „sondern ist der Meinung, daß das Gesetz ‚Wirkung gleich Gegenwirkung' voll und ganz auf die Ökonomik anwendbar sei. Diese These beweist er nicht; er nimmt sie als gegeben hin und macht sie zum Ausgangspunkt seiner Forschungen."[161]

Roger W. Babson gilt als ein Hauptvertreter der angewandten empirisch-statistischen Konjunkturforschung, die sich schon früh äußerst erfolgreich in unabhängigen, von Unternehmen stark nachgefragten und entsprechend frequentierten Einrichtungen zur Wirtschaftsprognostik institutionalisierte. Bereits 1904 hatte der Wirtschafts- und Börsenanalyst Babson, der am *Massachusetts Institute of Technology* unter anderem in Ingenieurwissenschaft ausgebildet worden war, in Boston sein erstes Auskunftsbüro gegründet, das unter wechselnden Namen (*The Office of Roger Babson, Babson's Statistical Organisation, Business Statistics Organization, Babson's Reports, Babson-United*) bis zu Beginn des 21. Jahrhunderts fortbestand.[162]

---

160 Vgl. auch die Übersicht zur Konjunkturforschung in Kap. II.

161 Wainstein: Meteorologische und wirtschaftliche Zyklen, Probleme der Wirtschaftsprognose (1929), S. 28.

162 Vgl. URL: http://www.rogerbabson.com/companies/ (Abrufdatum: 06.12.2015). Vgl. auch Friedmans Darstellung der internationalen, insbesondere europäischen Aktivitäten Babsons; Friedman: Fortune Tellers (2014), S. 32: „In 1912 he organized agencies to sell *Babson's Reports* in London, Paris, and Berlin. At the start of World War I in 1914, 20 percent of his clientele was in Europe." Im Jahr 1920 hatte das Unternehmen bereits

In seinen einschlägigen Publikationen (nach eigenen Aussagen 38 Bücher, einige davon in wenigen Stunden diktiert[163]) fungieren physisch-physikalische Referenzen als Erklärungsmodell wie Plausibilisierungsinstrument des eigenen Vorgehens. So präsentiert Babson in verschiedenen seiner vielzähligen Veröffentlichungen eine populär aufbereitete Darstellung der Newtonschen Mechanik als Ausgangspunkt für die Propagierung des eigenen prognostischen Verfahrens. „All readers at once associate the name of Sir Isaac Newton with an apple falling from a tree", beginnt Babson etwa einen einschlägigen Abschnitt „Law of Action and Reaction, Theory of the Babsonchart" über das von ihm entwickelte Analyseinstrument, um kurz darauf vom Newtonschen Gravitationsgesetz auf dessen Mechanik überzuleiten:

> „*Briefly, the law of action and reaction is: To every action there is always opposed an equal reaction.* This is one of the fundamental laws of the universe, underlying as it does all the sciences from astronomy to chemistry. At the present time it is usually taught to young people in connection with the study of physics under a chapter relating to mechanics."[164]

Nicht nur sei das Gesetz von Aktion und Reaktion etwa zum zentralen Behandlungsgrundsatz in der fortschrittlichen Medizin avanciert („instead of bleeding a patient and filling him up with drugs as they did years ago, physicians now look upon their patients as machines and realizie that the machine needs to be kept clean, well oiled, and supplied with fresh power"[165]), sondern auch Psycholog:innen, aber etwa auch Religionsphilosoph:innen („For centuries people have mechanically interpreted the philosophy of Jesus, such as ‚whatsoever a man soweth, that shall he also reap,' without recognizing the scientific basis existing for these words as applied to spiritual matters."[166]) hätten die grundsätzliche Relevanz für ihren Geltungsbereich beschrieben, die sich zudem auch in politischen Großereignissen wie der Französischen Revolution und nicht zuletzt in der Polizeiarbeit zeige: „Similarly,

---

dreihundert Beschäftigte; vgl. ebd., S. 38. Zu nachhaltigem Ruhm kam Babson schließlich im Herbst 1929, als er – im Unterschied zu anderen nicht-universitären wie auch den universitären Konjunkturforschungsinstituten – den großen Börsencrash vorauszusagen vermochte (was nicht zuletzt auch daran lag, dass Babson stets quasi antizyklisch in Zeiten des Aufschwungs das Augenmerk auf den Abschwung legte und umgekehrt; vgl. u. a. ebd., S. 43 f.).

163 Vgl. Babson: Actions and Reactions (1935), S. 222; dort auch eine Liste der Titel.

164 Roger W. Babson: Business Barometers for Profits – Security – Income. 9. Aufl. New York 1959 (1940), S. 202; Herv. i. Orig. Die zitierten Sätze erschienen ebenfalls – sinngemäß, aber auch wortwörtlich – in anderen Publikationen des Autors. Vgl. u. a. ders.: Business Barometers Used in the Management of Business and Investment of Money. A Text Book on Applied Economics for Merchants, Bankers and Investors. 18. Aufl. Wellesley Hills (MA) 1926 (1909).

165 Babson: Business Barometers (1959 [1940]), S. 203.

166 Ebd., S. 205.

every intelligent police captain, engaged in handling acute situations [...], realizes the application of the law of action and reaction to his work."[167]

Dieser universale Geltungsbereich, den Babson Newtons Prinzip zuerkennt, ist mit einer Verehrung der Wissenschaftler-Persönlichkeit Newton gepaart, die allem voran in der 1935 veröffentlichten Autobiographie Babsons (mit dem bezeichnenden Titel „Actions and Reactions") geradezu hagiographische Züge aufweist. Das Buch enthält nicht nur ein Porträt von „Sir Isaac Newton, born 1642, died 1727, upon whose writings the politics of the Babson Statistical Organization are based"[168], sondern auch die detaillierte Schilderung einer Europa-Reise, die Babson mit seiner Frau unternahm – mit dem erklärten Ziel, mehr über Newton zu erfahren[169]: „Our trips were exeedingly interesting and marked the beginning of our collection of Newtoniana. Mrs. Babson now has one of the most valuable collections of Sir Isaac Newton's books in this country."[170] Und über die Grundlagen seiner Arbeit als Konjunkturanalytiker lässt sich der Autor gar zu der Bemerkung hinreißen: „Let me say that the ideas that underlie my work were selected from the Bible and the writings of Sir Isaac Newton."[171]

Wie das an Newton ausgerichtete Konjunkturkonzept in der Praxis aussah, zeigt die Arbeit von Babsons unabhängigem, profitorientiertem Wirtschaftsdienst. Als zentrales diagnostisches Instrument diente hier die erstmals 1911 veröffentlichte sogenannte „Babsonchart", in der zur besseren Beurteilung des Wirtschaftsverlaufs graphisch aufbereitete Datenreihen zur Verfügung gestellt wurden (vgl. Abb. 34). Durch die aus der Kombination einer Mehrzahl von Einzeldatenreihen verschiedener ökonomischer Bereiche in „mechanischer Arbeit"[172] gewonnene Kurve legte Babson die sogenannte „X-Y-Linie", die den durchschnittlichen Wirtschaftsverlauf des Landes anzeigte. Um nun den Konjunkturverlauf bestimmen zu können, gelte es – so Babson – nicht nur entweder die Amplitude der Kurve (in Bezug auf die X-Y-Linie) oder die Länge einer Periode zu bestimmen, sondern vielmehr ein Produkt aus beiden, Zeit und Intensität, zu bilden, um so die Flächen über bzw. unter der Linie (und damit jeweils einer Konjunkturperiode) bestimmen zu können. „Time, then, may be compared to space, and intensity may be compared to weight, and their product to space multiplied by weight, or to ‚foot-pounds' – in our case, business activity."[173]

167 Ebd., S. 206.

168 Babson: Actions and Reactions (1935), S. 139.

169 Ebd., S. 147.

170 Ebd., S. 183.

171 Ebd., S. 383.

172 Wörtlich: „the mechanical work of compiling and reducing these figures to one single ‚Business Index'"; Babson: Business Barometers (1926 [1909]), S. 128.

173 Babson: Business Barometers for Profits – Security – Income (1959 [1940]), S. 215. Zur Entstehungsgeschichte der „Babsonchart" sowie der Idee der „X-Y-Linie" vgl. auch die Darstellung in Friedman: Fortune Tellers (2014), S. 27–31.

Die auf Newtons Gegenkraft-Prinzip fußende Grundannahme des Babson'schen Konjunkturgesetzes lautet dabei, dass die so entstandenen Felder („areas") der jeweiligen Wirtschaftsabschwünge in ihrer Fläche exakt denselben Wert aufweisen wie die Flächen der vorangegangenen Aufschwungphasen:

> „The line X-Y represents the country's net gain or growth. Based on the economic theory that action and reaction are equal when the two factors of time and intensity are multiplied to form an area, the sums of the areas above and below said line X-Y must, over sufficiently long periods of time, be equal, provided enough subjects are included, properly weighted and combined.
> It will be seen that each area is divided into halves by a narrow white line. This is to emphasize the fact that the first halves of areas A, C, and E are really reactions from the extravagance, inefficiency and corruption which existed during the latter half of the preceding ‚over-expansion' area. Contrariwise, the first halves of areas B, D, and F are really based upon the economy, industry and righteousness developed during the hard times just preceding."[174]

Die konsequente Anwendung des Newtonschen Grundsatzes verschafft dem Babson'schen Konjunkturmodell so seine Berechnungsgrundlage:

> „The law of Action-Reaction, however, is absolute, and as long as we insist on over-doing and over-expanding we must expect an equivalent area of reaction below the X-Y Line. So long as business continues in its present habits we shall have these wave movements, and so long as we do have them it is fatal to ignore them."[175]

Zugleich kann über die wissenschaftliche Legitimität des Gesetzes die Qualität der eigenen Arbeit – einschließlich möglicherweise notwendiger Nachjustierungen – abgesichert werden: „As our knowledge of the law of action and reaction increases and as more statistical data become available, we are continually revising our studies to secure the best possible measure of business conditions."[176]

---

174 Babson: Business Fundamentals (1923), S. 57 f. Die von Babson dabei zur Aufrechterhaltung des Gesetzes gezeigte Flexibilität vermittelt u. a. sein Hinweis, dass er „nicht zögern" würde, „die XY-Linie zu heben oder zu senken, um das Gleichgewicht herzustellen"; zit. n. Gustav Clausing: Roger W. Babsons Beobachtungsverfahren der wirtschaftlichen Wechsellagen. In: Schmollers Jahrbuch für Gesetzgebung, Verwaltung und Volkswirtschaft im Deutschen Reiche 52/1928, H. 1, S. 101–120; S. 116. Tatsächlich setzte Babson diese Ankündigung auch in die Praxis um. Clausing spricht davon, dass „nach Bedarf, um nicht zu sagen nach Willkür, eine Anpassung der Grundrichtung erfolgen" konnte; ebd.

175 Babson: Business Fundamentals (1923), S. 63.

176 Babson: Business Barometers for Profits – Security – Income (1959 [1940]), S. 219.

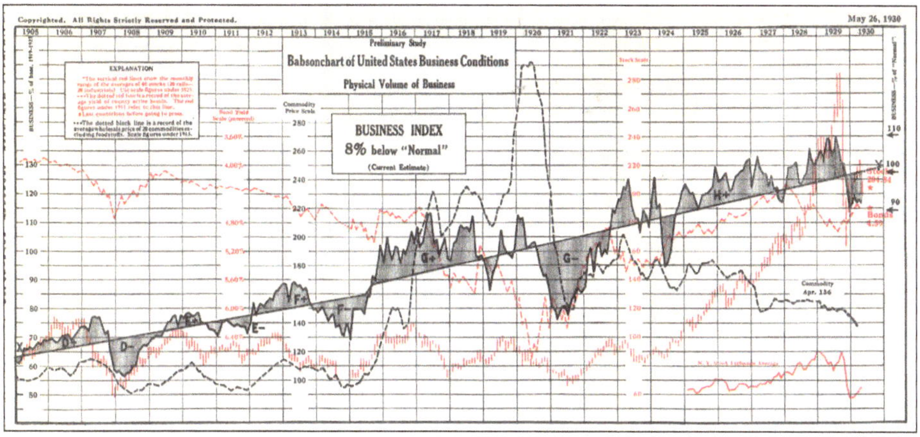

Abb. 34: „Babsonchart of United States Business Conditions". In: Roger W. Babson: Investment Fundamentals. New York, London 1930, S. 201.

Im Hinblick auf die Rhythmizität der Konjunktur nützt Newtons Aktion-Reaktion-Prinzip Roger W. Babson aber noch auf andere Weise: Es stützt den für den Konjunkturdiagnostiker Babson offensichtlichen Befund, dass Wirtschaftsverläufe – wie andere Phänomene auch – in der *Ausformung* ihrer Auf- und Abschwünge nicht streng regelmäßig ausgebildet sind beziehungsweise sein müssen: „There is no law in physics or nature that any action or any reaction must come with any definite *regularity.*"[177] Über die Gleichheit von Aktion und Reaktion – hier umgesetzt in der Gleichheit der aus Dauer und Intensität gebildeten Flächen – aber sind sie dennoch jeweils aus der vorangegangenen anderen Bewegung bestimmbar – und damit vorhersagbar. Die auf der Newtonschen Gesetzmäßigkeit fußende Vorstellung korrespondiert dabei auch hier auffällig mit der verbreiteten Konzeption von Rhythmus als einer Abfolge gerade nicht identischer, sondern mit jeweils individuellen Zügen ausgestatteter Perioden, ohne dabei jedoch die mechanische Grundierung des Konzepts – und damit den Kern der prognostischen Plausibilität – aufgeben zu müssen.

Was an Babsons Ansatz zunächst irritiert, nämlich dass er keineswegs eine differenzierte Auseinandersetzung mit den Newtonschen Überlegungen aus ökonomischer Perspektive anstrebt, um darüber Anschlussmöglichkeiten für die ökonomische Analyse zu schaffen, sondern stattdessen sogar die Simplifizierung der mechanischen Prinzipien voranzutreiben scheint, trug sicherlich dazu bei, dass seine „rigid doctrine of action and reaction"[178] im wissenschaftlichen Diskurs um Kon-

177 Babson: Business Barometers Used in the Management of Business and Investment of Money (1926 [1909]), S. 122; Herv. i. Orig. Dieselbe Formulierung findet sich auch noch einige Jahrzehnte später in ders.: Business Barometers for Profits – Security – Income (1959 [1940]), S. 215.

178 Garfield V. Cox: An Appraisal of American Business Forecasts. Chicago (IL) 1929, S. 9; Cox weist darauf hin, dass Babsons „Area Theory" in ihrem Paarkonzept eine „one-sided relationship" darstellt: Während die Größe einer „area of depression" der Größe

junkturphänomene kaum eine Rolle als ernst zu nehmender Beitrag spielen konnte.[179] Daneben steht allerdings die von ihm vor allem ins Auge gefasste Zielgruppe der Wirtschaftspraktiker:innen – und damit der (potenziellen) Abonnent:innen seines Auskunftsdienstes –, denen er (auch im Konkurrenzfeld der Konjunkturbüros) ein überzeugendes Fundament seiner Einschätzungen zur Wirtschaftsentwicklung anbieten musste. Und hier traf, wie der Erfolg zeigte, die von Babson vorgeführte theoretische ‚Abrüstung'[180] (nicht dagegen die des Datenmaterials, dessen Zusammenführung und Aufbereitung Babson durchgängig als komplex und aufwendig darstellt) und damit die Konzentration auf ein einfaches, plastisch vermittelbares und zudem (natur-)wissenschaftlich etabliertes wie alltagsweltlich vertrautes Erklärungsmodell auf offensichtlich positive Resonanz.

Mit Blick auf die rhythmische Verfasstheit der Konjunkturanalyse gilt es für Babsons Vorgehen schließlich festzuhalten, dass diese hier gleich zweifach wirkmächtig wird – wie erläutert auf inhaltlicher, zugleich aber auch auf formaler Ebene: Zum einen ist das von ihm konsequent propagierte Aktion-Reaktion-Prinzip in seinem Kern rhythmisch organisiert; zum anderen ist es aber auch dessen Vermittlung und deren unverkennbar repetitiver Charakter. So zieht sich die Darstellung des Newtonschen Gesetzes und seiner universellen Gültigkeit durch unzählige Veröffentlichungen Babsons in wechselnden Publikationskontexten und -formaten und weist hierbei, durch ihre geradezu mantraartige Wiederholung, schließlich selbst Züge einer rhythmischen Bewegung auf.

---

der vorangegangenen „area of overexpansion" entspricht, gilt dies andersherum nicht für die auf die Depression folgende Überdehnung. Erst Ende der 1920er-Jahre habe der *Babson's Statistical Service* diese Schwäche stillschweigend korrigiert.

179 Friedman verweist auf den Versuch Babsons, sich bei Herbert Hoover und Wesley Mitchell ins Gespräch zu bringen: „But neither Hoover nor Mitchell accommodated the Wellesley oracle's request to become part of their group. Instead they wished to distance themselves from those they considered dubious financial gurus." Friedman: Fortune Tellers (2014), S. 184 (Wellesley in Massachusetts ist der Standort von Babsons Institut). Gustav Clausing erwähnt eine „Propagandafahrt nach Europa", die Babson „allerdings vergeblich" im Jahr 1913 „für die Gründung eines ‚Institutes zur Messung des internationalen Fortschritts'" unternahm; Clausing: Roger W. Babsons Beobachtungsverfahren der wirtschaftlichen Wechsellagen (1928), S. 118.

180 Vgl. die Einschätzung von Friedman: „The Area Theory, with its bow to Newton, was little more than a dressed-up version of the obvious observation that markets go up and down over time." Ders.: Fortune Tellers (2014), S. 30. Vgl. auch Wainstein: Meteorologische und wirtschaftliche Zyklen, Probleme der Wirtschaftsprognose (1929), S. 28: „Wir halten eine derart unkritische Verallgemeinerung der Prinzipien der Mechanik für unberechtigt."

3.4 „Versuchsanordnungen" der Rhythmusarbeit: Energien, Schwingungen, Resonanzen

Einen neuen Schub in Richtung einer physikalischen Organisation ihres Untersuchungsgegenstands wie auch ihrer Zugänge und Methoden erfuhr die Konjunkturforschung mit der sich seit den frühen 1930er-Jahren zunehmend etablierenden ökonometrischen Ausrichtung. Was Ragnar Frisch, wie eingangs dieses Kapitels skizziert, für die Wirtschaftswissenschaften allgemein propagierte – die Durchsetzung eines Wissenschaftsbildes der Ökonomik, das den Erkenntnisprozess konsequent in Richtung eines „technical and realistic character"[181] vorantreibt, indem es die wissenschaftlichen Verfahren auf Experimente und Modellbildung, auf präzise Grundannahmen beziehungsweise Axiome, auf Quantifizierung und Generalisierung ausrichtet –, hat er in seinem wohl bekanntesten Aufsatz anhand der Konjunkturforschung spezifiziert und exemplarisch durchgearbeitet. Der 1933 in der Festschrift für den schwedischen Ökonomen Gustav Cassel publizierte Text „Propagation Problems and Impulse Problems" gilt als wichtigster Beitrag Frischs zur Konjunkturforschung[182] und bildete die Grundlage für die Nobelpreis-Verleihung an Frisch im Jahr 1969.[183] Eine Vorversion des Textes, die Ragnar Frisch auf der Konferenz der europäischen Ökonometriker:innen 1933 in Leiden präsentiert hatte, war bereits auf eine große Resonanz beim Publikum gestoßen[184], und in der Folgezeit avancierte die Publikation zu einem in der wirtschaftswissenschaftlichen Community anerkannten Referenztext.[185]

---

181 Vgl. Frisch: New Orientation of Economic Theory (1932), S. 110.

182 Vgl. Andvig: Ragnar Frisch and Business Cycle Research during the Interwar Years (1992 [1981]), S. 82. Alfred Maussner schreibt in seinem Standardwerk zur Konjunkturtheorie über Frischs Beitrag: „Er veränderte [...] den Maßstab zur Beurteilung einer Konjunkturtheorie. [...] Der Unterschied zwischen Impulsen oder exogenen Schocks und den modelleigenen Verarbeitungsmechanismen ist seither Bestandteil der Konjunkturtheorie." Alfred Maussner: Konjunkturtheorie. Mit 65 Abbildungen. Berlin, Heidelberg 1994, S. 32.

183 Vgl. Louçã: The Years of High Econometrics (2007), S. 267: „The paper which gave Frisch the Nobel Prize (PPIP) is a landmark in the history of economics: it was written and published in 1933, presenting an ingenious three-dimensional mixed system of difference and differential equations to account for several modes of oscillation".

184 Vgl. ebd., S. 156.

185 Bezug genommen wurde dabei weniger auf die konkrete Mathematik, als vielmehr auf die zugrunde liegende Idee und grundsätzliche Ausrichtung des Textes. Vgl. ebd., S. 22: Frischs „1933 paper on cycles, developing a model based on a mixed difference and differential equation, was too difficult and its computation demanded an extremely demanding simulation. Although it gained respect and was considered to lay the foundations for a new theory of cycles, providing a model for future models – and indeed it did – the paper was read by many, but understood only through its rhetorical tools ..." Vgl. ebd., S. 23: Frischs *impulse-propagation*-Modell „constituted the vade mecum of the main models of cycles for generations – and still does." Zur Einordnung des Textes

In seinem Kern versuchte der etwas mehr als dreißigseitige Aufsatz das rhythmische Wesen von Konjunkturverläufen zu erklären und zugleich im Sinne ökonomisch-mathematischer Modellbildung zu operationalisieren. Frisch skizziert ein theoretisches Konjunkturmodell, das aus der Kombination zweier grundsätzlich verschiedener, jedoch in Wechselwirkung zueinander stehender Faktoren der Generierung und Erhaltung regelmäßiger Wirtschaftsschwankungen zusammengefügt ist: Während exogene, unregelmäßige Impulse als Auslöser für die Konjunkturschwankungen gelten, ist es eine endogene, der Wirtschaft selbst inhärente Struktur der „Ausbreitung" („propagation"), welche die unregelmäßigen Impulse in eine regelmäßige Wellenbewegung überführt, die aber zugleich auf diese Impulse („impulse" oder „erratic shock") von außen – als Energiezufuhr für das System – angewiesen ist, um die Amplitude der sich wiederholenden Bewegung aufrechterhalten zu können: „Without the outside shocks the economy would only generate damped cycles."[186] Erst das Zusammentreffen beider Elemente bringt also den zu beobachtenden rhythmischen Konjunkturverlauf hervor.[187]

Der von Frisch herangezogene Deutungsmodus ist dabei ein naturwissenschaftlich-physikalischer, der konsequent an energetisch-mechanischen Grundsätzen orientiert ist: „The economic problem was consequently reinterpreted as an energy problem".[188] Als Erklärungsmodell diente Frisch dabei die zu diesem Zeitpunkt bereits in die Wirtschaftstheoriebildung eingeführte Schaukelpferd-Analogie: Knut Wicksell, auf den sich Frisch unter anderem bezieht, hatte – übertragbar auf die Ökonomie – am Beispiel eines durch einen Schlag mit einem Holzstock in Bewegung versetzten Schaukelpferdes versucht, die regelmäßige Bewegung aus dem unregelmäßigen Antrieb zu deuten. Stärker noch rekurrierte Frisch auf die für die

vgl. auch Leif Johansen: Ragnar Frisch's Contribution to Economics. In: The Swedish Journal of Economics 71/1969, H. 4, S. 302–324; S. 314 f. Vgl. auch die Einschätzung von Jens Christopher Andvig: „Frisch's article was perhaps the first formal mathematical formulation of a dynamic model used for explaining economic crises and fluctuations that won general recognition. Even economists not otherwise interested in mathematical economics had from that time on to make at least passing remarks about the merits or drawbacks of formal dynamic analysis." Ders.: Ragnar Frisch and Business Cycle Research (1992 [1981]), S. 84 f. Frisch hatte bereits beim Meeting der Nordic Economists 1931 ein komplexes, sich aber noch im Entwurfstatus befindliches dynamisches Modell präsentiert, das aus 38 Variablen und 37 Gleichungen bestand. Vgl. ebd., S. 82.

186 Ebd., S. 81.

187 Dieser Mechanismus wird in der Literatur auch als Frisch-Slutsky-Paradigma bezeichnet, da Frisch den zentralen Gedanken der Generierung regelmäßiger Kurven aus einmaligen „Schocks" von Eugen Slutsky übernommen hatte; vgl. Bjerkholt: Frisch's Econometric Laboratory and the Rise of Trygve Haavelmo's Probability Approach (2005), S. 495. Vgl. außerdem Kap. V.3.6.

188 Louçã: The Years of High Econometrics (2007), S. 157; Louçã bezieht sich hier auf Kumaraswamy Velupillai: Implicit Nonlinearities in the Economic Dynamics of Impulse and Propagation. In: ders. (Hg.): Nonlinearities, Disequilibria and Simulation. London 1992, S. 57–71; S. 59, 61.

Ausdifferenzierung seiner Argumentation offensichtlich besser geeignete Pendel-Analogie, an die er mit seinen Überlegungen anknüpfte und die er entsprechend weiter ausdeutete:

> „To remain in the pendulum illustration, the difference between the two types of problems may be explained in the following way. If the pendulum initially is at rest and I walk up to it and give it a kick, then two things happen: (i) the fact that I kick the pendulum, this is the subject of the impulse problem; that may be explained by my mood at the moment and things like that. (ii) The fact that the pendulum when first moving follows its typical trajectory has nothing to do with my state of mind: it has something to do with the inner structure of the pendulum. And that is the subject of the propagation problem."[189]

Aus dieser analogen „Versuchsanordnung" leitet Frisch zwei theoretische Aufgaben der Konjunkturforschung ab: Zunächst gilt es die den strukturellen Eigenschaften der Wirtschaft selbst entstammenden Schwingungen zu erfassen (das heißt bei Frisch: mathematisch zu modellieren): „This must be done by an essential dynamic theory, that is to say, by a theory that explains how one situation grows out of the foregoing."[190] Frisch entwarf eine schematische Darstellung der Ökonomie (Abb. 35) und führte dazu aus:

> „The complete macro-dynamic problem, as I conceive of it, consists in describing as realistically as possible the kind of relations that exist between the various magnitudes in the Tableau Economique exhibited in Fig. 1, and from the nature of these relations to explain the movements, cyclical or otherwise, of the system. This analysis, in order to be complete, must show exactly what sort of fluctuations are to be expected, how the length of the cycles will be determined from the nature of the dynamic connection between the variables in the Tableau Economique, how the damping exponents, if any, may be derived, etc."[191]

Für den Augenblick allerdings beschränkte sich Frisch auf „systems that are still more simplified than the one exhibited in Fig. 1"[192], wie er überhaupt die Vereinfachung als Grundlage der Entwicklung berechenbarer mathematischer Gleichungen wie zur Vorantreibung der von ihm angestrebten Generalisierbarkeit seiner Modellierungen an verschiedenen Stellen der Argumentationsführung einsetzte.

---

189 Ragnar Frisch 1931, zit. n. Andvig: Ragnar Frisch and Business Cycle Research (1992 [1981]), S. 81. Vgl. ähnlich Yule, Kendall: An Introduction to the Theory of Statistics (1950), S. 646: „We shall suppose that the motion of the system is determined by two factors: (a) a group of internal properties such as elasticities and constraints which determine how the system moves if left to itself and (b) a series of external shocks."

190 Frisch: Propagation Problems and Impulse Problems in Dynamic Economics (1933), S. 171.

191 Ebd., S. 174.

192 Ebd.

Als zweiten Teil der analytisch-theoretisch zu lösenden Problemstellung neben der Beschäftigung mit den systemimmanenten Oszillationen sieht Frisch die Untersuchung der unregelmäßigen Impulse von außen, die eine Abschwächung der Schwingungen verhindern, oder, in den Worten Frischs, des „stream of erratic shocks that constantly upsets the continuous evolution, and by so doing introduces into the system the energy necessary to maintain the swings".[193]

Ragnar Frisch bezieht sich in der Entwicklung dieser „two types of problems"[194] der Konjunkturforschung wie erwähnt auf den schwedischen Ökonomen Knut Wicksell, von dem er die Schaukelpferd-Analogie übernimmt, sowie auf Johan Åkerman, der mit seinen Überlegungen an Wicksell anschließt. Aber: „Neither Wicksell nor Åkerman had taken up to a closer mathematical study the mechanism by which such irregular fluctuations may be transformed into cycles. This problem was attacked independently of each other by Eugen Slutsky and G. Udny Yule."[195] Das Vorgehen der abstrakt-mathematischen Beweisführung von Slutsky und Yule benötigt Frisch hier dafür, seinen Anspruch an die Wirtschaftstheoriebildung umzusetzen, d. h. die selbstgestellte Aufgabe einer konsequenten Formalisierung ökonomischer Gegebenheiten zu erfüllen. Es ist gerade diese Entwicklung einer *mechanisch* basierten Ausdrucksform des ökonomischen Sachverhalts, die Frisch als adäquate Form der Problemlösung favorisiert, denn das so erhaltene „theoretical set-up [...] seems to furnish a rational interpretation of those movements which we have been accustomed to see in our statistical time data."[196] Was dies heißen kann, deutet er seine Überlegungen beschließend am Beispiel der von Joseph Schumpeter in die konjunkturtheoretische Diskussion eingeführten technischen Innovationen als Auslöser der Wirtschaftszyklen an, die Frisch in ein eben solches mechanisches Modell zu übersetzen versucht:

> „Suppose that we have a pendulum freely suspended to a pivot. Above the pendulum is fixed a receptacle where there is water. A small pipe descends all along the pendulum, andat the lower end of the pendulum the pipe opens with a value which has a peculiar way of functioning. The opening of the valve points towards the left and is larger when the pendulum moves towards the right than when it moves towards the left. Concretely one may, for example, assume that the valve is influenced by the air resistance or by some other factor that determines the opening of the valve as a function of the velocity of the pendulum. Finally we assume that the water in the receptacle is fed from a constantly running stream which is given as a function of time. The stream may, for instance, be a constant.

---

193 Ebd., S. 197.

194 Ebd., S. 198.

195 Ebd.; Herv. i. Orig. Frisch erwähnt weiterhin ein Papier von Harold Hotelling, das in die gleiche Richtung geht; vgl. ebd.

196 Ebd., S. 202 f.

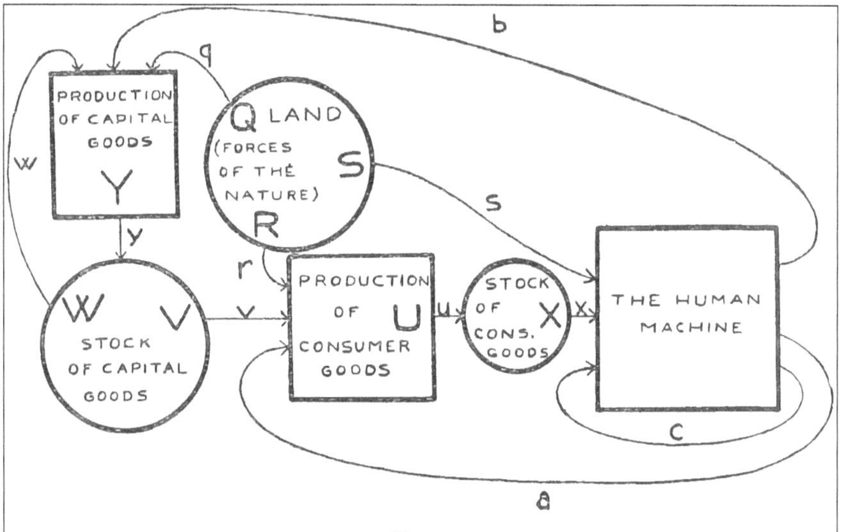

FIG. 1

Abb. 35: „Fig. 1". Aus: Ragnar Frisch: Propagation Problems and Impulse Problems in Dynamic Economics. In: Economic Essays in Honour of Gustav Cassel. October 20th 1933. London 1933, S. 171–205; S. 174.

Now, if the instrument is let loose it is easy to see what will happen. The water will descend through the pipe, and the force of reaction at the lower end of the pendulum created by the fact that the water is emptying through the valve will push the pendulum towards the right, and this movement will continue until the force of gravitation has become large enough to pull the pendulum back again towards its equilibrium point. During the return the opening of the valve and consequently the force that tends to push the pendulum towards the right will diminish, and thus the movement back towards the central position will be accelerated. The pendulum which is now returning with considerable speed will work up an amount of inertia that will push it behind its equilibrium point away over to a position at the left, but here again the gravitation will start to pull it back towards the centre, and now the valve will widen, and by doing so will increase the force which accelerates the movement towards the right. In this way the movement will continue, and it will continue even although friction is present. One could even imagine that the movement would be more than maintained, i.e. that the oscillations would become wilder and wilder until the instrument breaks down. In order to avoid such a catastrophe one may of course, if necessary, add a dampening mechanism which would tend to stabilize the movement so that the amplitude did not go beyond a certain limit."[197]

197 Ebd., S. 203 f. Frisch unterscheidet in seinem Konjunkturmodell die Impulse zur Erhaltung der Schwingungen im System in „random shocks" und Innovationen im Schumpeterschen Sinne. Während Schumpeter in Bezug auf die Angemessenheit des Pendel-Modells zweifelte, versuchte Frisch die Vorbehalte durch eine Ausdifferenzierung des Modells unter Berücksichtigung der Schumpeterschen Einwürfe zu entkräften. Vgl. die detaillierte Darstellung des Austauschs, insbesonere auch des Briefwechsels, sowie dessen Einordnung bei Louçã: The Years of High Econometrics (2007), S. 137–148.

Zur Abbildung evolutionärer Entwicklungssprünge irreversiblen Charakters schlägt Frisch zudem eine Mobilisierung des Modells selbst vor, indem es sich in seiner Befestigung bewegt und so die Sprünge adaptiert:

> „We may, for instance, imagine that the pivot to which the pendulum is suspended is not fixed but slides in a crack in the wall, the crack ascending towards the right. This being so, the whole instrument will move by jumps, and each jump will carry it to a higher position than before. We only have to feed the instrument by a constantly running stream of water. The impulsion which the water creates as it leaves the valve will maintain the oscillations, and these oscillations will constitute the jumps which carry the instrument steadily to higher levels. Thus there will be an intimate connection between the oscillations and the irreversible evolution."[198]

Frisch nutzt das Modell nicht als Verständnishilfe, sondern als analytisches „Instrument" (Frisch 1933, S. 204), bei dem es gilt, die „mechanical analogy"[199] in mathematische Gleichungen zu übersetzen und damit den ökonomischen Sachverhalt berechenbar und hierüber greifbar zu machen. Es ist der formalisierte Mechanismus mit seinen ebenfalls formalisierten Bestandteilen, den Frisch für seine konjunkturtheoretischen Überlegungen zu fassen versucht: „The concrete interpretation of the shock e_k does not interest us for the moment", schreibt er an einer Stelle seines Aufsatzes in der Cassel-Festschrift und fährt fort: „The essential thing to notice is that at the point of time t_k the only thing that happens is that the velocity is increased by a constant e_k."[200]

Wie schon bei Frisch kommt auch bei George Udny Yule der nach den eigenen theoretischen Bedürfnissen ausgestalteten mechanischen Pendel-Analogie ein heuristischer Wert in der Argumentation zu – und auch hier ist die Frage nach der jeweiligen konkreten (ökonomischen) Erscheinungsform des exogenen ‚Energiezuführers' nicht relevant. Yule beschreibt Störungen des Versuchsablaufs mit einem einfachen harmonischen Pendel, dessen Schwingungen und deren Aufzeichnungen durch Jungen gestört werden, die aus verschiedenen Richtungen Erbsen gegen das Pendel werfen: „The motion is now affected, not by *superposed fluctuations* but by true disturbances, and the effect on the graph will be of an entirely different kind.

Zu hydraulischen Modellen in den Wirtschaftswissenschaften vgl. auch Windmüller: „Economic Plumbing" (2017).

198 Frisch: Propagation Problems and Impulse Problems (1933), S. 205. In den Aufzeichnungen Frischs sind auch Überlegungen zur Verschaltung mehrerer Pendel, zu Doppel- und Dreifachpendeln und generell zu Pendelketten zu finden. Vgl. Louçã: The Years of High Econometrics (2007), S. 166–170.

199 Frisch: Propagation Problems and Impulse Problems in Dynamic Economics (1933), S. 203.

200 Ebd., S. 200 f.

The graph will remain surprisingly smooth, but amplitude and phase will vary continually."[201]

3.5 „Pendelschläge der Konjunktur"[202] – zur Mechanik des Rhythmus (und zu den Laboratorien für deren Erforschung)

Beide im vorangegangenen Abschnitt vorgestellten, im mechanischen Bewegungsmodus konzipierten Gegenstände – das Schaukelpferd wie auch das Pendel – besaßen für die konjunkturanalytischen Untersuchungen der frühen Ökonometriker heuristisches Potenzial dank ihrer gemeinsamen Eigenschaft, unregelmäßige Impulse von außen in eine regelmäßige Eigenbewegung zu überführen. Nicht nur erhielten die „Rhythmen der Konjunktur" damit einen exakt-mathematischen Charakter, d. h. sie wurden formalisierbar. Auch wurden zentrale Begriffe und Konzepte der Newtonschen Physik – wie Kraft, Bewegung, Energie – in das semantische Reservoir der ökonomischen Rhythmuskonzepte eingetragen und darüber Vorstellungen vom Rhythmischen als physischer Schwingung, als Kraftstrom und Resonanz mit den zu untersuchenden Konjunkturbewegungen verbunden. Insbesondere über das aus der Physik adaptierte Energiekonzept brachte sich die ökonomische Subdisziplin der Konjunkturforschung in einem interdisziplinären Wissenschaftsgeflecht in Position, rief Verbindungen zwischen den Fächern auf und manifestierte den eigenen Anspruch der Teilhabe.

Harold Davis sieht als Kerngedanken seiner mehr als sechshundert Seiten umfassenden Abhandlung „The Analysis of Economic Time Series" die Aussage, „that economic time series are to be regarded fundamentally as dynamical quantities, and that their motions [...] must be examined with an eye to their constituent energies".[203] Dabei bettet Davis die Analyse ökonomischer Bewegungen in das eben skizzierte interdisziplinäre Feld der energieorientierten Bewegungsforschung ein, indem er fortfährt:

> „Physical science is postulated on the assumption that transfers of energy constitute the kernel of all dynamical transformations. The concept of energy is the thread by means of which chemistry is related to physics, and physics to engineering. The physiologist finds it in the complex problem of the flexure of muscles, the transmission of impulses over nerves, the mechanics of metabolism, and the like; the biologist meets it in the mysterious processes of growth, and in the numerous biochemical and biophysical reactions with which he deals. Because of its universality and the many forms in which it may be

201 Yule: On a Method of Investigating Periodicities in Disturbed Series, with Special Reference to Wolfer's Sunspot Numbers (1927), S. 268; Herv. i. Orig. Vgl. auch Morgan: The History of Econometric Ideas (1990), S. 76.

202 Neue Zürcher Zeitung Nr. 56 vom 12.01.1927: „Konjunktur-Forschung" [HWWA: H n SM 54].

203 Davis: The Analysis of Economic Time Series (1963 [1941]), S. 576.

> found, energy usually furnishes the key to perplexing problems in fields far removed from physics and astronomy, where it was originally defined. [...] The thread of energy thus correlates the phenomena of widely different origins."[204]

Diese Konnektivität gelingt über eine mit der Akzentuierung des Energetischen verbundene formalisierte Analysesprache: „Another aspect of the concept of energy that makes it useful is the fact that the same mathematical equations where it is involved carry over from one science to another"[205] – ausdrücklich einbezogen die „phenomena of economics".[206]

Kommt die Orientierung der Ökonomik an der Physik zunächst als eine einseitige Adaptionsbewegung von seiten der Wirtschaftswissenschaften daher, ohne selbst Impulse in die umgekehrte Richtung zu setzen, ändert sich das Bild beim Blick auf den Beitrag zur fächerübergreifenden wie auch außerwissenschaftlichen Konzeptualisierung des Rhythmischen. Hier trägt die Konjunkturforschung durch ihre vielfach kritisierte Komplexitätsreduktion beim Transfer physikalisch-mechanischer Ansätze in die Sphäre des Ökonomischen zu einer Diskursposition bei, die disziplinenübergreifend integrativ zu wirken und in der bisweilen zugelassenen, bisweilen aktiv forcierten Unschärfe und dem damit ermöglichten ‚semantischen Schillern' konkurrierende Konzepte zusammenzuschließen vermag. Diese Beobachtung wird im nächsten Abschnitt weiterverfolgt, in dem es schwerpunktmäßig um organische Rhythmusvorstellungen in der frühen Konjunkturforschung gehen wird.

4 Wirtschaftskörper – organische Verfasstheiten der Konjunktur

4.1 Ökonomie als rhythmisch angelegter Organismus

Wie in anderen Feldern der Ökonomik findet sich in der Konjunkturanalyse ein Verständnis von der Wirtschaft als organischem Gebilde. Es ist vom „volkswirtschaftlichen Organismus"[207], vom „Organismus der Volkswirtschaft als einheitliches Ganzes"[208] die Rede, vom „Gesamtkörper der Volkswirtschaft"[209] oder schlicht vom „body

204 Ebd.

205 Ebd.

206 Ebd.

207 Schumpeter: Theorie der wirtschaftlichen Entwicklung (1912), S. 209.

208 Perwuschin: Versuch einer Theorie der wirtschaftlichen Konjunkturen (1929), S. 46.

209 Ernst Wagemann: Wirtschaftliche Raumzeitforschung. In: Hamburger Tageblatt Nr. 6 vom 07.01.1937 [HWWA: P Wagemann 17894 0033 JEU]. Zur Fortführung organischer Wirtschaftskonzepte vgl. exemplarisch den viel beachteten Essay von Pierre Klossowski zum lebendigen Geldkreislauf: ders.: La monnaie vivante. Paris 1970 (dt.: Die lebende Münze. Berlin 1998). Vgl. dazu auch Rosa Eidelpes: Lebendes Geld. Pierre Klossowskis anthropomorphe Ökonomie. In: Ilinx 3/2013: Ökonomische Praktiken, S. 99–103. Noch einmal erinnert sei an dieser Stelle daran, dass Clément Juglar, der mit seinem Werk „Des crises commerciales et de leur retour périodique en France, en Angleterre et aux

economic"[210] bzw. „Wirtschaftskörper"[211], der im neuen Argumentationskontext einer periodisch verlaufenden Wirtschaftsentwicklung nicht zuletzt mit Rhythmus-Vorstellungen zusammengebracht, ja mehr noch, entscheidend an diesen ein- und ausgerichtet und so zum „very organism of the cycle"[212] wird. Die folgenden Ausführungen nehmen diesen rhythmisch organisierten Wirtschaftskörper genauer in den Blick und fragen zugleich nach dessen gesellschaftlichen An- und Einbindungen, nach konzeptionellen Verlängerungen in andere Bereiche wie auch nach den darüber transportierten Implikationen und deren diskursiven wie handlungspraktischen Effekten.

Insbesondere das Berliner *Institut für Konjunkturforschung* mit seinem Leiter Ernst Wagemann orientiert seine konzeptuellen Überlegungen zum Phänomen der Konjunktur maßgeblich an organischen Vorstellungen. Nicht nur zeigt sich in den Schriften eine explizite Verwendung entsprechender Terminologie, sondern auch weitergehende epistemisch-programmatische Überlegungen werden grundlegend mit Vorstellungen einer organischen Verfasstheit der Wirtschaft, genauer: mit der „Wirtschaft, die ein organisches Ganzes bildet"[213], verbunden, denn „[w]ie in einem Netzwerk sind alle Wirtschaftselemente einer Volkswirtschaft miteinander verknüpft. Spannt sich dieses an einer Stelle, so folgen daraus zahllose andere Verschiebungen."[214] So wird aus dem Wirtschaftsverlauf eine „natürliche Bewegung", die dem „von innen her gegebenen […] Konjunkturrhythmus" folgt.[215]

In Wagemanns „Funktionaltheorie der Bewegungen"[216] stehen „[a]lle Teile der Wirtschaft […] in enger funktioneller Verbundenheit. Sie bilden ein geschlossenes System, das eigenen Gesetzen unterworfen ist."[217] Und: „Einwirkungen von außen äußern sich lediglich als ‚Reize', die in dem Wirtschaftsorganismus eigengesetzliche Bewegungen auslösen."[218] In einem Artikel in der „Wirtschaftsrevue" schreibt Wagemann in Fortführung bereits früher formulierter Überlegungen noch im Dezember

---

Etats-Unis" (1862) weithin als Begründer der Konjunkturforschung gilt, studierter Mediziner (1836 hatte er über die Auswirkung von Herzinsuffizienz auf die Lunge promoviert) und praktizierender Arzt war und sich vor diesem Hintergrund autodidaktisch mit wirtschaftswissenschaftlichen Fragen beschäftigte.

210 Edwin Walter Kemmerer: Bankers Can Check Depressions. In Advantageous Position to Know the Facts of Business, They Can Take Action to Lessen the Bad Effects of Fluctuations of the Cycle. In: New York Evening Post Nr. 288 vom 24.10.1921 [HWWA: E 15n SM 54].

211 Schumpeter: Theorie der wirtschaftlichen Entwicklung (1912), S. 418.

212 Louçã: The Years of High Econometrics (2007), S. 238.

213 Wagemann: Einführung in die Konjunkturlehre (1929), S. 46.

214 Ebd.

215 Ebd., S. 53.

216 Ebd., S. 46.

217 Wagemann: Konjunkturlehre (1928), S. 12. Eine nahezu identische Formulierung findet sich auch in ders.: Einführung in die Konjunkturlehre (1929), S. 52.

218 Ebd.

1948: „In Wirklichkeit war die kapitalistische Wirtschaft des 19. Jahrhunderts nicht Anarchie egoistischer Interessenkämpfe, sondern ein gesellschaftlicher Organismus von stärkster Reagibilität auf höchster Stufe der Zusammenfassung aller wirtschaftlichen Kräfte."[219] Und in demselben Text:

> „Die organischen und organisatorischen Gebilde lassen sich nach der Straffheit, mit der ihre Elemente zusammengefaßt sind, klassifizieren. Eine zoologische Analogie möge uns dies veranschaulichen: Die lockerste Organisationsform findet sich bei jenen tierischen Organismen, die, wie Würmer, durch Zerstückelung nicht vernichtet werden, sondern deren einzelne Teile nach ihrer Trennung weiterleben können. Eine höhere Integrationsstufe treffen wir bei den Organismen an, die, wie die Echsen, eine solche Teilung zwar nicht mehr vertragen, wohl aber den Verlust eines Gliedes durch neues Wachstum ersetzen. Die höchste Form der Zusammenfassung weisen die Säugetiere auf, deren Teile eine so innige Einheit bilden, daß das Ganze von dem Verlust eines Gliedes schwer beeinträchtigt wird, ohne imstande zu sein, es zu regenerieren. Wenn wir Deutschlands gegenwärtige wirtschaftliche Struktur in diese Kategorien einzuführen suchen, so kommen wir zum Ergebnis, daß sie zu den elementarsten der eben beschriebenen Organisationsformen gehört."[220]

Auch in anderen Beiträgen zur Konjunkturforschung, insbesondere in seinen Überblicks- und Einführungswerken, greift Wagemann die Analogie von Wirtschaft und Tierreich auf und bezieht diese unmittelbar auf die Arbeit des Instituts. In dem Standardbuch „Konjunkturlehre. Eine Grundlegung zur Lehre vom Rhythmus der Wirtschaft" (1928) heißt es etwa:

> „Wie die Konjunkturbeobachtung, so baut sich auch die Forschungsarbeit des Instituts auf dem organisch-biologischen Prinzip auf, auf der Grundanschauung, daß die Wirtschaft ein lebendiger Organismus ist, der mit der tierischen und pflanzlichen Lebensgestalt [...] die enge Verbundenheit aller seiner Teile gemein hat, die sich aus dem innigen Zusammenwirken, dem Ineinandergreifen all seiner Funktionen ergibt ..."[221]

Wagemann verweist dabei auf Carl Mengers „Untersuchungen über die Methode der Sozialwissenschaften" (1883) und hier speziell auf die dort gemachten Ausführungen zu „natürlichen Organismen" sowie der „große[n] Mannigfaltigkeit ihrer Teile (der einzelnen Organe)", die

> „der Erhaltung, der Entwicklung und der Fortpflanzung der Organismen als *Ganzes* [dient]. Jeder Teil derselben hat in Rücksicht auf diesen Erfolg seine besondere Funktion, deren Störung je nach der Intensivität dieser letzteren bzw. je nach der Bedeutung des betreffenden Organs eine mehr oder minder intensive Störung der Funktion des gesamten Organismus bzw. der übrigen Organe im Gefolge hat, während umgekehrt eine Störung

219 Ernst Wagemann: Wirtschaft in Konjunkturwellen. In: Wirtschaftsrevue Nr. 52/53 vom 30.12.1948 [HWWA: P Wagemann 17894 0054 JEU].

220 Ebd.

221 Wagemann: Konjunkturlehre (1928), S. 10.

des Zusammenhanges der Organe zu einem höheren Ganzen, die normale Funktion und Entwicklung jedes einzelnen Organs endlich durch jene der übrigen Organe bedingt. [...] Es liegt auf der Hand, daß hier eine gewisse Analogie zwischen dem Wesen und der Funktion der natürlichen Organismen einerseits und den sozialen Gebilden anderseits vorhanden ist."[222]

Die Einzelunternehmen sieht Wagemann als „Zellen des wirtschaftlichen Organismus", welche „sozusagen sämtliche Ansatzpunkte für die bewegenden Kräfte der Konjunktur umschließen."[223] Und die Organismus-Analogie zieht sich auch durch die konkreten Beschreibungen bestimmter Wirtschaftsentwicklungen. So äußert er sich etwa im „Hamburger Tageblatt" vom 7. Januar 1937 über den Zustand der Krise: „Die Wertbewegung, die früher Produktion und Bedarf regierte, so wie Nerven und Drüsen die Funktionen des Organismus leiten, ist sozusagen gelähmt."[224] Wirtschaftsbarometer funktionieren laut Wagemann „in ähnlicher Weise [...] wie die zahlreichen diagnostischen Methoden der Medizin", und zwar „als Grundlage für den ärztlichen Befund: aus der Fülle der Einzelbeobachtungen wird die Diagnose und aus dieser heraus die Prognose gestellt."[225]

Hier ähnelt die Konjunkturprognostik der medizinischen Praxis nicht nur im Hinblick auf die Art des Zugangs, sondern auch auf die damit verbundenen Befindlichkeiten, die angesprochenen Gefühlslagen: „So wie viele Menschen einen ärztlichen Befund fürchten, so besteht merkwürdigerweise auch eine Scheu vor der Konjunkturprognose, die so weit geht, daß selbst ernsthafte Politiker und Forscher ihre Möglichkeit leugnen."[226] Dabei gestatte

„[e]ine gute Symptomatik [...] wesentliche diagnostische und damit prognostische Schlußfolgerungen. Denn ähnlich wie der erfahrene Arzt, auch ohne die tieferen Ursachen zu kennen, aus einem Krankheitsbilde auf den Weiterverlauf der Krankheit schließen kann, lassen sich aus der Beobachtung der regelmäßigen Aufeinanderfolge typischer Bewegungsbilder, Analogieschlüsse auf den weiteren Wirtschaftsverlauf ziehen."[227]

Und doch ist Wagemann – schon um die Grundüberzeugung der Konjunkturforschung von den „Aufs und Abs" der Wirtschaft als deren Normalzustand nicht in Frage zu stellen – im Hinblick auf die Effekte seiner Analogiebildung durchaus vorsichtig: „Man wird sich [...] bemühen, die ‚Erreger der Konjunktur' zu finden, was

---

222 Carl Menger: Untersuchungen über die Methode der Sozialwissenschaften. Leipzig 1883, S. 139 ff.; zit. n. Wagemann: Konjunkturlehre (1928), S. 10, Anm. 1; Herv. i. Orig.

223 Wagemann: Konjunkturlehre (1928), S. 142.

224 Ders.: Wirtschaftliche Raumzeitforschung. In: Hamburger Tageblatt Nr. 6 vom 07.01.1937 [HWWA P Wagemann 17894 0033 JEU].

225 Ders.: Konjunkturlehre (1928), S. 10.

226 Ebd., S. 184.

227 Ebd., S. 190.

natürlich nicht besagen soll, daß die Konjunkturbewegung eine Krankheitserscheinung des Wirtschaftskörpers sei."[228]

Ähnlich wie der Berliner Konjunkturforscher Wagemann perspektiviert auch der Nationalökonom Walter Weddigen in einem 1939 in der „Zeitschrift für die gesamte Staatswissenschaft" publizierten Text „Der Organismusgedanke in der Wirtschaftstheorie" die Ökonomie als Körper und dementsprechend – hier mit unverkennbaren Anklängen an die NS-Staats- und Wirtschaftsideologie – die „Wirtschaftstheorie als eine organische Theorie der Wirtschaft".[229] Er rekurriert dabei auf Vorstellungen, die in den 1870er-Jahren Albert Schäffle in seiner mehrbändigen Abhandlung über „Bau und Leben des sozialen Körpers" entwickelte, in der er sich unter anderem auch eingehend mit einer „organischen Wirtschaftstheorie" beschäftigte.[230] Weddigen selbst betont den Erkenntnisgewinn organischer Analogien (nicht: Homologien: „Jeder *naive* Organizismus in diesem Sinn ist abzulehnen."[231]) für die Wirtschaftstheoriebildung und deren „Grunderkenntnisse".[232] So „erkannte" Schäffle

> „im ‚sozialen Körper' als ‚soziale Grundverknüpfungen' oder ‚Gewebe' dieses ‚Körpers' die Gewebe des Haushalts oder der Wirtschaftsführung in Analogie zum Stoffwechsel des biologischen Organismus, die Gewebe der geistigen Arbeit in Analogie zum Nervensystem, die Gewebe der Technik und Machtübung in Analogie zum Muskelsystem usw."[233]

In der Zusammenführung von biologischen Erkenntnissen „mit dem Wissen von den wirtschaftlichen Organismen"[234] lasse sich, so Weddigen, eine wechselseitige Erhellung des „letztlich unergründliche[n] Geheimnis[ses] des Lebens"[235] vorantreiben, denn „beide Disziplinen, Biologie und Wirtschaftswissenschaft", seien

> „Wissenschaften von *lebendigen*, d. h. immanent erfolgstrebigen Gegenständen [...]. Der ‚immanent erstrebte' Erfolg liegt bei den biologischen Organismen in der Lebenserhal-

228 Ebd., S. 191.

229 Walter Weddigen: Der Organismusgedanke in der Wirtschaftstheorie. Zur 35. Wiederkehr des Todestages von Albert Schäffle. In: Zeitschrift für die gesamte Staatswissenschaft 99/1939, H. 1, S. 1–22; S. 5.

230 Vgl. Albert Schäffle: Bau und Leben des socialen Körpers. 4 Bde Tübingen 1878; insb. Bd. 3. Weddigen weist darauf hin, dass Schäffle unter Fachkollegen wie „auch in der weiteren Öffentlichkeit als Anhänger einer mystisch-völkischen Romantik verschrien" worden sei – ein Urteil, das sich allerdings „[n]ach der Machtergreifung im Jahre 1933" ins Gegenteil verkehrte. Weddigen: Der Organismusgedanke in der Wirtschaftstheorie (1939), S. 2.

231 Ebd., S. 3; Herv. i. Orig.

232 Ebd.

233 Ebd., S. 4.

234 Ebd.

235 Ebd., S. 22.

tung, in der Verwirklichung des Lebenszweckes also, und er liegt bei den Gebilden der Wirtschaft in der Erreichung des Mittelbeschaffungszweckes."[236]

Dabei sieht und akzentuiert Weddigen – wie auch schon zuvor Wagemann – eine kategoriale Differenz der organischen Wirtschaftsauffassung zum Verständnis von Wirtschaft als „starrer Mechanismus".[237]

Im Vergleich zu Weddigen treibt Ernst Wagemann die Organismus-Analogie allerdings mit Perspektive auf das Konjunkturphänomen argumentativ noch einen Schritt weiter, indem er auch die spezifischen Bewegungsmuster des Wirtschaftsverlaufs (als eigenstes Feld der Konjunkturforschung) mit dem organischen Wirtschaftsmodell zusammenführt. Er spricht hier von einer

> „Eigentümlichkeit, die man als die Autonomie der Bewegung bezeichnen möchte. Sie äußert sich zunächst in einem Bewegungsspiel, das alles andere als ein Mechanismus ist und diesem nur in der Tatsache der Bewegungsverknüpfung gleicht, gar nicht jedoch in der Art dieser Verknüpfung. Ablauf, Richtung, Dauer und Intensität des organischen Bewegungsspiels tragen daher den Charakter eines mehr oder weniger freien Rhythmus im Gegensatz zu dem strengen Takte der Maschine."[238]

„Äußere Einflüsse" (und Wagemann denkt hier etwa an größere politische Veränderungen, Naturkatastrophen oder Kriegsgeschehen) würden unabhängig von ihrer jeweiligen Intensität und Beschaffenheit „die Wirtschaft vielleicht immer in gleicher Weise in Bewegung setzen, so wie etwa das Herz auf ganz verschiedene Mittel, seien sie chemischer, seien sie physikalischer Natur, in gleicher Weise reagiert".[239] Entscheidend ist ihm hierbei aber der Hinweis auf die „selbständige Verarbeitung"[240] dieser Impulse durch den Wirtschaftskörper, die „Eigengesetzlichkeit der organischen Bewegung der Wirtschaft"[241].

Wagemann versucht an dieser Stelle (wie auch in anderen Texten zur Konjunkturforschung, insbesondere in seinen Überblicks- und Einführungswerken) eine Vorstellung wirtschaftlicher Zusammenhänge und Entwicklungen zu etablieren, die er als grundlegend anders als etwa diejenige der US-amerikanischen Konjunkturforschung markiert, an deren Vorgehen sich die europäischen Konjunkturfor-

---

236 Ebd., S. 4; Herv. i. Orig.

237 Ebd., S. 6.

238 Wagemann: Konjunkturlehre (1928), S. 10 f.

239 Ebd., S. 11.

240 Ebd.

241 Ebd. Vgl. auch ders.: Einführung in die Konjunkturlehre (1929), S. 53: „Es entspricht dem organisch-biologischen Prinzip, daß die Konjunkturbewegung keiner mechanischen Zwangsläufigkeit unterliegt. Der Konjunkturrhythmus der einzelnen Wirtschaftselemente und damit ihre konjunkturelle Verflechtung überhaupt ist ebenso mannigfaltig und veränderlich wie die Wirtschaftsformen selbst. Die Konjunktur […] wandelt sich aber nicht beliebig, sondern nach einem tieferen Sinn, nach inneren Gesetzen. Denn sie trägt das Gepräge der Wirtschaftsverfassung ihres Landes und ihres Zeitalters."

schungsinstitute maßgeblich orientierten. „Wenn es nämlich erlaubt ist", schreibt Wagemann in „Konjunkturlehre. Eine Grundlegung zur Lehre vom Rhythmus der Wirtschaft" (1928),

> „von der ingenieurmäßigen Einstellung der amerikanischen Konjunkturforschung zu sprechen, und wenn es nicht zu gewagt erscheint, den russischen Arbeiten astronomischen Charakter zuzusprechen, so vertritt das deutsche Institut sozusagen das medizinische oder besser das organisch-biologische Prinzip der Betrachtung. Ihm erscheint die Volkswirtschaft als ein Organismus, dessen Lebensäußerungen niemals aus einem Punkt zu verstehen sind."[242]

Über die Behauptung nationalspezifischer Zugänge und die Betonung einer entsprechenden Differenz versucht Wagemann zugleich das eigene Institut und dessen konjunkturanalytische Arbeit im konkurrenzierenden (internationalen) Feld der einschlägigen Einrichtungen zu positionieren und – davon wird noch die Rede sein – zu profilieren. Darüber hinaus nimmt er mit seinen Ausführungen zum „organisch-biologischen Prinzip" der Konjunkturforschung eine Verlängerung des Deutungsmusters ins Medizinische vor, die spätestens im Nationalsozialismus mit der Rede vom „gesunden" und „kranken" Wirtschaftskörper – und dessen argumentativem Zusammenschluss mit Vorstellungen vom „gesunden" und „kranken" „Volkskörper" – um eine moralisch-wertende Dimension ergänzt und mit einem wirkmächtigen Handlungsimperativ versehen werden konnte.[243] Bevor dieser Strang der Konjunkturdeutung weiter verfolgt werden wird, soll zunächst noch ein genauerer Blick auf die rhythmischen Implikationen der organischen Wirtschaftsvorstellungen gerichtet werden.

---

242 Wagemann: Konjunkturlehre (1928), S. 9. Zur in der deutschen Diskussion immer wieder anzutreffenden Identifizierung der US-amerikanischen Konjunkturforschung mit einem mechanischen Konjunkturverständnis vgl. auch die mediale Berichterstattung über die Konjunkturforschung; exemplarisch Hamburger Nachrichten Nr. 19 vom 20.01.1938: „Wirtschaftsprognosen" [HWWA: A 10 k 1 SM 8]. Dort heißt es: „Die Vorstellung vom Wirtschaftsleben als einem Mechanismus, dessen Ablauf durch gegebene Daten eindeutig vorbestimmt ist, gibt noch jetzt der amerikanischen Konjunkturbeobachtung ihr Gepräge."

243 Das Verhältnis von Ernst Wagemann zum NS-Regime ist uneindeutig. Bereits im März 1933 wurde er als Präsident des *Statistischen Reichsamts* und als *Leiter des Instituts für Konjunkturforschung* entlassen, die Entlassung beim *IfK* allerdings wenig später wieder rückgängig gemacht. Wagemann trat 1933 in die *NSDAP* ein, sein Institut profitierte vom Bedarf der nationalsozialistischen Wirtschaftspolitik an statistischem Material, zugleich aber hielt Wagemann soweit möglich an einem nicht-systemkonformen konjunkurgeprägten Wirtschaftsmodell fest; vgl. dazu auch Kap. VI.5.3.

4.2 Am Puls der Wirtschaft

Auffällig an Ernst Wagemanns konzeptionell-programmatischen Überlegungen zur Konjunkturanalyse und der in diesem Zusammenhang eingeführten Terminologie einer mechanischen versus organischen Bewegungserfassung (sowie der entsprechenden Organisiertheit der Wirtschaftsbewegungen selbst) ist deren „Situiertheit"[244] in ideengeschichtlichen Überlegungen, die sich besonders eindrücklich in der sich ebenfalls in dieser Zeit herausbildenden Rhythmus-Theorie des Lebensphilosophen und „Kosmikers" Ludwig Klages (1872–1956) verdichteten.

Unter anderem in der zentralen Abhandlung „Vom Wesen des Rhythmus" (1932) arbeitet Klages die Polarität von (mechanischem) Takt und (organischem) Rhythmus aus.[245] Er wählt, vergleichbar etlichen konjunkturanalytischen Schriften, zur Explikation seiner – hier: lebensphilosophischen – Rhythmuskonzeption das Bild der Wasserwellen, deren „Auf- und Abwogen"[246] er strikt vom absolut regelhaften Bewegungsverlauf des Taktes (so etwa von der „Erscheinung des taktenden Ganges

---

244 Vgl. Haraway: Situated Knowledges (1988).

245 Bei der Schrift handelt es sich um die überarbeitete Fassung eines Beitrags, den Klages für die im Oktober 1922 unter großem öffentlichen Interesse abgehaltene „Tagung für künstlerische Körperschulung" am *Zentralinstitut für Erziehung und Unterricht* in Berlin vorbereitet hatte und nach seiner krankheitsbedingten Absage im mehrfach neu aufgelegten Tagungsbericht publizierte; vgl. Hans Eggert Schröder: Zu: Vom Wesen des Rhythmus. In: Klages: Philosophische Schriften (1974), S. 764–768 (dort auch weitere detaillierte Informationen zur Veröffentlichungsgeschichte). Zudem hielt Klages in den Folgejahren an zahlreichen Orten Vorträge zum Thema und baute seine Überlegungen schließlich zu einem dreiteiligen (entsprechend an drei Abenden einer Woche präsentierten) Vortragszyklus aus: „Nach Ausweis der noch vorhandenen Notizblätter gliederte der Zyklus sich in die drei Teile ‚Rhythmus und Takt', ‚Der Rhythmus als raumzeitliche Naturtatsache' und ‚Zur Geschichte und Metaphysik des Rhythmus'." Ebd., S. 766 f. Vgl. Hans Kasdorff: Ludwig Klages. Gesammelte Aufsätze und Vorträge zu seinem Werk. Bonn 1984, S. 193. Auch schon früher hatte Klages den Antagonismus von Rhythmus und Regel akzentuiert, wobei die Regel mit Willen und Willkür, der Rhythmus hingegen mit dem Leben assoziiert wird. So heißt es etwa in einem Text von Klages in den „Graphologischen Monatsheften" von 1906, „daß dem Willen die Regel zur Seite steht oder die den Rhythmus durchbrechende und ihn schließlich zerstörende Mechanisierung des Lebensprozesses". Zudem spricht Klages hier von dem „zweifellos feindlichen Gegensatz von organischer Rhythmik und disziplinierter Utilität"; zit. n. Schröder: Zu: Vom Wesen des Rhythmus (1974), S. 764. Die zweite Auflage der Abhandlung „Handschrift und Charakter" (1920 [1917]) enthält des Weiteren einen Abschnitt über den Dualismus von „Rhythmus und Takt"; vgl. ebd., S. 765.

246 Ludwig Klages: Vom Wesen des Rhythmus (1934). In: ders.: Philosophische Schriften (1974), S. 715–719; S. 716. An der Wasserwelle verdeutlicht Klages auch weitere Zuschreibungen, die er im Hinblick auf den Rhythmus vornimmt. So rechnet er die rhythmische Bewegung nicht nur dem Leben zu, sondern stellt diese zugleich auf Dauer: Während der Takt „beginnt und endet", schreibt Klages, habe der Rhythmus „etwas ‚Unendliches'": „Wer unbefangen solche Wellenzüge betrachtet, hat noch niemals geäußert,

der Pendeluhr“[247]) und des Metrums unterscheidet. Aber auch andere Beispiele aus der Sphäre des „Natürlichen“ werden von Klages argumentativ herangezogen und als rhythmische Phänomene in ihrer „Wesensverschiedenheit“[248] – genauer: ihrer „Wesensgegensätzlichkeit“[249] – zum Takt markiert: so der Wechsel „von Tag und Nacht, von Ebbe und Flut, von Sommer und Winter“[250] oder die „Polarität von Entstehen und Vergehen, Geburt und Tod, Wachheit und Schlaf“.[251]

Klages liefert ausgedehnte Beispielfolgen, um das Prinzip der grundsätzlichen Scheidung von Rhythmus und Takt weiter zu veranschaulichen – wobei er die „Wesensform“ der kapitalistischen Wirtschaftsweise und mit ihr zentrale Ausstattungs- und Repräsentationsobjekte der industriellen Produktion (Dampfmaschine, Schmiedehämmer) im Lager des Taktes verortet:

> „Rhythmisch ist das Flügelschlagen ziehender Wandervögel, das Traben noch ungebändigter Pferde, das wellenhafte Gleiten der Fische; aber nach dem Takte zu laufen, zu fliegen, zu schwimmen, vermögen die Tiere ebensowenig, wie etwa wir es fertig brächten, nach dem Takte zu atmen. Dampfmaschinen, Schmiedehämmer, Pendeluhren gehen im Takt, aber nicht im Rhythmus; eine vollendete Prosa hat vollendeten Rhythmus, aber durchaus keinen Takt. Rhythmisch äußert sich und erscheint das Leben, mit dem Takte dagegen zwingt den rhythmischen Lebenspulsschlag unter das nur ihm eigentümliche Gesetz der Geist.“[252]

Im Gegensatz zum Takt (als „beständige[r] Wiederholung einer Musterbewegung“[253]) „muß es vom Rhythmus lauten, es *wiederkehre* mit ihm das *Ähnliche*; und da nun die Wiederkehr eines Ähnlichen im Verhältnis zum Verflossenen dessen Erneuerung vorstellt, so dürfen wir kürzer sagen: der Takt wiederholt, der Rhythmus erneuert.“[254] Während der Rhythmus, das pulsatorische „Mitschwingen im Geschehen“[255], als Ausdrucksform des Lebens zum unverzichtbaren Universalprinzip erhoben wird,

---

die Welle beginne und ende, sondern er äußert etwa, die Welle komme und gehe.“ Ders.: Vom Wesen des Rhythmus (1974 [1933]), S. 513.

247 Ebd.

248 Ebd., S. 512.

249 Ebd., S. 501.

250 Ludwig Klages: Grundlegung der Wissenschaft vom Ausdruck. 5. Aufl. Leipzig 1936, S. 299.

251 Ebd.

252 Ebd.

253 Klages: Vom Wesen des Rhythmus (1974 [1933]), S. 535.

254 Ebd., S. 526; Herv. i. Orig.

255 Kasdorff: Ludwig Klages (1984), S. 100. Hans Kasdorff spricht im Rekurs auf Klages auch von dem „Bewußtsein, daß alles Einzelleben dem kosmischen Rhythmus unterworfen ist“; ebd., S. 106. Bei Klages heißt es u. a.: „Im Rhythmus schwingen bedeutet […] im Pulsschlag des Lebens schwingen und für den Men-schen, vorübergehend den Schranken enthoben zu sein, mit denen den Lebenspulsschlag der Geist verengt.“ Zit. n. ebd., S. 146 f.

erscheint der Takt in diesem metaphysischen Rhythmuskonzept als dessen Bedrohung, die (bewusste, von Menschen gemachte) „regelnde Kraft des Gesetzes“[256] als „rhythmuswidriges“[257], als zerstörerisches und damit lebensfeindliches Prinzip.[258] Bei ihm handele es sich, so Klages, um „etwas vergleichsweise Seelenloses und Totes“, die „genaue Wiedergabe“ im Takt erscheint als „‚mechanisch‘ […], womit wir zum Ausdruck bringen, eine vollkommenste Regelerscheinung sei die Maschine und die Maschinenbewegung *vernichte* den Rhythmus!“[259]

Weiter popularisiert wurden die Ansichten von Klages, die in ihren Rückbezügen auf die Arbeitswelt und deren Maschinisierung direkt anschlussfähig an Karl Büchers diskursleitende Abhandlung „Arbeit und Rhythmus“[260] sind, über ihre Rezeption unter anderem durch den Geschichtsphilosophen und Verfechter eines organisch-zyklischen Kulturmodells, Oswald Spengler, der die „Mechanisierung der Welt“ ebenfalls mit einem antimodernen, fortschrittskritischen Impetus als Ausdruck einer Bedrohungs- und Verlustentwicklung begreift: „Alles Organische erliegt der um sich greifenden Organisation“, schreibt Spengler in „Der Mensch und die Technik“ (1931)[261]: „Eine künstliche Welt durchsetzt und vergiftet die natürliche. Die Zivilisation ist selbst eine Maschine geworden, die alles maschinenmäßig tut oder tun will.“[262]

Dieser letztlich antiintellektualistischen Zurichtung der Unterscheidung von Rhythmus und Takt – wie auch der von Klages eingeführten und vielfach aufgegriffenen Kampfmetaphorik des Widerstreits von Leben (Rhythmus) und Geist (Takt) – folgt Ernst Wagemann nicht (anders als etwa der Mühlheimer Ökonom Kurt Seesemann, der als Klages-Verehrer und sich auf diesen beziehend eine „Wesensforschung in der Volkswirtschaftslehre“ betreiben wollte[263]). Dennoch schwingen

---

256 Klages: Grundlegung der Wissenschaft (1936), S. 302.

257 Kasdorff: Ludwig Klages (1984), S. 127.

258 Vgl. hier auch den Hinweis von Michael Pauen auf den normativen Charakter des Klagesschen Gedan-kengebäudes; ders.: Wahlverwandtschaften wider Willen? Rezeptionsgeschichte und Modernität von Ludwig Klages. In: Michael Großheim (Hg.): Perspektiven der Lebensphilosophie. Zum 125. Geburtstag von Ludwig Klages. Bonn 1999, S. 21-43; S. 22.

259 Klages: Vom Wesen des Rhythmus (1974 [1933]), S. 511; Herv. i. Orig.

260 Vgl. die ausführlichere Darstellung in Kap. IV.2.1.

261 Oswald Spengler: Der Mensch und die Technik. Beitrag zu einer Philosophie des Lebens. München 1931, S. 78; zit. n. Pauen: Wahlverwandtschaft wider Willen? (1999), S. 32.

262 Ebd.

263 Kurt Seesemann: Vernichtung der Wirtschaft. Leipzig [1930], S. 56. Vgl. ebd.: „Die Zahlenforschung mit noch so eingehenden Statistiken kann keinesfalls die metaphysische, d. h. Wesensforschung in der Volkswirtschaftslehre ersetzen.“ Seesemann widmet ganze Abschnitte seiner Abhandlung der Darstellung des Klagesschen Gedankengebäudes zum „Geist als Widersacher der Seele“ und war auch in der 1932 erschienenen Festschrift für Klages vertreten: ders.: Universalismus und Individualismus. In: Hans Prinzhorn (Hg.): Die Wissenschaft am Scheidewege von Leben und Geist. Festschrift Ludwig Klages zum 60. Geburtstag 10. Dezember 1932. Leipzig 1932, S. 207–212.

auch bei Wagemann die von Ludwig Klages gesetzten Wertungen, die Behauptung einer Unzulänglichkeit des mechanischen Bewegungsverständnisses (dem „Bewegungs*mechanismus* [...] wird niemand den Ehrennamen des Rhythmus beilegen wollen“[264], heißt es bei Klages) sowie des „Physikers“ mit, „der nur das Messwerkzeug, die linienhafte Sekunde, kennt“ und dem dabei „der unterste Grund der Bedeutung des Rhythmus im *pulsatorischen Gange der wirklichen Zeit*“[265] entgehe.

Mit seiner grundlegenden Unterscheidung von Rhythmus und Takt wie auch mit seinen Vorstellungen zur „Raumzeitlichkeit des Rhythmus“[266] setzte Ludwig Klages bis heute nachwirkende Impulse im wissenschaftlichen wie gesellschaftlichen Rhythmusverständnis vor allem im deutschsprachigen Bereich, die – wie in diesem Abschnitt gezeigt werden sollte – auch in die Konjunkturforschung, insbesondere in die konzeptionellen Überlegungen des Begründers und Leiters des Berliner Konjunkturforschungsinstituts, Ernst Wagemann, Eingang fanden. Selbst wenn die das Rhythmusverständnis grundierenden metaphysischen Ideen nicht aufgegriffen und fortgeschrieben werden (und dies nimmt nicht Wunder, da die zeitgenössischen Wirtschaftsformen wie auch deren wissenschaftliche Erfassung und Formung von Klages kategorisch aus dem Bereich des Rhythmischen ausgeschlossen werden),[267] findet sich doch nicht nur die einschlägige Terminologie (Rhythmus versus Takt, Rhythmus als raumzeitliches Phänomen) in ökonomischen Abhandlungen zur Konjunkturforschung. Auch von Klages implizit wie explizit positionierte Werturteile laufen in den ökonomischen Ausführungen mit und werden nicht zuletzt wissenschaftsstrategisch als Mittel der Selbstprofilierung und Abgrenzung in einem virulenten Diskursfeld wirkmächtig. Allem voran ist es aber die von Klages etablierte und vielfach aufgegriffene Vorstellung, den Rhythmus von der „fast mathematisch genauen Wiederholung von Raumstrecken“ sowie „der gleichermaßen genauen Wiederholung von Zeitabschnitten“[268] kategorisch zu trennen und ihn stattdessen mit einer grundsätzlichen Unregelmäßigkeit im Regelmäßigen auszu-

---

264 Klages: Vom Wesen des Rhythmus (1974 [1934]), S. 716; Herv. i. Orig.

265 Klages: Vom Wesen des Rhythmus (1974 [1933]), S. 551; Herv. i. Orig.

266 Ebd., hier insb. S. 531–535.

267 Nicht folgen würde Wagemann Klages' Dichotomie im Hinblick auf die Möglichkeiten der jeweiligen Erfassung und deren nicht zuletzt methodische Konsequenzen, auch für die eigene Arbeit – heißt es doch bei Klages über mechanische Phänomene, dass diese „nur mit Hilfe besonderer Werkzeuge und anhand wissenschaftlicher Vergleichsmethoden festgestellt werden“ können, „wohingegen die der rhythmischen Wiederkehr merklich und somit Bestandstück des unmittelbaren Eindrucks sind.“ Klages: Grundlegung der Wissenschaft (1936), S. 300. Und an anderer Stelle: „Wir können für die Rhythmik des Leibes Näherungswerte zu finden hoffen; aber wir dürfen den Lebensvorgang niemals derart errechnen wollen, wie man es für die abgezogenen Vorgänge tut, die sprachgebräuchlich mechanische heißen.“ Ders.: Vom Wesen des Rhythmus (1974 [1933]), S. 528.

268 Klages: Grundlegung der Wissenschaft (1936), S. 300.

statten („in stets nur ähnlichen Zeiten immer nur Ähnliches wiederzubringen“[269]), die empirische Konjunkturforscher wie Wagemann angesichts ihres statistischen Datenmaterials geradezu elektrisieren musste – lieferte doch diese Vorstellung eine wertvolle Referenz im Hinblick auf die Interpretation der vorgefundenen Zeitreihen und eines an ihnen ablesbaren, eher disparaten als strikt regelmäßigen „Auf und Ab“ des Wirtschaftsverlaufs.

Klages Rhythmuskonzept eröffnet eine Analyseperspektive für die Beobachtung, „dass kein Konjunkturzyklus eine gleichförmige Wiederholung des vorhergehenden ist.“[270] Zugleich steht es gegen eine von vielen Konjunkturforscher:innen forcierte theoretische Erarbeitung von (allgemein gültigen) Gesetzmäßigkeiten des Konjunkturphänomens, gegen die sich Wagemann ebenfalls stets ausgesprochen hatte. Und schließlich entlastet die Konzeptualisierung des Rhythmus als „ähnliche Wiederkehr des Ähnlichen“ die von den Konjunkturforschungsinstituten vorgenommenen Prognostiken vom Anspruch der exakten Vorherbestimmbarkeit: „Alles im organischen Leben erneuert sich, nichts wiederholt sich“, schreibt Klages, und: „Wiederholungen sind berechenbar, Erneuerungen sind nur abschätzbar.“[271] Schon daher bewegen sich „innerhalb der freilich unverkennbar sich abhebenden Perioden [...] sämtliche Daten schlechthin unberechenbar, da denn imgrunde kein Pulsschlag oder Atemzug völlig dem vorigen gliche“.[272] So schafft Klages mit seinen grundsätzlich wirtschaftsfernen lebensphilosophischen Überlegungen ganz praktische Anschlussmöglichkeiten an ein Wissenschaftsfeld, das sich der Aufgabe verschrieben hat, die Wirtschaft in „Gestalt und Rhythmus“[273] zu betrachten, Konjunkturschwankungen in ihrer „wesensmäßig zyklisch-periodische[n] Natur“[274] zu durchdringen und letztlich den „Pulsschlag der Konjunktur“[275], den „Puls der Volkswirtschaft“[276] zu erfassen.

---

269 Ebd. Vgl. ebd.: „Keine Wasserwelle hat genau die gleiche Gestalt und Dauer der vorigen, kein Atemzug und Pulsschlag genau die gleiche Länge des nächsten, keine linke Seite eines Blattes, Tieres oder Menschen spiegelt genau die rechte.“

270 So Lachmann über Wilhelm Röpkes Konjunkturverständnis in „Krise und Konjunktur“ (1932); Werner Lachmann: Wilhelm Röpke. In: Dietmar Herz, Veronika Weinberger (Hg.): Lexikon ökonomischer Werke. 650 wegweisende Schriften von der Antike bis ins 20. Jahrhundert. In Zusammenarbeit mit Andreas Blätte, Torsten Budäus, Shakuntala Banerjee und Wibke Reger. Stuttgart 2006, S. 430.

271 Klages: Vom Wesen des Rhythmus (1974 [1933]), S. 528.

272 Ebd.

273 Gerhard Colm: o. T. In: Aftalion u. a.: Der Stand und die nächste Zukunft der Konjunkturforschung (1933), S. 56–60; S. 56.

274 Fritz Neumark: o. T. In: Ebd., S. 214–222; S. 215.

275 Wagemann: Einführung in die Konjunkturlehre (1929), S. 63.

276 Mitchell: Der Konjunkturzyklus (1931), S. 285. Mitchell bezieht sich hier auf das Diagramm „Der Puls der Volkswirtschaft“ von William Beveridge; ebd., S. 286.

4.3 Der „individuelle Charakter“ der Konjunkturzyklen

Obwohl Ernst Wagemann der US-amerikanischen Konjunkturforschung eine mechani(sti)sche Auffassung des Wirtschaftsverlaufs unterstellte, lassen sich auch hier – insbesondere in den Arbeiten des stark empirisch ausgerichteten *National Bureau of Economic Research* unter der Leitung von Wesley Clair Mitchell (der das Vorwort zur englischsprachigen Ausgabe von Wagemanns „Konjunkturlehre. Eine Grundlegung zur Lehre vom Rhythmus der Wirtschaft“ verfasste[277]) – Vorstellungen erkennen, die durchaus Ähnlichkeiten zum organischen Wirtschaftsrhythmus Wagemanns aufweisen.[278] Beide verbindet ein Konjunkturverständnis, dass von den Zyklen als „höchst empfindlichen Erscheinungen“[279] mit hoher inner- wie außerwirtschaftlicher Reagibilität und entsprechend jeweils eigenen Ausdrucksformen ausgeht. Auch findet sich bei Mitchell die von Klages unter anderem am Wasserwellen-Beispiel exemplifizierte Vorstellung von der „Kontinuität“ rhythmischer Verläufe, der Einheit der Bewegungsform, die gegen eine segmentierende Auffassung gestellt wird. „In der Aufeinanderfolge von Aufschwung, Rückschlag, Depression und Erholung kann jede dieser Phasen als Ende eines Zyklus und als Beginn eines neuen angesehen werden“, konstatiert Mitchell: „Richtiger wäre es jedoch, weder von einem Beginn noch von einem Ende zu sprechen, sondern von einer kontinuierlichen Bewegung“.[280]

Die bei Mitchell grundlegende Perspektive auf das Wesen (er selbst spricht auch vom „Gewebe“[281]) der Konjunkturzyklen ist – und hier lässt sich eine Abweichung von Wagemanns konzeptionellen Überlegungen ausmachen – weniger an den oben skizzierten organi(zisti)schen Diskurs rückgebunden, als vielmehr in einem Individualitätsdenken verankert, für das Mitchell unter anderem auch Analogien zu an-

277 Wesley C. Mitchell: Prefatory Note. In: Ernst Wagemann: Economic Rhythm. A Theory of Business Cycles. Translated by D. H. Blelloch. With a Prefatory Note by Wesley C. Mitchell. New York, London 1930, S. vii f.

278 Vgl. Mitchell: Der Konjunkturzyklus (1931), S. 178: „Mechanische Analogien passen aber nur für mechanische Probleme, und die Probleme der Konjunkturforschung sind denen der ‚Statik‘ entgegengesetzt.“

279 Mitchell: Der Konjunkturzyklus (1931), S. 460.

280 Ebd. Edward Dewey und Edwin F. Dakin unterscheiden im beschriebenen Sinne zwischen Rhythmus und Periodizität: „*Rhythm*, or *rhythmic cycle*, will ordinarily be used to denote a cycle which repeats itself at rather uniform time intervals. Rhythm implies a kind of beat. Thus the beating of the heart is rhythmic, though it may be slightly irregular. *Periodicity*, *periodic cycle*, or *regular cycle*, will be used to denote a cycle which repeats itself at mathematically exact intervals. True periodicity, like a true straight line or a true circle, does not exist in nature; but we have close approximations.“ Dies.: Cycles (1950 [1949]), S. 51.

281 Mitchell: Der Konjunkturzyklus (1931), u. a. S. 473. An anderer Stelle beschreibt Mitchell die Konjunkturzyklen als „Gewebe aus zyklischen Schwankungen […], die in ihrer Amplitude und ihrer Periodenlänge sehr erheblich voneinander abweichen“; ebd., S. 303 f.

thropologischen Sichtweisen aufbietet. So führt er aus, dass Konjunkturzyklen „trotz der Unterschiede […] eine einheitliche Erscheinungsart darstellen", für die sich ein „ähnliches Gemisch allgemeiner Gleichartigkeit mit individueller Differenziertheit" finde wie „bei Betrachtung menschlicher Gesichter und Charaktere oder bei Erforschung beliebiger sozialer Erscheinungen."[282] Eine differenzierte und elaborierte Konjunkturanalyse mache entsprechend Überlegungen zum „individuelle[n] Charakter jedes Konjunkturzyklus" erforderlich: „Analysiert man verschiedene Konjunkturzyklen nach verschiedenen Methoden", schreibt Mitchell, „so findet man, selbst in unseren kärglichen Statistiken, daß jeder Zyklus eigentümliche Merkmale oder vielmehr eine ihm eigentümliche Kombination von Merkmalen aufweist. Je weiter man zeitlich und räumlich die Untersuchung ausdehnt, desto tiefer prägt sich das ein." In der Konsequenz bedeute dies, dass „[s]trenggenommen […] jeder Konjunkturzyklus eine einzigartige historische Episode [ist], die von allen anderen in wichtigen Zügen abweicht und nie wiederkommt."[283]

So pocht Mitchell darauf, nicht vorschnell in Richtung allgemeiner Gesetzmäßigkeiten zu abstrahieren; auf strikte Regelmäßigkeit und Regelgerechtigkeit zielende Untersuchungsmethoden seien unangemessen, ja

> „das Vorhandensein solcher Differenzen [zwischen den Konjukturzyklen] sollte verhindern, Begriffe und Methoden zu verwenden, bei denen, wie in der Geometrie, verschiedene Exemplare ein und derselben Gattung gar nicht vorkommen oder exakt bestimmbar sind, oder aber wie in einigen Teilen der Physik und Chemie für die Problemstellung irrelevant sind."[284]

Es sind, so Mitchell, stattdessen gerade diese Unterschiede, die es für die Deutung und damit letztlich für das Verständnis des Konjunkturverlaufs und seiner Antriebs- wie Gestaltungskräfte nutzbar zu machen gilt, die also mit anderen Worten nicht als Hindernis der Analyse, sondern vielmehr als epistemischer Gewinn zu betrachten seien:

> „Natürlich sucht die Konjunkturtheorie zunächst die allgemeinen Zusammenhänge zu erfassen, die auch für den Einzelfall Geltung haben. Aber auch für den Theoretiker ist es wichtig, sich der Mannigfaltigkeit der Einzelfälle bewußt zu werden. Diese Erkenntnis kann auch für seine Generalisationen sich als nützlich erweisen; denn wenn man mit den Besonderheiten der einzelnen Zyklen vertraut ist, kann man die Gültigkeit einer Regel oft auch in solchen Fällen nachweisen, die scheinbar eine Ausnahme bilden."[285]

---

282 Ebd., S. 382.
283 Ebd., S. 353.
284 Ebd., S. 382 f.
285 Ebd.

4.4 Krankengeschichten

„Konjunkturzyklen können nicht, wie beispielsweise die Rachenmandeln, abgetrennt und gesondert behandelt werden“[286], lautet Joseph Schumpeters lapidarer Kommentar zur Vorstellung von der Wirtschaft als einem (lebenden) Organismus, der sich zugleich als krankheitsgefährdet darstellt. Schumpeter, der vielmehr eine Verbindung zwischen „Konjunkturzyklen“ und „Herzschlag“ herstellt[287], rekurriert damit auf eine semantische Deutungslinie der Ökonomik und hier auch der Konjunkturwissenschaft, die der Wirtschaftstheoretiker Michael Hutter, der sich in seinen jüngeren Forschungen mit dem Zusammenhang von Kultur beziehungsweise Kunst und Ökonomie beschäftigt hat, mit dem Begriff der „organicist tradition“[288] fasst. Hutter spricht von einem „organic paradigm“[289], das insbesondere in der deutschen Ideengeschichte der Wirtschaft verankert war und diese zugleich in eine größere intellektuelle Diskussion einband:

> „Organic approaches were particularly popular in German thought [...]. Until the 1930s, organic comparisons were widely considered a viable alternative to mechanistic interpretation of social and economic action. Since then, ‚organism‘ has been discredited as a social metaphor not only because of its apparent scientific sterility, but also (and this is the graver cause) because of its suspected contribution to national socialist ideology.“[290]

In der Tat lässt sich diese von Hutter skizzierte Entwicklung auch für die Herausarbeitung einer organischen Verfasstheit der Wirtschaft in der Konjunkturanalyse beobachten – und es sind insbesondere die angelagerten Bilder von Gesundheit und Krankheit des „Wirtschaftskörpers“, die hier argumentativ ins Feld geführt werden.

1939 erschien im Hamburger „Wirtschaftsdienst“ ein Artikel von Leonhard Oberascher zum Verhältnis von Politik und Konjunktur, in dem dieser sich mit der organischen Volkswirtschaftslehre des Agrarökonomen Gustav Ruhland, insbesondere mit dessen erstmals 1908 veröffentlichter Idee einer „Volkswirtschaftslehre als ‚Heilkunde des kranken Volkskörpers‘“[291] auseinandersetzt. Oberascher referiert Ruhland:

---

286 Schumpeter: Konjunkturzyklen (1961), S. 5; aufgegriffen wird das Zitat u. a. von Wagner: Konjunkturtheorie – zum Wandel der Begriffe und Modelle (2000), S. 47.

287 Schumpeter: Konjunkturzyklen (1961), S. 5.

288 Michael Hutter: Organism as a Metaphor in German Economic Thought. In: Philip Mirowski (Hg.): Natural Images in Economic Thought. Cambridge, New York, Melbourne 1994, S. 289–321; S. 314.

289 Ebd., S. 295.

290 Ebd., S. 289. Vgl. zum Organismus-Modell in der Ökonomie, insbesondere in der neoklassischen Theorie, auch James Bernard Murphy: The Kinds of Order in Society. In: Mirowski: Natural Images in Economic Thought (1994), S. 536–582.

291 Gustav Ruhland: System der Politischen Ökonomie. Bd. 3: Krankheitslehre des sozialen Volkskörpers. Unveränderter Neudruck mit einer Einleitung von R. Walther Darré. Berlin, Leipzig 1933 (1908). Vgl. auch ebd., S. 8; Herv. i. Orig.: „Es besteht also doch wohl

> „Unter Hinweis auf neuere Entwicklungen in der Medizin stellte er die Forderung auf: ‚Genau der gleiche Umschwung ist es, den wir heute in der Nationalökonomie als Wissenschaft benötigen. Auch diese Wissenschaft ist nicht dazu da, um nur für sich selbst auf Bibliothekswolken zu thronen: sie soll vielmehr auf festen Beinen unter dem Volke wandern und sorgen, daß die Gesundheit unseres volkswirtschaftlichen Körpers wiedergewonnen und erhalten werde. Und das, was – wissenschaftlich gesprochen – hierzu vor allem erforderlich ist, umschließt die Ergänzung unserer heute ganz überwiegend herrschenden ‚sozialen Anatomie, Physiologie und Psychologie' durch eine ‚soziale Pathologie' als ‚Physiologie des kranken Volkskörpers'.'"[292]

Anschlussfähig an die nationalsozialistische Ideologie erscheint hier insbesondere das – so Oberascher – Bewusstsein Ruhlands für „den durchaus nicht ‚neutralen' Charakter unseres wirtschaftlichen Schicksales"[293]; mit anderen Worten: die Propagierung einer aus dem organisch-medizinischen Konjunkturmodell entwickelten Handlungsaufforderung, die an die Seite der Diagnostik gestellte „*Therapie* des Volkskörpers".[294] „Jetzt wird", schreibt Oberascher, „zum ersten Male auch in wissenschaftlichen Kreisen eine Betrachtungsweise ernst genommen, die nicht mehr deterministisch vorgeht, sondern Gesundes und Krankes unterscheidet".[295] Damit werde die organisch-medizinisch argumentierende Konjunkturanalyse – nun verstanden als „eine neue, ‚wertende' Betrachtung"[296] – direkt anschlussfähig an die „politische Literatur des Nationalsozialismus"[297]; sie wird zugleich zur Einfluss nehmenden Kraft in einem forcierten ideologischen Kampffeld. Mit Blick auf die Konjunkturforschung treibt sie deren „Überwindung" voran, ja sie erklärt diese und ihr Interesse an der zyklischen Bewegung der Wirtschaft selbst zum pathologischen Befund:

> „Es fällt keinem Hausvater und keiner Hausfrau ein, im Haushalt der Familie etwa ‚Konjunkturpolitik' zu betreiben. Die Hausfrau bemüht sich seit jeher in erprobter Weise,

ein lebhaftes Bedürfnis, endlich die Begriffe ‚*gesund*' und ‚*krank*' in unsere Volkswirtschaftslehre einzuführen und in konsequenter Weise zu Ende zu denken." Ein weiterer unveränderter Neudruck des Werkes erschien 1941.

292 Leonhard Oberascher: Politik gegen Konjunktur. In: Wirtschaftsdienst Hamburg Nr. 50 vom 10.12.1937 [HWWA: H n SM 54]. Zitat im Zitat aus Ruhland: System der Politischen Ökonomie (1933 [1908]). Ruhland bezieht sich unter anderem auf Albert Schäffle und – so Oberascher – „einige medizinische Schriftsteller".

293 Leonhard Oberascher: Politik gegen Konjunktur. In: Wirtschaftsdienst Hamburg Nr. 50 vom 10.12.1937 [HWWA: H n SM 54].

294 Ebd.; Herv. S.W.

295 Ebd. Bei Ruhland heißt es: „Mit diesen Sätzen wird die Nationalökonomie aus einer ‚Lehre von den volkswirtschaftlichen Erscheinungen' – wie bisher – zu einer ‚Lehre vom gesunden und kranken Volkskörper'"; ders.: System der politischen Ökonomie (1933 [1908]), S. 3; Herv. i. Orig.

296 Leonhard Oberascher: Politik gegen Konjunktur. In: Wirtschaftsdienst Hamburg Nr. 50 vom 10.12.1937 [HWWA: H n SM 54].

297 Ebd.

das Einkommen der Familie auf die vorsorglichste Weise einzuteilen und zweckmäßigst anzuwenden. Ist es nicht ebenso natürlich, diese Art vorsorglichen Denkens auf den Gesamthaushalt der Nation anzuwenden? Das nicht-konjunkturelle Verhalten ist dem Denken des Menschen seit jeher näher gelegen als das konjunkturelle Denken, das der natürliche Mensch auch heute noch als eine unverständliche und überflüssige Akrobatik, ja als Krankheit empfindet."[298]

Äußerungen wie diese passen zu dem Hinweis von Michael Hutter auf die diskursive Attraktivität des organischen Ökonomie-Modells: „In many cases, ‚organism' was used as a primitive notion, a term known and accepted by both writer and reader. Changes in the economic meaning of the metaphor took place along with changes in the intellectual context."[299]

Die mit der Idee eines rhythmischen Aufbaus ökonomischer Bewegungen verbundene Vorstellung von der Wirtschaft als Organismus fand ihren Ausdruck in der Verwendung einer medizinischen Sprache und Analogiebildung zur Erfassung wie Beschreibung ökonomischer Entwicklungen auch schon vor der nationalsozialistischen Machtübernahme – und auch in der nicht-deutschsprachigen Literatur. Dabei konnten sich an die Krankheitsdiagnostik sowohl Vorstellungen von einer Selbstheilungskraft des „Wirtschaftskörpers", als auch Forderungen nach therapeutischen Maßnahmen (hier vor allem in Form eines wirtschaftspolitischen Eingreifens in den Konjunkturverlauf) anschließen.

Der französische Jurist, Nationalökonom und Moralphilosoph Alfred Jourdan spricht von der „wirtschaftlichen Ordnung" als einem „grossen Organismus", dem in der (Handels-) Krise eine „Zerrüttung" droht – „und diese Krisen sind um so heftiger und um so unvermeidlicher, je gewaltiger, je komplizierter und je feiner dieser Organismus ist".[300] Als einen untrüglichen Indikator körperlicher Gesundheit

298 Ebd.

299 Hutter: Organism as a Metaphor in German Economic Thought (1994), S. 290.

300 Alfred Jourdan: Cours analytique d'économie politique. Paris 1882; zit. n. Bergmann: Die Wirtschaftskrisen (1895), S. 229. Bergmann beschäftigt sich in seinem Überblickswerk auch mit anderen Wirtschaftsanalytikern, die – ausgehend vom Gleichgewicht als wirtschaftlichem Normalzustand – die Krisen als Schwächungen der Gesundheit des Volkswirtschaftskörpers beschreiben – darunter Wilhelm Roscher, der in seiner Abhandlung „Die Produktionskrisen mit besonderer Rücksicht auf die letzten Jahrzehnte" (1849) neben dem Gliederungspunkt „Physiologisches" weitere Abschnitte des Textes mit „Pathologisches" und „Therapeutisches" benennt und von „[a]lle[n] Störungen dieses Gleichgewichtes" als den „gefährlichsten Erschütterungen, gleichsam Krankheiten des grossen Volkswirtschaftskörpers" spricht; zit. n. Bergmann: Die Wirtschaftskrisen (1895), S. 267. Vgl. ebd., S. 272 f., auch das Zitat von Charles Gide (aus: ders.: Principes d'économie politique, 2. Aufl. Paris 1889): „Der Zustand der Gesundheit für den sozialen Körper, wie übrigens für alle lebenden Körper, besteht in einem richtigen Gleichgewicht zwischen den Kräften der Produktion und denen der Konsumtion. [...] Die Krisen sind demnach wirklich die Krankheiten des wirtschaftlichen Organismus; sie zeigen so verschiedene Züge, wie die den Menschen heimsuchenden unzähligen Krankheiten."

dagegen identifiziert der Leiter des *Instituts für Konjunkturforschung, Abteilung Westen*, Walther Däbritz, die regelmäßigen Schwankungen des Konjunkturverlaufs, die sich nach überstandenen Belastungen von außen wieder herausbilden:

> „In dieser völlig veränderten Umwelt werden nun in den letzten Jahren deutlicher auch wieder die Rhythmen der Konjunkturschwankungen sichtbar – im ganzen ein Zeichen der wirtschaftlichen Gesundung, weil sie die ‚normalen' Lebens- und Wachstumsäußerungen der Wirtschaft sind."[301]

Auch der Kölner Wirtschaftswissenschaftler Christian Eckert erwähnt in der 1933 publizierten Festschrift für Arthur Spiethoff „die heilenden Momente [...], die in jeder wirtschaftlichen Krankheit neben den zerstörenden Prozessen in Erscheinung treten"[302] und so die Konjunkturentwicklung hervortreten lassen. Aufgerufen und argumentativ eingesetzt wird hier die rhythmustheoretische Vorstellung, dass im gegenwärtigen Schritt der nächste bereits angelegt ist. Im medizinischen Narrativ der Konjunktur heißt dies, dass in der Krise „die Natur der Dinge gegen die Krankheitsursache kämpft, um zu einer bessern Situation zu gelangen."[303] Die Krise wird mit anderen Worten zu der „Spanne Zeit, in der sich unter plötzlichen, heftigen Erscheinungen die Umwandlung eines krankhaften wirtschaftlichen Zustandes entscheidet".[304]

Wilhelm Röpke sah hier eine elementare Differenz zwischen epochal dimensionierten Krisen wie der Weltwirtschaftskrise, die er auch als „sekundäre Depression" bezeichnete, und „einfachen Depressionen", deren nützlichen Effekt er in der „Reinigung" der Volkswirtschaft erblickte:

> „Wird in der primären Depression das Gift der Kreditinflation ausgeschwitzt, so dringt in der sekundären Depression das neue Gift der Deflation in den Wirtschaftskörper ein [...]. Die primäre Depression hat ihren ökonomischen Sinn der Reinigung erfüllt, aber die Selbstheilungskräfte, die jetzt wirksam werden müßten, sind ausgeblieben und an ihre Stelle ist eine immer weitere Schrumpfung getreten."[305]

Hier würde (ärztliche) Hilfe von außen – in Form staatlicher Wirtschaftspolitik – notwendig.

---

301 Walther Däbritz: Gefahren der Konjunkturforschung für die Konjunktur? In: Deutsche Bergwerks-Zeitung (Essen) Nr. 215 vom 14.09.1927 [HWWA: A 10 n SM 54].

302 Christian Eckert: (Prognosen, keine Prophezeiungen). In: Aftalion u. a.: Der Stand und die nächste Zukunft der Konjunkturforschung (1933), S. 64–69; S. 64.

303 Bergmann: Die Wirtschaftskrisen (1895), S. 202.

304 Spiethoff: Krisen (1925), S. 9. Spiethoff sieht die Krise – im Gegensatz zur unausweichlichen „Uebererzeugung" (die elementarer Bestandteil des Konjunkturzyklus ist) als vermeidbar an; vgl. ebd., S. 8. Als Krise, also als „krankhafte[n] Zustand" versteht er „die mit Kreditüberspannung verbundene Ueberspekulation, die heftigen Erscheinungen sind der Kreditzusammenbruch und die gehäuften Zahlungseinstellungen." Ebd., S. 9.

305 Röpke: Krise und Konjunktur (1932), S. 90.

Joseph Schumpeter spricht mit noch stärker therapeutischem Impetus von der „Verbesserung der Konjunkturprognose" als „Heilmethode"[306], während der Vizepräsident der New Yorker *American Exchange Irving Trust Co.*, O. H. Cheney, in einem 1928 erschienenen Zeitungsartikel über „Konjunktur und Wirtschaft" ganz grundsätzlich Gesundheit und Krankheit als die beiden Pole sieht, zwischen denen sich der Wirtschaftsorganismus bewegt:

> „Ist es wirklich wahr, daß Blüte und Depression als Erscheinungen im Wirtschaftsleben sich gleich der Ausdehnung und Zusammenziehung des Herzens bemerkbar machen? Gelingt es, in den komplizierten Gedankengang von der zwangsläufigen Entwicklung der Krise nur eine *Bresche* zu schlagen, so haben wir damit einen ähnlichen Sieg erfochten, wie ihn etwa die Ueberwindung einer schweren Krankheit darstellt, denn jede Depression ist ja letzten Endes nichts anderes als eine *Krankheit der Wirtschaft*."[307]

Eine Stabilität der zyklischen Konjunkturbewegung trotz einer in Folge des Ersten Weltkriegs zu beobachtenden „gegenwärtigen abnormen Struktur"[308] der deutschen Wirtschaft sieht das von Ernst Wagemann geleitete Berliner *Institut für Konjunkturforschung*. In dessen hauseigener Publikation, den „Vierteljahrsheften zur Konjunkturforschung", heißt es 1926: „Trotz dieser krankhaften Umbildungen hat der wirtschaftliche Organismus seine Funktionsfähigkeit keineswegs verloren, und so spielt gleichsam im Rahmen eines allgemeinen Krankheitszustandes wie ein physiologischer Prozeß der Rhythmus der Konjunktur weiter."[309]

Auch Ernst Wagemann selbst führt – wie oben bereits angetönt – sein organisches Wirtschaftsmodell in Richtung einer medizinischen Diagnostik mit dem Einsatz einer entsprechenden Terminologie weiter – bis hin zur Analogiebildung in der Profilbeschreibung des eigenen Handlungsbereichs: „Ein Institut für Konjunkturforschung", verkündet Wagemann 1937 in der Berliner Börsen-Zeitung, „ist keineswegs, wie manche zu glauben scheinen, dazu da, die Konjunkturschwankungen zu fördern, ebensowenig wie das Institut für Krebsforschung der Verbreitung der Krebskrankheiten bestimmt ist."[310] Und in seiner „Einführung in die Konjunkturlehre" erweitert er die Analogie in Richtung eines (auf den Phasenverlauf einerseits der Krankheitsentwicklung, andererseits des Konjunkturverlaufs gerichteten) epistemischen Programms, das zugleich sein eigenes methodisches Vorgehen abstützt und das er übereinstimmend als „Symptomatik" bezeichnet:

---

306 Joseph A. Schumpeter: Theorie der wirtschaftlichen Entwicklung. Eine Untersuchung über Unternehmergewinn, Kapital, Kredit, Zins und den Konjunkturzyklus. 2., neu bearb. Aufl. München, Leipzig 1926, S. 367.

307 O. H. Cheney: Konjunktur und Wirtschaft. In: Hamburgischer Correspondent Nr. 9 vom 06.01.1928 [HWWA: E 15 n SM 54]; Herv. i. Orig.

308 N.N.: Einleitung (1926), S. 15.

309 Ebd.

310 Ernst Wagemann: Konjunkturforschung – wirtschaftliche Raumzeitforschung. In: Berliner Börsen-Zeitung Nr. 10 vom 07.01.1937 [HWWA: H n SM 54].

> „Wenn sich die Konjunkturlehre der Symptomatik bedient, so verfährt sie wie der Arzt, der auch bei Unkenntnis der Krankheitsursache die einzelnen Symptome eines Krankheitsbildes, sozusagen die Physiognomie der Krankheit, feststellt, um daraus durch Analogieschluß nach früheren Erfahrungen den weiteren Krankheitverlauf zu beurteilen. In derselben Weise versucht man auch bei der Konjunkturbeobachtung zunächst die Bewegungsbilder, die Bewegungsphysiognomien (Phasen) zu erfassen, um daraus Schlüsse auf die zukünftige Entwicklung abzuleiten."[311]

Auch hier denkt Wagemann im Rückbezug auf gängige Rhythmusvorstellungen, indem er zentrale Prinzipien des organischen Rhythmusmodells[312] aufnimmt: die sich aus der Gegenwart entwickelnde Zukunftgerichtetheit sowie die Regelhaftigkeit bei gleichzeitiger individueller Ausgestaltung: „Die Konjunkturdiagnose ist der ärztlichen Diagnose darin verwandt, daß der Befund über einen Krankheitszustand dem Kenner in gewissem Sinne auch über den weiteren Verlauf mancherlei sagt."[313] Dabei aber gelte es zu bedenken, dass nicht nur „unvorhergesehene außerwirtschaftliche Ereignisse den erfahrungsgemäßen Rhythmus des Geschehens durchkreuzen können", sondern vor allem „der lebendige Pulsschlag der Wirtschaft sich einer genauen Berechnung entzieht."[314]

Einen Unterschied zwischen Krise und Panik sieht der US-amerikanische Ökonom Arthur B. Adams für die Konjunkturentwicklung, wobei er die Krise im medizinischen Sinne ausdeutet:

> „A business crisis is the time when business passes through the critical and dangerous period of rapid liquidation. The word is applied to business in the same sense as a physician applies the word to a patient who is suffering from a dangerous disease. The crisis is

311 Wagemann: Einführung in die Konjunkturlehre (1929), S. 42. Im Folgenden treibt Wagemann seine Analogie noch weiter, indem er sich ein konkretes Krankheitsbild, das der Cholera, herausgreift: „Die Entdeckung des Cholerabazillus hätte keinerlei medizinischen Sinn gehabt, wenn er nicht dem Krankheitsbilde der Cholera hätte zugeordnet werden können. Bekanntlich hat man häufig genug einerseits Bazillenträger ohne Krankheitserscheinungen gefunden, andererseits das Krankheitsbild der Cholera auch da zu sehen geglaubt, wo ein Cholerabazillus als Erreger nicht in Betracht kam. Dementsprechend ist auch die Suche nach den Konjunkturursachen ohne vorausgehende Feststellung der Konjunkturbilder ganz ohne Sinn. Vielmehr hat die konjunkturwissenschaftliche Symptomatik die Aufgabe, die Einzelheiten der Bewegungsbilder so vollständig wie möglich zu erfassen. Je besser ihr dies gelingt, um so besser ist sie in der Lage, Diagnosen und Prognosen zu stellen, selbst wenn die tieferen Zusammenhänge und Ursachenverkettungen völlig unbekannt bleiben." Ebd., S. 43.

312 Vgl. Wellmann: Die Form des Werdens (2010); Janina Wellmann spricht in diesem Zusammenhang auch von einer „rhythmischen Episteme", die sich um 1800 herausgebildet habe; ebd.

313 Wagemann: Einführung in die Konjunkturlehre (1929), S. 132.

314 Ebd.

the stage of the disease when the patient is most likely to die. If he succeeds in weathering this stage, his condition improves and his life becomes more assured."[315]

Und Edward Dewey und Edwin Dakin verstehen entsprechend die Aufgabe der Konjunkturforschenden analog zum medizinischen Anforderungsprofil: „Thus we are like doctors following Pasteur, who had incontrovertible evidence that germs exist, but in only a few instances had isolated the germs involved in particular human states."[316] Auch Erwin Zimmermann fordert in seiner Heidelberger Dissertation zur Konjunkturtheorie eine der diagnostischen Praxis in der Medizin vergleichbare „Wesenserörterung" der Krise, zu der die Frage nach dem „Herd", dem „Sitz" und den „Symptomen" gehöre.[317] Ähnlich hatte bereits Karl Wasserrab die Krisen als „Krankheit der Volkswirtschaft" beschrieben und im Begriff der Krankheit das Potenzial gesehen, „auch das Wesen der Krisen unserer Erkenntnis näherzurücken". An den „Vorlesungen über allgemeine Pathologie" (1877) von Julius Cohnheim orientiert, transferiert Wasserrab die medizinische Krankheitsdefinition – abweichende körperliche Zustände aufgrund eines Wechselprozesses von äußerer Einwirkung und Regulierung durch den Organismus – in den Bereich der Volkswirtschaft:

> „Ist der Vergleich nun richtig, so heisst dies in Anwendung auf das volkswirtschaftliche Gebiet: Krisen entstehen dort, wo die regulatorischen Fähigkeiten des gegebenen konkreten Wirtschaftsorganismus nicht ausreichen, den regelmässigen Verlauf der wirtschaftlichen Hauptvorgänge, zumal des Produktions- und Umlaufsprozesses gegenüber bestimmten störenden Einflüssen zu sichern."[318]

Einen kritischen Kommentar zu dem offensichtlich beliebten Wahrnehmungs- und Deutungsmodell liefert dagegen Hans Neisser, der sich konkret mit der organischen Konjunkturvorstellung in der von Ernst Wagemann propagierten Form auseinandersetzt, nämlich dem – so Neisser – „von der klinischen Medizin übernommene[n] Bild des typischen Symptomkomplexes, das dieser konjunkturwissenschaftlichen

---

315 Adams: Economics of Business Cycles (1925), S. 38 f.

316 Dewey, Dakin: Cycles (1950 [1949]), S. xiii.

317 Erwin Zimmermann: Die Konjunkturtheorie als Postulat des mechanisch-dynamischen Dualismus der Krisenfaktoren. Ein Beitrag zur Lehre von den Krisen und Konjunkturen in prinzipieller Behandlungsweise. Inaugural-Dissertation zur Erlangung der Doktorwürde der hohen philosophischen Fakultät der grossherzoglich-badischen Ruprecht-Karls-Universität in Heidelberg. Mannheim 1918, S. 10. Zimmermann fordert in dieser Arbeit, die Krisenlehre nicht durch eine Konjunkturlehre zu ersetzen, sondern vielmehr beide Ansätze nebeneinander stehen zu lassen, schon da sich auch Krisenpolitik und Konjunkturpolitik elementar unterscheiden; ebd., u. a. S. 36, 51. Entsprechend spricht er auch von „Krisenherden" und Konjunkturherden", denn es gilt für Krise und Konjunktur: „beide haben einen Herd, von dem die Wirkungen strahlenförmig ausgehen"; ebd., S. 50.

318 Karl Wasserrab: Preise und Krisen. Stuttgart 1889; zit. n. Bergmann: Die Wirtschaftskrisen (1895), S. 416.

Richtung vorschwebte, als sie eine für prognostische, ja vielleicht therapeutische Zwecke ausreichende Symptomatologie als Ersatz für die Konjunkturtheorie zu entwickeln unternahm."[319] Neisser selbst kommt zu der Feststellung, dass

> „die der Konjunktursymptomatologie zugrunde liegende organisch-biologische Analogie Wagemanns […] einer eingehenden Prüfung nicht stand[hält]. Man wird fragen dürfen, ob die grundlegende biologische Beziehung von Reiz und Reaktion, die nach Wagemann (Konjunkturlehre, 1928, S. 10f.) an die Stelle der kausal-mechanistischen Grundkategorie der physikalischen Forschung zu treten hat, wirklich auf den verstehbaren Gestaltzusammenhang der Wirtschaft anwendbar ist, dessen Seinsweise keineswegs mit der des biologischen Organismus identisch ist."[320]

Dagegen gelte es – und hier erweist sich die Wagemannsche Symptomatologie der Konjunktur als in Neissers Augen inadäquat – einen „praktischen Unterschied zwischen dem Erfahrungsstoff der Medizin und dem Erfahrungsstoff der Konjunkturwissenschaft" zu erkennen, denn die „Festlegung eines oder mehrerer typischer Symptomkomplexe hätte die tausendfache Wiederholung ein und desselben Krankheitsprozesses in gleichartigen Organismen zur Voraussetzung gehabt, und entsprechend eine Therapie auf dieser Grundlage die Möglichkeit zahlloser Experimente unter gleichen Bedingungen."[321]

Einen genaueren Blick lohnt es sich schließlich – und damit bewegen sich die Überlegungen in diesem Kapitel auf eine andere Ebene – auf die körperliche Verfasstheit der Konjunkturforschenden selbst und mögliche Effekte auf deren Forschungspraxis und -ergebnisse zu richten. Der Wirtschaftshistoriker Walter A. Friedman hat in seiner 2014 erschienenen Studie über die frühen Wirtschaftsprognostiker auf den Einfluss der Tuberkulose-Erkrankung hingewiesen, unter der einige von ihnen, darunter neben Warren Persons und Irving Fisher auch Roger Babson, litten.[322] Aufgrund zu dieser Zeit noch fehlender Behandlungsmethoden

---

319 Hans Neisser: (Die Schichtung der Konjunkturtheorie). In: Aftalion u. a.: Der Stand und die nächste Zukunft der Konjunkturforschung (1933), S. 205–213; S. 211.

320 Ebd., S. 211 f.

321 Ebd., S. 212.

322 Friedman: Fortune Tellers (2014), u. a. S. 17, 19, 134. Auch Alfred Cowles litt an Tuberkulose und lebte deshalb – wie weitere erkrankte Wissenschaftler – in Colorado Springs. Vgl. ebd., S. 205: „Colorado Springs, that remote mountain town that had been a temporary home to many forecasting pioneers seeking treatment for tuberculosis, became the nation's center for econometrics, as members of the Econometric Society and the Cowles Commission traveled there for conferences." Zur Tuberkulose als Impuls wissenstheoretischer Überlegungen vgl. auch Fleck: Entstehung und Entwicklung einer wissenschaftlichen Tatsache (2015), S. 102 f. Eine intensive Beschäftigung mit der Tuberkulose in wissensanalytischer Perspektive findet sich bei Bowker und Star. Die Krankheit wird hier als Akteurin verstanden, die Natur, Kultur, Diskurs und Infrastruktur in sich vereint und selbst eine komplexe Zeit ausprägt: „Tuberculosis taken as an agent traverses history and human bodies, taking hold in some and leaving others in a contingent

blieb nur der Aufenthalt an frischer Luft als Möglichkeit der Linderung. Babson und seine Mitarbeiter:innen arbeiteten aufgrunddessen zu jeder Jahreszeit bei geöffnetem Fenster – ausgestattet mit speziell gefertigten Schutzanzügen für kältere Temperaturen (Abb. 36), und die Tasten der Schreibmaschinen wurden mit „rubber hammers" angeschlagen.[323]

Der Wirtschaftsanalyst kreierte damit aufgrund seiner eigenen Erkrankung ein Arbeitsumfeld für die Konjunkturbestimmung, das physisch intensiv von „natürlichen Rhythmen" (den Wetterzyklen) geprägt war und zudem über die spezielle Bedienung des Schreibgeräts dessen rhythmische Klangqualität ins Bewusstsein rief. Was hier im Hinblick auf die physische (und psychische) Konstitution der Konjunkturforschenden und deren Effekte auf Forschungspraxis und -ergebnisse im Spekulativen verbleiben muss – der „Faktor Mensch" als Einflussgröße auf den identifizierten und analysierten Konjunkturrhythmus –, wird im Hinblick auf die Wirtschaftsakteur:innen in den betrachteten Texten der frühen Konjunkturforschung thematisiert und diskutiert und soll Gegenstand des nächsten Abschnitts sein.

4.5 „Wellen gehobener Stimmung und Mutlosigkeit": menschliche Verfasstheiten und deren Einfluss auf den Konjunkturrhythmus

Im Zusammenhang einer organischen Wirtschaftsauffassung in der Konjunkturforschung spielt schließlich auch die breit etablierte Vorstellung einer direkten Einflussnahme psychischer Verfasstheiten der menschlichen Akteur:innen in Wirtschaftsprozessen auf den Konjunkturverlauf eine Rolle. „If there is rhythm in the action of the market", schreiben Edward R. Dewey und Edwin F. Dakin, „it obviously must spring from the fact that the rhythm is flowing in the human organism. In studying the market we are studying men, and studying them in one of the fundamental aspects of their nature."[324] Und auch Johan Åkerman stellt eine unumstößliche Beziehung zwischen dem „psychological factor" und der Periodizität von Wirtschaftsverläufen her.[325]

historical progression." Geoffrey C. Bowker, Susan Leigh Star: Sorting Things Out. Classification and Its Consequences. Cambridge (MA), London 1999, S. 165–194, insb. S. 169.

323 Ebd., S. 19.

324 Dewey, Dakin: Cycles (1950 [1949]), S. 109.

325 Åkerman: Om det ekonomiska livets rytmik (1928), S. 147 f.; zit. n. Swanson: Scandinavian Business Cycle Theory 1898–1936 (1944), S. 188.

Roger W. Babson • 19

Roger Babson, c. 1912. After contracting tuberculosis, Babson liked to work with the windows open, even in cold weather, and designed coats for himself and his staff to wear. Source: Babson Collection, Babson College.

Abb. 36: Babson und Mitarbeiterin in speziell entworfenen Kälteschutzanzügen bei der Arbeit. Aus: Friedman: Fortune Tellers (2014), S. 19.

Maurice Beck Hexter, der eine Studie über „Social Consequences of Business Cycles" verfasst hat, sieht ganz konkrete Einwirkungen individualpsychischer Verfasstheiten auf „the rhythmic succession"[326] des Wirtschaftsverlaufs. Studien hätten auf den Zusammenhang etwa zwischen Selbsttötungen, Einwanderung, Kriminalität, Religiosität und Alkoholkonsum und der Wirtschaftsentwicklung hingewiesen, ohne allerdings mit statistischem Zahlenmaterial zu argumentieren.[327] Er selbst konzentriere sich insbesondere auf die Geburten- und Sterberate, denn „these fluctuations in the birth-rate and the death-rate may possibly have something to do with the early beginnings of business fluctuations" – wobei die Geburtenrate den Schwankungen in der Arbeitslosenentwicklung um siebzehn Monate vorangehe, die Sterberate der Kurve der Großhandelspreise um denselben Zeitraum, den Schwankungen in der Arbeitslosenentwicklung dagegen um ca. zehn Monate.[328] „Can there be any doubt", fragt Hexter, „that there is a close connection between these fluctua-

326 Hexter: Social Consequences of Business Cycles (1925), S. 168.
327 Vgl. ebd., S. 170.
328 Vgl. ebd., S. 169.

tions in birth-rate and death-rate and fluctuations in business enterprise? Business enterprise is the application of mental effort to the transformation of our physical environment“[329], denn:

> „Anything which affects the emotions of men must necessarily affect their ability to make decisions, anticipate decisions, or postpone decisions. If these times of postponed decisions or accelerated judgments or stimulated efforts are not isolated, but, on the contrary, run in wave-like movements, we think that there may be something to the suggestion that varying birth-rates and fluctuating death-rates can and do affect business cycles.“[330]

Keineswegs seien diese „psychological forces“ die einzige Begründung für das Phänomen der Konjunkturzyklen, neben den anderen, bekannten Gründen (vor allem monetären sowie Angebot- und Nachfrage-orientierten) jedoch bislang zu Unrecht vernachlässigt worden.[331]

Über die individualpsychologische Begründung hinaus werden psychologische Erklärungsansätze auch abstrakter formuliert. So stellt Wesley C. Mitchell in seiner „Übersicht gegenwärtiger Konjunkturtheorien“ verschiedene Ansätze vor, welche die „Unsicherheit als Konjunkturfaktor“[332] sowie die „gefühlsmäßige Beeinflussung geschäftlicher Entscheidungen“[333], kurzum: den Faktor ‚menschliche Verfasstheit‘, ins Zentrum der Analyse stellen. Unter anderem erwähnt er Charles O. Hardy, der die Entstehung des Konjunkturzyklus mit einer „Unsicherheit, hauptsächlich Unsicherheit der Produzenten und Kaufleute über die Marktverhältnisse zu dem Zeitpunkt, zu dem sie ihre Waren verkaufen wollen“[334] erklärt. Und unter Bezug auf Arthur Cecil Pigou schreibt Mitchell: „Jeder Konjunkturforscher weiß, welche Rolle die Unsicherheit im Geschäftsleben spielt, aber man nimmt meist an, daß sie lediglich das Feld für andere Kräfte frei macht, die man dann als die eigentlich wirksamen ansieht.“[335] So verlaufe die Wirtschaftsentwicklung „in Wellen gehobener Stimmung und Mutlosigkeit“[336]: „Fehlerhaft übertriebener Optimismus und Pessimismus erzeugen einander in endloser Kette“[337], lässt Mitchell Pigou erklären.

Arthur Spiethoff, Doyen der deutschsprachigen Konjunkturforschung und Verfasser des einschlägigen Artikels „Krisen“ im „Handwörterbuch der Staatswissenschaften“, der zu einer Standardabhandlung und zu einem zentralen Referenztext der Konjunkturforschung wurde, schreibt in eben diesem Artikel:

---

329 Ebd., S. 174.
330 Ebd., S. 174 f.
331 Ebd., S. 175.
332 Mitchell: Der Konjunkturzyklus (1931), S. 15.
333 Ebd., S. 17.
334 Charles O. Hardy (1923); zit. n. Mitchell: Der Konjunkturzyklus (1931), S. 16 f.
335 Ebd., S. 17.
336 Ebd.
337 Ebd.

„Die letzte Ursache der Aufschwungsbewegung ist etwas *Seelisches* und nichts Wirtschaftliches. Der Erwerbstrieb war in früheren Zeiten ein anderer als heute, und er wird in künftigen wieder ein anderer sein. In diesen Unterschieden, verbunden mit den sittlichen Anschauungen über die Werte des Lebens liegt die eine Ursachreihe für die geschichtliche Entstehung der Wechsellagen, für ihre äußere und innere Ausdehnung. Von der ferneren Entwicklung dieser Umstände ist der Kreislauf der Wechsellagen in der Zukunft zu einem großen Teil abhängig."[338]

Auch die Stockung – als „Rückschlag auf den Aufschwung"[339] – ist bei Spiethoff nicht zuletzt „seelisch" begründet:

„Der überschäumenden Unternehmungslust folgt als *seelische* Rückwirkung ihr Daniederliegen, und gegen Kapitalanlagen entsteht ein breites Misstrauen. Der Erwerbstrieb befindet sich nach der Ueberreizung und Ueberladung im Zustande der Uebersättigung und der Abstumpfung. Die Schädigungen der Stockung sind niederdrückende Vorstellungen für den Erwerbstrieb und die Unternehmungslust und ziehen diese Lage hin. Es entwickelt sich der Niedergang."[340]

Schließlich aber wirke andersherum der konjunkturelle Wechsel auch auf die psychische Verfasstheit der Menschen zurück:

„Was ist der Wechsel von Aufschwung und Stockung für das Wirtschaftsleben? Er bildet das stärkste Mittel, das hätte erdacht werden können, aus dem Menschen an wirtschaftlichem Kraftwillen herauszupressen, was er herzugeben vermag. Im Aufschwung das Zuckerbrot des Gewinnes, in der Stockung die Peitsche der Not. Was ist Wirkungsvolleres erfindbar!"[341]

Laut Spiethoff korrespondiert die konjunkturell geprägte Wirtschaft, die er mit dem Hochkapitalismus verbindet, mit einem „seelisch und nervig neue[n] Mensch[en]", „der anders und schneller denkt, der anders und wirtschaftlicher fühlt, der jeden Augenblick rechnet und den kleinsten Vorteil wahrnimmt, der stets nach günstigen Gelegenheiten auf der Lauer liegt, der über sofortige Entschlußfähigkeit verfügt."[342] Zwei der hierdurch hervorgebrachten Effekte seien die Herausbildung von Großbetrieben, da „der einmal Große und Starke den Wechselfällen der Wechsellagen besser gewachsen ist und aus jeder Lage Gelegenheiten zieht, noch größer zu werden"[343], sowie eine Dynamisierung der gesellschaftlichen Klassen. Die konjunkturgeprägte Wirtschaft ist „die Stufe mächtigster Bewegung"[344]: „Im wirtschaftlichen

338 Spiethoff: Krisen (1925), S. 70; Herv. i. Orig. Zur Erinnerung: „Wechsellagen" ist der Spiethoffsche Begriff für Konjunktur.

339 Ebd., S. 79.

340 Ebd.; Herv. i. Orig.

341 Ebd., S. 84.

342 Ebd., S. 84 f.

343 Ebd., S. 85.

344 Ebd.

Wettlauf der Völker stehen immer die voran, bei denen die Wechsellagen am ausgesprochensten und schärfsten auftreten."[345] Allerdings setze bei den Menschen wie bei den Völkern „eine Sättigung und Abstumpfung" und mithin eine Zuwendung zu „anderen Gebieten" jenseits des Ökonomischen ein[346]: „Jedes Volk wird die Herrschaft der Wechsellagen wie das Vorwiegen der Erwerbsbelange überwinden. Aber geben wir uns keinem Zweifel darüber hin; mit wirtschaftlicher Machtentfaltung und stürmischer Reichtumsvermehrung ist es dann vorbei!"[347]

Auch der Agrar- und Volkswirtschaftler Werner Friedrich Bruck betont die psychische Dimension des „Wirtschaftsorganismus" und überträgt dabei die Verfasstheiten der ökonomischen Akteur:innen auf die Wirtschaft selbst:

> „Nun besteht, wie im menschlichen Organismus ein psycho-physischer Parallelismus vorhanden ist, auch in der Biologie des sozialen und Wirtschaftsorganismus ein solcher Parallelismus, der ohne die psychische Seite nicht zu denken ist, ohne deren Kenntnis ein ganz falsches Bild des Erkenntnisobjektes herauskommen müßte. Man denke dabei unter anderem an die großen sozialen und sozialistischen Bewegungen irgendwelcher Art, an die nationalen und nationalistischen der Gegenwart bei allen Völkern des alten Europas, Asiens, Afrikas und Amerikas. Welche Fülle psychologischer Faktoren schwingen in ihnen! Diese gleichsam biologischen Komponenten eines Bildes sind nicht erfaßbar, erst recht nicht exakt, sie müssen in irgendeiner Form dem Bilde, soweit es vielleicht sogarexakt durch Forschung meßbar ist, noch hinzugefügt werden, um das Totalbild zu erfassen."[348]

Diese Ausweitung des psychologischen Vokabulars auf die Wirtschaftsprozesse selbst findet sich ebenso bei William Stanley Jevons, der die *Kreditperiode* nach John Mills als eine Abfolge von zunächst „flaue[m] Handel" (drei Jahre), dann „tatkräftige[m], gesunde[m] Leben" (ungefähr drei Jahre) und schließlich „erregte[m] Handel" (mehrere Jahre, die in eine „Gründerperiode oder Spekulationswut auslaufen und […] mit einem Zuammenbruch endigen")[349] vorstellt (Abb. 37).

---

345 Ebd.

346 Ebd.

347 Ebd., S. 85 f. Das hier von Spiethoff vorgeschlagene Stufenmodell der Ökonomie mit deren konjunktureller Prägung als einer spezifischen Phase knüpft an Vorstellungen einer organischen Wirtschaftsentwicklung an, wie sie die im deutschsprachigen Bereich seit Mitte des 19. Jahrhunderts dominante Historische Schule der Nationalökonomie vertreten hat.

348 Werner Friedrich Bruck: (Aphorismen zur Konjunkturtheorie und Konjunkturpolitik und ihre Grenzen). In: Aftalion u. a.: Der Stand und die nächste Zukunft der Konjunkturforschung (1933), S. 42–45; S. 44.

349 William Stanley Jevons: Politische Ökonomie (1910). In: Karl Diehl, Paul Mombert (Hg.): Ausgewählte Lesestücke zum Studium der politischen Ökonomie. Wirtschaftskrisen. Mit einer Einführung „Konjunktur und Krise – neu betrachtet" von Rudolf Hickel. Frankfurt/Main, Berlin, Wien 1979, S. 197–205; S. 203.

Jahre									
1	2	3	4	5	6	7	8	9	10
Flauer Handel			Gesunder Handel			Erregter Handel		Gründer-periode	Zusammen-bruch

Abb. 37: Kreditperiode. Aus: Jevons: Politische Ökonomie (1979 [1910]), S. 203.

4.6 Ansteckungsgefahr: der „Konjunkturbazillus" (Wirtschaftvirologie)

Wenn Rhythmus nicht nur eine diskursive Figur, sondern unmittelbar an körperliches Empfinden geknüpft ist, dann ist dieser wohl am ehesten dann und dort erlebbar, wo er eine eigene Präsenz zeigt, wo er sich (ungewollt und nicht steuerbar) entfaltet. In der neueren interdisziplinären Forschungsliteratur wird eine derartige Macht verschiedentlich konzeptualisiert – etwa von dem Historiker William H. McNeill, der die emotionalen Auswirkungen rhythmischer Bewegungen und Gesten in unterschiedlichen kulturellen Feldern und Formationen (Militär, Tanz, religiöse Zeremonien) zusammendenkt und dabei ein „muscular bonding" zwischen den Beteiligten identifiziert.[350] Studien aus der Musikwissenschaft, der Ritualforschung sowie der sozial- und kulturwissenschaftlichen Bewegungsforschung betonen die Möglichkeit der Entstehung Trance-artiger Zustände aufgrund rhythmischer Wiederholung, die durchaus auch pathologisiert wird. Die Medientheoretikern Stamatia Portanova spricht mit Blick auf globale Dimensionen von Klang- und Tanzrhythmen in Anlehnung an Gilles Deleuze und Félix Guattari von einer „epidemiological rhythmicity", vom Rhythmus als „a viral propagation infecting all biological, social or cybernetic bodies".[351] Und die US-amerikanische Performance-Forscherin Barbara Browning hat ihrer Studie zu den Ausdrucksformen afrikanischer Diaspora-Kultur (religiöse Praktiken, Musik, Tanz, bildende Künste) und deren westlichen Diskursivierungen in einem Metaphernfeld der „African Contagion", der Angst vor Ansteckung und Ausbreitung (in augenfälliger Parallele zum HIV-/AIDS-Diskurs), den Titel „Infectious Rhythm"

350 McNeill: Keeping Together in Time (1995).

351 Portanova: Rhythmic Parasites (2005). Portanova verfolgt dabei wie Deleuze und Guattari ein komplexes, a-lineares, rhizomatisches Rhythmus-Konzept; vgl. die Ausführungen in Kap. IV.4.

gegeben.[352] Deutlich zurückhaltender, aber dennoch im selben semantischen Feld beheimatet, beobachtete etliche Jahrzehnte früher Ludwig Klages ein „‚Vergnügen' am Rhythmus", das gepaart ist mit einer „tiefaufregenden, ja entrückenden Wirkung des Rhythmus", einer vom Rhythmus ausgehenden „Ergriffenheit", die sich dann einstellt, wenn Tätigkeiten „vom rhythmischen Pulse getragen" sind.[353]

In der Konjunkturforschungsliteratur ist hin und wieder von einer entsprechenden expansiven Macht des Rhythmus auf den Untersuchungsgegenstand Wirtschaft die Rede. So spricht etwa Wesley Clair Mitchell von „rhythmical expansions"[354] und mit erkennbaren Anklängen an die Diktion des Epidemischen davon, „daß eine irgendwo entstehende Konjunkturphase danach strebt, die gleiche Phase in allen Ländern zu erzeugen, zu denen das erstere in Beziehungen steht"[355] – so dass sich letztlich eine „Tendenz zu internationaler Einheitlichkeit der Konjunkturzyklen"[356] verfestige. An anderer Stelle weist er darauf hin, dass die Erwartung des den Zyklen immanenten Umschwungs zu Ansteckungsreaktionen führe. „Even those who are looked to for advice are not wholly immune from the contagion of emotional aberration."[357] „Die Konjunkturbelebung, einmal begonnen, äußert eine Tendenz zur Expansion", konstatiert der russische Konjunkturforscher Perwuschin[358], und Wilhelm Röpke benennt ganz direkt einen „eigentlichen Konjunkturbazillus"[359].

Dabei sind – wenn man den vereinzelten Hinweisen folgt – nicht nur die Wirtschaft und ihre Akteur:innen vom Rhythmus affiziert; er scheint auch laut zeitgenössischen wie wissenschaftshistorisch rückblickenden Beobachtungen von einzelnen Konjunkturforscher:innen Besitz zu ergreifen – ablesbar nicht zuletzt an deren Forschungsdesigns und Ergebnissen. Als wiederkehrendes Beispiel wird

352 Browning: Infectious Rhythm (1998).

353 Klages: Vom Wesen des Rhythmus (1974 [1933]), S. 548.

354 Mitchell: Business Cycles (1913), S. 91.

355 Mitchell: Der Konjunkturzyklus (1931), S. 448.

356 Ebd., S. 449. Mitchell spricht aber auch von „Widerständen", die dieser Tendenz „entgegenstehen"; ebd.

357 Mitchell: Business Cycles (1913), S. 35.

358 Perwuschin: Versuch einer Theorie der wirtschaftlichen Konjunkturen (1929), S. 61; Herv. i. Orig.

359 Wilhelm Röpke; zit. n. Mitchell: Der Konjunkturzyklus (1931), S. 34. Bei Röpke ist von einem „Konjunkturbazillus" die Rede, der in „verschiedenen Spezies" auftritt; ders.: Auslandskredite und Konjunktur. In: Karl Diehl (Hg.): Beiträge zur Wirtschaftstheorie. 2. Teil: Konjunkturforschung und Konjunkturtheorie. München, Leipzig 1928, S. 213–246; S. 220. Ragnar Frisch zweifelte in einem 1931 an der *University of Minnesota* gehaltenen Vortrag an der Entdeckung eines „bacillus cyclicus". Das handschriftliche Manuskript befindet sich im Frisch-Archiv; zit. n. Olav Bjerkholt: Ragnar Frisch's Contribution to Business Cycle Analysis. Oslo 2007 (= Memorandum 08/2007), S. 20. Verwendet wird der Begriff des „Konjunkturbazillus" einige Jahre später auch in der gegen die Konjunkturforschung gerichteten Rhetorik der Medien im nationalsozialistischen Deutschland; vgl. exemplarisch Frankfurter Zeitung Nr. 30 vom 17.01.1937: Der „Götze" Konjunktur [HWWA: A 10 k 1 SM 8].

William Stanley Jevons ein ähnlicher Zustand der (infektiösen) Ergriffenheit von der Idee des Rhythmus und ihrer (wissenschaftlichen) Verfolgung unterstellt: Er sei in eine geradezu fiebrige Suche nach dem Periodizitätsgesetz des Wirtschaftsverlaufs verfallen. Als Jevons selbst über seine Sonnenflecken-Forschung äußerte, dass „speculations of this kind may seem somewhat far-fetched and finely-wrought; but financial collapses have recurred with such approach to regularity in the last fifty years, that either this or some other explanation is needed“[360] und angesichts eines Datenmaterials, das diesem Ergebnis in seinen Augen nicht ausreichend entsprach, eine Veröffentlichung zurückzog („Subsequent enquiry convinced me that my figures would not support the conclusion I derived from them, and I withdrew the paper from publication“[361]), kommentierte John Maynard Keynes Jevons' Verhalten mit den Worten: „The virus, however, had entered into his system.“[362]

Während das Virus bei Jevons gegen den Rhythmus arbeitet, fallen beide in anderen Beobachtungen zusammen. Der Journalist John Brooks, der den Ökonomen, Zyklenforscher und Begründer der *Foundation for the Study of Cycles*, Edward Russell Dewey, einen Tag lang begleitete, spricht in einem ausführlichen Artikel über seine Beobachtungen. Eine Schlussfolgerung, die Brooks zieht, ist der Jagdinstinkt des Zyklenforschers, der allerdings mit den Zyklen ein williges, den Jagderfolg selbst verstärkendes Ziel hat: „... hunting cycles is almost like hunting blueberries in a particularly fertile road-side clump. Look intently enough at any spot and you'll find one.“[363] Laut Brooks sind die beobachteten Zyklenforscher Personen, „who had been bitten by the cycle bug“[364]; Dewey selbst – der sich der irritierenden Außenwirkung, einer Mischung aus „amusement, skepticism, and a certain suppressed fascination“[365] durchaus bewußt ist – gebraucht das Wort „cyclomaniac“[366] und versteht darunter „either a person who becomes such a fanatical believer that he loses all perspective, or one who becomes so obsessed with the subject that he devotes every waking hour to it.“[367] Und Brooks ergänzt: „In depressed moods, Dewey admits that he qualifies as a cyclomaniac in the second sense. ‚Perhaps I *am* a crank,' he mused ruefully in Cycles for February, 1952.“[368]

360 Jevons: Investigations, S. 204; zit. n. Keynes: William Stanley Jevons 1835–1882 (1988 [1936]), S. 70.

361 Jevons: Investigations, S. 207; zit. n. Keynes: William Stanley Jevons 1835–1882 (1988 [1936]), S. 70.

362 Ebd.

363 Brooks: Profiles ... Something Out there (1971), S. 6 f.

364 Ebd., S. 10.

365 Ebd., S. 5.

366 Ebd., S. 8. Dort wird Dewey ebenfalls mit den Worten zitiert: „In some quarters, a belief in the signifycance of cycles is regarded like a belief in astrology or alchemy or tea-leaf reading.“

367 Ebd.

368 Ebd.

In auffallend ähnlicher Stoßrichtung – bis in die Begrifflichkeiten – wiederum kommentiert Mary Morgan in ihrer wissenschaftshistorischen Abhandlung zur frühen Ökonometrie die konjunkturerklärenden Anstrengungen von William Stanley Jevons und Henry Ludwell Moore:

> „If Jevons' sunspot theory appeared to be cranky, it was nothing to the theory eventually proposed by Henry Ludwell Moore to account for economic cycles. Moore seemed to have suffered from the same fatal fascination that afflicted Jevons; once persuaded of the idea of some outside periodic cause of economic cycles Moore could not give it up but strove to take the explanation back to its first cause."[369]

4.7 Kreislaufdenken – Anknüpfungen und Neujustierungen

„Sucht man die wirtschaftliche Bewegung zu entwirren, so greift man zweckmäßigerweise als erste Annäherung an die Wirklichkeit zu dem Bilde des wirtschaftlichen Kreislaufs"[370], schreibt Ernst Wagemann in seiner „Konjunkturlehre. Eine Grundlegung zur Lehre vom Rhythmus der Wirtschaft". Tatsächlich handelt es sich bei der Figur des Kreislaufs um ein gut etabliertes, häufig aufgerufenes Bild der wirtschaftlichen Theoriebildung – ja Wilhelm Kromphardt sieht sie gar als die Grund- und Gründungsfigur der Ökonomik: „Mit der physiokratischen ‚Entdeckung des wirtschaftlichen Kreislaufes' hebt die Phase eigentlicher Wissenschaft vom Wirtschaftsleben an."[371] Wie die frühe Konjunkturforschung sich an der Gleichgewichtstheorie

---

369 Morgan: The History of Econometric Ideas (1990), S. 26.

370 Wagemann: Konjunkturlehre (1928), S. 25. Zur Ideengeschichte des Kreislaufs vgl. Armin Müller: Kreislauftheorien. In: Joachim Ritter, Karlfried Gründer (Hg.): Historisches Wörterbuch der Philosophie. Bd. 4: I–K. Basel, Stuttgart 1976, Sp. 1227–1229; Engelbert Schramm: Im Namen des Kreislaufs. Ideengeschichte der Modelle vom ökologischen Kreislauf. Frankfurt/Main 1997.

371 Wilhelm Kromphardt: (Wirtschaftstheorie und Konjunkturforschung). In: Aftalion u. a.: Der Stand und die nächste Zukunft der Konjunkturforschung (1933), S. 135–139; S. 135. Angesprochen ist vor allem das „tableau économique" des Physiokraten François Quesnay, dem Kromphardt mit Spiethoffs Konjunkturtheorie ein neues „tableau économique" zur Seite stellen möchte; vgl. ebd., S. 138. Zu Kreislauf-Konzeptionen in der Nationalökonomie, die sich vor allem auch an medizinischen Vorstellungen – darunter insbesondere Harveys Theorie vom Blutkreislauf – orientierten, vgl. Schramm: Im Namen des Kreislaufs (1997), v. a. S. 93, 130–132. Schramm hat zudem darauf hingewiesen, dass „Kreislauf-Ideen […] zumeist als nicht mehr hinterfragbare Erkenntnisse, […] als naturgesetzlich notwendige Ordnungsprinzipien verwendet werden." Ebd., S. 8. Zu Quesnays ökonomischem Kreislaufmodell vgl. auch Bernhard Siegert: Currents and Currency. Elektrizität, Ökonomie und Ideenumlauf um 1800. In: Jürgen Barkhoff, Hartmut Böhme, Jeanne Riou (Hg.): Netzwerke. Eine Kulturtechnik der Moderne. Köln u. a. 2004 (= Literatur – Kultur – Geschlecht Bd. 29), S. 53–68. Zur Popularität der Kreislaufmetaphorik in den Wirtschaftswissenschaften Ende des 19./Anfang des 20. Jahrhunderts vgl. Tanner: Wirtschaftskurven (2002), S. 146: „In den zwei Jahrzehnten vor dem Ers-

abarbeitete, so gilt dies im Besonderen auch für die rhythmische Bewegung des Konjunkturverlaufs und deren Relation zur Figur des Kreislaufs. Bei Kromphardt erscheint die Idee des Kreislaufs als ein Bindeglied zwischen älteren wirtschaftstheoretischen Richtungen und der Konjunkturforschung: „Neben dem Kreislauf der Physiokraten ist ein Kreislauf von Bewegungsphasen der Wirtschaft zum Objekt der Theorie geworden."[372] Über diese Verwendung des Kreislaufmodells in den unterschiedlichen theoretischen Kontexten werde deutlich, dass die Konjunkturforschung „nicht als plötzliche und fertige Schöpfung (oder Programm) entstanden [ist] [...]. Auch im statistischen Gewande ist die Konjunkturforschung nicht als Sensation aufgetreten, sondern als die Fortführung längst begonnener Arbeiten."[373]

Während Kromphardt die Kreislauffigur hier einsetzt, um mit ihr die Kontinuität der Wirtschaftstheoriebildung hervorzuheben, akzentuiert Joseph Schumpeter die Differenz: die Unterscheidung in zwei grundlegend unterschiedliche Kreislaufprozesse der Wirtschaft in der theoretischen Diskussion – den Prozess der „Anpassung" einerseits sowie den der „Entwicklung" (gemeint ist die Konjunkturbewegung) andererseits. Auch Adolf Löwe, der Schumpeters Ansatz aufgreift, stellt Überlegungen zur „Unterscheidung zweier artverschiedener Kreislaufprozesse"[374] an und sieht es für „einen in diesem Sinne dynamischen Kreislauf" als „ein wesentliches Merkmal, daß sich ein Gleichgewicht in ihm nur als labiles auf dem Durchgang vom Aufschwung zur Krise bildet, ohne daß der innere Spannungszustand zwischen Hausse und Baisse jemals wirklich ausgeglichen werden könnte."[375] Für den dynamischen Kreislauf müsse also gelten, dass „auch bei äußerster theoretischer Abstraktion, nicht nur in der Realität, in ihm keine Tendenz auf Herstellung eines ruhenden Gleichgewichts gefunden werden kann."[376]

ten Weltkrieg können wir parallel zur Hypostasierung der Nationen zu ‚Volkskörpern' und der damit einhergehenden sozialdarwinistischen Rhetorik eine neue Konjunktur der bereits älteren Kreislaufmetaphorik des Geldes erkennen." Vgl. zur Analogie des Lebenszyklus in den Wirtschaftswissenschaften – hier bezogen auf wirtschaftliche Unternehmen – auch Edith Tilton Penrose: Biological Analogies in the Theory of the Firm. In: The American Economic Review 42/1952, H. 5, S. 804–819.

372 Kromphardt: (Wirtschaftstheorie und Konjunkturforschung) (1933), S. 137.

373 Ebd., S. 138.

374 Löwe: Der gegenwärtige Stand der Konjunkturforschung in Deutschland (1925), S. 357. Eine aus der, so Michael Wicharz, „regelmäßige[n] Wiederkehr von wirtschaftlichen Schwankungen um einen Mittelpunkt herum" entwickelte Kreislauftheorie des Konjunkturverlaufs schlägt Albert Aftalion vor; Wicharz: Albert Aftalions Tatsachenbild (1935), S. 195. Vgl. Aftalion: Les crises périodiques de surproduction (1913). Laut Schumpeter ist Aftalions Konjunkturmodell eine „Theorie des Kreislaufs selbst, eine Theorie der steten Anpassung der Wirtschaft an wechselnde Gleichgewichtszentren und ipso facto auch der Wirkungen dieses Wechsels (Statik)"; zit. n. Wicharz: Albert Aftalions Tatsachenbild (1935), S. 196.

375 Löwe: Der gegenwärtige Stand der Konjunkturforschung in Deutschland (1925), S. 359.

376 Ebd.

In der Zusammenführung von Periodizität und Kreislauf systematisiert Arthur Spiethoff sein Konjunkturmodell in einem „Musterkreislauf". Er spricht konsequent vom „Kreislauf der Wechsellagen" (i.e. der Konjunktur), wenn er einen vollständigen Durchlauf aller Phasen meint, und bemerkt im Hinblick auf dessen Beschreibung: „Die Wechsellagen verlaufen in Form der Kreislinie, und es ist deshalb an sich gleichgültig, an welcher Stelle man mit dem Schlagen dieser Linie einsetzt."[377] So ist „[d]as ‚Normale' […] weder Aufschwung, noch Stockung, noch, was gar nicht in Frage kommt, Krise. Das Normale der freien, geldwirtschaftlichen, hochkapitalistischen Marktverfassung ist der Kreislauf der Wechsellagen."[378]

Während für Spiethoff das Kreislaufkonzept offensichtlich ohne Schwierigkeiten als adäquater Ausdruck einer konjunkturell organisierten Wirtschaft fungiert, rechnen es Ökonomen wie Alfred Amonn oder Ernst Wagemann (sich „dem allgemeinen Sprachgebrauch fügen[d]") der Statik zu, „obwohl der Begriff des Kreislaufs den der Bewegung umschließt."[379] Für Amonn läuft im „statischen Kreislauf"

> „das wirtschaftliche Geschehen immer in der gleichen Weise ab. Aus dem statischen Kreislauf heraus kann es Aenderungen überhaupt nicht geben. Alles geht in festen, stets gleichbleibenden Bahnen vor sich, die durch den wirtschaftlichen Gleichgewichtszustand gegeben sind. Nur von *außen* kann eine Störung kommen, welche den Kreislauf unterbricht, das Gleichgewicht aufhebt und die statischen Wert- und Preissysteme erschüttert."[380]

Und Wagemann betont, dass die theoretische Nationalökonomie unter dem wirtschaftlichen Kreislauf – der analog zum Gleichgewicht verwendet werde – „das Gegebene, das Natürliche, das Dauernde" verstehe und die „Störung, die Veränderung, die Bewegung […] als das Vorübergehende, das Nebensächliche, das Zufällige" ansehe, während doch für die Konjunkturlehre „gerade diese Störungen, die Schwankungen der Wirtschaft das Primäre, sozusagen das Normale"[381] seien.

In seinen Einführungswerken in die Konjunkturlehre präsentiert Ernst Wagemann sowohl eine Darstellung des Güterkreislaufs (Abb. 38), als auch des Zahlungskreislaufs (Abb. 39), und versteht beide als schematische Vereinfachungen. So schreibt er etwa: „Durch das Bild des *Geldkreislaufs* versuchen wir, die vielmillionenfachen Zahlungsvorgänge einer Volkswirtschaft in ein Schema zu bannen"[382] – und

377 Spiethoff: Krisen (1925), S. 37.

378 Ebd., S. 82.

379 Wagemann: Konjunkturlehre (1928), S. 25. Wagemann sinniert darüber, dass „das Bild des wirtschaftlichen Kreislaufs" passenderweise einer „Kinematik" der Wirtschaft, d. h. einer „reine[n] Bewegungslehre unter Abstraktion von der Masse" zugerechnet werden müsste; ebd.

380 Alfred Amonn: Die Probleme der wirtschaftlichen Dynamik. In: Archiv für Sozialwissenschaft und Sozialpolitik 38/1914, S. 83–114; S. 111.

381 Wagemann: Einführung in die Konjunkturlehre (1929), S. 20.

382 Wagemann: Konjunkturlehre (1928), S. 39. Den Begriff des „Geldkreislaufs" fasst Wagemann in einem weiteren Verständnis, das nicht nur „den Geldumlauf im banktechni-

Wagemann referiert auch die dazugehörige Formel für „diesen ganzen Stromkreis“: „Einkommen = Verbrauch + Ersparnisse = Preise = Gestehungskosten = Einkommen (Verkehrsgleichung)!“[383] Im Kommentar zur Darstellung lässt er keinen Zweifel offen, dass ihm das vorgestellte Kreislaufbild für eine angemessene Erfassung der Wirtschaftsvorgänge als unterkomplex erscheint:

> „Das Bild des Doppelstromes der Zahlungsvorgänge ist und bleibt nur ein Schema, das die volkswirtschaftlichen Zahlungsvorgänge höchstens so widerspiegelt, wie die doppelte Buchführung die Geschäfte eines kaufmännischen Betriebes, nämlich unter Zuhilfenahme toter Konten. Ohnehin geben unsere Schemata des Geldkreislaufs wie des Güterkreislaufs die Wirklichkeit natürlich nur in grober Annäherung wieder; denn eine lebendige und wachsende Volkswirtschaft bietet das Bild eines Kreislaufs höchstens in kurzen Zeiträumen. In Wirklichkeit erfahren ihre Güter- und Zahlungsströme fortwährend Erweiterungen und Kontraktionen.“[384]

Das Kreislaufmodell, das die „‚normalen‘, […] regelhaften Zusammenhänge zwischen Produktion, Handel und Verbrauch sowie von Lohn, Unternehmergewinn und Zins“ erfasst, kann also laut Wagemann „nur den Ausgangspunkt der Betrachtung“ bilden[385], denn

> „[d]ie theoretische Nationalökonomie hat es in ihrer gegenwärtigen Gestalt versucht, insbesondere den Mechanismus zu erklären, der diesen Kreislauf sichert. […] Die Volkswirtschaft erscheint so wie ein gewaltiges Maschinenwerk mit zahlreichen Pendeln und Ventilen, die dafür sorgen, daß es gleichmäßig rotiert.“[386]

Ernst Wagemann konzipiert vor diesem Hintergrund die Konjunkturanalyse als eine „wirtschaftliche Raumzeitforschung“ (und hier sei noch einmal daran erinnert, dass das „Raumzeitliche“ bei Ludwig Klages als eines der Wesensmerkmale des Lebensprinzips Rhythmus gefasst wurde), welche „die Wirtschaftsvorgänge und Wirtschaftsgebilde, die Funktionen und Organe der Wirtschaft, immer nach Raum und Zeit betrachtet.“[387] Mit Blick auf die gewählte Formensprache heißt dies, dass

---

schen Sinne, sondern die Gesamtheit der Zahlungen“ umfasst; N.N. [ders.]: Einleitung (1926), S. 15.

383 Wagemann: Einführung in die Konjunkturlehre (1929), S. 32. Die Formel findet sich identisch auch in ders.: Konjunkturlehre (1928), S. 42 f.

384 Ebd., S. 43. Vgl. ähnlich auch ders.: Einführung in die Konjunkturlehre (1929), S. 32 f. Vgl. auch – Wagemann referierend – Neue Zürcher Zeitung Nr. 56 vom 12.01.1927: „Konjunktur-Forschung“ [HWWA: H n SM 54]: „Dieser harmonische Doppelkreislauf des Schemas vollzieht sich in Wirklichkeit nicht regelmäßig, sondern unterliegt ständigen Kontraktionen und Erweiterungen; diese Verschiebungen bezeichnen wir als Konjunktur.“

385 Wagemann: Einführung in die Konjunkturlehre (1929), S. 19 f.

386 Ebd., S. 20.

387 Ernst Wagemann: Konjunkturforschung – wirtschaftliche Raumzeitforschung. In: Berliner Börsen-Zeitung Nr. 10 vom 07.01.1937 [HWWA: H n SM 54].

er den Kreislauf unter Beibehaltung des Wiederholungsgedankens öffnet – oder anders formuliert: Die Aufgabe der Gleichgewichts- bzw. Kreislaufidee führt nicht zur Aufgabe der Vorstellung eines wiederkehrenden Ablaufs der Wirtschaft. Dieser wird vielmehr – unter Zuhilfenahme der neu etablierten Grundfigur des Rhythmischen (Wagemanns eigene Publikationen wie auch die von seinem Institut verantworteten Schriften verwenden den Rhythmusbegriff wie bereits erwähnt auffällig exponiert) – in ein komplexeres Deutungsmodell aufgelöst.

Ähnlich wie Wagemann verspürte auch Wesley Clair Mitchell, der wie dieser einen empirisch-statistischen gegenüber einem abstrakt-theoretischen Zugang der Konjunkturanalyse favorisierte und propagierte, ein epistemisches wie forschungskonzeptionelles Unbehagen an dem der Kreislaufvorstellung immanenten Schematismus und entsprechenden „Schriften über ‚den' Konjunkturzyklus, über ‚den' Kreislauf der Wirtschaft"[388] auch in der neueren Literatur. Er selbst wollte gerade entgegengesetzt „die wachsende Betonung der Unterschiede in Schwingungsweite und -dauer bei den zyklischen Schwankungen der verschiedenen Wirtschaftsprozesse"[389] als das entscheidende Feld der Konjunkturanalyse verstanden wissen.

Die Literatur zur Konjunkturforschung bietet zudem Versuche auf, das Kreislaufmodell über den wirtschaftlichen Kontext hinaus dezidiert ideengeschichtlich einzuordnen und zu bewerten. In der 1933 erschienenen Festschrift für Arthur Spiethoff über den „Stand und die nächste Zukunft der Konjunkturforschung" bezeichnet der Heidelberger Nationalökonom und Wirtschaftshistoriker Carl Brinkmann den „Kreislauf und die summative ‚fortschrittliche' Entwicklung" als „[d]ie beiden allgemeinsten Schemata einer Deutung sozialen und besonders wirtschaftlichen Geschehens", die auch dem „Streit über [...] den im letzten Jahrhundert beobachteten Rhythmus des ‚kapitalistischen' Wirtschaftslebens und die daraus für diese Wirtschaftsordnung ableitbaren Prognosemöglichkeiten" zugrunde lägen:

> „Dort, in der Gesellschafts- und Wirtschaftsgeschichte, bekämpfen sich positivistischer Fortschrittsglaube und die von dem antiken und asiatischen Determinismus zuerst ausgebildete, neuerdings zweifellos von Oswald Spengler am machtvollsten angeregte ‚Kulturkreislehre', für die das Kreissymbol nicht nur eine Systembedeutung, sondern auch eine Zeitbedeutung hat. Hier, in der Erforschung der wirtschaftlichen (und darüber hinaus doch auch gesellschaftlichen) ‚Wechsellagen', stehen sich formal die beiden Konstruktionsmodelle des in sich zurückkehrenden ‚Zyklus' verschiedener Länge und des nur in einer Richtung fortschreitenden ‚Trend', inhaltlich die beiden Extreme eines notwendigen und jeweils sich selbst heilenden Rhythmus des Wirtschaftslebens und der Stillegung dieses Rhythmus in einem neuen, nur noch der wesentlich linearen Entwicklung unterliegenden System gegenüber."

Vor diesem Hintergrund sieht Brinkmann „die Verständigung über die relative Berechtigung der Zyklen- und Trendsymbolik und, sachlich damit aufs engste

388 Mitchell: Der Konjunkturzyklus (1931), S. 456.
389 Ebd.

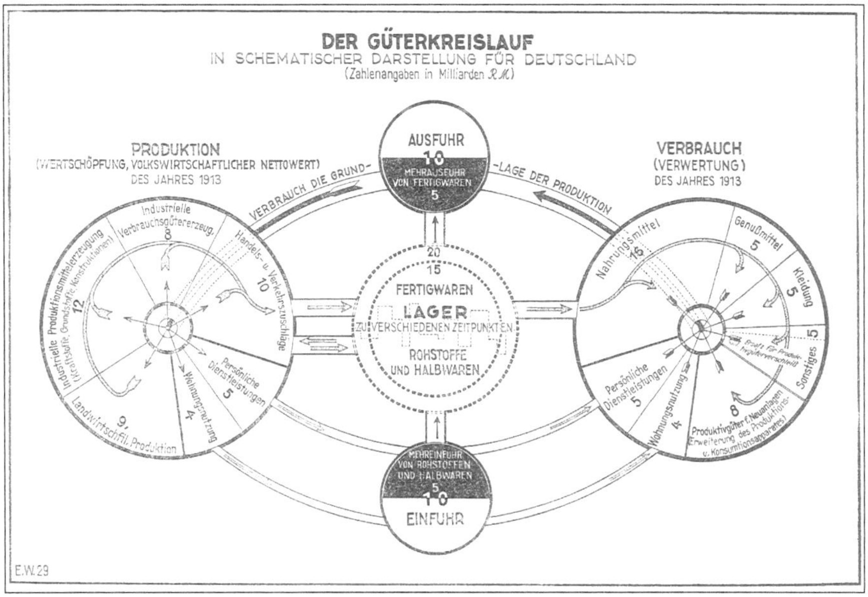

Abb. 38: „Der Güterkreislauf in schematischer Darstellung für Deutschland“. Aus: Wagemann: Einführung in die Konjunkturlehre (1929), S. 31.

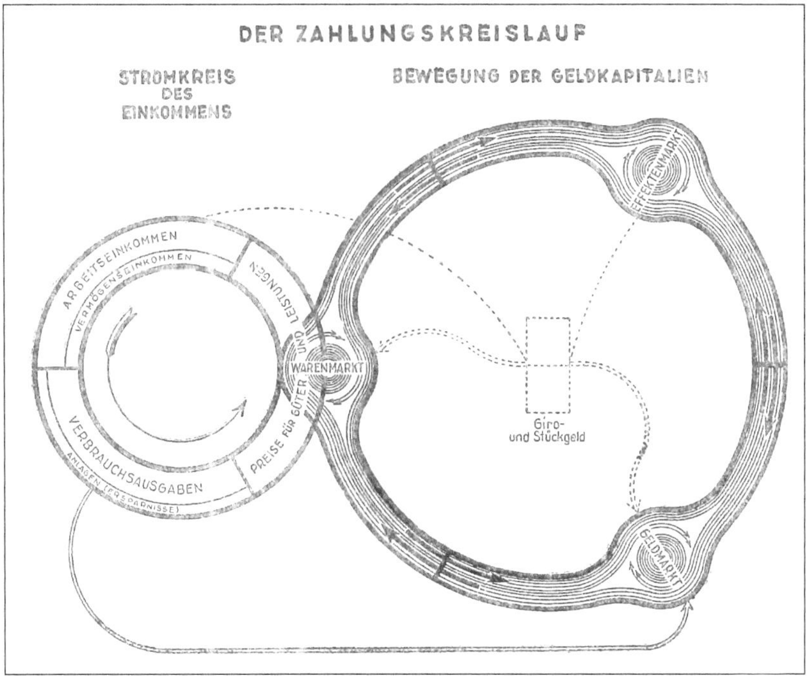

Abb. 39: „Der Zahlungskreislauf“. Aus: Wagemann: Einführung in die Konjunkturlehre (1929), S. 33. Die Abbildung wurde identisch auch in den Vierteljahrsheften zur Konjunkturforschung 1/1926, H. 3, S. 10, sowie in Wagemann: Konjunkturlehre (1928), S. 41, veröffentlicht.

verknüpft, die Verständigung über die etwaige Zuordnung jedes der beiden Symbole zu einem besonderen Wirtschaftssystem" als „eine der wichtigsten Zukunftsaufgaben für die Konjunkturforschung" an.[390]

Der Freiburger Ökonom Folkert Wilken liefert in seiner Studie über den „Kreislauf der Wirtschaft (Zirkulation)" aus dem Jahr 1928 eine ebenfalls ideengeschichtlich grundierte Auseinandersetzung mit ökonomischen Kreislaufvorstellungen, die er in größere Zusammenhänge einbettet. Die von ihm untersuchte Entwicklung der Arbeitslosigkeit bezieht er unmittelbar auf den Konjunkturverlauf, indem er herausstellt, dass sich die „Arbeitsfreisetzung als eine gesetzmäßige Folge des typischen konjunkturellen Aufschwunges periodisch immer wieder einstellt."[391] Entsprechend verbindet Wilken mit dem Versuch der Einflussnahme auf die konjunkturelle Entwicklung (in seinen Worten: „die Konjunktur in der Weise zu veredeln, daß ihr gesamter Ablauf den Gesetzen der Wirtschaftsvernunft entspricht"[392]) die Hoffnung, aus der Pendelbewegung eine reine Aufstiegsbewegung zu machen, die entwicklungsbedingte Entlassungen und wiederkehrende hohe Arbeitslosenzahlen überwinden könne. Hierfür sieht er eine gründliche Erfassung des „wirtschaftlichen Kreislaufs" für unabdingbar: „Wenn hier der Versuch unternommen wird, von seiten der Arbeitslosigkeit die Probleme des wirtschaftlichen Kreislaufes aufzurollen", schreibt Wilken am Beginn seiner Untersuchung,

> „so geschieht es einmal deshalb, um an das aktuellste Symptom der gegenwärtigen, fast ununterbrochenen Störungen dieses Kreislaufes anzuknüpfen. Darüber hinaus aber bedeutet der Umfang der Beschäftigung für die Gesamtwirtschaft mehr, als im Worte ‚Störungssymptom' ausgedrückt wird. Die Beschäftigung ist der Inbegriff der wirtschaftlichen Tätigkeit; und der wirtschaftliche Kreislauf ist nur eine Methode ihrer Verwirklichung, eine Methode, welche das soziale Gegenseitigkeitsverhältnis aller wirtschaftlichen Arbeit organisiert. Die wirtschaftliche Beschäftigung besitzt den Charakter des Vollzugs des wirtschaftlichen Kreislaufes oder der Zirkulation, wie man auch dafür kurz sagen kann."[393]

Wie Wagemann verortet auch Folkert Wilken die Idee vom ökonomischen Kreislauf, die „zirkulatorische Organisation der Wirtschaft"[394], wesenhaft im Bereich der Statik. Dagegen erscheint die dynamische Wirtschaftsbewegung der Konjunktur mit ihren „unabänderlichen Expansionstendenzen"[395], die wiederum den folgenden

---

390 Brinkmann: (Zyklus und Trend) (1933), S. 38.

391 Folkert Wilken: Der Kreislauf der Wirtschaft (Zirkulation). Die Überwindung der Arbeitslosigkeit durch Fortbildung der Konjunkturen zu einer Wirtschaftserweiterung auf erhöhter Organisationsstufe. Jena 1928, S. III.

392 Ebd.

393 Ebd., S. 1.

394 Ebd., S. 89.

395 Ebd., S. 90.

Abschwung unweigerlich herbeiführen, als „unorganisch" und „die Gesetze der Zirkulation verletzend".[396]

„Es ist eine wesentliche Eigenschaft des vollentfalteten Gebildes der Zirkulation, eine Eigenschaft, die es so recht als eine Tatsache des Lebendigen selber erscheinen läßt, daß die Zirkulation eine Bewegung darstellt, die kein Ende haben kann. Sie rollt ununterbrochen weiter, wie das Leben selber. Der Sache nach kehrt sie, wie der Kreislauf des Lebens, scheinbar immer wieder an ihren Anfang zurück und erweckt dadurch die Vorstellung eines Kreislaufes. Aber der Anfang, der zugleich einen Wiederbeginn darstellt, ist nicht derselbe Anfang, wie derjenige zuvor."[397]

Stattdessen „liegt der neue Ausgangspunkt [der zirkulatorischen Bewegung; S.W.] immer höher, zum mindesten zeitlich höher als der vorhergehende".[398] Entsprechend müsste – und auch hier sind Wilkens Gedanken nahe an denen von Wagemann (der Wilken in seiner „Konjunkturlehre" erwähnt) – eigentlich genauer von einer Spiralbewegung als von einer Kreislaufbewegung gesprochen werden. Während Wagemann jedoch in seiner Darstellung auf die Ökonomie konzentriert bleibt und letztlich innerökonomisch argumentiert, sucht Folkert Wilken nach weiter ausgreifenden Anschlussmöglichkeiten seines Argumentationsgangs: Der Ökonom Wilken, der seit 1923 Mitglied der *Anthroposophischen Gesellschaft* war, fügt die zirkulatorische Bewegung der Wirtschaft in ein umfangreiches Panorama der kreislaufförmigen Organisation als universalem Grundprinzip einer vitalistisch geprägten Weltsicht ein:

„Wer unbefangen in die Welt hineinblickt, wird leicht zu der Überzeugung geführt, daß Bewegung ihr Wesen ist, daß Ruhe nur einen Grenzfall von Bewegung darstellt. Selbst in der unbelebten anorganischen Welt haben sich der physikalischen Erkenntnis große langsam fortschreitende zyklische Bewegungsverläufe offenbart."[399]

Und

„der handelnde Mensch [bildet] Gestalten unter Benutzung der Ursächlichkeit und organischen Kreislaufvorgänge. So formt er künstlerische Werke aus Ton und Erde, materialisiert seine musikalischen Vorstellungen durch die materiellen Instrumente, baut Häuser mit geisttragenden Architekturen aus Stein und Holz und schließlich ist es seine eigene körperlich organische Natur, welche ihm, etwa in den geistigen Rhythmen des künstlerischen Tanzes, zum Ausdrucksmittel und Bildungsgegenstand seines spirituellen Lebens wird. Seine Gedanken und Gefühle, obschon ganz unsinnlicher Art, sind in ihrer Bewußtwerdung an die Materie des Gehirnes gebunden, das Wesen seines inneren Lebens spricht sich in den Gesichtszügen aus, und in dieser Weise spielt sich das gesamte

396 Ebd.
397 Ebd., S. 190.
398 Ebd.
399 Ebd., S. 202.

> kulturelle Leben dauernd auf einer materiellen und organischen Basis ab, wirkt durch diese hindurch, indem es ihr zugleich eine Gestalt verleiht."[400]

Daran anschließend kommt Folkert Wilken zu dem Schluss, dass das „pragmatische Wirtschaftsgefüge […] nicht isoliert in der Welt [steht]. Es ist weder ein sich selbst bezweckendes und objektloses Handeln, noch ein kulturbefreites, in sich selbst gründendes und begründetes Handeln."[401] Und da die Wirtschaft zwar durch den Menschen gestaltet wird, sich dabei aber „so tief und so grundsätzlich in der materiellen Welt darinnen" befindet wie kein anderes „Gebiet des geschichtlichen Lebens"[402], müssen mit den „geistig-evolutionären", den „normal-seelischen Handlungskräften" und den „Naturkräften" gleich „drei Kraftfelder oder dynamische Kategorien" in den Blick genommen werden[403], um die Konjunktur – als „eine Form der Zirkulationserweiterung"[404] und entsprechend „fragwürdiges Gebilde"[405] – zu durchdringen. Konjunkturen sind schlussendlich im Verständnis Wilkens – und hier scheint das organische Wirtschaftsmodell mit den in den vorangegangenen Kapiteln ausgeführten Implikationen wie auch Werturteilen noch einmal deutlich auf –

> „echte Krankheitserscheinungen des sozialwirtschaftlichen Körpers, der in falschen Bahnen sein Wachstum anstrebt, der in regellosen, alle sinnvollen Grenzen überschreitenden Impulsivakten sein Wachstum erzwingen möchte, welches doch nicht anders als in organisch-korrespondierenden Ausmaßen vor sich gehen kann."[406]

Den Abschnitt beschließend steht die bilanzierende Feststellung, dass Kreislauf-Modell und Rhythmusvorstellung in der Konjunkturforschung eng auf einander bezogen sind. Argumentativ werden sie dabei in höchst unterschiedlicher Weise (und das sollten die vorangegangenen Ausführungen deutlich machen) in eine – integrative, aber auch konfrontative – Relation zueinander gebracht. Vermag das Kreislauf-Modell einerseits vorgeschlagene Erklärungsansätze mit zusätzlicher Überzeugungskraft auszustatten, wird es andererseits für einige, auch zentrale, dem (ökonomischen) Rhythmus zugeschriebene und in ihm aufgehobene Aspekte der Wirtschaftsbewegung als zu eng, ja geradezu gegenläufig charakterisiert und exponiert. Erkennbar ist bei beiden Richtungen der Rückgriff auf eine – auch über den engen wirtschaftswissenschaftlichen Kontext hinaus – eingängige, zugleich bereits

---

400 Ebd., S. 206.
401 Ebd., S. 211.
402 Ebd., S. 206.
403 Ebd., S. 223.
404 Ebd., S. 260.
405 Ebd., S. 228.
406 Ebd., S. 274.

eingeübte und vertraute Erklärungs- und Deutungsfigur[407], deren Potenziale in der Konjunkturforschung aufgerufen, diskutiert und für die eigenen analytischen Bestrebungen aufgegriffen, weitergetrieben, aber auch verworfen werden.

5 Vorhersagen und Verändern

5.1 Konjunkturprognostik: Verlängerungen in die Zukunft und Vorhersagbarkeit des Wiederkehrenden

„The important thing about regularity is that where you have regularity you usually have predictability."[408]
(Edward R. Dewey, 1957)

Neben der möglichst genauen Erfassung vergangener Wirtschaftsverläufe dient die Konjunkturforschung der Vorhersage zukünftiger Entwicklungen. Das *Österreichische Institut für Konjunkturforschung* verkündet im ersten Heft seiner ab 1927 erscheinenden „Monatsberichte":

> „Der geschilderte statistische Apparat dient nun einerseits dazu festzustellen, in welchem Verhältnis in der Vergangenheit die Auswirkungen der Konjunkturbewegungen auf die verschiedenen Erscheinungen standen, und andererseits um zu zeigen, zu welcher Konstellation die gegenwärtig beobachtbaren Bewegungen der verschiedenen Wirtschaftsvorgänge führen, um daraus unter Heranziehung der aus der historischen Untersuchung gewonnenen Erfahrungen und unseres theoretischen Wissens über die Ursachen der Konjunkturbewegungen Anhaltspunkte für die Beurteilung der zu erwartenden Entwicklung zu gewinnen."[409]

– „Die Krönung der Analyse und vielleicht sogar das eigentliche Ziel aller Konjunkturforschung ist die *Konjunkturprognose*"[410], pointiert Günter Schmölders diese Auffassung. Und Hans-Werner Schiefer spricht von den Konjunkturindikatoren als „eine Art ‚Vorherseh-Maschine'".[411]

---

407 Hierfür stehen nicht zuletzt auch zahlreiche Studien aus unterschiedlichen Feldern der Wirtschaftswissenschaften, die den „Kreislauf der Wirtschaft" schon im Titel tragen. Nur hingewiesen sei an dieser Stelle auf den späteren Mitarbeiter der Konjunkturabteilung am *Kieler Institut für Weltwirtschaft*, Wassily Leontief, der 1928 an der *Friedrich-Wilhelms-Universität* Berlin (der heutigen *Humbold-Universtität*) mit der Abhandlung „Die Wirtschaft als Kreislauf" promoviert wurde.

408 Edward R. Dewey: Cycles. The Foundation for the Study of Cycles, and You. In: Cycles 3/1957, S. 61–69; S. 61.

409 Monatsberichte des Österreichischen Institutes für Konjunkturforschung 1–6/1927 (Einleitungsheft), S. 10.

410 Schmölders: Konjunkturen und Krisen (1955), S. 35.

411 Schiefer: Konjunkturtheorie und Konjunkturindikatoren (1968), S. 11.

Mit ihrem prognostischen Vermögen traf die Konjunkturanalyse im frühen 20. Jahrhundert ein offensichtliches Bedürfnis der zeitgenössischen Wirtschaftsvertreter:innen wie auch der an ökonomischen Entwicklungen Interessierten und eröffnete sich selbst ein zentrales Betätigungs- wie Sinnstiftungsfeld gleichermaßen. „It is the business of science to predict"[412], schreiben Edward R. Dewey und Edwin F. Dakin in der Einleitung ihrer 1944 verfassten und 1947 erstmals erschienenen Abhandlung „Cycles. The Science of Prediction". Sie formulieren damit eine epistemische Blickrichtung ‚nach vorne', die in der Wirtschaftsforschung selbst dort zu gelten scheint, wo diese historisch ausgerichtet ist: „Presumably the search for explanation of past events, a pursuit in universally good standing, itself springs in large part from the desire to look forward more wisely", so 1929 der US-amerikanische Wirtschaftsforscher Garfield V. Cox.[413]

Mit einer unerschütterlichen Gewissheit in die regelmäßige Wiederkehr der „Aufs und Abs" im Wirtschaftsverlauf (die Erfahrungen der Weltkriege und Weltwirtschaftskrise lagen noch weit in der Zukunft) nahm bereits 1875 der sich selbst als „An Ohio Farmer" titulierende Samuel Benner seine Prognosen zur Entwicklung der Preise in verschiedenen Wirtschaftszweigen (darunter vor allem der Roheisen-, Schweine- und Getreidemarkt) vor: „The advance and decline in the average price of pig-iron, hogs, corn, and provisions in the markets in our country", stellt er für Wirtschaftsdaten der vorangegangenen zwei Jahrzehnte fest, „have been as alternately certain as the diurnal revolutions of the earth upon its axis; and the periods of high and low prices have been as regular in rotation, as the annual return of the four seasons."[414]

Auf dieser Grundüberzeugung aufbauend, die Benner nach eigenem Bekunden durch seine persönlichen Beobachtungen ebenso wie durch offizielles Zahlenmaterial absichert und durch ein „Vertrauen" auf die Wiederholung von Geschichte stützt[415], zielt sein Verfahren nicht auf das Erkennen etwaiger Kausalzusammenhänge, sondern vielmehr auf die Identifizierung und Nutzbarmachung *formaler* Regelmäßigkeiten:

> „Now to find a rule that can give us any foresight of future markets, we must look to the past ups and downs of average prices; then ascertain how many years it takes to complete an up and down in any product or commodity, then determine in what order the ups and downs are repeated in the next cycle; and if there is found any noticeable periodicity in cycles, then we have a rule which can be applied to the future. An up and down or a down

412 Dewey, Dakin: Cycles (1950 [1949]), S. XI.

413 Cox: An Appraisal of American Business Forecasts (1929), S. 5. Vgl. auch Mitchell: Business Cycles (1913), S. 585: „… the irregular, unpredictable crises of the past turned gradually into the cycles of prospe-rity, crisis, and depression upon which men have come to count and which they are beginning to forecast."

414 Benner: Benner's Prophecies of Future Ups and Downs in Prices (1894), S. 10.

415 Vgl. ebd., S. 15 f.

> and up in average prices, is in this book denominated a cycle. The cycles in yearly average prices *Gives Us The Rule*."[416]

Und diese Regel sei, so Benner, „the safest we have ever practiced and have ever found adapted to this purpose".[417] Entsprechend seien die auf dieser Erkenntnis basierenden Vorhersagen als absolut sicher einzuschätzen; „no one can gainsay, and no human knowledge can contradict", das Eintreffen der Entwicklung ist „demonstrated to a certainty".[418]

Wie stark sein Vertrauen in die periodische Regelhaftigkeit der Preisentwicklungen ist, führt Benner unter anderem für den Roheisenmarkt vor, für den er – in die Zukunft verlängerte – wiederkehrende Abschwungphasen (mit Niedrigstpreisen in den Jahren 1834, 1843, 1850, 1861, 1870 sowie zukünftig in den Jahren 1877, 1888, 1897) und Aufschwungphasen (mit Höchstpreisen in den Jahren 1837, 1845, 1854, 1864, 1872 sowie zukünftig in den Jahren 1881, 1891, 1899) beschreibt und graphisch aufbereitet (Abb. 40[419]):

> „This scale shows that the cycles of the lowest priced years are in a decreasing series of arithmetical progression, and in the order of 11, 9, 7, and repeat. The cycles of the highest priced years are in an increasing series of arithmetical progression, and in the order of 8, 9, 10, and repeat. Also we observe that the price of pig-iron advances and declines in a decreasing series of arithmetical progression, the advances in the order of 4, 3, and 2 years, and repeat; the declines in the order of 7, 6, and 5 years, and repeat."[420]

Selbst Paniken folgen in Samuel Benners Beobachtung diesem zyklischen Verlauf („History repeats itself with marvelous accuracy in detail from one panic year to another."[421]) und sind entsprechend in das prognostische System integrierbar, wie sich etwa an der von Benner gefertigten kombinierten Skala aus „cycles in panics" und „cycles of pig-iron"[422] zeigt (Abb. 41).

Nicht nur bot Benner ein differenziertes Zyklen-Modell (11-Jahres-Zyklen bei Getreide und Schweinen, 27-Jahres-Zyklen beim Roheisen und 54-Jahres-Zyklen im allgemeinen Handel[423]) – auch lieferte er die Vorlage für den prognostischen Auskunftsdienst, mit dem Roger W. Babson – der Begründer der „Area Theory" und

---

416 Ebd., S. 27; Herv. i. Orig. Im „Theory" überschriebenen vorletzten Kapitel seiner Abhandlung diskutiert Benner den meteorologischen Einfluss auf die zyklische Wirtschaftsentwicklung, ohne jedoch vorab seine Argumentation darauf ausgerichtet zu haben.

417 Ebd., S. 27.

418 Ebd., S. 51.

419 Zu der Graphik vgl. auch den Kommentar von Friedman: Fortune Tellers (2014), S. 26: „The chart embodied Benner's idea of a fixed natural cycle in the average annual price of pig iron, a cycle that he also believed mapped perfectly to overall business activity."

420 Benner: Benner's Prophecies of Future Ups and Downs in Prices (1894), S. 46.

421 Ebd., S. 102.

422 Ebd., S. 104.

423 Vgl. ebd., S. 123.

Entwickler der „Babsonchart" – seit 1908 die professionalisierte, profitorientierte Vorhersage der Wirtschaftsentwicklung institutionalisierte und damit die „story of modern economic forecasting" beginnen ließ.[424]

Auf die Arbeit von Babson und ihm nachfolgender zeitgenössischer Prognostiker – darunter vor allem auch der Impuls gebende *Harvard Economic Service* mit seinem Barometer der ABC-Kurven – bezogen, sah der österreichische Statistiker und Wirtschaftsforscher Wilhelm Winkler 1933 den „neueren glänzenden Aufschwung" der Konjunkturstatistik darin begründet, dass „viele diesen einen Punkt, die Vorhersage, für das wesentliche Ziel der ganzen Konjunkturforschung gehalten und ihr gutes Geld dafür hergegeben haben."[425] Und bereits 1929 – noch kurz vor dem großen Börsencrash im Oktober desselben Jahres und der anschließenden Weltwirtschaftskrise – stellte der bereits erwähnte Chicagoer Ökonom Garfield V. Cox fest:

> „The last fifteen years have witnessed a rapid growth of interest among American business men and economists in problems of business forecasting. Among these problems none has received more attention than that of predicting those wave-like expansions and contractions of general business activity which are commonly designated as ‚business cycles.'"[426]

---

424 Friedman: Fortune Tellers (2014), S. 11. Babson, „more than anyone else, helped invent this complex figure, the ‚forecaster.'" Ebd. Franz A. Wallau betont, dass Babson „wohl mehr als irgend ein anderer Amerikaner für die Popularisierung der Konjunkturforschung in den Vereinigten Staaten getan" hat; ders.: Ueber amerikanische Wirtschafts- und Börsenprognosen. In: Bank-Archiv Nr. 13 vom 01.04.1931 [HWWA: E 15 n SM 54]. Zu Babson vgl. Kap. VI.3.3.

425 Wilhelm Winkler: (Offene Fragen der Konjunkturstatistik). In: Aftalion u. a.: Der Stand und die nächste Zukunft der Konjunkturforschung (1933), S. 308–314; S. 308.

426 Cox: An Appraisal of American Business Forecasts (1929), S. 1. Zur Zeit des Ersten Weltkriegs gab es in den USA um die zehn Wirtschaftsvorhersage-Agenturen, um 1925 an die achtzig. Vgl. Friedman: Fortune Tellers (2014), S. 4. In die US-Wirtschaftsprognostik war neben Unternehmen und Universitäten auch die US-Regierung involviert. Insbesondere Herbert Hoover trieb als Handelsminister, dann als US-Präsident die Entwicklungen maßgeblich voran; vgl. ebd., S. 4, 9 ff. Der österreichische Ökonom und spätere Leiter des *Österreichischen Instituts für Konjunkturforschung*, Oskar Morgenstern, sieht 1928 die Anfänge der Wirtschaftsprognose „in der Form, die wir hier im Sinne haben, kaum 25 Jahre zurück." Ders.: Wirtschaftsprognose (1928), S. 1. Zur Rolle der – von nahezu allen Konjunkturinstituten nicht vorausgesehenen – Wirtschaftskrise für die Prognostik vgl. auch Newbury: Business Forecasting (1952), S. 134: „The peak of professional acceptance of the projection of business-cycle patterns as a reliable forecasting method came in the decade of the 1920's, but the method suffered an almost total eclipse in professional esteem following the generally disastrous forecasting experiences of the early 1930's."

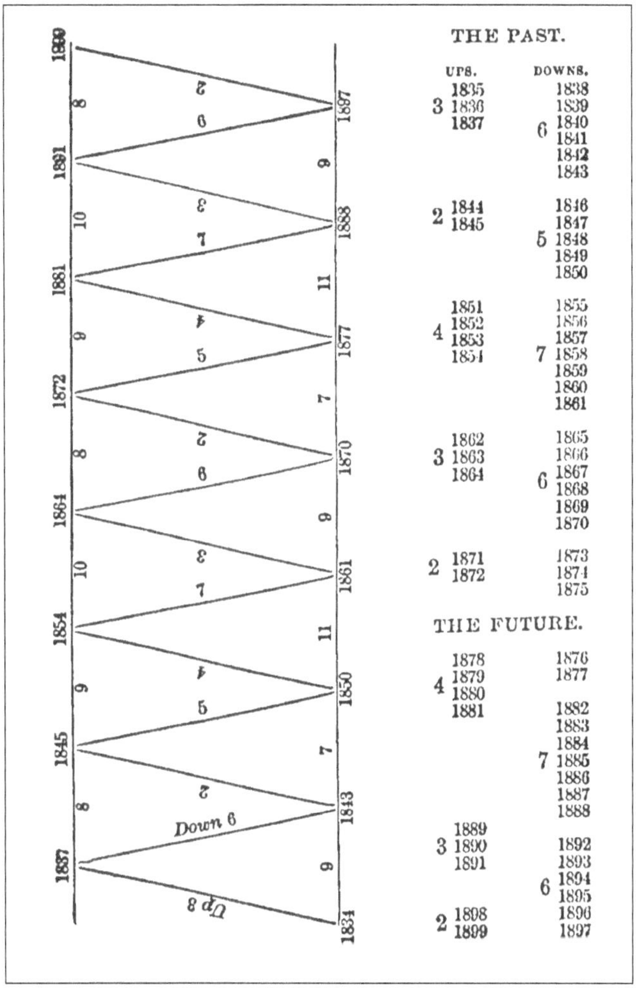

Abb. 40: Pig-Iron: „The […] scale will enable the reader to better understand the different cycles in high and low prices, and the order in which they return." Aus: Samuel Benner: Benner's Prophecies of Future Ups and Downs in Prices. 9. Aufl. (with Forecast for 1894) Cincinnati 1894, S. 45 (Zitat ebd., S. 44). Während die Zahlenkolonne in (diagnostizierte) Vergangenheit und (prognostizierte) Zukunft geteilt ist, laufen die Daten in der graphischen Aufbereitung wie selbstverständlich durch. Zudem verstärkt Benner den Eindruck der Regelhaftigkeit hier noch einmal, indem er die wechselnden Abstände der Jahreszahlen visuell vereinheitlicht.

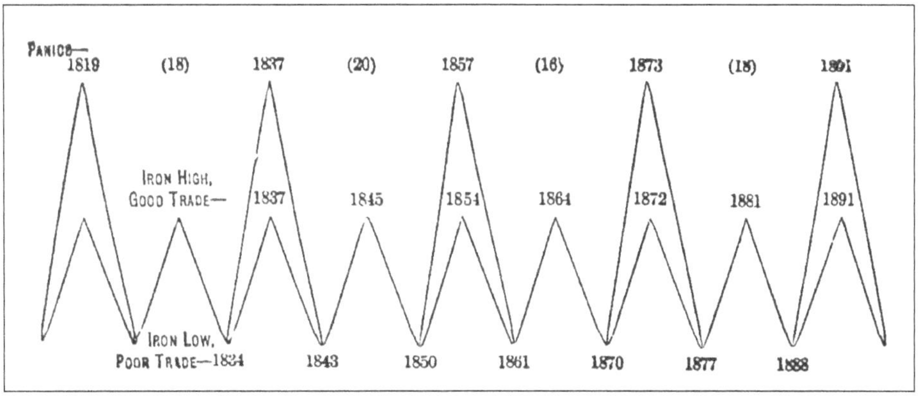

Abb. 41: Kombinierte Grafik „Cycles in Panics" und „Cycles of Pig-Iron". Aus: Samuel Benner: Benner's Prophecies of Future Ups and Downs in Prices. 9. Aufl. (with Forecast for 1894) Cincinnati 1894, S. 105.

Cox spricht von „wenigstens einem halben Dutzend“[427] bekannter Institutionen, die sich in den USA auf die Vorhersage der Wirtschaftsentwicklung spezialisiert hatten, und verweist darüber hinaus auf diverse Finanz- und Wirtschaftsblätter, die ebenfalls einen entsprechenden Service anboten.

Die sich in dieser Bandbreite der Einrichtungen, ihrer Vorgehensweisen und Erkenntnisse zeigende Heterogenität nahm Cox zum Anlass einer „systematischen Evaluation“[428] der „forecasting performance of the services“[429], der Erfolgsquote ihrer Vorhersagen über einen zehnjährigen Zeitraum nach Ende des Ersten Weltkriegs.[430] Dabei umfasste die von ihm untersuchte repräsentative Auswahl mit dem „Barometer Letter“ der *Babson's Statistical Organization*, dem „Brookmire Forecaster“ des *Brookmire Economic Service*, den „Monthly Letters“ und „Weekly Letters“ des *Harvard Committee on Economic Research* (später: *Harvard Economic Society*), der „Monthly Analysis of Business Conditions“ und dem „Weekly Letter“ des *Moody's Investors Service*, dem „Standard Daily Trade Service“ (später: „Standard Trade and Securities Service“) der *Standard Statistics Company* sowie dem „Monthly Letter on Economic Conditions“ der New Yorker *National City Bank* sechs zentrale Einrichtungen der damaligen Wirtschaftsprognostik in den USA; die *National City Bank* wurde von Cox nach eigenem Bekunden wegen der „inside information“ hinzugenommen, über die diese Einrichtung verfügte, aber auch – und das ist für den hier betrachteten Zusammenhang interessant –, weil sie konsequenter als die anderen untersuchten Institutionen „any reliance upon the persistence of formal regularities in the course of business fluctuations“[431] zu vermeiden suchte und damit als Ausnahme unter den von Cox evaluierten Prognose-Einrichtungen ein quasi arhythmisch organisiertes Prognostik-Programm verfolgte. Zugleich hatte sie – und

427 Cox: An Appraisal of American Business Forecasts (1929), S. 1 („at least half a dozen nationally known organizations“).

428 Ebd., S. 3 („a systematic evaluation“). Zur breiten Wahrnehmung der Studie vgl. die einschlägigen Berichte, die in unterschiedlichen Wirtschaftsorganen publiziert wurden, exemplarisch: Franz A. Wallau: Ueber amerikanische Wirtschafts- und Börsenprognosen. In: Bank-Archiv Nr. 13 vom 01.04.1931, S. 291–295; S. 293 [HWWA: E 15 n SM 54]. Wallau weist zudem auf eine vergleichbare Studie durch Arthur F. Burns vom *Bureau of Economics and Business Research* der *Rutgers-Universität* hin, deren Ergebnisse im August 1930 in der „New York Herald Tribune“ publiziert wurden; ebd.

429 Cox: An Appraisal of American Business Forecasts (1929), S. 43.

430 Der genaue Untersuchungszeitraum begann mit dem November 1918 und endete mit dem Oktober 1928. Ausnahmen bilden der *Harvard Service*, der seine erste Vorhersage im Juni 1919 vorlegte, und die *Standard Statistics Company* mit der ersten Prognose im Januar 1921. Vgl. ebd., S. 14. Eine Vorgängerstudie, die sich bereits mit fünf der sechs ausgewählten Institute (*Babson Service, Brookmire Economic Service, Harvard Economic Service, Moody's Investors Service, Standard Trade and Securities Service*) im Zeitraum November 1918 bis August 1926 beschäftigte, hatte Cox gemeinsam mit seinem Kollegen Charles O. Hardy zwei Jahre zuvor vorgelegt: Hardy, Cox: Forecasting Business Conditions (1927), S. 346–402.

431 Cox: An Appraisal of American Business Forecasts (1929), S. 10.

das hebt Cox ebenso hervor – aber auch eine Sonderposition im Hinblick auf den Stellenwert der Vorhersage innerhalb der eigenen Aktivitäten inne; „[t]he *Monthly Letter* on economic conditions published by this bank is not as largely devoted to business forecasting as are the services already reviewed"[432]:

> „The *Monthly Letter* of the National City Bank is the only one of the six services that has at no time during the ten years contained a graphic or statistical forecaster of any kind, and none of the other five appears to have placed so little faith in the persistence of any type of formal regularity throughout a succession of business cycles. The *Letters* contain practically no suggestion that business fluctuations exhibit any periodic tendency, and the term ‚business cycle' is not used. Even of specific historical analogy there are only a few instances, and of discussion of time lags or of statistical correlations there is none."[433]

Prinzipiell hatte Cox in seinem 1927 gemeinsam mit Charles O. Hardy veröffentlichten Überblickswerk „Forecasting Business Conditions" von zwei möglichen Grundpositionen gesprochen, aus denen heraus Wirtschaftsprognosen erstellt werden könnten: „One group believes that the observed sequence of certain changes in past fluctuations of business activity is sufficiently regular to justify the expectation that such regularity will persist during the near future. This view stresses the rhythm of business activity."[434] Dagegen würde der andere mögliche Zugang die Unterschiede der Zyklen voneinander betonen und sich in der Vorhersage auf Rückschlüsse „from known causes to anticipated effects"[435] beschränken müssen.

Mit Blick auf die untersuchten Konjunkturinstitute ist es der erste Zugang, der Rückgriff auf den „cyclical factor"[436], der die prognostische Arbeit der überwiegenden Mehrzahl der Einrichtungen prägt. Und auch die metaperspektivische Evaluierung der Prognostik durch Cox selbst ist an der Grundvorstellung eines wellenförmigen Wirtschaftsverlaufs orientiert. Konkret richtet er seine Beurteilung an zwei Kriterien aus: Erstens untersucht er die Übereinstimmung der Vorhersagen in monatlichen Schritten mit der tatsächlichen Wirtschaftslage im jeweiligen Zeitschnitt. Bewertungsgrundlage ist dabei das Produkt aus dem Grad der vorgefundenen „Bestimmtheit" („definiteness") der Vorhersage und deren Gültigkeit

432 Ebd., S. 66.

433 Ebd. Stattdessen unternimmt die *National City Bank* (wie gesagt: von Cox als Ausnahme unter den Prognostik-Services deklariert) ihre Vorhersagen auf der Basis der Betrachtung der jeweils gegenwärtigen Situation, der in ihr wirkenden Kräfte und Gegenkräfte und der Abschätzung ihrer Stärke. Vgl. ebd. Cox weist zudem darauf hin, dass die Bank selbst eine wichtige Einflussgröße auf die wirtschaftliche Entwicklung darstellt und entsprechend die Vorhersagen vor dem Hintergrund eigener Interessen gesehen werden müssen. Vgl. ebd., S. 68.

434 Hardy, Cox: Forecasting Business Conditions (1927), S. 14.

435 Ebd., S. 14.

436 Ebd., S. 74.

(„validity").[437] Und zweitens betrachtet – und bewertet – Cox die im Zeitschnitt erstellten Prognosen im Hinblick auf die Zuverlässigkeit der Vorhersage der „großen" Wendepunkte des allgemeinen Wirtschaftsverlaufs (vgl. auch die Ergebnistabellen, die Cox im Anhang seiner Studie präsentiert; Abb. 42 und Abb. 43). Gerade das zweite Kriterium zeigt dabei die Ausrichtung auch der Evaluierung der Prognostik an der basalen Vorstellung wiederkehrender „upturns" und „downturns" der ökonomischen Entwicklung.[438]

Den Rekurs der Wirtschaftsprognostik auf die Vorstellung der Regelmäßigkeit des Wirtschaftsverlaufs hat auch Wesley Clair Mitchell in seinem Überblickswerk zum Konjunkturzyklus betont. Über das an der *Harvard University* entwickelte Barometer schreibt er, dass Persons und seine Mitarbeiter „ihre Drei-Kurven-Indizes für die Vereinigten Staaten, Großbritannien und Deutschland [...] in erster Linie als Unterlage für die Prognose zu verwenden"[439] suchten und entsprechend „die Reihen, die sie für ihre Indizes verwerten, [...] nach der Regelmäßigkeit [auswählten], mit der ihre Konjunkturschwankungen mit denen der anderen Reihen zusammentreffen oder den Schwankungen anderer Reihen vorauseilen bzw. folgen"[440] – Kriterien, die auch die konjunkturanalytische Arbeit des 1920 von Mitchell gegründeten *National Bureau of Economic Research* (NBER) anleiteten.[441]

Und auch der Prognostik gegenüber kritisch eingestellte Konjunkturexpert:innen, wie etwa der österreichische Ökonom und spätere Hayek-Nachfolger als Leiter des *Österreichischen Instituts für Konjunkturforschung*, Oskar Morgenstern (der einen längeren USA-Aufenthalt für eine gründliche Beschäftigung vor allem mit dem in Harvard praktizierten Verfahren nutzte), begründen ihre Skepsis nicht selten im

437 Vgl. Cox: An Appraisal of American Business Forecasts (1929), S. 16. Der erreichte Wert wird wiederum in einer Skala von „helpful" bis „misleading" eingetragen; vgl. ebd. Durchgeführt wurde die Studie in einem Team mit elf Studierenden; vgl. u. a. ebd., S. 36.

438 Zu seinen Ergebnissen schreibt Cox: „With respect to the prediction of major turns the record is a poor one for the period since 1922, and some will say that the crisis and depression of 1920–21 and the recovery of 1921–22 were so generally foreseen that the forecasts of the services were not needed." Ebd., S. 69. Die Rezession 1923–24 dagegen sei von den Services nicht gesehen worden; vgl. ebd., S. 70. Besser dagegen hätten die monatlichen Vorhersagen der Wirtschaftsentwicklung ausgesehen: „Each of them is found to have achieved what appears to be a significant degree of success." Und: „Finally, the study seems to indicate that minor cycles are harder to predict than major ones." Ebd., S. 70.

439 Mitchell: Der Konjunkturzyklus (1931), S. 321.

440 Ebd., S. 332.

441 Vgl. Kap. V.3.2. Wie stark auch die heutige Wirtschaftsprognostik von zentralen Annahmen zur Vorhersage der Wirtschaftsentwicklung geprägt ist, die in der frühen Konjunkturforschung ausgebildet wurden, zeigt u. a. der Überblick von Charles G. Renfro: Economic Forecasts. In: Kimberly Kempf-Leonard (Hg.): Encyclopedia of Social Measurement. Bd. 1: A-E, Oxford 2005, S. 741–750.

TABLE VIII

MONTHLY AVERAGE SCORE OF EACH SERVICE FOR EACH PERIOD
(Author's Scores in Columns A; Averages of Eleven Students' Scores in Columns S)

	Babson's		Brookmire		Moody's		National City		Harvard		Standard	
	A	S	A	S	A	S	A	S	A	S	A	S
1919 upturn...........	0.17	0.20	0.04	−0.07	−0.21	−0.28	0.17	0.46	0.10	0.13		
1920 downturn.........	.44	.49	.46	.45	.16	.26	.08	.06	.25	.30		
1921 upturn...........	.22	.14	.37	.53	.34	.56	.12	.12	.35	.51	0.31	0.50
1923 downturn.........	.09	.06	− .26	− .30	.32	.30	− .09	− .15	− .35	− .47	.00	− .17
1924 upturn...........	.06	.09	.05	.19	.55	.70	.11	.14	.11	.26	.12	.29
1927 downturn.........	.12	.33	.18	.28	.13	.37	.03	− .08	− .02	− .04	.27	.35
1927–28 upturn........	.13	.15	.37	.56	− .04	.22	.26	.32	.15	.20	.32	.33
Average of scores for all turns.....	0.18	0.21	0.17	0.23	0.18	0.30	0.10	0.12	0.09	0.13	0.20	0.26
Average of scores for last five turns only............	0.12	0.15	0.14	0.25	0.26	0.43	0.08	0.07	0.05	0.09	0.20	0.26

Abb. 42: „Table VIII. Monthly Average Score of Each Service for Each Period". Aus: Cox: An Appraisal of American Business Forecasts (1929), Anhang, S. 86 f.

TABLE IX

SERVICES CLASSIFIED AS TO SUCCESS IN PREDICTING MAJOR TURNING-POINTS IN BUSINESS ACTIVITY
(Based on Scores in Tables VII and VIII)

	Helpful	Slightly Helpful	Neutral	Slightly Misleading	Misleading
1919 upturn		Babson's National City Harvard	Brookmire	Moody's	
1920 downturn	Brookmire Babson's Harvard	Moody's National City			
1921 upturn	Brookmire Harvard Standard Moody's	Babson's National City			
1923 downturn	Moody's	Babson's	Standard	National City	Harvard Brookmire
1924 upturn	Moody's	Standard Harvard National City Babson's Brookmire			
1927 downturn	Standard	Brookmire Moody's Babson's	National City Harvard		
1927–28 upturn	Brookmire Standard National City	Harvard Babson's	Moody's		

Abb. 43: „Table IX. Services Classified as to Success in Predicting Major Turning-Points in Business Activity". Aus: Cox: An Appraisal of American Business Forecasts (1929), Anhang, S. 86 f.

Modus der (nicht zwingend selbst geteilten) Annahme einer Periodizität ‚der' Wirtschaft. In seiner Abhandlung „Wirtschaftsprognose. Eine Untersuchung ihrer Voraussetzungen und Möglichkeiten" bindet Morgenstern die Konjunkturprognostik in ihren unterschiedlichen Ausprägungen zunächst konsequent an die jeweils zugrunde liegende – explizite oder unbewusste – Konjunkturtheorie zurück, wobei als zentraler Maßstab für die Einordnung und Bewertung die „Strenge der angenommenen Rhythmik der Bewegungen“[442] dient. An dieser orientiert, entwickelt Oskar Morgenstern eine aus drei Kategorien bestehende „Typologie“ der Konjunkturprognostik. Während der erste Typus auf der Annahme regelmäßiger Bewegungsmuster beruhe, sehe der zweite Typus keine erkennbaren Muster, jedoch die Möglichkeit, aus bisherigen Faktoren der Wirtschaftsentwicklung Deutungen für die zukünftige Entwicklung vornehmen zu können. Der dritte Typus, der die am häufigsten angetroffene Variante darstelle, sei eine Mischung aus den beiden erstgenannten Typen. Das so differenzierbare Konjunkturverständnis bestimme die Bewertung des gewählten Verfahrens maßgeblich mit, „sowohl was die Methode wie die Sicherheit anbelangt“.[443] Dabei erlaube das eine Extrem, die Annahme regelhafter, streng periodischer Konjunkturmuster („die reine einfache Periode“[444]), gesicherte Vorhersagen (und nur solche lässt Morgenstern gelten)[445], während diese beim anderen Extrem, den „erratischen Fluktuationen“[446], schlichtweg nicht möglich seien; „[d]ie zyklischen Fälle, die der Wirklichkeit am nächsten kommen, liegen aber zwischen den beiden idealtypischen Endpunkten“.[447]

Auch wenn Morgenstern einem Vorkommen periodischer Verläufe im tatsächlichen Wirtschaftsgeschehen (Typus 1 seiner Kategorisierung) skeptisch gegenüber steht, dient ihm dieser „idealtypische“ Fall für seine prognosekritische Argumentation immer wieder als Referenz, insbesondere auch bei seinem zentralen Einwand gegenüber der Wirtschaftsprognostik, dass diese nach ihrer Verbreitung aufgrund der „Antizipation sowohl von seiten der Wirtschafter wie Unternehmer“[448] selbst maßgebliche Effekte auf den weiteren Wirtschaftsverlauf habe, mithin ein „Kausalzusammenhang“ zwischen „Prognose und dem vorausgesagten Geschehen“[449] angenommen werden könne. „Es ist ratsam, wieder den einfachsten, günstigsten Fall als Prüfstein zu benützen“, schreibt Morgenstern, denn:

442 Morgenstern: Wirtschaftsprognose (1928), S. 106.

443 Ebd., S. 18; vgl. ebd., S. 21.

444 Ebd., S. 22.

445 Für diesen ersten Theorietypus stellt Oskar Morgenstern fest: „Alle diese Theorien, die nach unserem Schema von ‚dem‘ Zyklus, ‚der‘ Periodizität sprechen, machen Vereinfachungen, die von einschneidender Bedeutung sind. Würde nicht von diesen Theorien eine ‚Substanz‘ der Zyklen angenommen werden, so wäre eine Projektion der Bewegungen mit Hilfe einer einzigen Kurve gar nicht denkbar.“ Ebd.

446 Ebd.

447 Ebd.

448 Ebd., S. 106.

449 Ebd., S. 71. Vgl. ähnlich auch ebd.: „… auf soziales Geschehen muß sie [die Prognose; S.W.], falls sie bekannt gegeben wird, und dadurch Datum werden kann, einwirken.“ Damit sei „das mit ihnen [den untersuchten Zyklen in ihrer bisherigen Form; S.W.] gebildete Material nicht länger brauchbar […]. Die statistische Masse zerfällt, von allen anderen Gründen einer Zerfällung dabei völlig abgesehen, sofort in zwei Klassen: Zyklen *ohne* Prognose und Zyklen *mit* Prognose.“ Ebd., S. 72; Herv. i. Orig.

„Wenn sich bei ihm unübersteigliche Schwierigkeiten zeigen, so ist anzunehmen, daß sie bei den anderen weniger günstigen Fällen nicht geringer sein werden, sondern meist durch noch weitere Umstände Erschwerungen erfahren. Der einfachste Fall, die logisch geschlossenste Theorie bietet die Annahme einer reinen, einfachen Periodizität. […] Bei reiner, einfacher Periodizität kann die Prognose auf lange Zeit hin gegeben und in große Einzelheiten spezifiziert werden. Es ist ein einfaches Problem, über das es als solches hier nicht mehr viel zu sagen gibt. Die einzelnen korrespondierenden Phasen sind identisch, Länge wie Intensität der Perioden sind immer gleich. Wenn in diesem Falle nun eine monopolistisch-autoritative Prognose bekannt gegeben wird, müssen Änderungen des Verlaufes eintreten. Darüber kann jetzt kein Zweifel mehr bestehen. Das Ergebnis wird sein, daß Länge der betreffenden Phase, ihre Dauer und Ausmaß gestört werden. Es kann, auch wenn die vermeintliche eigentliche Ursache der Periode ‚exogen' sein sollte, nicht genau das eintreten, was eintreten sollte, und ohne Prognose eingetreten wäre."[450]

Die angeführten sowie zahlreiche weitere Beispiele zusammengenommen, kann festgehalten werden, dass die Grundannahme der regelhaften Wiederholung als zentrales Deutungsmoment von Wirtschaftsverläufen im Mittelpunkt der Auseinandersetzung mit der Möglichkeit der Prognostik (in Abgrenzung etwa zur Wahrsagerei[451]) steht. Entsprechend wird ihr auch die Aufmerksamkeit der Prognostiker:innen

450 Ebd., S. 106. Sein insgesamt vernichtendes Urteil über die Wirtschaftsprognostik formuliert Morgenstern unter anderem in Frageform: „Wenn man diese Sammlung von Prognosen betrachtet [Morgenstern bezieht sich hier konkret auf die von Hardy und Cox zusammengetragenen Beispiele; S.W.], ihre Abweichungen sieht, das aktuelle Geschehen kennt und von dem ungeheuren Aufwand weiß, der zu ihrer Aufstellung aufgeboten wurde, so wird einem die Diskrepanz klar. Ist wirklich so viel Lärm um nichts nötig gewesen? Braucht man Zeitreihen, Korrelationen, Trends, Lags usw. usw., braucht man diese Diskreditierung der ökonomischen Theorie, um schließlich bei solchen Banalitäten zu landen?" Ebd., S. 93. An anderer Stelle spricht er von „so viele[n] Schwächen" in den „gemeinsamen Charakterzügen" der prognostischen Verfahren, „daß für eine Prognose […] nichts mehr zu erhoffen ist"; diese sei „grundsätzlich unmöglich" und zudem „zwecklos". Ebd., S. 108. Zur kritischen Bewertung der Prognostik vgl. auch Eckert: (Prognosen, keine Prophezeiungen) (1933), insb. S. 66; sowie für die heutige Gegenwart: Gregor Betz: Prediction or Prophecy? The Boundaries of Economic Foreknowledge and Their Socio-Political Consequences. Wiesbaden 2006.

451 Vgl. zur Differenzierung der Begrifflichkeiten Friedman: Fortune Tellers (2014), insb. das einleitende Kapitel. Vgl. auch den Hinweis auf den Einfluss der Meteorologie des 19. Jahrhunderts auf die frühe Wirtschaftsprognostik; ebd., S. 6. Dass beide Konzepte der Vorhersage in der Ökonomie durchaus zusammengehen können, bemerkt u. a. Oskar Morgenstern in seiner Abhandlung zur Wirtschaftsprognose in einer Fußnote. Dort erwähnt er den Hinweis der amerikanischen Astrologin Evangeline Adams in ihren Memoiren („The Bowl of Heaven", 1926), dass der Bankier J. Pierpont Morgan „sie oft und oft vor wichtigen Entscheidungen befragt habe; ebenso seien drei Präsidenten der New Yorker Börse ständig (‚constantly') zu ihr gekommen, um sich über die Zukunft der Aktienkurse zu erkundigen!" Morgenstern: Wirtschaftsprognose (1928), S. 71. Ekaterina Svetlova und Karl-Heinz Thielmann schlagen eine Differenzierung zwischen Prognose (prediction) und Vorhersage (forecast) vor; dies.: Prognosekulturen an Finanzmärkten.

gewidmet. Dabei dient die Annahme einer rhythmischen Ausformung der Wirtschaftsentwicklung als analytisches Hilfsmittel (eben als „one of the most important tools in the forecaster's kit“[452], wie Frank D. Newbury noch 1952 schreibt) und zeigt sich gleichermaßen auch als Ziel prognostischen Eifers: „Nicht der ‚künftige tatsächliche Verlauf des Geschäftsganges', sondern der Konjunkturverlauf in jenem strengen Sinne der ‚reinen' zyklischen Bewegung unter Ausschaltung einer Menge anderer, den tatsächlichen Verlauf des Geschäftsganges beeinflussender Momente soll vorausgesagt werden“[453], vermerkt etwa Adolf Löwe in seiner Bestandsaufnahme zur Konjunkturforschung von 1925.

Über die Etablierung der Regelmäßigkeit des Wandels wird Vertrauen hergestellt, Beherrschbarkeit evoziert und Expertise aufgebaut.[454] Prognostisches Wissen kann entsprechend generiert und gestützt werden. Eine fehlende Regelmäßigkeit dagegen kann zur Irritation des Vertrauens und zu dessen Verlust führen. So bemerkt Cox über den *Standard Statistics Service*:

> „As an index of fluctuations in industrial activity, the Standard composite is generally conceded to be one of the best available. It exhibits, however, too little regularity either as to amplitude or duration of its major fluctuations to justify placing much reliance upon the forecast interpretation applied to its movements.“[455]

Andersherum scheint aber gerade – so jedenfalls der US-amerikanische Ökonom Frank D. Newbury (im Gegensatz etwa zu Morgenstern nicht theoretisch, sondern empirisch-praktisch argumentierend) in seinem Rückblick auf die bisherige Konjunkturprognostik – die Annahme einer idealerweise gesetzmäßig wiederkehrenden Periodizität der erfolgreichen Vorhersage im Weg zu stehen:

> „The cardinal sin in the application of business cycles to forecasting is the mechanical projection of the average lengths of different industry cycles to pin-point the end of the next boom or of the next depression. The rigid mechanical projection of an average time schedule of industry cycles is the result of a fatalistic belief in the inevitability of a regular

---

In: Andreas Hartmann, Oliwia Murawska (Hg.): Representing the Future. Zur kulturellen Logik der Zukunft. Bielefeld 2015, S. 17–37; S. 36.

452 Newbury: Business Forecasting (1952), S. 176. Vgl. ebd., S. 173: „It is necessary [...] for the forecaster to use the behavior of cycles to predict the future whether or not he fully understands the causes of the behavior he uses.“

453 Löwe: Der gegenwärtige Stand der Konjunkturforschung in Deutschland (1925), S. 374.

454 Auch hier dienen – wie in der Konjunkturforschung allgemein – immer wieder Verweise auf vergleichbare Verfahren in den naturwissenschaftlichen Disziplinen der Evidenzerzeugung bzw. -steigerung. Vgl. z. B. Morgenstern: Wirtschaftsprognose (1928), S. 5; Herv. i. Orig.: „Prognose ist ein Verfahren, das sich nicht auf die Wirtschaft beschränkt; die Astronomie kennt es, die Medizin, die Meteorologie, und in allen diesen und anderen Wissenschaften ist das Verfahren weiter ausgebildet als in der Wirtschaftswissenschaft, in der es erst vor ganz kurzer Zeit als ein *wissenschaftliches Problem* aufgetaucht ist.“

455 Cox: An Appraisal of American Business Forecasts (1929), S. 55.

> procession of boom and depressions, a belief that nothing can be done by human action to change the rhythm of these tides of business. Experience does not support this oversimplified use of business cycles."[456]

Neben dem theoretisch-epistemischen Problem der Identifizierung eines im Datenmaterial so nicht ekrennbaren Phänomens – des Konjunkturrhythmus – als Movens nicht nur der Wirtschaftsentwicklung, sondern auch von deren Vorhersagbarkeit (für die es wie eingangs skizziert einen offensichtlichen gesellschaftlichen Bedarf gab und gibt[457]), benennt Newbury in seiner Einschätzung ein weiteres Problem der „rhythmischen Konjunkturauffassung": ihre Tendenz zu einer deterministischen Grundvorstellung, die mit der zunehmend empfundenen Notwendigkeit eines Eingreifens in den Konjunkturverlauf kollidierte. Die dadurch entstandenen Um- und Neubewertungen der Idee des Rhythmischen im Wirtschaftsverlauf wie auch die damit verbundenen argumentativen Verschiebungen sollen Thema des letzten Abschnitts dieses Kapitels sein. Zuvor allerdings erfolgt eine Rückkehr zu den (Natur-) Bildern der Konjunktur, um hier einen weiteren Metaphern- bzw. Analogiekomplex – den der Berg-und-Tal-Landschaften – in den Blick zu nehmen.

5.2 Berge und Täler: „Konjunkturlandschaften" und ihre Erschließung

Im Jahr 1968 fragte der DGB-Vorsitzende und vorherige Leiter der *Abteilung Wirtschaft* im *Deutschen Gewerkschaftsbund*, Ludwig Rosenberg, in der organisationseigenen Zeitschrift „Die Quelle":

> „Sind wir übern Berg? – oder um es in der jetzt so beliebten entgegengesetzten Phraseologie auszudrücken: Sind wir aus der Talsohle heraus? – Ob wir nun vom Tal oder vom Berg sprechen, es kommt auf das Gleiche heraus. Die Frage ist, ob wir den Tiefstand der Konjunktur überwunden haben und hoffen dürfen, daß es nun endlich wieder vorwärts geht."[458]

Mit der Bergwelt der Konjunktur, den „recurrent peaks and valleys in economic activity"[459], wird in der Wirtschaftsforschung wie in der Wirtschaftsberichterstattung bis heute ein Metaphernfeld aufgerufen, das bereits in der frühen ökonomi-

---

456 Newbury: Business Forecasting (1952), S. 175. Der hier aufscheinende Stimmungswechsel machte sich auch in der Bewertung der Wirtschaftsvorhersagen bemerkbar. Friedman weist auf die gegenüber Cox' Evaluierung deutlich kritischere Einschätzung durch Alfred Cowles im Jahr 1933 hin; vgl. Friedman: Fortune Tellers (2014), S. 201 f.

457 Dass dieses Bedürfnis bis heute anhält, haben unter anderem Ekaterina Svetlova und Karl-Heinz Thielmann für die „Prognosekulturen an Finanzmärkten" gezeigt; dies.: Prognosekulturen an Finanzmärkten (2015).

458 Ludwig Rosenberg: Sind wir übern Berg? In: Die Quelle. Funktionärzeitschrift des Deutschen Gewerkschaftsbundes 19/1968, H. 1, S. 1–3; S. 1.

459 Davies, Mahon: The Meaning of Slutsky (2009), S. 13.

schen Zyklenforschung angelegt ist und sich durch deren verschiedene Ansätze und Ausrichtungen zieht.[460] Zunächst ähnlich den bereits angesprochenen Bewegungen der Gezeiten angelegt, hält es bei näherem Hinsehen allerdings anders gelagerte Potenziale der Sinnstiftung bereit und stellt somit eine weitere semantische Ressource für die Deutungs- und Plausibilisierungsarbeit der Konjunkturforschung sowie an diese angelagerte Praktiken zur Verfügung, die auch und nicht zuletzt unter dem Gesichtspunkt von „Vorhersagen und Verändern" – so ja das Leitthema dieses Kapitels – aufschlussreich sind.

1927 schreibt der Agrarwissenschaftler und Konjunkturforscher Arthur Hanau in seinen über die Ökonomik hinaus berühmt gewordenen Überlegungen zum sogenannten „Schweinezyklus":

> „Die Schweinepreise bewegen sich in einer auffallend regelmäßigen Wellenbewegung, in der Berge und Täler so aufeinanderfolgen, daß man von charakteristischen *Schweinepreiszyklen* sprechen kann. Wir haben somit nicht mehr diesen oder jenen Preis als Einzelerscheinung in Betracht zu ziehen, sondern die zyklische Bewegung in ihrem Auf und Ab zu untersuchen."[461]

Hanau stützt seine schriftlichen Ausführungen auch grafisch und führt dabei das aufgerufene Bergmassiv imposant vor Augen (Abb. 44).

Auch bei anderen Autor:innen im Feld der Konjunkturanalyse ist der Rekurs auf geologische Formationen insbesondere auf bildlicher Ebene festzustellen. Es sindgerade die visuellen Wahrnehmungsangebote, die eine ‚montane' Konjunkturauffassung verfestigen. Und der Eindruck der konjunkturellen Gipfelketten wird insbesondere dort noch einmal verstärkt, wo mit Schraffuren gearbeitet und entsprechend Flächigkeit hergestellt wird, aber auch dort, wo mehrere übereinander gelegte Kurven eine räumliche Plastizität erzeugen (Abb. 45, Abb. 46 und Abb. 47).

---

460 Vgl. als aktuelle Beispiele u. a.: Wo die Berge hoch sind, sind die Täler tief! Konjunkturumfrage zum 1. Halbjahr 2009 bei mittelständischen Unternehmen; URL: http://www.pressebox.de/pressemitteilung/wirtschaftsverband-industrieller-unternehmen-baden-ev-freiburg/Wo-die-Berge-hoch-sind-sind-die-Taeler-tief/boxid/282247 (Abrufdatum: 28.08.2015). Das schweizerische Online-Portal „Die Volkswirtschaft. Plattform für Wirtschaftspolitik" widmete im März 2014 einen inhaltlichen Schwerpunkt dem Thema „Konjunktur: Unbeeinflussbare Berg-und-Tal-Fahrt?"; URL: http://dievolkswirtschaft.ch/de/schwerpunkte/konjunktur-unbeeinflussbare-berg-und-tal-fahrt/ (Abrufdatum: 10.09.2015). Zur Kultur der „Berg-Bilder" vgl. aus europäisch-ethnologischer/empirisch-kulturwissenschaftlicher Perspektive auch Siegfried Becker, Claus-Marco Dieterich (Hg.): Berg-Bilder. Gebirge in Symbolen – Perspektiven – Projektionen. Marburg 1999 (= Hessische Blätter für Volks- und Kulturforschung Bd. 35).

461 Hanau: Die Prognose der Schweinepreise (1928), S. 15.

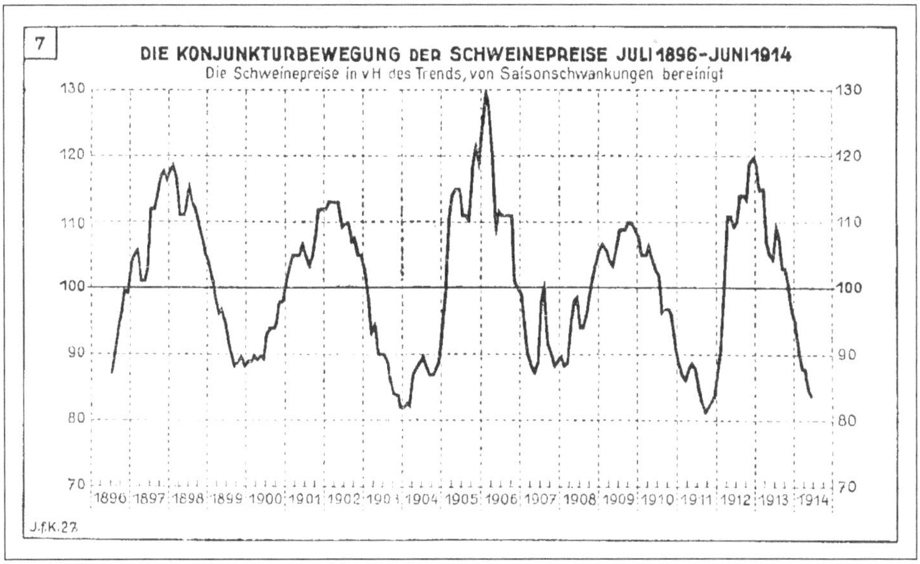

Abb. 44: „Die Konjunkturbewegung der Schweinepreise Juli 1896 – Juni 1914". Aus: Hanau: Die Prognose der Schweinepreise (1928), S. 15.

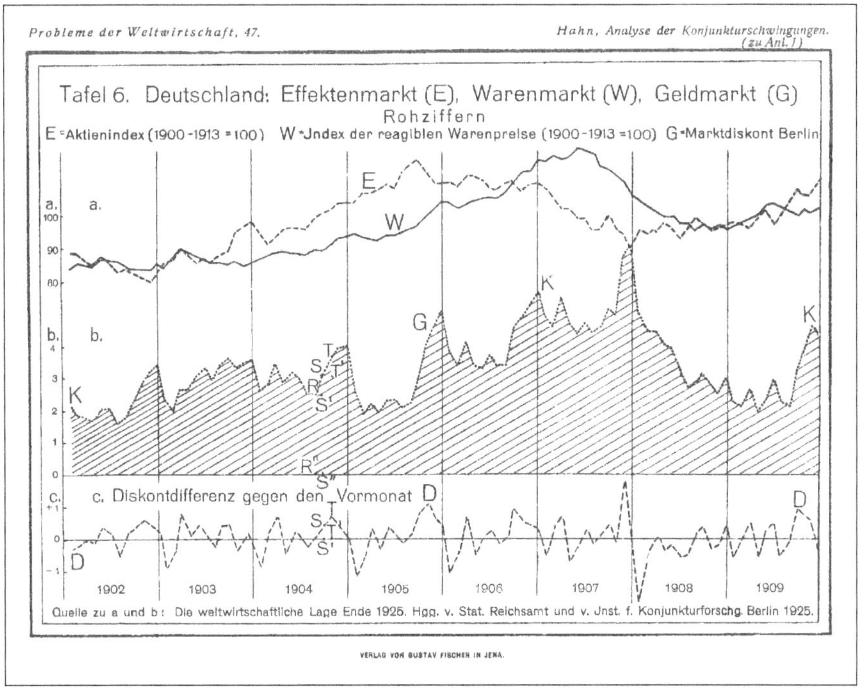

Abb. 45: „Tafel 6". Aus: Hahn: Die statistische Analyse der Konjunkturschwingungen (1929), Anhang, o. P.

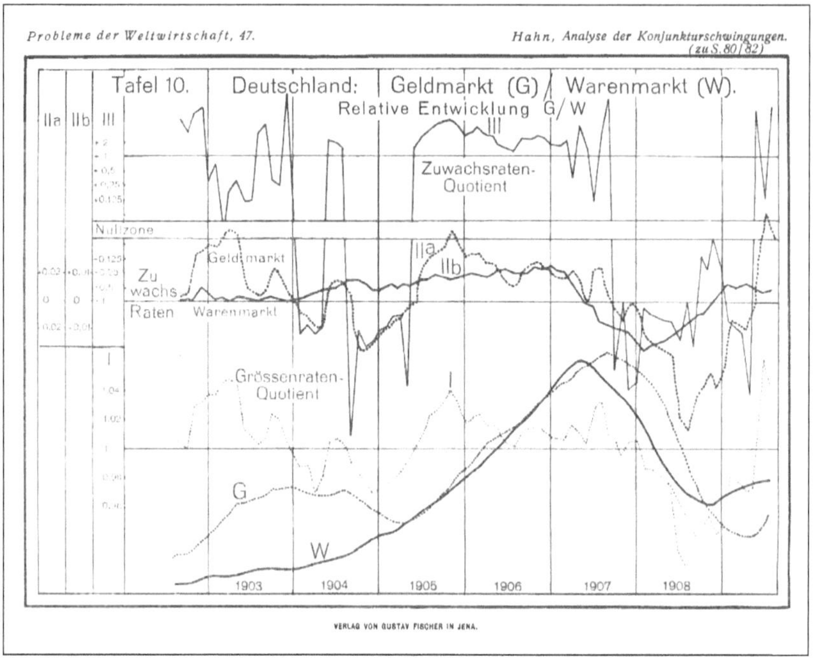

Abb. 46: „Tafel 10". Aus: Hahn: Die statistische Analyse der Konjunkturschwingungen (1929), Anhang, o. P.

Eine andere Art der flächigen Darstellung der (hier symbolischen) Konjunkturkurve präsentiert Babson in seiner Autobiographie „Actions and Reactions" (1935), indem er die von der Kurve beschriebene Fläche mit einer Collage aus Zeitungsartikeln über die Erfolgsgeschichte der eigenen Arbeit anfüllt und damit ‚Papierberge' entstehen lässt (Abb. 48).

Abbildungen wie diese spiegeln das, was der Literaturwissenschaftler und Diskurstheoretiker Jürgen Link über ein halbes Jahrhundert später als „normalistische Kurvenlandschaften" bezeichnen wird.[462] Diese lassen sich nicht zuletzt durch ihre körperliche Erfahrbarkeit charakterisieren. „Die Wirtschaft, dargestellt als Kurvenlandschaft, wird auch für Menschen, die ‚davon nichts verstehen' bewohnbar"[463], schreibt Jakob Tanner in Anlehnung an Link. Und dieser selbst führt in seiner „Archäologie des normalistischen Kurven-Dispositivs"[464] über die Kombination von (hier: nationalen) Kurven zu ebendieser „Kurvenlandschaft" aus:

462 Vgl. u. a. Link: Versuch über den Normalismus (1997); ders.: Aspekte der Normalisierung von Subjekten (2001).

463 Tanner: Wirtschaftskurven (2002), S. 132.

464 Link: Versuch über den Normalismus (1997), S. 197.

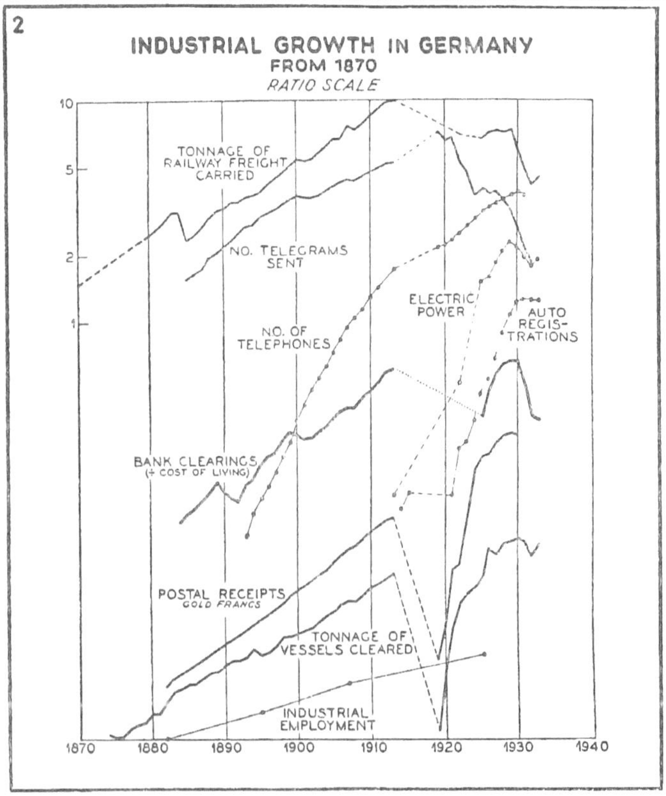

Chart 2: The above chart from 1870 shows several measures in Germany of industrial activity other than of the productive type. Most of the data is missing or without significance from the beginning of the World War until some years later. Industrial employment, i. e., the total minus those employed in agriculture and the like, is available only at irregular census dates. Excepting that no correction is made for actual reduction in post-war territory, each series is comparable throughout, as has been indicated by light dashed or dotted lines. Postal receipts, from the French Statistical Yearbook, are as reported in gold francs. Bank clearings, in marks and Reichsmarks, are divided by an index approximating the general price level, i. e., by the cost of living (up to 1913, retail food prices only in Berlin, and 1925 to date the cost of living in 72 towns, both on the same pre-war base). The generally marked increase since 1920 in many series contrasts with the declines in tonnage of freight on the railways and the number of telegrams sent. It may also be seen how nearly bank clearings (÷ general prices) strike a middle course between the different industries here represented. (See Chart 1 for the United States.)

Abb. 47: „Industrial Growth in Germany from 1870". Aus: Snyder: Measures of Industrial Growth and their Significance (1936), S. 175. (Noch) unbekannte oder als bedeutungslos eingestufte Verläufe während des Ersten Weltkriegs werden durch gestrichelte Linien ersetzt (vgl. Erläuterungen von Snyder in der Abbildungsunterschrift).

„Durch eine synchron-diachrone Abbildung mehrerer nationaler Kurven entsteht die *Landschaft*: nicht bloß *Wettrennen*, *Aufholjagden*, *Wenden* und *Scheren* werden darstellbar, sondern auch *Überschuß*- bzw. *Defizitzonen*. Solche *Scheren* und *Zonen* waren normalistisch ohne weiteres z.B. als Risikotendenzen oder Risikozonen, als Denormalisierungs- oder Normalisierungsprozesse lesbar."[465]

465 Ebd., S. 198; Herv. i. Orig.

Durch eine Kopplung „mit anderen, etwa geographischen Dispositiven“ lassen sich diese Kurven, so Link, „zu wirklichen ‚Landschaften‘ entfalten.“[466] Und Ernst Schulte-Holtey weist, ebenfalls im Rekurs auf Link, auf das Potenzial der Kurven hin, „Sachverhalte und Entwicklungen völlig unterschiedlicher Erfahrungsbereiche zu einem prägnanten ‚körpernahen Eindruck‘ zu verdichten: ‚es geht rasend abwärts‘ oder ‚die Bewegung stagniert‘“.[467] Hier wird eine Deutung vorgeschlagen, die von der Gewerkschaftsforscherin Barbara M. Kehm nur folgerichtig auch auf die verbale Dimension der Kurvenbilder erweitert wird. Mit einem semiologisch-diskursanalytischen Ansatz seziert Kehm ausgehend von dem oben erwähnten Zitat des DGB-Vorsitzenden Rosenberg den identifizierten „‚hoch/tief‘- bzw. ‚oben/unten‘-Topos“, der als ein Beispiel für die „Dominanz natürlicher Topoi in der symbolischen Repräsentation ökonomischer Prozesse“ stehe.[468] So heißt es bei Kehm über das eingangs angeführte Rosenberg-Zitat:

> „Der letzte Halbsatz [„daß es nun endlich wieder vorwärts geht“; S.W.] operiert mit der Katachrese: statt ‚aufwärts‘ sagt Brenner ‚vorwärts‘ und meint damit die ‚progressive Bewegung‘, die zugleich das ‚Aufwärts‘ ist. Das mittlerweile kollektiv automatisierte ‚Berg/Tal‘-Symbol für den Konjunkturzyklus ‚stützt sich auf die partielle ikonische Isomorphie zwischen einer Kurve, die den Zyklus abbildet, und ‚Bergen und Tälern‘. Dabei spielt die ‚‚Naturalisierung‘ des ökonomischen und sozialen Prozesses‘ eine wichtige Rolle, um die zyklischen Bewegungen der Konjunktur auf den natürlichen Wechsel der Landschaften (oder auch des Wetters) abzubilden, so daß die Frage nach und Analyse von macht- und interessegeleiteten Interventionen in diesem Prozeß in den Hintergrund rückt.“[469]

Die von Kehm herausgestellte „Naturalisierung“ des Konjunkturzyklus über die Berg/Tal-Symbolik wie auch die Vorstellung von deren physischer Erfahrbarkeit und Aneignung lassen sich tatsächlich in zahlreichen konjunkturanalytischen Arbeiten auf bildlicher wie auf textlicher Ebene greifen. Der Nationalökonom Fritz Machlup schreibt im Vorwort zu seinem vom Österreichischen Institut für Konjunkturforschung herausgegebenen „Führer durch die Krisenpolitik“ (1934):

> „Es ist Aufgabe dieses Büchleins, den Leser durch das Gestrüpp der Schlagworte unserer Zeit zu führen und ihn erkennen zu lassen, was Wahres und was Falsches in diesen Schlagworten steckt. Die Bergführer empfehlen manche Wanderungen ‚Nur für Schwindelfreie‘. Dieser Führer versucht den Geführten schwindelfrei zu machen, ihn von wirtschaftspolitischem Schwindel zu befreien.“[470]

---

466 Ebd.

467 Schulte-Holtey: Über Kurvenlandschaften in Printmedien (2001), S. 107.

468 Barbara M. Kehm: Zwischen Abgrenzung und Integration: Der gewerkschaftliche Diskurs in der Bundesrepublik Deutschland. Opladen 1991, S. 236.

469 Ebd.

470 Fritz Machlup: Führer durch die Krisenpolitik. Wien 1934 (= Beiträge zur Konjunkturforschung Bd. 6), S. XI. Vgl. auch Bombach: Zyklen im Ablauf des Wirtschaftsprozesses (1992), S. 21, zum US-amerikanischen, in Harvard entwickelten und vielfach übernom-

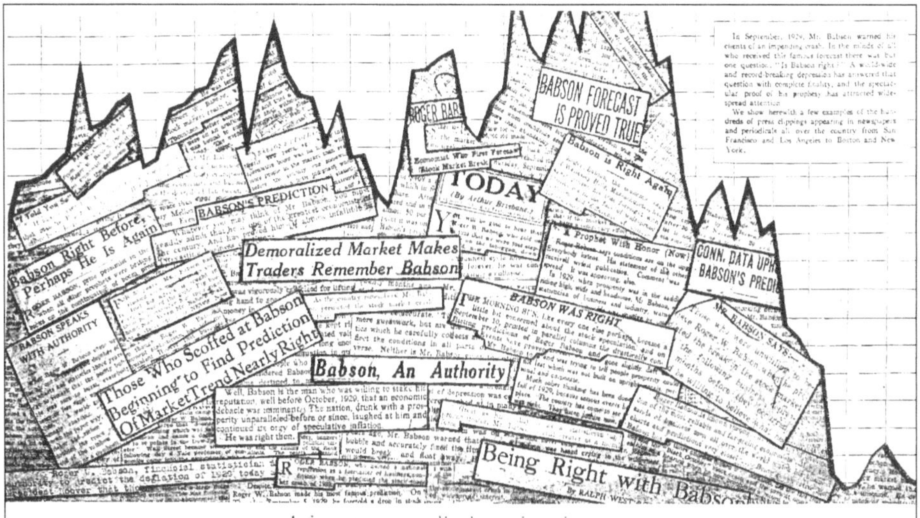

A few newspaper clippings of my forecasts.

Abb. 48: „A few newspaper clippings of my forecast.“ Aus: Babson: Actions und Reactions (1935), S. 367.

Das Bild der Erfassung und Durchdringung von Wirtschaftsverläufen im Modus der Bergwanderung fängt die mit dieser Herausforderung verbundenen Tastbewegungen in (noch) unbekanntem Terrain ein, die gerade der in ihren Ansätzen und Zugängen disparaten, auch widerstreitenden frühen Konjunkturforschung innewohnten. Dabei führen die montanen Kurvenlandschaften der Ökonomik das räumlich, zeitlich und gegenständlich heterogene Material der empirischen Wirtschaftsforschung wie der theoretischen Ansätze zusammen und verdichten die daran gemachten Beobachtungen zu einem „optically consistent space“[471] im Sinne Bruno Latours. Der von Latour herausgestellte Effekt der Akkumulation findet im Falle der Berg-und-Tal-Formationen des Konjunkturverlaufs jedoch nicht nur auf visueller, sondern zugleich auch auf sprachlicher Ebene statt – und insbesondere hier wird das visuell vorbereitete Potenzial noch einmal neu ausgelotet. Anders als etwa in der Semantik von Ebbe und Flut wird in den Bergpanoramen der Konjunktur, „den Gebirgen und Tälern“[472], die Ebene des Vertikalen nicht nur eingezogen

menen „Barometer-Ansatz“: „Das zweite, logisch nicht lösbare Problem besteht darin, daß der Gipfelpunkt einer vorauseilenden Reihe erst realisiert wird, wenn er deutlich überschritten ist. Die bekannte Analogie ist die Bergwanderung im Nebel: Erst wenn es wieder abwärts geht, weiß man, daß man oben gewesen ist. Überdies bleibt dem Wanderer unbekannt, ob es nicht noch höhere Gipfel gibt. Bei der Wanderung ohne Sicht muß es übrigens schon *ziemlich lange* bergab gehen, ehe man den Gipfel realisiert hat. Einige entscheidende statistische Daten werden nämlich leider erst mit ziemlicher Verzögerung publik.“

471 Latour: Visualization and Cognition: Thinking with Eyes and Hands (1986), S. 27 f. Latour übernimmt den Begriff der „optical consistency“ von William Ivins; vgl. ebd., S. 8.

472 Ebd., S. 17.

und exploriert, sondern mit körperlichem Erfahrungswissen verknüpft. So wird der Konjunkturverlauf, wird „[j]ede einzelne Konjunkturwelle – der Aufstieg zum Gipfel des Wellenbergs und der darauf folgende Abstieg ins Tal –“[473], zum Erlebnis, bringt aber zugleich auch die Akteur:innen und ihre Handlungspotenziale in Erinnerung.

Es geht hier nicht mehr nur um eine verstehende Aneignung vorgegebener, „naturalisierter“ Szenarien, sondern um die Möglichkeiten von deren Veränderung (und Überwindung), um ein aktives Eingreifen im Sinne einer Melioration von als keineswegs vollkommen empfundenen Landschaften. In diesem Sinne trägt das zunächst rhythmisch erscheinende Auf und Ab des Berg-und-Tal-Massivs auf bildlich-physischer Ebene mit seinem Angebot des Abtragens und Aufhäufens die auch auf abstrakt-theoretischer Ebene der Konjunkturforschung diskutierte Möglichkeit der Gestaltung (konkret: die Konjunkturpolitik) in sich. So spricht in der Festschrift für Arthur Spiethoff (1933) der Kölner Ökonom Christian Eckert davon, dass „die Maßnahmen zur Beeinflussung der Wechsellagen zu ermitteln“ seien, „vornehmlich im Sinne einer Angleichung der Wellenberge und Wellentäler im Konjunkturverlauf. Das Höchststeigen soll hintangehalten werden, um Abstiege in ähnlichem Ausmaß, wie bei der jüngsten großen Krise, zu vermeiden.“[474]

Die „Berg-Bilder“ der Konjunktur bereiten zugleich – und auch hier finden sich die Parallelen in den abstrakten Konjunkturkonzepten der Wirtschaftsanalyse im Verlauf des 20. und beginnenden 21. Jahrhunderts, die später von (streng) rhythmischen Vorstellungen, von einem rhythmischen „Idealverlauf“ konjunktureller Entwicklungen abrückt[475] – den Weg ihrer eigenen Überwindung vor: über die erwähnte Möglichkeit der Einebnung, aber auch in der Überführung der montanen Gipfelketten in andere semantische Felder. Entsprechend ist es wohl kein Zufall,

473 Mises: Geldwertstabilisierung und Konjunkturpolitik (1928), S. 59.

474 Eckert: (Prognosen, keine Prophezeiungen) (1933), S. 64. Eckert selbst steht der Möglichkeit der Beeinflussung eher skeptisch gegenüber; vgl. ebd., S. 69. Vgl. als ein jüngeres Beispiel auch Christoph Engel: Nebenwirkungen wirtschaftsrechtlicher Instrumente. In: ders., Martin Morlok (Hg.): Öffentliches Recht als ein Gegenstand ökonomischer Forschung. Die Begegnung der deutschen Staatsrechtslehre mit der konstitutionellen politischen Ökonomie. Tübingen 1998, S. 173–205; S. 174 f. Dort heißt es über die konjunkturpolitischen Vorschläge Karl Schillers: „Aus einer Vielzahl bisher nur zum Teil erforschter Gründe entwickeln sich Volkswirtschaften zyklisch. Auf Perioden der konjunkturellen Überhitzung folgen Rezessionen. Im modernen Wohlfahrtsstaat nimmt der Staat zugleich einen erheblichen Teil des Bruttosozialprodukts für die Bewältigung öffentlicher Aufgaben in Anspruch. Viele dieser Aufgaben sind zwar nach Art und Umfang gesetzlich festgelegt. Bei anderen kann der Staat den öffentlichen Bedarf aber bereits früher befriedigen oder umgekehrt noch zuwarten. Dieses Pfund kann er dazu nutzen, die konjunkturellen Berge abzuflachen und die konjunkturellen Täler aufzufüllen. Das Bild ist sogar noch zu zurückhaltend. Der Staat braucht nicht etwa das gesamte konjunkturelle Tal aufzufüllen. Es genügt vielmehr, wenn er so viel zusätzlich ausgibt, daß sich der konjunkturelle Trend umkehrt.“

475 Vgl. erste Hinweise im Schlusskapitel dieser Untersuchung.

dass sich die Formensprache einiger Wirtschaftskurven hin zum Asymmetrischen und Eckig-Kantigen verändert (Abb. 49) und damit ganz im Sinne des vertikalen Umbaus der Perspektive in der Moderne etwa an die a-periodischen Verläufe urbaner Skylines anschlussfähig wird, die zeitlich parallel in ihren „uplifting qualities“[476] zum Signet einer prosperierenden Ökonomie sowie der „modernen Großstadt als natürlichem Ort industrieller Vernunft und Herrschaft über Natur“[477] geworden sind.

Zum Inhalt (ohne jedoch die Formensprache aufzugreifen) werden die Hochhäuser bei Edward R. Dewey und Edwin F. Dakin, die den 18-Jahres-Rhythmus der Errichtung New Yorker und Chicagoer Wolkenkratzer visualisieren (Abb. 50).

Im Unterschied zum kosmologischen beziehungsweise meteorologischen Konjunkturverständnis, das die vorgefundenen Erscheinungen als weitgehend gegeben hinnimmt und seine analytische Kraft in deren Nachvollziehbarkeit, in die Suche nach Gesetzmäßigkeiten steckt, eröffnet das ‚montane Konjunkturverständnis‘ die Möglichkeit zum Eingreifen; es ist immer auch von einem Impetus der (Mit-) Gestaltung getragen – der Konjunkturzyklus wird vom ‚Natural Business Cycle‘ zu „The Managed Business Cycle“.[478]

5.3 Eingreifen in den Rhythmus: vom Rhythmus-Verstehen zum Rhythmus-Bezwingen

Jede Konjunkturdiagnose, konstatiert der Berliner Konjunkturforscher Wagemann, macht „offen oder insgeheim eine Angabe über den weiteren Verlauf“.[479] Sie ist mit anderen Worten immer auch Prognose und als solche verlängert sie – wesentlich über die (angenommene) rhythmische Grundkonstitution der ökonomischen Bewegungen – die analytische Perspektive der Wirtschaftsforschung in die Zukunft (und damit zugleich auch in die Vergangenheit, da ohne die längerfristige Beobachtung historischer Verläufe und daraus abgeleiteter Muster diese Verlängerung nicht möglich wäre). In ihrer Zukunftsgewandtheit eröffnet die Konjunkturforschung Raum nicht

476 David E. Nye: The Sublime and the Skyline: The New York Skyscraper. In: Roberta Moudry (Hg.): The American Skyscraper. Cultural Histories. New York 2005, S. 255–269; S. 256. Vgl. Carol Herselle Krinsky: The Skyscraper Ensemble in Its Urban Context. Rockefeller Center. In: ebd., S. 201–213; vgl. auch Thomas A. P. van Leeuwen: The Skyward Trend of Thought. The Metaphysics of the American Skyscraper. Cambridge (MA) 1988.

477 Walter Prigge, Frank Herterich: Skyline: Zeichen der Stadt. Moderner und Postmoderner Städtebau. In: Klaus R. Scherpe (Hg.): Die Unwirklichkeit der Städte. Großstadtdarstellungen zwischen Moderne und Postmoderne. Reinbek bei Hamburg 1988, S. 304–324; S. 308.

478 Hardy, Cox: Forecasting Business Conditions (1927), S. 129.

479 Wagemann: Konjunkturlehre (1928), S. 184.

nur für „Anpassungs-“, sondern auch für „Gestaltungsleistungen“[480], die jedoch – so jedenfalls eine Beobachtung Wagemanns – durchaus auch Furcht hervorrufen können:

> „So wie viele Menschen einen ärztlichen Befund fürchten, so besteht merkwürdigerweise auch eine Scheu vor der Konjunkturprognose, die so weit geht, daß selbst ernsthafte Politiker und Forscher ihre Möglichkeit leugnen. Man sucht ihren Sinn etwa dadurch zu verfälschen, daß man sie der Erscheinung des zweiten Gesichts oder der Prophetie – wenn nicht gar den astrologischen Horoskopen und der Wahrsagerei – gleichstellt.“[481]

Diese Einschätzung, die Wagemann 1928 formulierte, wurde spätestens mit der Weltwirtschaftskrise durch die Erkenntnis einer Notwendigkeit des Eingreifens in den Konjunkturverlauf abgelöst. Aber auch schon früher wurde die Frage nach den Erscheinungsformen und Ausprägungen zyklischer Wirtschaftsbewegungen zunehmend um die Frage nach deren Beeinflussung, insbesondere nach Möglichkeiten der Abschwächung extremer Ausschläge, ergänzt.[482] In den USA trieb Herbert

480 So der Münsteraner Europäische Ethnologe/Empirische Kulturwissenschaftler Andreas Hartmann über die Wetterprognostik. Ders.: Wetter und Wahrheit. Volkskundliches zur Meteorologie. In: Siegfried Becker u. a. (Hg.): Volkskundliche Tableaus. Eine Festschrift für Martin Scharfe zum 65. Geburtstag von Weggefährten, Freunden und Schülern. Münster u. a. 2001, S. 97–106; S. 103. Hartmann sieht die Wetterprognostik als „Zukunftsforschung par excellene, für die Frage nach der Entwicklung und Transformation komplexer Systeme, seien es Aktienkurse, Volkswirtschaften, Kulturen, Gesellschaften oder das Weltsystem, liefert sie immer wieder das Modell.“ Dabei sind die „Erkenntnistechniken […] zugleich Prognosetechniken“. Ebd., S. 106, 105.

481 Wagemann: Konjunkturlehre (1928), S. 184. Wagemann geht noch einen Schritt weiter und weist darauf hin, „daß schon in dem Begriff der Wirtschaft das Moment der Prognose enthalten ist. Denn Wirtschaften bedeutet ja planmäßige Bedarfsdeckung, planmäßige Güterversorgung. Jeder Plan aber enthält Überlegungen über die Zukunft, schließt also das Moment der Prognose in sich ein.“ Ebd., S. 185.

482 Die Wissenschaftler:innen des *Harvard Service* sahen schon in den 1920er-Jahren in den vorgefundenen abgeschwächten Zyklen der jüngeren Zeit den Effekt regulierender Eingriffe. Vgl. Hardy, Cox: Forecasting Business Conditions (1927), S. 93 f.: „During the past three years the forecasts of the Harvard Economic Service have been influenced very strongly by the theory that we now have a ‚regulated‘ business cycle. In other words, in common with a considerable number of other students of business conditions, the staff of the Service believe that since 1923 the Federal Reserve Board, and other public agencies, have been exercising so direct a control over credits, and so great an influence over public sentiment, that the length and intensity of the successive phases of the cycle have been modified and the pre-war sequence to some extent broken down.“ Vgl. ähnlich auch ebd., S. 129. Als „richtungsweisend für die antizyklische Konjunkturforschung“ gilt Wilhelm Röpkes „Krise und Konjunktur“ (1932), wo er „Ideen der Globalsteuerung“ vorwegnahm; Thomas Pfahler: Krise und Konjunktur. In: Dietmar Herz, Veronika Weinberger (Hg.): Lexikon ökonomischer Werke. 650 wegweisende Schriften von der Antike bis ins 20. Jahrhundert. In Zusammenarbeit mit Andreas Blätte, Torsten Budäus, Shakuntala Banerjee und Wibke Reger. Stuttgart 2006, S. 430 f.; S. 430.

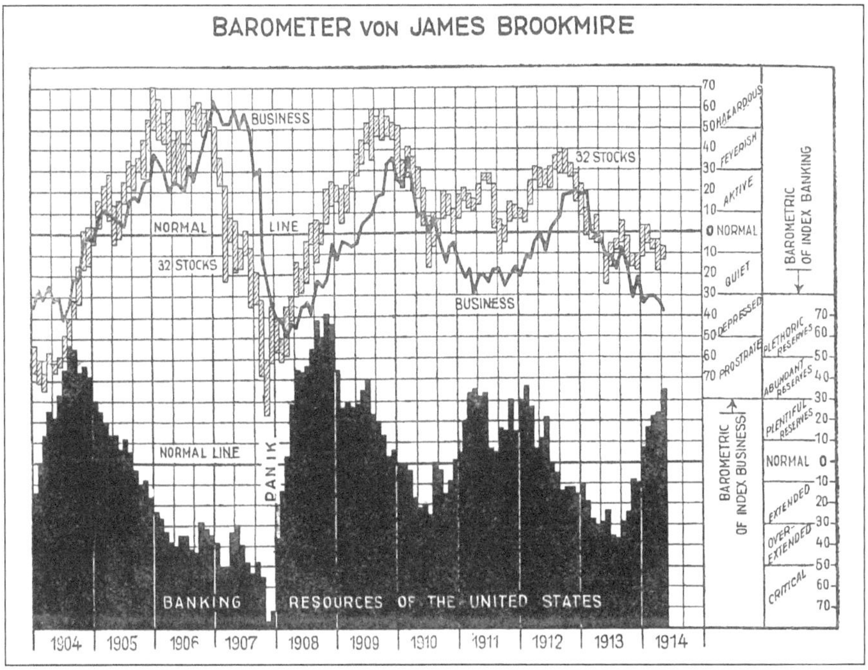

Abb. 49: „Barometer von James Brookmire". Aus: Wagemann: Konjunkturlehre (1928), S. 112.

Hoover im von ihm 1921 bis 1928 geleiteten Handelsministerium den Ausbau der Erschütterung des Wirtschaftslebens unmöglich" machen sollten.[483] Er selbst sieht allerdings den „Schwerpunkt der Konjunkturpolitik nicht beim Staate [...], sondern in den Unternehmungen selbst, die als die Zellen der Wirtschaft auch die Träger der Wirtschaftsbewegung sind".[484]

In der Festschrift für Arthur Spiethoff thematisierte 1933 der Kölner Finanzwissenschaftler Fritz Karl Mann die Möglichkeiten eines „Konjunkturausgleich[s] durch die öffentliche Hand".[485] Eine „einfache Antwort" auf die Frage, wie es gelingen könne, „die Wellen des Konjunkturverlaufs zu glätten", eine „konjunkturlose Wirtschaft" oder zumindest eine „Milderung der Konjunkturschwankungen" zu erreichen, „liegt bereit". Sie laute:

> „[D]er konjunkturelle Rhythmus muß durch einen Gegenrhythmus der Staatsausgaben paralysiert werden; der Systole der Privathand soll eine Diastole der öffentlichen Hand entsprechen und umgekehrt. Oder – ins Konkrete übersetzt – Dämpfung des

483 Wagemann: Konjunkturlehre (1928), S. 208.

484 Ebd., S. 217.

485 Fritz Karl Mann: (Konjunkturausgleich durch die öffentliche Hand?). In: Aftalion u. a.: Der Stand und die nächste Zukunft der Konjunkturforschung (1933), S. 166–170.

> Aufschwungs durch Ausgabenbeschränkung und Überwindung der Stockung durch Arbeitsbeschaffung."[486]

Hier sei es mit Blick auf „solche mechanistischen Auffassungen" wissenschaftliche Aufgabe, „nach ihrem Erkenntniswert zu fragen."[487]

Auch Ludwig von Mises spricht in derselben Publikation von der von verschiedener Seite vertretenen „Meinung, daß vertiefte Einsicht in die Verursachung des Kreislaufs der Wechsellagen uns einem Zeitalter geringerer Schwankungen näher bringe", und diskutiert die „Auffassung [...], die Erkenntnis der den Konjunkturwechsel auslösenden Ursachen werde dazu führen, daß man durch zweckmäßig gewählte wirtschaftspolitische Maßnahmen zur Krisenvorbeugung die Wellen glätten werde".[488] Die Beschreibung des Konjunkturzyklus wandelte sich zu seiner Bewertung, es ging nun um die Identifizierung der „evils of the cycle"[489] – so der *Princeton*-Ökonom Edwin Walter Kemmerer.

John Maynard Keynes warf 1925 in einem Brief an Charles Bullock dem *Harvard Economic Service* eine Naturalisierung der Konjunkturzyklen vor, während er selbst fiskalpolitische Maßnahmen für notwendig erachtete[490] – und in der Tat vertrat Bullock noch in den 1930er-Jahren die Ansicht, dass ein politisches Eingreifen in den Konjunkturverlauf nicht möglich sei. Er verglich diese Anstrengungen mit „‚King Canute' and his ‚efforts to control the tide'"[491] – der Legende also vom dänischen König Knut, der im 11. Jahrhundert dem Meer bei auflaufendem Wasser befohlen haben soll vor seinen Füßen zu stoppen, damit diese nicht nass werden, um so seinen Gefolgsleuten die Grenzen der königlichen Macht gegenüber der göttlichen zu demonstieren.

Stehen diese Beispiele für Tastversuche in Richtung einer Beeinflussung des Konjunkturverlaufs und hier in der Regel für eine Glättung der vorgefundenen Wellenbewegung, spitzte sich die Einflussnahme in den Planwirtschaften totalitärer Staaten elementar zu – mit dem Ziel einer Ausschaltung der Konjunkturschwankungen und einer vollständigen Kontrolle und Lenkung des Wirtschaftsverlaufs. In der Sowjetunion fiel das Moskauer Konjunkturinstitut dieser Entwicklung zum Opfer.[492] Das Berliner *Institut für Konjunkturforschung* wurde im nationalsozialistischen Deutschland zu einer Umbenennung (die allerdings erst 1941 – in *Deutsches Institut für Wirtschaftsforschung* – vorgenommen wurde) und Neuausrichtung der

486 Ebd., S. 166.

487 Ebd.

488 Ludwig von Mises: o. T. In: Aftalion u. a.: Der Stand und die nächste Zukunft der Konjunkturforschung (1933), S. 175–180; S. 175.

489 Edwin Walter Kemmerer: Bankers Can Check Depressions. In Advantageous Position to Know the Facts of Business, They Can Take Action to Lessen the Bad Effects of Fluctuations of the Cycle. In: New York Evening Post Nr. 288 vom 24.10.1921 [HWWA: E 15n SM 54].

490 Vgl. Friedman: Fortune Tellers (2014), S. 204.

491 Ebd., S. 162.

492 Vgl. die Ausführungen in Kap. V.3.4.

THE 18–YEAR RHYTHM

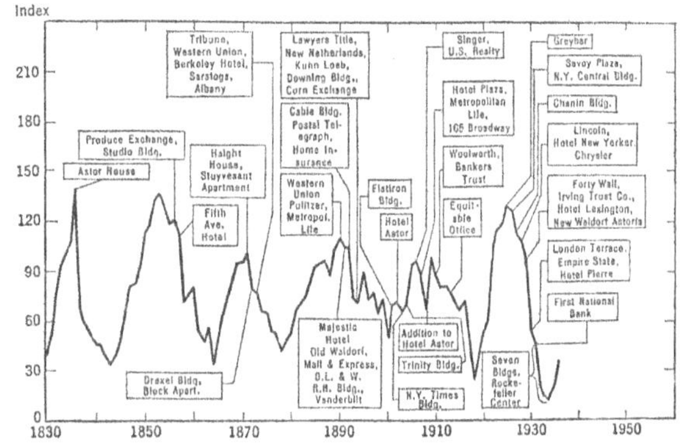

FIG. 7. NEW YORK SKYSCRAPERS

Dates when certain large buildings were constructed in New York City and the Composite – Riggleman, Wenzlick, and 120-City-Index of building activity 1830–1936. (After Warren and Pearson.)

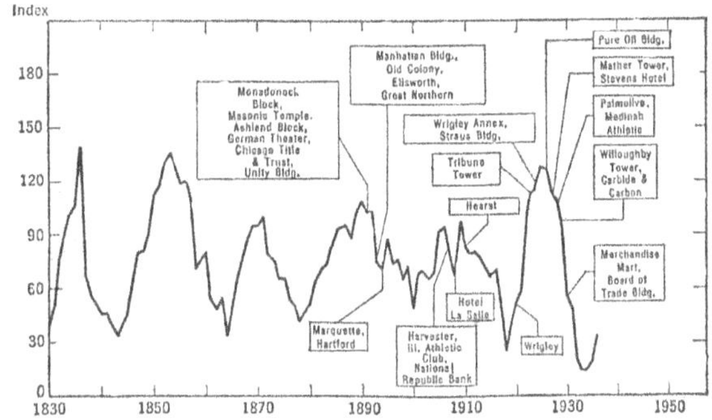

FIG. 8. CHICAGO SKYSCRAPERS

Dates when certain large buildings were constructed in Chicago and the Composite – Riggleman, Wenzlick, and 120-City-Index of building activity, 1830–1936 (after Warren and Pearson).

[123]

Abb. 50: „Fig. 7. New York Skyscrapers" und „Fig. 8. Chicago Skyscrapers". In: Dewey, Dakin: Cycles (1950 [1949]), S. 123.

wirtschaftsanalytischen Arbeit gedrängt. Gerade in der Presse wurde Stimmung gegen das Phänomen der Konjunktur und seine Erforschung gemacht. „Der Vorgang ist der", heißt es in einem Artikel in „Die Deutsche Volkswirtschaft" im Januar 1937,

> „daß die nationalsozialistische Wirtschaftspresse dem Leiter des Instituts für Konjunkturforschung nahe legte, einem Gebot der politischen und publizistischen Hygiene dadurch Rechnung zu tragen, daß er von der alten unzeitgemäßen Konjunkturdialektik Abstand nehmen möchte. Man versprach sich davon, daß dann auch in weiteren Kreisen der Publizistik eine Abkehr von den überholten Regeln des Wirschaftsablaufs erfolgen würde. Tatsächlich war der Erfolg verblüffend, und es sind nur einige verstockte Knechte

des Kapitals übrig geblieben, die sich von der alt gewohnten Konjunkturvorstellung nicht trennen können."[493]

Nachdem der Artikel auf die nationalsozialistische Beschäftigungspolitik verwiesen hat, beschwört er noch einmal das damit eingeläutete Ende des (Irr-)Glaubens an die „Schicksalsmacht" der Konjunkturschwankungen im Wirtschaftsgeschehen: „Wir sind auf dem besten Wege, uns von dem verfänglichen astrologischen Glauben an das Mysterium ‚Konjunktur' zu lösen."[494] Und:

> „Es ist gut, daß wir die Technik der Konjunkturbeherrschung meistern und uns nicht einfach dem Fatalismus gegenüber den sagenhaften sieben fetten und sieben mageren Jahren verhaften. [...] Am allerwenigsten können wir jedoch im rhythmischen Spiel der ‚Konjunktur' einen Motor des Fortschritts erblicken [...]. Ein wahrhafter Sozialismus ist nur möglich, wenn es das Phänomen ‚Konjunktur' nicht mehr gibt."[495]

---

493 Sterbende „Konjunktur". In: Die Deutsche Volkswirtschaft (Berlin) Nr. 3 vom Januar 1937, S. 93 f.; S. 93. Vgl. auch den Hinweis in der „Frankfurter Zeitung" auf eine Vorgabe der nationalsozialistischen Presse: „Der ‚Angriff' vom 7. Januar bezeichnet als Wunsch der nationalsozialistischen Presse einen Verzicht auf eine Arbeit mit dem vorbelasteten Wort Konjunktur." Es sei „für die deutschen Verhältnisse nicht mehr anwendbar. Der ‚Völkische Beobachter' vom 6. Januar äußert sich in dem gleichen Sinne: Es sei gut, wenn das Institut für Konjunkturforschung nunmehr das missverständliche und begriffsverwirrende Wort ‚Konjunktur' nicht mehr für deutsche Wirtschaftsvorgänge benutze." Und „nicht nur dem Namen, sondern dem Begriff ist Kampf angesagt." Der „Götze" Konjunktur. In: Frankfurter Zeitung Nr. 30 vom 17.01.1937 [HWWA: A 10 k l SM 8]. Ernst Wagemann selbst dagegen versuchte über von ihm verfasste Artikel in verschiedenen Medien den Konjunkturbegriff mit zum Teil ausladenden argumentativen Bewegungen zu retten. Vgl. exemplarisch ders.: Aufgaben des Konjunkturdienstes. In: Berliner Börsen-Zeitung Nr. 535 vom 15.11.1938 [HWWA: A 10 k l SM 8]: „Das Wort [Konjunktur; S.W.] entstammt dem mittelalterlichen Latein und kann wörtlich mit ‚Verbundenheit' übersetzt werden. In der liberalistischen Epoche der Wirtschaftspolitik handelte es sich um eine Verbundenheit der wirtschaftlichen Schicksale, die sich in einem Auf und Nieder des Geschehens äußerte, bei dem der einzelne ebenso wie die Gesamtheit nur ein Spielball unsichtbarer Mächte zu sein schienen. Seitdem eine zielbewußte und tatkräftige Führung des deutschen Schicksals diesen anonymen dunklen Mächten Schach bietet, wandelt sich auch das Wesen der Konjunktur. Die Wirtschaftsverbundenheit aller arbeitenden Menschen, der Haushaltungen wie der Betriebe, aber bleibt. Diese Verbundenheit, diese Konjunktur, müssen wir kennen, ja, wir müssen sie um so genauer beobachten und um so gründlicher erforschen, je verantwortlicher die wirtschaftlichen Aufgaben werden, die der Staatsführung und allen an der Wirtschaft Mitwirkenden gestellt sind." Vgl. zu Wagemanns Anstrengungen auch Krengel: Das Deutsche Institut für Wirtschaftsforschung (1986), S. 56.

494 Sterbende „Konjunktur". In: Die Deutsche Volkswirtschaft (Berlin) Nr. 3 vom Januar 1937, S. 93 f.; S. 94.

495 Ebd. Vgl. ähnlich: Der „Zyklus". In: Frankfurter Zeitung Nr. 482 vom 22.09.1937 [HWWA: H n SM 54]: „... der Glaube daran, daß auf fette Jahre magere Jahre folgen müßten, hat sich auch des Publikums bemächtigt. [...] In Deutschland wird gegen einen

Ebenfalls im Januar 1937 stellt die „Deutsche Bergwerks-Zeitung“ mit Blick auf das Berliner *Institut für Konjunkturforschung* fest:

> „Daß […] dem Konjunkturrhythmus […] kein besonderes Interesse mehr geschenkt zu werden braucht, wird nach und nach teils aus eigener Erkenntnis, teils unter dem Zwange des Augenscheins auch dort zugegeben – wenn auch mit starken Hemmungen –, wo die ‚Konjunktur‘ eine ganz besondere Schätzung und sprachliche Pflege erfuhr.“[496]

Für die „Frankfurter Zeitung“ ist im Januar 1937 „die Gemeinde der ‚Zykliker‘ […] arg zusammengeschrumpft; nur ein paar Unentwegte glauben, so scheint es, noch daran, daß der Rückschlag dem Aufschwung folgen müsse wie das Amen dem Gebet.“[497] Dieselbe Zeitung vermerkt dann im September desselben Jahres, dass der „Leiter der Kommission für Wirtschaftspolitik, Bernhard Kähler, der Hauptvorkämpfer gegen die Vorstellung von einem gesetzmäßigen Auf und Ab der Wirtschaft, […] in Nürnberg das zyklische Denken als die Frucht einer Verwirrunglehre, als eine angequälte Theorie bezeichnet“[498] habe. Der „Glaube an den Konjunkturzyklus“ wird im Verlauf des Artikels schließlich unter Berufung auf die „Staatsführung“ zum „bloße[n] Aberglaube[n]“[499] erklärt, während der Leipziger Ökonom Walter Huppert im „Deutschen Volkswirt“ 1938 nüchtern, aber mit derselben Stoßrichtung feststellt, dass „der ‚Gesetzmäßigkeit‘ der Konjunkturbewegung der Boden entzogen“[500] sei.

Gerade die wirtschaftspolitischen Konzepte der Planwirtschaft – in der Sowjetunion wie im nationalsozialistischen Deutschland – zeigen, dass der Eingriff in den Konjunkturverlauf weit über „eine gewisse Steuerung der ‚Kettenreaktionen‘“[501] hinausging und dabei – im Sinne der „Zukunft als Weltanschauung“[502] – auf „Ab-

---

solchen Fatalismus mit der größtmöglichen Entschiedenheit Front gemacht. […] der Nationalsozialismus führt einen Generalangriff gegen das zyklische Denken überhaupt.“

496 Arbeitsaufgaben statt Konjunktur. In: Deutsche Bergwerks-Zeitung (Düsseldorf) Nr. 7 vom 09.01.1937 [HWWA: A 10 k l SM 8]. Ebenfalls in „Die Deutsche Volkswirtschaft“ vermeldet 1941 Hans J. Schneider: „Der Fetisch der Phasenfolge im konjunkturzyklischen Verlauf wurde als Arbeitsprinzip aufgegeben.“ Ders.: Nationalsozialismus und Wirtschaftsforschung. In: Die Deutsche Volkswirtschaft (Berlin) Nr. 19 vom Juli 1941 [HWWA: A 10 k 1 SM 8].

497 Der „Götze“ Konjunktur. In: Frankfurter Zeitung Nr. 30 vom 17.01.1937 [HWWA: A 10 k l SM 8].

498 Der „Zyklus“. In: Frankfurter Zeitung Nr. 482 vom 22.09.1937 [HWWA: H n SM 54].

499 Ebd.

500 Walter Huppert: Wirtschaftsschwankungen. In: Der Deutsche Volkswirt (Berlin) Nr. 31 vom 29.04.1938, S. 1481–1482 [HWWA: H n SM 54], S. 1481.

501 Schmölders: Konjunkturen und Krisen (1955), S. 73.

502 Jürgen P. Rinderspacher: Zukunft als Weltanschauung. In: Elke Holst, Jürgen P. Rinderspacher, Jürgen Schupp (Hg.): Erwartungen an die Zukunft. Zeithorizonte und Wertewandel in der sozialwissenschaftlichen Diskussion. Frankfurt/Main, New York 1994, S. 19–44.

schaffung“ beziehungsweise „Überwindung“ des rhythmischen Prinzips zielte. Die entsprechende mediale Begleitung fiel nicht zuletzt so vehement aus, weil die Idee des Konjunkturrhythmus für das jeweilige Regime einen gleich doppelten Affront darstellte: Die zugrunde liegende Annahme von der „Eigengesetzlichkeit der Wirtschaft“ behauptete – in einem auf Totalität zielenden System – einen zentralen gesellschaftlichen Bereich als autark gegenüber den politischen Machtbestrebungen, und auch die der Periodizität implizite Tendenz zum Determinismus musste als Herausforderung gegenüber der wirtschaftspolitischen Gestaltungsmacht verstanden und entsprechend bekämpft werden.

6 Konjunktur, Kunst, Kultur

6.1 Rhythmus-Ästhetik – Rhythmus-Kultur

Bisher wurden Rhythmusvorstellungen der ökonomischen Konjunkturforschung in diesem zweiten analytischen Hauptteil vor allem in ihren semantischen Bezügen zu Feldern der Naturwahrnehmung (des Wetters, der Gezeiten, der Bewegung in Zeit und Raum) und der Naturforschung (hier konkret der Biologie, Astronomie und Physik) sowie des Körperempfindens und der Medizin in Verbindung gebracht – und damit wichtige Bereiche angesprochen, in denen sich „Rhythmus“ gemeinhin wissenschaftlich wie alltagsweltlich exemplifiziert. Den Blick auf die transdisziplinären Resonanzräume beschließend, soll in diesem letzten Kapitel dasjenige Feld betrachtet werden, in dem das Erleben wie auch die gesellschaftliche Verständigung und akademische Theoretisierung von Rhythmischem ihren vielleicht zentralsten Platz haben. Gemeint sind Kunst und Ästhetik sowie die Frage, ob und inwieweit ökonomische Konjunkturforscher:innen diese im Blick haben (oder intuitiv mit aufrufen), wenn sie Gedanken über das Rhythmische in der Wirtschaft anstellen bzw. Wissensarbeit als ‚Arbeit am Rhythmus‘ betreiben.

„Ähnlich wie ein Kunstwerk uns anspricht, *weil* es gestaltet ist, erleben wir wissenschaftliche Evidenz, *weil* – nicht obwohl – sie gestaltet ist“[503], schreibt der Techniksoziologe und Wissenschaftsphilosoph Wolfgang Krohn. Vergleichbar ist an verschiedener Stelle für unterschiedliche akademische Disziplinen auf eine „innere Ästhetik der wissenschaftlichen Tätigkeit“ hingewiesen worden.[504] Für die

503 Wolfgang Krohn: Die ästhetischen Dimensionen der Wissenschaft (2006), S. 4.

504 Wolfgang Krohn: Vorwort. In: Krohn: Ästhetik in der Wissenschaft (2006), S. V f.; S. V. Vgl. auch die weiteren Beiträge in dem Band. Vgl. außerdem James W. McAllister: Beauty and Revolution in Science. Ithaca, London 1996; Subrahmanyan Chandrasekhar: Truth and Beauty. Aesthetics and Motivations in Science. Chicago, London 1987 (insb. Kap. 4). Für die Mathematik wird zudem gerne auf ein Zitat von G. H. Hardy aus dem Jahr 1940 verwiesen: „The mathematician's patterns, like the painter's or the poet's, must be beautiful; the ideas, like the colours or words, must fit together in a harmonious way. Beauty is the first test: there is no permanent place in the world for ugly mathematics.“

Ökonomik jedoch scheint deren Betrachtung ein eher schwieriges Unterfangen darzustellen: Explizite Bezüge werden von den Fachvertreter:innen gemeinhin nicht hergestellt, ja offensichtlich strahlen Kunst und Kunstwissenschaft als potenzielle Referenzbereiche wenig Attraktivität aus – so jedenfalls die Beobachtung von Cassey Lee und Peter Lloyd. Von den beiden Wirtschaftswissenschaftlern, die unter anderem zur ökonomischen Ideengeschichte forschen, stammt der Hinweis, dass im Unterschied zu Mathematik und Naturwissenschaften, in deren Selbstäußerungen sich eine Vielzahl von Belegen ästhetischer Bezüge und Urteile finden lässt, die wirtschaftswissenschaftliche Theoriebildung ästhetischen Überlegungen kaum eine Bedeutung beimisst – und zwar trotz ihrer Rückgriffe auf mathematische Verfahren und Formeln.[505]

Unter anderem an Lee und Lloyd anschließend, bekräftigt der Wirtschaftssoziologe Hanno Pahl, der sich mit der Performanz und Repräsentation ökonomischer Theoriebildung und hier unter anderem auch mit ästhetischen Referenzen im Prozess der Formung von Wissensbeständen in der Ökonomik beschäftigt, diese Einschätzung. Als eine mögliche Begründung sieht Pahl, dass gemeinhin mit dem „ästhetischen Wert" verbundene Eigenschaften wie Einfachheit und Universalität angesichts einer sich verändernden ökonomischen Wirklichkeit als Ausgangs- und Bezugsgröße für die Modellbildung letztlich nicht greifen (können) und stattdessen Anpassungen (und damit Komplexitätssteigerungen an Stelle von Komplexitätsreduktion) oder sogar die Ablösung von Modellen die ökonomische Theoriearbeit bestimmen. Bei Cassey Lee und Peter Lloyd heißt es entsprechend:

Hier exemplarisch zit. n. Cassey Lee, Peter L. Lloyd: Beauty and the Economist: The Role of Aesthetics in Economic Theory. In: Kyklos 58/2005, H. 1, S. 65–86; S. 66. Die Mathematikhistorikerin Susanne Spies entwickelt an diesem Zitat den Kriterienkatalog zu ihrer Untersuchung „Ästhetische Erfahrung Mathematik"; dies.: Ästhetische Erfahrung Mathematik. Über das Phänomen schöner Beweise und den Mathematiker als Künstler. Siegen 2013 (= Siegener Beiträge zur Geschichte und Philosophie der Mathematik Bd. 2); S. 1. Die herangezogene Literatur der Wissenschaftsforschung arbeitet mit einem Ästhetikbegriff, der sich vor allem auf die Wahrnehmung von *Schönheit* richtet – im Unterschied etwa zu philosophischen und kunsttheoretischen Ansätzen, die „Ästhetik" weiter fassen und auch die „Ästhetik des Hässlichen" konzeptualisieren.

505 Vgl. Lee, Lloyd: Beauty and the Economist (2005), S. 85. Dagegen hat sich in der internationalen Ökonomik mit der Wirtschaftsästhetik bzw. Organizational Aesthetics eine eigene Subdisziplin ausgebildet, die nach der sinnlich-ästhetischen Dimension wirtschaftlichen Handelns fragt; vgl. Stephen Linstead, Heather Hopfl (Hg.): The Aesthetics of Organization. London, Thousand Oaks, New Delhi 2000; Steven S. Taylor, Hans Hansen: Finding Form: Looking at the Field of Organizational Aesthetics. In: Journal of Management Studies 42/2005, H. 6, S. 1211–1231; Samantha Warren: Empirical Challenges in Organizational Aesthetics Research. Towards a Sensual Methodology. In: Organization Studies 29/2008, H. 4, S. 559–580. Anna Echterhölter verweist darauf, dass „die Stabilität der Dichotomie von Ökonomie und Kunstsphäre in letzter Zeit merklich gelitten" habe; dies.: Ökonomische Praktiken. In: Ilinx 3/2013: Ökonomische Praktiken, S. VII–XXX; S. XXV.

> „As economics attempts to model the behaviour of real world agents in real world markets, the subject matter of the discipline is constantly changing as the markets, regulations and institutions of the real world constantly change. In the language of those who have sought beauty in other disciplines, economic models and theories lack generality."[506]

Allerdings stehe diesem Befund, so wiederum Hanno Pahl, die Beobachtung entgegen, dass gerade die Modelle der Allgemeinen Gleichgewichtstheorie „bis heute stetig mit Attributen wie Schönheit, Eleganz und Einfachheit in engen Zusammenhang gebracht"[507] würden. Und mehr noch: Dieser augenfällige Einsatz ästhetischer Werturteile besitzt laut Pahl auch wissenschaftspolitische Implikationen: In der „Verbindung zwischen ästhetischen Werten und kognitiven Leistungen"[508] liege auch eine „diskursive Strategie" begründet[509], eine Ressource im Kampf um „disziplinäre Hegemonie"[510], die für die Durchsetzung von Modellen genutzt wird, während zugleich aber ebenso in kritischen Kommentaren der Hinweis auf die ästhetische Qualität mit der Unzulänglichkeit der Modelle in der wirtschaftsanalytischen Praxis verknüpft wird.[511]

Auch der Ökonom und Philosoph Carsten Köllmann akzentuiert am Beispiel der gesamtwirtschaftlichen Gleichgewichtstheorie, und zwar sowohl an ihrer Be-

506 Lee, Lloyd: Beauty and the Economist (2005), S. 83.

507 Pahl: Zwischen Glasperlenspiel- und Ingenieurssemantiken (2014), S. 192. Auch Lee und Lloyd sehen vor dem Hintergrund einer generellen Ästhetik-Abstinenz in der ökonomischen Theoriebildung die Allgemeine Gleichgewichtstheorie als „an area where the beauty of the theory has been extolled by a number of scholars"; dies.: Beauty and the Economist (2005), S. 70. Léon Walras, der das erste umfassende Modell der Allgemeinen Gleichgewichtstheorie entwickelte, formulierte: „Thus the system of the economic universe reveals itself, at last, in all its grandeur and complexity: a system once vast and simple, which, for sheer beauty, resembles the astronomic universe"; Walras 1874, zit. n. Pahl: Zwischen Glasperlenspiel- und Ingenieurssemantiken (2014), S. 192. Pahl zitiert außerdem Donald Anthony Walker, der über Walras' theoretischen Entwurf schreibt: „I shall devote myself almost entirely to pure economic theory, for that is the part of Walras's work that has had the greatest impact and is most relevant in the present. It is also the most aesthetically pleasing part. Any great scholar, whether it be a Newton, or a Henri Poincaré, or an Einstein, is a poet who creates beauty. For me, the principal attraction of Walras's theory of general equilibrium is its aesthetic aspect." Zit. n. Pahl: Zwischen Glasperlenspiel- und Ingenieurssemantiken (2014), S. 195.

508 Ebd., S. 197.

509 Ebd., S. 193.

510 Ebd., S. 192. Vgl. hier auch den Hinweis von Carsten Köllmann, der für die Allgemeine Gleichgewichtstheorie sowie die Keynes'sche General Theory bemerkt, dass „die Konkurrenz zwischen diesen beiden Forschungsprogrammen auch auf ästhetischem Feld ausgetragen wird"; ders.: Das elegante Universum und seine hemdsärmelige Wirtschaft. Ästhetische Aspekte der Wirtschaftswissenschaft. In: Krohn: Ästhetik in der Wissenschaft (2006), S. 79–104; S. 100.

511 Vgl. Pahl: Zwischen Glasperlenspiel- und Ingenieurssemantiken (2014), S. 198.

liebtheit wie an ihrer Kritik, die Relevanz „ästhetischer Qualitäten“ in der ökonomischen Theoriebildung:

> „Man wirft ihr [der Allgemeinen Gleichgewichtstheorie; S.W.] vor, sie kultiviere ihre ästhetischen Qualitäten um den Preis der empirischen Irrelevanz und prämiere mathematische Virtuosität statt ökonomischen Sachverstand. Dass sie sich dennoch bis heute halten konnte, wird von ihren Kritikern nicht zuletzt mit der von ihr ausgehenden ästhetischen Faszination erklärt.“[512]

Und Köllmann geht noch einen Schritt weiter, indem er auch die Kritik selbst im ästhetischen Beurteilungsmodus verhaftet sieht. So mutmaßt er: „Vielleicht spielen ästhetische Gesichtspunkte auch bei den Kritikern der neoklassischen Orthodoxie eine wichtigere Rolle, als sie selbst sich eingestehen mögen – die Frage wäre dann lediglich, an welcher Ästhetik sie sich orientieren.“[513] Es wäre etwa daran zu denken, dass sich „die ästhetischen Maßstäbe gewandelt oder pluralisiert“ haben könnten, „so wie man das aus der bildenden Kunst, der Musik und der Literatur seit langem kennt.“[514] Vor einem solchen Deutungshorizont wäre die Kritik am theoretischen Modell „nicht so sehr in ihrem empirischen Versagen, sondern vielmehr in ihrer Verpflichtung auf eine als veraltet empfundene Ästhetik“[515] begründet.

Folgt man den Beobachtungen Pahls und Köllmanns, verfügen Wirtschaftswissenschaften also durchaus über „kunstaffine Semantiken“[516], die zu bedenken sich lohnt. „Bezugnahmen auf ästhetische Werte“[517] werden dabei insbesondere mit „Faktoren von Schönheit, Einfachheit, Symmetrie oder Harmonie“[518] verbunden. Damit sind zugleich Attribute aufgerufen, die, und das macht sie für die hier bearbeitete Fragestellung besonders interessant, gemeinhin rhythmischen Phänomenen zugeschrieben werden. Diese Beobachtung soll zum Anlass genommen werden, einer möglichen ästhetischen Dimension der Konjunkturforschung nachzuspüren und dabei die Frage zu verfolgen, ob in den historischen Quellen so etwas wie eine „Schönheit, die aus dem Rhythmus entsteht“[519], sichtbar wird. Gilt Werner Heisenbergs Feststellung, dass sich die Schönheit der Natur in der Na-

512 Köllmann: Das elegante Universum und seine hemdsärmelige Wirtschaft (2006), S. 81.

513 Ebd.

514 Ebd.

515 Ebd. Vgl. ähnlich – für das ästhetische Kriterium der Symmetrie – den Hinweis von Lee und Lloyd auf die Physik: „Mc Allister (1996: 41–44) has a discussion on symmetry in relation to a few ‚beautiful‘ theories in the physical sciences. On the other hand, in physics circa 1957 asymmetry has been acknowledged as a characteristic law of nature.“ Lee, Lloyd: Beauty and the Economist (2005), S. 68.

516 Pahl: Zwischen Glasperlenspiel- und Ingenieurssemantiken (2014), S. 200.

517 Ebd., S. 191.

518 Ebd.

519 Wellmann: Die Form des Werdens (2011), S. 91.

turwissenschaft spiegelt[520], auch für die Wirtschaft/swissenschaft bzw. speziell für das Konjunkturphänomen und die Konjunkturforschung – selbst wenn sich hier (und soviel sei vorweggenommen) kein explizites Diskursfeld zeigt, in dem die Akteur:innen deutlich erkennbar semantische Fäden aufgegriffen und zu einem dichten „Bedeutungsnetz"[521] der „ästhetischen Kultivierung des Wissens"[522] weitergesponnen hätten?

Dieser Frage wird sich das nächste Unterkapitel (Kap. 6.2) widmen, in dem überprüft werden soll, ob entgegen der eingangs aufgeworfenen Abwesenheit ästhetischer Überlegungen und Kommentare in der ökonomischen Wissensarbeit vielleicht gerade im Feld der (frühen) Konjunkturforschung mit ihrer Konzentration auf Ideen und Praktiken des Rhythmischen eine entscheidende Voraussetzung gegeben sein könnte, dass eine erhöhte Sensibilität für Aspekte von Ästhetik und Schönheit in der Forschungspraxis wie in den publizierten Erkenntnissen vorliegt. In einem anschließenden Abschnitt (Kap. 6.3) soll dann über die ästhetische Dimension der Wissensformung und -gestaltung hinaus der Blick auf die Frage hin geweitet werden, ob sich so etwas wie ein gemeinsamer Resonanzraum von Kultur(wissenschaft) und Konjunkturforschung identifizieren lässt. Einbezogen werden dabei auch Aspekte des Metaphysischen und Religiösen.

6.2 Manifestationen des Schönen

Im Folgenden sollen Kriterien der Ästhetik in den Wissenschaften, wie sie in anderen Disziplinen, aber auch für die Ökonomik herausgearbeitet wurden[523], auf die Quellen der frühen Konjunkturforschung bezogen werden. So macht etwa der Wissenschaftsforscher Wolfgang Krohn mit Blick auf die sinnliche Dimension von Wissensproduktion und -repräsentation die Feststellung, dass die „Ästhetik des Wissens [...] immer wieder um Begriffe wie ‚Eleganz', ‚Symmetrie' und ‚Harmonie' kreist".[524] Bei dem Mathematiker Godfrey Harold Hardy sind es „generality and depth", welche die Schönheit eines mathematischen Theorems maßgeblich mitbegründen[525], wie ganz grundsätzlich Universalität und Uniformität bei mathematischen wie na-

520 Vgl. Werner Heisenberg: Die Bedeutung des Schönen in der exakten Naturwissenschaft. In: ders.: Quantentheorie und Philosophie. Vorlesungen und Aufsätze. Hg. v. Jürgen Busche. Stuttgart 1979, S. 91–114. Den Hinweis übernehme ich von Köllmann: Das elegante Universum und seine hemdsärmelige Wirtschaft (2006), S. 101.

521 Clifford Geertz: Dichte Beschreibung. Beiträge zum Verstehen kultureller Systeme. Frankfurt/Main 1983.

522 Krohn: Die ästhetischen Dimensionen der Wissenschaft (2006), S. 12.

523 Die in der Literatur angetroffene Verengung des Ästhetikbegriffs durch seine Parallelsetzung mit Schönheit (vgl. auch Anm. 511) soll an dieser Stelle nicht weiter problematisiert werden.

524 Krohn: Vorwort (2006), S. VI.

525 Vgl. Lee, Lloyd: Beauty and the Economist (2005), S. 66.

turwissenschaftlichen Autor:innen zu den ästhetischen Kriterien wissenschaftlicher Theorie gehören.[526] Der Mathematiker Gian-Carlo Rota sieht zudem „familiarity“ als Voraussetzung dafür, Überraschungen erleben beziehungsweise staunen zu können – eine Wahrnehmungsqualität, die wiederum eine Grundbedingung für Schönheitserlebnisse in den Wissenschaften sei.[527] Der Astrophysiker Subrahmanyan Chandrasekhar greift ebenfalls das Überraschungselement auf und benennt die „connectedness to other theories“[528] als ein Kriterium für das Empfinden wissenschaftlicher Schönheit, das sich unter anderem in Metaphern und Analogiebildungen zeige. Vier Aspekte benennt und arbeitet der Wissenschaftsphilosoph James McAllister für die Auseinandersetzung mit der ästhetischen Dimension von Wissensarbeit heraus: die Form der Symmetrie („Form of Symmetry“), die „Anrufung“ von Modellen („Invocation of a Model“), den Rückgriff auf Visualisierungen und Abstraktionen („Visualization and Abstractness“) sowie die Treue zur Metaphysik („Metaphysical Allegiance“).[529]

Einen der ausgereiftesten Systematisierungsversuche der Wahrnehmung ästhetischer Qualitäten von (Wirtschafts-)Wissenschaft legen Cassey Lee und Peter Lloyd vor, indem sie gleich in drei Richtungen fragen. Zunächst müssen die „classes of objects“ in den Blick genommen werden, an denen sich die Schönheit der Wissenschaft in der Theoriebildung zeigen kann. Hier identifizieren Lee und Lloyd sechs Gegenstandsgruppen: Definitionen, Theoreme, Beweise, Gleichungen, Modelle und Theorien.[530] In einem nächsten Schritt systematisieren sie die Attribute, über die Schönheit in der Theoriebildung gefasst wird. Zu diesen Attributen zählen Lee und Lloyd (auf der Basis verschiedener Kriterienkataloge, die sie aus mathematischen wie naturwissenschaftlichen Abhandlungen übernehmen und ins Feld der Wirtschaftswissenschaften transferieren) „generality, simplicity, symmetry, depth, surprise, and realism“.[531] Und schließlich nehmen Lee und Lloyd – auch hier wiederum orientiert an Mathematik und Naturwissenschaften – die Rolle der Schönheitsurteile in der ökonomischen Theoriebildung in den Blick und verweisen auf zwei

526 Hutcheson etwa spricht hier von „uniformity amidst variety“; zit. n. Lee, Lloyd: Beauty and the Economist (2005), S. 68.

527 Vgl. ebd., S. 67 (unter Bezug auf Rota). Vgl. ähnlich Krohn: Vorwort (2006), S. V, der das „Erlebnis der Evidenz“ betont; ders.: Die ästhetischen Dimensionen der Wissenschaft (2006), S. 19.

528 Lee, Lloyd: Beauty and the Economist (2005), S. 68 (unter Bezug auf Chandrasekhar).

529 McAllister: Beauty and Revolution in Science (1996), Kap. 3: „The Aesthetic Properties of Scientific Theories“.

530 Lee, Lloyd: Beauty and the Economist (2005), S. 72. Sie übernehmen dabei eine von Rota (1997) aufgestellte Liste und ergänzen diese um zwei Gruppen: die Gleichungen („Equations, including functions“) sowie die Modelle; vgl. ebd.

531 Lee, Lloyd: Beauty and the Economist (2005), S. 73. Das Kriterium des Realistischen – so Lee und Lloyd – treffe dabei nicht auf mathematische, wohl aber auf einige naturwissenschaftliche Versuche zu, die Schönheit von Wissenschaft zu fassen; ebd., S. 73 f.

mögliche Funktionen bzw. Effekte: „One role is to provide motivation and a second is aid discovery."[532]

Durch die referierten und weitere Studien sensibilisiert und mit dem vorgeschlagenen Kriterienkatalog ausgestattet lohnt sich der Blick auf die frühe Konjunkturforschung, deren Programmatiken, Darstellungen des analytischen Vorgehens und Deutungsangebote. Hier scheint sich zunächst der Hinweis der Ökonomen Lee und Lloyd auf die Ästhetik-Abstinenz der Wirtschaftswissenschaften und auch die von ihnen gelieferte Begründung zu bestätigen, wenn etwa die Konjunkturforschung gegenüber den exakten Naturwissenschaften, allen voran der Astronomie, aufgrund ihres heterogenen wie wandelbaren Untersuchungsgegenstands von Ökonom:innen selbst als defizitär empfunden wird. Bei genauerem Hinsehen aber zeigt sich: Auch wenn tatsächlich explizite Schönheitsbekundungen eher selten anzutreffen sind, muss die im Raum stehende Annahme der Ästhetikferne der Ökonomik doch einer Revision unterzogen werden. Unmittelbar greifbar wird die angesprochene ästhetische Dimension der Wissensarbeit, wenn etwa William Stanley Jevons die von ihm herausgearbeitete Übereinstimmung von Periodizitäten der Sonnenaktivität und Rhythmen der Wirtschaftsentwicklung als eine „beautiful coincidence"[533] empfindet, wenn der Kieler Konjunkturwissenschaftler Walter Hahn das von Henry Moore vorgeschlagene mathematische Analyseverfahren als einen „Weg von hoher mathematischer Eleganz"[534] lobt oder der Ökonom und Statistiker Oskar Anderson in seiner Auseinandersetzung mit dem Harvard-Barometer „vom wissenschaftlich-ästhetischen Standpunkt aus"[535] argumentiert.

Doch auch über diese direkten Artikulationen hinaus scheint die Idee des Rhythmischen in der Konjunkturforschung ein Ästhetik-‚Treiber' zu sein – mit Hilfe, aber auch jenseits mathematischer Formalisierung. Die Ausführungen im ersten analytischen Hauptteil dieser Studie haben gezeigt, wie die frühe Konjunkturforschung die Idee vom Rhythmus mit der vorgefundenen tatsächlichen ökonomischen Entwicklung synchronisiert, wie sie die Vorstellung formelhafter Abläufe der Wirtschaftsentwicklung durchzusetzen versucht und dabei eine Tendenz zur Vereinfachung wie zur Abstraktion zu beobachten ist, in deren Verlauf die Herausarbeitung eines feststehenden Konjunkturschemas sichtbar wird, an dem die theoretischen Überlegungen wie empirischen Beobachtungen ausgerichtet werden. Dieser „Idealzyklus" bzw. „Normalzyklus"[536], der sich letztlich als symmetrisch organisiertes, vierphasiges Modell etabliert, das in einer Vielzahl der Darstellungen zudem an der absolut regelmäßigen Sinuskurve orientiert ist, verweist – im Sinne des aufgemachten Kriterienkatalogs zur Schönheit in den Wissenschaften – gleich doppelt auf die ästhe-

532 Ebd., S. 74.
533 Jevons: Investigations in Currency and Finance (1884), S. 228.
534 Hahn: Die statistische Analyse der Konjunkturschwingungen (1929), S. 62.
535 Anderson: Zur Problematik der empirisch-statistischen Konjunkturforschung (1929), S. 22.
536 U. a. Mitchell: Der Konjunkturzyklus (1931), S. 245.

tische Ebene der konjunkturforschenden Wissensarbeit. So wird in diesem Zusammenhang die Konjunkturanalyse als das Feld der Ökonomik wirkmächtig, in dem sich die Ökonometrie – und damit die Mathematisierung und Formalisierung der Wirtschaftswissenschaften (mit den einschlägigen Zuschreibungen der Schönheit, Einfachheit und Eleganz) – herausbildete (vgl. Kap. V.4.2). Zugleich handelt es sich um eine Forschungsrichtung, in der von Anbeginn an mit Visualisierungen als Technik der Plausibilisierung wie der Durchsetzung ökonomischen Wissens gearbeitet wurde – und hier speziell (wie in Kap. V.4.3 ausgeführt) mit grafischen Elementen, die das Ebenmaß, die Regelmäßigkeit von Kurvenverläufen exponierten. Wurden diese zunächst (in Kap. V, insbesondere V.4.3) als Instrument der Normalisierung diskutiert und in gesamtgesellschaftliche Entwicklungen des Normalismus eingebettet, lohnt sich zugleich auch eine Betrachtung unter ästhetischen Vorzeichen.

Die als chaotisch wahrgenommene Wirklichkeit, in der die „Zusammenhänge der Dinge [...] derartig verschlungen, sich überschneidend, miteinander konkurrierend und korrespondierend und in ihrer Reinheit durch zeitliche Ver- und Ineinanderschiebungen verwischt“[537] seien und die sich bei möglichst genauer graphischer Wiedergabe als „unentwirrbarer Knäuel“[538] präsentiere, wird „auf ihr innerstes Bewegungsgesetz hin geprüft“[539] und dabei über die Reduktion „das Wesentliche“[540] herausgearbeitet. Hier evoziert der zum Grundschema alternierender Bewegungsrichtungen erkorene Konjunkturzyklus als Ergebnis von Vereinfachungsbestrebungen Regelmäßigkeiten auch dort, wo diese im empirischen Ausgangsmaterial nicht zu finden sind; er wird dank des konjunkturwissenschaftlichen Arbeitsaufwands zum „schönen zyklischen oder periodischen Ablauf“.[541] Insbesondere die „Zugrundelegung des idealtypischen Bildes“[542], die Vorstellung von der „ideellen Periode“[543] oder auch der „‚reinen‘ Konjunkturbewegung“[544], des „‚reinen‘ Zyklus“[545], in den die vorgefundene Wirtschaftsentwicklung im Zuge der konjunkturanalytischen Arbeit überführt beziehungsweise an dem sie gespiegelt wurde, verlängerte die Wahrnehmung konjunkturwissenschaftlicher Erkenntnisse ins Sinnliche und erweiterte sie zugleich um ein utopisches Moment der Klarheit und Reinheit, auf das etwa Rudolf Meerwarth (im Rückbezug auf Max Webers Konzept des „Idealtypus“) hingewiesen hatte.[546]

537 Michaelis: Die Quantitätstheorie als Grundlage der Konjunkturforschung (1929), S. 143.
538 Mitchell: Der Konjunkturzyklus (1931), S. 305.
539 Michaelis: Die Quantitätstheorie als Grundlage der Konjunkturforschung (1929), S. 143.
540 Ebd.
541 Morgenstern: Wirtschaftsprognose (1928), S. 15.
542 Kuschmann: Die Untersuchungen des Berliner Instituts für Konjunkturforschung (1933), S. 27.
543 Morgenstern: Wirtschaftsprognose (1928), S. 15.
544 Löwe: Der gegenwärtige Stand der Konjunkturforschung in Deutschland (1925), S. 374.
545 Löwe: o. T. (1933), S. 157.
546 Vgl. Meerwarth: Nationalökonomie und Statistik (1925), S. 497.

Dass im Blick auf den Rhythmus in der Konjunkturforschung über die Betrachtung mathematischer Formeln und deren ästhetischer Potenziale hinaus vielleicht sogar eine substanzielle Erweiterung der Verbindung von Wissenschaft und Schönheitsempfinden vorliegen könnte, deutet sich unter anderem an, wenn man einen Hinweis des Chemikers und Philosophen Joachim Schummer aufgreift. In dessen Überlegungen zur Ästhetik in den Wissenschaften verweist Schummer auf eine grundlegende historische Verschiedenheit des Symmetriebegriffs in Kunst und Wissenschaft. In der Kunst sei ein Verständnis vorherrschend, das einerseits die in der Proportionslehre geprägte Vorstellung von der Symmetrie als einem „System von Maßzahlverhältnissen der Teile zueinander und zum Ganzen" beinhaltet, „woraus sich der später dominierende Begriff der bilateralen Symmetrie als Gleichheit oder Ähnlichkeit zweier Hälften entwickelt", und andererseits – aus der allgemeinen Kompositionslehre stammend – Symmetrie als „ein Gleichgewicht abstrakt bestimmter Pole" versteht.[547] Symmetrie in der Kunst sei mit anderen Worten „Eben- oder Gleichmaß".[548] In der Mathematik und den Naturwissenschaften dagegen zeige sich Symmetrie als „ein Aspekt zur Charakterisierung und Klassifizierung von abstrakten Objekten oder Räumen nach bestimmten Struktureigenschaften, die Symmetrieeigenschaften genannt werden"[549] und durch „Spiegelungen an einer Ebene, Drehung um eine Achse mit bestimmtem Winkel oder Inversion über einen Punkt"[550] ermittelt werden. Dieser naturwissenschaftlich-mathematische Symmetriebegriff sei keineswegs auf eine antike Tradition zurückzuführen, sondern habe seine Anfänge in den Klassifikationsbestrebungen der frühen Kristallographie im ausgehenden 18. Jahrhundert.[551]

Mit diesen unterschiedlichen Rückbindungen des künstlerischen und des naturwissenschaftlich-mathematischen Symmetriebegriffs geht laut Schummer auch ein „grundverschiedener" Schönheitsbegriff einher:

> „Während der mathematische Symmetriebegriff sich auf Schönheit im Sinne der Einfachheit bezieht, ist im künstlerischen Symmetriebegriff die Schönheit durch Maßzahl-

547 Joachim Schummer: Symmetrie und Schönheit in Kunst und Wissenschaft. In: Krohn: Ästhetik in der Wissenschaft (2006), S. 59–78; S. 65 f.

548 Ebd., S. 60.

549 Ebd., S. 65.

550 Ebd. Zum Symmetriebegriff in den Wissenschaften vgl. auch die differenzierte Darstellung bei Bas C. van Fraassen: Laws and Symmetry. Oxford 1989; vgl. auch Hermann Weyl: Symmetrie. Ins Deutsche übersetzt von Lulu Bechtholsheim. Basel, Stuttgart 1955 (Orig. 1951); Rudolf Wille (Hg.): Symmetrie in Geistes- und Naturwissenschaft. Hauptvorträge und Diskussionen des Symmetrie-Symposions an der Technischen Hochschule Darmstadt vom 13.–17. Juni 1986 im Rahmen des Symmetrieprojektes der Stadt Darmstadt. Berlin u. a. 1988; Lev V. Tarassow: Symmetrie, Symmetrie! Strukturprinzipien in Natur und Technik. Berlin 1999, zum Zusammenhang von Rhythmus und Symmetrie insb. S. 224 f.

551 Vgl. Schummer: Symmetrie und Schönheit in Kunst und Wissenschaft (2006), S. 65.

verhältnisse des menschlichen Körpers und das Gleichgewicht gegensätzlicher Kräfte bestimmt.“[552]

Und Schummer spitzt noch weiter zu:

„Wenn also Naturwissenschaftler die Schönheit von mathematisch-symmetrischen Gebilden preisen und mathematische Symmetrie als Kriterium oder gar als Ideal von Schönheit erachten, dann tun sie dies nicht nur ohne Bezug, sondern sogar gegen die Kunst und Kunsttheorie, die beide deutlich machen, dass mathematische Schönheit kein Kriterium, geschweige denn Ideal von Schönheit ist.“[553]

Auch wenn das kategorische Modell Schummers sicherlich um einige historische Verschiebungen ergänzt werden muss (erinnert sei nur an die Affinität der Konkreten Kunst wie der Neuen Musik zur Mathematik[554]), eröffnet es doch einen neuen Blick auf die Frage nach der Ästhetik und ihren Rückbezügen in der frühen, rhythmusgeprägten Konjunkturforschung. Vor dem Hintergrund der in der bisherigen Analyse herausgearbeiteten Bandbreite formaler (sprachlicher wie visueller) und semantischer Qualitäten zeigt sich, dass der Rhythmus der Konjunkturforschung offenbar beiden von Schummer aufgemachten Kategorien des Ästhetischen, der künstlerischen bzw. kunsttheoretischen ebenso wie der naturwissenschaftlich-mathematischen, zuzuarbeiten vermag.

Die Relektüre des analytischen Materials aus dem ersten empirischen Hauptteil der vorliegenden Studie unter wissenschaftsästhetischen Vorzeichen zeigt, und das sollte hier zumindest in Ansätzen herausgearbeitet werden, dass die frühe Konjunkturforschung einen Fundus an sprachlichen wie visuellen Beispielen ästhetisch geprägter Äußerungen im oben skizzierten Sinne vorhält. Dabei sind es keineswegs ausschließlich mathematische Formalisierungen und Modellierungen, an denen sich diese Dimension der Wissensarbeit ausbildet; sie wird ebenso maßgeblich über den rekursiven Einsatz der Denk- und Praxisfigur des Rhythmischen und die mit deren sinnlicher Erfahrbarkeit verkoppelten, in der Geschichte insbesondere der philosophischen und kunstwissenschaftlichen Ästhetik theoretisierten Wertzuschreibungen manifest. Damit eröffnet sich auch – folgt man den Ausführungen von Joachim Schummer – für die Wirtschaftswissenschaften ein noch einmal anders gelagertes ästhetisches Verständnis, das eine direkte Verbindungslinie zu Kunst und Kunsttheorie herzustellen vermag. Im Folgenden soll dieser – wie sich zeigen wird:

552 Ebd., S. 70.

553 Ebd., S. 73.

554 Vgl. Spies: Ästhetische Erfahrung Mathematik (2013), S. 4 f. McAllister betont, dass die Zuschreibungen ästhetischer Qualität in den Wissenschaften wechseln können, wie dies auch in der Kunstgeschichte je nach Epoche und Genre der Fall ist; ders.: Beauty and Revolution in Science (1996). Vgl. auch zum älteren Zusammenhang von Musiktheorie, Mathematik und Physik Walter Bühler: Musikalische Skalen bei Naturwissenschaftlern der frühen Neuzeit. Eine elementarmathematische Analyse. Frankfurt/Main 2013.

prekären – Verbindungslinie der Konjunkturforschung zu Kunst und Kunsttheorie, zu Musik und Poesie, aber auch zu Religion und Metaphysik weiter nachgespürt werden.

6.3 Konjunktur und Kultur – Beobachtungen zu einem (Nicht-)Verhältnis

Wenn der Wissenschaftshistoriker Ernst Peter Fischer von den „vielen historischen Parallelen"[555] zwischen Wissenschaft und Kunst spricht und der Wissenschafts- und Technikforscher Wolfgang Krohn davon, „dass in bestimmten Epochen Kunst und Wissenschaft von denselben Phänomenen und Idealen gefesselt sein können, und dass sie wechselseitig aufeinander reagieren"[556], dann drängen sich die Faszination am Rhythmus und ihre gestalterische Kraft im frühen 20. Jahrhundert als ein Beispiel für dieses Zusammengehen auf. Erwartbar wäre, dass die an der Idee des Rhythmischen ausgerichtete wirtschaftswissenschaftliche Konjunkturforschung Bezugnahmen auf die Kunst erkennen lässt und sich zugleich in einem epistemischen Schnittfeld mit den Kunst- und Kulturwissenschaften ihrer Zeit bewegt. Doch obwohl sich Hinweise auf einen gemeinsamen Resonanzraum finden lassen – so etwa bei der insbesondere in der deutschsprachigen konjunkturwissenschaftlichen Literatur anzutreffenden substanziellen Differenz von Rhythmus und Takt, die auch in der philosophischen, poetologischen, musikwissenschaftliche oder tanztheoretischen Rhythmusdiskussion anzutreffen ist (vgl. Kap. VI.4.2) – erweist sich die Suche nach expliziten Rekursen auf Kunst, Kultur, Philosophie und Religion in den konjunkturwissenschaftlichen Texten als nahezu durchweg vergebliche Anstrengung.

Dass die Verbindungslinien in den konjunkturwissenschaftlichen Äußerungen anders als im künstlerischen Feld[557] fehlen, ist wohl auch und nicht zuletzt in jeweils unterschiedlichen Erkenntnisinteressen und Bedürfnislagen[558] sowie einer entsprechenden Ausrichtung der Ökonomik im Feld der akademischen Disziplinen begründet: „[E]conomics will […] pass from the theological or metaphysical stage to the quantitative and scientific stage. And its goal will then be precisely that of

555 Ernst Peter Fischer in: Wolfgang Krohn u. a.: Ausblicke. In: Krohn: Ästhetik in der Wissenschaft (2006), S. 285–290; S. 290.

556 Ebd.

557 So öffnen sich prominente Richtungen der zeitgenössischen Kunst in ihren Konzepten des Funktionalismus und Reduktionismus für ökonomische Gedanken und Prinzipien.

558 Neil de Marchi verweist etwa auf die Inkompatibilität preistheoretischer Überlegungen der Ökonomik mit dem Wertverständnis und den Wertschöpfungsprozessen der Kunst. Vgl. Neil de Marchi: Introduction. In: ders., Craufurd D. W. Goodwin (Hg.): Economic Engagements with Art. Durham, London 1999 (= History of Political Economy, Annual Supplement Bd. 31), S. 1–30; S. 11. Zu den bis heute anhaltenden Vorbehalten, aber auch zu den Potenzialen einer Annäherung von Ökonomik und Kulturwissenschaften vgl. Horvarth: Vielfalt der Deutungen statt exakter Modelle? (2011).

all science, that is, the mastery and control of social phenomena."[559] In diesem Positionierungsversuch, den Carl Snyder 1933 in der Festschrift für Arthur Spiethoff vornahm, verdichtet sich die bereits in den vorangegangenen Kapiteln dieser Studie deutlich gewordene Beobachtung, dass sich die noch junge Konjunkturforschung in ihren Programmatiken wie in ihren konkreten Arbeitsprogrammen an den (exakten) Naturwissenschaften, deren Forschungssettings und -designs orientierte – und dies, obwohl kategoriale Unterschiede zwischen der (vermeintlichen) Regelhaftigkeit, Überschaubarkeit und Klarheit naturwissenschaftlicher Forschungsgegenstände (also gerade den Charakteristika, an denen sich wissensästhetische Entwürfe zu entfalten scheinen) und der (menschengemachten) Unübersichtlichkeit und Flüchtigkeit des eigenen Untersuchungsfeldes wahrgenommen wurden. Währenddessen dienten diejenigen Disziplinen, die für die Erfassung und Durchdringung der Komplexität von Kultur und Gesellschaft prädestiniert sind, die sich mit Forschungsgehalten jenseits ‚harter' Fakten und eindeutiger Daten beschäftigen, kaum (mehr) als Referenz.

Angesichts der nicht nur von Snyder vorgenommenen Hierarchisierung der Zugänge und Disziplinen ist es nicht verwunderlich, wenn eine Orientierung der sich innerhalb der Wirtschaftswissenschaften als fortschrittlich verstehenden Konjunkturforschung an den Sozial- und Kulturwissenschaften ebenso ausbleibt wie eine Betrachtung möglicher Resonanzeffekte auf der Ebene der Untersuchungsgegenstände. Jenseits der wirtschaftswissenschaftlichen Betätigung lässt sich bei einigen Konjunkturforscher:innen jedoch durchaus eine intensive Beschäftigung mit Kunst und Kultur erkennen. So interessierte sich etwa Eugen Slutsky für Poesie und übersetzte lyrische Werke ins Russische: unter anderem Texte von Rabindranath Tagore, Stefan George und Rainer Maria Rilke[560], darunter auch Rilkes fünfte „Duineser Elegie", in der in rhythmisch gebundener Sprache ein Szenario entworfen wird, das wie ein lyrischer Kommentar zum ökonomischen Konjunkturmodell gelesen werden kann. Bei Rilke heißt es:

> „Du,
> immerfort anders auf alle des Gleichgewichts schwankende Waagen
> hingelegte Marktfrucht des Gleichmuts,
> öffentlich unter den Schultern.
> [...]
> Und plötzlich in diesem mühsamen Nirgends, plötzlich
> die unsägliche Stelle, wo sich das reine Zuwenig
> unbegreiflich verwandelt –, umspringt
> in jenes leere Zuviel.

---

559 Snyder : (The Concept of Momentum and Inertia in Economics) (1933), S. 275. An anderer Stelle schreibt Snyder kritisch über die zeitgenössische Ausrichtung der Ökonomik: „At present it seems almost wholly given over to the claims for ‚psychology,' fortuity, and indeterminacy, that is to say, essentially to metaphysics, or theology." Ebd., S. 270.

560 Vgl. Barnett: E.E. Slutsky as Economist and Mathematician (2011), S. 98 f.

Wo die vielstellige Rechnung
zahlenlos aufgeht.“[561]

Daneben verfasste Eugen Slutsky auch eigene Gedichte, die zu seinen Lebzeiten unveröffentlicht blieben, „within which the influence of the Russian symbolist poet A. A. Blok (1880–1921) was easiest to detect“.[562] Es ließe sich also durchaus eine Verbindung zwischen Slutskys transzendierendem Verständnis der Konjunkturzyklen (das geprägt war von „both his emphasis on the pure wave-like form of economic cycles and his understanding of randomness“[563]) und seinem künstlerischen Interesse wie seinen poetisch-lyrischen Ambitionen ziehen, die allerdings in der Argumentationsführung der ökonomischen Texte unsichtbar bleibt.

Ähnlich gilt dies auch für die Offenheit eines weiteren Konjunkturanalytikers, William Stanley Jevons, gegenüber der Poesie und vor allem der Musik. Noch bevor der breit interessierte Ökonom und Logiker Jevons seine Sonnenflecken-Theorie der Konjunktur entwickelte, die auf einem regelmäßigen rhythmischen Wirtschaftsverlauf im Einklang mit kosmischen und meteorologischen Entwicklungen basiert (vgl. Kap. VI.2.4), beschäftigte er sich in den 1850er-Jahren in einem fünfzigseitigen Manuskript mit der Musik. Jevons, der zu dieser Zeit selbst intensiv Harmonium spielte, überschrieb das unveröffentlicht gebliebene Textfragment „On the Science and Art of Music“.[564] Im Zentrum der Überlegungen, die auch einen Abschnitt „On Musical Rhythm and Time“ umfassten, standen physikalische und technische Gesichtspunkte, die das mechani(sti)sche Weltbild des Verfassers spiegeln.[565] Musik ist

561 Rainer Maria Rilke: Duineser Elegien – Die fünfte Elegie; zit. n. Projekt Gutenberg-de. URL: http://gutenberg.spiegel.de/buch/duineser-elegien-829/5 (Abrufdatum: 19.09.2017); vgl. Barnett: E.E. Slutsky as Economist and Mathematician (2011), S. 98 f., der im Zusammenhang mit Slutskys Übersetzungen auf eben diese Passage hinweist.

562 Ebd., S. 98. Vincent Barnett widmet diesen Aktivitäten einen eigenen Abschnitt in seiner Darstellung von Slutskys Werk und Leben („Slutsky and the poetic imagination“) und erwähnt in diesem Zusammenhang weitere Wissenschaftler:innen, die zugleich „amateur poets“ waren; vgl. ebd., S. 99.

563 Klein: The Rise of „Non-October“ Econometrics (1999), S. 153.

564 Das Dokument, das während Jevons' Aufenthalt in Australien entstand, liegt unter der Signatur JA6/47/1-17 in den Archiven der *John Rylands University Library*, Manchester; vgl. Bert Mossselmans, Ernest Mathijs: Jevons's Music Manuscript and the Political Economy of Music. In: De Marchi, Goodwin: Economic Engagements with Art (1999), S. 121–156; S. 122. Da das Dokument nicht digital zugänglich ist und eine direkte Einsichtnahme bisher nicht möglich war, muss die Auseinandersetzung mit dem Text anhand der Darstellung vor allem bei Mosselmans und Mathijs erfolgen, die sich jedoch leider neben allgemeinen Bemerkungen vor allem auf den Abschnitt „On the Functions of Music“ konzentrieren, während der für diese Studie interessante Abschnitt „On Musical Rhythm and Time“ bei ihnen lediglich erwähnt wird, aber analytisch unberücksichtigt bleibt.

565 Ebd.; vgl. zum mechanischen Weltbild von Jevons auch Harro Maas: William Stanley Jevons and the Making of Modern Economics. Cambridge 2005.

dabei für Jevons „not merely an instrument of pleasure, it is an essential part of every human being"[566] – so Bert Mosselmans und Ernest Mathijs, die sich im Zuge ihrer Beschäftigung mit Archivalien aus Jevons' Nachlass auch eingehend mit dieser Schrift auseinandergesetzt haben. Sie verweisen darauf, dass Jevons sich hier der Musik nicht mit ästhetischem Interesse, sondern mit einem utilitaristischen Zugang näherte: „Art in a utilitarian sense – its usefulness – is Jevons's concern, and not the metaphysics of the beautiful."[567]

Was die Musik für Jevons interessant machte, war ihre Fähigkeit Gefühle hervorzurufen: eine Qualität, die sie – so Jevons – mit einem Spaziergang, der Betrachtung von Architektur und technischen Errungenschaften oder auch dem Lesen und Hören von Poesie gemein hatte und die er im Hinblick auf ihren Nutzen für die menschliche Entwicklung betrachtete.[568] Er erarbeite unter anderem eine hierarchisch aufgebaute (allerdings nicht immer konsistente) „Klassifikation der Künste" und ihrer verschiedenen Wahrnehmungsweisen, die er unter anderem auch diagrammatisch umsetzte und in die er Kategorien und Subkategorien wie „Rhythm" bzw. „Rhythm of music", „Symmetry" und „Beauty" (die er voneinander unterscheidet), aber auch „regularity of motion, as in marching and dancing"[569] einpasste (vgl. Abb. 51).

Jevons selbst sah seine Stärke weniger in der Entwicklung neuer Ideen, als im Anordnen bereits vorhandener Gedanken, im „developing already existing ideas ‚into something symmetrical'"[570] sowie in der Herausarbeitung allgemeiner Gesetzmäßigkeiten – und das gilt für die Naturwissenschaften und Ökonomie wie für die Kunst gleichermaßen.[571] Nicht Jevons' ökonomische, konjunkturanalytische Schriften stellen Bezüge zu künstlerischen Erscheinungsformen und deren wissenschaftlicher Durchdringung her, sondern es gilt wohl eher andersherum, dass seine Abhandlungen zur Musik (und wohl auch seine darin enthaltenen Überlegungen zum musikalischen Rhythmus) als eine „political economy of music"[572] zu lesen sind.

Und dennoch finden sich bei aufmerksamer Durchsicht auch in den konjunkturanalytischen Texten selbst bisweilen semantische Bezüge zu Kunst, Religion und Metaphysik, so etwa, wenn Henry Moore in seine (englischsprachigen) Überlegun-

566 Mosselmans, Mathijs: Jevons's Music Manuscript and the Political Economy of Music (1999), S. 130.

567 Ebd., S. 122. Vgl. ähnlich auch spätere Schriften Jevons' zur Musik und zu anderen Künsten, u. a. William Stanley Jevons: Amusements of the People. In: Contemporary Review 33/1878, S. 498–513. Vgl. auch Mosselmans, Mathijs: Jevons's Music Manuscript and the Political Economy of Music (1999), S. 141–149.

568 Vgl. ebd., S. 129 f., 152.

569 Ebd., S. 139 f.

570 Ebd., S. 125; Zitat im Zitat von Jevons.

571 Vgl. ebd., S. 126. Jevons arbeitete an einer „science of man", in die seine Überlegungen zur Musik wie auch die Beschäftigung mit ökonomischen Fragestellungen integriert werden können, wie Mosselmans und Mathijs zu zeigen versuchen; vgl. ebd., insb. S. 126 f.

572 Ebd., S. 144.

gen zum Wirtschaftsrhythmus und dessen kosmischer Gebundenheit unvermittelt ein eingekürztes Zitat von Goethes Gedicht „Das Göttliche“ (in deutscher Sprache) einbaut[573] und damit nicht nur den konjunkturanalytischen Argumentationsgang ins Religiös-Metaphysische weitet, sondern dies zugleich über die rhythmisch organisierte Form des Ausdrucks macht.

Gerade die an kosmische Konstellationen rückgebundenen „Wettertheorien“ der Konjunktur, aber auch die Suche nach den mechanischen Urgesetzen, nach denen Wirtschaftsentwicklungen ebenso wie Naturphänomene organisiert seien, lassen auch die religiös-metaphysische Dimension einer „höheren Ordnung“ mit anklingen. Der Wiener Konjunkturforscher Oskar Morgenstern gehört zu denjenigen, die diese Dimension anreißen, wenn auch nicht weiter ausführen. Er spricht mit Blick auf langfristige Entwicklungen des Wirtschaftsverlaufs von möglichen „Überzyklen“, die wiederum „nur Teile von noch größeren usw.“ wären[574] – hier allerdings würde, so Morgenstern, die Konjunkturforschung den Horizont ökonomischer Analyse hinter sich lassen und in die Erkenntnistheorie, die Kulturphilosophie und Metaphysik hineinreichen.[575]

---

573 Vgl. Moore: Generating Economic Cycles (1923), S. 35. Die einschlägige Passage lautet: „With regard to the specific problem of economic cycles, the natural law and cause of the rhythm must be discovered and then utilized by society for its own ends. ‚Sich im Staatsleben Naturgesetzen zu unterwerfen, heisst, sich des ‚Göttlichen‘ im Menschen begeben, heisst, von socialen Organismen, muthwillig in Krankheit und Tod gehen.

Nach ewigen, eh'rnen
Grossen Gesetzen
Müssen wir Alle
Uns'res Daseins
Kreise vollenden.
Nur allein der Mensch
Vermag das Unmögliche;
Er unterscheidet, Wählet und richtet;
. . . .
Er allein darf
. . . .
Alles Irrende, Schweifende
Nützlich verbinden.‘

Goethe: Das Göttliche.“

Zudem stellte Moore der gesamten Abhandlung ein Zitat von Benvenuto Cellini voran („To this the King replied, that he who worried so anxiously about the end of a piece of work would never make a beginning in anything.“), das in belletristischer Sprache das rhythmische Prinzip der wechselseitigen Bedingtheit von Anfang und Ende für den wissenschaftlichen Schaffensprozess aufruft und zugleich unterschwellig an das rhythmische Prinzip des Untersuchungsgegenstandes, der Wirtschaftszyklen, koppelt.

574 Morgenstern: Wirtschaftsprognose (1928), S. 85.

575 Vgl. ebd.

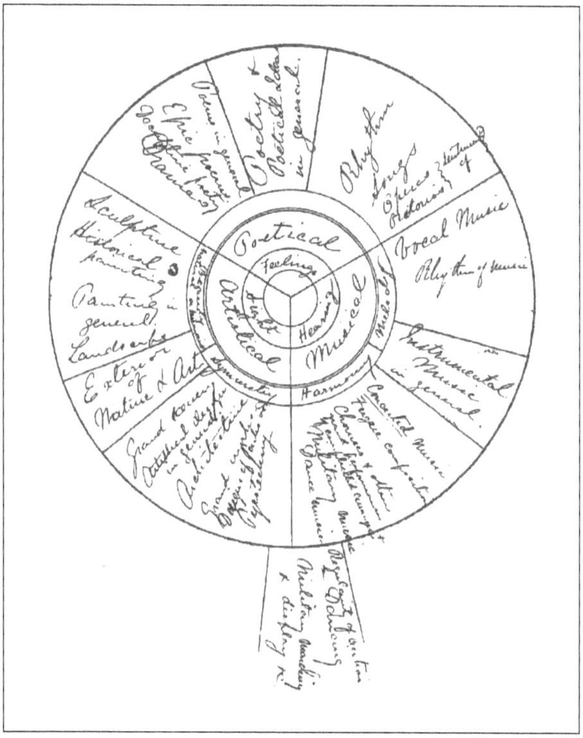

Abb. 51: William Stanley Jevons: „Diagram depicting the classification of the arts“. *John Rylands University Library*, Manchester; Sign. JA6/45/4. Aus: Mosselmans, Mathijs: Jevons's Music Manuscript and the Political Economy of Music (1999), S. 154.

Erinnert sei in diesem Zusammenhang schließlich noch an das biblische Motiv der sieben fetten und der sieben mageren Jahre, das im Kontext einer Traditionsbildung des eigenen Wissenschaftsfeldes von der frühen Konjunkturforschung gelegentlich aufgerufen, allerdings nicht weiter vertieft wurde. Im Gegensatz dazu weist in jüngerer Zeit der tschechische Wirtschaftswissenschaftler Tomáš Sedláček diesem Motiv einen zentralen Stellenwert zu. In seiner 2012 vorgelegten Darstellung der Ökonomie, in der er deren historische Verwurzelung in der Kultur herausarbeitet, versteht Sedláček „[s]elbst die ausgefeiltesten mathematischen Modelle“ als „in Wirklichkeit Geschichten, Gleichnisse, ein Bemühen, die Welt um uns herum (rational) zu begreifen“[576], und macht sich entsprechend auf die Suche nach „den Mythen der Religion, Theologie, Philosophie und Wissenschaft in der Ökonomie“.[577] Dabei sieht er die erstmalige Entwicklung der Idee des Konjunkturzyklus im Alten Testament, in der dortigen „makroökonomischen Vorhersage“, dass „[a]uf sieben Jahre des Überflusses [...] sieben Jahre der Armut, des Hungers und des Elends folgen“.[578] Und auch die Weiterentwicklung dieser Kerngeschichte nimmt sich bei Sedláček ganz anders aus, als sie in der zeitgenössischen frühen Konjunkturforschung selbst denk-

576 Tomáš Sedláček: Die Ökonomie von Gut und Böse. Aus dem Amerikanischen von Ingrid Proß-Gill. München 2012, S. 17.

577 Ebd., S. 19.

578 Ebd., S. 87.

bar gewesen wäre: „Ich habe mich mit der ersten Erwähnung eines Konjunkturzyklus (Traum des Pharaos) und einem ersten Bemühen (wir könnten es keynesianisch nennen) beschäftigt, mit dieser (natürlichen) Fluktuation umzugehen. Ich habe auch gezeigt, dass die Hebräer versuchten, den Konjunkturzyklus durch Moralität und Ethik zu erklären. Für sie war die Moralität der Haupttreiber der Geschichte."[579]

Nicht nur für das Wirtschaftsphänomen selbst, sondern offensichtlich auch für die analytische Perspektive der Wirtschaftsforschung wie der Wirtschaftswissenschaftsforschung zeigt sich hier die von Carsten Köllmann erneut ins Bewusstsein gerufene „wichtige Rolle" der „Metaphysik, vor deren Hintergrund die jeweilige Theorie formuliert wird"[580]: „Letztlich, so scheint es, hängt alles von der metaphysischen Vision ab, der man folgt, und deren Anziehungskraft ist durch das Schönheitsideal bestimmt, dem man sich verpflichtet fühlt."[581] Es ist, so Köllmann weiter,

> „deshalb zu vermuten, dass das allgemeine Weltbild, kurz: die Metaphysik, der die einzelnen Wirtschaftswissenschaftler anhängen, ganz wesentlich zur Akzeptierung oder Verwerfung spezifischer wirtschaftswissenschaftlicher Überzeugungen beiträgt. Joseph A. Schumpeter hat diesbezüglich von der ‚präanalytischen Vision' gesprochen, die in der einen oder anderen Form jeder wirtschaftswissenschaftlichen Theorie zugrunde liegt (vgl. Schumpeter 1965, 77 ff.)."[582]

Dieses Kapitel hat – auch in der Zusammenschau mit den vorangegangenen Kapiteln – gezeigt, wie unterschiedlich diese „präanalytische Vision" thematisiert oder eben nicht artikuliert wird.

7 Nicht alles Rhythmus …

Während das rhythmische Konzept der Konjunkturforschung denjenigen Ansätzen der Ökonomik Vorschub leistet, die ein logisch-mathematisches Verständnis wirtschaftlicher Zusammenhänge voranzutreiben bestrebt sind und nach innerökonomischen Gesetzmäßigkeiten ökonomischer Verläufe suchen, kann es zugleich den „Blick des Wirtschaftsforschers über die engen Grenzen seines eigenen Fachgebiets hinaus auf die großen allgemeinen Zusammenhänge des Lebens"[583] öffnen, wie es der Ökonom und Finanzexperte Günter Schmölders in einer seiner Abhandlungen

579 Ebd., S. 121.

580 Köllmann: Das elegante Universum und seine hemdsärmelige Wirtschaft (2006), S. 85.

581 Ebd., S. 86.

582 Ebd., S. 87.

583 Schmölders: Konjunkturen und Krisen (1955), S. 102. Schmölders denkt hier unter anderem an „politische und soziale Faktoren, menschlich-allzumenschliche Strebungen, Eigenschaften und Schwächen, klimatische und biologische Tatbestände und Probleme"; ebd.

zum „Rhythmus der wirtschaftlichen Aktivität“[584] formuliert hat. Die periodisch-zyklische Organisation des Konjunkturphänomens schafft wechselseitige Bezugnahmen und Anbindungen; in den Wirtschaftswissenschaften selbst eröffnet sie ein Kommunikations-, Argumentations- und Streitfeld zwischen grundlegend unterschiedlich ausgerichteten Denkschulen und ihren jeweiligen Schattierungen. Dabei – und das sollte das Kapitel zeigen – sind auch die „rein ökonomisch“ argumentierenden Ansätze in ihren Denkfiguren und Semantisierungen keineswegs losgelöst von breiteren gesellschaftlichen Diskursen.

Nicht alle Konjunkturforscher:innen aber – und das muss abschließend noch einmal betont werden – passten ihre Vorstellungen vom Konjunkturverlauf in ein rhythmisch organisiertes Schema ein. Rhythmische Vorstellungen kommen auch schlichtweg nicht vor oder – und hierhin soll der Blick abschließend gelenkt werden – die zur Plausibilisierung und Durchsetzung dieser Denkfigur eingesetzten Analogien und semantischen Rekurse in andere Wissenschafts- und Gesellschaftsfelder werden stattdessen für die Gegenargumentation und den Versuch der Irritation einer rhythmischen Wirtschaftskonfiguration nutzbar gemacht. So greift der vielleicht einflussreichste und hartnäckigste Kritiker der Idee vom „so-called business cycle“, der US-amerikanische Ökonom und Zinstheoretiker Irving Fisher, auf die im argumentativen Setting der Konjunkturanalyse prominente Wetter-Analogie zurück, um mit ihrer Hilfe eine Dekonstruktion der zyklischen Vorstellung von Wirtschaftsverläufen wie auch der zu ihrer Ermittlung eingesetzten und propagierten Instrumente, Techniken und Verfahren zu versuchen. „‚Business‘ is a cloudy concept“, konstatiert Fisher und fährt fort:

> „An index of ‚business‘ consisting of a mixture of three such essentially different categories as quantities, prices, and values, seems to me as absurd as an index of ‚weather‘ which would jumble together, in a single average, such unlike elements as temperature, humidity, cloudiness, barometric pressure, and wind velocity. No meteorologist would insult his science by such an average index of the weather. The atmospheric weather is not to be put in any one figure. No more is the economic weather. But physical volume of trade has a definite and important meaning or set of meanings, just as does temperature or barometric pressure.“[585]

Auch setzt Fisher mit dem vielfach zitierten Bild vom „Tanz“ der Wirtschaft[586] (hier angetrieben durch den „dance of the dollar“) eine als essenziell rhythmisch gedachte

584 So der Titel eines Aufsatzes von Schmölders in einem interdisziplinären Themenschwerpunkt Rhythmus in der Zeitschrift „Studium Generale“; Schmölders: Vom Rhythmus der wirtschaftlichen Aktivität (1949).

585 Fisher: Our Unstable Dollar and the So-Called Business Cycle (1925), S. 182.

586 Vgl. für die Konjunkturforschung z. B. Ragnar Frisch in einem Redeentwurf vom Herbst 1931: „The depression is a sum of unhappiness and misery, and that is why something has to be done in order to stop this crazy and undignified dance that is the business cycle in a modern capitalist society“. Zit. n. Louçã: The Years of High Econometrics (2007), S. 189.

kulturelle Figur nun gegenläufig zur Irritation der zyklisch-periodischen Konjunkturidee ein, indem er deren semantischen Gehalt in Richtung einer zwar äußerlich weiterhin einheitlichen Erscheinungsform, in ihrer choreographischen Geordnetheit jedoch aufgelösten oder zumindest aufgeweichten Bewegungsfigur verschiebt: „I do not mean to deny the possibility of tendencies toward regularity in trade oscillations. But these tendencies may always be defeated in practice, or blurred beyond recognition."[587] Fisher beschreibt „business as it actually dances" als „determined not only by the dollar's dance but by innumerable other causes as well"[588]; und an anderer Stelle etwas konkreter: „This dance [...] is controlled [...] chiefly by extraneous forces such as government inflation policies, banking policies, legislation, foreign-trade, gold mining, and many other scarcely recurrent, and certainly not periodic factors."[589]

Ausschlaggebend für diese semantische Umakzentuierung ist die von Fisher vorgenommene Perspektivverlagerung vom Blick auf „eigentliche" Wirtschaftsverläufe hinter den „realen" Erscheinungsformen hin zur Erfassung eben dieses Konglomerats an wechselseitigen Effekten und Resonanzen, das insbesondere auch die „Friktionen"[590] in den ökonomischen Bewegungen mit einbezieht. Aus kulturtheoretischer Warte scheint es nicht zufällig, dass Irving Fisher für seine Argumentation neben der Wetter-Analogie (hier plädiert er neben dem oben skizzierten komplexen Wetterverständnis als ökonomischem Leitbild auch für eine Ersetzung des seiner Ansicht nach aufgrund der evozierten mechanischen Regelmäßigkeit ungeeigneten Bild des Pendels durch das der sich bewegenden Bäume und Äste[591]) die Tanzmetapher für seine Argumentation ‚in Stellung' bringt – rekurriert er damit doch auf ein zentrales Diskursfeld der gesellschaftlichen Beschäftigung mit Rhythmuskonzeptionen, das sich selbst in dieser Zeit als hoch dynamisch erweist. So wurde die semantische Verschiebung, die Fisher innerhalb desselben Metaphernfeldes vornimmt, nicht zuletzt möglich durch eine parallel verlaufende Erweiterung der Konzeptualisierung von Tanz zu Beginn des 20. Jahrhunderts in Richtung eines erweiterten Bewegungsrepertoires sowie freierer Formen, zu der vor allem die Rhythmus- und Ausdruckstanz-Bewegung beitrug.

---

587 Fisher: Our Unstable Dollar and the So-Called Business Cycle (1925), S. 192.

588 Ebd., S. 190.

589 Ebd., S. 194; vgl. auch ders.: The Business Cycle Largely ‚A Dance of the Dollar'. In: Journal of the American Statistical Association 12/1923, H. 18, S. 1024–1028.

590 Fisher: Our Unstable Dollar and the So-Called Business Cycle (1925), S. 192 f.: „Another objection to the theory of cyclical regularity in business is that it overlooks ‚friction'."

591 Irving Fisher spricht vom „swaying movement of the trees or their branches". Ebd., S. 192. Vgl. auch ebd., S. 193: „We cannot imagine anything analogous to the ‚escapement' in a clock which so nicely times the outside force as to keep up the natural swing of the pendulum."

VII Rhythmen, Resonanzen, Netzwerke

1 Konnektivitätsfigur Rhythmus

Die bisherigen Kapitel dieser Studie haben die Denk- und Praxisfigur des Rhythmischen als Faktor wie als ‚Player' respektive ‚Aktant' der wirtschaftswissenschaftlichen Wissensarbeit in ihren Form und Struktur gebenden Potenzialen einerseits sowie in ihren Sinn stiftenden und vermittelnden Qualitäten andererseits in den Blick genommen (wobei noch einmal betont werden soll, dass beide Dimensionen in der Praxis selbstverständlich zusammengehen und hier lediglich aus analytischen Gründen voneinander getrennt betrachtet wurden). Dabei wurde Rhythmus als eine Idee verstanden und exploriert, die „kulturelle Echowirkungen"[1] aufnimmt, verstärkt und selbst erzeugt. Über die Schaffung von Anschlussmöglichkeiten wird nicht zuletzt wissenschaftliche Evidenz hergestellt, wird nicht nur (akademisches) Wissen geformt, sondern zugleich über Möglichkeiten der Öffnung wie auch der Schließung ein inner- und transdisziplinäres wie gesellschaftliches Gewicht der eigenen Forschungsrichtung durchgesetzt und etabliert. Am und mit dem Resonanzphänomen Rhythmus werden Plausibilitäts- und Relevanznetzwerke kreiert und stabilisiert, aber auch nachjustiert und modifiziert. Die Ausführungen dieses Kapitels greifen noch einmal stärker die strategische Dimension des ‚Networkings' der wirtschaftswissenschaftlichen Rhythmusarbeit – und damit eine zentrale Implikation der Konzeption des Rhythmus als Konnektivitätsfigur mit entsprechenden Bindekräften – auf und stellen sie ins Zentrum der Überlegungen. Dafür werden exemplarisch zwei konkrete Beispiele der Resonanzbildung und Resonanzverstärkung im Feld der ökonomischen Konjunkturwissenschaft und darüber hinaus eingehender betrachtet. Dies geschieht vor dem Hintergrund netzwerktheoretischer Überlegungen, wie sie die Kultur- und Sozialwissenschaften seit einiger Zeit intensiviert anstellen.[2] Die gewählten Beispiele – ein vom *Kieler Institut für Weltwirtschaft*

1 Emden: Epistemische Konstellationen 1800–1900 (2004), S. 133.

2 Zum Netzwerk als gesellschaftlichem wie wissenschaftlichem Paradigma vgl. u. a. Manuel Castells: Der Aufstieg der Netzwerkgesellschaft. Das Informationszeitalter: Wirtschaft. Gesellschaft. Kultur Bd. 1. 2. Aufl. Wiesbaden 2017 (Orig.: The Rise of the Network Society. The Information Age: Economy, Society and Culture. Cambridge MA 1996); Manfred Faßler: Netzwerke. Einführung in die Netzstrukturen, Netzkulturen und verteilte Gesellschaftlichkeit. München 2001; Jürgen Barkhoff, Hartmut Böhme, Jeanne Riou (Hg.): Netzwerke. Eine Kulturtechnik der Moderne. Köln u. a. 2004 (= Literatur – Kultur – Geschlecht Bd. 29). Einen theoretischen Schub erfuhr die sozial- und kulturwissenschaftliche Beschäftigung mit Netzwerken durch den Ansatz der Akteur-Netzwerk-Theorie (ANT); vgl. die einschlägigen Arbeiten von Bruno Latour, Michel Callon, John Law und Annemarie Mol sowie die Zusammenstellung zentraler Texte in deutscher Übersetzung bei Andréa Belliger, David J. Krieger (Hg.): ANThology. Ein einführendes Handbuch zur Akteur-Netzwerk-Theorie. Bielefeld 2006. Zur Verbindung von Rhythmus und netzwerktheoretischen Überlegungen vgl. Sebastian Gießmann: Die

1930 initiiertes Preisausschreiben sowie die Gründung der *Foundation for the Study of Cycles* durch den Ökonomen Edward R. Dewey im Jahr 1941 – sollen insbesondere auf den Aspekt des integrativen ebenso wie exkludierenden Charakters netzwerkartiger Formationen, nach deren Ausdehnungen, Reichweiten und Begrenzungen und damit einhergehenden Strategien und Effekten der akademischen Wissensarbeit abgeklopft werden.[3] Dabei gilt es auch und nicht zuletzt, die ausgebildeten Netze als Komplement und Verlängerung des relationalen Charakters wie der Resonanzeffekte zu betrachten, die mit dem Rhythmischen assoziiert werden.

2 Netzwerke der Rhythmusforschung I: der Konjunkturwettbewerb des Kieler *Instituts für Weltwirtschaft und Seeverkehr*

Im Juni 1930 initiierte die drei Jahre zuvor gegründete *Rudolf Funke-Stiftung des Instituts für Weltwirtschaft und Seeverkehr an der Universität Kiel* ein internationales Preisausschreiben, das sich an einzelne Forschende wie auch an Arbeitsgemeinschaften und Institute richtete und mit einem Preisgeld von 18.000 Reichsmark sowie der „goldenen ‚Rudolf Funke-Medaille'" für den besten Beitrag ausgestattet wurde.[4] Als Thema wurde „Die internationale Verflechtung der volkswirtschaftlichen Konjunkturen" bestimmt. Nicht nur der Wettbewerb als Format, sondern auch seine konkrete Ausgestaltung war – analog zur gewählten Aufgabenstellung – erkennbar auf Vernetzung angelegt. So zeugten schon die aufgebotene, hochkarätig besetzte Jury und deren raumgreifende Bekanntmachung am Ende des Ausschreibungstextes von dieser Zielrichtung. Wörtlich heißt es dort:

> „Das Amt des Preisrichters haben die folgenden Herren übernommen:
> Professor Dr. A. Aftalion, Universität Paris
> Professor Dr. L. Birck, Universität Kopenhagen
> Professor Dr. B. Harms, Universität Kiel
> Professor Dr. E. Lederer, Universität Heidelberg
> Professor Dr. Wesley C. Mitchell, Columbia Universität

Verbundenheit der Dinge. Eine Kulturgeschichte der Netze und Netzwerke. Berlin 2014, S. 129.

3 Zur „Inklusion in und Exklusion aus Netzwerken" bzw. zur „Anwesenheit oder Abwesenheit im Netzwerk" vgl. die grundsätzlichen Überlegungen bei Manuel Castells; ders.: Der Aufstieg der Netzwerkgesellschaft (2017), Zitate S. 567 f.

4 N.N.: Preisausschreiben der Rudolf Funke-Stiftung des Instituts für Weltwirtschaft und Seeverkehr an der Universität Kiel. In: Weltwirtschaftliches Archiv 32/1930, S. 650–652. Aufgabe der *Rudolf Funke-Stiftung* sollte es laut Satzung sein, „die wissenschaftliche Erkenntnis weltwirtschaftlicher Struktur- und Konjunkturzusammenhänge durch Forschung und Lehre zu fördern und für die Praxis nutzbar zu machen; Satzungsurkunde der Rudolf Funke-Stiftung des Instituts für Weltwirtschaft und Seeverkehr an der Universität Kiel [IfW: Hs. allg. 16 Rudolf Funke-Stiftung], S. 1. Eine „Preisaufgabe" soll laut Stiftungssatzung, Art. 6, alle drei Jahre ausgeschrieben werden; ebd., S. 2.

New York, U.S.A.
Professor D. H. Robertson, M. A., Universität Cambridge
Professor Dr. J. Schumpeter, Universität Bonn
Präsident Professor Dr. E. Wagemann, Universität Berlin
und Deutsches Institut für Konjunkturforschung"[5]

Das hier zusammengeführte achtköpfige Bewertungskomitee bestand aus bedeutenden Namen der deutschen wie internationalen Konjunkturforschung, deren Nennung (mit akademischem Titel und universitärer Verortung) den hohen Anspruch der Initiator:innen an die erwartete Qualität der Einsendungen kommunizierte, zugleich aber auch unübersehbar einen weiträumigen Referenzrahmen der eigenen wissenschaftlichen Arbeit aufspannte.

Und auch die Verbreitung des Ausschreibungstextes lässt dieses Bestreben nach Erzeugung von Konnektivität erkennen. So wurden Anzeigen in verschiedenen nationalen und internationalen Fachpublikationen veröffentlicht sowie textgleiche Informationsblätter in deutscher und englischer Sprache (Titel: „The International Inter-Relationship of Economic Fluctuations") an Institute und Universitäten vor allem in Europa und Nordamerika, aber etwa auch in Asien verschickt.[6]

Allem voran aber sind – deutlich stärker als bei einem vorangegangenen Preisausschreiben, welches das *Institut für Weltwirtschaft und Seeverkehr* 1926 gemeinsam mit der *Hamburgischen Wissenschaftlichen Stiftung*, dem *Hamburgischen Weltwirtschaftsarchiv* sowie dem *Wirtschaftsdienst* zur Frage nach „Art und Umfang der wirtschaftlichen Betätigung von Reich, Ländern und Kommunen in Deutschland" ausgelobt hatte[7] – die Wahl des Wettbewerbsthemas und dessen vorgeschlagene Ausrichtung vom Vernetzungsgedanken getragen: Adressiert wird die globale „Gemeinsamkeit im Konjunkturschicksal"[8]. Die bereits im Titel ausgeflaggte „internationale Verflechtung", für die sich der Forschungsgegenstand der „volkswirtschaftlichen Konjunkturen" offensichtlich anbot, wird im Ausschreibungstext entsprechend weiter präzisiert, der die „Konjunkturentwicklung seit Beginn des neunzehnten Jahrhunderts bis zur Gegenwart" und hier den zusammenführenden

5 N.N.: Preisausschreiben der Rudolf Funke-Stiftung (1930), S. 651 f.

6 Vgl. die im Archiv des *Instituts für Weltwirtschaft* erhaltenen Materialien [IfW: Hs. allg. 16 Rudolf Funke-Stiftung]. Erschienen ist der Text unter anderem – neben vielzähligen weiteren Publikationsorten – in der „Nationaløkonomisk Tidsskrift, in „La Coopération Intellectuelle" (Paris), in „Mensch en Maatschappij" (Amsterdam), in der „Abendpost" (Chicago), im „Journal of Commerce" (New York), im „Journal of the American Statistical Association" (New York), in der deutschsprachigen „Die Brücke" in Shanghai, im „Mysore Economic Journal" (Bangalore).

7 Vgl. die einschlägigen Dokumente im Archiv des *Instituts für Weltwirtschaft* [IfW: Hs. allg. 16 Preisausschreiben des Instituts vom August 1926 (zusammen mit dem Hamburgischen Weltwirtschaftsarchiv)]. Die Jury war ausschließlich mit Hamburger und Kieler Experten besetzt; die Qualität der eingesandten Schriften (lediglich drei) wurde als nicht befriedigend empfunden.

8 Der Deutsche Oekonomist Nr. 2820 vom 10. Juli 1930 [HWWA: H n SM 54].

Blick auf die „verschiedenen volkswirtschaftlichen Konjunkturen hinsichtlich ihres zeitlichen Verlaufs, ihrer Intensität und sonstigen Eigenart" aufruft.[9] Angesichts des unterschiedlichen Grades der jeweiligen kapitalistischen Entwicklung und der verschiedenen Wirtschaftsgebiete („z. B. Industrie-, Rohstoff- und Agrargebiete"[10]) gelte es, die „einseitigen oder wechselseitigen Beeinflussungen" zu erfassen und zu beschreiben. „Hierbei soll", so fährt der Text fort,

> „die verschiedenartige typische Gestaltung herausgearbeitet werden, in der sich die internationale Ausbreitung von Konjunkturen vollzieht. Die Rolle der maßgeblichen physischen und materiellen Faktoren (z. B. Spekulation, technische Neuerungen, Wanderungen, Außenhandel, Kapitalbewegungen) in diesem Prozeß ist zu klären."[11]

Zudem wurde die an „den Bearbeiter" gerichtete Erwartung formuliert, dass dieser für die eigenen Analysen überprüfe, „inwiefern sich die von ihm entwickelte Theorie der internationalen Konjunkturverflechtung in die allgemeine Konjunkturtheorie einfügt."[12]

Der hier aufgemachte universale (geografische wie theoretische) Resonanzraum sowie das Aufscheinen der für die Konjunkturforschung prägenden Vorstellung von nationalen Konjunkturen, die „sich weitgehend zu synchronisieren suchen"[13], sowie allgemeiner von der „Konjunktur als Inbegriff wirtschaftlicher Reaktionserscheinungen"[14] wurden von den für die Bekanntmachung des Preisausschreibens ausgesuchten Multiplikatoren aufgegriffen. So überschrieb etwa das New

---

9 N.N.: Preisausschreiben der Rudolf Funke-Stiftung (1930), S. 650.

10 Ebd.

11 Ebd., S. 651.

12 Ebd.

13 Léon H. Dupriez: Konjunkturphilosophie. Übersetzt von Dipl.-Vw. Klaus Dieter Schneider. Berlin 1963 (Orig.: Des mouvements économiques généraux. Louvain 1947), S. 361. Vgl. ebd.: „Das ganze Netz internationaler Beziehungen überträgt über die Grenzen hinweg Veränderungen der Preise, Einkommen und kommerziellen Ströme", aber auch ein „Aktionsklima", das „zwingende Gesetze und Spielräume synchronisiert." Dupriez artikuliert hier eine Grundauffassung der Konjunkturforschung, die in unzähligen Publikationen ausformuliert wurde. 1963 wendet der Schweizer Nationalökonom Fritz Marbach in einer Veröffentlichung zur Konjunkturforschung den Begriff des Netzes direkt auf die Wirtschaft an. Er spricht von der „Erkenntnis […], daß die Nationalökonomie den Fäden oder Schnüren eines Netzes gleicht, weil sie mit einer Vielzahl, ja eigentlich mit allen andern Disziplinen verhängt ist." Ders.: Über Wirtschaftspsychologie und konjunkturelle Effekte, erzeugt durch irrationales Verhalten von Letztkonsumenten. In: Schweizerische Gesellschaft für Konjunkturforschung (Hg.): Kultur und Wirtschaft. Festschrift zum 70. Geburtstag von Eugen Böhler. Zürich 1963, S. 291–309; S. 293.

14 Wagemann: Einführung in die Konjunkturlehre (1929), S. 38. Wagemann hat diesen Satz in seinen Ausführungen durch Kursivierung hervorgehoben.

Yorker „Journal of Commerce" seine Ankündigung des Wettbewerbs gleich mit dem Titel „World Business Cycles".[15]

Läuft die Idee vom Rhythmus der Wirtschaftsbewegung im Ausschreibungstext unterschwellig mit, wird sie während der offiziellen Bekanntgabe des Themas in feierlichem Rahmen am *Institut für Weltwirtschaft und Seeverkehr* im Juni 1930 in der Rede des anwesenden Namensgebers Rudolf Funke eindeutig und mit aus zeitgenössischen Texten zur Konjunkturforschung vertrautem Vokabular expliziert. Im Ablaufprotokoll der „erstmaligen Verkündigung des Rudolf Funke-Preises" ist dokumentiert, dass im Anschluss an die Vorstellung der neuen Stiftung und der ersten Preisfrage durch den Institutsleiter Bernhard Harms der Vorsitzende des *Deutschen Brauer-Bundes* Funke (zu dessen Ehren der Brauer-Bund die Stiftung am *Institut für Weltwirtschaft* eingerichtet und nach ihm benannt hatte[16]), das Wort ergriff. In seiner Ansprache machte Funke neben Bemerkungen zum eigenen Verband auch solche zur wichtigen gesellschaftlichen Rolle des *Instituts für Weltwirtschaft* – könne dieses doch angesichts der „schwere[n] wirtschaftliche[n] Krise, von der jetzt Deutschland und eine Reihe anderer Länder betroffen sind", gerade aufgrund seiner internationalen Perspektive zu „Feststellungen über die Ursachen, Wirkungen und insbesondere die Kausalitätsverhältnisse hinsichtlich der einzelnen betroffenen Länder" gelangen, „aus denen wir lernen können".[17] Dabei widmet sich Funke speziell der „beispiellosen amerikanischen Prosperität" – für die er einen zwingend eintretenden „Umschwung" voraussagt, denn „die Wirtschaftsgesetze" seien „ewig [...] wie die Naturgesetze", so „daß auch dort im Rhythmus der Wellenbewegung dem Aufstieg ein Abgleiten folgen müsse, gegen welches menschliche Voraussicht und Kraft ohnmächtig sind. Das seien die ewigen, ehernen, gleichen Gesetze, nach denen sich der Menschheit Kreise vollenden."[18] Über den Kontext der akademischen Expertise hinaus wird auch hier (und die vorangegangenen analytischen Kapitel dieser Studie haben etliche weitere Beispiele angeführt) in der Bewegungsfigur des Rhythmus die akademische Wissensarbeit mit einem als universal verstandenen kulturellen Erfahrungswissen verknüpft.

Das Preisausschreiben des *Instituts für Weltwirtschaft* ist im Hinblick auf den Vernetzungsgedanken der Konjunkturforschung gleich mehrfach interessant, fängt es diesen doch geradezu symptomatisch auf unterschiedlichen Ebenen ein: Institutionell, indem es die verschiedenen Konjunkturforschungseinrichtungen und

15 World Business Cycles. In: The Journal of Commerce, New York, Nr. 11249 vom 09.07.1930 [IfW: Hs. allg. 16 Rudolf Funke-Stiftung].

16 Die *Rudolf Funke-Stiftung* wurde 1927 von Funkes Berufskolleg:innen anlässlich seines 25-jährigen Berufsjubiläums und in Anerkennung seiner Leistungen für den Verband ins Leben gerufen; vgl. u. a. Die erstmalige Verkündung des Rudolf Funke-Preises des Instituts für Weltwirtschaft und Seeverkehr an der Universität Kiel. In: Tageszeitung für Brauerei, Berlin, vom 19.07.1930 [IfW: Hs. allg. 16 Rudolf Funke-Stiftung].

17 Ebd.

18 Ebd.

-ansätze sichtbar zusammenführt – sowohl über die Ansprache an die potentiellen Beiträger:innen, als auch über die bereits mit der Ausschreibung bekannt gegebene Zusammensetzung der Jury. Zugleich sind Resonanz- und Konnektivitätseffekte aber auch an die inhaltliche Ebene rückgebunden und werden hier über die Idee der sich ausbreitenden und sich wechselseitig beeinflussenden Wirtschaftsbewegungen bestärkt. Das Preisausschreiben des *Instituts für Weltwirtschaft* ist damit ein Beispiel für die – im Modus des Rhythmischen vollzogene – expansive Tendenz der Vernetzungsbestrebungen der Konjunkturforschung, zugleich aber auch für die mit Hilfe der Vernetzung betriebene Schließung eines akademischen Raumes der Wissensarbeit. Dabei lässt sich eine anders gelagerte Grundtendenz erkennen, als sie die Netzwerkforschung gemeinhin annimmt, welche zentral auf den integrativen Charakter, die Heterogenität und Unschärfe der integrierten Entitäten sowie einen grundsätzlich dynamischen Charakter der Netzformationen „in fortwährender Fluktuation“[19] abstellt: Über die formulierten und in der Größe und Zusammensetzung der einberufenen Jury noch einmal demonstrativ manifestierten Qualitätssicherungsbestrebungen werden stattdessen im Falle des Preisausschreibens und der mit ihm verbundenen Vernetzungsimpulse neben Inklusionseffekten auch Exklusionseffekte produziert. Das Netzwerk wird über seine Begrenzung stabilisiert; es ist in den mobilisierten Wissensbeständen zudem weniger auf Differenz als auf Homogenisierung ausgerichtet. Vielleicht kann es als Resonanz auf die ausgesandten Signale der Schließung verstanden werden, dass trotz des zugestandenen Bearbeitungszeitraums von eineinhalb Jahren (als Abgabetermin für eingesandte Schriften wurde der 31. Dezember 1932 festgelegt) die Zahl der eingegangenen Antworten übersichtlich war – und in keinem Verhältnis zum betriebenen Aufwand (der nicht zuletzt die Erwartungen im Vorfeld spiegelt) stand. Am 1. Dezember 1934 verkündete der neue Direktor des *Instituts für Weltwirtschaft*, Andreas Predöhl:

> „Insgesamt sind sechs Bearbeitungen eingegangen. Das Preisrichterkollegium ist einstimmig zu dem Ergebnis gelangt, daß keine der Arbeiten den gestellten Anforderungen entspricht und der Preis daher nicht verliehen werden kann. Die unter dem Kennwort ‚Tom Cobley‘ eingereichte Bearbeitung nimmt jedoch insofern eine Sonderstellung ein, als sie wichtige Teilprobleme gründlich untersucht und erkenntnisfördernd löst. Das Preisrichter-kollegium hat beschlossen, dieser Arbeit einen ‚Anerkennungspreis‘ in

19 Gießmann: Die Verbundenheit der Dinge (2014), S. 127; vgl. ebd., S. 15: „Netzwerke hingegen werden als wesentlich heterogene, interkonnektive und unscharfe Quasi-Objekte verstanden, die Menschen, Dinge, Zeichen, Institutionen und Räume integrieren.“ Gießmann gehört zu den wenigen Autor:innen, die in ihre Beschäftigung mit Netzwerken auch die negativen Konnotationen einbeziehen, die lange Zeit mit Netzen – etwa als Fangnetze – verbunden wurden. Grundsätzlich sieht er eine „positive Überhöhung des Netzwerkbegriffs jüngeren Datums“; ebd.

Höhe von 1000 RM zuzusprechen. Verfasser der Arbeit ist Colin Clark, M.A., 17 Peas Hill, Cambridge, England."[20]

Wurde im Preisausschreiben des *Instituts für Weltwirtschaft* eine auf den ersten Blick offene, auf Ausweitung angelegte, in ihren unmittelbaren Effekten dann aber vor allem hermetische, auf Profilierung stärker als auf Integration abzielende Variante des über Konjunkturrhythmen und deren Erforschung hervorgebrachten und stabilisierten Netzwerks vorgestellt, soll als ein weiteres Fallbeispiel die im Hinblick auf konjunkturrhythmische Netzwerkbildung deutlich anders akzentuierte *Foundation for the Study of Cycles* und mit ihr der Rhythmus als Initial und Bindeglied eingehender betrachtet werden.

3 Netzwerke der Rhythmusforschung II: die *Foundation for the Study of Cycles*

Im Jahr 1941 wurde in den USA die *Foundation for the Study of Cycles* (*FSC*) gegründet, deren Aufgabe und Zielsetzung eine doppelte sein sollte: zum einen das Zusammentragen verschiedenster interdisziplinärer Forschungen zu Zyklen und zum anderen die Suche nach der Synchronizität dieser Zyklen, nach einem alle zyklischen Phänomene in unterschiedlichsten Bereichen verbindenden gemeinsamen Antrieb, der außerhalb dieser Phänomene selbst liege: „All these different things can't reasonably vibrate together for no reason at all. There must be a common cause."[21] Begründet wurde die Stiftung, die bis heute existiert, internationale Konferenzen abhält und ein Periodikum mit dem Titel „Cycles" herausgibt[22], von dem an der *Harvard University* ausgebildeten Ökonomen Edward R. Dewey (1895–1978), dessen Aufgabe es Anfang der 1930er-Jahre war, nach Gründen für die *Great Depression* in den USA zu forschen. Dewey entdeckte dabei Regelmäßigkeiten im Vergleich der aktuellen Situation mit früheren Wirtschaftskrisen und darüber sein Interesse an Zyklen, das er auch in andere gesellschaftliche Bereiche und Wissenschaftsfelder

20 Ergebnis des Preisausschreibens der Rudolf Funke-Stiftung des Instituts für Weltwirtschaft an der Universität Kiel. In: Weltwirtschaftliches Archiv 41/1935, H. 1 [IfW: Hs. allg. 16 Rudolf Funke-Stiftung]. Leider sind die genaue Themenwahl sowie die Anlage der eingegangenen Arbeiten nicht bekannt gegeben worden und auch in den Archiv-Materialien nicht dokumentiert. Wie die Ankündigung wurde auch das Ergebnis des Preisausschreibens in nationalen und internationalen Wirtschaftsmagazinen veröffentlicht. Im Archiv des *Instituts für Weltwirtschaft* finden sich Belege der Anzeige in diversen u. a. deutsch-, englisch-, französischsprachigen, bulgarischen und niederländischen Veröffentlichungen [IfW: Hs. allg. 16 Rudolf Funke-Stiftung].

21 Dewey: Cycles, The Foundation for the Study of Cycles, and You (1957), S. 66.

22 Das Periodikum „Cycles" erscheint seit 1950. Von 1951 bis 1961 gab die Gesellschaft zudem das „Journal of Cycle Research" heraus. Vgl. Foundation for the Study of Cycles. Formation, History, and Leadership 1941–1991. Irvine (CA) 1991, S. 4; URL: www.cycles-library.org/history/index.htm (Abrufdatum: 31.08.2013).

hinein ausdehnte. Direkter Impuls für die Institutionalisierung dieses Interesses in Form einer *Foundation* war laut organisationseigener Geschichtsschreibung, dass Dewey 1939 bei der Suche nach Studien, die sich mit der Erforschung von Zyklen beschäftigten, auf den Tagungsbericht einer 1931 im kanadischen Matamek abgehaltenen internationalen und interdisziplinären naturwissenschaftlichen Konferenz zu Vorkommen und unterschiedlichen Erscheinungsformen von Zyklen stieß und mit dem damaligen Organisator, Copley Amory, sowie dem Konferenzteilnehmer Ellsworth Huntington, Professor für Geographie und Klimatologie an der *Yale University*, Kontakt aufnahm.[23] Amory unterstützte nicht nur Deweys Vorhaben der Stiftungsgründung mit einem Startkapital von 500 Dollar, sondern wurde auch der erste Präsident der *FSC*, während Edward Dewey selbst den Posten des geschäftsführenden Direktors übernahm.[24] Huntington zählte – wie weitere Teilnehmer der Konferenz in Matamet, zu den Gründungsmitgliedern der neuen Stiftung .[25]

Zyklische Phänomene, mit denen sich die *Foundation* beschäftigt, verfügen über „a marked rhythm"[26] – oder, wie Dewey in einem Text über „Cycles, The Foundation for the Study of Cycles, and You" unter der Überschrift „Some Definitions" ausführt:

> „The word ‚cycle' comes from a Greek word meaning ‚circle.' Actually, therefore, the word cycle means ‚coming around again to the place of beginning.' Of itself the word does not necessarily imply any regularity of time between these places of beginning. When there is *reasonable regularity* the right word to use is ‚rhythm,' from a Greek word meaning ‚measured time.' The tides are rhythmic; your heart beat is rhythmic; so is your breathing.

---

23 Die Geschichtsschreibung der Zyklenforschung verweist zudem auf weitere Konferenzen 1922 und 1928 in der *Carnegie Institution* in Washington sowie 1937 in Stockholm und 1939 in Utrecht. Vgl. ebd., S. 9. Die Konferenz in Washington 1922 erwähnt auch Mitchell in seinem Standardwerk über die „Business Cycles" und erinnert an die dortige Suche nach einem gemeinsamen Zyklus-Verständnis. Im Abschnitt „Der Begriff ‚Zyklus'" heißt es: „1922 veranstaltete der Präsident des Carnegie-Instituts, John C. Merriam eine ‚Zyklenkonferenz', auf der Vertreter der verschiedensten Wissenschaften über die von ihnen untersuchten zyklischen Phänomene diskutieren sollten. Um Mißverständnisse auszuschließen, mußte zuerst eine Definition gefunden werden, die sich gleichermaßen in Meteorologie, Botanik, Geologie, Paläontologie, Astronomie, Geographie und Ökonomik anwenden ließ. Man einigte sich auf die des Vorsitzenden, Dr. F. E. Clements ..." Mitchell: Der Konjunkturzyklus (1931), S. 376. Mitchell selbst nutzt die interdisziplinäre Homogenisierung in Washington 1922 für die Plausibilisierung der eigenen wirtschaftswissenschaftlichen Verwendung des Zyklus-Begriffs: „Die Praxis anderer Wissenschaften gibt uns also ein gewisses Recht, das Wort Zyklus für diese Erscheinungen zu verwenden." Ebd.

24 Dewey war von 1941 bis 1967 geschäftsführender Direktor und blieb auch danach bis zu seinem Tod 1978 in der *FSC* aktiv.

25 Vgl. URL: www.cycleslibrary.org/originalstanding.htm (Abrufdatum: 31.08.2013).

26 Brooks: Profiles ... Something Out There (1971 [1962]), S. 168.

> When there is *perfect regularity* the right word to use is ‚periodicity.' However, the word ‚cycle' is often used interchangeably with ‚rhythm' and ‚periodicity.'"[27]

Es sind die nach dieser Definition rhythmischen beziehungsweise periodisch verlaufenden Zyklen, auf die sich die Arbeit der *FSC* konzentrieren sollte.

Als erste Mitglieder der *Foundation for the Study of Cycles* wurden von Dewey und seinem Gründungspartner Amory bewusst „internationally renown scientists"[28] angesprochen und gewonnen, die sich bereits als Zyklen-Forscher hervorgetan hatten und dabei insgesamt in einem möglichst weit gefassten disziplinären, maßgeblich auch naturwissenschaftlichen Spektrum verankert waren. Es zeigte sich aber trotz dieser gewollten Tendenz zu einer breit angelegten Interdisziplinarität der personellen wie thematischen Aufstellung von Anfang an eine große inhaltliche Ausrichtung hin zur Ökonomie, die auch und nicht zuletzt in der fachlichen Herkunft Deweys begründet liegt. Edward Dewey hatte an der *Harvard University* Wirtschaftswissenschaften studiert und war nach verschiedenen anderen Jobs als *Chief of Current Statistics of Marketing* beim *U.S. Census Bureau* angestellt. Ab 1931 arbeitete er unter Präsident Hoover zunächst als *Assistant Chief*, seit 1932 als *Chief Economic Analyst* beim *Bureau of Foreign and Domestic Commerce* und stieg nach dem Ende der Hoover-Regierung in den Konjunkturvorhersagedienst des ehemaligen *Forbes-Magazine*-Redakteurs Chapin Hoskins ein. Entsprechend den Kompetenzen des Organisationsgründers Dewey war eine maßgebliche Einnahmequelle der *Foundation for the Study of Cycles* – bis zur Öffnung der Mitgliedschaft für alle Interessierten ab 1943 und die so möglich gewordene Finanzierung der Arbeit über Mitgliedsbeiträge[29] – die Bereitstellung von Informationen für Unternehmen „interested in knowing more about the rhythms present in their own figures".[30] Eine von Dewey durchgeführte Umfrage unter den Mitgliedern im Jahr 1955 ergab, dass

> „[o]f the eleven hundred and eight who answered, no fewer than eight hundred and seventy-four confessed that they cared chiefly about the stock market or some other aspect of business and finance. Only fifty-three declared that they were interested in cycles in general, while the rest mentioned such special topics as hurricanes, patents, vanilla prices, and stream flow."[31]

27 Dewey: Cycles, The Foundation for the Study of Cycles, and You (1957), S. 62; Herv. i. Orig.

28 Cycles 05/1951, S. 187.

29 Zur Mitgliederpolitik vgl. The Foundation for the Study of Cycles. In: Cycle Research – The Director's Letter 5/1950 (Umschlagtext): „The Foundation accepts as members all who have published scientific papers in respect to rhythmic fluctuation in any field of natural or social sciences. Lay membership is open to those who wish to contribute to the work of the Foundation and receive its releases."

30 Dewey: Putting Cycles to Work in Science and Industry ([1942]), S. 24.

31 Brooks: Profiles ... Something Out There (1971 [1962]), S. 171.

Entsprechend konzentrieren sich die Aktivitäten der *Foundation* wie auch die in den Publikationsorganen abgehandelten Themen in besonderem Ausmaß auf den ökonomischen Bereich. In den meisten Ausgaben des Periodikums „Cycles" etwa, so die Feststellung des Journalisten John Brooks, der Dewey über einen längeren Zeitraum begleitete und im *New Yorker* eine mehrseitige Reportage über ihn und die *Foundation* veröffentlichte, sei mindestens die Hälfte der Seiten mit Wirtschaftsthemen, mit Überlegungen und Ausführungen zur Zyklizität *ökonomischer* Phänomene gefüllt[32], auch wenn Dewey selbst immer wieder betonte, dass es der *Foundation for the Study of Cycles* nicht speziell um die Erforschung wirtschaftlicher Konjunkturzyklen gehe, das Netzwerk mit anderen Worten offengehalten werden solle. Im Gespräch mit Brooks pointierte er unmissverständlich: „We operate a scientific-research agency, not a stock-market service".[33] Und auf die Frage, ob die Zyklen, für die er sich interessiere, etwas mit dem „business cycle that economists were always talking about" zu tun hätten, antwortet Dewey ebenso vehement:

> „Nothing at all [...] Although many of the cycles that the Foundation studies occur in economics and business affairs, what is usually called the business cycle is recurrent but not rhythmic – that is, its crests and bottoms do not necessarily occur at regular intervals – and so, in the view of the Foundation, it isn't a true cycle."[34]

Diese Abwehrgeste, die Dewey eindrücklich vorführt, zielt auf die Gefahr der (disziplinären, aber auch pragmatischen) Verengung eines als allumfassend angelegten inhaltlichen Programms der Organisation, das durch die zunächst abstrakte (Denk- und Praxis-)Figur des Rhythmischen überhaupt erst ermöglicht wird. Der universale (wissenschaftliche) Geltungsanspruch, der für das Konzept „Rhythmus" (hier: rhythmischer Zyklus) behauptet wird (vgl. auch die später von der *FSC* aufgestellten tabellarischen Übersichten, Abb. 52 und Abb. 53), wird auf die *Foundation* übertragen; 1967 formuliert Dewey ihn sogar als absolut gesetztes Kriterium für Wissenschaft(lichkeit) generell:

> „Cycles are meaningful, and all science that has been developed in the absence of cycle knowledge is inadequate and partial. [...] any theory of economics, sociology, history, medicine, or climatology that ignores non-chance rhythms is as manifestly incomplete as medicine was before the discovery of germs."[35]

---

32 Ebd.

33 Dewey im Gespräch mit John Brooks; ebd.

34 Ebd.

35 Edward R. Dewey: The Case for Cycles. In: Cycles 7/1967, o. P. URL: www.cyclesresearch institute.org/cycles-general/ case_for_ cycles.pdf (Abrufdatum: 31.08.2013).

Table 1: DATA HAVING CYCLES

NATURAL SCIENCE

ASTRONOMY AND ASTROPHYSICS

Auroras, comets, meteor showers
Planets, satellites, asteroids
Rotation of galaxies
Sunspots and other solar phenomena
Variable stars

BIOLOGY

Bacteriology
Abundance and activity of bacteria in human beings

Botany
Abundance of crops, plants, seeds, and algae
Assimilation and photosynthesis
Concentration of growth substances
Electrical conductivity of sap
Electrical excitability of mimosa
Electrical potential of trees
Fiber and individual organ growth
Nectar production and sugar content
Photoperiodicity
Thickness of tree rings

Entomology
Abundance and activity of insects
Feeding, hatching, and migration
Pigment changes of certain insects

Herpetology
Abundance of snakes and amphibians
Activity of lizards and salamanders
Pigment changes in salamanders

Ichthyology and Limnology
Abundance of algae, plankton, and fish
Egg cycle of various fish
Migrations

Invertebrate Zoology
Abundance of various invertebrates
Body temperature and metabolic rate
Contraction waves in worms
Germ cell maturation
Light production and photic responses
Migration of various invertebrates
Surface color and pigment changes

Mammalogy
Abundance and activity of various mammals
Fur production
Physical cycles and activity-rest periods
Variations in milk production

Ornithology
Abundance of various birds
Metabolic activity
Migration
Wing beats of various birds

CLIMATOLOGY

Air movements and wind direction
Barometric pressure and temperature
Glacial movements
Ozone content of the atmosphere
Precipitation, including abnormalities
Storm tracts

GEOLOGY

Earthquakes, geysers, volcanic eruptions
Encrustations of archaeological artifacts
Geologic epochs and periods
Sedimentary deposits, varves, seiches
Soil erosion
Thickness of rock strata

GEOPHYSICS (also see Climatology)

Radio propagation quality
Terrestrial magnetism

HYDROLOGY AND HYDROGRAPHY

Lake, river, and sea levels
Ocean currents, temperature, and waves
River flow and run-off Tides

MEDICINE

Abundance of disease organisms and parasitic worms
Births and mortalities
Blood pressure and blood-sugar content
Body temperature and metabolism
Electrical skin resistance
Emotions and mental activity
Endocrine and glandular secretions
Epidemics and pandemics
Fevers and after-shock
Incidence of diseases and disorders
Muscular, nervous, and sexual activity
Plasma chemistry variations
Psychiatric abnormalities
Respiration and visceral activities
Teeth sensitivity
Veterinary diseases

PHYSICS

Activity of electrons and molecular vibrations
Electromagnetic waves and flux
Radio and sound waves

SOCIAL SCIENCE

ECONOMICS

Advertising efficiency
Agricultural production
Building and real estate activity
Commodity prices
Financial data
General business activity
Imports, exports, trade activity
Production, consumption, sales
Purchasing power
Transportation
Wage earner activity

SOCIOLOGY

Civil and international war battles
Creativity and inventiveness
Crime
Cultures and civilizations
Fashion
Human ability, excitability, output
Insanity
Intellectual interest
Liberalism versus conservatism
Marriages and births
Military-political activity
Periods of emotional excitement
Population
Religious and scientific activity
Strikes and unemployment

Abb. 52: Sortierung nach wissenschaftlichen Disziplinen: „Data Having Cycles". Aus: Edward R. Dewey: The Case for Cycles. In: Cycles 7/1967, o. P. URL: www.cyclesresearchinstitute.org/cycles-general/case_for_ cycles.pdf (Abrufdatum: 31.08.2013).

Nicht zuletzt über diese Setzung versucht die *Foundation for the Study of Cycles* ihre eigene – wissenschaftliche wie gesellschaftliche – Relevanz zu behaupten, die sie mithilfe einer auffälligen Betonung der Namhaftigkeit, des Renommees ihrer Mitglieder und die breite interdisziplinäre wie internationale Verankerung zusätzlich abzustützen bestrebt ist.

Organisationen wie die *Foundation for the Study of Cycles* sind für die Erforschung von Rhythmus als gesellschaftlichem Prinzip, das nicht zuletzt das Feld der Ökonomie/Ökonomik durchwirkt, auch deshalb so wichtig, weil sie Einblicke in die Vernetzungsarbeit geben. Sie sind Ausdruck des Anschlusspotentials, das in der Idee des Rhythmischen steckt und seine Wirkmächtigkeit als Universalkonzept maßgeblich mitbegründet. So war es eine der ersten Aufgaben der *FSC*, ein „Directory of living scientists who had contributed to the fund of knowledge in respect of cycles, rhythms, and periodicities"[36] zu erstellen.

Die *Foundation* etablierte neben ihrer nordamerikanischen Basis (verschiedene Orte in den USA und Kanada) auch eine „European division"[37], produzierte und verbreitete Reprints von Studien der interdisziplinären Zyklusforschung sowie Bulletins, darunter die von Edward Dewey selbst verfasste Schrift „Putting Cycles to Work in Science and Industry"[38]. Dewey hielt auf Einladung auch großer US-Konzerne (darunter die *General Electric Company*) Vorträge und veröffentlichte Beiträge in verschiedenen Magazinen – etwa auf persönliche Anfrage des Mitherausgebers Vance Packard in *The American Magazine* oder im Wissenschaftsteil des *Time Magazine*.[39] An den Veranstaltungen der *Foundation for the Study of Cycles* nahm ein sehr gemischtes Publikum teil, und auch die Zusammensetzung der Mitglieder der Organisation war durchaus heterogen. Der New Yorker Ortsverband der Stiftung wurde als mitgliederstärkster Ortsverband von „Wall Street customers' men and statisticians"[40] dominiert, vereinte aber daneben „a number of doctors, lawyers, professors, and non-financial businessmen".[41]

36 Dewey: Cycles (1957), S. 68. Es verzeichnete ca. 3000 Wissenschaftler aus 36 verschiedenen Fachrichtungen, die sich mit „rhythmic cycles" beschäftigt hatten; ebd: „We saw that if all this work were to be co-ordinated, we would have the basis for a new science – the science of cycles." Ebd.

37 Vgl. Foundation for the Study of Cycles. Formation, History, and Leadership 1941–1991. Irvine (CA) 1991, S. 4; URL: www.cycleslibrary.org/history/index.htm (Abrufdatum: 31.08.2013).

38 Edward R. Dewey: Putting Cycles to Work in Science and Industry. Masch. Manuskript New York [1942].

39 Vgl. Edward R. Dewey: The Membership Plan. In: Cycles 4/1951, S. 153 f.

40 Brooks: Profiles ... Something Out There (1971 [1962]), S. 174.

41 Ebd.

TABLE 4: THEORETICAL CYCLE LENGTHS

(Double and Triple Progression Up and Down Using 17.75 as a Base)

AND ALLEGED CYCLES WHICH ARE IDENTICAL OR CLOSELY CORRESPOND

Theoretical Cycle	Found In	Observed Length
479.3 yrs.	Not yet found	
319.5	Not yet found	
213.0	Not yet found	
159.8	Pig Iron Prices	159 yrs
106.5	Women's Fashions	105
142.0	Number of International Battles	142
71.0	Not yet found	
53.3	Arizona Tree Rings	54
	Prices, U.S.A.	54
	Prices, Germany	54
	Prices, Great Britain	54
	Coal Consumption, France	54
	Coal Production, England	54
	Lead Production, England	54
	Number of Textile Workers, England	54
	Wages of Agricultural Workers, England	54
	Value of French Rente	54
	Value of English Consols	54
	Pig Iron Production, England	54
	Copper Prices, U.S.A.	54
	Cotton Acreage, U.S.A.	54
	Deposits in Savings Banks	54
	Foreign Trade (Imports & Exports)	54
	Interest Rates, U.S.A.	54
	Oat Acreage, U.S.A.	54
	Ship Building, U.S.A	54
	Devaluation in England	54
	British Wheat Prices	54.0
	Railroad Stock Prices, U.S.A.	54.6
35.5	Abundance of Lynx in Canada	35.2
	Frequency of Aurora	35.9
	Frequency of Earthquakes in China	35.2
	European Weather	35.5
	Barometric Pressure of Batavia	36
	Manufacturing Production, U.S.A.	36
	Wheat Prices in Western Europe	36
	Immigration into U.S.A.	35
	Plant and Tree Growth in England	35
	Thickness and Thinness of Tree Rings in England	35
	Harvests in Europe	35
	Value of English Consols	36
17.75	Industrial Stocks	17.78
	A large mail-order house	17.75
	Failures	17.75
	Sunspots, alternate cycles reversed	17.66
	Pig Iron Prices	17.69
	Cotton Prices	17.75
	War	17.73
	Earthquakes	17.66
	Tree Rings, Arizona	17.75
	Variable Star, Scorpius V 381	17.724

Theoretical Cycle	Found In	Observed Length
8.875	Pig Iron Prices	8.9
	Widths of pre-glacial tree rings	8.85
	Sunspots - Lane	8.76
	Sunspots - Stumpff	8.8
	Sunspots - Clayton	8.94
5.916 yrs.	Cotton Prices	5.91 yrs
	Pig Iron Prices	5.91
	Copper Prices	5.91
	Sunspots with alternate cycles reversed	5.91
	Tree Ring Widths	5.91
	Railroad Stock Prices	5.9
	Industrial Stock Prices	5.93
	Dozens of other series of figures	6.
	Wheat Prices in Western Europe	5.96
	Liabilities of Failures	5.90
	One half of the time it takes the planet Jupiter to go around the sun	5.931
	One fifth of the time it takes the planet Saturn to go around the sun	5.892
	One forty-second of the time it takes the planet Pluto to go around the sun	5.915
4.438	Sales of Company G	4.37
	Industrial Common Stock Prices	4.4
	Railroad Stock Prices	4.4
	Pig Iron Prices	4.44
	Advertising Effectiveness of Pinkham Medicine Company	4.41
	European Wheat Prices	4.41
	Temperature	4.41
Months		Months
35.5 mo.	Factory Sales of Passenger Autos	36.0 mo.
	Common Stock Prices	35.6
	Common Stock Prices	36.2
26.63	Not yet found	
23.6	Factory Sales of Automobiles	23.6
	Industrial Stock Prices	23.7
17.75	Industrial Stock Prices	17.8
13.31	Industrial Stock Prices	13.3
11.83	Industrial Stock Prices	11.9
8.88	Sales of Company G	8.8
	Bank Debits	9.
7.89	Sales of Company G	7.92
5.92	Electric Potential of Trees	6.
	Industrial Stock Prices	5.9
3.94	Electric Potential of Trees	4.
	Sales of Company G	4.05
	Industrial Stock Prices	3.937
2.63	Not yet found	

Abb. 53: Sortierung nach Zyklenlänge: „Theoretical Cycle Lengths". Aus: Edward R. Dewey: The Case for Cycles. In: Cycles 7/1967, o. P. URL: www.cyclesresearchinstitute.org/cycles-general/case_for_cycles.pdf (Abrufdatum: 31.08.2013).

Auffällig ist neben der Präsenz von Wissenschaftler:innen verschiedener Disziplinen und Universitäten auch eine personelle Einbindung der (vornehmlich US-amerikanischen) Wirtschaft und Wirtschaftsforschung (Mitglied der *FSC* war unter anderem der allgegenwärtige „amerikanische ‚Papst' der Konjunkturempirie"[42] Wesley Clair Mitchell) sowie der Politik bzw. der Diplomatie (darunter der ehemalige US-Botschafter in Großbritannien und Deutschland, Alanson Bigelow Houghton), kurz: eine Verbindung zentraler gesellschaftlicher Schaltstellen, die ihr Zentrum in den USA hatte, zugleich aber weit darüber hinaus reichte und in der Ökonom:innen durchaus prominent vertreten waren.[43]

4 Wechselseitige Plausibilisierungen? Rhythmusforschung als Netzwerkforschung

Das Konzept des Rhythmischen (hier: rhythmisch Zyklischen) fungiert in seiner potenziellen Offenheit als Schnittfläche und Anschlussstelle zwischen den verschiedenen wissenschaftlichen Disziplinen wie gesellschaftlichen Bereichen. Es kann – und die *Foundation for the Study of Cycles* ist hier eine eindrückliche Manifestation – geradezu als Generator für eine wissenschaftliche und gesellschaftliche Vernetzung auftreten. Andersherum kann diese Zusammenführung der Disziplinen und Bereiche zugleich über die Möglichkeit der Abstraktion sowie die argumentative Technik der Analogisierung zur wechselseitigen Abstützung eines durchaus auch kritisch diskutierten Erklärungsmodells dienen. Die *FSC* wurde in einer Zeit gegründet, in der die Zyklen-Euphorie in der ökonomischen Theoriebildung zu Konjunkturphänomenen nicht zuletzt auch durch die Erfahrung des (globalen) Ausmaßes der Wirtschaftskrise und dessen Unvorhersagbarkeit durch die Konjunkturexpert:innen ihre Hochphase bereits hinter sich gelassen hatte und sich die kritischen Stimmen zur Existenz regelmäßig wiederkehrender Wirtschaftsverläufe mehrten. In der Sowjetunion wie auch im mittlerweile nationalsozialistischen Deutschland passte zudem die Konjunkturidee nicht mehr zu den staatsideologischen Vorstellungen und (plan-)wirtschaftlichen Ambitionen (vgl. auch Kap. VI.5.3) – mit entsprechenden Rückwirkungen auf die Reichweite und Intensität der Netzwerkbildung. Das Preisausschreiben zur „internationalen Verflechtung der volkswirtschaftlichen Konjunkturen" am Kieler *Institut für Weltwirtschaft* fiel genau in diese politische Umbruchphase: Während es 1930 von dem Gründungsdirektor Harms forciert worden war, der auch für die Initiierung der von Anfang an mit einer herausragenden Stellung

42 Beckmann: Von Löwe bis Leontief (2000), S. 160.

43 Vgl. die Darstellung auf der Homepage der *Foundation for the Study of Cycles*; URL: www.cycleslibrary.org/originalstanding.htm (Abrufdatum: 31.08.2013). Weitere Mitglieder waren der Leiter des *Smithsonian Institute*, Charles Greeley Abbot, oder die bereits erwähnten Ellsworth Huntington, Professor für Geographie und Klimatologie an der *Yale University*, und William Cameron Forbes, Investment-Banker und Diplomat; vgl. ebd.

bedachten Abteilung für Konjunkturforschung am Kieler Institut verantwortlich war, war bei der Verkündung der Ergebnisse diese Eliteabteilung bereits maßgeblich durch die Entlassung der jüdischen Mitarbeiter aus ihren zentralen Positionen geschwächt worden, und Harms, der sich für seine Kollegen eingesetzt hatte, war selbst aus dem Amt entfernt und zunächst durch den zu dieser Zeit noch überzeugten Nationalsozialisten Jens Jessen, bald darauf durch den ebenfalls regimekonformen Andreas Predöhl ersetzt worden. Die Konjunkturforschung in Kiel und mit ihr das Preisausschreiben zu Beginn der 1930er-Jahre liefern damit ein eindrückliches Beispiel nicht nur für den von Marilyn Strathern in kritischer Auseinandersetzung mit der *Akteur-Netzwerk-Theorie* in die Diskussion um Netzwerke eingebrachten Aspekt des Beendens, des „Abschneidens" von Netzwerken („cutting the network"[44]) aufgrund von Besitz- und Machtverhältnissen (wie bereits in Kap. VII.2 angerissen), sondern auch für eine Abwertung (und Abwicklung) von Netzwerken insgesamt.

Das Netzwerk der *Foundation for the Study of Cycles* scheint hier zunächst ein Gegenbeispiel darzustellen. Es bot für seinen Gründer, den Ökonomen Dewey, sowie seine Mitstreiter:innen die Möglichkeit, das in der Diskussion stehende Konzept einer rhythmischen Organisiertheit des eigenen Wissenschaftsfeldes über den Nachweis analoger Beobachtungen in anderen Bereichen und einen Transfer der dort erzeugten Evidenz in die ökonomische Argumentation auch hier als überzeugendes Erklärungs- und Deutungsmodell zu stabilisieren. Diese Plausibilisierungstechnik fällt insbesondere in den dokumentierten Vorträgen Deweys vor einem vornehmlich wirtschaftlich interessierten Publikum auf, in denen er die Wirtschaftskrise nicht als Ende, sondern als nochmaligen Motor der ökonomischen Zyklen-Forschung sah[45] und seine eigenen Ambitionen in die größere Bewegung eines „tremendous stepping up of work on all kinds of cycles"[46] einbettete.

Dennoch lässt sich aber auch bei der *Foundation for the Study of Cycles* beobachten, dass sie eher ein Randphänomen darstellte, dessen tatsächliche Wirkkraft wie auch der Stellenwert bei den beteiligten Akteur:innen selbst über die hier angeführten Eigendarstellungen hinaus erst noch genauer betrachtet werden müsste. Netzwerke sind – und das machten die Beispiele noch einmal deutlich – in Macht- und Herrschaftsstrukturen eingebunden, aber auch in wissenschaftliche wie gesellschaftliche Konjunkturen bestimmter Ideen und Leitvorstellungen. Diesen Wechselder „Aufmerksamkeitsniveaus"[47] gilt es auch für die im theoretischen Teil der Arbeit

44 Marilyn Strathern: Cutting the Network. In: The Journal of the Royal Anthropological Institute 2/1996, H. 3, S. 517–535.

45 Dewey sah die Zyklenforschung als einen Strohhalm, nach dem die Wirtschaftsexpert:innen zur Erklärung der Depression griffen; vgl. Brooks: Profiles … Something Out There (1971 [1962]), S. 168.

46 Ebd.

47 Hans Peter Hahn: Lost in Things. Eine kritische Perspektive auf Konzepte materieller Kultur. In: ders., Philipp W. Stockhammer (Hg.): Lost in Things. Fragen an die Welt des Materiellen. Münster, New York 2015, S. 9–23; S. 10 f. Hahn verweist mit dem Begriff auf

(Kap. III) eingeführte Vorstellung vom Rhythmus als einem „boundary concept"(in Anlehnung an den Entwurf des „boundary objects" von Susan Leigh Star und James R. Griesemer) mit zu bedenken. Gehörte die Idee des Rhythmischen (wie in Kap. IV ausgeführt) zu den geradezu paradigmatischen Denk- und Praxisfiguren des ausgehenden 19. und frühen 20. Jahrhunderts, verlor sie spätestens nach dem Zweiten Weltkrieg an Bedeutung – auch, und damit soll zum Schlusskapitel dieser Arbeit übergeleitet werden, in der Konjunkturforschung selbst.

instabile „Relevanzebenen" von Dingen (hier zu erweitern um Ideen), darunter explizit auch die (temporäre) Vergessenheit.

VIII Ausklang

Die vorangegangenen Ausführungen sollten anhand des durchaus heterogenen Feldes der Konjunkturforschung zeigen, dass – und wie – ökonomisches Denken rund um die kognitive und (wissenschafts- wie alltags-)praktische Figur des Rhythmischen organisiert ist beziehungsweise wie andersherum die Figur des Rhythmischen ökonomische Theoriebildung und mit ihr ökonomische Prozesse moderiert und choreographiert. So unterschiedlich sich die in den Blick genommenen Ansätze darstellten, so vergleichbar sind doch die erkennbaren Funktionen, die Rhythmuskonzepte einnehmen: als Ordnungs- und Gliederungsinstrument, als Modus der Evidenzerzeugung, der Plausibilisierung ökonomischer Modelle und Perspektivierungen, als wirkmächtiger Generator von Anschlussstellen und Verknüpfungen zwischen verschiedenen Bereichen des Ökonomischen und seiner analytischen Durchdringung sowie in andere gesellschaftliche Bereiche hinein, als Konnektivitäts-, aber auch als Differenzfigur, als Instrument der Abgrenzung von Positionen und der Markierung von Einflusssphären. Verstärkt im späten 19. und frühen 20. Jahrhundert – und hierfür ist die sich herausbildende Konjunkturforschung ein geradezu idealtypisches Exempel – sowie mit unverkennbaren Verlängerungen aber auch bis heute (auf die im Verlauf der Ausführungen an verschiedenen Stellen hingewiesen wurde) scheint es insbesondere die konzeptuelle Unschärfe, die semantische Vieldeutigkeit der Theorie- und Praxisfigur des Rhythmischen zu sein, die Ökonomie wie Ökonomik einerseits zu dynamisieren, andererseits aber auch aufzufangen, einzuhegen und zu vermitteln vermag.

In dem exemplarisch untersuchten Feld der Konjunkturforschung ist das ‚Prinzip Rhythmus' Versicherungsmoment und Reflexionsimpuls gleichermaßen. Als durch und durch diskursive Figur eröffnet es – und hier scheint einer der Gründe für die anhaltende Attraktivität der Rhythmusfigur zu liegen – dennoch ebenso Zugänge zum präkognitiven (Körper-)Wissen und damit zur physischen Dimension ökonomischer Praktiken; zur Konzeptualisierung von Rhythmus gehört elementar auch die Annahme eines „Rhythmischen vor dem Diskursiven"[1], das aber erst über seine Intellektualisierung naturalisiert werden kann. Gleichermaßen trägt es auch zur Rationalisierung, zur Herstellung von Abstraktion und damit zur Einpassbarkeit ökonomischer Modelle in übergeordnete ökonomische Zusammenhänge bei.

Der genauere Blick auf die ‚Rhythmen (in) der Ökonomie' zeigt nicht zuletzt, dass – und wie – etablierte heuristische Vorannahmen der sozial- und kulturwissenschaftlichen Wirtschaftsforschung durch das untersuchte Phänomen selbst, durch das (hier ökonomische) Denk- und Praxismodell ‚Rhythmus', maßgeblich irritiert und herausgefordert werden: so die gängige Differenzierung zwischen ökonomi-

1 Rolf F. Nohr: Rhythmusarbeit. In: Britta Neitzel, Rolf F. Nohr (Hg.): Das Spiel mit dem Medium. Partizipation – Immersion – Interaktion. Zur Teilhabe an den Medien von Kunst bis Computerspiel. Marburg 2006, S. 223–243; S. 228.

scher Praxis und deren wissenschaftlicher Durchdringung,[2] aber auch zwischen ‚der Wirtschaft' und ihrer Vermittlung.[3] Dabei arbeitet die Figur des Rhythmischen im ‚ökonomischen Feld' auch gegen den gerne behaupteten Status der Wirtschaftswissenschaften als von anderen akademischen Disziplinen abgekoppelter ‚Sonderwissenschaft'[4] an.

Wenn, wie Bruno Latour und Vincent Lépinay es formuliert haben, „die ökonomische Disziplin" die Wirtschaft nicht entdeckt, sondern „fabriziert", ja „organisiert, erobert, kolonisiert"[5], dann ist die Denk- und Praxisfigur Rhythmus für die Zeit des ausgehenden 19. und frühen 20. Jahrhunderts eine Orientierungsmarke und ein zentrales Gestaltungselement gleichermaßen. Die Vorstellung vom „economic behaviour to occur in rhythms"[6] findet sich in der „daily economic activity" ebenso wie in der „global economy"[7] und hier nicht zuletzt in der ökonomischen Theoriebildung.

Wird der Blick auf die Konjunkturforschung über den betrachteten Zeitschnitt ihrer Früh- und Hochphase hinaus verlängert, zeigt sich, dass die Idee des Rhythmischen – und mit ihr die Konjunkturforschung selbst – ebenfalls Konjunkturen unterworfen ist, dass Rhythmus-Konzepte in der Ökonomie und über diese hinaus auch in anderen Disziplinen (sowie in der Gesellschaft insgesamt) ihre offensichtliche Attraktivität zu bestimmten Zeit entfalten konnten, in anderen Zeiten jedoch kaum Anziehungskraft zu entwickeln vermochten, ja als Forschungsperspektive und sinnstiftendes Erkenntnisinstrument nun inadäquat erschienen.[8] Mit anderen Worten: Die Wirtschaftsforschung, die sich in einem kurzen Zeitfenster intensiv an der Denk- und Praxisfigur des Rhythmus abarbeitete, scheint sich mit dem Beginn der zweiten Hälfte des 20. Jahrhunderts von dieser emanzipiert zu haben. Jan Tinbergen

---

2 Zur Kritik dieser – diskursiv weiterhin wirkmächtigen – Grenzziehung vgl. grundlegend die Betrachtungen von Michel Callon, hier u. a. Callon: Introduction: The Embeddedness of Economic Markets in Economics (1998), sowie die Ausführungen in Kap. III.2.

3 Vgl. als Studie in diesem Zwischenraum auch Stäheli: Spektakuläre Spekulation (2007).

4 Vgl. u. a. Inga Klein, Sonja Windmüller: Kultur(en) der Ökononie. Einleitendes. In: dies.: Kultur der Ökonomie (2014), S. 7–16; S. 7. Zu den Bemühungen der Wirtschaftswissenschaften um die Etablierung dieses Sonderstatus vgl. u. a. Pahl: Disziplinierung und Popularisierung ökonomischen Wissens als wechselseitiger Verstärkungsprozess (2013).

5 Latour, Lépinay: Die Ökonomie als Wissenschaft der leidenschaftlichen Interessen (2010), S. 24. Vgl. auch Kap. III.2.2.

6 Jürgen G. Backhaus: Editor's Introduction. In: ders. (Hg.): Karl Bücher. Theory – History – Anthropology – Non Market Economies. Marburg 2000, S. 7–10; S. 7.

7 Ebd.

8 Vgl. hier auch den Kommentar von Victor Zarnowitz: „Interest in business cycles is itself subject to a wavelike movement, waxing during and after periods of turbulence and depression, waning in periods of substantial stability and continuing growth." Ders.: Business Cycles. Theory, History, Indicators, and Forecasting. Chicago, London 1992, S. 20.

attestierte rückblickend einen entsprechenden Aufmerksamkeitsverlust nach dem Zweiten Weltkrieg: „[T]he War came along and after the War we were not interested in business cycles anymore".[9] Ähnlich erklärte Hans-Werner Schiefer Ende der 1960er-Jahre: „Der Spiethoff'sche Zyklus mit der Notwendigkeit der Abfolge der Phasen existiert nicht mehr"[10]; und Gottfried Bombach stellte 1992 lakonisch fest: „Das alte Ebbe-Flut-Schema gehört längst der Vergangenheit an".[11]

Doch auch wenn die am Rhythmus orientierte Konjunkturforschung als akademische Subdisziplin an Bedeutung verlor,[12] zeigt sich die Vorstellung vom rhythmischen Verlauf der Wirtschaft – auch gegen andere Impulse aus den Wirtschaftswissenschaften – als bis heute zentraler Bestandteil kollektiver ökonomi-

---

9 Zit. n. Louçã: The Years of High Econometrics (2007), S. 232. Norbert Kloten sieht den Grund für die augenscheinliche Irrelevanz der Idee von den Konjunkturzyklen in den 1960er- und frühen 1970er-Jahren in dem volkswirtschaftlichen Ziel der Ökonomen, „das gesamtwirtschaftliche Wachstum auf hohem Niveau zu verstetigen" – ein Anspruch, der mit der „‚Konjunkturforschung' im zuvor praktizierten Sinn" nicht kompatibel war und diese entsprechend bedeutungslos werden ließ: Konjunkturforschung „war nicht mehr gefragt", deutlich ablesbar an den „Forschungsinstituten, die den Terminus in ihrem Namen führten" und ihn nun „fallen [ließen] – zugunsten der Vokabel ‚Wirtschaftsforschung'." Norbert Kloten: Einführung in das Thema. In: Forum der Bundesstatistik 35/2000: Konjunkturforschung heute – Theorie, Messung, Empirie. Beiträge zum wissenschaftlichen Kolloquium am 18./19. November 1999 in Wiesbaden, S. 8–11; S. 9, 11.

10 Schiefer: Konjunkturtheorie und Konjunkturindikatoren (1968), S. 5.

11 Bombach: Zyklen im Ablauf des Wirtschaftsprozesses (1992), S. 38. 1999 fragte bei einem wissenschaftlichen Kolloquium zur „Konjunkturforschung heute" der Volkswirt Michael Hüther: „Lebt der Konjunkturzyklus noch?" Ders.: Konjunkturanalyse und Wirtschaftspolitik – Bezüge in den Jahresgutachten des Sachverständigenrates. In: Forum der Bundesstatistik 35/2000: Konjunkturforschung heute – Theorie, Messung, Empirie. Beiträge zum wissenschaftlichen Kolloquium am 18./19. November 1999 in Wiesbaden, S. 12–45; S. 39.

12 Neue Impulse erfuhr die Konjunkturforschung noch einmal in den 1980er-Jahren durch die (durchaus umstrittene) Real Business-Cycle Theory, die „das zu konstruierende Modell aller Einflußfaktoren zu entkleiden" suchte, „die in der traditionellen Konjunkturtheorie für konjunkturell maßgeblich gehalten wurden". Bernd Lucke: Die Real-Business-Cycle Theorie und ihre Relevanz für die Konjunkturanalyse. HWWA Discussion Paper 178. Hg. v. der Abteilung Internationale Makroökonomie. Hamburg 2002, S. 8. URL: https://www.econstor.eu/ bitstream/10419/19340/1/178.pdf (Abrufdatum: 01.05.2017). Vgl. auch Reinhard Spree: Business Cycles in History. Munich Discussion Paper No. 2002-1. Volkswirtschaftliche Fakultät, Ludwig-Maximilians-Universität München. München 2002. URL: https://epub.ub.uni-muenchen.de/6/1/0201_spree.pdf (Abrufdatum: 01.05.2017). Zum Bedeutungsverlust der Konjunkturforschung in den 1950er-Jahren vgl. u. a. Wilhelm Heinz Schröder, Reinhard Spree: Historische Konjunkturforschung: Aufriß und Desiderata. In. dies. (Hg.): Historische Konjunkturforschung. Stuttgart 1981, S. 7–17; zur Entwicklung der Konjunkturforschung bis in die 1970er-Jahre auch Gunther J. Tichy: Konjunkturschwankungen. Theorie, Messung, Prognose. Berlin, Heidelberg, New York 1976 (= Heidelberger Taschenbücher Bd. 174).

scher Wissensbestände.[13] Diese Beobachtung manifestiert sich nicht zuletzt in der im Eingangskapitel der vorliegenden Studie erwähnten Imagekampagne der *Zentralbibliothek für Wirtschaftswissenschaften*. Das rhythmische Auf und Ab des Konjunkturzyklus, wie es sich in dem vorgestellten Motiv und der dort gezeigten Formensprache, allen voran der Faltbrücke in der Kieler Förde, manifestiert, dient nun der allgemeinen Repräsentation ökonomischer Expertise.

Dass das Rhythmische darüber hinaus auch als epistemische Figur innerhalb der wirtschaftswissenschaftlichen Theoriebildung weiterhin wirkmächtig ist, zeigt exemplarisch der Rückbezug auf eine weitere Brücke: 2009 nutzte der *Princeton*-Ökonom Huyn Song Shin das Beispiel nun der Londoner *Millenium Bridge* zur Plausibilisierung seiner Theorie der finanzökonomischen Feedbacks.[14] Wie die Brücke, die durch sich synchronisierende Bewegungen der Fußgänger:innen derart in Schwingungen geriet, dass sie bald nach der Eröffnung aus Sicherheitsgründen wieder gesperrt wurde und schließlich mit einem Stoßdämpfersystem nachgerüstet werden musste, zeige sich auch bei wirtschaftlichen Phänomenen der Rhythmus der Bewegung nun als destabilisierendes Moment, als Rhythmuskatastrophe. Shin präsentiert damit eine Sichtweise, die interessanterweise auch neue Theoretisierungsversuche des Rhythmus in den Kulturwissenschaften bestimmt.[15] Schon hier bietet sich hinreichend Forschungspotenzial für eine in ihren Ansätzen wie Perspektiven breit aufgestellte Europäische Ethnologie/Empirische Kulturwissenschaft der Ökonomik.

Wie die Konjunkturforschung, so scheint auch generell die wissenschaftliche Beschäftigung mit Rhythmusphänomenen Konjunkturen unterworfen zu sein. Wenn der Eindruck stimmt, dann ist in jüngerer Zeit ein neues disziplinenübergreifendes Interesse am Rhythmischen zu beobachten. Davon zeugt nicht nur eine in den ersten Dekaden des 21. Jahrhunderts erkennbare Massierung von Tagungen und Sammelbänden zum Rhythmus sowie einschlägiger Themenhefte verschiedener Fachzeitschriften (vgl. Kap. III), sondern etwa auch die Verleihung des Nobelpreises für Medizin 2017 an ein Forschungsteam, das sich mit „unserer inneren Uhr" beschäftigt und dem die Entschlüsselung der „Mechanismen zum Tag-Nacht-Rhythmus" gelungen sei.[16] Und nicht zuletzt wäre dann auch die hier vorliegende Untersuchung

---

13 Werner Reichmann spricht davon, dass „die prinzipielle Existenz der regelmäßigen Wechselzustände zwischen Auf und Ab (oder auch schnelleren und langsameren Wachstumsschwankungen) als eine der wenigen unumstrittenen Tatsachen in der Ökonomie akzeptiert wird." Ders.: Die Disziplinierung des ökonomischen Wandels (2010), S. 20. Und mit Blick auf die öffentliche Wahrnehmung der Konjunkturforschung: „Über so viel mediale Aufmerksamkeit und öffentliche Reaktion kann sich nicht jede wissenschaftliche Disziplin freuen"; ebd., S. 16.

14 Huyn Song Shin: Risk and Liquidity. Oxford u. a. 2010; vgl. John Cassidy: How Markets Fail. The Logic of Economic Calamities. London u. a. 2009.

15 Vgl. die Ausführungen in Kap. IV.4.

16 Vgl. Spiegel Online vom 02.10.2017: Medizin-Nobelpreis 2017. US-Forscher entschlüsseln unsere innere Uhr. URL: http://www.spiegel.de/gesundheit/diagnose/nobelpreis-

als ein weiterer Ausdruck dieses neuerlichen konjunkturellen Aufschwungs der Rhythmusforschung zu werten.

Die Studie handelte von der Idee des Rhythmus in der Ökonomik. Das Schlusswort soll von dem Ökonomen kommen, der die Konjunkturen-sensible Wirtschaftsforschung wohl am nachhaltigsten geprägt hat, ohne sich jedoch jemals intensiv mit dem Wesen des Konjunkturzyklus selbst beschäftigt zu haben[17], und der daher im Verlauf der Ausführungen nur eine marginale Rolle spielte, nämlich von John Maynard Keynes:

> „Praktiker, die sich ganz frei von intellektuellen Einflüssen glauben, sind gewöhnlich die Sklaven irgendeines verblichenen Ökonomen. […] Aber früher oder später sind es Ideen, und nicht erworbene Rechte, von denen die Gefahr kommt, sei es zum Guten oder zum Bösen."[18]

---

medizin-2017-us-forscher-ausgezeichnet-fuer-entdeckungen-zum-tag-nacht-rhythmus-a-1170909.html (Abrufdatum: 09.10.2017). Der Preis ging an Jeffrey C. Hall, Michael Rosbash und Michael W. Young.

17 Vgl. Hicks: A Contribution to the Theory of the Trade Cycle (1950), S. 1: „Keynesian economics, in spite of all that it has done for our understanding of business fluctuations, has beyond all doubt left at least one major thing quite unexplained; and that thing is nothing less than the business cycle itself." In der Festschrift für Arthur Spiethoff ist Keynes zwar mit einem Beitrag vertreten, der sich jedoch nicht wirklich mit dem Phänomen des Konjunkturzyklus selbst auseinandersetzt; John Maynard Keynes: o. T. In: Aftalion u. a.: Der Stand und die nächste Zukunft der Konjunkturforschung (1933), S. 123–125.

18 John Maynard Keynes, zit. n. Sedláček: Die Ökonomie von Gut und Böse (2012), S. 19.

Quellen- und Literaturverzeichnis

1 Archive

Deutsches Institut für Wirtschaftsforschung (DIW), ehemals: Institut für Konjunkturforschung (IfK)

Jahresberichte des Instituts für Konjunkturforschung für das Geschäftsjahr 1925/26, 1926/27, 1927/28, 1928/29, 1929/30, 1930/31, 1931/32 sowie für das Jahr 1933, 1934, 1935, 1936, 1937, 1938

Hamburgisches Welt-Wirtschafts-Archiv (HWWA), Zeitungsausschnittsammlung

Länderarchiv

[A 1 k 1 SM 8]	1908–1945 Konjunkturforscher, Konjunkturforschung. Europa
[A 10 k 1 SM 8]	1908–1945 Konjunkturforscher, Konjunkturforschung. Deutschland
[A 10 n SM 54]	1908–1945 Konjunkturbeobachtung (Konjunkturschwankungen), Konjunkturprognosen. Deutschland
[A 40b k 1 SM 8]	1908–1945 Österreichisches Institut für Konjunkturforschung. Österreich
[A 40b n SM 54]	1908–1945 Konjunkturbeobachtung (Konjunkturschwankungen). Österreich
[E 15 k 1 SM 8]	1908–1945 NBER (National Bureau of Economic Research, USA), Konjunkturforscher/Konjunkturforschung. USA
[E 15 n SM 54]	1908–1945 Konjunkturbeobachtung (Konjunkturschwankungen), Konjunkturprognosen. USA
[H k 1 SM 8]	1908–1945 Konjunkturforscher/Konjunkturforschung. Weltweit
[H n SM 54]	1908–1945 Konjunkturbeobachtung (Konjunkturschwankungen), Konjunkturprognosen. Weltweit

Personenarchiv

Mappe [Karl Bücher]
Mappe [Friedrich August von Hayek]
Mappe [Nikolaj Dimitrievic Kondratev]
Mappe [Günter Schmölders]
Mappe [Arthur Spiethoff]
Mappe [Ernst Wagemann]

Firmenarchiv

[A 10 D 134]	DIW
[A 10 I 38]	IfW (Kiel)
[A 10 R 918]	RWI (Essen)
[A 10 D 120]	
[A 10 I 19-A 10 I 54]	
[A 10 R 419-A 10 S 17]	

Institut für Weltwirtschaft, Kiel (IfW)

[F 61 x 585]
[Hs. Allg. 1]
[Hs. Allg. 1a]
[Hs. Allg. 1b]
[Hs.Allg. 1c]
[Hs. Allg. 4, 5, 6]
[Hs. Allg. 7]
[Hs. Allg. 9, 10a, 10b]
[Hs. Allg. 11, 12]
[Hs. Allg. 13, 14 (Besichtigungen des Instituts)]
[Hs. Allg. 15, 16]
[Hs. Allg. 17, 18]
[Hs. Allg. 19, 20 (Ehrenmitglieder des Instituts. Verschiedenes)]
[Hs. Allg. 20a]
[Hs. Allg. 20b (Astwik)]
[Hs. Allg. 22 (Berichte über 1., 11. und 12. April 1933)]
[Hs. Allg. 23 (Änderung des Namens des Instituts)]
[Hs. Allg. 26]
[Hs. Allg. 27 (Errichtungsurkunde)]
[Hs. Allg. 28 (Verlagsverträge)]
[Hs. Allg. 29 (Kruppdenkmal)]
[Hs. Allg. 30 (Eingaben)]
[Hs. Allg. 31]
[Hs. Allg. 32]
[Hs. Allg. 33 (Grundsatzung)]
[Hs. Allg. 34 (Feldpost)]
[Hs. Allg. 35]
[Hs. Harms]
[Hs. Harms M 1]
[Hs. Harms M 7]
[Hs. Harms M 9z]
[Hs. Harms 8]
[Hs. Harms 8 f]
[Hs. Harms 8 g]
[Hs. Harms 8 h]
[Hs. Harms 8 i]
[Hs. Harms 8 k]
[Hs. Harms 8 x]
[Hs. Harms 9]
[Hs. Harms 9 x]
[Hs. Harms.10]

[Hs. K.N., W.N. u. Wi.D.]
[Hs. K.U.]
[Hs. K.V.]
[Hs. N.A.]
[Hs. N.A. 1 (Haus Nachrichtenabteilung)]
[Hs. P.d.W.]
[Hs. We.A.]
[Hs. We.A. Allg.]
[Hs. Wi.A.]
[Hs. Wi.A 1]
[Hs. Wi.A. G]
[Hs. Wi.A z]
[Hs. Wi.A 3]
[Hs. Wi.A 5]
[Hs. Wibr.]
[Hs. WKrg.]

Österreichisches Institut für Wirtschaftsforschung (WIFO)/WIFO Archiv

Jahresbericht des Vorstandes des Vereines Oesterreichisches Institut für Konjunkturforschung. Masch. Wien 19.03.1928.

2 Systematisch gesichtete Periodika

Monatsberichte des Österreichischen Institutes für Konjunkturforschung, Wien (Jahrgänge 1/1927–10/1936)

News Bulletin. Hg. vom National Bureau of Economic Research, Cambridge (MA) (Jahrgänge 1/1922–48/1933)

Vierteljahrshefte zur Konjunkturforschung. Hg. vom Institut für Konjunkturforschung, Berlin (Jahrgänge 1/1926–4/1929)

Weltwirtschaftliches Archiv. Hg. vom Institut für Weltwirtschaft, Kiel (Jahrgänge 1/1913–52/1940)

3 Systematisch gesichtete Internetquellen

„Annual Reports" des *National Bureau of Economic Research* seit 1920. URL: http://www.nber.org/nberhistory/annualreports.html (Abrufdatum: 07.07.2017).

Correspondence Slutskii-Frisch, 1925–1936. Transcribed by Mag. Guido Rauscher (Vienna), May 2005. URL: http://www.sv.uio.no/econ/om/tall-og-fakta/nobelprisvinnere/ ragnar-frisch/correspondence/slutskii_frisch_vers.17.06.05%5B1%5D.pdf (Abrufdatum: 07.07.2017).

Foundation for the Study of Cycles, Homepage der Vereinigung. URL: www.cycleslibrary. org (Abrufdatum: 31.08.2013).

4 Literatur

Adams, Arthur B.: Economics of Business Cycles. New York, London 1925.

Aftalion, Albert: Les crises périodiques de surproduction. 2 Bde Paris 1913.

Aftalion, Albert u. a.: Der Stand und die nächste Zukunft der Konjunkturforschung. Festschrift für Arthur Spiethoff. Mit einem Vorwort von Joseph Schumpeter. München 1933.

Åkerman, Johan: Om det ekonomiska livets rytmik. Stockholm 1928.

Albrecht, Ralf: Jugendkultur und Rhythmus. Eine Untersuchung der Westberliner Halbstarkenkrawalle 1956–58 unter kommunikationsrhythmischem Aspekt. Frankfurt/Main 2009.

Allen, Roy George Douglas: The Work of Eugen Slutsky. In: Econometrica 18/1950, H. 3, S. 209–216.

Alstyne, Dorothy van; Osborne, Emily: Rhythmic Responses of Negro and White Children Two to Six. With a Special Focus on Regulated and Free Rhythm Situations. Washington, D.C. 1937 (Reprint New York 1966).

Althans, Birgit u. a. (Hg.): Kreativität. Eine Rückrufaktion. Bielefeld 2008 (= Zeitschrift für Kulturwissenschaften Bd. 1/2008).

Althaus, Hans-Joachim u. a.: Da ist nirgends nichts gewesen außer hier. Das ‚rote Mössingen' im Generalstreik gegen Hitler. Geschichte eines schwäbischen Arbeiterdorfes. Berlin 1982.

Altschul, Eugen: Die moderne Konjunkturforschung in ihrer Beziehung zur theoretischen Nationalökonomie. In: Karl Diehl (Hg.): Beiträge zur Wirtschaftstheorie. 2. Teil: Konjunkturforschung und Konjunkturtheorie. München, Leipzig 1928 (= Schriften des Vereins für Sozialpolitik Bd. 173), S. 165–184.

Altschul, Eugen: Vorwort des Herausgebers. In: Wesley C. Mitchell: Der Konjunkturzyklus. Problem und Problemstellung. Nach der vom Verfasser durchgesehenen und ergänzten Originalausgabe hg. v. Eugen Altschul. Leipzig 1931, S. III–V.

Altschul, Eugen: (Aufgabe, Voraussetzung und Grenzen der empirisch-statistischen Konjunkturforschung). In: Albert Aftalion u. a.: Der Stand und die nächste Zukunft der Konjunkturforschung. Festschrift für Arthur Spiethoff. Mit einem Vorwort von Joseph Schumpeter. München 1933, S. 11–15.

Alvey, James E.: Stanley Jevons: A Centennial Assessment (1982). In: John Cunningham Wood (Hg.): William Stanley Jevons. Critical Assessments. London, New York 1988, Bd. 1, S. 351–368.

Amann, Klaus; Knorr Cetina, Karin: The Fixation of (Visual) Evidence. In: Human Studies 11/1988, S. 133–169.

Amonn, Alfred: Die Probleme der wirtschaftlichen Dynamik. In: Archiv für Sozialwissenschaft und Sozialpolitik 38/1914, S. 83–114.

Amsler-Laffon, Jakob: Polar-Planimeter. Schaffhausen 1864.

Anderson, Oskar: Zur Problematik der empirisch-statistischen Konjunkturforschung. Kritische Betrachtung der Harvard-Methoden. Bonn 1929 (= Veröffentlichungen der Frankfurter Gesellschaft für Konjunkturforschung Bd. 1).

Anderson, Oskar: Die Korrelationsrechnung in der Konjunkturforschung. Ein Beitrag zur Analyse von Zeitreihen. Bonn 1929 (= Veröffentlichungen der Frankfurter Gesellschaft für Konjunkturforschung Bd. 4).

Andvig, Jens Christopher: Ragnar Frisch and Business Cycle Research during the Interwar Years. In: Mark Blaug (Hg.): Pioneers in Economics. Bd.: Irving Fisher (1867–1947), Arthur Hadley (1856–1930), Ragnar Frisch (1895–1973), Friedrich von Hayek (1899–1992), Allyn Young (1876–1929), Ugo Mazzola (1863–1899). Aldershot, Brookfield/Vermont 1992, S. 67–97 (Erstabdruck in: History of Political Economy 13/1981, H. 4).

Arminen, Ilkka: Who's Afraid of Financial Markets? In: International Sociology 25/2010, H. 2, S. 170–183.

Assion, Peter: Arbeiterforschung (aktualisiert von Bernd Jürgen Warneken). In: Rolf W. Brednich (Hg.): Grundriß der Volkskunde. Einführung in die Forschungsfelder der Europäischen Ethnologie. 3., überarb. u. erw. Aufl. Berlin 2001, S. 255–289.

Auerbach, Felix: Die graphische Darstellung. Eine allgemeinverständliche, durch zahlreiche Beispiele aus allen Gebieten der Wissenschaft und Praxis erläuterte Einführung in den Sinn und den Gebrauch der Methode. Leipzig, Berlin 1914.

Baade, Fritz: Schweinefibel, oder: Was jeder Bauer vor dem Decken seiner Sauen bedenken muß. Hg. v. der Reichsforschungsstelle für landwirtschaftliches Marktwesen. Berlin 1930.

Babson, Roger W.: Business Fundamentals. How to Become a Successful Business Man. New York 1923.

Babson, Roger W.: Business Barometers Used in the Management of Business and Investment of Money. A Text Book on Applied Economics for Merchants, Bankers and Investors. 18. Aufl. Wellesley Hills (MA) 1926 (1909).

Babson, Roger W.: Investment Fundamentals. New York, London 1930.

Babson, Roger W. : Actions and Reactions. An Autobiography. New York, London 1935.

Babson, Roger W.: Business Barometers for Profits – Security – Income. 9. Aufl. New York 1959 (1940).

Bachmann, Götz: Der Belegschaftskultur-Ansatz und die Links-Volkskunde. Ein Blick zurück nach vorn. In: Irene Götz, Andreas Wittel (Hg.): Arbeitskulturen im Umbruch. Zur Ethnographie von Arbeit und Organisation. Münster u. a. 2000, S. 35–52.

Bachmann, Götz: Kollegialität. Eine Ethnographie der Belegschaftskultur im Kaufhaus. Frankfurt/Main 2014.

Backhaus, Jürgen G. (Hg.): Karl Bücher. Theory – History – Anthropology – Non Market Economies. Marburg 2000.

Backhaus, Jürgen G.: Editor's Introduction. In: ders. (Hg.): Karl Bücher. Theory – History – Anthropology – Non Market Economies. Marburg 2000, S. 7–10.

Bailes, Kendall E.: Alexei Gastev and the Soviet Controversy over Taylorism, 1918–24. In: Soviet Studies 29/1977, H. 3, S. 373–394.

Balke, Friedrich; Siegert, Bernhard; Vogl, Joseph (Hg.): Takt und Frequenz. Paderborn 2011 (= Archiv für Mediengeschichte Bd. 11).

Barkhoff, Jürgen; Böhme, Hartmut; Riou, Jeanne (Hg.): Netzwerke. Eine Kulturtechnik der Moderne. Köln u. a. 2004 (= Literatur – Kultur – Geschlecht Bd. 29).

Barnett, Vincent: Kondratiev and the Dynamics of Economic Development. Long Cycles and Industrial Growth in Historical Context. London u. a. 1998.

Barnett, Vincent: Dating the Long Cycle Turning Points: Kondratiev and After. In: Natalia Makasheva, Warren J. Samuels, Vincent Barnett (Hg.): The Works of Nikolai D. Kondratiev. Translated by Stephen S. Wilson. Bd. 1: Economic Statics, Dynamics and Conjuncture. London 1998, S. XXXV–L.

Barnett, Vincent: Chancing an Interpretation: Slutsky's Random Cycles Revisited. In: European Journal of the History of Economic Thought 13/2006, S. 411–432.

Barnett, Vincent: E.E. Slutsky as Economist and Mathematician. Crossing the Limits of Knowledge. London, New York 2011.

Barr, Kenneth: Long Waves: A Selective, Annotated Bibliography. In: Review (Fernand Braudel Center) 2/1979, H. 4, S. 675–718.

Bartsch, Christian; Bartsch, Hella: Chronobiologie: Rhythmen des Lebens. In: Barbara Naumann (Hg.): Rhythmus. Spuren eines Wechselspiels in Künsten und Wissenschaften. Würzburg 2005, S. 15–48.

Batson, Harold E.: A Select Bibliography of Modern Economic Theory 1870–1929. With an Introduction by Lionel Robbins. London 1930.

Baxmann, Inge: Mythos: Gemeinschaft. Körper- und Tanzkulturen in der Moderne. München 2000.

Baxmann, Inge: Arbeit und Rhythmus. Die Moderne und der Traum von der glücklichen Arbeit. In: dies. u. a. (Hg.): Arbeit und Rhythmus. Lebensformen im Wandel. München 2009, S. 15–35.

Baxmann, Inge; Göschel, Sebastian; Gruß, Melanie; Lauf, Vera (Hg.): Arbeit und Rhythmus. Lebensformen im Wandel. München 2009.

Baxmann, Inge; Göschel, Sebastian; Gruß, Melanie; Lauf, Vera: Einleitung. In: dies. (Hg.): Arbeit und Rhythmus. Lebensformen im Wandel. München 2009, S. 7–11.

Beck, Stefan: Nachmoderne Zeiten. Über Zeiterfahrungen und Zeitumgang bei flexibilisierter Schichtarbeit. Tübingen 1994.

Beck, Stefan: Anmerkungen zu materiell-diskursiven Umwelten der Wissensarbeit. In: Gertraud Koch, Bernd Jürgen Warneken (Hg.): Wissensarbeit und Arbeitswissen. Zur Ethnografie des kognitiven Kapitalismus. Frankfurt/Main, New York 2012, S. 27–39.

Beck, Stefan; Niewöhner, Jörg; Sørensen, Estrid (Hg.): Science and Technology Studies. Eine sozialanthropologische Einführung. Bielefeld 2012.

Becker, Siegfried; Dieterich, Claus-Marco (Hg.): Berg-Bilder. Gebirge in Symbolen – Perspektiven – Projektionen. Marburg 1999 (= Hessische Blätter für Volks- und Kulturforschung Bd. 35).

Beckmann, Ulf: Von Löwe bis Leontief. Pioniere der Konjunkturforschung am Kieler Institut für Weltwirtschaft. Marburg 2000 (= Beiträge zur Geschichte der deutschsprachigen Ökonomie Bd. 15).

Belliger, Andréa; Krieger, David J. (Hg.): ANThology. Ein einführendes Handbuch zur Akteur-Netzwerk-Theorie. Bielefeld 2006.

Bendix, Regina; Hafstein, Valdimar Tr. (Hg.): Culture and Property. Kopenhagen 2009 (= Ethnologia Europaea 39/2009, H. 2).

Benesch, Hellmuth: Das Problem des Begriffes Rhythmus. In: Wissenschaftliche Zeitschrift der Friedrich-Schiller-Universität Jena 4/1954–55, Gesellschafts- und Sprachwissenschaftliche Reihe H. 3/4, S. 359–379.

Benner, Samuel: Benner's Prophecies of Future Ups and Downs in Prices. 9. Aufl. (with Forecast for 1894). Cincinnati 1894.

Benz, Arnold: Das Bild als Bühne der Mustererkennung. Ein Beispiel aus der Astrophysik. In: Bettina Heintz, Jörg Huber (Hg.): Mit dem Auge denken. Strategien der Sichtbarmachung in wissenschaftlichen und virtuellen Welten. Zürich u. a. 2001, S. 65–78.

Berghoff, Hartmut; Vogel, Jakob: Wirtschaftsgeschichte als Kulturgeschichte. Ansätze zur Bergung transdisziplinärer Synergiepotentiale. In: dies. (Hg.): Wirtschaftsgeschichte als Kulturgeschichte. Dimensionen eines Perspektivenwechsels. Frankfurt/Main, New York 2004, S. 9–41.

Bergmann, Eugen von: Die Wirtschaftskrisen. Geschichte der Nationalökonomischen Krisentheorieen. Stuttgart 1895.

Bernhard, Georg: Die Börse. Ihre Geschichte, ihr Wesen und ihre Bedeutung. Berlin 1906 (= Handel, Industrie und Verkehr in Einzeldarstellungen Bd. 7).

Berry, Brian J. L.: Long-Wave Rhythms in Economic Development and Political Behavior. Baltimore, London 1991.

Betz, Gregor: Prediction or Prophecy? The Boundaries of Economic Foreknowledge and Their Socio-Political Consequences. Wiesbaden 2006.

Beveridge, William H.: Weather and Harvest Cycles. In: The Economic Journal 31/1921, H. 124, S. 429–452.

Beveridge, William H.: Wheat Prices and Rainfall in Western Europe. In: Journal of the Royal Statistical Society 85/1922, H. 3, S. 412–475.

Bickel, Beate; Kuntz, Andreas: Handwerksforschung. In: Rolf W. Brednich (Hg.): Grundriß der Volkskunde. Einführung in die Forschungsfelder der Europäischen Ethnologie. 3., überarb. u. erw. Aufl. Berlin 2001, S. 171–200.

Billeter, Ernst P.; Vlach, Vladimir: Zeitreihen-Analyse. Einführung in die praktische Anwendung. Würzburg, Wien 1981.

Bjerkholt, Olav: Frisch's Econometric Laboratory and the Rise of Trygve Haavelmo's Probability Approach. In: Econometric Theory 21/2005, H. 3, S. 491–533.

Bjerkholt, Olav: Ragnar Frisch's Contribution to Business Cycle Analysis. Oslo 2007 (= Memorandum 08/2007).

Blacking, John: Towards an Anthropology of the Body. In: ders. (Hg.): The Anthropology of the Body. London 1977, S. 1–28.

Blackler, Frank: Knowledge, Knowledge Work and Organizations: An Overview and Interpretation. In: Organization Studies 16/1995, H. 6, S. 1021–1046.

Bloch, Marc: Karl Bücher. In: ders., Lucien Fèbvre (Hg.): Annales d'histoire économique et sociale. Bd. 4. Paris 1932, S. 65 f.

Blumenberg, Hans: Theorie der Unbegrifflichkeit. Aus dem Nachlaß hg. v. Anselm Haverkamp. Frankfurt/Main 2007.

Blumenberg, Hans: Paradigmen zu einer Metaphorologie. Kommentar von Anselm Haverkamp unter Mitarbeit von Dirk Mende und Mariele Nientied. Frankfurt/Main 2013.

Bockelmann, Eske: Im Takt des Geldes. Zur Genese modernen Denkens. Springe 2004.

Bode, Rudolf: Aufgaben und Ziele der rhythmischen Gymnastik. 2. Aufl. München 1923.

Bode, Rudolf: Rhythmus und Körpererziehung. Fünf Abhandlungen. Jena 1925.

Bode, Rudolf: Ausdrucksgymnastik. München 1926.

Boianovsky, Mauro (Hg.): Business Cycle Theory. Selected Texts 1860–1939. Bd. 5–8. London 2005.

Boldyrev, Ivan A.: Philosophy of Science or Science and Technology Studies? Economic Methodology and Auction Theory. In: International Studies in the Philosophy of Science 26/2012, H. 3, S. 289–307.

Boldyrev, Ivan: Ökonomische Maschinen: Zur Performativität der Gleichgewichtstheorie. In: Hanno Pahl, Jan Sparsam (Hg.): Wirtschaftswissenschaft als Oikodizee? Diskussionen im Anschluss an Joseph Vogls *Gespenst des Kapitals*. Wiesbaden 2013, S. 77–90.

Bolton, Thaddeus L.: Rhythm. In: The American Journal of Psychology 6/1894, H. 2, S. 145–238.

Bombach, Gottfried: Zyklen im Ablauf des Wirtschaftsprozesses. Mythos und Realität. Opladen 1992 (= Vorträge Rheinisch-Westfälische Akademie der Wissenschaften N396).

Boumans, Marcel: Paul Ehrenfest and Jan Tinbergen: A Case of Limited Physics Transfer. In: Neil de Marchi (Hg.): Non-Natural Social Science: Reflecting on the Enterprise of *More Heat than Light*. Durham, London 1993 (= History of Political Economy, Annual Supplement to Volume 25), S. 131–156.

Boumans, Marcel: Built-In Justification. In: Mary S. Morgan, Margaret Morrison (Hg.): Models as Mediators. Perspectives on Natural and Social Science. Cambridge 1999, S. 66–96.

Boumans, Marcel: How Economists Model the World into Numbers. London 2005.

Bourdieu, Pierre: Le sens pratique. Paris 1980.

Bowker, Geoffrey C.; Star, Susan Leigh: Sorting Things Out. Classification and Its Consequences. Cambridge (MA), London 1999.

Braun, Karl u. a. (Hg.): Wirtschaften. Kulturwissenschaftliche Perspektiven. Marburg 2019.

Braun, Karl u. a.: Vorwort. In: dies. (Hg.): Wirtschaften. Kulturwissenschaftliche Perspektiven. Marburg 2019, S. 11 f.

Bratt, Elmer Clark: Business Cycles and Forecasting. 3. Aufl. Chicago (IL) 1949.

Briese, Olaf: Die Regeln von der Ausnahme. Das epidemiologische Dilemma. In: Christian Kassung, Thomas Macho (Hg.): Kulturtechniken der Synchronisation. München 2013, S. 77–98.

Brinkmann, Carl: (Zyklus und Trend). In: Albert Aftalion u. a.: Der Stand und die nächste Zukunft der Konjunkturforschung. Festschrift für Arthur Spiethoff. Mit einem Vorwort von Joseph Schumpeter. München 1933, S. 38–41.

Brooks, John: Profiles … Something Out There. In: The New Yorker Magazine 1962. Wiederabdruck in: Cycles 07–08/1971, S. 167–175; S. 169 f. URL: www.cycleslibrary.org/history/index.htm (Abrufdatum: 31.08.2013).

Brown, Ernest W.: A Simple and Inexpensive Apparatus for Tidal Analysis. In: The American Journal of Science 229/1915, S. 386–390.

Browning, Barbara: Infectious Rhythm. Metaphors of Contagion and the Spread of African Culture. New York, London 1998.

Bruck, Werner Friedrich: (Aphorismen zur Konjunkturtheorie und Konjunkturpolitik und ihre Grenzen). In: Albert Aftalion u. a.: Der Stand und die nächste Zukunft der Konjunkturforschung. Festschrift für Arthur Spiethoff. Mit einem Vorwort von Joseph Schumpeter. München 1933, S. 42–45.

Brück, Armin: Die Konjunktur- und Krisentheorien der Österreichischen Nationalökonomie und der jüngeren Historischen Schule. Vor dem Hintergrund der deutschen Wirtschaftslage zwischen 1918 und 1933. Hamburg 2009 (= Volkswirtschaftliche Forschungsergebnisse Bd. 146).

Brückner, Wolfgang: Ordnungsdiskurse in den Kulturwissenschaften. In: Österreichische Zeitschrift für Volkskunde 102/1999, S. 457–497.

Brückner, Wolfgang: Fiktion des Homo oeconomicus als Konstrukt des 18. bis 20. Jahrhunderts. In. ders.: Bilddenken. Mensch und Magie oder Missverständnisse der Moderne. Münster u. a. 2013, S. 87–106.

Brüstle, Christa u. a. (Hg.): Aus dem Takt. Rhythmus in Kunst, Kultur und Natur. Bielefeld 2005.

Brüstle, Christa u. a.: Zur Einleitung: Rhythmus im Prozess. In: dies. (Hg.): Aus dem Takt. Rhythmus in Kunst, Kultur und Natur. Bielefeld 2005, S. 9–30.

Bruhn, Herbert: Zur Definition von Rhythmus. In: Katharina Müller, Gisa Aschersleben (Hg.): Rhythmus. Ein interdisziplinäres Handbuch. Bern u. a. 2000, S. 41–56.

Buchanan, Mark: Forecast. What Physics, Meteorology and the Natural Sciences Can Teach Us About Economics. New York u. a. 2013.

Bücher, Karl: Arbeit und Rhythmus. Mit 26 Abbildungen auf 14 Tafeln. 6., verb. u. erw. Aufl. Leipzig 1924 [1896].

Bühler, Walter: Musikalische Skalen bei Naturwissenschaftlern der frühen Neuzeit. Eine elementarmathematische Analyse. Frankfurt/Main 2013.

Büttner, Christoph; Piotrowski, Carolin (Hg.): Im Rhythmus. Entwürfe alternativer Arbeitsweisen von 1900 bis in die Gegenwart. Paderborn 2018.

Bullock, Charles J.: International Collaboration in the Study of Economic Conjuncture. In: ders. u. a.: Beiträge zur Konjunkturlehre. Festschrift zum zehnjährigen Bestehen des Instituts für Konjunkturforschung. Hamburg 1936, S. 21–54.

Bullock, Charles J. u. a.: Beiträge zur Konjunkturlehre. Festschrift zum zehnjährigen Bestehen des Instituts für Konjunkturforschung. Hamburg 1936.

Burri, Regula: Doing Images. Zur soziotechnischen Fabrikation visueller Erkenntnis in der Medizin. In: Bettina Heintz, Jörg Huber (Hg.): Mit dem Auge denken. Strategien der Sichtbarmachung in wissenschaftlichen und virtuellen Welten. Zürich u. a. 2001, S. 277–303.

Callon, Michel (Hg.): The Laws of the Markets. Oxford, Malden (MA) 1998.

Callon, Michel: Introduction: the Embeddedness of Economic Markets in Economics. In: ders. (Hg.): The Laws of the Markets. Oxford, Malden (MA) 1998, S. 1–57.

Callon, Michel; Millo, Yuval; Muniesa, Fabian (Hg.): Market Devices. Malden (MA), Oxford 2007.

Canetti, Elias: Masse und Macht. Frankfurt/Main 1980 (1960).

Cannon, Susan Faye: Science in Culture: The Early Victorian Period. New York 1978.

Caskel, Julian: Die Theorie des Rhythmus. Geschichte und Ästhetik einer Denkfigur des 20. Jahrhunderts. Bielefeld 2020.

Cassidy, John: How Markets Fail. The Logic of Economic Calamities. London u. a. 2009.

Castells, Manuel: Der Aufstieg der Netzwerkgesellschaft. Das Informationszeitalter: Wirtschaft. Gesellschaft. Kultur Bd. 1. 2. Aufl. Wiesbaden 2017 (Orig.: The Rise of the Network Society. The Information Age: Economy, Society and Culture. Cambridge (MA) 1996).

Cehak, Gerd: Über das psychomotorische Tempo und die Rhythmik, eine rassenpsychologische Untersuchung. München 1937.

Cha, Kyung-Ho: Zusammenleben. Zum musikologisch-biologischen Denkstil im Fin de siècle (Paul Kammerer, Alma und Gustav Mahler). In: Karsten Lichau, Viktoria Tkaczyk, Rebecca Wolf (Hg.): Resonanz. Potentiale einer akustischen Figur. München 2009, S. 123–141.

Chandrasekhar, Subrahmanyan: Truth and Beauty. Aesthetics and Motivations in Science. Chicago, London 1987.

Clausing, Gustav: Roger W. Babsons Beobachtungsverfahren der wirtschaftlichen Wechsellagen. In: Schmollers Jahrbuch für Gesetzgebung, Verwaltung und Volkswirtschaft im Deutschen Reiche 52/1928, H. 1, S. 101–120.

Coenen, Étienne: La „Konjunkturforschung" en Allemagne et en Autriche 1925–1933. Louvain, Paris 1964.

Colm, Gerhard: o. T. In: Albert Aftalion u. a.: Der Stand und die nächste Zukunft der Konjunkturforschung. Festschrift für Arthur Spiethoff. Mit einem Vorwort von Joseph Schumpeter. München 1933, S. 56–60.

Colm, Gerhard: Entwicklungen in Konjunkturforschung und Konjunkturpolitik in den Vereinigten Staaten von Amerika. Kiel 1954 (= Kieler Vorträge N.F.H. 6).

Condon, William S.: Cultural Microrhythms. In: Martha Davis (Hg.): Interaction Rhythms. Periodicity in Communicative Behavior. New York 1982, S. 53–76.

Cox, Garfield V.: An Appraisal of American Business Forecasts. Chicago (IL) 1929.

Cronin, James E.: Stages, Cycles, and Insurgencies: The Economics of Unrest. In: Terence K. Hopkins, Immanuel Wallerstein (Hg.): Processes of the World-System. Beverly Hills, London 1980 (= Political Economy of the World-System Annuals Bd. 3), S. 101–118.

Cuonz, Daniel: New Economic Criticism. In: Joseph Vogl, Burkhardt Wolf (Hg.): Handbuch Literatur & Ökonomie. Berlin, Boston 2019 (= Handbücher zur kulturwissenschaftlichen Philologie Bd. 8), S. 33–47.

Därmann, Iris; Mahlke, Kirsten: Das Notebook von Marcel Mauss. Eine Einführung in eine ‚impressionistische Kladde'. In: Marcel Mauss: Handbuch der Ethnographie. Aus dem Französischen von Lars Dinkel und Andreas Haarmann. Hg. v. Iris Därmann und Kirsten Mahlke. München 2013 (= Übergänge Bd. 60; Orig.: Manuel d'ethnographie; Paris 1967), S. 9–45.

Davies, Phil; Mahon, Joe: The Meaning of Slutsky. The Insight of an Obscure Soviet Statistician – that Random Processes Can Form Cyclical Patterns – Has Profoundly Shaped Our Understanding of Economic Booms and Recessions. In: The Region 12/2009, S. 13–16, 42–46.

Davis, Erik: Roots and Wires. Polyrhythmic Cyberspace and the Black Electronic. URL: http://www.techgnosis.com/cyberconf.html (Abrufdatum: 17.05.2010).

Davis, Harold T.: The Analysis of Economic Time Series. Bloomington (IN) 1941 (= Monograph 6 of the Cowles Commission for Research in Economics).

Davis, Harold T.: The Analysis of Economic Time Series. With a Foreword by Alfred Cowles. Neuaufl. San Antonio (TX) 1963 (1941).

De Foville, Alfred: Essai de météorologie économique et sociale. In: Journal de la société statistique de Paris 29/1888, S. 243–249.

Dejung, Christof: Einbettung. In: ders., Monika Dommann, Daniel Speich Chassé (Hg.): Auf der Suche nach der Ökonomie. Historische Annäherungen. Tübingen 2014, S. 47–71.

Deleuze, Gilles; Guattari, Félix: A Thousand Plateaus: Capitalism and Schizophrenia. Minneapolis 1987 (Orig.: Mille plateaux: Les Editions de Minuit. Paris 1980).

De Marchi, Neil (Hg.): Non-Natural Social Science: Reflecting on the Enterprise of *More Heat than Light*. Durham, London 1993 (= History of Political Economy, Annual Supplement to Volume 25).

De Marchi, Neil: Introduction. In: ders., Craufurd D. W. Goodwin (Hg.): Economic Engagements with Art. Durham, London 1999 (= History of Political Economy, Annual Supplement Bd. 31), S. 1–30.

De Marchi, Neil; Goodwin, Craufurd D. W. (Hg.): Economic Engagements with Art. Durham, London 1999 (= History of Political Economy, Annual Supplement to Volume 31).

Deutsches Institut für Wirtschaftsforschung (Hg.): Gelehrtenrepublik und Denkfabrik. Das Deutsche Institut für Wirtschaftsforschung 1925–2012. Berlin 2012.

Deutsches Institut für Wirtschaftsforschung (Hg.): Gelehrtenrepublik und Denkfabrik. Das Deutsche Institut für Wirtschaftsforschung 1925–2015. Berlin 2015.

Dewey, Edward R.: Putting Cycles to Work in Science and Industry. Masch. Manuskript New York [1942].

Dewey, Edward R.: The Membership Plan. In: Cycles 4/1951, S. 153 f.

Dewey, Edward R.: Cycles, The Foundation for the Study of Cycles, and You. In: Cycles 3/1957, S. 61–69.

Dewey, Edward R.: The Case for Cycles. In: Cycles 7/1967. URL: www.cyclesresearchinstitute.org/cycles-general/case_for_cycles.pdf (Abrufdatum: 31.08.2013).

Dewey, Edward R.; Dakin, Edwin F.: Cycles. The Science of Prediction with 1950 Postscript: Further Deflation and Its Promise. New York 1950 (1949).

Diaz-Bone, Rainer; Hartz, Ronald (Hg.): Dispositiv und Ökonomie. Diskurs- und dispositivanalytische Perspektiven auf Märkte und Organisationen. Wiesbaden 2017.

Diaz-Bone, Rainer, Krell, Gertraude (Hg.): Diskurs und Ökonomie. Diskursanalytische Perspektiven auf Märkte und Organisationen. Wiesbaden 2009.

Diehl, Karl: Einleitung. In: Franz Boese (Hg.): Wandlungen des Kapitalismus. Auslandanleihen. Kredit und Konjunktur. Verhandlungen des Vereins für Sozialpolitik in Zürich 1928. München, Leipzig 1929 (= Schriften des Vereins für Sozialpolitik Bd. 175), S. 275–287.

Dietzel, Heinrich: Ernten (Erntezyklus und Wirtschaftszyklus). In: Johannes Conrad u. a. (Hg.): Handwörterbuch der Staatswissenschaft. Bd. 3: Binnenschiffahrt – Exportmusterlager. Jena 1909, S. 1091–1102.

Dinerstein, Joel: Swinging the Machine. Modernity, Technology, and African American Culture between the World Wars. Amherst, Boston 2003.

Dittmeyer, Daria; Hommers, Jeannet; Windmüller, Sonja (Hg.): Verrückt, Verrutscht, Versetzt. Zur Verschiebung von Gegenständen, Körpern und Orten. Berlin 2015 (= Schriftenreihe der Isa Lohmann-Siems Stiftung Bd. 8).

Dohrn, Wolf: Die Aufgabe der Bildungsanstalt Jaques-Dalcroze. Niederschrift nach einer Rede zur Grundsteinlegung des Institutes, gehalten im Alten Landhaus zu Dresden am 22. April 1911. In: Der Rhythmus. Ein Jahrbuch 1/1911, S. 2–19.

Dommann, Monika; Meier, Marietta: Wissenschaft, die Bilder schafft. In: Traverse. Zeitschrift für Geschichte 6/1999, S. 15–18.

Dommann, Monika; Speich Chassé, Daniel; Suter, Mischa: Einleitung: Wissensgeschichte ökonomischer Praktiken. In: Berichte zur Wissenschaftsgeschichte 37/2014, H. 2, S. 107–111.

Donner, Martin: Fouriers Beitrag zur Geschichte der Neuen Medien (2006). URL: www.medienwissenschaft.hu-berlin.de/de/medienwissenschaft/medientheorien/hausarbeiten/downloads/hausarbeiten/fourier-neue-medien-web.pdf (Abrufdatum: 22.06.2015).

Donner, Otto: Die Saisonschwankungen als Problem der Konjunkturforschung. Berlin 1928 (= Vierteljahrshefte zur Konjunkturforschung, Sonderheft 6).

Donner, Otto: Die Saisonschwankungen der wichtigsten Wirtschaftsvorgänge in Deutschland seit 1924. Mit einer Zusammenstellung der wichtigsten Wirtschaftszahlen, ihrer Saisonnormalen und ihrer saisonbereinigten Entwicklung. Berlin 1928 (= Vierteljahrshefte zur Konjunkturforschung, Sonderheft 11).

Drascek, Daniel: Zeitkultur. Zur Rhythmisierung des Alltags zwischen zyklischer und linearer Zeitordnung um die Jahrhundertwende. In: Rolf Wilhelm Brednich, Annette Schneider, Ute Werner (Hg.): Natur–Kultur. Volkskundliche Perspektiven auf Mensch und Umwelt. 32. Kongress der Deutschen Gesellschaft für Volkskunde in Halle vom 27.9. bis 1.10.1999. Münster u. a. 2001, S. 395–404.

Dürr, Walther; Gerstenberg, Walter: Rhythmus, Metrum, Takt. In: Friedrich Blume (Hg.): Die Musik in Geschichte und Gegenwart. Allgemeine Enzyklopädie der Musik. Bd. 11. Kassel u. a. 1963, Sp. 383–419.

Duijn, Jacob J. van: The Long Wave in Economic Life. London 1983.

Dupriez, Léon H.: Konjunkturphilosophie. Übersetzt von Dipl.-Vw. Klaus Dieter Schneider. Berlin 1963 (Orig.: Des mouvements économiques généraux. Louvain 1947).

Echterhölter, Anna: Ökonomische Praktiken. In: Ilinx 3/2013: Ökonomische Praktiken, S. VII–XXX.

Eckert, Christian: (Prognosen, keine Prophezeiungen). In: Albert Aftalion u. a.: Der Stand und die nächste Zukunft der Konjunkturforschung. Festschrift für Arthur Spiethoff. Mit einem Vorwort von Joseph Schumpeter. München 1933, S. 64–69.

Edensor, Tim (Hg.): Geographies of Rhythm. Nature, Place, Mobilities and Bodies. Farnham/ Surrey, Burlington (VT) 2010.

Ege, Moritz; Wietschorke, Jens: Figuren und Figurierungen in der empirischen Kulturanalyse. Methodologische Überlegungen am Beispiel der „Wiener Typen“ vom 18. bis zum 20. und des Berliner „Prolls“ im 21. Jahrhundert. In: LITheS 11/2014, S. 16–35.

Eggers, Michael; Rothe, Matthias (Hg.): Wissenschaftsgeschichte als Begriffsgeschichte. Terminologische Umbrüche im Entstehungsprozess der modernen Wissenschaften. Bielefeld 2009.

Eggers, Michael; Rothe, Matthias: Die Begriffsgeschichte ist tot, es lebe die Begriffsgeschichte! –Einleitung–. In: dies.: (Hg.): Wissenschaftsgeschichte als Begriffsgeschichte. Terminologische Umbrüche im Entstehungsprozess der modernen Wissenschaften. Bielefeld 2009, S. 7–22.

Eggmann, Sabine: „Kultur“-Konstruktionen. Die gegenwärtige Gesellschaft im Spiegel volkskundlich-kulturwissenschaftlichen Wissens. Bielefeld 2009.

Eidelpes, Rosa: Lebendes Geld. Pierre Klossowskis anthropomorphe Ökonomie. In: Ilinx 3/2013: Ökonomische Praktiken, S. 99–103.

Emden, Christian J.: Epistemische Konstellationen 1800–1900. Nerven, Telegrafen und die Netzwerke des Wissens. In: Jürgen Barkhoff, Hartmut Böhme, Jeanne Riou (Hg.): Netzwerke. Eine Kulturtechnik der Moderne. Köln, Weimar, Wien 2004, S. 127–154.

Engel, Christoph: Nebenwirkungen wirtschaftsrechtlicher Instrumente. In: ders., Martin Morlok (Hg.): Öffentliches Recht als ein Gegenstand ökonomischer Forschung. Die Begegnung der deutschen Staatsrechtslehre mit der konstitutionellen politischen Ökonomie. Tübingen 1998, S. 173–205.

Enström, Axel F.: On Periodicities in Climatic and Economic Phenomena and their Covariation. Stockholm 1924 (= Ingeniörsvetenskapsakademiens Handlingar Bd. 31).

Eppstein, Paul: Die Symptomatik in der Konjunkturforschung. Leipzig 1933 (= Veröffentlichungen der Frankfurter Gesellschaft für Konjunkturforschung NF Bd. 6).

Fabricant, Solomon: Toward a firmer Basis of Economic Policy. The Founding of the National Bureau of Economic Research (1984). URL: http://www.nber.org/nberhistory/ sfabricantrev.pdf (Abrufdatum: 15.08.2013).

Faßler, Manfred: Netzwerke. Einführung in die Netzstrukturen, Netzkulturen und verteilte Gesellschaftlichkeit. München 2001.

Fenske, Michaela: Marktkultur in der Frühen Neuzeit. Wirtschaft, Macht und Unterhaltung auf einem städtischen Jahr- und Viehmarkt. Köln 2006.

Finckenstein, Hans Wolfram Graf: Das Problem des Trend. Kurze, mittlere und lange Wellen des wirtschaftlichen Ablaufs. Bern 1946.

Fisher, Irving: The Business Cycle Largely ‚A Dance of the Dollar‘. In: Journal of the American Statistical Association 12/1923, H. 18, S. 1024–1028.

Fisher, Irving: Our Unstable Dollar and the So-Called Business Cycle. In: Journal of the American Statistical Association 20/1925, H. 150, S. 179–202.

Fleck, Ludwik: Entstehung und Entwicklung einer wissenschaftlichen Tatsache. Einführung in die Lehre vom Denkstil und Denkkollektiv. Mit einer Einleitung hg. v. Lothar Schäfer und Thomas Schnelle. 10. Aufl. Frankfurt/Main 2015.

Fleischhack, Julia: ‚(Un-)Heimliche Akteure': Überlegungen zur (archivalischen) Quellen-Arbeit. In: Reinhard Johler u. a. (Hg.): Kultur_Kultur. Denken. Forschen. Darstellen. 38. Kongress der Deutschen Gesellschaft für Volkskunde in Tübingen vom 21. bis 24. September 2011. Münster u. a. 2013, S. 492–499.

Foucault, Michel: Überwachen und Strafen. Die Geburt des Gefängnisses. Übersetzt von Walter Seitter. Frankfurt/Main 1977.

Fourier, Jean Baptiste Joseph: Analytische Theorie der Wärme (1822). Dt. Ausgabe Berlin 1884.

Fraassen, Bas C. van: Laws and Symmetry. Oxford 1989.

Frank, Saskia; Windmüller, Sonja (Hg.): Normieren, Standardisieren, Vereinheitlichen. Marburg 2006 (= Hessische Blätter für Volks- und Kulturforschung Bd. 41).

Fricke, Rolf: Wirtschaftsordnung und Konjunktur. Eine Grundlegung zur dynamischen Konjunkturtheorie. Frankfurt/Main 1958.

Friedman, Walter A.: Fortune Tellers. The Story of America's First Economic Forecasters. Princeton, Oxford 2014.

Friedrich, Alexander: Bericht zur Tagung „Was sind Denkfiguren? Figurationen unbegrifflichen Denkens in Metaphern, Diagrammen und Kritzeleien". Workshop, veranstaltet vom Graduiertenkolleg „Schriftbildlichkeit" in Kooperation mit dem International Graduate Centre for the Study of Culture, Freie Universität Berlin, 25.–26. Februar 2011. URL: http://kult-online.uni-giessen.de/wps/pgn/home/KULT_online/tagungsbericht10-2011/ (Abrufdatum: 07.07.2013).

Frisch, Ragnar: New Orientation of Economic Theory. Economics as an Experimental Science. In: Nordic Statistical Journal 4/1932, H. 1–2, S. 97–111.

Frisch, Ragnar: Propagation Problems and Impulse Problems in Dynamic Economics. In: Economic Essays in Honour of Gustav Cassel. October 20th 1933. London 1933, S. 171–205.

Galle, Andreas: Mathematische Instrumente. Leipzig, Berlin 1912.

Garcia, Marie-France: La construction sociale d'un marché parfait. Le marché au cadran de Fontaines-en-Sologne. In: Actes de la recherche en sciences sociales 65/1986, S. 2–13.

Garvy, George: Kondratieff's Theory of Long Cycles. In: The Review of Economic Statistics 25/1943, H. 4, S. 203–220.

Gebauer, Gunter; Wulf, Christoph: Spiel, Ritual, Geste: Mimetisches Handeln in der sozialen Welt. Reinbek bei Hamburg 1998.

Geertz, Clifford: Dichte Beschreibung. Beiträge zum Verstehen kultureller Systeme. Frankfurt/Main 1983.

Geideck, Susan; Liebert, Wolf-Andreas: Sinnformeln. Eine soziologisch-linguistische Skizze. In: dies. (Hg.): Sinnformeln. Linguistische und soziologische Analysen von Leitbildern, Metaphern und anderen kollektiven Orientierungsmustern. Berlin, New York 2003 (= Linguistik – Impulse & Tendenzen Bd. 2), S. 3–14.

Geißler, Karlheinz A.: Vom Tempo der Welt. Am Ende der Uhrzeit. Freiburg 1999.

Gelderen, Jacob van: Springvloed. Beschouwingen over industriële ontwikkeling en prijsbeweging. In: De Nieuwe Tijd 1913, S. 253–277, 369–384, 445–464.

Gerhard, Ute; Link, Jürgen; Schulte-Holtey, Ernst (Hg.): Infografiken, Medien, Normalisierung. Zur Kartografie politisch-sozialer Landschaften. Heidelberg 2001 (= Diskursivitäten Bd. 1).

Gerhard, Ute; Link, Jürgen; Schulte-Holtey, Ernst: Infografiken, Medien, Normalisierung – Einleitung. In: dies.: (Hg.): Infografiken, Medien, Normalisierung. Zur Kartografie politisch-sozialer Landschaften. Heidelberg 2001 (= Diskursivitäten Bd. 1), S. 7–22.

Gerndt, Helge: „Theoretische Konzepte der Europäischen Ethnologie". Nachfragen – Einwände – Thesen (1992). In: Günter Wiegelmann: Theoretische Konzepte der Europäischen Ethnologie. Diskussionen um Regeln und Modelle. 2., erw. Aufl. Münster 1995 (= Grundlagen der Europäischen Ethnologie Bd. 1), S. 215–227.

Gerster, Hans Joachim: Lange Wellen wirtschaftlicher Entwicklung. Empirische Analyse langfristiger Zyklen für die USA, Großbritannien und weitere vierzehn Industrieländer von 1800 bis 1980. Frankfurt/Main u. a. 1988.

Giese, Fritz: Girlkultur. Vergleiche zwischen amerikanischem und europäischem Rhythmus und Lebensgefühl. München 1925.

Gießmann, Sebastian: Die Verbundenheit der Dinge. Eine Kulturgeschichte der Netze und Netzwerke. Berlin 2014.

Gigerenzer, Gerd: Bauchentscheidungen. Die Intelligenz des Unbewussten und die Macht der Intuition. München 2007.

Goergen, Jeanpaul (Hg.): Walter Ruttmann. Eine Dokumentation. Berlin o. J. [1989].

Götz, Irene; Lemberger, Barbara (Hg.): Prekär arbeiten, prekär leben. Kulturwissenschaftliche Perspektiven auf ein gesellschaftliches Phänomen. Frankfurt/Main 2009.

Götz, Irene u. a. (Hg.): Mobilität und Mobilisierung – Arbeit im sozioökonomischen, politischen und kulturellen Wandel. Frankfurt/Main 2010.

Götze, Wolfgang: Grafische und empirische Techniken des Business-Forecasting. Lehr- und Übungsbuch für Betriebswirte und Wirtschaftsinformatiker. 2., korr. Aufl. München 2010.

Goldinger, Heiner: Rituale und Symbole der Börse. Eine Ethnographie. Münster 2002.

Goldinger, Heiner: Methodik und Praxis des research up. Als Ethnograph bei den Börsianern. In: Zeitschrift für Volkskunde 98/2002, H. 2, S. 257–270.

Goldstein, Joshua S.: Long Cycles: Prosperity and War in the Modern Age. New Haven, London 1988.

Golston, Michael: „Im Anfang war der Rhythmus". Rhythmic Incubations in Discourses of Mind, Body, and Race from 1850–1944. In: SHR 5/1996, Supplement: Cultural and Technological Incubations of Fascism. Updated December 17, 1996. URL: http://www.stanford.edu/group/SHR/5-supp/text/golston.html (Abrufdatum: 11.09.2003).

Gosch, Josias Ludwig: Ideenumlauf. Hg. v. Georg Stanitzek und Hartmut Winkler. Berlin 2006 (1789).

Grampp, William D.: What Did Smith Mean by the Invisible Hand? In: Journal of Political Economy 108/2000, H. 3, S. 441–465.

Granovetter, Mark: Economic Action and Social Structure. The Problem of Embeddedness. In: American Journal of Sociology 91/1985, H. 3, S. 481–510.

Greenblatt, Stephen: Resonanz und Staunen. In: ders.: Schmutzige Riten. Betrachtungen zwischen Weltbildern. Frankfurt/Main 1995 (Orig.: 1990).

Grewe, Maria: Teilen, Reparieren, Mülltauchen. Kulturelle Strategien im Umgang mit Knappheit und Überfluss. Bielefeld 2017.

Groth, Stefan; Bendix, Regina F.; Spiller, Achim (Hg.): Kultur als Eigentum. Instrumente, Querschnitte und Fallstudien. Göttingen 2015 (= Göttinger Studien zu Cultural Property Bd. 9).

Grünbaum, Heinz: Die Umsatzschwankungen des Einzelhandels als Problem der Betriebspolitik. Berlin 1928 (= Vierteljahrshefte zur Konjunkturforschung, Sonderheft 10).

Gruhn, Lara: Guter Konsum. Alltägliche Ethiken zwischen Wissen und Handeln. Zürich 2022 (= Zürcher Beiträge zur Alltagskultur Bd. 30).

Gruß, Melanie: Der tanzende Arbeiter – Revolutionär, Volkskörper oder ‚Held der Arbeit'. In: Inge Baxmann u. a. (Hg.): Arbeit und Rhythmus. Lebensformen im Wandel. München 2009, S. 175–202.

Günther, Helmut: Historische Grundlinien der deutschen Rhythmusbewegung. In: Gertrud Bünner, Peter Röthig (Hg.): Grundlagen und Methoden rhythmischer Erziehung. 2., überarb. und erw. Aufl. Stuttgart 1975, S. 33–69.

Gugerli, David; Orland, Barbara (Hg.): Ganz normale Bilder. Historische Beiträge zur visuellen Herstellung von Selbstverständlichkeit. Zürich 2002 (= Interferenzen. Studien zur Kulturgeschichte der Technik Bd. 2).

Gumbrecht, Hans Ulrich: Rhythmus und Sinn. In: ders., K. Ludwig Pfeiffer (Hg.): Materialität der Kommunikation. Frankfurt/Main 1988, S. 714–729.

Haberler, Gottfried: Prosperität und Depression. Eine theoretische Untersuchung der Konjunkturbewegungen. Mit 5 graphischen Darstellungen. Bern 1948 (engl. u. frz. Orig. 1937: „Prosperity and Depression"/„Prosperité et dépression").

Hadorn, Erwin Th.: Das Wetter als Konjunkturfaktor. In: Schweizerische Beiträge zur wirtschaftlichen Wellen- und Konjunkturforschung Bd. 1. Bern 1946, S. 53–131.

Hagemann, Harald (Hg.): Business Cycle Theory. Selected Texts 1860–1939. Bd. 1–4. London 2002.

Hahn, Hans Peter: Lost in Things. Eine kritische Perspektive auf Konzepte materieller Kultur. In: ders.; Stockhammer, Philipp W. (Hg.): Lost in Things. Fragen an die Welt des Materiellen. Münster, New York 2015, S. 9–23.

Hahn, Walter: Die statistische Analyse der Konjunkturschwingungen. Eine Einführung. Jena 1929 (= Probleme der Weltwirtschaft Bd. 47).

Hall, Edward T.: The Hidden Dimension. Garden City (NY) 1969.

Hall, Edward T.: Beyond Culture. New York 1976.

Hall, Edward T.: The Dance of Life. The Other Dimension of Time. New York 1983.

Halsmayer, Verena: Ökonomische Modelle als kulturelle Produkte. Eine Fallstudie. In: Franz X. Eder u. a. (Hg.): Kulturen des Ökonomischen. Historisch-kulturwissenschaftliche Beiträge. Wien 2013, S. 71–97.

Halsmayer, Verena: Material des Ökonomischen, ökonomisches Material. Das Vermessen von Input-Output-Systemen am Harvard Economic Research Project, 1947–1952. In: Nach Feierabend. Zürcher Jahrbuch für Wissenschaftsgeschichte 14/2018, S. 111–138.

Halsmayer, Verena: Artifacts in the Contemporary History of Economics. In: Till Düppe, E. Roy Weintraub (Hg.): A Contemporary Historiography of Economics. London, New York 2019, S. 157–176.

Hammer, Steffi (Hg.): Widersache oder Wegbereiter? Ludwig Klages und die Moderne. Materialien der gleichnamigen Tagung, die vom 21. bis 23. Mai 1992 in der Martin-Luther-Universität zu Halle/S. stattfand. Berlin 1992.

Hampsher-Monk, Iain: Neuere angloamerikanische Ideengeschichte. In: Joachim Eibach, Günther Lottes (Hg.): Kompass der Geschichtswissenschaft. Ein Handbuch. Göttingen 2002, S. 293–306.

Hanau, Arthur: Die Prognose der Schweinepreise. Berlin 1927 (= Vierteljahrshefte zur Konjunkturforschung, Sonderheft 2).

Hanau, Arthur: Die Prognose der Schweinepreise. Berlin 1928 (= Vierteljahrshefte zur Konjunkturforschung, Sonderheft 7 = 2., erw. und nach dem neuesten Zahlenmaterial ergänzte Aufl. des Sonderhefts 2).

Hann, Chris; Hart, Keith: Economic Anthropology. History, Ethnography, Critique. Cambridge 2011.

Hansen, Alvin Harvey: Business-Cycle Theory. It's Development and Present Status. Boston u. a. 1927.

Haraway, Donna: Situated Knowledges: The Science Question in Feminism and the Privilege of Partial Perspective. In: Feminist Studies 14/1988, H. 3, S. 575–599.

Hardy, Charles O.; Cox, Garfield V.: Forecasting Business Conditions. New York 1927.

Harth, Dietrich; Michaels, Axel (Hg.): Ritualdynamik. Soziokulturelle Prozesse in historischer und kulturvergleichender Perspektive. Heidelberg 2005.

Hartmann, Andreas: Wetter und Wahrheit. Volkskundliches zur Meteorologie. In: Siegfried Becker u. a. (Hg.): Volkskundliche Tableaus. Eine Festschrift für Martin Scharfe zum 65. Geburtstag von Weggefährten, Freunden und Schülern. Münster u. a. 2001, S. 97–106.

Hartmann, Andreas: Die Macht der Wiederholung. In: ders., Silke Meyer, Ruth-E. Mohrmann (Hg.): Historizität. Vom Umgang mit Geschichte. Hochschultagung „Historizität als Aufgabe und Perspektive" der Deutschen Gesellschaft für Volkskunde vom 21.–23. September 2006 in Münster. Münster u. a. 2007, S. 19–29.

Hartmann, Andreas; Murawska, Oliwia (Hg.): Representing the Future. Zur kulturellen Logik der Zukunft. Bielefeld 2015.

Hayek, Friedrich A.: Geldtheorie und Konjunkturtheorie. Wien, Leipzig 1929.

Heilemann, Ullrich: Diskriminanzanalyse als Instrument der Konjunkturforschung. In: Statistisches Bundesamt (Hg.): Konjunkturforschung heute – Theorie, Messung, Empirie. Beiträge zum Kolloquium am 18. und 19. November 1999 in Wiesbaden. Wiesbaden 2000 (= Forum der Bundesstatistik Bd. 35), S. 117–144.

Heinrich, Walter: Grundlagen einer universalistischen Krisenlehre. Mit 3 Abbildungen im Text. Jena 1928 (= Deutsche Beiträge zur Wirtschafts- und Gesellschaftslehre Bd. 5).

Heintz, Bettina; Huber, Jörg (Hg.): Mit dem Auge denken. Strategien der Sichtbarmachung in wissenschaftlichen und virtuellen Welten. Zürich u. a. 2001.

Heintz, Bettina; Huber, Jörg: Der verführerische Blick: Formen und Folgen wissenschaftlicher Visualisierungsstrategien. In: dies. (Hg.): Mit dem Auge denken. Strategien der Sichtbarmachung in wissenschaftlichen und virtuellen Welten. Zürich u. a. 2001, S. 9–40.

Heisenberg, Werner: Die Bedeutung des Schönen in der exakten Naturwissenschaft. In: ders.: Quantentheorie und Philosophie. Vorlesungen und Aufsätze. Hg. v. Jürgen Busche. Stuttgart 1979, S. 91–114.

Helmreich, Stefan: Potential Energy and the Body Electric. Cardiac Waves, Brain Waves, and the Making of Quantities into Qualities. In: Current Anthropology 54/2013, H. S7, S. S139–148.

Henderson, James P.: The Place of Economics in the Hierarchy of the Sciences: Section F from Whewell to Edgeworth. In: Philip Mirowski (Hg.): Natural Images in Economic Thought. „Markets Read in Tooth & Claw“. Cambridge, New York, Melbourne 1994, S. 484–535.

Henderson, Willie: Economics as Literature. London, New York 1995.

Herlyn, Gerrit u. a. (Hg.): Arbeit und Nicht-Arbeit – Entgrenzungen und Begrenzungen von Lebensbereichen und Praxen. München, Mering 2009.

Herzfeld, Michael: Anthropology. Theoretical Practice in Culture and Society. Malden, Oxford 2001.

Hexter, Maurice Beck: Social Consequences of Business Cycles. With an Introduction by Allyn A. Young. Boston, New York 1925.

Hickel, Rudolf: Konjunktur und Krise – neu betrachtet. In: Karl Diehl, Paul Mombert (Hg.): Ausgewählte Lesestücke zum Studium der politischen Ökonomie. Wirtschaftskrisen. Mit einer Einführung „Konjunktur und Krise – neu betrachtet“ von Rudolf Hickel. Frankfurt/Main, Berlin, Wien 1979, S. V–CXLV.

Hicks, John R.: A Contribution to the Theory of the Trade Cycle. Oxford 1950.

Hielscher, Volker: Verflüssigte Rhythmen. Flexible Arbeitszeitstrukturen und soziale Integration. Berlin 2006.

Highmore, Ben: Cityscapes. Cultural Readings in the Material and Symbolic City. Basingstoke, New York 2005.

Ho, Karen: Liquidated. An Ethnography of Wall Street. Durham 2009.

Hock, Klaus; Mackenthun, Gesa (Hg.): Entangled Knowledge. Scientific Discourses and Cultural Difference. Münster 2012 (= Cultural Encounters and the Discourses of Scholarship Bd. 4).

Hörz, Peter F. N.: Volkskunde im sechsten Kondratieff. Versuch einer Positionsbestimmung der Europäischen Ethnologie in der Wissensgesellschaft. Hildburghausen 2004 (= Bamberger Beiträge zur Volkskunde, Studienreihe Bd. 1).

Hofmann, Werner; Syamken, Georg; Warnke, Martin: Die Menschenrechte des Auges. Über Aby Warburg. Frankfurt/Main 1980.

Holmes, Douglas R.: Economy of Words. Communicative Imperatives in Central Banks. Chicago, London 2014.

Holmes, Douglas R.; Marcus, George E.: Cultures of Expertise and the Management of Globalization: Toward the Re-Functioning of Ethnography. In: Aihwa Ong, Stephen J. Collier (Hg.): Global Assemblages. Technology, Politics, and Ethics as Anthropological Problems. Malden (MA) 2005, S. 235–252.

Horn, András: Das Anziehende am Rhythmus. In: Edith Anna Kunz, Roger W. Müller Farguell (Hg.): Rhythmus. Freiburg 2001 (= Colloquium Helveticum. Schweizer Hefte für allgemeine und vergleichende Literaturwissenschaft Bd. 32), S. 31–46.

Horvath, Michael: Vielfalt der Deutungen statt exakter Modelle? Möglichkeiten und Grenzen des interdisziplinären Dialogs zwischen Ökonomik und Kulturwissenschaft. In: Christine Künzel, Dirk Hempel (Hg.): Finanzen und Fiktionen. Grenzgänge zwischen Literatur und Wirtschaft. Frankfurt/Main, New York 2011, S. 45–65.

Huber, Joseph: Soziale Bewegungen. In: Zeitschrift für Soziologie 17/1988, H. 6, S. 424–435.

Hüther, Michael: Konjunkturanalyse und Wirtschaftspolitik – Bezüge in den Jahresgutachten des Sachverständigenrates. In: Forum der Bundesstatistik 35/2000: Konjunkturforschung heute – Theorie, Messung, Empirie. Beiträge zum wissenschaftlichen Kolloquium am 18./19. November 1999 in Wiesbaden, S. 12–45.

Hutter, Michael: Organism as a Metaphor in German Economic Thought. In: Philip Mirowski (Hg.): Natural Images in Economic Thought. „Markets Read in Tooth & Claw". Cambridge, New York, Melbourne 1994, S. 289–321.

Ingold, Tim: Lines. A Brief History. New York 2007.

Jäger, Andreas: Was ist Ökonomie? Zur Formulierung eines wissenschaftlichen Problems im 19. Jahrhundert. Marburg 1999.

Jevons, Herbert Stanley: The Sun's Heat and Trade Activity. London 1910.

Jevons, William Stanley: Amusements of the People. In: Contemporary Review 33/1878, S. 498–513.

Jevons, William Stanley: Investigations in Currency and Finance. Illustrated by Twenty Diagrams. Hg. v. H. S. Foxwell. London 1884.

Jevons, William Stanley: The Theory of Political Economy. 3. Aufl. London 1888.

Jevons, William Stanley: The Principles of Economics. A Fragment of a Treatise on the Industrial Mechanism of Society and other Papers. With a Preface by Henry Higgs. London 1905.

Jevons, William Stanley: Investigations in Currency and Finance. London 1884. Reprint New York 1964.

Jevons, William Stanley: On the Study of Periodic Commercial Fluctuations (1862). In: ders.: Investigations in Currency and Finance. London 1884. Reprint New York 1964, S. 3–11.

Jevons, William Stanley: The Solar Period and the Price of Corn (1875). In: ders.: Investigations in Currency and Finance. London 1884. Reprint New York 1964, S. 194–205.

Jevons, William Stanley: The Periodicity of Commercial Crises and Its Physical Explanation (1878). In: ders.: Investigations in Currency and Finance. London 1884. Reprint New York 1964, S. 206–220.

Jevons, William Stanley: Commercial Crises and Sun-Spots. Part II (1879). In ders.: Investigations in Currence and Finance. London 1884. Reprint New York 1964, S. 221–243.

Jevons, William Stanley: Papers and Correspondence. Hg. v. R. D. Collison Black. 7 Bde London, Basingstoke 1972–1981.

Jevons, William Stanley: Papers and Correspondence. Bd. 4: Correspondence 1873–1878. Hg. v. R. D. Collison Black. London, Basingstoke 1977.

Jevons, William Stanley: Papers and Correspondence. Bd. 5: Correspondence 1879–1882. Hg. v. R. D. Collison Black. London, Basingstoke 1977.

Jevons, William Stanley: Politische Ökonomie (1910). In: Karl Diehl, Paul Mombert (Hg.): Ausgewählte Lesestücke zum Studium der politischen Ökonomie. Wirtschaftskrisen. Mit einer Einführung „Konjunktur und Krise – neu betrachtet“ von Rudolf Hickel. Frankfurt/Main, Berlin, Wien 1979, S. 197–205.

Jevons, William Stanley: Papers and Correspondence. Bd. 7: Papers on Political Economy. Hg. v. R. D. Collison Black. London, Basingstoke 1981.

Jevons, William Stanley: The Solar Influence on Commerce (1879). In: ders.: Papers and Correspondence. Bd. 7: Papers on Political Economy. Hg. v. R. D. Collison Black. London, Basingstoke 1981, S. 90–98.

Jevons, William Stanley: The Solar-Commercial Cycle (1882). In: ders.: Papers and Correspondence. Bd. 7: Papers on Political Economy. Hg. v. R. D. Collison Black. London, Basingstoke 1981, S. 108–112.

Johansen, Leif: Ragnar Frisch's Contribution to Economics. In: The Swedish Journal of Economics 71/1969, H. 4, S. 302–324.

Jourdan, Alfred: Cours analytique d'économie politique. Paris 1882.

Jousse, Marcel: L'anthropologie du geste. Paris 1974.

Juglar, Clément: Des crises commerciales et de leur retour périodique en France, en Angleterre et aux États-Unis. Paris 1862.

Kalthoff, Herbert; Maeße, Jens: Die Hervorbringung des Kalküls. Zur Praxis der Finanzmathematik. In: Herbert Kalthoff, Uwe Vormbusch (Hg.): Soziologie der Finanzmärkte. Bielefeld 2012, S. 201–233.

Kalthoff, Herbert; Vormbusch, Uwe (Hg.): Soziologie der Finanzmärkte. Bielefeld 2012.

Kalthoff, Herbert; Vormbusch, Uwe: Einleitung: Perspektiven der Wirtschafts- und Finanzsoziologie. In: dies. (Hg.): Soziologie der Finanzmärkte. Bielefeld 2012, S. 9–28.

Kamitz, Reinhard: Johan Åkermans Beitrag zur Konjunkturtheorie. In: Zeitschrift für Nationalökonomie 21/1961,62, S. 204–215.

Kasdorff, Hans: Ludwig Klages im Widerstreit der Meinungen. Eine Wirkungsgeschichte von 1895–1975. Bonn 1978.

Kasdorff, Hans: Ludwig Klages. Gesammelte Aufsätze und Vorträge zu seinem Werk. Bonn 1984.

Kassung, Christian; Macho, Thomas (Hg.): Kulturtechniken der Synchronisation. München 2013.

Kassung, Christian; Macho, Thomas: Einleitung. In: dies. (Hg.): Kulturtechniken der Synchronisation. München 2013, S. 9–21.

Kehm, Barbara M.: Zwischen Abgrenzung und Integration: Der gewerkschaftliche Diskurs in der Bundesrepublik Deutschland. Opladen 1991.

Keller, Reiner; Lau, Christoph: Bruno Latour und die Grenzen der Gesellschaft. In: Georg Kneer, Markus Schroer, Erhard Schüttpelz (Hg.): Bruno Latours Kollektive. Kontroversen zur Entgrenzung des Sozialen. 2. Aufl. Frankfurt/Main 2016, S. 306–338.

Keynes, John Maynard: o. T. In: Albert Aftalion u. a.: Der Stand und die nächste Zukunft der Konjunkturforschung. Festschrift für Arthur Spiethoff. Mit einem Vorwort von Joseph Schumpeter. München 1933, S. 123–125.

Keynes, John Maynard: William Stanley Jevons 1835–1882: A Centenary Allocution on his Life and Work as Economist and Statistician (1936). In: John Cunningham Wood (Hg.): William Stanley Jevons. Critical Assessments. London, New York 1988, Bd. 1, S. 59–93.

Kim, Kyun: Equilibrium Business Cycle Theory in Historical Perspective. Cambridge 1988.

Kirchgässner, Gebhard: Homo Oeconomicus. Das ökonomische Modell individuellen Verhaltens und seine Anwendung in den Wirtschafts- und Sozialwissenschaften. 4., erg. u. akt. Aufl. Tübingen 2013.

Klages, Ludwig: Vom Wesen des Rhythmus. Kampen 1934.

Klages, Ludwig: Grundlegung der Wissenschaft vom Ausdruck. 5. Aufl. Leipzig 1936.

Klages, Ludwig: Philosophische Schriften. Mit einem Kommentar von Hans Eggert Schröder (= Sämtliche Werke. Hg. v. Ernst Frauchiger u. a. Bd. 3: Philosophie III). Bonn 1974.

Klages, Ludwig: Vom Wesen des Rhythmus (1933). In: ders.: Philosophische Schriften. Mit einem Kommentar von Hans Eggert Schröder. Bonn 1974 (= Sämtliche Werke. Hg. v. Ernst Frauchiger u. a. Bd. 3: Philosophie III), S. 499–551.

Klages, Ludwig: Vom Wesen des Rhythmus (1934). In: ders.: Philosophische Schriften. Mit einem Kommentar von Hans Eggert Schröder (= Sämtliche Werke. Hg. v. Ernst Frauchiger u. a. Bd. 3: Philosophie III). Bonn 1974, S. 715–719.

Klamer, Arjo; Leonard, Thomas C.: So what's an Economic Metaphor? In: Philip Mirowski (Hg.): Natural Images in Economic Thought. „Markets Read in Tooth & Claw". Cambridge, New York, Melbourne 1994, S. 20–51.

Klein, Gabriele: Electronic Vibration. Pop Kultur Theorie. Wiesbaden 2004.

Klein, Gabriele: Bewegung denken. Ein soziologischer Entwurf. In: dies. (Hg.): Bewegung. Sozial- und kulturwissenschaftliche Konzepte. Bielefeld 2004, S. 131–154.

Klein, Gabriele: Dancing the Urban. Körper-Rhythmen und der Sound der postindustriellen Stadt. In: Patrick Primavesi, Simone Mahrenholz (Hg.): Geteilte Zeit. Zur Kritik des Rhythmus in den Künsten. Schliengen 2005 (= Zeiterfahrung und ästhetische Wahrnehmung Bd. 1), S. 101–114.

Klein, Grady; Bauman, Yoram: The Cartoon Introduction to Economics. Bd. 2: Macroeconomics. New York 2012.

Klein, Inga; Windmüller, Sonja (Hg.): Kultur der Ökonomie. Zur Materialität und Performanz des Wirtschaftlichen. Bielefeld 2014 (= Edition Kulturwissenschaft Bd. 25).

Klein, Inga; Windmüller, Sonja: Kultur(en) der Ökonomie. Einleitendes. In: dies. (Hg.): Kultur der Ökonomie. Zur Materialität und Performanz des Wirtschaftlichen. Bielefeld 2014 (= Edition Kulturwissenschaft Bd. 25), S. 7–16.

Klein, Judy L.: Statistical Visions in Time. A History of Time Series Analysis, 1662–1938. Cambridge, New York. Melbourne 1997.

Klein, Judy L.: The Rise of „Non-October“ Econometrics: Kondratiev and Slutsky at the Moscow Conjuncture Institute. In: History of Political Economy 31/1999, H. 1, S. 137–168.

Klein, Judy L.; Morgan, Mary S. (Hg.): The Age of Economic Measurement. Durham, London 2001 (= History of Political Economy, Annual Supplement to Volume 33).

Kleinschmidt, Erich: Übergänge: Denkfiguren. Köln 2011 (= Kleine Schriften der Universitäts- und Staatsbibliothek Köln Bd. 32).

Klossowski, Pierre: La monnaie vivante. Paris 1970 (dt.: Die lebende Münze. Berlin 1998).

Kloten, Norbert: Einführung in das Thema. In: Forum der Bundesstatistik 35/2000: Konjunkturforschung heute – Theorie, Messung, Empirie. Beiträge zum wissenschaftlichen Kolloquium am 18./19. November 1999 in Wiesbaden, S. 8–11.

Klus, Luise: Die Performanz des Portfoliomanagements. In: Herbert Kalthoff, Uwe Vormbusch (Hg.): Soziologie der Finanzmärkte. Bielefeld 2012, S. 285–312.

Knecht, Michi: Reflexive Bioökonomisierung. Werteproduktion in einer Samenbank. In: dies. u. a. (Hg.): Samenbanken – Samenspender. Ethnographische und historische Perspektiven auf Männlichkeiten in der Reproduktionsmedizin. Berlin 2010 (= Berliner Blätter Bd. 51), S. 163–176.

Kneer, Georg; Schroer, Markus; Schüttpelz, Erhard (Hg.): Bruno Latours Kollektive. Kontroversen zur Entgrenzung des Sozialen. 2. Aufl. Frankfurt/Main 2016.

Kneer, Georg; Schroer, Markus; Schüttpelz, Erhard: Vorwort der Herausgeber. In: dies. (Hg.): Bruno Latours Kollektive. Kontroversen zur Entgrenzung des Sozialen. 2. Aufl. Frankfurt/Main 2016, S. 9–12.

Knetsch, Siegfried: Lange Konjunkturwellen und Wirtschaftswachstum. Marburg 1959.

Knorr Cetina, Karin: Von Netzwerken zu skopischen Medien. Die Flussarchitektur von Finanzmärkten. In: Herbert Kalthoff, Uwe Vormbusch (Hg.): Soziologie der Finanzmärkte. Bielefeld 2012, S. 31–62.

Knorr Cetina, Karin; Brügger, Urs: Global Microstructures. The Virtual Societies of Financial Markets. In: American Journal of Sociology 107/2002, S. 905–950.

Knorr Cetina, Karin; Preda, Alex (Hg.): The Sociology of Financial Markets. Oxford 2004.

Koch, Gertraud; Warneken, Bernd Jürgen: Wissensarbeit und Arbeitswissen: Zur Ethnografie des kognitiven Kapitalismus (Einführung). In: dies. (Hg.): Wissensarbeit und Arbeitswissen. Zur Ethnografie des kognitiven Kapitalismus. Frankfurt/Main, New York 2012, S. 11–26.

Köllmann, Carsten: Das elegante Universum und seine hemdsärmelige Wirtschaft. Ästhetische Aspekte der Wirtschaftswissenschaft. In: Wolfgang Krohn (Hg.): Ästhetik in der Wissenschaft. Interdisziplinärer Diskurs über das Gestalten und Darstellen von Wissen. Hamburg 2006 (= Zeitschrift für Ästhetik und Allgemeine Kunstwissenschaft, Sonderheft 7), S. 79–104.

König, Gudrun M.: Konsumkultur. Inszenierte Warenwelt um 1900. Wien, Köln, Weimar 2009.

Köster, Roman: Die Wissenschaft der Außenseiter. Die Krise der Nationalökonomie in der Weimarer Republik. Göttingen 2011 (= Kritische Studien zur Geschichtswissenschaft Bd. 198).

Köstlin, Konrad: Lust aufs Ganze. Die gedeutete Moderne oder die Moderne als Deutung – Volkskulturforschung in der Moderne. In: Österreichische Zeitschrift für Volkskunde 98/1995, S. 255–275.

Koffka, Kurt: Experimental-Untersuchungen zur Lehre vom Rhythmus. Jena 1908.

Koffka, Kurt: Experimental-Untersuchungen zur Lehre vom Rhythmus. In: Zeitschrift für Psychologie und Physiologie der Sinnesorgane 52/1909, S. 1–109.

Kohl, Karl-Heinz: Die Macht der Dinge. Geschichte und Theorie sakraler Objekte. München 2003.

Kondratieff, Nikolai D.: Die langen Wellen der Konjunktur. In: Archiv für Sozialwissenschaft und Sozialpolitik 56/1926, S. 573–609.

Kondratieff, Nikolai D.: The Concepts of Economic Statics, Dynamics and Conjuncture (1924). In: Natalia Makasheva, Warren J. Samuels, Vincent Barnett (Hg.): The Works of Nikolai D. Kondratiev. Translated by Stephen S. Wilson. Bd. 1: Economic Statics, Dynamics and Conjuncture. London 1998, S. 1–23.

Konersmann, Ralf; Westerkamp, Dirk (Hg.): Rhythmus und Moderne. Hamburg 2013 (= Zeitschrift für Kulturphilosophie 1/2013).

Korff, Gottfried: Vor, unter und neben der Kunst. Warburgs Methode und die volkskundliche Bildforschung. In: Helge Gerndt, Michaela Haibl: Der Bilderalltag. Perspektiven einer volkskundlichen Bildwissenschaft. Münster 2005 (= Münchner Beiträge zur Volkskunde Bd. 33), S. 49–65.

Koselleck, Reinhart: Einleitung. In: Otto Brunner, Werner Conze, Reinhart Koselleck (Hg.): Geschichtliche Grundbegriffe. Historisches Lexikon zur politisch-sozialen Sprache in Deutschland. Bd. 1: A–D. Stuttgart 1972, S. XIII–XXVII.

Kracauer, Siegfried: Das Ornament der Masse. Essays. Frankfurt/Main 1963.

Krahn, Yonca: Erfahrende Rhythmen. Dimensionen von Raum-, Bewegungs- und Körpererleben im Sport. In: Stefan Groth, Linda Mülli (Hg.): Ordnungen in Alltag & Gesellschaft. Empirisch-kulturwissenschaftliche Perspektiven. Würzburg 2019, S. 277–296.

Kramer, Dieter: Kultur und Regeln. Bemerkungen zu Günter Wiegelmanns theoretischen Konzepten (1994). In: Günter Wiegelmann: Theoretische Konzepte der Europäischen Ethnologie. Diskussionen um Regeln und Modelle. 2., erw. Aufl. Münster 1995 (= Grundlagen der Europäischen Ethnologie Bd. 1), S. 242–249.

Kramer, Dieter: Vor dem Sturm. Nachhaltige Landwirtschaft vor der Industrialisierung. In: Siegfried Becker, Sonja Windmüller (Hg.): Umweltforschung. Marburg 2019 (= Hessische Blätter für Volks- und Kulturforschung Bd. 52), S. 177–197.

Krengel, Rolf: Das Deutsche Institut für Wirtschaftsforschung (Institut für Konjunkturforschung) 1925–1979. Berlin 1986.

Krinsky, Carol Herselle: The Skyscraper Ensemble in Its Urban Context. Rockefeller Center. In: Roberta Moudry (Hg.): The American Skyscraper. Cultural Histories. New York 2005, S. 201–213.

Krippner, Greta R.: The Elusive Market. Embeddedness and the Paradigm of Economic Sociology. In: Theory and Society 30/2001, H. 6, S. 775–810.

Krohn, Wolfgang (Hg.): Ästhetik in der Wissenschaft. Interdisziplinärer Diskurs über das Gestalten und Darstellen von Wissen. Hamburg 2006 (= Zeitschrift für Ästhetik und Allgemeine Kunstwissenschaft, Sonderheft 7).

Krohn, Wolfgang: Vorwort. In: ders. (Hg.): Ästhetik in der Wissenschaft. Interdisziplinärer Diskurs über das Gestalten und Darstellen von Wissen. Hamburg 2006 (= Zeitschrift für Ästhetik und Allgemeine Kunstwissenschaft, Sonderheft 7), S. V f.

Krohn, Wolfgang: Die ästhetischen Dimensionen der Wissenschaft. In: ders. (Hg.): Ästhetik in der Wissenschaft. Interdisziplinärer Diskurs über das Gestalten und Darstellen von Wissen. Hamburg 2006 (= Zeitschrift für Ästhetik und Allgemeine Kunstwissenschaft, Sonderheft 7), S. 3–38.

Krohn, Wolfgang u. a.: Ausblicke. In: ders. (Hg.): Ästhetik in der Wissenschaft. Interdisziplinärer Diskurs über das Gestalten und Darstellen von Wissen. Hamburg 2006 (= Zeitschrift für Ästhetik und Allgemeine Kunstwissenschaft, Sonderheft 7), S. 285–290.

Kromphardt, Wilhelm: (Wirtschaftstheorie und Konjunkturforschung). In: Albert Aftalion u. a.: Der Stand und die nächste Zukunft der Konjunkturforschung. Festschrift für Arthur Spiethoff. Mit einem Vorwort von Joseph Schumpeter. München 1933, S. 135–139.

Krüger, Lorenz; Daston, Lorraine J.; Heidelberger, Michael (Hg.): The Probabilistic Revolution. 2 Bde Cambridge (MA) 1987 (Bd. 1: Ideas in History, Bd. 2: Ideas in the Sciences).

Kühn, Cornelia: Wirtschaftswandel als Kulturwandel? Die Gemeinwohl-Ökonomie als möglicher Wegbereiter für eine Kultur wechselseitiger Verbundenheit. In: Zeitschrift für Volkskunde 117/2021, H. 2, S. 163–191.

Künzel, Christine: Finanzen und Fiktionen. Eine Einleitung. In: dies., Dirk Hempel (Hg.): Finanzen und Fiktionen. Grenzgänge zwischen Literatur und Wirtschaft. Frankfurt/Main, New York 2011, S. 9–24.

Künzel, Christine; Hempel, Dirk (Hg.): Finanzen und Fiktionen. Grenzgänge zwischen Literatur und Wirtschaft. Frankfurt/Main, New York 2011.

Kulla, Bernd: Die Anfänge der empirischen Konjunkturforschung in Deutschland 1925–1933. Berlin 1996 (= Volkswirtschaftliche Schriften Bd. 464).

Kunz, Edith Anna; Müller Farguell, Roger W. (Hg.): Rhythmus. Freiburg 2001 (= Colloquium Helveticum. Schweizer Hefte für allgemeine und vergleichende Literaturwissenschaft Bd. 32).

Kuschmann, Heinz: Die Untersuchungen des Berliner Instituts für Konjunkturforschung: Darstellung und Kritik. Jena 1933 (= Beiträge zur Erforschung der wirtschaftlichen Wechsellagen Aufschwung, Krise, Stockung Bd. 7).

Kuznets, Simon: Random Events and Cyclical Oscillations. In: Journal of the American Statistical Association 24/1929, H. 167, S. 258–275.

Kuznets, Simon: Wesen und Bedeutung des Trends. Zur Theorie der säkularen Bewegung. Bonn 1930 (= Veröffentlichungen der Frankfurter Gesellschaft für Konjunkturforschung Bd. 7).

Kuznets, Simon: Economic Change. Selected Essays in Business Cycles, National Income, and Economic Growth. Melbourne, London, Toronto 1954.

Kuznets, Simon: Equilibrium Economics and Business-Cycle Theory (1930). In: ders.: Economic Change. Selected Essays in Business Cycles, National Income, and Economic Growth. Melbourne, London, Toronto 1954, S. 3–31.

Kuznets, Simon: Schumpeter's Business Cycles (1940). In: ders.: Economic Change. Selected Essays in Business Cycles, National Income, and Economic Growth. Melbourne, London, Toronto 1954, S. 105–124.

Lachmann, Werner: Wilhelm Röpke. In: Dietmar Herz, Veronika Weinberger (Hg.): Lexikon ökonomischer Werke. 650 wegweisende Schriften von der Antike bis ins 20. Jahrhundert. In Zusammenarbeit mit Andreas Blätte, Torsten Budäus, Shakuntala Banerjee und Wibke Reger. Stuttgart 2006, S. 430.

Landry, Eugène: La théorie du rythme et le rythme du français déclamé. Paris 1911.

Langreiter, Nikola; Löffler, Klara (Hg.): Selber machen. Diskurse und Praktiken des „Do it yourself". Bielefeld 2017 (= Edition Kulturwissenschaft Bd. 90).

Latour, Bruno: Visualization and Cognition: Thinking with Eyes and Hands. In: Knowledge and Society. Studies in the Sociology of Culture Past and Present 6/1986, S. 1–40.

Latour, Bruno: Science in Action. How to Follow Scientists and Engineers through Society. Cambridge (MA) 1987.

Latour, Bruno: Reassembling the Social. An Introduction to Actor-Network-Theory. Oxford, New York 2005.

Latour, Bruno; Lépinay, Vincent: Die Ökonomie als Wissenschaft der leidenschaftlichen Interessen. Eine Einführung in die ökonomische Anthropologie Gabriel Tardes. Aus dem Französischen von Gustav Roßler. Berlin 2010.

Latour, Bruno; Woolgar, Steve: Laboratory Life. The Construction of Scientific Facts. Introduction by Jonas Salk. Beverly Hills (CA) 1979.

Laube, Stefan: Im Takt des Marktes. Körperliche Praktiken in technologisierten Finanzmärkten. In: Herbert Kalthoff, Uwe Vormbusch (Hg.): Soziologie der Finanzmärkte. Bielefeld 2012, S. 265–284.

Lauffer, Otto: Arbeitsrhythmus und Liedrhythmus in der deutschen Volkskunde. In: Walther Steller (Hg.): Festschrift Theodor Siebs zum 70. Geburtstag 26. August 1932. Breslau 1933, S. 393–408.

Lavington, Frederick: The Trade Cycle. An Account of the Causes Producing Rhythmical Changes in the Activity of Business. Westminster 1922.

Lee, Cassey; Lloyd, Peter L.: Beauty and the Economist: The Role of Aesthetics in Economic Theory. In: Kyklos 58/2005, H. 1, S. 65–86.

Leeuwen, Thomas A. P. van: The Skyward Trend of Thought. The Metaphysics of the American Skyscraper. Cambridge (MA) 1988.

Lefebvre, Henri: Éléments de rythmanalyse. Introduction à la connaissance des rythmes. Paris 1992 (engl.: Rhythmanalysis. Space, Time and Everyday Life. London 2004).

Lefebvre, Henri: Seen from the Window. In: ders.: Writings on Cities. Translated and edited by Eleonore Kofman and Elizabeth Lebas. Oxford u. a. 1996, S. 219–227.

Lemberger, Barbara: „Alles für's Geschäft!" Ethnologische Einblicke in die Unternehmenskultur eines kleinen Familienunternehmens. Berlin 2007 (= Berliner Ethnographische Studien Bd. 14).

Leonard, Robert J.: „Seeing is Believing“: Otto Neurath, Graphic Art, and the Social Order. In: Neil De Marchi, Craufurd D. W. Goodwin (Hg.): Economic Engagements with Art. Durham, London 1999 (= History of Political Economy, Annual Supplement to Volume 31), S. 452–478.

Lichau, Karsten; Tkaczyk, Viktoria; Wolf, Rebecca (Hg.): Resonanz. Potentiale einer akustischen Figur. München 2009.

Lichau, Karsten; Tkaczyk, Viktoria; Wolf, Rebecca: Anregungen. In: dies. (Hg.): Resonanz. Potentiale einer akustischen Figur. München 2009, S. 11–32.

Lindner, Rolf: „Maß und Mitte“ – Middletown Revisited. In: Brigitta Schmidt-Lauber (Hg.): Mittelstadt. Urbanes Leben jenseits der Metropole. Frankfurt/Main, New York 2010, S. 37–50.

Link, Jürgen: Versuch über den Normalismus. Wie Normalität produziert wird. Opladen 1997.

Link, Jürgen: Aspekte der Normalisierung von Subjekten. Kollektivsymbolik, Kurvenlandschaften, Infografiken. In: Ute Gerhard, Jürgen Link, Ernst Schulte-Holtey (Hg.): Infografiken, Medien, Normalisierung. Zur Kartografie politisch-sozialer Landschaften. Heidelberg 2001 (= Diskursivitäten Bd. 1), S. 77–92.

Link, Jürgen: Von der Diskurs- zur Interdiskursanalyse (mit einem Blick auf den Übergang vom Naturalismus zum Symbolismus). In: Leopold Decloedt, Herbert van Uffelen, M. Elisabeth Weissenböck (Hg.): Rezeption, Interaktion und Integration. Niederländischsprachige und deutschsprachige Literatur im Kontext. Wien 2004 (= Wiener Schriften zur niederländischen Sprache und Kultur Bd. 3), S. 27–43.

Linstead, Stephen; Hopfl, Heather (Hg.): The Aesthetics of Organization. London, Thousand Oaks, New Delhi 2000.

Lipp, Carola: Aspekte der mikrohistorischen und kulturanthropologischen Kreditforschung. In: Jürgen Schlumbohm (Hg.): Soziale Praxis des Kredits. 16.–20. Jahrhundert. Hannover 2007, S. 15–36.

Löfgren, Orvar: Selektives Wissen. Von der Bewältigung des Überflusses. In: Gertraud Koch, Bernd Jürgen Warneken (Hg.): Wissensarbeit und Arbeitswissen. Zur Ethnografie des kognitiven Kapitalismus. Frankfurt/Main, New York 2012, S. 397–415.

Lösener, Hans: Der Rhythmus in der Rede. Linguistische und literaturwissenschaftliche Aspekte des Sprachrhythmus. Tübingen 1999 (= Konzepte der Sprach- und Literaturwissenschaft Bd. 59).

Löwe, Adolf: Der gegenwärtige Stand der Konjunkturforschung in Deutschland. In: Moritz Julius Bonn, Melchior Palyi (Hg.): Die Wirtschaftswissenschaft nach dem Kriege. Neunundzwanzig Beiträge über den Stand der deutschen und ausländischen sozialökonomischen Forschung nach dem Kriege. Festgabe für Lujo Brentano zum 80. Geburtstag. Bd. 2: Der Stand der Forschung. München, Leipzig 1925, S. 329–377.

Löwe, Adolf: Wie ist Konjunkturtheorie überhaupt möglich? In: Weltwirtschaftliches Archiv 24/1926, S. 165–197.

Löwe, Adolf: o. T. In: Albert Aftalion u. a.: Der Stand und die nächste Zukunft der Konjunkturforschung. Festschrift für Arthur Spiethoff. Mit einem Vorwort von Joseph Schumpeter. München 1933, S. 154–160.

Lorenz, Paul: Der Trend. Ein Beitrag zur Methode seiner Berechnung und seiner Auswertung für die Untersuchung von Wirtschaftskurven. Berlin 1928 (= Vierteljahrshefte zur Konjunkturforschung, Sonderheft 9).

Lorenz, Paul: Der Trend. Ein Beitrag zur Methode seiner Berechnung und seiner Auswertung für die Untersuchung von Wirtschaftskurven und sonstigen Zeitreihen. Berlin 1931 (= Vierteljahrshefte zur Konjunkturforschung Sonderheft 21 = 2., vollständig neu bearb. Aufl. des Sonderhefts 9 [1928]).

Lorenzer, Alfred: Das Konzil der Buchhalter. Die Zerstörung der Sinnlichkeit. Eine Religionskritik. Frankfurt/Main 1984.

Lottes, Günther: Neue Ideengeschichte. In: Joachim Eibach, Günther Lottes (Hg.): Kompass der Geschichtswissenschaft. Ein Handbuch. Göttingen 2002, S. 261–269.

Louçã, Francisco: Intriguing Pendula: Founding Metaphors in the Analysis of Economic Fluctuations. In: Cambridge Journal of Economics 25/2001, H. 1, S. 25–55.

Louçã, Francisco: The Years of High Econometrics. A Short History of the Generation That Reinvented Economics. London, New York 2007.

Lucke, Bernd: Die Real-Business-Cycle Theorie und ihre Relevanz für die Konjunkturanalyse. HWWA Discussion Paper 178. Hg. v. der Abteilung Internationale Makroökonomie. Hamburg 2002. URL: https://www.econstor.eu/bitstream/10419/19340/1/178.pdf (Abrufdatum: 01.05.2017).

Lutz, Friedrich: o. T. In: Albert Aftalion u. a.: Der Stand und die nächste Zukunft der Konjunkturforschung. Festschrift für Arthur Spiethoff. Mit einem Vorwort von Joseph Schumpeter. München 1933, S. 161–165.

Maas, Harro: William Stanley Jevons and the Making of Modern Economics. Cambridge 2005.

Maas, Harro: Economic Methodology. A Historical Introduction. London, New York 2014.

Machlup, Fritz: Führer durch die Krisenpolitik. Wien 1934 (= Beiträge zur Konjunkturforschung Bd. 6).

Mackensen, Lutz: Sitte und Brauch. In: Adolf Spamer (Hg.): Die Deutsche Volkskunde. 2 Bde. 1. Bd. Berlin 1934, S. 108–167.

MacKenzie, Donald: An Engine, Not a Camera. How Financial Models Shape Markets. Cambridge (MA), London 2006.

MacKenzie, Donald; Millo, Yuval: Constructing a Market, Performing Theory: The Historical Sociology of a Financial Derivatives Exchange. In: American Journal of Sociology 109/2003, H. 1, S. 107–145.

Maeße, Jens: Spectral Performativity. How Economic Expert Discourse Constructs Economic Worlds. In: Economic Sociology. The European Electronic Newsletter 14/2013, H. 2, S. 25–31. URL: http://econsoc.mpifg.de/archive/econ_soc_14-2.pdf (Abrufdatum: 06.03.2017).

Maeße, Jens: Diskursforschung zur Ökonomie. In: Johannes Angermuller u. a. (Hg.): Diskursforschung. Ein interdisziplinäres Handbuch. 2 Bde Bielefeld 2014. Bd. 1: Theorien, Methodologien und Kontroversen, S. 300–316.

Mager, Nathan H.: The Kondratieff Waves. New York 1987.

Magnus, Jan R.; Morgan, Mary S.: The ET Interview: Professor J. Tinbergen. In: Econometric Theory 3/1987, S. 117–142.

Makasheva, Natalia: A Russian Perspective. In: dies., Warren J. Samuels, Vincent Barnett (Hg.): The Works of Nikolai D. Kondratiev. Translated by Stephen S. Wilson. Bd. 1: Economic Statics, Dynamics and Conjuncture. London 1998, S. XXVII–XXXIV.

Makasheva, Natalia; Samuels, Warren J.; Barnett, Vincent (Hg.): The Works of Nikolai D. Kondratiev. Translated by Stephen S. Wilson. Bd. 1: Economic Statics, Dynamics and Conjuncture. London 1998.

Mann, Fritz Karl: (Konjunkturausgleich durch die öffentliche Hand?). In: Albert Aftalion u. a.: Der Stand und die nächste Zukunft der Konjunkturforschung. Festschrift für Arthur Spiethoff. Mit einem Vorwort von Joseph Schumpeter. München 1933, S. 166–170.

Marbach, Fritz: Über Wirtschaftspsychologie und konjunkturelle Effekte, erzeugt durch irrationales Verhalten von Letztkonsumenten. In: Schweizerische Gesellschaft für Konjunkturforschung (Hg.): Kultur und Wirtschaft. Festschrift zum 70. Geburtstag von Eugen Böhler. Zürich 1963, S. 291–309.

Marcus, George E.: Ethnography in/of the World System: The Emergence of Multi-Sited Ethnography. In: Annual Review of Anthropology 24/1995, S. 95–117.

Marschak, Jacob: Die rebellische Konjunktur-Kurve. In: Magazin der Wirtschaft Nr. 11 vom 17. März 1927, S. 390–395.

Marshall, Alfred: The Old Generation of Economists and the New (1897). In: Arthur Cecil Pigou (Hg.): Memorials of Alfred Marshall. New York 1956, S. 295–311.

Marshall, Alfred: Mechanical and Biological Analogies in Economics (1898). In: Arthur Cecil Pigou (Hg.): Memorials of Alfred Marshall. New York 1956, S. 312–318.

Maurer, Bill: Anthropological and Accounting Knowledge in Islamic Banking and Finance: Rethinking Critical Accounts. In: The Journal of the Royal Anthropological Institute 8/2002, H. 4, S. 645–667.

Maurer, Bill: Repressed Futures: Financial Derivatives' Theological Unconscious. In: Economy and Society 31/2002, H. 1, S. 15–36.

Maurer, Bill: Uncanny Exchanges: The Possibilities and Failures of ‚Making Change' with Alternative Monetary Forms. In: Environment and Planning D: Society and Space 21/2003, H. 3, S. 317–340.

Maurer, Bill: The Anthropology of Money. In: Annual Review of Anthropology 35/2006, S. 15–36.

Mauss, Marcel: Die Techniken des Körpers. In: ders.: Soziologie und Anthropologie 2: Gabentausch, Soziologie und Psychologie, Todesvorstellungen, Körpertechniken, Begriff der Person. Frankfurt/Main 1989, S. 199–220.

Maussner, Alfred: Konjunkturtheorie. Mit 65 Abbildungen. Berlin, Heidelberg 1994.

McAllister, James W.: Beauty and Revolution in Science. Ithaca, London 1996.

McCloskey, Donald [Deirdre] N.: The Rhetoric of Economics. Madison 1985.

McCloskey, Deirdre N.: Ökonomen leben in Metaphern. In: Rainer Diaz-Bone, Gertraude Krell (Hg.): Diskurs und Ökonomie. Diskursanalytische Perspektiven auf Märkte und Organisationen. Wiesbaden 2009, S. 109–124.

McNeill, William H.: Keeping Together in Time. Dance and Drill in Human History. Cambridge (MA) 1995.

Meerwarth, Rudolf: Nationalökonomie und Statistik. Eine Einführung in die empirische Nationalökonomie. Berlin, Leipzig 1925.

Meisinger, Othmar: Bilder aus der Volkskunde. Gesammelt von Othmar Meisinger. Frankfurt/Main 1920.

Menger, Carl: Untersuchungen über die Methode der Sozialwissenschaften. Leipzig 1883.

Merkel, Ina: Utopie und Bedürfnis. Die Geschichte der Konsumkultur in der DDR. Köln 1999.

Meumann, Ernst: Untersuchungen zur Psychologie und Ästhetik des Rhythmus. Leipzig 1894.

Meyer, Silke: Sofortkredit. Zur kulturellen Praktik der Verschuldung. In: Jahrbuch für europäische Ethnologie 2/2007, S. 105–120.

Meyer, Silke (Hg.): Money Matters. Umgang mit Geld als soziale und kulturelle Praxis. Innsbruck 2014 (= Bricolage Bd. 7).

Michaelis, Alfred: Die Quantitätstheorie als Grundlage der Konjunkturforschung. Jena 1929.

Miller, Daniel: Turning Callon the Right Way Up. In: Economy and Society 31/2002, H. 2, S. 218–233.

Miller, Dayton Clarence: The Science of Musical Sounds. 2. Aufl. New York 1922.

Miner, James Burt: Motor, Visual and Applied Rhythms. An Experimental Study and a Revised Explanation. New York 1903 (= Psychological Review, Series of Monograph Supplements Bd. 21).

Mirowski, Philip: The Birth of the Business Cycle. New York, London 1985.

Mirowski, Philip: Against Mechanism. Protecting Economics from Science. Totowa (NJ) 1988.

Mirowski, Philip: More Heat than Light. Economics as Social Physics: Physics as Nature's Economics. Cambridge 1989.

Mirowski, Philip (Hg.): Natural Images in Economic Thought. „Markets Read in Tooth & Claw". Cambridge, New York, Melbourne 1994.

Mirowski, Philip: The Realms of the Natural. In: ders. (Hg.): Natural Images in Economic Thought. „Markets Read in Tooth & Claw". Cambridge, New York, Melbourne 1994, S. 451–483.

Mirowski, Philip: Machine Dreams. Economics Becomes a Cyborg Science. Cambridge 2002.

Mirowski, Philip Mirowski; Nik-Khah, Edward: Command Performance: Exploring What STS Thinks It Takes to Build a Market. In: Trevor Pinch, Richard Swedberg (Hg.): Living in a Material World. Economic Sociology Meets Science and Technology Studies. Cambridge (MA), London 2008, S. 89–128.

Mises, Ludwig von: Geldwertstabilisierung und Konjunkturpolitik. Jena 1928.

Mises, Ludwig von: o. T. In: Albert Aftalion u. a.: Der Stand und die nächste Zukunft der Konjunkturforschung. Festschrift für Arthur Spiethoff. Mit einem Vorwort von Joseph Schumpeter. München 1933, S. 175–180.

Misler, Nicoletta: Taylorism, Biomechanik, Jazz. Moskau um 1925. In: Inge Baxmann, Franz Anton Cramer (Hg.): Deutungsräume. Bewegungswissen als kulturelles Archiv der Moderne. München 2005, S. 95–115.

Mitchell, Wesley C.: Business Cycles. Berkeley 1913 (= Memoirs of the University of California Bd. 3).

Mitchell, Wesley C.: Control of Business Fluctuations a Need. In: New York Evening Post Nr. 284 vom 19. Oktober 1921.

Mitchell, Wesley C.: Studies in Business Cycles No. 1. The Problem and Its Setting. New York 1927.

Mitchell, Wesley C.: Prefatory Note. In: Ernst Wagemann: Economic Rhythm. A Theory of Business Cycles. Translated by D. H. Blelloch. With a Prefatory Note by Wesley C. Mitchell. New York, London 1930, S. vii f.

Mitchell, Wesley C.: Der Konjunkturzyklus. Problem und Problemstellung. Nach der vom Verfasser durchgesehenen und ergänzten Originalausgabe hg. v. Eugen Altschul. Leipzig 1931 [Orig. 1927].

Mitchell, Wesley C.: Vorwort des Verfassers zur amerikanischen Ausgabe. In: ders.: Der Konjunkturzyklus. Problem und Problemstellung. Nach der vom Verfasser durchgesehenen und ergänzten Originalausgabe hg. v. Eugen Altschul. Leipzig 1931, S. VI–VIII.

Miyazaki, Hirokazu: The Materiality of Finance Theory. In: Daniel Miller (Hg.): Materiality. Durham, London 2005, S. 165–181.

Miyazaki, Hirokazu; Riles, Annelise: Failure as an Endpoint. In: Aihwa Ong, Stephen J. Collier (Hg.): Global Assemblages. Technology, Politics, and Ethics as Anthropological Problems. Malden (MA) 2005, S. 320–331.

Möbius, Hanno: Teilung und Zusammensetzung. Heinrich von Kleist und die Entwicklung zum Rhythmus-Begriff in Tanz und Arbeit sowie in der Literatur. In: Jörg Jochen Berns, Hanno Möbius (Hg.): Die Mechanik in den Künsten. Studien zur ästhetischen Bedeutung von Naturwissenschaft und Technologie. Marburg 1990, S. 169–182.

Moore, Henry Ludwell: Economic Cycles: Their Law and Cause. New York 1914.

Moore, Henry Ludwell: Generating Economic Cycles. New York 1923.

Morat, Daniel: Rhythmus der Großstadt um 1900. In: Ralf Konersmann, Dirk Westerkamp (Hg.): Rhythmus und Moderne. Hamburg 2013 (= Zeitschrift für Kulturphilosophie 1/2013), S. 29–38.

Morgan, Mary S.: The History of Econometric Ideas. Cambridge 1990.

Morgan, Mary S.: The World in the Model. How Economists Work and Think. New York 2012.

Morgan, Mary S.; Boumans, Marcel: Secrets Hidden by Two-Dimensionality: The Economy as a Hydraulic Machine. In: Soraya de Chadarevian, Nick Hopwood (Hg.): Models. The Third Dimension of Science. Stanford (CA) 2004, S. 369–401.

Morgan, Mary S.; Morrison, Margaret (Hg.): Models as Mediators. Perspectives on Natural and Social Science. Cambridge 1999.

Morgenstern, Oskar: Wirtschaftsprognose. Eine Untersuchung ihrer Voraussetzungen und Möglichkeiten. Wien 1928.

Morgenstern, Oskar: Aufgaben und Grenzen der Institute für Konjunkturforschung. In: Karl Diehl (Hg.): Beiträge zur Wirtschaftstheorie. 2. Teil: Konjunkturforschung und Konjunkturtheorie. München, Leipzig 1928 (= Schriften des Vereins für Sozialpolitik Bd. 173), S. 337–353.

Mossselmans, Bert; Mathijs, Ernest: Jevons's Music Manuscript and the Political Economy of Music. In: Neil De Marchi, Craufurd D. W. Goodwin (Hg.): Economic Engagements with Art. Durham, London 1999 (= History of Political Economy, Annual Supplement to Volume 31), S. 121–156.

Müller, Armin: Kreislauftheorien. In: Joachim Ritter, Karlfried Gründer (Hg.): Historisches Wörterbuch der Philosophie. Bd. 4: I–K. Basel, Stuttgart 1976, Sp. 1227–1229.

Müller, Erich: Denkfigur. In: Roland Borgards u. a. (Hg.): Literatur und Wissen. Ein interdisziplinäres Handbuch. Stuttgart, Weimar 2013, S. 28–32.

Müller, Ernst (Hg.): Begriffsgeschichte im Umbruch? Hamburg 2005.

Müller, Katharina; Aschersleben, Gisa (Hg.): Rhythmus. Ein interdisziplinäres Handbuch. Bern u. a. 2000.

Müller-Armack, Alfred: o. T. In: Albert Aftalion u. a.: Der Stand und die nächste Zukunft der Konjunkturforschung. Festschrift für Arthur Spiethoff. Mit einem Vorwort von Joseph Schumpeter. München 1933, S. 199–204.

Müller Farguell, Roger W.: Tanz. In: Karlheinz Barck (Hg.): Ästhetische Grundbegriffe. Historisches Wörterbuch in sieben Bänden. Bd. 6: Tanz-Zeitalter/Epoche. Stuttgart 2005, S. 1–15.

Müske, Johannes: Arbeitsalltag und technischer Wandel. Arbeiterinnen in einem Hamburger Versandhandelsunternehmen und ihre Arbeitswelt (1969–2005). Münster 2010.

Muniesa, Fabian; Millo, Yuval; Callon, Michel: An Introduction to Market Devices. In: Michel Callon, Yuval Millo, Fabian Muniesa (Hg.): Market Devices. Malden (MA), Oxford 2007, S. 1–12.

Murawska, Oliwia: Die Familienwerft – Strukturen, Traditionen, Nachfolge. Münster 2015.

Muri, Gabriela: Pause! Zeitordnung und Auszeiten aus alltagskultureller Sicht. Frankfurt/Main, New York 2004.

Murphy, James Bernard: The Kinds of Order in Society. In: Philip Mirowski (Hg.): Natural Images in Economic Thought. „Markets Read in Tooth & Claw". Cambridge, New York, Melbourne 1994, S. 536–582.

Naumann, Barbara (Hg.): Rhythmus. Spuren eines Wechselspiels in Künsten und Wissenschaften. Würzburg 2005.

Naumann, Barbara: Einleitung. Vom Unbehagen am Rhythmus. In: dies. (Hg.): Rhythmus. Spuren eines Wechselspiels in Künsten und Wissenschaften. Würzburg 2005, S. 7–13.

Negri, Toni: Zyklus und Krise bei Marx. Internationale Marxistische Diskussion 26. Berlin 1972.

Nehring, Martin: Homo oeconomicus. Ein universell geeignetes Modell für die ökonomische Theorie? Hamburg 2011.

Neisser, Hans: (Die Schichtung der Konjunkturtheorie). In: Albert Aftalion u. a.: Der Stand und die nächste Zukunft der Konjunkturforschung. Festschrift für Arthur Spiethoff. Mit einem Vorwort von Joseph Schumpeter. München 1933, S. 205–213.

Nelson, Angela M. S. (Hg.): This Is How We Flow. Rhythm in Black Cultures. Columbia (SC) 1999.

Neudorfer, Anita: Rhythmus als unsichtbare Religion. Die Rhythmusbewegung der Weimarer Republik aus religionswissenschaftlicher Sicht. Diplomarbeit Wien 2012; URL: http://othes.univie.ac.at/23711/1/2012-10-13_9949196.pdf (Abrufdatum: 09.01.2017).

Neumann, Michael: „Einverseelung vorgeprägter Ausdruckswerte". Rhythmus und Übertragung um 1900. In: Ralf Konersmann, Dirk Westerkamp (Hg.): Rhythmus und Moderne. Hamburg 2013 (= Zeitschrift für Kulturphilosophie 1/2013), S. 15–28.

Neumark, Fritz: o. T. In: Albert Aftalion u. a.: Der Stand und die nächste Zukunft der Konjunkturforschung. Festschrift für Arthur Spiethoff. Mit einem Vorwort von Joseph Schumpeter. München 1933, S. 214–222.

Neurath, Otto: Gesammelte bildpädagogische Schriften. Wien 1991.

Neuweg, Georg Hans: Könnerschaft und implizites Wissen. Zur lehr-lerntheoretischen Bedeutung der Erkenntnis- und Wissenstheorie Michael Polanyis. Münster 1999.

Newbury, Frank D.: Business Forecasting. Principles and Practice. New York, Toronto, London 1952.

Nietzsche, Friedrich: Die fröhliche Wissenschaft. In: Nietzsche Werke. Kritische Gesamtausgabe. Hg. v. Giorgio Colli, Mazzino Montinari. 5. Abt., 2. Bd. Berlin, New York 1973, S. 21–335.

Nietzsche, Friedrich: Griechische Rhythmik. In: ders.: Vorlesungsaufzeichnungen (SS 1870–SS 1871). Bearbeitet von Fritz Bornmann und Mario Carpitella. Berlin, New York 1993 (= Nietzsche Werke. Kritische Gesamtausgabe. Begründet von Giorgio Colli und Mazzino Montinari. Weitergeführt von Wolfgang Müller-Lauter und Karl Pestalozzi. 2. Abt., 3. Bd., hg. v. Fritz Bornmann), S. 99–201.

Nietzsche, Friedrich: [Aufzeichnungen zur Metrik und Rhythmik]. In: ders.: Vorlesungsaufzeichnungen (SS 1870–SS 1871). Bearbeitet von Fritz Bornmann und Mario Carpitella. Berlin, New York 1993 (= Nietzsche Werke. Kritische Gesamtausgabe. Begründet von Giorgio Colli und Mazzino Montinari. Weitergeführt von Wolfgang Müller-Lauter und Karl Pestalozzi. 2. Abt., 3. Bd., hg. v. Fritz Bornmann), S. 203–261.

Nietzsche, Friedrich: Zur Theorie der quantitirenden Rhythmik. In: ders.: Vorlesungsaufzeichnungen (SS 1870–SS 1871). Bearbeitet von Fritz Bornmann und Mario Carpitella. Berlin, New York 1993 (= Nietzsche Werke. Kritische Gesamtausgabe. Begründet von Giorgio Colli und Mazzino Montinari. Weitergeführt von Wolfgang Müller-Lauter und Karl Pestalozzi. 2. Abt., 3. Bd., hg. v. Fritz Bornmann), S. 263–280.

Nietzsche, Friedrich: Rhythmische Untersuchungen. In: ders.: Vorlesungsaufzeichnungen (SS 1870–SS 1871). Bearbeitet von Fritz Bornmann und Mario Carpitella. Berlin, New York 1993 (= Nietzsche Werke. Kritische Gesamtausgabe. Begründet von Giorgio Colli und Mazzino Montinari. Weitergeführt von Wolfgang Müller-Lauter und Karl Pestalozzi. 2. Abt., 3. Bd., hg. v. Fritz Bornmann), S. 281–338.

Niewöhner, Jörg: Von der Wissenschaftstheorie zur Soziologie der Wissenschaft. In: Stefan Beck, Jörg Niewöhner, Estrid Sørensen (Hg.): Science and Technology Studies. Eine sozialanthropologische Einführung. Bielefeld 2012, S. 49–75.

Nikolow, Sybilla: „Den spröden Zahlenreihen Leben einhauchen". In: Gegenworte. Zeitschrift für den Disput über Wissen 5/2000, S. 70–72.

N.N.: Polar Planimeter von Amsler. In: De L'évaluation Mécanique des Surfages Planes par M. M. Piecard commissaire général et S. Cuénoud professeur de mathématiques à Lausanne. Lausanne 1861.

N.N.: Einleitung. Weltwirtschaftliche Zusammenhänge des Konjunkturverlaufs. In: Vierteljahrshefte zur Konjunkturforschung 1/1926, H. 1, S. 9–49.

N.N.: Zur weltwirtschaftlichen Lage. In: Vierteljahrshefte zur Konjunkturforschung 1/1926, H. 3, S. 5 f.

N.N.: Preisausschreiben der Rudolf Funke-Stiftung des Instituts für Weltwirtschaft und Seeverkehr an der Universität Kiel. In: Weltwirtschaftliches Archiv 32/1930, S. 650–652.

N.N.: Zehn Jahre Institut für Konjunkturforschung. In: Charles J. Bullock u. a.: Beiträge zur Konjunkturlehre. Festschrift zum zehnjährigen Bestehen des Instituts für Konjunkturforschung. Hamburg 1936, S. 9–20.

N.N.: Technical Cycle Analysis. How to Get Hints of Cycles. In Two Parts – Part I. In: Cycles 9/1950, S. 19–22.

N.N.: Technical. How to Get Hints of Cycles That May Be Present in a Series of Figures. In Two Parts – Part II. In: Cycles 10/1950, S. 23–27.

N.N.: The Bogno-Works Electric Cycle Analyzer. In: Cycles 6/1950, S. 15.

Nohr, Rolf F.: Rhythmusarbeit. In: Britta Neitzel, Rolf F. Nohr (Hg.): Das Spiel mit dem Medium. Partizipation – Immersion – Interaktion. Zur Teilhabe an den Medien von Kunst bis Computerspiel. Marburg 2006, S. 223–243.

Noyes, Dorothy: Fire in the Plaça. Catalan Festival Politics after Franco. Philadelphia 2003.

Nye, David E.: The Sublime and the Skyline: The New York Skyscraper. In: Roberta Moudry (Hg.): The American Skyscraper. Cultural Histories. New York 2005, S. 255–269.

O'Connor, John J.; Robertson, Edmund F.: Evgeny Evgenievich Slutsky. URL: http://www.history.mcs.st-andrews.ac.uk/Biographies/Slutsky.html (Abrufdatum: 03.06.2014).

Ortmann, Günther: Organisation und Welterschließung. In: Ilinx. Berliner Beiträge zur Kulturwissenschaft 3/2013: Ökonomische Praktiken, S. 129–143.

Pahl, Hanno: Marx, Foucault und das Projekt einer Wissenssoziologie der Wirtschaftswissenschaften. In: PROKLA. Zeitschrift für kritische Sozialwissenschaft 40/2010, H. 159, S. 241–258.

Pahl, Hanno: Semantiken der Entkopplung, Performativität, Klassifikationsregime: Aspekte einer Soziologie ökonomischen Wissens. In: Christine Künzel, Dirk Hempel (Hg.): Finanzen und Fiktionen. Grenzgänge zwischen Literatur und Wirtschaft. Frankfurt/Main, New York 2011, S. 67–89.

Pahl, Hanno: *Textbook Economics*: Zur Wissenschaftssoziologie eines wirtschaftswissenschaftlichen Genres. In: PROKLA. Zeitschrift für kritische Sozialwissenschaft 41/2011, H. 164, S. 369–387.

Pahl, Hanno: Disziplinierung und Popularisierung ökonomischen Wissens als wechselseitiger Verstärkungsprozess: Konstituentien der Oikodizee. In: ders., Jan Sparsam (Hg.): Wirtschaftswissenschaft als Oikodizee? Diskussionen im Anschluss an Joseph Vogls *Gespenst des Kapitals*. Wiesbaden 2013, S. 53–76.

Pahl, Hanno: Zur performativen Dimension konstitutiver Metaphern in der ökonomischen Theoriebildung: Zwischen Disziplinarität und Gesellschaft. In: Jens Maeße (Hg.):

Ökonomie, Diskurs, Regierung. Interdisziplinäre Perspektiven. Wiesbaden 2013, S. 277–298.

Pahl, Hanno: Zwischen Glasperlenspiel- und Ingenieurssemantiken. Diskursanalytische Untersuchungen zur Hegemonie neoklassischer Wissenschaftskultur nach 1945. In: Inga Klein, Sonja Windmüller (Hg.): Kultur der Ökonomie. Zur Materialität und Performanz des Wirtschaftlichen. Bielefeld 2014 (= Edition Kulturwissenschaft Bd. 25), S. 191–214.

Pahl, Hanno; Sparsam, Jan (Hg.): Wirtschaftswissenschaft als Oikodizee? Diskussionen im Anschluss an Joseph Vogls *Gespenst des Kapitals*. Wiesbaden 2013.

Pauen, Michael: Wahlverwandtschaften wider Willen? Rezeptionsgeschichte und Modernität von Ludwig Klages. In: Michael Großheim (Hg.): Perspektiven der Lebensphilosophie. Zum 125. Geburtstag von Ludwig Klages. Bonn 1999, S. 21–43.

Peart, Sandra: The Economics of W. S. Jevons. London, New York 1996.

Penrose, Edith Tilton: Biological Analogies in the Theory of the Firm. In: The American Economic Review 42/1952, H. 5, S. 804–819.

Persons, Warren M.: Indices of Business Conditions. In: The Review of Economic Statistics 1/1919, H. 1, S. 5–107.

Persons, Warren M.: An Index of General Business Conditions. In: The Review of Economic Statistics 1/1919, H. 2, S. 111–117.

Persons, Warren M.: II. The Method Used. In: The Review of Economics and Statistics 1/1919, H. 2, S. 117–139.

Perwuschin, S. A.: Versuch einer Theorie der wirtschaftlichen Konjunkturen, auf die Konjunkturentwicklung der Vorkriegszeit in Rußland angewandt. In: Vierteljahrshefte zur Konjunkturforschung 1929, Sonderheft 12: Russische Arbeiten zur Wirtschaftsforschung, S. 44–78.

Peter, Hans: Grenzen der Statistik in der Konjunkturforschung. Ein Beitrag zur Kritik der Wirtschaftsprognose. Bonn 1930 (= Veröffentlichungen der Frankfurter Gesellschaft für Konjunkturforschung Bd. 5).

Pfahler, Thomas: Krise und Konjunktur. In: Dietmar Herz, Veronika Weinberger (Hg.): Lexikon ökonomischer Werke. 650 wegweisende Schriften von der Antike bis ins 20. Jahrhundert. In Zusammenarbeit mit Andreas Blätte, Torsten Budäus, Shakuntala Banerjee und Wibke Reger. Stuttgart 2006, S. 430 f.

Pfleiderer, Martin: Rhythmus. Psychologische, theoretische und stilanalytische Aspekte populärer Musik. Bielefeld 2006.

Pinch, Trevor; Swedberg, Richard (Hg.): Living in a Material World. Economic Sociology Meets Science and Technology Studies. Cambridge (MA), London 2008.

Pinkus, Norbert Naphtali: Das Problem des Normalen in der Nationalökonomie. Beitrag zur Erforschung der Störungen im Wirtschaftsleben. Leipzig 1906.

Piotrowski, Carolin: Arbeit im Rhythmus. Zur Geschichte eines wechselvollen Konzepts, 1896–1938. In: Christoph Büttner, Carolin Piotrowski (Hg.): Im Rhythmus. Entwürfe alternativer Arbeitsweisen von 1900 bis in die Gegenwart. Paderborn 2018, S. 23-41.

Playfair, William: The Commercial and Political Atlas. 3. Aufl. London 1801.

Plumpe, Werner: Die Geburt des „Homo oeconomicus". Historische Überlegungen zur Entstehung und Bedeutung des Handlungsmodells der modernen Wirtschaft. In: Wolfgang Reinhard, Justin Stagl (Hg.): Menschen und Märkte. Studien zur historischen Wirtschaftsanthropologie. Wien, Köln, Weimar 2007, S. 319–352.

Plumpe, Werner: Ökonomisches Denken und wirtschaftliche Entwicklung. Zum Zusammenhang von Wirtschaftsgeschichte und historischer Semantik der Ökonomie. In: Jahrbuch für Wirtschaftsgeschichte 49/2009, H. 1, S. 27–52.

Pocock, John G. A.: The Machiavellian Moment. Florentine Political Thought and the Atlanic Republican Tradition. Princeton (NJ) 1975.

Poehls, Kerstin: Material und Moral. Das Handels- und Konsumgut Zucker. In: Zeitschrift für Volkskunde 112/2016, H. 1, S. 57–75.

Pörksen, Uwe: Logos, Kurven, Visiotype. In: Ute Gerhard, Jürgen Link, Ernst Schulte-Holtey (Hg.): Infografiken, Medien, Normalisierung. Zur Kartografie politisch-sozialer Landschaften. Heidelberg 2001 (= Diskursivitäten Bd. 1), S. 63–76.

Polanyi, Karl: The Great Transformation. New York, Toronto 1944.

Polanyi, Michael: Implizites Wissen. Frankfurt/Main 1985.

Pollak, Leo Wenzel: Hilfsmittel zur Aufsuchung versteckter Periodizitäten sowie zur harmonischen Analyse überhaupt. In: Annalen der Hydrographie und Maritimen Meteorologie. Zeitschrift für Seefahrt- und Meereskunde 7/1925, S. 209–222.

Portanova, Stamatia: Rhythmic Parasites: A Virological Analysis of Sound and Dance. In: FibreCulture 4/2005; URL: http://journal.fibreculture.org/issue4/issue4_portanova.html (Abrufdatum: 05.05.2005).

Preda, Alex: Wie Techniken Finanzmärkte erschaffen: Der Fall des Börsentickers. In: Werner Rammert, Cornelius Schubert (Hg.): Technografie. Zur Mikrosoziologie der Technik. Frankfurt/Main 2006, S. 101–139.

Preiser, Erich: Grundzüge der Konjunkturtheorie. Tübingen 1933.

Prigge, Walter; Herterich, Frank: Skyline: Zeichen der Stadt. Moderner und Postmoderner Städtebau. In: Klaus R. Scherpe (Hg.): Die Unwirklichkeit der Städte. Großstadtdarstellungen zwischen Moderne und Postmoderne. Reinbek bei Hamburg 1988, S. 304–324.

Primavesi, Patrick; Mahrenholz, Simone (Hg.): Geteilte Zeit. Zur Kritik des Rhythmus in den Künsten. Schliengen 2005 (= Zeiterfahrung und ästhetische Wahrnehmung Bd. 1).

Quittner-Bertolasi, Ellen: Rezension zu Oskar Anderson: Zur Problematik der empirisch-statistischen Konjunkturforschung. Kritische Betrachtung der Harvard-Methoden (1929). In: Archiv für Sozialwissenschaft und Sozialpolitik 62/1929, S. 201–205.

Quittner-Bertolasi, Ellen: Das Verhältnis von Trend und Konjunkturzyklen als mathematisch-ökonomisches Problem. Mit 5 graphischen Darstellungen. Leipzig 1933 (= Veröffentlichungen der Frankfurter Gesellschaft für Konjunkturforschung N.F. Bd. 7).

Rabinbach, Anson: The Human Motor. Energy, Fatigue, and the Origins of Modernity. New York 1990.

Reichenau, Charlotte von: (Statik und Konjunkturtheorie). In: Albert Aftalion u. a.: Der Stand und die nächste Zukunft der Konjunkturforschung. Festschrift für Arthur Spiethoff. Mit einem Vorwort von Joseph Schumpeter. München 1933, S. 234–237.

Reichert, Ramón: Das Wissen der Börse. Medien und Praktiken des Finanzmarktes. Bielefeld 2009.

Reichert, Ramón: Börsenturbulenzen. Die Medialität der Finanzmärkte. In: Herbert Kalthoff, Uwe Vormbusch (Hg.): Soziologie der Finanzmärkte. Bielefeld 2012, S. 179–199.

Reichmann, Werner: Die Disziplinierung des ökonomischen Wandels. Soziologische Analysen der Konjunkturforschung in Österreich. Marburg 2010 (= Beiträge zur Geschichte der deutschsprachigen Ökonomie Bd. 37).

Renfro, Charles G.: Economic Forecasts. In: Kimberly Kempf-Leonard (Hg.): Encyclopedia of Social Measurement. Bd. 1: A–E, Oxford 2005, S. 741–750.

Rheinberger, Hans-Jörg: Zu lesen aufgegeben. Beitrag zur Debatte: Kulturwissenschaft und Akteur-Netzwerk-Theorie. In: Zeitschrift für Kulturwissenschaften 2/2009, S. 130–132.

Riles, Annelise: Real Time: Unwinding Technocratic and Anthropological Knowledge. In: American Ethnologist 31/2004, H. 3, S. 392–405.

Rima, Ingrid Hahne: Development of Economic Analysis. 7. Aufl. London, New York 2009.

Rinderspacher, Jürgen P.: Zukunft als Weltanschauung. In: Elke Holst, Jürgen P. Rinderspacher, Jürgen Schupp (Hg.): Erwartungen an die Zukunft. Zeithorizonte und Wertewandel in der sozialwissenschaftlichen Diskussion. Frankfurt/Main, New York 1994, S. 19–44.

Röggla, Kathrin: Gespensterarbeit, Krisenmanagement und Weltmarktfiktion. Mit einem Vorwort v. Hubert Christian Ehalt. Wien 2009 (= Wiener Vorlesungen im Rathaus, Edition Gesellschaftskritik Bd. 6).

Röpke, Wilhelm: Die Konjunktur. Ein systematischer Versuch als Beitrag zur Morphologie der Verkehrswirtschaft. Jena 1922.

Röpke, Wilhelm: Auslandskredite und Konjunktur. In: Karl Diehl (Hg.): Beiträge zur Wirtschaftstheorie. 2. Teil: Konjunkturforschung und Konjunkturtheorie. München, Leipzig 1928 (= Schriften des Vereins für Sozialpolitik Bd. 173), S. 213–246.

Röpke, Wilhelm: Krise und Konjunktur. Leipzig 1932.

Rößle, Karl: (Das betriebswirtschaftliche Rechnungswesen im Dienste der Konjunkturforschung). In: Albert Aftalion u. a.: Der Stand und die nächste Zukunft der Konjunkturforschung. Festschrift für Arthur Spiethoff. Mit einem Vorwort von Joseph Schumpeter. München 1933, S. 246–249.

Rössler, Martin: Wirtschaftsethnologie. Eine Einführung. 2., überarb. u. erw. Aufl. Berlin 2005.

Röthig, Peter: Zur Theorie des Rhythmus. In: Gertrud Bünner, Peter Röthig (Hg.): Grundlagen und Methoden rhythmischer Erziehung. Stuttgart 1971, S. 11–32.

Rogers, James E. Thorold: A History of Agriculture and Prices in England. Oxford 1866.

Rolshoven, Johanna: Die Straßen dieser Welt. Ein Essay zu Stadtbewegungen im Frühling 2019. In: Nicole Puckermayr (Hg.): Demokratie und Frieden auf der Straße. Comrade Conrade – Kunst-, Forschungs- und Friedensprojekt in Graz 2016–2019. Graz 2019, S. 226–243.

Rosa, Hartmut: Resonanz. Eine Soziologie der Weltbeziehung. Berlin 2016.

Rosenberg, Ludwig: Sind wir übern Berg? In: Die Quelle. Funktionärzeitschrift des Deutschen Gewerkschaftsbundes 19/1968, H. 1, S. 1–3.

Roßler, Gustav: Kleine Galerie neuer Dingbegriffe. Hybriden, Quasi-Objekte, Grenzobjekte, epistemische Dinge. In: Georg Kneer, Markus Schroer, Erhard Schüttpelz (Hg.): Bruno Latours Kollektive. Kontroversen zur Entgrenzung des Sozialen. 2. Aufl. Frankfurt/Main 2016, S. 76–107.

Rotman, Brian: Ad Infinitum – The Ghost in Turing's Machine. Taking God Out of Mathematics and Putting the Body back in. An Essay in Corporeal Semiotics. Stanford (CA) 1993.

Ruckmich, Christian A.: The Role of Kinaesthesis in the Perception of Rhythm. In: The American Journal of Psychology 24/1913, S. 305–359.

Ruckmich, Christian A.: A Bibliography of Rhythm. In: The American Journal of Psychology 24/1913, S. 508–519; 26/1915, S. 457–459; 29/1918, S. 214–218; 35/1925, S. 408–413.

Ruhland, Gustav: System der Politischen Ökonomie. Bd. 3: Krankheitslehre des sozialen Volkskörpers. Unveränderter Neudruck mit einer Einleitung von R. Walther Darré. Berlin, Leipzig 1933 (1908).

Rutherford, Malcolm: „Who's afraid of Arthur Burns?" – The NBER and the Foundations. In: Journal of the History of Economic Thought 27/2005, S. 109–139.

Salgaro, Massimo; Vangi, Michele (Hg.): Mythos Rhythmus. Wissenschaft, Kunst und Literatur um 1900. Stuttgart 2016.

Samuels, Warren J.: Erasing the Invisible Hand. Essays on an Elusive and Misused Concept in Economics. Cambridge, New York 2011.

Schäfer, Lothar; Schnelle, Thomas: Einleitung. Ludwik Flecks Begründung der soziologischen Betrachtungsweise in der Wissenschaftstheorie. In: Ludwik Fleck: Entstehung und Entwicklung einer wissenschaftlichen Tatsache. Einführung in die Lehre vom Denkstil und Denkkollektiv. Mit einer Einleitung herausgegeben von Lothar Schäfer und Thomas Schnelle. 10. Aufl. Frankfurt/Main 2015, S. VII–XLIX.

Schäfer, Martin Jörg: Bereinigte Arbeit. Eine Vorgeschichte der Autonomieästhetik bei John Locke. In: Nacim Ghanbari, Marcus Hahn (Hg.): Reinigungsarbeit. Bielefeld 2013 (= Zeitschrift für Kulturwissenschaften Bd. 1/2013), S. 15–21.

Schäffle, Albert: Bau und Leben des socialen Körpers. 4 Bde Tübingen 1878.

Scharfe, Martin: Bagatellen. Zu einer Pathognomik der Kultur. In: Zeitschrift für Volkskunde 91/1995, H. 1, S. 1–26.

Scharfe, Martin: Menschenwerk. Erkundungen über Kultur. Köln, Weimar, Wien 2002.

Schefold, Bertram: Karl Bücher und der Historismus in der deutschen Nationalökonomie. In: Notker Hammerstein (Hg.): Deutsche Geschichtswissenschaft um 1900. Stuttgart 1988, S. 239–267.

Scheidegger, Tobias: Geschichtete Listen: naturkundliche Lokalkataloge um 1900 als Schnittstellen von Natur, Genealogie und Systematik. In: Katharina Hoins, Thomas Kühn, Johannes Müske (Hg.): Schnittstellen. Die Gegenwart des Abwesenden. Berlin 2014 (= Schriftenreihe der Isa Lohmann-Siems Stiftung Bd. 7), S. 245–262.

Scheidegger, Tobias: „Petite Science". Außeruniversitäre Naturforschung in der Schweiz um 1900. Göttingen 2017.

Schiefer, Hans-Werner: Konjunkturtheorie und Konjunkturindikatoren. Ein kritischer Beitrag zu dem Konzept der Konjunkturindikatoren des National Bureau of Economic Research. München 1968.

Schilling, Heinz (Hg.): Welche Farbe hat die Zeit? Recherchen zu einer Anthropologie des Wartens. Frankfurt/Main 2002.

Schlicke, Cornelius: Segmentierung als Grundlage kultureller Praxis: Eine Untersuchung der Musikkultur Techno. URL: http://www2.hu-berlin.de/fpm/texte/schlicke.htm (Abrufdatum: 25.04.2008).

Schlittgen, Rainer; Streitberg, Bernd H. J.: Zeitreihenanalyse. 9., unwes. veränd. Aufl. München, Wien 2001.

Schmidgen, Henning: Die Materialität der Dinge? Bruno Latour und die Wissenschaftsgeschichte. In: Georg Kneer, Markus Schroer, Erhard Schüttpelz (Hg.): Bruno Latours Kollektive. Kontroversen zur Entgrenzung des Sozialen. 2. Aufl. Frankfurt/Main 2016, S. 15–46.

Schmidt, Leopold: Die Volkskunde als Geisteswissenschaft. In: Handbuch der Geisteswissenschaften Bd. 2, H. 1. Wien 1948, S. 7–30.

Schmidt-Lauber, Brigitta: Gemütlichkeit. Eine kulturwissenschaftliche Annäherung. Frankfurt/Main 2003.

Schmidt-Wodder, Johannes: Das Schleswigsche Minderheitenproblem. In: Hans Martin Johannsen (Hg.): Grenzland Schleswig. Aufsätze zur Deutsch-Dänischen Frage. Crimmitschau 1926, S. 64–77.

Schmitz, Hermann: Neue Phänomenologie. Bonn 1980.

Schmitz, Hermann: Der Leib, der Raum und die Gefühle. Bielefeld, Locarno 2007.

Schmölders, Günter: Vom Rhythmus der wirtschaftlichen Aktivität. In: Studium Generale 2/1949, H. 2, S. 104–112.

Schmölders, Günter: Konjunkturen und Krisen. Hamburg 1955.

Schmolinsky, Sabine; Hitzke, Diana; Stahl, Heiner (Hg.): Taktungen und Rhythmen. Raumzeitliche Perspektiven interdisziplinär. Berlin, Boston 2018.

Schneider, Tobias: Ideologische Grabenkämpfe. Der Philosoph Ludwig Klages und der Nationalsozialismus 1933–1938. In: Vierteljahrshefte für Zeitgeschichte 49/2001, H. 2, S. 275–294.

Schneider, Tobias: Sektierer oder Kampfgenossen? Der Klages-Kreis im Spannungsfeld der NS-Kulturpolitik. In: Walter Schmitz, Clemens Vollnhals (Hg.): Völkische Bewegung – Konservative Revolution – Nationalsozialismus. Aspekte einer politisierten Kultur. Dresden 2005, S. 299–323.

Scholl, Stefan: Das Politische als ‚konstitutives Außen' des Ökonomischen. Grenzziehungen zwischen ‚Wirtschaft' und ‚Politik' in historischer Perspektive. In: Inga Klein, Sonja Windmüller (Hg.): Kultur der Ökonomie. Zur Materialität und Performanz des Wirtschaftlichen. Bielefeld 2014 (= Edition Kulturwissenschaft Bd. 25), S. 235–257.

Schramm, Engelbert: Im Namen des Kreislaufs. Ideengeschichte der Modelle vom ökologischen Kreislauf. Frankfurt/Main 1997.

Schröder, Hans Eggert: Zu: Vom Wesen des Rhythmus. In: Ludwig Klages: Philosophische Schriften. Mit einem Kommentar von Hans Eggert Schröder (= Sämtliche Werke. Hg. v. Ernst Frauchiger u. a. Bd. 3: Philosophie III). Bonn 1974, S. 764–768.

Schröder, Wilhelm Heinz; Spree, Reinhard: Historische Konjunkturforschung: Aufriß und Desiderata. In. dies. (Hg.): Historische Konjunkturforschung. Stuttgart 1981, S. 7–17.

Schulte-Holtey, Ernst: Über Kurvenlandschaften in Printmedien. Am Beispiel der Hamburger Zeitung Die Woche. In: Ute Gerhard, Jürgen Link, Ernst Schulte-Holtey (Hg.): Infografiken, Medien, Normalisierung. Zur Kartografie politisch-sozialer Landschaften. Heidelberg 2001 (= Diskursivitäten Bd. 1), S. 93–114.

Schummer, Joachim: Symmetrie und Schönheit in Kunst und Wissenschaft. In: Wolfgang Krohn (Hg.): Ästhetik in der Wissenschaft. Interdisziplinärer Diskurs über das Gestalten und Darstellen von Wissen. Hamburg 2006 (= Zeitschrift für Ästhetik und Allgemeine Kunstwissenschaft, Sonderheft 7), S. 59–78.

Schumpeter, Joseph A.: Theorie der wirtschaftlichen Entwicklung. Leipzig 1912.

Schumpeter, Joseph A.: Die Wellenbewegung des Wirtschaftslebens. In: Archiv für Sozialwissenschaft und Sozialpolitik 39/1914, S. 1–32.

Schumpeter, Joseph A.: Theorie der wirtschaftlichen Entwicklung. Eine Untersuchung über Unternehmergewinn, Kapital, Kredit, Zins und den Konjunkturzyklus. 2., neu bearb. Aufl. München, Leipzig 1926.

Schumpeter, Joseph A.: o. T. In: Albert Aftalion u. a.: Der Stand und die nächste Zukunft der Konjunkturforschung. Festschrift für Arthur Spiethoff. Mit einem Vorwort von Joseph Schumpeter. München 1933, S. 263–267.

Schumpeter, Joseph A.: Business Cycles. A Theoretical, Historical, and Statistical Analysis of the Capitalist Process. 2 Bde New York 1939.

Schumpeter, Joseph A.: History of Economic Analysis. Edited from Manuscript by Elizabeth Boody Schumpeter and with an Introduction by Mark Perlman. London 1954.

Schumpeter, Joseph A.: Konjunkturzyklen. Eine theoretische, historische und statistische Analyse des kapitalistischen Prozesses. Berechtigte Übersetzung aus dem Amerikanischen von Klaus Dockhorn. 2 Bde Göttingen 1961.

Schumpeter, Joseph A.: Konjunkturzyklen. Eine theoretische, historische und statistische Analyse des kapitalistischen Prozesses. Aus dem Amerikanischen von Klaus Dockhorn. Mit einer Einleitung von Cord Siemon. Göttingen, Oakville (CT) 2010.

Schuster, Arthur: On Hidden Periodicities. In: Terrestrial Magnetism 3/1898, S. 13–41.

Schweikle, Günther; Schweikle, Irmgard (Hg.): Metzler-Literatur-Lexikon: Begriffe und Definitionen. 2., überarb. Aufl. Stuttgart 1990.

Schwentker, Wolfgang: Max Weber in Japan. Eine Untersuchung zur Wirkungsgeschichte 1905–1995. Tübingen 1998.

Sedláček, Tomáš: Die Ökonomie von Gut und Böse. Aus dem Amerikanischen von Ingrid Proß-Gill. München 2012.

Seesemann, Kurt: Vernichtung der Wirtschaft. Leipzig [1930].

Seesemann, Kurt: Universalismus und Individualismus. In: Hans Prinzhorn (Hg.): Die Wissenschaft am Scheidewege von Leben und Geist. Festschrift Ludwig Klages zum 60. Geburtstag 10. Dezember 1932. Leipzig 1932, S. 207–212.

Seidel, Wilhelm: Rhythmus, Metrum, Takt. In: Ludwig Fischer (Hg.): Die Musik in Geschichte und Gegenwart. Allgemeine Enzyklopädie der Musik begründet von Friedrich Blume. Sachteil 8 Quer–Swi. 2., neubearb. Ausgabe Kassel u. a. 1998, Sp. 257–317.

Seifert, Manfred: Zur Un-Ordnung der Kulturen des Wirtschaftens: Über die Ökonomie als Forschungsfeld. In: Karl Braun u. a. (Hg.): Wirtschaften. Kulturwissenschaftliche Perspektiven. Marburg 2019, S. 169–184.

Seifert, Manfred; Götz, Irene; Huber, Birgit (Hg.): Flexible Biografien? Horizonte und Brüche im Arbeitsleben der Gegenwart. Frankfurt/Main 2007.

Seiser, Gertraud: Ökonomische Anthropologie. Einführung und Fallbeispiele. Wien 2017.

Senn, Peter: Music and Economics: Reflections Inspired by Karl Bücher. In: Jürgen G. Backhaus (Hg.): Karl Bücher. Theory – History – Anthropology – Non Market Economies. Marburg 2000, S. 73–112.

Shin, Huyn Song: Risk and Liquidity. Oxford u. a. 2010.

Siegert, Bernhard: Currents and Currency. Elektrizität, Ökonomie und Ideenumlauf um 1800. In: Jürgen Barkhoff, Hartmut Böhme, Jeanne Riou (Hg.): Netzwerke. Eine Kulturtechnik der Moderne. Köln u. a. 2004 (= Literatur – Kultur – Geschlecht Bd. 29), S. 53–68.

Siemon, Cord: Schumpeters Konjunkturzyklen: Eine Einführung. In: Joseph A. Schumpeter: Konjunkturzyklen. Eine theoretische, historische und statistische Analyse des kapitalistischen Prozesses. Aus dem Amerikanischen von Klaus Dockhorn. Mit einer Einleitung von Cord Siemon. Göttingen, Oakville/CT 2010, S. V–LIII.

Simmel, Georg: Philosophie des Geldes. 2., vermehrte Aufl. Leipzig 1907 [1900].

Singer, Kurt: Weltwirtschafts-Krisis? In: Wirtschaftsdienst. Weltwirtschaftliche Nachrichten 15/1930, H. 33, S. 1401–1403.

Siuts, Hinrich: Geräteforschung. In: Rolf W. Brednich (Hg.): Grundriß der Volkskunde. Einführung in die Forschungsfelder der Europäischen Ethnologie. 3., überarb. u. erw. Aufl. Berlin 2001, S. 155–170.

Slutzky, Eugen: The Summation of Random Causes as the Source of Cyclic Processes. In: Econometrica 5/1937, H. 2, S. 105–146.

Snyder, Carl: Measurement versus Theory in Economics. In: Economic Essays in Honour of Gustav Cassel. October 20th 1933. London 1933, S. 591–597.

Snyder, Carl: (The concept of momentum and inertia in economics). In: Albert Aftalion u. a.: Der Stand und die nächste Zukunft der Konjunkturforschung. Festschrift für Arthur Spiethoff. Mit einem Vorwort von Joseph Schumpeter. München 1933, S. 270–275.

Snyder, Carl: Measures of Industrial Growth and their Significances. In: Charles J. Bullock u. a.: Beiträge zur Konjunkturlehre. Festschrift zum zehnjährigen Bestehen des Instituts für Konjunkturforschung. Hamburg 1936, S. 171–197.

Spahn, Peter (Hg.): Entwicklung der Konjunkturforschung im frühen 20. Jahrhundert. Studien zur Entwicklung der ökonomischen Theorie XL. Berlin 2022 (= Schriften des Vereins für Socialpolitik Bd. 115/XL).

Spector, Irwin: Rhythm and Life. The Work of Émile Jaques-Dalcroze. Stuyvesant (NY) 1990 (= Dance and Music Series Bd. 3).

Spengler, Oswald: Der Mensch und die Technik. Beitrag zu einer Philosophie des Lebens. München 1931.

Sperber, Dan: Das Wissen des Ethnologen. Aus dem Französischen von Ulrike Bokelmann. Frankfurt/Main, New York 1989 (frz. Orig. 1982).

Spies, Susanne: Ästhetische Erfahrung Mathematik. Über das Phänomen schöner Beweise und den Mathematiker als Künstler. Siegen 2013 (= Siegener Beiträge zur Geschichte und Philosophie der Mathematik Bd. 2).

Spiethoff, Arthur: Krisen. In: Ludwig Elster, Adolf Weber, Friedrich Wieser (Hg.): Handwörterbuch der Staatswissenschaften. Bd. 6: Kriminalstatistik – Reklamesteuer. 4., gänzl. umgearb. Aufl. Jena 1925, S. 8–91.

Spitznagel, Albert: Zur Geschichte der psychologischen Rhythmusforschung. In: Katharina Müller, Gisa Aschersleben (Hg.): Rhythmus. Ein interdisziplinäres Handbuch. Bern u. a. 2000, S. 1–40.

Spree, Reinhard: Business Cycles in History. Munich Discussion Paper No. 2002-1. Volkswirtschaftliche Fakultät, Ludwig-Maximilians-Universität München. München 2002. URL: https://epub.ub.uni-muenchen.de/6/1/0201_spree.pdf (Abrufdatum: 01.05.2017).

Sreenivasan, Katepalli R.: Comment on William C. Brainard and Herbert E. Scarf's „How to Compute Equilibrium Prices in 1891". In: The American Journal of Economics and Sociology 64/2005, H. 1, S. 89–92.

Stäheli, Urs: Der Takt der Börse. Inklusionseffekte von Verbreitungsmedien am Beispiel des Börsen-Tickers. In: Zeitschrift für Soziologie 33/2004, H. 3, S. 245–263.

Stäheli, Urs: Spektakuläre Spekulation. Das Populäre der Ökonomie. Frankfurt/Main 2007.

Stäheli, Urs: Ökonomie. Die Grenzen des Ökonomischen. In: Stephan Moebius, Andreas Reckwitz (Hg.): Poststrukturalistische Sozialwissenschaften. Frankfurt/Main 2008, S. 295–311.

Stäheli, Urs: Aus dem Rhythmus fallen. Zur öffentlichen Entnetzung. In: Kursbuch 177/2014 (Themenheft: Privat 2.0), S. 66–77.

Stanitzek, Georg; Winkler, Hartmut: Eine Medientheorie der Aufklärung. Vorwort. In: Josias Ludwig Gosch: Ideenumlauf. Hg. v. Georg Stanitzek und Hartmut Winkler. Berlin 2006, S. 7–34.

Star, Susan Leigh: This is Not a Boundary Object. Reflections on the Origin of a Concept. In: Science, Technology, and Human Values 35/2010, H. 5, S. 601–617.

Star, Susan Leigh; Griesemer, James R.: Institutional Ecology, ‚Translations' and Boundary Objects: Amateurs and Professionals in Berkeley's Museum of Vertebrate Zoology, 1907–39. In: Social Studies of Science 19/1989, H. 3, S. 387–420.

Stiegler, Bernd: Der montierte Mensch. Eine Figur der Moderne. Paderborn 2016.

Stigler, George J.: Henry L. Moore and Statistical Economics. In: Econometrica 30/1962, H. 1, S. 1–21.

Stigler, Stephen M.: Jevons as Statistician (1982). In: John Cunningham Wood (Hg.): William Stanley Jevons. Critical Assessments. London, New York 1988, Bd. 1, S. 369–382.

Strathern, Marilyn: Cutting the Network. In: The Journal of the Royal Anthropological Institute 2/1996, H. 3, S. 517–535.

Stucken, Rudolf: Theorie der Konjunkturschwankungen. Jena 1926.

Stumpff, Karl: Analyse periodischer Vorgänge. Ein Abriß der Periodographie mit besonderer Berücksichtigung moderner Methoden. Berlin 1927.

Sutter, Ove: Erzählte Prekarität. Autobiographische Verhandlungen von Arbeit und Leben im Postfordismus. Frankfurt/Main 2013.

Svetlova, Ekaterina; Thielmann, Karl-Heinz: Prognosekulturen an Finanzmärkten. In: Andreas Hartmann, Oliwia Murawska (Hg.): Representing the Future. Zur kulturellen Logik der Zukunft. Bielefeld 2015, S. 17–37.

Swanson, Ernst W.: Scandinavian Business Cycle Theory 1898–1936. A Part of a Dissertation Submitted to the Faculty of the School of Business in Candidacy for the Degree of Doctor of Philosophy, August 1940. Chicago (IL) 1944.

Tanner, Jakob: Wirtschaftskurven. Zur Visualisierung des anonymen Marktes. In: David Gugerli, Barbara Orland (Hg.): Ganz normale Bilder. Historische Beiträge zur visuellen Herstellung von Selbstverständlichkeit. Zürich 2002 (= Interferenzen. Studien zur Kulturgeschichte der Technik Bd. 2), S. 129–158.

Tanner, Jakob: Die ökonomische Handlungstheorie vor der „kulturalistischen Wende"? Perspektiven und Probleme einer interdisziplinären Diskussion. In: Hartmut Berghoff, Jakob Vogel (Hg.): Wirtschaftsgeschichte als Kulturgeschichte. Dimensionen eines Perspektivenwechsels. Frankfurt/Main, New York 2004, S. 69–98.

Tarassow, Lev V.: Symmetrie, Symmetrie! Strukturprinzipien in Natur und Technik. Berlin 1999.

Tauschek, Markus: Zur Kultur des Wettbewerbs. Eine Einführung. In: ders. (Hg.): Kulturen des Wettbewerbs. Formationen kompetitiver Logiken. Münster u. a. 2013 (= Kieler Studien zur Volkskunde und Kulturgeschichte Bd. 10), S. 7–36.

Taylor, Steven S.; Hansen, Hans: Finding Form: Looking at the Field of Organizational Aesthetics. In: Journal of Management Studies 42/2005, H. 6, S. 1211–1231.

Tervooren, Helga: Die rhythmisch-musikalische Erziehung im ersten Drittel unseres Jahrhunderts. Von der Jahrhundertwende bis zum Ausgang der Kestenberg-Reform unter besonderer Berücksichtigung von Kindergarten und Grundschule. Frankfurt/Main 1987.

Tichy, Gunther J.: Konjunkturschwankungen. Theorie, Messung, Prognose. Berlin, Heidelberg, New York 1976 (= Heidelberger Taschenbücher Bd. 174).

Tinbergen, Jan; Polak, Jacques J.: The Dynamics of Business Cycles. A Study in Economic Fluctuations. Chicago 1950.

Tooze, J. Adam: Statistics and the German State, 1900–1945. The Making of Modern Economic Knowledge. Cambridge 2001.

Torra-Mattenklott, Caroline: Bewegung und Verhalt. Theorien über die Kräfte des Rhythmus im 18. Jahrhundert. In: Edith Anna Kunz, Roger W. Müller Farguell (Hg.): Rhythmus. Freiburg 2001 (= Colloquium Helveticum. Schweizer Hefte für allgemeine und vergleichende Literaturwissenschaft Bd. 32), S. 71–90.

Trabant, Jürgen: Rhythmus versus Zeichen. Zur Poetik von Henri Meschonnic. In: Zeitschrift für französische Sprache und Literatur 100/1990, S. 193–212.

Trummer, Manuel u. a. (Hg.): Zeit. Zur Temporalität von Kultur. Münster, New York 2023.

Tuchtfeldt, Egon: Lange Wellen – Ein dogmengeschichtlicher Rückblick. Hamburg 1998 (= Discussion Papers in Economic Policy Research Bd. 89).

Unterweger, Gisela: Der Umgang mit Geld als kulturelle Praxis. Eine qualitative Untersuchung in der gesellschaftlichen Mitte. Zürich 2013 (= Zürcher Beiträge zur Alltagskultur Bd. 20).

Velupillai, Kumaraswamy: Implicit Nonlinearities in the Economic Dynamics of „Impulse and Propagation". In: ders. (Hg.): Nonlinearities, Disequilibria and Simulation. London 1992, S. 57–71.

Vogl, Joseph: Kalkül und Leidenschaft. Poetik des ökonomischen Menschen. Zürich 2002.

Vogl, Joseph: Das Gespenst des Kapitals. Zürich 2010.

Voit, Johannes: The Statistical Mechanics of Financial Markets. Berlin u. a. 2001.

Vonderau, Asta: Leben im „neuen Europa". Konsum, Lebensstile und Körpertechniken im Postsozialismus. Bielefeld 2010.

Wagemann, Ernst: Einleitung. Weltwirtschaftliche Zusammenhänge des Konjunkturverlaufs. In: Vierteljahrshefte zur Konjunkturforschung 1/1926, H. 1, S. 9–49.

Wagemann, Ernst: Konjunkturlehre. Eine Grundlegung zur Lehre vom Rhythmus der Wirtschaft. Berlin 1928.

Wagemann, Ernst: Einführung in die Konjunkturlehre. Leipzig 1929.

Wagemann, Ernst: Economic Rhythm. A Theory of Business Cycles. Translated by D. H. Blelloch. With a Prefatory Note by Wesley C. Mitchell. New York, London 1930.

Wagemann, Ernst: Struktur und Rhythmus der Weltwirtschaft. Grundlagen einer weltwirtschaftlichen Konjunkturlehre. Berlin 1931.

Wagemann, Ernst: Narrenspiegel der Statistik. Die Umrisse eines statistischen Weltbildes. Hamburg 1935.

Wagemann, Ernst: Die Zahl als Detektiv. Heitere Plauderei über gewichtige Dinge. Hamburg 1938.

Wagner, Adolf: Konjunkturtheorie – zum Wandel der Begriffe und Modelle. In: Konjunkturforschung heute – Theorie, Messung, Empirie. Beiträge zum wissenschaftlichen Kolloquium am 18./19. November 1999 in Wiesbaden. Wiesbaden 2000 (= Forum der Bundesstatistik, hg. v. Statistischen Bundesamt, Bd. 35), S. 46–61.

Wagner-Hasel, Beate: Die Arbeit des Gelehrten. Der Nationalökonom Karl Bücher (1847–1930). Frankfurt/Main, New York 2011.

Wainstein, Albert L.: Meteorologische und wirtschaftliche Zyklen, Probleme der Wirtschaftsprognose. In: Vierteljahrshefte zur Konjunkturforschung 1929, Sonderheft 12: Russische Arbeiten zur Wirtschaftsforschung, S. 5–43.

Wald, Abraham: Berechnung und Ausschaltung von Saisonschwankungen. Mit 30 Abbildungen und 12 Tabellen. Wien 1936 (= Beiträge zur Konjunkturforschung, hg. v. Österreichischen Institut für Konjunkturforschung Bd. 9).

Wallau, Franz A.: Ueber amerikanische Wirtschafts- und Börsenprognosen. In: Bank-Archiv. Zeitschrift für Bank- und Börsenwesen 30/1931, H. 13, S. 291–295.

Walras, Léon: Économique et Mécanique. In: Bulletin de la Societé Vaudoise de Sciences Naturelles 45/1909, S. 313–325.

Walras, Léon: Elements of Pure Economics or the Theory of Social Wealth. Translated by William Jaffé. London 1954.

Warburg, Aby M.: Dürer und die italienische Antike (1906). In: ders.: Ausgewählte Schriften und Würdigungen. Hg. v. Dieter Wuttke in Verbindung mit Carl Georg Heise. Baden-Baden 1979 (= Saecvla spiritalia Bd. 1), S. 125–135.

Warren, George F.; Pearson, Frank A.: Prices. New York, London 1933.

Warren, George F.; Pearson, Frank A.: Gold and Prices. New York, London 1935.

Warren, George F.; Pearson, Frank A.: World Prices and the Building Industry. New York, London 1937.

Warren, Samantha: Empirical Challenges in Organizational Aesthetics Research. Towards a Sensual Methodology. In: Organization Studies 29/2008, H. 4, S. 559–580.

Wasserrab, Karl: Preise und Krisen. Stuttgart 1889.

Weber, Max: Die „Objektivität" sozialwissenschaftlicher und sozialpolitischer Erkenntnis (1904). In: ders.: Gesammelte Aufsätze zur Wissenschaftslehre. 3., erw. u. verb. Aufl. Tübingen 1968, S. 146–214.

Weddigen, Walter: Der Organismusgedanke in der Wirtschaftstheorie. Zur 35. Wiederkehr des Todestages von Albert Schäffle. In: Zeitschrift für die gesamte Staatswissenschaft 99/1939, H. 1, S. 1–22.

Wehr, Laura: Alltagszeiten der Kinder. Die Zeitpraxis von Kindern im Kontext generationaler Ordnungen. Weinheim 2009.

Weintraub, E. Roy: How Economics Became a Mathematical Science. Durham, London 2002.

Wellmann, Janina: Die Form des Werdens. Eine Kulturgeschichte der Embryologie, 1760–1830. Göttingen 2010.

Welz, Gisela: Standards und die Herstellung des Ökonomischen. Am Beispiel geschützter Herkunftsangaben für regionale Lebensmittelprodukte. In: Inga Klein, Sonja Windmüller (Hg.): Kultur der Ökonomie. Zur Materialität und Performanz des Wirtschaftlichen. Bielefeld 2014 (= Edition Kulturwissenschaft Bd. 25), S. 175–190.

Welz, Gisela: European Products. Making and Unmaking Heritage in Cyprus. New York 2015.

Weyl, Hermann: Symmetrie. Ins Deutsche übersetzt von Lulu Bechtholsheim. Basel, Stuttgart 1955 (Orig. 1951).

Wicharz, Michael: Albert Aftalions Tatsachenbild und Lehre der wirtschaftlichen Wechsellagen. Jena 1935.

Wiegelmann, Günter: Reliktgebiet und Kulturfixierung. Zu einigen Begriffen und Modellen der schwedischen Ethnologie und deutschen Volkskunde (1972). In: ders.: Theoretische Konzepte der Europäischen Ethnologie. Diskussionen um Regeln und Modelle. 2., erw. Aufl. Münster 1995 (= Grundlagen der Europäischen Ethnologie Bd. 1), S. 63–74.

Wiegelmann, Günter: Diskussion zur Wirtschaftslagentheorie. In: ders.: Theoretische Konzepte der Europäischen Ethnologie. Diskussionen um Regeln und Modelle. 2., erw. Aufl. Münster 1995 (= Grundlagen der Europäischen Ethnologie Bd. 1), S. 92 f.

Wilken, Folkert: Der Kreislauf der Wirtschaft (Zirkulation). Die Überwindung der Arbeitslosigkeit durch Fortbildung der Konjunkturen zu einer Wirtschaftserweiterung auf erhöhter Organisationsstufe. Jena 1928.

Wille, Rudolf (Hg.): Symmetrie in Geistes- und Naturwissenschaft. Hauptvorträge und Diskussionen des Symmetrie-Symposions an der Technischen Hochschule Darmstadt vom 13.–17. Juni 1986 im Rahmen des Symmetrieprojektes der Stadt Darmstadt. Berlin u. a. 1988.

Wilpert, Gero von: Sachwörterbuch der Literatur. 4., verb. u. erw. Aufl. Stuttgart 1964.

Windmüller, Sonja: Standardisierung und rhythmische Organisation. Zur Verschränkung zweier Paradigmen im frühen 20. Jahrhundert. In: Saskia Frank, Sonja Windmüller (Hg.): Normieren, Standardisieren, Vereinheitlichen. Marburg 2006 (= Hessische Blätter für Volks- und Kulturforschung Bd. 41), S. 65–76.

Windmüller, Sonja: Verwandlung durch Rhythmus? Zur kulturellen Semantik von Tanzpädagogik am Beispiel „Rhythm Is It!" In: Kathrin Bonacker, Sonja Windmüller (Hg.): Tanz! Rhythmus und Leidenschaft. Marburg 2007 (= Hessische Blätter für Volks- und Kulturforschung Bd. 42), S. 118–134.

Windmüller, Sonja: Faszination Rhythmus. Überlegungen zu einem Forschungsprogramm. In: Zeitschrift für Volkskunde 106/2010, H. 1, S. 45–65.

Windmüller, Sonja: Rhythm a World Language? Reflections on Movement-Oriented Cultural Analysis. In: Ethnologia Europaea 1/2010, S. 30–41.

Windmüller, Sonja: Rhythmen (in) der Ökonomie. Kulturanalytische Schlaglichter auf eine Denk- und Praxisfigur. In: Inga Klein, Sonja Windmüller (Hg.): Kultur der Ökonomie. Zur Materialität und Performanz des Wirtschaftlichen. Bielefeld 2014 (= Edition Kulturwissenschaft Bd. 25), S. 57–80.

Windmüller, Sonja: „Economic Plumbing". Perspektiven auf akademische Modellbildung und die sinnliche Dimensionierung von Wissen(schaft). In: Karl Braun u. a. (Hg.): Kulturen der Sinne. Zugänge zur Sensualität der sozialen Welt. Würzburg 2017, S. 111–120.

Windmüller, Sonja: Staging Economics. Zur Kulturanalyse des Wirtschaftlichen. In: Zeitschrift für Empirische Kulturwissenschaft 119/2023, H. 2, S. 155–175.

Winick, Steven: Rhythm. An Annotated Bibliography. Metuchen (NJ) 1974.

Winkler, Justin: Über Rhythmusanalyse. In: Dietrich Henckel, Caroline Kramer (Hg.): Zeitgerechte Stadt. Konzepte und Perspektiven für die Planungspraxis. Hannover 2019, S. 87–108.

Winkler, Wilhelm: (Offene Fragen der Konjunkturstatistik). In: Albert Aftalion u. a.: Der Stand und die nächste Zukunft der Konjunkturforschung. Festschrift für Arthur Spiethoff. Mit einem Vorwort von Joseph Schumpeter. München 1933, S. 308–314.

Winterberg, Lars: Die Not der Anderen. Kulturwissenschaftliche Perspektiven auf Aushandlungen globaler Armut am Beispiel des Fairen Handels. Bausteine einer Ethnografie. Münster, New York 2017.

Wissler, Albert: Ernst Wagemann. Begründer der empirischen Konjunkturforschung in Deutschland. Mit einem Geleitwort von Ferdinand Friedensburg. Berlin 1954.

Wittgenstein, Ludwig: Philosophische Untersuchungen. Frankfurt/Main 1977.

Wolff, Hellmut: Lehrbuch der Konjunkturforschung. Zugleich eine kritisch-theoretische Untersuchung von Struktur und Konjunktur. Berlin, Wien 1928.

Wolff, Samuel de: Prosperitäts- und Depressionsperioden. In: Otto Jenssen (Hg.): Der lebendige Marxismus. Festgabe zum 70. Geburtstage von Karl Kautsky. Jena 1924, S. 13–43.

Wood, John Cunningham (Hg.): William Stanley Jevons. Critical Assessments. 3 Bde London, New York 1988.

Woodmansee, Martha; Osteen, Mark: Taking Account of the New Economic Criticism. An Historical Introduction. In: dies. (Hg.): The New Economic Criticism. Studies at the Intersection of Literature and Economics. London, New York 1999, S. 3–50.

You, Haili: Defining Rhythm. Aspects of an Anthropology of Rhythm. In: Culture, Medicine and Psychiatry 18/1994, H. 3, S. 361–384.

Yule, George Udny: On a Simple Form of Harmonic Analyser. In: Philosophical Magazine 39/1895, S. 367–374.

Yule, George Udny: An Introduction to the Theory of Statistics. London 1922.

Yule, George Udny: Why Do We Sometimes Get Nonsense-Correlations between Time-Series? – A Study in Sampling and the Nature of Time-Series. In: Journal of the Royal Statistical Society 89/1926, H. 1, S. 1–63.

Yule, George Udny: On a Method of Investigating Periodicities in Disturbed Series, with Special Reference to Wolfer's Sunspot Numbers. In: Philosophical Transactions of the Royal Society of London, Series A, 226/1927, S. 267–298.

Yule, George Udny; Kendall, Maurice G.: An Introduction to the Theory of Statistics. 14., durchges. u. erw. Aufl. London 1950.

Zarnowitz, Victor: Business Cycles. Theory, History, Indicators, and Forecasting. Chicago, London 1992.

Zerubavel, Eviatar: Hidden Rhythms. Schedules and Calendars in Social Life. Berkeley, Los Angeles 1981.

Zimmermann, Erwin: Die Konjunkturtheorie als Postulat des mechanisch-dynamischen Dualismus der Krisenfaktoren. Ein Beitrag zur Lehre von den Krisen und Konjunkturen in prinzipieller Behandlungsweise. Inaugural-Dissertation zur Erlangung der Doktorwürde der hohen philosophischen Fakultät der grossherzoglich-badischen Ruprecht-Karls-Universität in Heidelberg. Mannheim 1918.

Zimmermann, Harm-Peer: Ästhetische Aufklärung. Zur Revision der Romantik in volkskundlicher Absicht. Würzburg 2001.

Zollna, Isabel: Der Rhythmus in der geisteswissenschaftlichen Forschung. Ein Überblick. In: Zeitschrift für Literaturwissenschaft und Linguistik 96/1994, S. 12–52.

Zollna, Isabel: Rhythmus – Körper – Sprache. In: Gabriele Berkenbusch, Christine Bierbach (Hg.): Soziolinguistik und Sprachgeschichte: Querverbindungen. Brigitte Schlieben-Lange zum 50. Geburtstag von ihren Schülerinnen und Schülern überreicht. Tübingen 1994 (= Tübinger Beiträge zur Linguistik Bd. 398), S. 209–228.

Anhang

Anhang 1: Abkürzungen

Astwik	Abteilung für Statistische Weltwirtschaftskunde und Internationale Konjunkturforschung (am Institut für Weltwirtschaft, Kiel)
DIW	Deutsches Institut für Wirtschaftsforschung, Berlin (ehemals: IfK)
FSC	Foundation for the Study of Cycles
IfK	Institut für Konjunkturforschung, Berlin
IfW	Institut für Weltwirtschaft, Kiel
NBER	National Bureau of Economic Research, New York
VzK	Vierteljahrshefte zur Konjunkturforschung
WIFO	Österreichisches Institut für Wirtschaftsforschung (ehemals: Österreichisches Institut für Konjunkturforschung)
ZBW	Deutsche Zentralbibliothek für Wirtschaftswissenschaften – Leibniz-Informationszentrum Wirtschaft

Anhang 2: Idealtypische Konjunkturmodelle in der jüngeren wirtschaftswissenschaftlichen Literatur

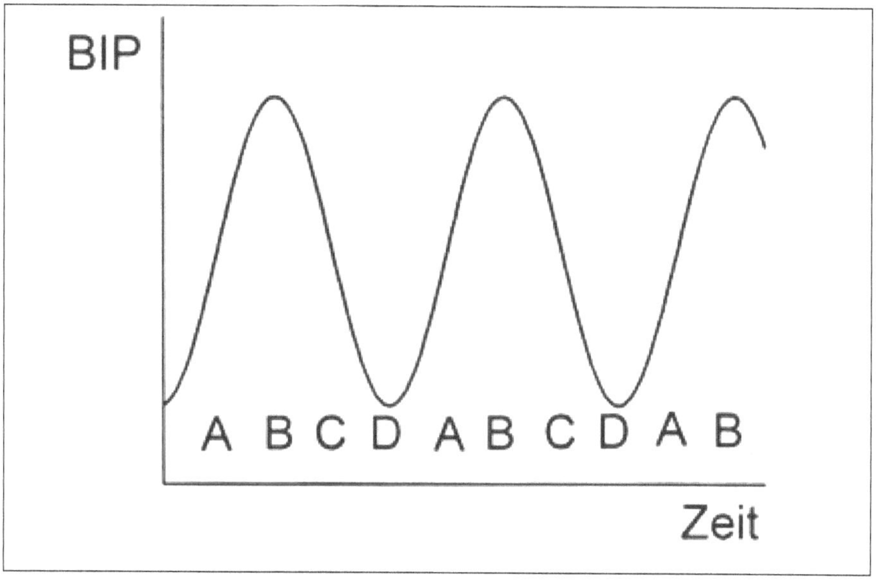

Abb. I: „Der idealtypische Konjunkturverlauf". Aus: Jürgen Ehlgen: Die Messung von Konjunkturschwankungen. Papier am Fachbereich Wirtschaftswissenschaften der Universität Siegen. Siegen 2004, S. 1. URL: www.wiwi.uni-siegen.de/gail/lehre/wintersemester1213/konjunktur/messung.pdf (Abrufdatum: 20.09.2012).

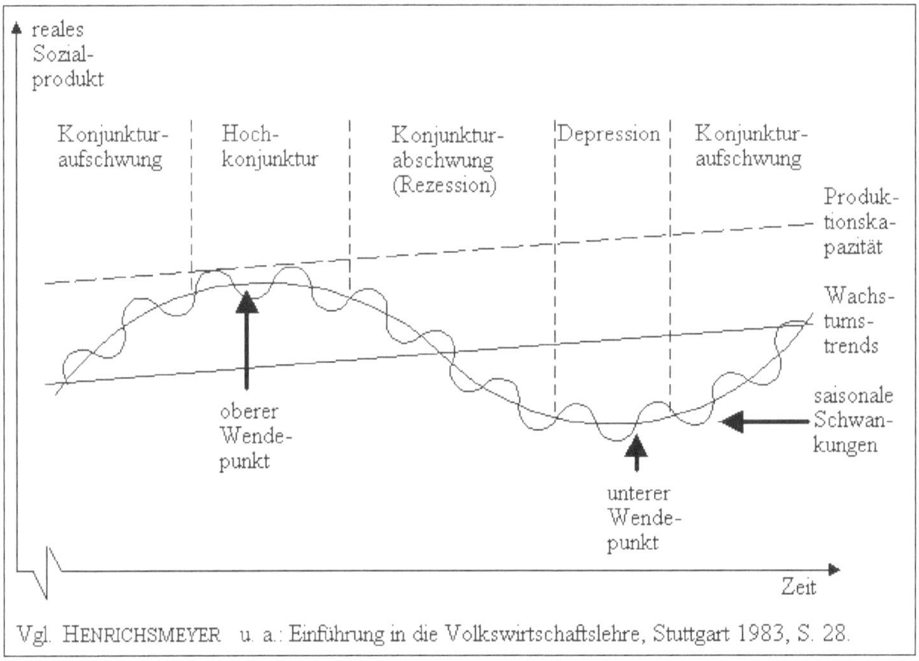

Abb. II: „Schematische Darstellung des Konjunkturzyklus". Aus: Werner Kruck: Franz Oppenheimer – Vordenker der Sozialen Marktwirtschaft und Selbsthilfegesellschaft. Berlin 1997, S. 115. URL: http://wko.de/07Opp_93_116_Kapitalismus.htm (Abrufdatum: 19.08.2015). Kruck hat der von Henrichsmeyer übernommenen Grafik die sich regelmäßig um die Konjunkturkurve schlängelnden saisonalen Schwankungen hinzugefügt.[1]

1 Im Text heißt es bei Kruck: „In der Konjunkturtheorie wird das Auf und Ab der kapitalistischen Wirtschaft als ein Zyklus aufgefaßt, der gleich einer Sinuskurve um eine fiktive Nullachse schwingt. Die Wechsel der Konjunkturlagen mögen einer Sinusschwingung ähnlich sehen. Nur erklärt die gefundene Analogie noch nicht, wodurch der Amplitudenausschlag zustandekommt. Die Sinuskurve ist eine sich selbst generierende Figur, deren Amplitude durch die Winkelfunktion des Einheitsvektors definitorisch gegeben ist. Mit der Figur transportiert man daher unter Umständen die Vorannahme der Unabänderlichkeit zyklisch eintretender Krisen, so wie sich früher Mißernten zyklisch einstellten." Werner Kruck: Franz Oppenheimer – Vordenker der Sozialen Marktwirtschaft und Selbsthilfegesellschaft. Berlin 1997, S. 114 f.

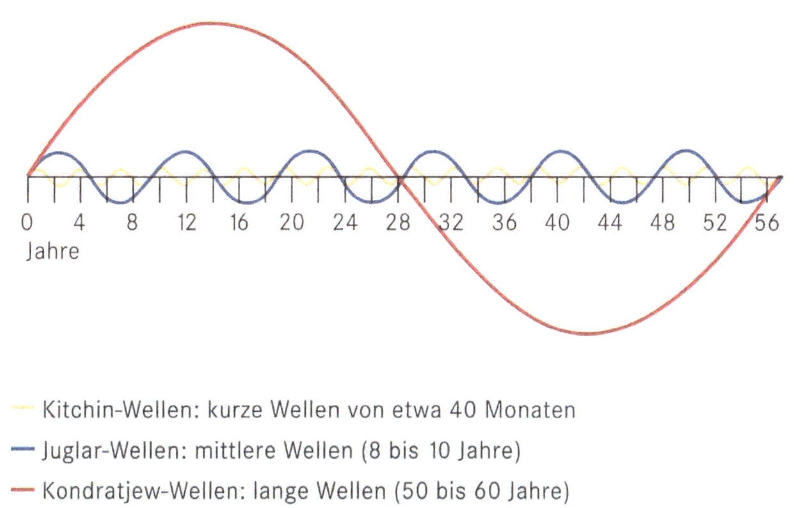

Konjunktur: drei wichtige Konjunkturzyklen mit unterschiedlicher Wellenlänge

Abb. III: „Konjunktur: drei wichtige Konjunkturzyklen mit unterschiedlicher Wellenlänge". Aus: Der Brockhaus Wirtschaft. Betriebs- und Volkswirtschaft, Börse, Finanzen, Versicherungen und Steuern. Hg. v. der Lexikonredaktion des Verlags F. A. Brockhaus, Mannheim. Leipzig, Mannheim 2004, S. 334.

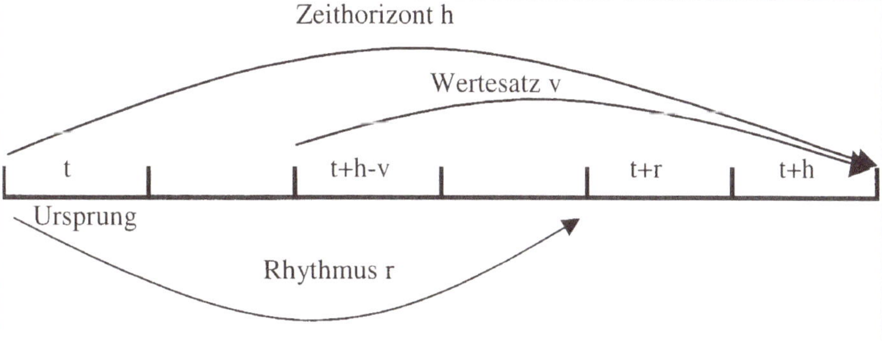

Bild 1.6.1 Elemente einer Prognoserechnung

Abb. IV: „Elemente einer Prognoserechnung". Aus: Wolfgang Götze: Grafische und empirische Techniken des Business-Forecasting. Lehr- und Übungsbuch für Betriebswirte und Wirtschaftsinformatiker. München 2010, S. 104.